주제별

형사판례정리 Ⅲ

(추 록)

(2023. 12. 1 ~ 2024. 3. 15)

글샘

머리말

　　이 책은 구 사법연수원 3학기 최종 평가에 대비하기 최근 3개년간의 판례를 대상으로 엮은 판례집으로 기획되었으며, 지금은 로스쿨은 물론 경력법관선발시험 대비 및 법률실무용으로 많이 활용되고 있습니다.

　　2017년 이래 사법연수원생의 대폭 축소/폐지에 따라 본 판례집의 절판도 고려되었으나, 여러 직역의 수험생 및 실무자들의 요청이 있어 출간을 계속하기로 하였습니다. 이에 로스쿨 및 사법시험 출신의 현직 변호사님들이 참여하여 책의 본래 성격을 해치지 않는 선에서 최근 3개년(2021. 1. 1. 판례공보 ~ 2023. 11. 15. 판례공보)의 판례 및 공보불게재 판례를 전부 검토하여 주제별로 충실한 업데이트를 진행하여 주제별 형사판례정리 Ⅰ, Ⅱ(글샘, 2024)을 발행하였으며, 이번에는 주제별 형사판례정리 Ⅲ(추록)(글샘, 2024)을 출간하게 되었는데, 추록은 2023. 12. 01 ~ 2024. 03. 15. 판례공보에 게재된 판례 및 공보불게재 판례를 주제별로 정리하여 출간하게 되었습니다.

　　본서는 제6판을 기본으로 하여, 제2편 제24장 주거침입죄에서 2. 퇴거불응죄(제319조 제2항)의 항목이 새롭게 만들어졌고, 제3편 형사특별법에서 제2장 부정수표 단속법은 스토킹범죄의 처벌 등에 관한 법률로 교체되었습니다.

　　한편으로 편집에 대한 여러 의견을 수렴하였는데, 특히 분량이 만만치 않은 판례집인 만큼 가독성의 보완에 중점을 두어 기존보다 읽기 편하도록 개선하였으며, 판례마다 중요도를 나타내어 정독에 강약을 둘 수 있게 하였으며, 주제별 형사판례정리 Ⅰ, Ⅱ(글샘, 2024)에서 배제되는 주요판례는 주제별 형사판례정리Ⅲ에 부록으로 수록하였으므로 참고하시면 되겠습니다.

　　귀찮음을 마다 않고 한 단계 진일보한 책으로 증·개정하는데 도움을 주신 로스쿨생, 형사법강사님 및 현직 변호사님들께 감사를 드리며, 특히 본 도서에 관한 신관악형사법학회의 개정작업을 책임지고 지휘해 주신 장 철호 변호사님께 심심한 감사를 드립니다.

2024년 03월 20일
신관악 형사법학회

Content

제1편 형법총칙 - 1

제1장 형법의 적용범위 ··· 3
제2장 죄(罪) ·· 3
    1. 죄의 성립과 형의 감면(제9조-제24조) ··· 3
    2. 공 범(제30조-제34조) ·· 7
    3. 경합범(제37조-제40조), 포괄일죄 ·· 12
제3장 형(刑) ·· 21
    1. 몰수와 추징(제48조) ··· 21
    2. 형의 양정(제51조-제58조) ··· 24
    3. 형의 선고유예(제59조-제61조) ·· 24
    4. 형의 집행유예(제62조-제65조) ·· 24

제2편 형법각칙 - 25

제1장 폭발물에 관한 죄 ··· 27
제2장 공무원의 직무에 관한 죄 ··· 27
    1. 직무유기(제122조) ··· 27
    2. 직권남용권리행사방해(제123조) ·· 27
    3. 공무상비밀누설(제127조) ·· 27
    4. 수뢰 · 사전수뢰(제129조) ·· 27
    5. 제3자 뇌물수수(제130조) ·· 27
    6. 수뢰후부정처사, 사후수뢰(제131조) ·· 27
제3장 공무방해에 관한 죄 ··· 27
    1. 공무집행방해 등(제136조, 제144조) ··· 27
    2. 위계공무집행방해(제137조) ·· 27
    3. 공무상표시무효 등(제140조) ··· 27
    4. 특수공무집행방해 등(제144조) ··· 27

Content

제4장   도주와 범인은닉의 죄 ·· 28

제5장   위증과 증거인멸의 죄 ·· 30
    1. 위 증(제152조) ··· 30
    2. 증거인멸 등(제155조) ··· 30

제6장   무고의 죄 ·· 31

제7장   방화와 실화의 죄 ·· 31

제8장   교통방해의 죄 ·· 31

제9장   통화에 관한 죄 ·· 31

제10장   유가증권 등에 관한 죄 ·· 31

제11장   문서에 관한 죄 ·· 32
    1. 공문서 등의 위조·변조·행사(제225조, 제229조) ··································· 32
    2. 허위공문서작성·행사(제227조, 제229조) ··· 32
    3. 공정증서원본불실기재·행사(제228조, 제229조) ····································· 32
    4. 공문서부정행사(제230조) ·· 32
    5. 사문서위조·변조·행사(제231조, 제234조) ·· 32

제12장   인장에 관한 죄 ·· 35

제13장   성풍속에 관한 죄 ·· 38

제14장   도박과 복표에 관한 죄 ·· 38
    1. 도박·상습도박(제246조 제1항, 제2항) ·· 38
    2. 도박개장(제247조) ·· 38

제15장   살인 등의 죄 ·· 38

제16장   상해와 폭행의 죄 ·· 38

제17장   과실치사상의 죄 ·· 38

제18장   유기와 학대의 죄 ·· 38

제19장   체포와 감금의 죄 ·· 38

제20장   협박의 죄 ·· 38

Content

제21장 강간과 추행의 죄 ·· 38

제22장 명예에 관한 죄 ·· 39

제23장 신용·업무와 경매에 관한 죄 ·· 50
    1. 신용훼손(제313조) ··· 50
    2. 업무방해(제314조) ··· 50

제24장 주거침입의 죄 ·· 51
    1. 주거침입(제319조 제1항) ·· 51
    2. 퇴거불응(제319조 제2항) ·· 55

제25장 권리행사를 방해하는 죄 ·· 58
    1. 권리행사방해(제323조) ·· 58
    2. 강 요(제324조) ·· 58
    3. 강제집행면탈(제327조) ·· 58

제26장 절도와 강도의 죄 ·· 58
    1. 절 도(제329조) ·· 58
    2. 야간주거(방실)침입절도(제330조) ·· 58
    3. 특수절도(제331조) ··· 58
    4. 강 도(제333조) ·· 58

제27장 사기와 공갈의 죄 ·· 59
    1. 사 기(제347조) ·· 59
    2. 공 갈(제350조) ·· 63

제28장 횡령과 배임의 죄 ·· 64
    1. 횡 령(제355조 제1항) ··· 64
    2. 업무상횡령(제365조) ··· 64
    3. 배 임(제355조 제2항) ··· 64
    4. 업무상배임(제256조) ··· 64
    5. 배임수·증재(제357조) ·· 64

제29장 장물에 관한 죄 ·· 64

제30장 손괴에 관한 죄 ·· 65

제3편 형사특별법 - 69

- 제1장 교통관련법 ··· 71
  1. 특정범죄가중처벌등에관한법률위반(도주차량)(제5조의3) ··· 71
  2. 특정범죄가중처벌등에관한법률위반(위험운전치사상) ··· 71
  3. 교통사고처리특례법위반 ··· 71
  4. 도로교통법위반 ··· 71
- 제2장 스토킹범죄의 처벌 등에 관한 법률 ··· 75
- 제3장 성폭력범죄의 처벌 등에 관한 특례법(구 성폭력범죄의 처벌 및 피해자보호 등에 관한 법률) ··· 78
- 제4장 아동·청소년의 성보호에 관한 법률 ··· 88
- 제5장 식품위생법 ··· 95
- 제6장 특정경제범죄 가중처벌 등에 관한 법률 ··· 96
- 제7장 특정범죄가중처벌 등에 관한 법률 ··· 102
- 제8장 폭력행위 등 처벌에 관한 법률 ··· 110
- 제9장 변호사법 ··· 110
- 제10장 청소년보호법 ··· 110
- 제11장 정보통신망 이용촉진 및 정보보호 등에 관한 법률 ··· 111
- 제12장 특정강력범죄의 처벌에 관한 특례법 ··· 119
- 제13장 기타 법률 ··· 120

제4편 형사소송법 - 159

- 제1장 총론 ··· 161
- 제2장 수사 및 공소제기 ··· 161
- 제3장 제1심 공판절차 ··· 181
- 제4장 상소심의 절차 ··· 188
- 제5장 특수절차 ··· 191

Content

부록 : 중요 판결(Ⅰ, Ⅱ권 수록 이외) - 195

제1편 형법총칙

- ⓑ 대법원 2023. 11. 02. 선고 2023도10768 판결 [상해] ···3
- ⓑ 대법원 2023. 10. 18. 선고 2022도15537 판결 [아동·청소년의성보호에관한법률위반(음란물제작·배포등)방조] ···7
- ⓑ 대법원 2023. 11. 16. 선고 2023도10545 판결 [마약류관리에관한법률위반(향정)·특수상해(일부인정된 죄명:상해)·재물손괴] ···12
- ⓑ 대법원 2023. 11. 16. 선고 2023도12424 판결 [특정경제범죄가중처벌등에관한법률위반(사기)·사기] ···15
- ⓑ 대법원 2023. 12. 28. 선고 2023도12316 판결 [산업안전보건법위반·업무상과실치사·중대재해처벌등에관한법률위반(산업재해치사)] ···17
- ⓑ 대법원 2024. 01. 04. 선고 2021도5723 판결 [마약류관리에관한법률위반(향정)·마약류관리에관한법률위반(대마)] ···21

제2편 형법각칙

- ⓑ 대법원 2023. 12. 28. 선고 2020도12586 판결 [도주미수] ···28
- ⓑ 대법원 2024. 1. 4. 선고 2023도1178 판결 [사문서위조·위조사문서행사] ···32
- ⓐ 대법원 2024. 01. 04. 선고 2023도11313 판결 [공기호위조·위조공기호행사] ···35
- ⓑ 대법원 2023. 10. 26. 선고 2017도18697 판결 [명예훼손] ···39
- ⓐ 대법원 2024. 01. 04. 선고 2022도14571 판결 [모욕] ···46
- ⓑ 대법원 2024. 01. 04. 선고 2022도15955 판결 [폭력행위등처벌에관한법률위반(공동감금)·폭력행위등처벌에관한법률위반(공동강요)·업무방해·폭력행위등처벌에관한법률위반(공동주거침입)·폭력행위등처벌에관한법률위반(공동퇴거불응)·특수공무집행방해·특수폭행치상] ···51
- ⓑ 대법원 2023. 12. 14. 선고 2023도9350 판결 [마약류관리에관한법률위반(향정)·퇴거불응] ···55
- ⓑ 대법원 2024. 01. 25. 선고 2020도10330 판결 [사기] ···59
- ⓑ 대법원 2023. 11. 16. 선고 2023도11885 판결 [특수재물손괴] ···65

제3편 형사특별법

- ⓑ 대법원 2023. 12. 28. 선고 2020도6417 판결 [도로교통법위반(음주운전)] ···71
- ⓑ 대법원 2023. 12. 14. 선고 2023도10313 판결 [스토킹범죄의처벌등에관한법률위반] ···75
- ⓐ 대법원 2024. 01. 04. 선고 2023도13081 판결 [성폭력범죄의처벌등에관한특례법위반(공중밀집장소에서의추행)] ···78

- Ⓐ 대법원 2023. 10. 12. 선고 2023도5757 판결 [성폭력범죄의처벌등에관한특례법위반(카메라등이용촬영·반포등)·아동·청소년의성보호에관한법률위반(성착취물제작·배포등)·아동·청소년의성보호에관한법률위반(성착취물소지등)·정보통신망이용촉진및정보보호등에관한법률위반·(음란물유포)] ·············88
- Ⓑ 대법원 2023. 11. 16. 선고 2021도4265 판결 [아동·청소년의성보호에관한법률위반(음란물소지)] ···93
- Ⓑ 대법원 2023. 12. 14. 선고 2022도163 판결 [특정경제범죄가중처벌등에관한법률위반(알선수재)] ·····96
- Ⓑ 대법원 2023. 12. 21. 선고 2023도13514 판결 [사기[일부인정된죄명:특정경제범죄가중처벌등에관한법률위반(사기)]·도로교통법위반(무면허운전)] ··········98
- Ⓑ 대법원 2023. 12. 21. 선고 2023도12852, 2023전도144 판결 [특정범죄가중처벌등에관한법률위반(강도)·특정범죄가중처벌등에관한법률위반(절도)·특수주거침입·공문서부정행사·부착명령] ·······102
- Ⓑ 대법원 2023. 12. 28. 선고 2017도21248 판결 [수뢰후부정처사·부정처사후수뢰·특정범죄가중처벌등에관한법률위반(알선수재)·뇌물공여] ··········104
- Ⓐ 대법원 2024. 01. 04. 선고 2022도699 판결 [정보통신망이용촉진및정보보호등에관한법률위반(명예훼손)] ··········111
- Ⓒ 대법원 2023. 10. 26. 선고 2022도90 판결 [의료법위반·특정경제범죄가중처벌등에관한법률위반(사기)방조·의료법위반방조] ··········120
- Ⓒ 대법원 2023. 11. 16. 선고 2023도5915 판결 [공직선거법위반] ··········124
- Ⓒ 대법원 2023. 12. 07. 선고 2023도2318 판결 [근로자퇴직급여보장법위반] ··········127
- Ⓒ 대법원 2023. 11. 30. 선고 2020도10180 판결 [저작권법위반] ··········131
- Ⓑ 대법원 2023. 12. 07. 선고 2020도15393 판결 [근로기준법위반·근로자퇴직급여보장법위반] ·······134
- Ⓓ 대법원 2023. 12. 07. 선고 2020도17863 판결 [저작권법위반·부정경쟁방지및영업비밀보호에관한법률위반] ··········138
- Ⓒ 대법원 2023. 12. 14. 선고 2023도8341 판결 [의료법위반] ··········141
- Ⓒ 대법원 2023. 12. 21. 선고 2023도8730 판결 [식품위생법위반·사기·공무집행방해] ··········143
- Ⓒ 대법원 2024. 01. 11. 선고 2020도17666 판결 [국가유공자등예우및지원에관한법률위반] ··········146
- Ⓒ 대법원 2024. 01. 04. 선고 2023도2836 판결 [물가안정에관한법률위반] ··········149
- Ⓑ 대법원 2024. 01. 04. 선고 2023도2982 판결 [장애인차별금지및권리구제등에관한법률위반·사문서위조·위조사문서행사] ··········153

제1편 형사소송법

- ❹ 대법원 2023. 10. 18. 선고 2023도8752 판결 [아동·청소년의성보호에관한법률위반(위계등유사성행위)·아동·청소년의성보호에관한법률위반(성매수등)·아동·청소년의성보호에관한법률위반(성착취물제작·배포등)·성폭력범죄의처벌등에관한특례법위반(카메라등이용촬영·반포등)·미성년자의제강간·미성년자의제유사강간·아동복지법위반(아동에대한음행강요·매개·성희롱등)·성매매알선등행위의처벌에관한법률위반(성매매)] ··········161

Ⓐ 대법원 2023. 12. 14. 선고 2020도1669 판결 [정보통신망이용촉진및정보보호등에관한법률위반(명예훼손) · 성폭력범죄의처벌등에관한특례법위반(카메라등이용촬영) · 음화제조교사] ·················168

Ⓑ 대법원 2024. 01. 05. 자 2021모385 결정 [압수처분에대한준항고기각결정에대한재항고] ···············176

Ⓐ 대법원 2023. 10. 26. 선고 2023도7301 판결 [마약류관리에관한법률위반(향정)] ·················181

Ⓐ 대법원 2024. 01. 11. 선고 2020도1538 판결 [아동학대범죄의처벌등에관한특례법위반(아동복지시설종사자등의아동학대가중처벌)] ·················184

Ⓑ 대법원 2023. 12. 28. 선고 2023도10718 판결 [공문서위조(예비적죄명:허위공문서작성)] ···········188

Ⓑ 대법원 2023. 11. 30. 선고 2023도10699 판결 [특정범죄가중처벌등에관한법률위반(절도)] ···········191

부록 중요판례

Ⓐ 대법원 2017. 12. 21. 선고 2015도8335 전원합의체 판결 【항공보안법위반 · 강요 · 업무방해 · 위계공무집행방해 · 증거인멸(인정된죄명:증거인멸교사) · 증거은닉(인정된죄명:증거은닉교사) · 공무상비밀누설】〈항공기 탑승구 복귀 사건〉 ·················197

Ⓐ 대법원 2018. 09. 13. 선고 2018도7658, 2018전도54, 55, 2018보도6, 2018모2593 판결 【살인방조(변경된죄명:살인) · 사체유기 · 특정범죄가중처벌등에관한법률위반(영리약취 · 유인등) · 사체손괴 · 부착명령 · 보호관찰명령】 ·················208

Ⓐ 대법원 2018. 10. 25. 선고 2018도7709 판결 【강간 · 특수상해 · 상해 · 특수협박 · 협박 · 폭행】 214

Ⓐ 대법원 2019. 08. 29 선고 2018도2738 전원합의체 판결 【뇌물공여(일부 변경된 죄명: 뇌물공여약속) · 특정경제범죄가중처벌등에관한법률위반(횡령) · 특정경제범죄가중처벌등에관한법률위반(재산국외도피) · 범죄수익은닉의규제및처벌등에관한법률위반 · 국회에서의증언 · 감정등에관한법률위반】 ·················222

Ⓐ 대법원 2019. 08. 29. 선고 2018도13792 전원합의체 판결 【직권남용권리행사방해 · 강요(일부 인정된 죄명: 강요미수) · 강요미수 · 사기미수 · 증거인멸교사 · 특정범죄가중처벌등에관한법률위반(뇌물) · 특정범죄가중처벌등에관한법률위반(뇌물)(인정된 죄명: 뇌물수수) · 국회에서의증언 · 감정등에관한법률위반 · 범죄수익은닉의규제및처벌등에관한법률위반 · 특정범죄가중처벌등에관한법률위반(알선수재)】 ·················257

Ⓐ 대법원 2019. 03. 28. 선고 2018도16002 전원합의체 판결 【강간(인정된죄명:준강간미수,변경된죄명:준강간)】 ·················297

Ⓐ 대법원 2017. 12. 05. 선고 2017도15628 판결 【출판물에의한명예훼손】 ·················315

Ⓐ 대법원 2018. 07. 19. 선고 2017도17494 전원합의체 판결 【사기방조 · 횡령】 ·················319

Ⓐ 대법원 2020. 02. 20. 선고 2019도9756 전원합의체 판결 【사기 · 배임】〈동산을 양도담보로 제공한 채무자가 제3자에게 담보에 제공된 동산을 처분한 경우 배임죄가 성립하는지 여부가 문제 된 사건〉 333

Ⓐ 대법원 2018. 05. 17. 선고 2017도4027 전원합의체 판결 【특정경제범죄가중처벌등에관한법률위반(배임) · 특정경제범죄가중처벌등에관한법률위반(증재등)】 ·················356

Ⓐ 대법원 2018. 11. 01. 선고 2016도10912 전원합의체 판결 【병역법위반】 ·················379

Ⓐ 대법원 2019. 08. 29. 선고 2018도14303 전원합의체 판결 【특정범죄가중처벌등에관한법률위반(뇌물) · 직권남용권리행사방해 · 강요(일부 인정된 죄명: 강요미수) · 강요미수 · 공무상비밀누설】 ·················455

XII

Ⓐ 대법원 2019. 07. 11. 선고 2018도20504 판결 【부정경쟁방지및영업비밀보호에관한법률위반(영업비밀누설등)·업무상배임】(판사의 날인이 누락된 압수수색영장에 기초하여 수집한 증거가 위법수집증거에 해당하는지 여부에 관한 사건) ···464

제1편 형법총칙

제1장 형법의 적용범위

제2장 죄(罪)

제3장 형(刑)

제1장 형법의 적용범위

제2장 죄(罪)

1. 죄의 성립과 형의 감면(제9조-제24조)

● 대법원 2023. 11. 02. 선고 2023도10768 판결 [상해]

【판시사항】

甲은 관장 乙이 운영하는 복싱클럽에 회원등록을 하였던 자로서 등록을 취소하는 문제로 乙로부터 질책을 들은 다음 약 1시간이 지난 후 다시 복싱클럽을 찾아와 乙에게 항의하는 과정에서 乙이 甲의 멱살을 잡아당기거나 바닥에 넘어뜨린 후 목을 조르는 등 乙과 甲이 뒤엉켜 몸싸움을 벌였는데, 코치인 피고인이 이를 지켜보던 중 甲이 왼손을 주머니에 넣어 불상의 물건을 꺼내 움켜쥐자 甲의 왼손 주먹을 강제로 펴게 함으로써 甲에게 손가락 골절상을 입혔다는 상해의 공소사실로 기소된 사안에서, 피고인이 당시 죄가 되지 않는 것으로 오인한 것에 대해 '정당한 이유'를 부정하여 공소사실을 유죄로 인정한 원심판결에 위법성조각사유의 전제사실에 관한 착오, 정당한 이유의 존부에 관한 법리오해의 잘못이 있다고 한 사례

【판결요지】

甲은 관장 乙이 운영하는 복싱클럽에 회원등록을 하였던 자로서 등록을 취소하는 문제로 乙로부터 질책을 들은 다음 약 1시간이 지난 후 다시 복싱클럽을 찾아와 乙에게 항의하는 과정에서 乙이 甲의 멱살을 잡아당기거나 바닥에 넘어뜨린 후 목을 조르는 등 乙과 甲이 뒤엉켜 몸싸움을 벌였는데, 코치인 피고인이 이를 지켜보던 중 甲이 왼손을 주머니에 넣어 불상의 물건을 꺼내 움켜쥐자 甲의 왼손 주먹을 강제로 펴게 함으로써 甲에게 약 4주간의 치료가 필요한 손가락 골절상을 입혔다는 상해의 공소사실로 기소된 사안에서, ① 乙과 甲은 외형상 신체적 차이가 크지 않고, 당시 甲은 제압된 상태였더라도 상당한 정도의 물리력을 행사할 수 있는 능력이 있었을 뿐더러 그 직전까지도 乙과 몸싸움을 하는 등 급박한 상황이 계속되고 있었으며, 몸싸움은 일시적·우발적으로 발생한 것이라기보다는 甲이 乙에 대한 항의 내지 보복의 감정을 가진 상태에서 계획적·의도적으로 다시 찾아옴에 따라 발생하였고, 더구나 코치로서 관장과 회원 사이의 시비를 말리거나 더 커지는 것을 막아야 하는 위치에 있던 피고인의 입장에서, 둘 사이의 몸싸움이 격화되는 과정에서 甲이 왼손을 주머니에 넣어 특정한 물건을 움켜쥔 채 꺼내는 것을 목격하자, 이를 甲이 상대방의 생명·신체에 위해를 가하려는 것으로 충분히 오인할 만한 객관적인 정황이 있었던 점, ② 피고인은 일관하여 '甲이 호신용 작은 칼 같은 흉기를

꺼내는 것으로 오인하여 이를 확인하려고 하였다.'는 취지로 진술하였고, 甲 역시 수사과정에서 '피고인에게 상해의 의도가 있었다기보다는 손에 쥐고 있던 물건이 무엇인지 확인하기 위해서였다고 생각한다.'라고 같은 취지로 진술하였으며, 甲이 가지고 있던 '휴대용 녹음기'와 피고인이 착각하였다고 주장하는 '호신용 작은 칼'은 크기·길이 등 외형상 큰 차이가 없어 이를 쥔 상태의 주먹이나 손 모양만으로는 양자를 구별하는 것이 쉽지 않았으므로, 당시 피고인은 甲의 주먹이나 손 모양만으로 그가 움켜쥔 물건이 무엇인지조차 알기 어려웠던 점, ③ 甲은 당시 왼손으로 휴대용 녹음기를 움켜쥔 상태에서 이를 활용함에 별다른 장애가 없었으므로, 만일 몸싸움을 하느라 신체적으로 뒤엉킨 상황에서 甲이 실제로 위험한 물건을 꺼내어 움켜쥐고 있었다면 그 자체로 乙의 생명·신체에 관한 급박한 침해나 위험이 초래될 우려가 매우 높은 상황이었던 점, ④ 형법 제20조의 사회상규에 의한 정당행위를 인정하기 위한 요건들 중 행위의 '긴급성'과 '보충성'은 다른 실효성 있는 적법한 수단이 없는 경우를 의미하지 '일체의 법률적인 적법한 수단이 존재하지 않을 것'을 의미하지는 않는다는 판례 법리에 비추어, 피고인의 행위는 적어도 주관적으로는 그 정당성에 대한 인식하에 이루어진 것이라고 보기에 충분한 점 등을 종합하면, 피고인이 당시 죄가 되지 않는 것으로 오인한 것에 대해 '정당한 이유'를 부정하여 공소사실을 유죄로 인정한 원심판결에는 위법성조각사유의 전제사실에 관한 착오, 정당한 이유의 존부에 관한 법리오해의 잘못이 있다고 한 사례.

【참조조문】 형법 제16조, 제20조, 제21조, 제257조 제1항
【전문】【피 고 인】 피고인 【상 고 인】 피고인
【변 호 인】 변호사 이재철
【원심판결】 서울북부지법 2023. 7. 13. 선고 2023노59 판결

【주 문】

원심판결을 파기하고, 사건을 서울북부지방법원에 환송한다.

【이 유】

상고이유를 판단한다.

1. 공소사실의 요지

피고인은 서울 성북구 (주소 생략)에 있는 (명칭 생략) 복싱클럽에서 코치로 근무하던 자이고, 공소외 1(33세)은 위 복싱클럽 관장이며, 피해자 공소외 2(17세)는 위 복싱클럽 회원등록을 하였던 자로서 등록을 취소하는 과정에서 공소외 1로부터 "어른에게 눈 그렇게 뜨고 쳐다보지 말라."라는 질책을 들었다.

공소외 1은 2020. 11. 4. 19:00경 위 복싱클럽 내에서 "내가 눈을 어떻게 떴냐?"라며 항의하는 피해자의 멱살을 잡아당기면서 다리를 걸어 넘어뜨리려고 하고, 출입문 밖 복도로 밀고 나간 후 몸통을 양팔로 꽉 껴안아 들어 올리고, 몸을 밀어 바닥에 세게 넘어뜨린 후 목을 조르거나, 누르고, 옆 굴리기를 하였다.

피고인은 위 일시, 장소에서 공소외 1과 피해자가 몸싸움하던 것을 지켜보던 중 피해자가 왼손을 주머니에 넣어 휴대용 녹음기를 꺼내어 움켜쥐자 피해자의 왼손을 잡아 쥐고 있는 주먹을 강제로 펴게 하였다.

이로써 피고인과 공소외 1은 동시에 피해자를 폭행하여 피해자에게 약 4주간의 치료가 필요한 좌 제4수지 중위지골 골절을 가하였다.

2. 원심 판단

원심은 판시와 같은 이유로, 피고인이 피해자에게 상해를 가하였음은 물론 그 행위가 죄가 되지 않는 것으로 오인한 데 정당한 이유가 있다고 볼 수 없다고 보아, 이와 달리 그 오인에 정당한 이유가 있다고 보아 무죄를 선고한 제1심판결을 파기하고 피고인에 대하여 유죄판결을 선고하였다.

3. 대법원 판단

가. 원심판결 이유를 관련 법리 및 적법하게 채택한 증거에 비추어 보면, 피고인이 공소사실 기재 행위를 할 당시 죄가 되지 않는 것으로 오인한 것에 관하여 '정당한 이유'를 부정한 원심의 판단은 다음과 같은 이유에서 수긍할 수 없다.

1) 공소외 1·피고인의 나이와 직업, 피해자의 나이·지위 등에 다소 차이가 있기는 하나, 공소사실 기재 당시 공소외 1과 피해자는 외형상 신체적 차이가 크지 않았던 것으로 보인다. 또한 피고인이 공소사실 기재와 같이 피해자의 왼손 주먹을 강제로 펴게 할 당시에 공소외 1이 피해자를 제압한 상태였다고 보더라도, 피해자도 복싱클럽에 다닌 경험이 있는 등 상당한 정도의 물리력을 행사할 수 있는 능력이 있었고, 그 직전까지도 공소외 1과 상호 간 몸싸움을 하는 등 급박한 상황이 계속되고 있었으며, 그 경위를 보더라도 피해자가 공소외 1로부터 질책을 들은 다음 약 1시간이 경과된 후 복싱클럽을 다시 찾아와 강하게 항의하는 과정에서 공소외 1과 몸싸움까지 하게 된 것으로, 공소외 1·피해자 사이의 몸싸움은 일시적·우발적으로 발생한 것이라기보다는 피해자가 공소외 1에 대한 항의 내지 보복의 감정을 가진 상태에서 계획적·의도적으로 다시 찾아옴에 따라 발생한 것으로 볼 수 있다. 더구나 당시 위 복싱클럽의 코치로서 관장과 회원 사이의 시비를 말리거나 더 커지는 것을 막아야 하는 위치에 있던 피고인의 입장에서는, 둘 사이의 몸싸움이 격화되는 과정에서 피해자가 왼손을 주머니에 넣어 특정한 물건을 움켜쥔 채 꺼내는 것을 목격하고서, 이를 피해자가 상대방의 생명·신체에 위해를 가하려는 것으로 충분히 오인할 만한 객관적인 정황이 있었던 것으로 보인다.

2) 피고인의 수사기관부터 원심법정에 이르기까지 일관된 진술도 '피해자가 호신용 작은 칼 같은 흉기를 꺼내는 것으로 오인하여 이를 확인하려고 하였다.'는 취지이고, 피해자 역시 수사과정에서 '피고인이 상해를 입힐 의도가 있었다고 생각하지는 않는다. 내가 쥐고 있던 물건이 무엇인지 확인하기 위해서였다고 생각한다.'라고 같은 취지로 진술하였다. 실제로 피해자가 가지고 있었던 '휴대용 녹음기'와 피고인이 착각하였다고 주장하는 '호신용 작은 칼'은 크기·길이 등 외형상 큰 차이가 없어 이를 쥔 상태의 주먹이나 손 모양만으로는 양자를 구별하는 것이 쉽지 않았으므로, 당시 피고인은 피해자의 주먹이나 손 모양만으로 그가 움켜쥔 물건이 무엇인지조차 알기 어려웠던 것으로 보인다. 특히 쌍방 모두 상당한 물리력을 행사할 수 있는 육체적 능

력을 가진 공소외 1·피해자가 엉켜 몸싸움을 하는 급박한 상황에서 열세에 놓인 피해자가 굳이 주머니에서 불상의 물건을 꺼내어 피고인에 의해 강제로 왼손 주먹을 펼 때까지 이를 움켜쥐고 있었던 점에다가 피해자가 공소외 1과의 시비 차원에서 계획적·의도적으로 다시 복싱클럽을 찾아왔고 피고인도 그와 같은 일련의 경위를 알고 있었던 사정까지 종합하면, 피고인의 입장에서는 피해자가 움켜쥔 물건을 육안으로 확인하기 전까지는 그것이 공소외 1에게 치명적인 손상을 가할 수 있는 위험한 물건에 해당할지도 모른다고 생각할 만한 합리적인 이유가 있었던 것으로 보인다.

3) 위와 같은 사정은 당시 피해자가 공소외 1에 의하여 신체적으로 제압되어 물리력을 행사하기 곤란한 상태였다고 보더라도 마찬가지인바, 피해자 스스로 진술한 바와 같이 당시 왼손으로 휴대용 녹음기를 움켜쥔 상태에서 이를 활용함에 별다른 장애가 없었던 것으로 보이므로, 만일 공소외 1·피해자가 몸싸움을 하느라 신체적으로 뒤엉킨 상황에서 피해자가 실제로 위험한 물건을 꺼내어 움켜쥐고 있었다면, 그 자체로 공소외 1의 생명·신체에 관한 급박한 침해나 위험이 초래될 우려가 매우 높은 상황이었다고 봄이 타당하다. 수사기관도 이러한 정황을 모두 고려하였기에 원심에서 공소장을 변경하기 전까지 공소사실에 피고인이 한 행위의 이유·동기에 관하여 '위험한 물건으로 착각하여 빼앗기 위하여'라고 기재하였는바, 이러한 수사기관의 인식이야말로 당시 상황에 대한 객관적 평가이자 피고인이 피해자의 행동을 오인함에 정당한 이유가 있었음을 뒷받침하는 사정에 해당하고, 제1심이 피고인의 행위에 위법성이 없다고 판단한 주된 이유이기도 하다. 사정이 그러한 이상 비록 원심에서 공소장변경을 통해 이 부분 기재를 공소사실에서 삭제하였다고 하여 수사기관의 당초 인식 및 평가가 소급하여 달라질 수 없음에도, 원심이 마치 그 삭제만으로 처음부터 그러한 사정이 존재하지 않았던 것처럼 '피고인이 피해자의 손에 있는 물건이 흉기라고 오인할 만한 별다른 정황도 보이지 않는다.'라고 단정한 것은 형사재판에서 범죄사실에 대한 증명 및 유죄 인정의 첫 걸음에 해당하는 것이자 검사에게 증명책임과 작성권한이 있는 공소사실 내지 그 경정 혹은 변경의 의미에 대한 올바른 평가라고 보기도 어렵다.

4) 이는 형법 제20조의 정당행위에 관한 판례의 법리, 즉 사회상규에 의한 정당행위를 인정하려면, 행위의 동기나 목적의 정당성, 행위의 수단이나 방법의 상당성, 보호이익과 침해이익과의 법익균형성, 긴급성, 그 행위 외에 다른 수단이나 방법이 없다는 보충성 등의 요건을 갖추어야 하는데, 위 '목적·동기', '수단', '법익균형', '긴급성', '보충성'은 불가분적으로 연관되어 하나의 행위를 이루는 요소들로 종합적으로 평가되어야 하고, 그중 행위의 긴급성과 보충성은 다른 실효성 있는 적법한 수단이 없는 경우를 의미하는 것이지 '일체의 법률적인 적법한 수단이 존재하지 않을 것'을 의미하는 것은 아니라고 하는 법리(대법원 2023. 5. 18. 선고 2017도2760 판결 참조)에 비추어 보아도 그러한바, 이 사건 당시 피고인의 행위는 적어도 주관적으로는 그 정당성에 대한 인식하에 이루어진 것이라고 보기에 충분하다.

나. 그럼에도 원심은 판시와 같은 이유만으로 피고인이 공소사실 기재 행위 당시 죄가 되지 않는 것으로 오인한 것에 대해 '정당한 이유'를 부정하여 공소사실을 유죄로 판단하였는바, 이러한 원심의 판단에는 위법성조각사유의 전제사실에 관한 착오, 정당한 이유의 존부에 관한 법리를 오해함으로써 판결에 영향을 미친 잘못이 있다.

4. 결 론

그러므로 원심판결을 파기하고, 사건을 다시 심리·판단하도록 원심법원에 환송하기로 하여, 관여 대법관의 일치된 의견으로 주문과 같이 판결한다.

2. 공 범(제30조－제34조)

● 대법원 2023. 10. 18. 선고 2022도15537 판결 [아동·청소년의성보호에관한법률위반(음란물제작·배포등)방조]

【판시사항】

[1] '방조'의 의미 / 방조범의 성립에 필요한 고의의 내용 및 인과관계 / 방조범이 성립하려면 방조행위가 정범의 범죄 실현과 밀접한 관련이 있고 정범의 범죄 실현에 현실적인 기여를 하였다고 평가할 수 있어야 하는지 여부(적극) 및 정범의 범죄 실현과 밀접한 관련이 없는 행위를 도와준 데 지나지 않는 경우, 방조범이 성립하는지 여부(소극)

[2] 박사방 운영진이 음란물 배포 목적의 텔레그램 그룹(미션방)을 만들고 특정 시간대에 미션방 참여자들이 인터넷포털사이트에 일제히 특정 검색어를 입력함으로써 실시간 급상승 검색어로 노출되도록 하는 이른바 '실검챌린지'를 지시하여 불특정 다수의 텔레그램 사용자들로 하여금 정해진 시간에 미션방에 참여하게 한 다음 특정 시점에 미션방에 피해자 甲(女, 18세)에 대한 음란물을 게시한 것과 관련하여, 피고인이 박사방 운영진의 지시에 따라 4회에 걸쳐 검색어를 입력하고 미션방과 박사방 관련 채널에 검색사실을 올려 인증함으로써 박사방 운영진에 의한 아동·청소년 이용 음란물 배포행위를 방조하였다는 내용으로 기소된 사안에서, 공소사실을 유죄로 인정한 원심판단에 '방조'에 관한 법리오해 등의 잘못이 있다고 한 사례

【판결요지】

[1] '방조'란 정범의 구체적인 범행준비나 범행사실을 알고 그 실행행위를 가능·촉진·용이하게 하는 지원행위 또는 정범의 범죄행위가 종료하기 전에 정범에 의한 법익 침해를 강화·증대시키는 행위로서, 정범의 범죄 실현과 밀접한 관련이 있는 행위를 말한다. 방조범은 정범의 실행을 방조한다는 이른바 방조의 고의와 정범의 행위가 구성요건에 해당하는 행위인 점에 대한 정범의 고의가 있어야 하고, 정범에 종속하여 성립하는 범죄이므로 방조행위와 정범의 범죄 실현 사이에는 인과관계가 필요하다. 방조범이 성립하려면 방조행위가 정범의 범죄 실현과 밀접한 관련이 있고 정범으로 하여금 구체적 위험을 실현시키거나 범죄 결과를 발생시킬 기회를 높이는 등으로 정범의 범

죄 실현에 현실적인 기여를 하였다고 평가할 수 있어야 한다. 정범의 범죄 실현과 밀접한 관련이 없는 행위를 도와준 데 지나지 않는 경우에는 방조범이 성립하지 않는다.

[2] 박사방 운영진이 음란물 배포 목적의 텔레그램 그룹(이하 '미션방'이라 한다)을 만들고 특정 시간대에 미션방참여자들이 인터넷 포털사이트에 일제히 특정 검색어를 입력함으로써 실시간 급상승 검색어로 노출되도록 하는 이른바 '실검챌린지'를 지시하여 불특정 다수의 텔레그램 사용자들로 하여금 정해진 시간에 미션방에 참여하게 한 다음 특정 시점에 미션방에 피해자 甲(女, 18세)에 대한 음란물을 게시한 것과 관련하여, 피고인이 박사방 운영진의 지시에 따라 4회에 걸쳐 검색어를 입력하고 미션방과 박사방 관련 채널에 검색사실을 올려 인증함으로써 박사방 운영진에 의한 아동·청소년 이용 음란물 배포행위를 방조하였다는 내용으로 기소된 사안에서, 피고인이 미션방에 참여하여 박사방 운영진의 지시 및 공지 내용을 인식하였다거나 검색어 자체만으로 '아동·청소년 이용 음란물 배포'의 범죄행위를 위한 것임을 알았다고 보기 어려운 이상 방조의 고의는 물론 정범의 고의가 있었다고 단정하기어렵고, 나아가 검색 경위 및 피고인의 검색 시점으로부터 약 21시간 내지 24시간이 지난 시점에서야 박사방 운영진이 아동·청소년 이용 음란물을 배포한 사정에 비추어, 박사방 운영진의 미션방에 적극 참여하여 그 지시에 따라 검색어 입력 및 인증을 한 경우가 아니라 당시 다양한 경로로 접하게 된 검색어를 입력하는 등의 행위는, 박사방의 운영진이 특정 검색어가 당시 화제가 되고 있음에 편승하여 이에 관심을 가진 사람을 미션방으로 유도하여 음란물 판매를 촉진하려는 의도로 시작한 실검챌린지 등에 단순히 이용된 것으로 볼 여지가 있고, 달리 피고인의 각 행위와 정범의 범죄 실현 사이에 밀접한 관련성 등 인과관계를 인정하거나 피고인의 각 행위가 정범의 범죄 실현에 현실적인 기여를 하였다고 단정하기 어렵다는 이유로, 이와 달리 보아 공소사실을 유죄로 인정한 원심의 판단에 '방조'에 관한 법리오해 등의 잘못이 있다고 한 사례.

【참조조문】 [1] 형법 제32조 [2] 구 아동·청소년의 성보호에 관한 법률(2020. 6. 2. 법률 제17338호로 개정되기 전의 것) 제2조 제5호, 제11조 제3항, 형법 제32조 제1항
【참조판례】 [1] 대법원 2021. 9. 9. 선고 2017도19025 전원합의체 판결(공2021하, 1881), 대법원 2021. 9. 16. 선고 2015도12632 판결(공2021하, 2073)
【전문】【피 고 인】 피고인 【상 고 인】 피고인
【변 호 인】 법무법인(유한) 맥 담당변호사 권오성 외 1인
【원심판결】 광주지법 2022. 11. 16. 선고 2021노2868 판결

【주   문】

원심판결을 파기하고, 사건을 광주지방법원에 환송한다.

【이   유】

상고이유를 판단한다.

1. 관련 법리

'방조'란 정범의 구체적인 범행준비나 범행사실을 알고 그 실행행위를 가능·촉진·용이하게 하는 지원행위 또는 정범의 범죄행위가 종료하기 전에 정범에 의한 법익 침해를 강화·증대시키는 행위로서, 정범의 범죄 실현과 밀접한 관련이 있는 행위를 말한다. 방조범은 정범의 실행을 방조한다는 이른바 방조의 고의와 정범의 행위가 구성요건에 해당하는 행위인 점에 대한 정범의 고의가 있어야 하고, 정범에 종속하여 성립하는 범죄이므로 방조행위와 정범의 범죄 실현 사이에는 인과관계가 필요하다. 방조범이 성립하려면 방조행위가 정범의 범죄 실현과 밀접한 관련이 있고 정범으로 하여금 구체적 위험을 실현시키거나 범죄 결과를 발생시킬 기회를 높이는 등으로 정범의 범죄 실현에 현실적인 기여를 하였다고 평가할 수 있어야 한다. 정범의 범죄 실현과 밀접한 관련이 없는 행위를 도와준 데 지나지 않는 경우에는 방조범이 성립하지 않는다(대법원 2021. 09. 09. 선고 2017도19025 전원합의체 판결, 대법원 2021. 09. 16. 선고 2015도12632 판결 등 참조).

2. 원심 판단

원심은, 박사방 운영진이 판시 텔레그램 그룹(이하 '미션방'이라 한다)을 만들고 특정 시간(2019. 12. 1. 20:00, 21:00, 22:00, 23:00 및 2019. 12. 2. 00:00, 01:00, 02:00, 03:00, 08:00, 21:00)에 미션방 참여자들이 인터넷 포털 네이버에 일제히 특정 검색어를 입력함으로써 실시간 급상승 검색어로 노출되도록 하는 이른바 '실검챌린지'를 지시하여 불특정 다수의 텔레그램 사용자들로 하여금 정해진 시간에 미션방에 참여하게 한 다음 2019. 12. 2. 21:20경 미션방에 피해자 공소외인에 대한 음란물을 게시한 것과 관련하여, 피고인이 박사방 운영진의 피해자 공소외인에 대한 음란물 배포 의사를 인식하면서도 이를 용이하게 할 생각으로 그 지시에 따라 2019. 12. 1. 21:00부터 2019. 12. 2. 00:00까지 4회에 걸쳐 검색어를 입력하고, 위 미션방과 박사방 관련 채널에 검색사실을 올려 인증함으로써 박사방 운영진에 의한 아동·청소년 이용 음란물 배포행위를 용이하게 하여 이를 방조하였다고 판단하였다.

3. 대법원 판단

가. 앞서 살펴본 법리에 따르면, 방조범이 성립하기 위해서는 정범의 실행을 방조한다는 방조의 고의와 정범의 행위가 구성요건에 해당하는 행위라는 점에 대한 정범의 고의가 모두 있어야 함은 물론, 해당 행위가 정범의 범죄 실현과 밀접한 관련이 있고 정범으로 하여금 구체적 위험을 실현시키거나 범죄 결과를 발생시킬 기회를 높이는 등으로 정범의 범죄 실현에 현실적인 기여를 하였다고 평가할 수 있어야 하므로, 정범의 범죄 실현과 밀접한 관련이 없는 행위를 하거나 이에 관여한 사실이 있다는 것만으로 방조범의 성립을 인정하기 어렵다 할 것인바, 원심판결 이유를 원심이 적법하게 채택한 증거에 비추어 살펴보면, 원심의 판단은 다음과 같은 이유에서 수긍할 수 없다.

1) 원심 별지 범죄일람표 기재 총 4회의 검색과 관련하여, 그중 일부 검색이 '미션방'의 검색어 공지 시점과 피고인의 검색 시점 사이의 시간적 간격이 상당히 짧거나(순번 2·3번), 공지한 검색 지정시점과 피고인의 검색 시점 사이의 시간적 간격이 상당히 짧은 사실(순번 1·4번)은 인정되나, 이러한 사정이 곧바로 피고인이 박사방 운영진의 피해자 공소외인에 대한 음란물 배포의 범죄 실현의 방편으로서 '실검챌린지'가 이루어지는 사실을 인식하였다거나 실제로 '미션

방'에 참여하였다는 사실을 뒷받침하는 간접사실에 해당한다고 볼 수는 없다. 즉, 피고인은 수사기관 이래 법정에 이르기까지 '△△'에서 공소외인에 대한 글을 읽고서 호기심에 이 사건 검색을 하였다는 취지로 일관되게 진술하면서 이에 부합하는 '△△' 관련 증거를 제출하였고, ① 피고인이 제출한 '△△' 관련 증거에는 실제로 원심 별지 범죄일람표 순번 2번에 관한 미션방의 검색 키워드 공지 시점보다 약 30분 이전부터 별다른 이유나 설명 없이 동일한 키워드가 반복적으로 검색되고 있었던 상황이 분명히 드러나 있으며, ② 검사가 제출한 증거에 따르더라도, 원심 별지 범죄일람표 순번 1·3번에 관한 미션방의 검색 키워드 공지 시점보다 약 10분 이전에 이미 참여자의 최초 인증까지 이루어진 상태였음을 알 수 있다. 이는 원심 별지 범죄일람표 기재 검색어가 박사방 운영진의 지시 이전부터 그와 무관한 '△△'를 비롯한 여러 사이트와 다수의 채팅방에서 광범위하게 검색되고 있었던 정황을 보여 주는 것으로, 그렇다면 피고인은 '미션방'이 아니라 그 주장대로 '△△' 등 다른 사이트에서 이를 보고 그에 따라 검색하였을 가능성 및 박사방 운영진 역시 위와 같은 광범위한 기존 검색 상태에 편승하는 취지에서 원심 별지 범죄일람표 기재 지시를 하였을 가능성을 배제하기 어렵다. 제1심판결이 인정한 바와 같이 피해자 공소외인은 ○○ 프로그램 출연으로 유명해진 사람으로, 당시 △△ 등에는 실제 공소외인과 관련한 글이 적지 않게 올라와 있었던 점, 피고인도 평소 □□ 음악을 좋아하여 위 ○○ 프로그램에 지원하기도 했던 점 등에 비추어 보면 더욱 그러하다. 따라서 피고인의 검색 시점과 미션방의 검색어 공지 시점 또는 공지한 검색 지정시점 사이의 시간적 간격은 이 사건 공소사실과 관련하여 큰 의미를 가진다고 보기 어렵다.

2) '미션방'의 참여자는 약 2,700명인 반면 2019. 12. 1.부터 2019. 12. 2.까지 '공소외인'을 네이버에서 검색한 사람은 약 12,000명에 이르는 점에 비추어 보더라도, 박사방 운영진의 '미션방' 게시 및 검색 지시에 따라서가 아니라 그와 무관한 다양한 경로와 동기에서 이를 검색하였을 가능성 또한 배제하기 어렵다. 특히 피고인이 △△를 통해 들어간 채팅방과 이 사건 공소사실 기재 '미션방'이 동일한 것임을 인정할 아무런 증거가 없는 상황에서, 피고인이 특정 시점에 근접하여 '미션방'에 공지된 검색어와 동일한 문구를 검색하였거나 자신이 들어간 채팅방에 일부 검색화면을 인증하였다는 사정만으로 박사방 운영진이 '미션방'에 게시한 실검챌린지 등 지시 내용을 알고서 그 지시에 따른 것이라고 추단할 수도 없다. 피고인 자신도 일관되게 '공소외인의 팬으로 △△ 등에 게시된 공소외인에 대한 소문과 그 진위 여부를 둘러싼 논란을 보고서 이를 검색하였다.'는 취지로 주장하였는데, 만약 피고인이 '미션방'의 지시 내용을 알고서 그 지시에 따라 검색을 한 것이라면, 그 게시된 바대로 강제탈퇴를 당하지 않기 위해서라도 실검챌린지에 모두 참여하였으리라는 추론이 가능함에도, 피고인은 원심 별지 범죄일람표 기재 외에 2019. 12. 2. 03:30경까지 '미션방'에 공지된 검색 지정시점과 무관한 시점에 '공소외인'을 추가로 7회 검색하였을 뿐 그 외에는 '미션방'에 공지된 검색 지정시점에 해당 검색어를 입력한 것으로 보이지 않는다. 피고인의 검색 시점 대부분은 '미션방'에 공지된 검색 지정시점과의 관련성을 단정하기 어렵다는 점에서 보더라도 피고인이 '미션방'의 지시에 따라 실검챌린지에 참여하였다고 볼 수 없고, 오히려 위와 같은 상황에서도 채팅방에서 강제로 탈퇴되지 않았던 이상 피고인이 참여한 채팅방은 박사방 운영진이 개설한 '미션방'이 아닐 가능성을 배제하기 어려운바, 이는 이 사건 공소사실과 모순되는 정황이자 피고인의 주장을 뒷받침하는 간접사실에 해당한다.

3) 이처럼 피고인이 '미션방'에 참여하여 박사방 운영진의 지시 및 공지 내용을 인식하였다거나 검색어 자체만으로 '아동·청소년 이용 음란물 배포'의 범죄행위를 위한 것임을 알았다고 보기 어려운 이상, 이 사건 공소사실에 관한 방조의 고의는 물론 아동·청소년 이용 음란물 배포에 관한 정범의 고의가 있었다고 단정하기는 어렵다. 나아가 위와 같은 검색 경위에 더하여, 피고인의 원심 별지 범죄일람표 기재 검색 시점으로부터 약 21시간 내지 24시간이 지난 시점에서야 박사방 운영진이 아동·청소년 이용 음란물을 배포한 사정을 보태어 보면, 박사방 운영진의 '미션방'에 적극 참여하여 그 지시에 따라 검색어 입력 및 인증을 한 경우가 아니라 이 사건과 같이 당시 다양한 경로로 접하게 된 검색어를 입력하는 등의 행위는, 박사방의 운영진이 특정 검색어가 당시 화제가 되고 있음에 편승하여 이에 관심을 가진 사람을 '미션방'으로 유도하여 음란물 판매를 촉진하려는 의도로 시작한 실검챌린지 등에 단순히 이용된 것으로 볼 여지가 있고, 달리 피고인의 각 행위와 정범의 범죄 실현 사이에 밀접한 관련성 등 인과관계를 인정하거나 피고인의 위 각 행위가 정범의 범죄 실현에 현실적인 기여를 하였다고 단정하기는 어렵다.

나. 그럼에도 원심은 판시와 같은 이유만으로 이 사건 공소사실을 유죄로 판단하였는바, 이러한 원심의 판단에는 논리와 경험의 법칙을 위반하여 자유심증주의의 한계를 벗어나거나 방조에 대한 법리를 오해함으로써 판결에 영향을 미친 잘못이 있다.

4. 결론

그러므로 원심판결을 파기하고, 사건을 다시 심리·판단하도록 원심법원에 환송하기로 하여, 관여 대법관의 일치된 의견으로 주문과 같이 판결한다.

3. 경합범(제37조-제40조), 포괄일죄

● 대법원 2023. 11. 16. 선고 2023도10545 판결 [마약류관리에관한법률위반(향정)·특수상해(일부인정된죄명:상해)·재물손괴]

【판시사항】

재심의 대상이 된 범죄(선행범죄)에 관한 유죄 확정판결(재심대상판결)에 대하여 재심이 개시되어 재심판결에서 다시 금고 이상의 형이 확정된 경우, 재심대상판결 이전 범죄와 재심대상판결 이후 범죄 사이에 형법 제37조 전단의 경합범 관계가 성립하는지 여부(소극) 및 이때 그 각 범죄에 대해 별도로 형을 정하여 선고하여야 하는지 여부(적극)

【판결요지】

재심의 대상이 된 범죄(이하 '선행범죄'라 한다)에 관한 유죄 확정판결(이하 '재심대상판결'이라 한다)에 대하여 재심이 개시되어 재심판결에서 다시 금고 이상의 형이 확정되었다면, 재심대상판결 이전 범죄와 재심대상판결 이후 범죄 사이에는 형법 제37조 전단의 경합범 관계가 성립하지 않으므로, 그 각 범죄에 대해 별도로 형을 정하여 선고하여야 한다. 그 이유는 다음과 같다. (가) 형법 제37조 후단 경합범은 금고 이상의 형에 처한 판결이 확정되기 이전에 범한 죄가 이미 판결이 확정된 죄와 동시에 판결을 받아 하나의 형을 선고받을 수 있었던 경우에 한하여 성립하고, 그에 대하여는 형법 제39조 제1항에 따라 판결이 확정된 죄와 동시에 판결할 경우와의 형평을 고려하여 하나의 형이 선고되어야 한다. 재심대상판결 이전 범죄는 재심판결이 확정되기 이전에 범한 죄일 뿐만 아니라 재심대상판결이 확정되기 이전까지 선행범죄와 함께 기소되거나 이에 병합되어 동시에 판결을 받아 하나의 형을 선고받을 수 있었다. 따라서 재심대상판결 이전 범죄는 선행범죄와 형법 제37조 후단의 경합범 관계에 있고, 형법 제39조 제1항에 따라 하나의 형이 선고되어야 한다. (나) 반면, 재심대상판결 이후 범죄는 비록 재심판결 확정 전에 범하여졌더라도 재심판결이 확정된 선행범죄와 사이에 형법 제37조 후단의 경합범이 성립하지 않는다. 재심대상판결 이후 범죄가 종료하였을 당시 선행범죄에 대하여 이미 재심대상판결이 확정되어 있었고, 그에 관한 비상구제절차인 재심심판절차에서는 별개의 형사사건인 재심대상판결 이후 범죄 사건을 병합하여 심리하는 것이 허용되지 아니하여, 재심대상판결 이후 범죄는 처음부터 선행범죄와 함께 심리하여 동시에 판결을 받음으로써 하나의 형을 선고받을 수 없기 때문이다. (다) 결국 재심대상판결 이전 범죄는 선행범죄와 형법 제37조 후단의 경합범 관계에 있지만, 재심대상판결 이후 범죄는 선행범죄와 형법 제37조 후단의 경합범 관계에 있지 아니하므로, 재심대상판결 이전 범죄와 재심대상판결 이후 범죄는 형법 제37조 전단의 경합범 관계로 취급할 수 없어 형법 제38조가 적용될 수 없는 이상 별도로 형을 정하여 선고하여야 한다. 다만 이러한 결론은 재심판결이 확정되더라도 재심대상판결이 여전히 유효하다거나 선행범죄에 대하여 두 개의 확정판결이 인정된다는 의미는 아니다. 재심판결이 '금고 이상의 형에 처한 판결'에 해당하는 경우, 재심대상판결 이전 범죄는 선행범죄와 형법 제37조 후단 경합범 관계에 해당하므로 하나의 형이 선고되어야 하고, 그렇지 않은 재심대상판결 이후 범죄에 대하여는 별도의 형이 선고되어야 한다는 의미일 뿐이다. (라) 한편 재심대상판결이 '금고 이상의 형에 처한 판결'이었더라도, 재심판결에서 무죄 또는 금고 미만의 형이 확정된 경우에는, 재심대상판결 이전 범죄가 더 이상 '금고 이상의 형에 처한 판결'의 확정 이전에 범한 죄에 해당하지 않아 선행범죄와 사이에 형법 제37조 후단 경합범에 해당하지 않는다. 이 경우에는 재심대상판결 이전 범죄와 재심대상판결 이후 범죄 중 어느 것도 이미 재심판결이 확정된 선행범죄와 사이에 형법 제37조 후단 경합범 관계에 있지 않아 형법 제37조 전단의 '판결이 확정되지 아니한 수 개의 죄'에 해당하므로, 형법 제38조의 경합범 가중을 거쳐 하나의 형이 선고되어야 한다.

【참조조문】형법 제37조, 제38조, 제39조 제1항, 형사소송법 제438조 제1항
【참조판례】대법원 2011. 10. 27. 선고 2009도9948 판결, 대법원 2012. 9. 27. 선고 2012도9295 판결(공2012하, 1799), 대법원 2019. 6. 20. 선고 2018도20698 전원합의체 판결(공2019하, 1485)
【전문】【피 고 인】피고인
【상 고 인】피고인
【변 호 인】변호사 박수열 외 5인
【원심판결】서울중앙지법 2023. 7. 20. 선고 2022노3434 판결

【주 문】

상고를 기각한다.

【이 유】

상고이유를 판단한다.

1. 법리오해 주장에 대하여

가. 재심의 대상이 된 범죄(이하 '선행범죄'라 한다)에 관한 유죄 확정판결(이하 '재심대상판결'이라 한다)에 대하여 재심이 개시되어 재심판결에서 다시 금고 이상의 형이 확정되었다면, 재심대상판결 이전 범죄와 재심대상판결 이후 범죄 사이에는 형법 제37조 전단의 경합범 관계가 성립하지 않으므로, 그 각 범죄에 대해 별도로 형을 정하여 선고하여야 한다. 그 이유는 다음과 같다.

1) 형법 제37조 후단 경합범은 금고 이상의 형에 처한 판결이 확정되기 이전에 범한 죄가 이미 판결이 확정된 죄와 동시에 판결을 받아 하나의 형을 선고받을 수 있었던 경우에 한하여 성립하고, 그에 대하여는 형법 제39조 제1항에 따라 판결이 확정된 죄와 동시에 판결할 경우와의 형평을 고려하여 하나의 형이 선고되어야 한다(대법원 2011. 10. 27. 선고 2009도9948 판결, 대법원 2012. 09. 27. 선고 2012도9295 판결 등 참조).

재심대상판결 이전 범죄는 재심판결이 확정되기 이전에 범한 죄일 뿐만 아니라 재심대상판결이 확정되기 이전까지 선행범죄와 함께 기소되거나 이에 병합되어 동시에 판결을 받아 하나의 형을 선고받을 수 있었다. 따라서 재심대상판결 이전 범죄는 선행범죄와 형법 제37조 후단의

경합범 관계에 있고, 형법 제39조 제1항에 따라 하나의 형이 선고되어야 한다.

2) 반면, 재심대상판결 이후 범죄는 비록 재심판결 확정 전에 범하여졌더라도 재심판결이 확정된 선행범죄와 사이에 형법 제37조 후단의 경합범이 성립하지 않는다. 재심대상판결 이후 범죄가 종료하였을 당시 선행범죄에 대하여 이미 재심대상판결이 확정되어 있었고, 그에 관한 비상구제절차인 재심심판절차에서는 별개의 형사사건인 재심대상판결 이후 범죄 사건을 병합하여 심리하는 것이 허용되지 아니하여, 재심대상판결 이후 범죄는 처음부터 선행범죄와 함께 심리하여 동시에 판결을 받음으로써 하나의 형을 선고받을 수 없기 때문이다(대법원 2019. 06. 20. 선고 2018도20698 전원합의체 판결 참조).

3) 결국 재심대상판결 이전 범죄는 선행범죄와 형법 제37조 후단의 경합범 관계에 있지만, 재심대상판결 이후 범죄는 선행범죄와 형법 제37조 후단의 경합범 관계에 있지 아니하므로, 재심대상판결 이전 범죄와 재심대상판결 이후 범죄는 형법 제37조 전단의 경합범 관계로 취급할 수 없어 형법 제38조가 적용될 수 없는 이상 별도로 형을 정하여 선고하여야 한다.

다만 이러한 결론은 재심판결이 확정되더라도 재심대상판결이 여전히 유효하다거나 선행범죄에 대하여 두 개의 확정판결이 인정된다는 의미는 아니다. 재심판결이 '금고 이상의 형에 처한 판결'에 해당하는 경우, 재심대상판결 이전 범죄는 선행범죄와 형법 제37조 후단 경합범 관계에 해당하므로 하나의 형이 선고되어야 하고, 그렇지 않은 재심대상판결 이후 범죄에 대하여는 별도의 형이 선고되어야 한다는 의미일 뿐이다.

4) 한편 재심대상판결이 '금고 이상의 형에 처한 판결'이었더라도, 재심판결에서 무죄 또는 금고 미만의 형이 확정된 경우에는, 재심대상판결 이전 범죄가 더 이상 '금고 이상의 형에 처한 판결'의 확정 이전에 범한 죄에 해당하지 않아 선행범죄와 사이에 형법 제37조 후단 경합범에 해당하지 않는다. 이 경우에는 재심대상판결 이전 범죄와 재심대상판결 이후 범죄 중 어느 것도 이미 재심판결이 확정된 선행범죄와 사이에 형법 제37조 후단 경합범 관계에 있지 않아 형법 제37조 전단의 '판결이 확정되지 아니한 수 개의 죄'에 해당하므로, 형법 제38조의 경합범 가중을 거쳐 하나의 형이 선고되어야 한다.

나. 원심판결 이유 및 기록에 따르면, 아래의 사실을 알 수 있다.

1) 피고인은 2019. 12. 21. 자 음주운전 범행(이하 '선행범죄'라 한다)으로 서울중앙지방법원에서 2020. 4. 17. 징역 1년, 집행유예 2년의 유죄판결을 선고받아 2020. 4. 25. 그 판결이 확정되었다(이하 '재심대상판결'이라 한다).

헌법재판소는 2021. 11. 25. 선고한 2019헌바446 등 사건에서 재심대상판결에서 적용되었던 구 도로교통법(2018. 12. 24. 법률 제16037호로 개정되고, 2020. 6. 9. 법률 제17371호로 개정되기 전의 것, 이하 같다) 제148조의2 제1항 중 "제44조 제1항을 2회 이상 위반한 사람" 부분이 헌법에 위반된다고 판단하였고, 이에 피고인은 헌법재판소의 위헌결정을 근거로 재심대상판결에 대하여 재심을 청구하였다. 재심이 개시된 후 재심법원에서 공소장 변경을 거쳐 2023. 5. 18. 징역 1년, 집행유예 2년의 유죄판결이 선고되었고, 2023. 5. 26. 그 판결이 확정되었다.

2) 이 사건 공소사실(이유무죄 부분 제외) 중 2019. 10. 말경의 필로폰 투약 등 범행(이하 '제1구

간 범행'이라 한다)은 재심대상판결이 확정된 2020. 4. 25. 이전 범행이지만, 2020. 5. 11. 자 필로폰 투약 등 범행(이하 '제2구간 범행'이라 한다)은 재심대상판결이 확정된 이후 범행이다.

3) 원심은, 제1구간 범행에 대하여 유죄로 판단하면서 선행범죄와 형법 제37조 후단 경합범 관계를 인정하여 형법 제39조 제1항에 따라 선행범죄와 동시에 판결할 경우와의 형평을 고려하여 형을 정한 제1심판결을 유지하였고, 제2구간 범행에 대하여 유죄로 판단하면서 선행범죄와 형법 제37조 후단 경합범 관계 및 제1구간 범행과 형법 제37조 전단 경합범 관계를 모두 인정하지 않은 채 별도로 형을 정하여 선고하였다.

다. 앞서 본 법리에 비추어 살펴보면, 제1·2구간 범행 사이에 형법 제37조 전단 경합범 관계가 성립하지 않는다고 보아 제1구간 범행과 제2구간 범행에 대하여 별도로 형을 정하여 선고한 원심의 판단에 죄수에 관한 법리를 오해한 잘못이 없다.

2. 양형부당 주장에 대하여

형사소송법 제383조 제4호에서 정한 형보다 가벼운 형이 선고된 이 사건에서 형이 너무 무거워 부당하다는 취지의 주장은 적법한 상고이유가 되지 못한다.

3. 결 론

그러므로 상고를 기각하기로 하여, 관여 대법관의 일치된 의견으로 주문과 같이 판결한다.

● 대법원 2023. 11. 16. 선고 2023도12424 판결 [특정경제범죄가중처벌등에관한법률위반(사기)·사기]

【판시사항】

유사수신행위를 금지·처벌하는 유사수신행위의 규제에 관한 법률 제6조 제1항, 제3조 위반죄가 사기죄와 별개의 범죄인지 여부(적극) / 유사수신행위를 한 자가 출자자에게 별도의 기망행위를 하여 유사수신행위로 조달받은 자금의 전부 또는 일부를 다시 투자받는 행위가 유사수신행위의 규제에 관한 법률 위반죄의 불가벌적 사후행위에 해당하는지 여부(소극) 및 별죄인 사기죄를 구성하는지 여부(적극)

【판결요지】

유사수신행위의 규제에 관한 법률(이하 '유사수신행위법'이라 한다) 제6조 제1항, 제3조를 위반한 행위는 그 자체가 사기행위에 해당한다거나 사기행위를 반드시 포함한다고 할 수 없고, 유사수신행위법 위반죄가 형법 제347조 제1항의 사기죄와 구성요건을 달리하는 별개의 범죄로서 서로 보호법익이 다른 이상, 유사수신행위를 한 자가 출자자에게 별도의 기망행위를 하여 유사수신행위로 조달받은 자금의 전부 또는 일부를 다시 투자받는 행위는 유사수신행위법 위반죄와 다른 새로운 보호법익을 침해하는 것으로서 유사수신행위법 위반죄의 불가벌적 사후행위가 되는 것이 아니라 별죄인 사기죄를 구성한다.

【참조조문】 유사수신행위의 규제에 관한 법률 제3조, 제6조 제1항, 형법 제37조, 제347조 제1항
【전문】【피 고 인】 피고인 【상 고 인】 피고인 【변 호 인】 변호사 장용배 【배상신청인】 배상신청인
【원심판결】 대전고법 2023. 8. 25. 선고 2023노213, 337 판결

【주 문】

상고를 기각한다.

【이 유】

상고이유를 판단한다.

「유사수신행위의 규제에 관한 법률」(이하 '유사수신행위법'이라 한다) 제6조 제1항, 제3조를 위반한 행위는 그 자체가 사기행위에 해당한다거나 사기행위를 반드시 포함한다고 할 수 없고, 유사수신행위법 위반죄가 형법 제347조 제1항의 사기죄와 구성요건을 달리하는 별개의 범죄로서 서로 보호법익이 다른 이상, 유사수신행위를 한 자가 출자자에게 별도의 기망행위를 하여 유사수신행위로 조달받은 자금의 전부 또는 일부를 다시 투자받는 행위는 유사수신행위법 위반죄와 다른 새로운 보호법익을 침해하는 것으로서 유사수신행위법 위반죄의 불가벌적 사후행위가 되는 것이 아니라 별죄인 사기죄를 구성한다.

원심은 판시와 같은 이유로, 피고인의 2020. 7. 15.경 피해자 공소외인에 대한 판시 사기의 점에 관한 공소사실에 대하여, 유사수신행위법 제3조에서 금지하는 유사수신행위에는 기망행위가 포함되어 있지 않고 유사수신행위법 위반죄와 사기죄는 구성요건을 달리하는 별개의 범죄로서 서로 행위의 태양이나 보호법익을 달리한다는 등의 이유로 기존 범죄인 유사수신행위법 위반죄의 가벌적 평가범위 내에 흡수되는 불가벌적 사후행위에 해당하지 않는다고 판단하였다.

원심판결 이유를 위 법리 및 기록에 비추어 살펴보면, 이 부분 원심판단에 일부 적절하지 않은 점이 있으나, 피고인의 2020. 7. 15.경 피해자 공소외인에 대한 판시 사기죄가 유사수신행위법 위반죄의 불가벌적 사후행위에 해당하지 않는다고 본 원심의 판단에 불가벌적 사후행위에 관한 법리를 오해함으로써 판결에 영향을 미친 잘못이 없다.

2. 나머지 상고이유에 대한 판단

이 부분 상고이유는 형사소송법 제383조 제4호에서 정한 형보다 가벼운 형이 선고된 이 사건에서 사실오인·법리오해를 내세우며 실질적으로 원심의 증거 선택 및 증명력에 관한 판단 또는 이에 기초한 사실인정을 탓하는 것이거나 원심이 인정한 사실과 다른 사실관계를 전제로 법리오해를 지적하는 취지의 주장 또는 형이 너무 무거워 부당하다는 취지의 주장에 해당하여 모두 적법한 상고이유로 볼 수 없다.

3. 결론

그러므로 상고를 기각하기로 하여 관여 대법관의 일치된 의견으로 주문과 같이 판결한다.

---

⑬ 대법원 2023. 12. 28. 선고 2023도12316 판결 [산업안전보건법위반·업무상과실치사·중대재해처벌등에관한법률위반(산업재해치사)]

【판시사항】

[1] 상상적 경합에서 말하는 '1개의 행위'의 의미
[2] 피고인 갑 주식회사의 대표이사로서 경영책임자이자 안전보건총괄책임자인 피고인 을이, 산업재해 예방에 필요한 주의의무를 게을리하고 안전조치를 하지 아니하여 피고인 갑 회사와 도급계약을 체결한 관계수급인인 병 사업체 소속 근로자 정이 피고인 갑 회사의 야외작업장에서 중량물 취급 작업인 철제 방열판 보수 작업을 하던 중 크레인 섬유벨트가 끊어지고 방열판이 낙하하면서 정을 덮쳐 사망에 이르게 함과 동시에, 재해예방을 위한 안전보건관리체계의 구축 및 그 이행에 관한 조치를 하지 아니하여 사업장의 종사자 정이 사망하는 중대산업재해에 이르게 하였다는 내용의 업무상과실치사, 산업안전보건법 위반, 중대재해 처벌 등에 관한 법률 위반(산업재해치사)의 공소사실이 제1심 및 원심에서 모두 유죄로 인정된 사안에서, 위 각 법의 목적, 보호법익, 행위태양 등에 비추어 보면, 중대재해 처벌 등에 관한 법률 위반(산업재해치사)죄와 근로자 사망으로 인한 산업안전보건법 위반죄 및 업무상과실치사죄는 상호 간 사회관념상 1개의 행위가 수 개의 죄에 해당하는 경우로서 상상적 경합 관계에 있다고 한 사례

【판결요지】

[1] 상상적 경합은 1개의 행위가 수 개의 죄에 해당하는 경우를 말한다(형법 제40조). 여기에서 1개의 행위란 법적 평가를 떠나 사회관념상 행위가 사물자연의 상태로서 1개로 평가되는 것을 의미한다.
[2] 피고인 갑 주식회사의 대표이사로서 경영책임자이자 안전보건총괄책임자인 피고인 을이, 산업재해 예방에 필요한 주의의무를 게을리하고 안전조치를 하지 아니하여 피고인 갑 회사와 도급계약을 체결한 관계수급인인 병 사업체 소속 근로자 정이 피고인 갑 회사의 야외작업장에서 중량물 취급 작업인 철제 방열판 보수 작업을 하던 중 크레인 섬유벨트가 끊어지고 방열판이 낙하하면서 정을 덮쳐 사망에 이르게 함과 동시에, 재해예방을 위한 안전보건관리체계의 구축 및 그 이행에 관한 조치를 하지 아니하여 사업장의 종사자 정이 사망하는 중대산업재해에 이르게 하였다는 내용의 업무상과실치사, 산업안전보건법 위반, 중대재해 처벌 등에 관한 법률(이하 '중대재해처벌법'이라 한다) 위반(산업재해치사)의 공소사실이 제1심 및 원심에서 모두 유죄로 인정된 사안에서, ① 산업안전보건법과 중대재해처벌법의 목적이 완전히 동일하지는 않지만 '산업재해 또는 중대재해를 예

방' 하고 '노무를 제공하는 사람 또는 종사자의 안전을 유지·증진하거나 생명과 신체를 보호' 하는 것을 목적으로 함으로써 궁극적으로 사람의 생명·신체의 보전을 보호법익으로 한다는 공통점이 있고, 이는 사람의 생명·신체의 보전을 보호법익으로 하는 형법상 업무상과실치사상죄도 마찬가지인 점, ② 피고인 을이 안전보건총괄책임자로서 중량물 취급 작업계획서 작성에 관한 조치를 하지 않은 산업안전보건법 위반행위와 경영책임자로서 안전보건관리체계의 구축 및 그 이행에 관한 조치를 하지 않은 중대재해처벌법 위반행위는 모두 같은 일시·장소에서 같은 피해자의 사망이라는 결과 발생을 방지하지 못한 부작위에 의한 범행에 해당하여 각 법적 평가를 떠나 사회관념상 1개의 행위로 평가할 수 있으므로, 중대재해처벌법 위반(산업재해치사)죄와 근로자 사망으로 인한 산업안전보건법 위반죄는 상상적 경합 관계에 있는 점, ③ 근로자 사망으로 인한 산업안전보건법 위반죄와 업무상과실치사죄는 업무상 주의의무가 일치하여 상상적 경합 관계에 있고, 피고인 을에게 중대재해처벌법 제4조에 따라 부과된 안전 확보의무는 산업안전보건법 제63조에 따라 부과된 안전 조치의무와 마찬가지로 업무상과실치사죄의 주의의무를 구성할 수 있으므로 중대재해처벌법 위반(산업재해치사)죄와 업무상과실치사죄 역시 행위의 동일성이 인정되어 상상적 경합 관계에 있는 점 등에 비추어 보면, 중대재해처벌법 위반(산업재해치사)죄와 근로자 사망으로 인한 산업안전보건법 위반죄 및 업무상과실치사죄는 상호 간 사회관념상 1개의 행위가 수 개의 죄에 해당하는 경우로서 형법 제40조의 상상적 경합 관계에 있다고 한 사례.

【참조조문】 [1] 형법 제40조 [2] 형법 제40조, 제268조, 산업안전보건법 제1조, 제38조, 제39조, 제63조, 제167조 제1항, 제168조 제1호, 제173조, 중대재해 처벌 등에 관한 법률 제1조, 제2조 제1호, 제2호 (가)목, 제7호, 제8호, 제9호, 제4조 제1항 제1호, 제6조 제1항, 제7조 제1호
【참조판례】 [1] 대법원 1987. 2. 24. 선고 86도2731 판결(공1987, 594) 대법원 2017. 9. 21. 선고 2017도11687 판결(공2017하, 2058)
【전 문】【피 고 인】 피고인 1 외 1인 【상 고 인】 검사
【변 호 인】 법무법인(유한) 화우 외 1인
【원심판결】 부산고법 2023. 8. 23. 선고 (창원)2023노167 판결

【주 문】

상고를 모두 기각한다.

【이 유】

상고이유를 판단한다.

1. 쟁점 공소사실의 요지

가. 피고인 1

1) 근로자 사망으로 인한 산업안전보건법 위반 및 업무상과실치사의 점

피고인 1은 사업주인 피고인 2 주식회사(이하 '피고인 2 회사'라 한다)의 대표이사이자 안전보

건총괄책임자로서 관계수급인인 ○○ 소속 근로자의 산업재해를 예방하기 위하여 중량물 취급 작업에 관한 작업계획서를 작성하고 그 계획에 따라 작업을 하도록 할 업무상 주의의무를 게을리하여 2022. 3. 16. 근로자인 피해자 공소외인이 방열판 보수 작업을 하던 중 방열판이 낙하하면서 피해자를 덮쳐 피해자의 왼쪽 다리가 방열판과 바닥 사이에 협착되도록 하여 피해자를 사망에 이르게 함과 동시에 산업재해를 예방하기 위하여 필요한 안전조치를 취하지 아니하여 근로자를 사망에 이르게 하였다.

2) 「중대재해 처벌 등에 관한 법률」(이하 '중대재해처벌법'이라 한다) 위반(산업재해치사)의 점

피고인 1은 사업주인 피고인 2 회사의 대표이사이자 경영책임자로서 피고인 2 회사가 실질적으로 지배·운영·관리하는 사업장에서 안전보건관리책임자 등이 업무를 충실히 수행할 수 있도록 평가하는 기준을 마련하거나, 도급 등을 받는 자의 산업재해 예방을 위한 조치능력과 기술에 관한 평가 기준·절차를 마련하는 등 종사자의 안전·보건상 유해 또는 위험을 방지하기 위한 안전보건관리체계의 구축 및 그 이행에 관한 조치를 하지 아니하여 위와 같이 종사자 공소외인이 사망하는 중대산업재해에 이르게 하였다.

나. 피고인 2 회사에 대한 근로자 사망으로 인한 산업안전보건법 위반 및 중대재해처벌법 위반(산업재해치사)의 점

피고인 2 회사의 대표이사이자 경영책임자인 피고인 1이 피고인 2 회사의 업무에 관하여 위와 같은 조치를 하지 아니하여 근로자 공소외인을 사망에 이르게 하고, 종사자가 사망하는 중대산업재해에 이르게 하였다.

2. 죄수에 관한 판단

가. 상상적 경합은 1개의 행위가 수 개의 죄에 해당하는 경우를 말한다(형법 제40조). 여기에서 1개의 행위라 함은 법적 평가를 떠나 사회관념상 행위가 사물자연의 상태로서 1개로 평가되는 것을 의미한다(대법원 1987. 02. 24. 선고 86도2731 판결, 대법원 2017. 09. 21. 선고 2017도11687 판결 등 참조). 중대재해처벌법과 산업안전보건법의 목적, 보호법익, 행위태양 등에 비추어 보면, 이 사건에서 중대재해처벌법 위반(산업재해치사)죄와 근로자 사망으로 인한 산업안전보건법 위반죄 및 업무상과실치사죄는 상호 간 사회관념상 1개의 행위가 수 개의 죄에 해당하는 경우로서 형법 제40조의 상상적 경합 관계에 있다. 그 구체적 이유는 다음과 같다.

1) 산업안전보건법은 '산업 안전 및 보건에 관한 기준을 확립하고 그 책임의 소재를 명확하게 하여 산업재해를 예방하고 쾌적한 작업환경을 조성함으로써 노무를 제공하는 사람의 안전 및 보건을 유지·증진함'을 목적으로 하고(제1조), 중대재해처벌법은 '사업 또는 사업장, 공중이용시설 및 공중교통수단을 운영하거나 인체에 해로운 원료나 제조물을 취급하면서 안전·보건 조치의무를 위반하여 인명피해를 발생하게 한 사업주, 경영책임자, 공무원 및 법인의 처벌 등을 규정함으로써 중대재해를 예방하고 시민과 종사자의 생명과 신체를 보호함'을 목적으로 한다(제1조). 위 각 법의 목적이 완전히 동일하지는 않지만 '산업재해 또는 중대재해를 예방'하고 '노무를 제공하는 사람 또는 종사자의 안전을 유지·증진하거나 생명과 신체를 보호'하는 것을 목적으로 함으로써 궁극적으로 사람의 생명·신체의 보전을 그 보호법익으로 한다는 공통점이 있다. 이는 사람의 생명·신체의 보전을 보호법익으로 하는 형법상 업무상과실치사상죄도 마찬가

지이다.

2) 이 사건에서 피고인 1이 안전보건총괄책임자로서 작업계획서 작성에 관한 조치를 하지 않은 산업안전보건법 위반행위와 경영책임자로서 안전보건관리체계의 구축 및 그 이행에 관한 조치를 하지 않은 중대재해처벌법 위반행위는 모두 같은 일시·장소에서 같은 피해자의 사망이라는 결과 발생을 방지하지 못한 부작위에 의한 범행에 해당하여 각 그 법적 평가를 떠나 사회관념상 1개의 행위로 평가할 수 있다. 따라서 중대재해처벌법 위반(산업재해치사)죄와 근로자 사망으로 인한 산업안전보건법 위반죄는 상상적 경합 관계에 있다.

3) 근로자 사망으로 인한 산업안전보건법 위반죄와 업무상과실치사죄는 그 업무상 주의의무가 일치하여 상상적 경합 관계에 있다(대법원 1991. 12. 10. 선고 91도2642 판결, 대법원 2015. 10. 29. 선고 2015도5545 판결 등 참조). 이 사건에서 피고인 1에게 중대재해처벌법 제4조에 따라 부과된 안전 확보의무는 산업안전보건법 제63조에 따라 부과된 안전 조치의무와 마찬가지로 업무상과실치사죄의 주의의무를 구성할 수 있다. 따라서 중대재해처벌법 위반(산업재해치사)죄와 업무상과실치사죄 역시 행위의 동일성이 인정되어 상상적 경합 관계에 있다.

나. 결국 원심이 피고인들에 대한 쟁점 공소사실 부분을 상상적 경합 관계로 판단한 것은 정당하고, 거기에 상고이유 주장과 같이 죄수 판단에 관한 법리를 오해하여 판결에 영향을 미친 잘못이 없다.

3. 나머지 부분에 관한 판단

검사는 피고인들에 대한 원심판결 전부에 대하여 상고하였으나, 안전조치 및 보건조치 불이행으로 인한 산업안전보건법 위반 부분에 관하여는 상고장이나 상고이유서에 구체적인 불복이유의 기재가 없다.

4. 결 론

상고를 모두 기각하기로 하여, 관여 대법관의 일치된 의견으로 주문과 같이 판결한다.

제3장 형(刑)

1. 몰수와 추징(제48조)

🔘 대법원 2024. 01. 04. 선고 2021도5723 판결 [마약류관리에관한법률위반(향정)·마약류관리에관한법률위반(대마)]

【판시사항】

구 형법 제48조 제1항 제1호에서 몰수 대상으로 정한 '범죄행위에 제공한 물건'의 의미 / 위 조항에 의한 몰수가 임의적이라도 비례의 원칙에 따른 제한을 받는지 여부(적극) 및 비례의 원칙 위반 여부를 판단할 때 고려하여야 할 사정 / 휴대전화의 동영상 촬영기능을 이용하여 피해자를 촬영한 행위 자체가 범죄에 해당하는 경우, 휴대전화는 '범죄행위에 제공된 물건', 촬영되어 저장된 동영상은 휴대전화에 저장된 전자기록으로서 '범죄행위로 인하여 생긴 물건'에 각각 해당하는지 여부(적극) 및 이때 법원이 휴대전화를 몰수하지 않고 동영상만을 몰수하는 것도 가능한지 여부(적극)

【판결요지】

구 형법(2020. 12. 8. 법률 제17571호로 개정되기 전의 것) 제48조 제1항 제1호의 '범죄행위에 제공한 물건'은 범죄의 실행행위 자체에 사용한 물건만 의미하는 것이 아니라 실행행위 착수 전 또는 실행행위 종료 후 행위에 사용한 물건 중 범죄행위의 수행에 실질적으로 기여하였다고 인정되는 물건까지도 포함한다. 한편 위 조항에 따른 몰수는 임의적인 것이어서 그 요건에 해당되더라도 실제로 이를 몰수할 것인지 여부는 법원의 재량에 맡겨져 있지만 형벌 일반에 적용되는 비례의 원칙에 따른 제한을 받는데, 몰수가 비례의 원칙에 위반되는 여부를 판단하기 위해서는, 몰수 대상 물건이 범죄 실행에 사용된 정도와 범위 및 범행에서의 중요성, 물건의 소유자가 범죄 실행에서 차지하는 역할과 책임의 정도, 범죄 실행으로 인한 법익 침해의 정도, 범죄 실행의 동기, 범죄로 얻은 수익, 물건 중 범죄 실행과 관련된 부분의 별도 분리 가능성, 물건의 실질적 가치와 범죄와의 상관성 및 균형성, 물건이 행위자에게 필요불가결한 것인지 여부, 몰수되지 아니할 경우 행위자가 그 물건을 이용하여 다시 동종범죄를 실행할 위험성 유무 및 그 정도 등 제반 사정이 고려되어야 한다. 또한, 전자기록은 일정한 저장매체에 전자방식이나 자기방식에 의하여 저장된 기록으로서 저장매체를 매개로 존재하는 물건이므로 위 조항에 정한 사유가 있는 때에는 이를 몰수할 수 있는바, 가령 휴대전화의 동영상 촬영기능을 이용하여 피해자를 촬영한 행위 자체가 범죄에 해당하는 경우, 휴대전화는 '범죄행위에 제공된 물건', 촬영되어 저장된 동영상은 휴대전화에 저장된 전자기록으로서 '범죄행위로 인하여 생긴 물건'에 각각 해당하고 이러한 경우 법원이 휴대전화를 몰수하지 않고 동영상만을 몰수하는 것도 가능하다.

【참조조문】 구 형법(2020. 12. 8. 법률 제17571호로 개정되기 전의 것) 제48조 제1항 제1호
【참조판례】 대법원 2006. 9. 14. 선고 2006도4075 판결(공2006하, 1774) 대법원 2008. 4. 24. 선고 2005도8174 판결, 대법원 2013. 5. 23. 선고 2012도11586 판결(공2013하, 1172) 대법원 2017. 10. 23. 선고 2017도5905 판결
【전 문】【피 고 인】 피고인 **【상 고 인】** 피고인 **【변 호 인】** 변호사 강준성
【원심판결】 수원지법 2021. 4. 23. 선고 2021노393 판결

【주 문】

원심판결을 파기하고, 사건을 수원지방법원에 환송한다.

【이 유】

상고이유를 판단한다.

구 형법(2020. 12. 8. 법률 제17571호로 개정되기 전의 것, 이하 같다) 제48조 제1항 제1호의 '범죄행위에 제공한 물건'은 범죄의 실행행위 자체에 사용한 물건만 의미하는 것이 아니라 실행행위 착수 전 또는 실행행위 종료 후 행위에 사용한 물건 중 범죄행위의 수행에 실질적으로 기여하였다고 인정되는 물건까지도 포함한다(대법원 2006. 09. 14. 선고 2006도4075 판결 등 참조). 한편 위 조항에 따른 몰수는 임의적인 것이어서 그 요건에 해당되더라도 실제로 이를 몰수할 것인지 여부는 법원의 재량에 맡겨져 있지만 형벌 일반에 적용되는 비례의 원칙에 따른 제한을 받는데, 몰수가 비례의 원칙에 위반되는 여부를 판단하기 위해서는, 몰수 대상 물건이 범죄 실행에 사용된 정도와 범위 및 범행에서의 중요성, 물건의 소유자가 범죄 실행에서 차지하는 역할과 책임의 정도, 범죄 실행으로 인한 법익 침해의 정도, 범죄 실행의 동기, 범죄로 얻은 수익, 물건 중 범죄 실행과 관련된 부분의 별도 분리 가능성, 물건의 실질적 가치와 범죄와의 상관성 및 균형성, 물건이 행위자에게 필요불가결한 것인지 여부, 몰수되지 아니할 경우 행위자가 그 물건을 이용하여 다시 동종 범죄를 실행할 위험성 유무 및 그 정도 등 제반 사정이 고려되어야 한다(대법원 2008. 04. 24. 선고 2005도8174 판결, 대법원 2013. 05. 23. 선고 2012도11586 판결 참조). 또한, 전자기록은 일정한 저장매체에 전자방식이나 자기방식에 의하여 저장된 기록으로서 저장매체를 매개로 존재하는 물건이므로 위 조항에 정한 사유가 있는 때에는 이를 몰수할 수 있는바, 가령 휴대전화의 동영상 촬영기능을 이용하여 피해자를 촬영한 행위 자체가 범죄에 해당하는 경우, 휴대전화는 '범죄행위에 제공된 물건', 촬영되어 저장된 동영상은 휴대전화에 저장된 전자기록으로서 '범죄행위로 인하여 생긴 물건'에 각각 해당하고 이러한 경우 법원이 휴대전화를 몰수하지 않고 동영상만을 몰수하는 것도 가능하다(대법원 2017. 10. 23. 선고 2017도5905 판결).

위와 같은 법리에 원심이 적법하게 채택한 증거와 기록에 따라 알 수 있는 사정, 즉 ① 제1심과 원심이 몰수를 명한 이 사건 휴대전화(증 제3호)는 피고인이 2019. 2.경 자신의 할머니 명의로 개통한 것으로, 피고인은 그 경위에 관하여, 종전 형사처벌 전력에 따른 형 집행 과정에서 신용불량자가 되어 2018. 9.경 형기만료 후 자기 명의로는 휴대전화를 개통할 수 없는 불가피한 상황이어서 할머니 명의로 개통·사용하였다고 수사 및 공판 과정에서 일관되게 진술하였고, 그와 달리 볼 만한 사정

도 존재하지 않는 점, ② 이 사건 범죄사실과 관련하여 이 사건 휴대전화가 사용된 것으로 보이는 정황은, 피고인이 대마 수수·흡연 범행과 관련하여 2020. 3. 23.경 공소외인과 문자메시지를 몇 차례 주고받은 것과 필로폰 수수·투약 범행과 관련하여 2020. 6. 12.경 공소외인과 1회 통화한 것이 전부이므로, 마약 등의 수수 및 흡연(투약)을 본질로 하는 이 사건 범죄의 실행행위 자체 또는 범행의 직접적 도구로 사용된 것은 아닌 점, ③ 이와 같은 타인 명의 휴대전화의 개통 경위·목적·사용기간·사용내역 등에 비추어, 피고인은 2020. 8. 5. 이 사건 범행으로 체포되기까지 약 1년 6개월 동안 이 사건 휴대전화를 일상적인 생활도구로 사용하던 중 이 사건 범죄사실과 관련하여 상대방과의 연락 수단으로 일시적으로 이용한 것일 뿐 이 사건 범행의 직접적이고 실질적인 목적·수단·도구로 사용하기 위하여 또는 그 과정에서 범행·신분 등을 은폐하기 위한 부정한 목적으로 타인 명의로 개통하여 사용한 것으로 보이지는 않는 등 이 사건 범죄와의 상관성은 매우 낮은 편이어서 이를 몰수하지 않으면 다시 이를 직접적이고 실질적인 범행의 목적·수단·도구로 이용하여 동종 범행을 저지를 가능성이나 위험성이 높다고 보기 어려운 점, ④ 이 사건 휴대전화의 압수 조치는, 이 사건 범죄사실의 각 범행 일시 특정을 위해 문자메시지와 통화내역 등에 관한 확인이 필요하여 이루어진 것으로 보이나, 피고인이 이 사건 범죄사실을 모두 자백하고 있어 압수를 계속할 필요성이 보이지 않고 제1심 역시 같은 이유로 가환부 결정을 하는 등 이 사건 휴대전화의 증거가치 혹은 관련·동종의 범행 예방 차원에서 피고인의 점유 내지 소유권을 박탈할 필요성이 높아 보이지 않는 점, ⑤ 피고인은 3세에 부모 이혼 후 조부모 아래에서 성장하였고, 현재 아내와 딸은 중국에 거주하지만 그들을 비롯한 친인척과는 교류가 거의 없이 단지 이 사건 휴대전화로 중국 메신저(위챗)를 통해 연락을 취하는 것으로 보여, 이 사건 휴대전화는 단순히 금전적·경제적 가치를 넘어 피고인이 해외에 거주하는 가족과 연락할 수 있는 수단이자 지인의 연락처·금융거래 및 각종 계정 등 다수의 개인정보와 전자정보가 저장된 장치로서 피고인에게는 일상생활과 경제활동 등에 필수불가결한 물건으로 보이는 점 등을 종합하면, 이 사건 휴대전화는 비록 최초 압수 당시에는 몰수 요건에 형식적으로 해당한다고 볼 수 있었다 하더라도 그 후 수사 및 재판의 진행 경과와 이를 통해 밝혀진 사실관계에 비추어 이 사건 범죄 수행에 실질적으로 기여한 것이라고 단정하기 어려운 사정이 밝혀진 것으로 봄이 타당하다. 뿐만 아니라, 이 사건 범죄 실행에 사용된 정도·범위·횟수·중요성 등 범죄와의 상관성·관련성에 비추어, 범죄와 무관한 개인의 사생활의 비밀과 자유, 정보에 대한 자기결정권 등 인격적 법익에 관한 모든 것이 저장되어 있는 사적 정보저장매체로서의 이 사건 휴대전화가 갖는 인격적 가치·기능이 이를 현저히 초과한다고 볼 수 있어, 몰수로 인하여 피고인에게 미치는 불이익의 정도가 지나치게 큰 편이라는 점에서도 비례의 원칙상 몰수가 제한되는 경우에 해당한다고 볼 여지가 많다.

그럼에도 원심은 판시와 같은 이유로, 이 사건 휴대전화가 구 형법 제48조 제1항 제1호의 '범죄행위에 제공한 물건'에 해당된다고 보아 몰수를 명한 제1심판결을 유지하였는바, 이러한 원심의 판단에는 비례의 원칙을 비롯한 몰수의 실질적 요건 등에 관한 법리를 오해하여 필요한 심리를 다하지 아니함으로써 판결에 영향을 미친 잘못이 있다.

그러므로 원심판결을 파기하고, 사건을 다시 심리·판단하도록 원심법원에 환송하기로 하여, 관여 대법관의 일치된 의견으로 주문과 같이 판결한다.

2. 형의 양정(제51조-제58조)

3. 형의 선고유예(제59조-제61조)

4. 형의 집행유예(제62조-제65조)

제2편 형법각칙

제1장 폭발물에 관한 죄

제2장 공무원의 직무에 관한 죄

제3장 공무방해에 관한 죄

제4장 도주와 범인은닉의 죄

제5장 위증과 증거인멸의 죄

제6장 무고의 죄

제7장 방화와 실화의 죄

제8장 교통방해의 죄

제9장 통화에 관한 죄

제10장 유가증권 등에 관한 죄

제11장 문서에 관한 죄

제12장 인장에 관한 죄

제13장 성풍속에 관한 죄

제14장 도박과 복표에 관한 죄

제15장 살인 등의 죄

제16장 상해와 폭행의 죄

제17장 과실치사상의 죄

제18장 유기와 학대의 죄

제19장 체포와 감금의 죄

제20장 협박의 죄

제21장 강간과 추행의 죄

제22장 명예에 관한 죄

제23장 신용·업무와 경매에 관한 죄

제24장 주거침입의 죄

제25장 권리행사를 방해하는 죄

제26장 절도와 강도의 죄

제27장 사기와 공갈의 죄

제28장 횡령과 배임의 죄

제29장 장물에 관한 죄

제30장 손괴에 관한 죄

제1장 폭발물에 관한 죄

제2장 공무원의 직무에 관한 죄

1. 직무유기(제122조)
2. 직권남용권리행사방해(제123조)

3. 공무상비밀누설(제127조)
4. 수뢰·사전수뢰(제129조)
5. 제3자 뇌물수수(제130조)
6. 수뢰후부정처사, 사후수뢰(제131조)

제3장 공무방해에 관한 죄

1. 공무집행방해 등(제136조, 제144조)
2. 위계공무집행방해(제137조)
3. 공무상표시무효 등(제140조)
4. 특수공무집행방해 등(제144조)

제4장 도주와 범인은닉의 죄

Ⓑ 대법원 2023. 12. 28. 선고 2020도12586 판결 [도주미수]

【판시사항】

법원이 선고기일에 피고인에 대하여 실형을 선고하면서 구속영장을 발부하는 경우, 검사가 법정에 재정하여 법원으로부터 구속영장을 전달받아 집행을 지휘하고, 그에 따라 피고인 대기실로 인치된 피고인이 도주죄의 주체인 '법률에 의하여 체포 또는 구금된 자'에 해당하는지 여부(원칙적 적극)

【판결요지】

법원이 선고기일에 피고인에 대하여 실형을 선고하면서 구속영장을 발부하는 경우 검사가 법정에 재정하여 법원으로부터 구속영장을 전달받아 집행을 지휘하고, 그에 따라 피고인이 피고인 대기실로 인치되었다면 다른 특별한 사정이 없는 한 피고인은 형법 제145조 제1항의 '법률에 의하여 체포 또는 구금된 자'에 해당한다. 그 이유는 다음과 같다.

(가) 형사소송법은 재판의 집행 일반에 관하여 재판의 성질상 법원 또는 법관이 지휘할 경우를 제외하면 재판을 한 법원에 대응한 검찰청 검사가 지휘한다고 정하면서(제460조 제1항), 구속영장(제81조 제1항 본문, 제209조), 체포영장(제81조 제1항 본문, 제200조의6), 압수·수색·검증영장(제115조 제1항 본문, 제219조)의 집행 등에 관하여도 검사의 지휘에 의하여 집행한다고 규정하고 있다. 따라서 검사가 법정에서 법원으로부터 구속영장을 전달받아 교도관 등으로 하여금 피고인을 인치하도록 하였다면 집행절차가 적법하게 개시되었다고 볼 수 있다.

(나) 구속영장의 집행을 통하여 최종적으로 피고인에 대한 신병을 인계받아 구금을 담당하는 교도관이 법정에서 곧바로 피고인에 대한 신병을 확보하였다면 구속의 목적이 적법하게 달성된 것으로 볼 수 있다.

(다) 구속영장 발부, 구속영장 집행, 구금 등 모든 과정이 공개된 법정 및 법관의 면전에서 이루어졌다면 특별한 사정이 없는 한, 피고인의 방어권이나 절차적 권리 및 신체의 자유가 침해될 만한 위법이 있다고 평가하기 어렵다.

【참조조문】 구 형법(2020. 12. 8. 법률 제17571호로 개정되기 전의 것) 제145조 제1항, 형법 제145조 제1항, 형사소송법 제81조 제1항, 제115조 제1항, 제200조의6, 제209조, 제219조, 제460조 제1항
【전 문】【피 고 인】 피고인
【상 고 인】 검사
【변 호 인】 법무법인 제하 담당변호사 전세준 외 3인
【원심판결】 서울남부지법 2020. 8. 27. 선고 2019노504 판결

【주 문】

원심판결을 파기하고, 사건을 서울남부지방법원에 환송한다.

【이 유】

상고이유를 판단한다.

1. 공소사실의 요지

   피고인은 2018. 5. 3. 서울남부지방법원 형사법정에서 준강제추행죄 등으로 징역 1년 6개월을 선고받고 구속영장에 의해 법정구속되어 구속 피고인 대기실로 인치된 상태에서 서울남부구치소 교감 공소외 1과 교위 공소외 2가 피고인에게 인적사항을 확인하던 중, 갑자기 구속 피고인 대기실 출입문을 열고 법정으로 뛰어 들어가 법정 내부의 재판관계인석과 방청석 사이 공간을 통해 맞은편의 법정 출입문 방향으로 뛰어가 도주하려고 하였으나, 당시 법정 내에서 다른 수용자를 계호하고 있던 서울남부구치소 교위 공소외 3, 교위 공소외 4에 의해 검거되었다.

   이로써 피고인은 법률에 의하여 체포된 후 도주하려 하였으나 그 뜻을 이루지 못하고 미수에 그쳤다.

2. 원심의 판단

   원심은 다음과 같은 이유를 들어 피고인을 '법률에 의하여 체포 또는 구금된 자'에 해당하지 않는다고 보아 무죄를 선고한 제1심판결을 그대로 유지하였다.

   가. 피고인에 대한 구속영장 기재에 의하면 2018. 5. 3. 14:20 검사 공소외 5의 집행지휘에 따라 서울남부지방검찰청 6급 공소외 6이 서울남부지방법원 306호실에서 위 구속영장을 집행한 사실이 인정되는데, 피고인이 공소사실 기재와 같이 도주한 것은 위 공소외 6을 대면하기 전이고, 달리 그 이전에 구속영장의 집행이 개시되었다고 보기 어렵다.

   나. 형사소송법 제81조 제1항 본문에서 구속영장은 검사의 지휘에 의하여 '사법경찰관리'가 집행하도록 되어 있으므로, 사법경찰관리가 아닌 교도관, 법원경위의 안내에 따라 임시적으로 구속 피고인 대기실에 들어간 피고인을 '적법하게 체포 또는 구금된 자'에 해당한다고 보기 어렵다.

3. 대법원의 판단

   그러나 원심의 판단은 그대로 수긍하기 어렵다.

   가. 법원이 선고기일에 피고인에 대하여 실형을 선고하면서 구속영장을 발부하는 경우 검사가 법정에 재정하여 법원으로부터 구속영장을 전달받아 집행을 지휘하고, 그에 따라 피고인이 피고인 대기실로 인치되었다면 다른 특별한 사정이 없는 한 피고인은 형법 제145조 제1항의 '법률에 의하여 체포 또는 구금된 자'에 해당한다. 그 이유는 다음과 같다.

   1) 형사소송법은 재판의 집행 일반에 관하여 재판의 성질상 법원 또는 법관이 지휘할 경우를 제외하면 재판을 한 법원에 대응한 검찰청 검사가 지휘한다고 정하면서(제460조 제1항), 구속영

장(제81조 제1항 본문, 제209조), 체포영장(제81조 제1항 본문, 제200조의6), 압수·수색·검증영장(제115조 제1항 본문, 제219조)의 집행 등에 관하여도 검사의 지휘에 의하여 집행한다고 규정하고 있다. 따라서 검사가 법정에서 법원으로부터 구속영장을 전달받아 교도관 등으로 하여금 피고인을 인치하도록 하였다면 집행절차가 적법하게 개시되었다고 볼 수 있다.

2) 구속영장의 집행을 통하여 최종적으로 피고인에 대한 신병을 인계받아 구금을 담당하는 교도관이 법정에서 곧바로 피고인에 대한 신병을 확보하였다면 구속의 목적이 적법하게 달성된 것으로 볼 수 있다.

3) 구속영장 발부, 구속영장 집행, 구금 등 모든 과정이 공개된 법정 및 법관의 면전에서 이루어졌다면 특별한 사정이 없는 한, 피고인의 방어권이나 절차적 권리 및 신체의 자유가 침해될 만한 위법이 있다고 평가하기 어렵다.

나. 원심판결 이유와 원심이 적법하게 채택한 증거에 따르면, 법원이 2018. 5. 3. 서울남부지방법원 2017고합383 강간미수 등 사건의 선고기일에 피고인에 대한 구속영장을 발부하였고 당시 법정에 재정하고 있던 검사가 구속영장을 전달받아 적법하게 집행지휘를 한 사실, 그 직후 피고인이 구속 피고인 대기실에 인치되어 교도관이 피고인에 대한 신병을 확보한 사실 등을 알 수 있다. 사정이 이와 같다면 피고인에 대한 구속영장은 적법하게 집행된 것으로 볼 수 있으므로 피고인은 '법률에 의하여 체포 또는 구금된 자'에 해당한다. 그런데도 원심은 그 판시와 같은 이유를 들어 피고인이 '법률에 의하여 체포 또는 구금된 자'에 해당하지 않는다고 보고 무죄를 선고한 제1심 판결을 그대로 유지하였다. 이러한 원심의 판단에는 형사소송법 제81조 제1항에 따른 구속영장의 집행에 관한 법리를 오해하여 필요한 심리를 다하지 못하고 논리와 경험칙을 위반하여 자유심증주의의 한계를 벗어난 위법이 있다. 이 점을 지적하는 취지의 상고이유 주장은 이유 있다.

4. 결 론

그러므로 원심판결을 파기하고 사건을 다시 심리·판단하도록 원심법원에 환송하기로 하여 관여 대법관의 일치된 의견으로 주문과 같이 판결한다.

제5장 위증과 증거인멸의 죄

1. 위 증(제152조)
2. 증거인멸 등(제155조)

제6장 무고의 죄

제7장 방화와 실화의 죄

제8장 교통방해의 죄

제9장 통화에 관한 죄

제10장 유가증권 등에 관한 죄

제11장 문서에 관한 죄

1. 공문서 등의 위조·변조·행사(제225조, 제229조)
2. 허위공문서작성·행사(제227조, 제229조)
3. 공정증서원본불실기재·행사(제228조, 제229조)
4. 공문서부정행사(제230조)

5. 사문서위조·변조·행사(제231조, 제234조)

Ⓑ 대법원 2024. 1. 4. 선고 2023도1178 판결 [사문서위조·위조사문서행사]

【판시사항】

사문서위조 및 동행사죄의 객체인 사문서 중 '권리·의무에 관한 문서'와 '사실증명에 관한 문서'의 의미 / '거래상 중요한 사실을 증명하는 문서'에 해당하기 위한 요건 및 문서의 주된 취지가 단순히 개인적·집단적 의견의 표현에 불과한 것도 이에 포함되는지 여부(소극) / '거래상 중요한 사실을 증명하는 문서'에 해당하는지 판단하는 기준

【판결요지】

사문서위조 및 동행사죄의 객체인 사문서는 권리·의무 또는 사실증명에 관한 타인의 문서 또는 도화를 가리키고, '권리·의무에 관한 문서'는 권리 또는 의무의 발생·변경·소멸에 관한 사항이 기재된 것을 말하며, '사실증명에 관한 문서'는 권리·의무에 관한 문서 이외의 문서로서 거래상 중요한 사실을 증명하는 문서를 의미한다.

'거래상 중요한 사실을 증명하는 문서'는 법률관계의 발생·존속·변경·소멸의 전후 과정을 증명하는 것이 주된 취지인 문서뿐만 아니라 법률관계에 간접적으로만 연관된 의사표시 또는 권리·의무의 변동에 사실상으로만 영향을 줄 수 있는 의사표시를 내용으로 하는 문서도 포함될 수 있지만, 문서의 주된 취지가 단순히 개인적·집단적 의견의 표현에 불과한 것이어서는 아니 되고, 적어도 실체법 또는 절차법에서 정한 구체적인 권리·의무와의 관련성이 인정되는 경우이어야 한다.

'거래상 중요한 사실을 증명하는 문서'에 해당하는지 여부는 문서 제목만을 고려할 것이 아니라 문서 내용과 더불어 문서 작성자의 의도, 문서가 작성된 객관적인 상황, 문서에 적시된 사항과 그 행사가 예정된 상대방과의 관계 등을 종합적으로 고려하여 판단하여야 한다.

【참조조문】 형법 제231조, 제234조
【참조판례】 대법원 2002. 12. 10. 선고 2002도5533 판결, 대법원 2009. 4. 23. 선고 2008도8527 판결, 대법원 2012. 5. 9. 선고 2010도2690 판결
【전 문】【피 고 인】 피고인 【상 고 인】 검사
【변 호 인】 변호사 김범지
【원심판결】 부산고법 2023. 1. 11. 선고 (창원)2022노293 판결

【주 문】

상고를 기각한다.

【이 유】

상고이유를 판단한다.

1. 관련 법리

가. 사문서위조 및 동행사죄의 객체인 사문서는 권리·의무 또는 사실증명에 관한 타인의 문서 또는 도화를 가리키고, '권리·의무에 관한 문서'는 권리 또는 의무의 발생·변경·소멸에 관한 사항이 기재된 것을 말하며, '사실증명에 관한 문서'는 권리·의무에 관한 문서 이외의 문서로서 거래상 중요한 사실을 증명하는 문서를 의미한다(대법원 2002. 12. 10. 선고 2002도5533 판결 참조).

나. '거래상 중요한 사실을 증명하는 문서'는 법률관계의 발생·존속·변경·소멸의 전후 과정을 증명하는 것이 주된 취지인 문서뿐만 아니라 법률관계에 간접적으로만 연관된 의사표시 또는 권리·의무의 변동에 사실상으로만 영향을 줄 수 있는 의사표시를 내용으로 하는 문서도 포함될 수 있지만(대법원 2009. 04. 23. 선고 2008도8527 판결 등 참조), 문서의 주된 취지가 단순히 개인적·집단적 의견의 표현에 불과한 것이어서는 아니 되고, 적어도 실체법 또는 절차법에서 정한 구체적인 권리·의무와의 관련성이 인정되는 경우이어야 한다.

다. '거래상 중요한 사실을 증명하는 문서'에 해당하는지 여부는 문서 제목만을 고려할 것이 아니라 문서 내용과 더불어 문서 작성자의 의도, 문서가 작성된 객관적인 상황, 문서에 적시된 사항과 그 행사가 예정된 상대방과의 관계 등을 종합적으로 고려하여 판단하여야 한다(대법원 2009. 04. 23. 선고 2008도8527 판결, 대법원 2012. 05. 09. 선고 2010도2690 판결 등 참조).

2. 판 단

가. 원심은 적법하게 채택한 증거를 종합하여, ① 피고인은 2022. 3. 9. 실시된 제20대 대통령선거를 앞두고 특정 후보자에 대한 지지선언 형식의 기자회견을 위하여 서명부 양식을 작성하여 최소 목표치인 1만 명으로부터 서명을 받기 위해 노력했으나 별다른 성과가 없자 총 315명의 허무인 명의로 서명부 21장을 임의로 작성한 사실, ② 위 서명부는 피고인이 근무하던 회사 사무실에 비치되어 서명을 받은 서명부와 마찬가지로 '특정 후보자 지지 1만인 선언'의 제목과 내용으로 작성

된 것으로, 피고인은 서명부의 서명표 중 회사·이름·지역란에 허무인 315명의 회사·이름·지역을 기재한 사실, ③ 한편 피고인은 당초 목표하였던 1만 명의 서명 달성이 어렵게 되자 목표한 기자회견을 개최하지 않았고, 피고인이 위 서명부를 이용하여 특정 후보자에 대한 지지선언을 위한 기자회견 외에 다른 목적의 행사를 계획하였다고 볼 만한 사정은 없는 사실 등을 인정한 다음, 피고인이 허무인 명의로 작성한 이 사건 서명부 21장은 형법상 사문서위조의 객체가 되는 '문서'라고 보기 어렵다고 보았다.

나. 원심판결 이유를 앞서 본 관련 법리와 기록에 비추어 살펴보면, 피고인이 허무인 명의로 작성한 이 사건 서명부 21장은 주된 취지가 특정한 대통령후보자에 대한 정치적인 지지 의사를 집단적 형태로 표현하고자 한 것일 뿐, 실체법 또는 절차법에서 정한 구체적인 권리·의무에 관한 문서 내지 거래상 중요한 사실을 증명하는 문서에 해당한다고 보기 어려우므로, 이러한 취지의 원심의 판단에 형법상 사문서에 관한 법리를 오해함으로써 판결에 영향을 미친 잘못이 없다.

3. 결 론

그러므로 상고를 기각하기로 하여, 관여 대법관의 일치된 의견으로 주문과 같이 판결한다.

제12장 인장에 관한 죄

Ⓐ 대법원 2024. 01. 04. 선고 2023도11313 판결 [공기호위조·위조공기호행사]

【판시사항】

[1] 형법상 인장에 관한 죄에서 인장과 기호의 의미 및 형법 제238조의 공기호에 해당하기 위한 요건

[2] 피고인이 온라인 구매사이트에서 ① 검찰 업무표장(에서 '검찰'을 제외한 부분) 아래 '검찰 PROSECUTION SERVICE'라고 기재하고 그 아래 피고인의 전화번호를 기재한 주차표지판 1개, ② 검찰 업무표장() 아래 '검찰 PROSECUTION OFFICE'라고 기재하고 그 아래 피고인의 차량번호를 표시한 표지판 1개, ③ 검찰 업무표장() 아래 '검찰 PROSECUTION SERVICE'라고 기재하고 그 아래 '공무수행'이라고 표시한 표지판 1개를 주문하여 배송받음으로써 행사할 목적으로 공기호인 검찰청 업무표장을 각각 위조하였다는 등의 공소사실로 기소된 사안에서, 위 각 검찰 업무표장을 공기호라고 볼 수 없음에도, 이와 달리 보아 공소사실을 유죄로 인정한 원심판단에 법리오해 등의 잘못이 있다고 한 사례

【판결요지】

[1] 형법상 인장에 관한 죄에서 인장은 사람의 동일성을 표시하기 위하여 사용하는 일정한 상형을 의미하고, 기호는 물건에 압날하여 사람의 인격상 동일성 이외의 일정한 사항을 증명하는 부호를 의미한다. 그리고 형법 제238조의 공기호는 해당 부호를 공무원 또는 공무소가 사용하는 것만으로는 부족하고, 그 부호를 통하여 증명을 하는 사항이 구체적으로 특정되어 있고 해당 사항은 그 부호에 의하여 증명이 이루어질 것이 요구된다.

[2] 피고인이 온라인 구매사이트에서 ① 검찰 업무표장(에서 '검찰'을 제외한 부분) 아래 '검찰 PROSECUTION SERVICE'라고 기재하고 그 아래 피고인의 전화번호를 기재한 주차표지판 1개, ② 검찰 업무표장() 아래 '검찰 PROSECUTION OFFICE'라고 기재하고 그 아래 피고인의 차량번호를 표시한 표지판 1개, ③ 검찰 업무표장() 아래 '검찰 PROSECUTION SERVICE'라고 기재하고 그 아래 '공무수행'이라고 표시한 표지판 1개를 주문하여 배송받음으로써 행사할 목적으로 공기호인 검찰청 업무표장을 각각 위조하고, 이를 자신의 승용차에 부착하고 다님으로써 위조된 공기호인 검찰청 업무표장을 행사하였다는 공소사실로 기소된 사안에서, 위 각 표지판에 사용된 검찰 업무표장은 검찰수사, 공판, 형의 집행부터 대외 홍보 등 검찰청의 업무 전반 또는 검찰청 업무와의 관련성을 나타내기 위한 것으로 보일 뿐, 이것이 부착된 차량은 '검찰 공무수행 차량'이라는 것을 증명하는 기능이 있다는 등 이를 통하여 증명을 하는 사항이 구체

> 적으로 특정되어 있다거나 그 사항이 이러한 검찰 업무표장에 의하여 증명된다고 볼 근거가 없고, 일반인들이 위 각 표지판이 부착된 차량을 '검찰 공무수행 차량'으로 오인할 수 있다고 해도 위 각 검찰 업무표장이 위와 같은 증명적 기능을 갖추지 못한 이상, 이를 공기호라고 볼 수 없음에도, 이와 달리 보아 공소사실을 유죄로 인정한 원심판단에 법리오해 등의 잘못이 있다고 한 사례.

【참조조문】 [1] 형법 제238조 [2] 형법 제238조
【참조판례】 [1] 대법원 1995. 9. 5. 선고 95도1269 판결(공1995하, 3458)
【전 문】 【피 고 인】 피고인 【상 고 인】 피고인
【변 호 인】 법무법인 더킴로펌 담당변호사 김형석 외 1인
【원심판결】 창원지법 2023. 7. 21. 선고 2021노2821 판결

【주 문】

원심판결을 파기하고, 사건을 창원지방법원에 환송한다.

【이 유】

상고이유를 판단한다.

1. 공소사실의 요지

가. 피고인은 2020. 11. 초순경 온라인 구매사이트에서, ① 검찰 업무표장 아래 '검찰 PROSECUTION SERVICE'라고 기재하고 그 아래 피고인의 휴대전화 번호를 기재한 주차표지판 1개, ② 검찰 업무표장 아래 '검찰 PROSECUTION OFFICE'라고 기재하고 그 아래 피고인의 승용차 번호를 표시한 표지판 1개, ③ 검찰 업무표장 아래 '검찰 PROSECUTION SERVICE 공무수행'이라고 표시한 표지판 1개를 각각 주문하여 위 구매사이트 판매자로 하여금 제작하게 하여 배송받았다. 이로써 피고인은 행사할 목적으로 공기호인 검찰청 업무표장을 각각 위조하였다.

나. 피고인은 2020. 11. 중순경부터 2020. 12. 초순까지 위와 같이 위조한 표지판 3개(이하 '이 사건 각 표지판'이라 한다)를 피고인의 승용차에 부착하고 다님으로써 위조된 공기호인 검찰청 업무표장을 행사하였다.

2. 원심의 판단

원심은 판시와 같은 이유로 일반인들이 이 사건 각 표지판이 부착된 차량을 '검찰 공무수행 차량'으로 오인하기에 충분하다는 등의 사정에 비추어 이 사건 각 표지판이 공기호에 해당한다고 보아 공소사실을 유죄로 판단한 제1심판결을 그대로 유지하였다.

3. 대법원의 판단

가. 형법상 인장에 관한 죄에서 인장은 사람의 동일성을 표시하기 위하여 사용하는 일정한 상형을 의미하고, 기호는 물건에 압날하여 사람의 인격상 동일성 이외의 일정한 사항을 증명하는 부호를

의미한다(대법원 1995. 09. 05. 선고 95도1269 판결 참조). 그리고 형법 제238조의 공기호는 해당 부호를 공무원 또는 공무소가 사용하는 것만으로는 부족하고, 그 부호를 통하여 증명을 하는 사항이 구체적으로 특정되어 있고 해당 사항은 그 부호에 의하여 증명이 이루어질 것이 요구된다.

나. 원심판결 이유 및 기록에 의하여 인정되는 다음과 같은 사정을 위 법리에 비추어 살펴보면 원심의 판단은 받아들이기 어렵다.

1) 이 사건 각 표지판은 ① 검찰 업무표장(에서 '검찰'을 제외한 부분) 아래 '검찰 PROSECUTION SERVICE'라고 기재하고 그 아래 피고인의 전화번호를 기재한 주차표지판 1개, ② 검찰 업무표장() 아래 '검찰 PROSECUTION OFFICE'라고 기재하고 그 아래 피고인의 차량번호를 표시한 표지판 1개, ③ 검찰 업무표장() 아래 '검찰 PROSECUTION SERVICE'라고 기재하고 그 아래 '공무수행'이라고 표시한 표지판 1개이다.

2) 이 사건 각 표지판에 사용된 검찰 업무표장은 검찰수사, 공판, 형의 집행부터 대외 홍보 등 검찰청의 업무 전반 또는 검찰청 업무와의 관련성을 나타내기 위한 것으로 보일 뿐, 이것이 부착된 차량은 '검찰 공무수행 차량'이라는 것을 증명하는 기능이 있다는 등 이를 통하여 증명을 하는 사항이 구체적으로 특정되어 있다거나 그 사항이 이러한 검찰 업무표장에 의하여 증명된다고 볼 근거가 없다. 일반인들이 이 사건 각 표지판이 부착된 차량을 '검찰 공무수행 차량'으로 오인할 수 있다고 해도 위 각 검찰 업무표장이 위와 같은 증명적 기능을 갖추지 못한 이상 이를 공기호라고 할 수는 없다.

다. 따라서 위 각 검찰 업무표장을 공기호라고 볼 수 없음에도, 원심은 위와 같은 사정만을 들어 공소사실을 유죄로 판단하였다. 이러한 원심의 판단에는 논리와 경험의 법칙을 위반하여 자유심증주의의 한계를 벗어나거나 공기호에 관한 법리를 오해함으로써 판결에 영향을 미친 잘못이 있다.

4. 결 론

그러므로 원심판결을 파기하고, 사건을 다시 심리·판단하도록 원심법원에 환송하기로 하여, 관여 대법관의 일치된 의견으로 주문과 같이 판결한다.

제13장 성풍속에 관한 죄

제14장 도박과 복표에 관한 죄

1. 도박·상습도박(제246조 제1항, 제2항)
2. 도박개장(제247조)

제15장 살인 등의 죄

제16장 상해와 폭행의 죄

제17장 과실치사상의 죄

제18장 유기와 학대의 죄

제19장 체포와 감금의 죄

제20장 협박의 죄

제21장 강간과 추행의 죄

제22장 명예에 관한 죄

Ⓑ 대법원 2023. 10. 26. 선고 2017도18697 판결 [명예훼손]

【판시사항】

[1] 학문의 자유의 본질 및 학문적 표현의 자유에 대한 제한의 한계 / 학문적 표현행위가 기본적 연구윤리를 위반하거나 해당 학문 분야에서 통상적으로 용인되는 범위를 심각하게 벗어나 학문적 과정이라고 보기 어려운 행위의 결과라거나, 논지나 맥락과 무관한 표현으로 타인의 권리를 침해하는 등의 특별한 사정이 없는 경우, 이를 학문적 연구를 위한 정당한 행위로 보아야 하는지 여부(적극) / 학문 연구자들이 연구 주제의 선택, 연구의 실행뿐만 아니라 연구 결과 발표에 이르기까지 존중하여야 하는 타인의 권리

[2] 객관적으로 피해자의 사회적 평가를 저하시키는 사실에 관한 발언이 보도, 소문이나 제3자의 말을 인용하는 방법으로 단정적인 표현이 아닌 전문 또는 추측의 형태로 표현되었으나 표현 전체의 취지로 보아 사실이 존재할 수 있다는 것을 암시하는 방식으로 이루어진 경우, 명예훼손죄에서의 '사실의 적시'로 인정되는지 여부(적극) / 학문적 연구에 따른 의견 표현을 명예훼손죄에서의 사실의 적시로 평가할 때 유의하여야 할 사항 / 학문적 표현을 그 자체로 이해하지 않고, 표현에 숨겨진 배경이나 배후를 섣불리 단정하는 방법으로 암시에 의한 사실 적시를 인정할 수 있는지 여부(소극)

[3] 형사재판에서 공소가 제기된 범죄의 구성요건을 이루는 사실에 대한 증명책임 소재(=검사) / 학문적 표현이 학문의 자유로서 보호되는 영역에 속하지 않는다는 점에 대한 증명책임 소재(=검사)

【판결요지】

[1] 정신적 자유의 핵심인 학문의 자유는 기존의 인식과 방법을 답습하지 아니하고 끊임없이 문제를 제기하거나 비판을 가함으로써 새로운 인식을 얻기 위한 활동을 보장하는 데에 그 본질이 있다. 학문적 표현의 자유는 학문의 자유의 근간을 이룬다. 학문적 표현행위는 연구 결과를 대외적으로 공개하고 학술적 대화와 토론을 통해 새롭고 다양한 비판과 자극을 받아들여 연구 성과를 발전시키는 행위로서 그 자체가 진리를 탐구하는 학문적 과정이며 이러한 과정을 자유롭게 거칠 수 있어야만 궁극적으로 학문이 발전할 수 있다. 헌법 제22조 제1항이 학문의 자유를 특별히 보호하는 취지에 비추어 보면, 학문적 표현의 자유에 대한 제한은 필요 최소한에 그쳐야 한다. 따라서 학문적 표현행위는 기본적 연구윤리를 위반하거나 해당 학문 분야에서 통상적으로 용인되는 범위를 심각하게 벗어나 학문적 과정이라고 보기 어려운 행위의 결과라거나, 논지나 맥락과 무관한 표현으로 타인의 권리를 침해하는 등의 특별한 사정이 없는 한 원칙적으로 학문적 연구를 위한 정당한 행위로 보는 것이 타당하다. 한편 헌법 제10조는 인간의 존엄과 가치를 규정하고 있고, 인격권에 대한 보호 근거도 같은 조항에서 찾을 수 있다. 학문 연구도 헌법질서 내에서 이루어질 때에 보호받을

수 있으므로, 인간의 존엄성 및 그로부터 도출되는 인격권에 대한 존중에 바탕을 두어야 한다. 따라서 연구자들은 연구 주제의 선택, 연구의 실행뿐만 아니라 연구 결과 발표에 이르기까지 타인의 명예를 보호하고, 개인의 자유와 자기결정권을 존중하며, 사생활의 비밀을 보호하는 것을 소홀히 하여서는 안 된다. 특히 사회적 약자나 소수자와 같이, 연구에 대한 의견을 표출하거나 연구 결과를 반박하는 데에 한계가 있는 개인이나 집단을 대상으로 연구를 하는 경우에는, 연구의 전 과정에 걸쳐 이들의 권리를 존중하여야 할 특별한 책임을 부담한다.

[2] 대법원은 명예훼손죄에서 '사실의 적시'에 관하여, 객관적으로 피해자의 사회적 평가를 저하시키는 사실에 관한 발언이 보도, 소문이나 제3자의 말을 인용하는 방법으로 단정적인 표현이 아닌 전문 또는 추측의 형태로 표현되었더라도, 표현 전체의 취지로 보아 사실이 존재할 수 있다는 것을 암시하는 방식으로 이루어진 경우에는 사실의 적시로 인정하여 왔다. 하지만 학문적 표현의 자유를 실질적으로 보장하기 위해서는, 학문적 연구 결과 발표에 사용된 표현의 적절성은 형사 법정에서 가려지기보다 자유로운 공개토론이나 학계 내부의 동료평가 과정을 통하여 검증되는 것이 바람직하다. 그러므로 학문적 연구에 따른 의견 표현을 명예훼손죄에서 사실의 적시로 평가하는 데에는 신중할 필요가 있다. 역사학 또는 역사적 사실을 연구 대상으로 삼는 학문 영역에서의 '역사적 사실'과 같이, 그것이 분명한 윤곽과 형태를 지닌 고정적인 사실이 아니라 사후적 연구, 검토, 비판의 끊임없는 과정 속에서 재구성되는 사실인 경우에는 더욱 그러하다. 이러한 점에서 볼 때, 학문적 표현을 그 자체로 이해하지 않고, 표현에 숨겨진 배경이나 배후를 섣불리 단정하는 방법으로 암시에 의한 사실 적시를 인정하는 것은 허용된다고 보기 어렵다.

[3] 형사재판에서 공소가 제기된 범죄의 구성요건을 이루는 사실은 그것이 주관적 요건이든 객관적 요건이든 그 증명책임이 검사에게 있으므로, 해당 표현이 학문의 자유로서 보호되는 영역에 속하지 않는다는 점은 검사가 증명하여야 한다.

【참조조문】 [1] 헌법 제10조, 제22조 제1항, 형법 제307조 제2항 [2] 헌법 제22조 제1항, 형법 제307조 제2항 [3] 헌법 제22조 제1항, 형법 제307조 제2항, 형사소송법 제308조
【참조판례】 [1] 대법원 2018. 7. 12. 선고 2014도3923 판결(공2018하, 1663) [2] 대법원 2008. 11. 27. 선고 2007도5312 판결(공2008하, 1831)
【전문】【피 고 인】 피고인 【상 고 인】 피고인 및 검사
【변 호 인】 법무법인(유한) 바른 외 5인
【원심판결】 서울고법 2017. 10. 27. 선고 2017노610 판결

【주 문】

원심판결을 파기하고, 사건을 서울고등법원에 환송한다.

【이 유】

상고이유를 판단한다.

1. 피고인의 상고이유에 관한 판단

가. 이 부분 공소사실의 요지

조선인 일본군 위안부였던 피해자들은, 일본 제국의 매춘부와는 달리 본인들의 의사에 반하여 일본군에 의해 '위안부'로 강제 동원되거나 강제 연행되어 일본군의 감시 아래 전시상황의 중국, 동남아 등지에 설치된 위안소에 갇혀 최소한의 인간다운 생활도 보장받지 못한 채 하루에 수십 명의 군인들을 상대하며 성적 쾌락의 제공을 강요당한 '성노예'에 다름없었다. 또한 해야 할 일의 내용이 무엇인지를 알면서 본인 또는 부모의 선택에 의해서 자발적으로 간 매춘부가 아니었으며, 일본 제국과 일본군에 애국적 또는 자긍적으로 협력한 사실이 없었다. 그리고 일본군은 위안소를 설치, 운영하고 위안부를 국외 송출하는 과정에 강제 동원과 강제 연행의 방법으로 광범위하게 개입하는 등의 행위를 하였다.

그럼에도 피고인은 다음과 같은 허위의 사실을 적시한 '제국의 위안부'라는 책(이하 '이 사건 도서'라 한다)을 출판하고 그 무렵 전국 서점 등을 통해 배포하여 공연히 피해자들의 명예를 훼손하였다.

1) 피고인은 이 사건 도서에서 "조선인 위안부 역시 '일본 제국의 위안부'였던 이상 기본적인 관계는 같다.", "여성이 본인의 의사에 반해서 위안부를 하게 되는 경우는 없었다.", "1996년 시점에 '위안부'란 근본적으로 '매춘'의 틀 안에 있던 여성들이라는 것을 알고 있었던 것이다."라는 등 원심 판결문 별지 범죄일람표(이하 '범죄일람표'라 한다) 순번 7, 11, 16, 27, 30, 34와 같은 내용을 기재하여 명시적 또는 암시적으로 "조선인 일본군 위안부들은 일의 내용이 군인을 상대하는 매춘임을 인지한 상태에서 생활을 위해 본인의 선택에 따라 '위안부'가 되어 경제적 대가를 받고 성매매를 하는 매춘업에 종사하는 사람이다."라는 허위의 사실을 적시하였다.

2) 피고인은 이 사건 도서에서 "이들이 '전쟁범인', 즉 전범들이 있는 곳으로 가게 된 이유는 이들이 '일본군'과 함께 행동하며 '전쟁을 수행'한 이들이었기 때문이다.", "그녀들이 일본옷을 입고 일본이름을 가진 '일본인'으로서 '일본군'에 협력했다는 사실을 알게 된다면 똑같은 손으로 그녀들을 손가락질할지도 모른다."라는 등 범죄일람표 순번 7, 10, 23과 같은 내용을 기재하여 명시적 또는 암시적으로 "조선인 일본군 위안부들은 일본군과 동지의식을 가지고 일본 제국 또는 일본군에 애국적, 자긍적으로 협력하였다."라는 허위의 사실을 적시하였다.

3) 피고인은 이 사건 도서에서 "'위안부'들을 '유괴'하고 '강제 연행'한 것은 최소한 조선 땅에서는, 그리고 공적으로는 일본군이 아니었다."라는 등 범죄일람표 순번 5, 16, 20, 26과 같은 내용을 기재하여 명시적 또는 암시적으로 "조선인 일본군 위안부들의 동원 과정에서 일본군의 강제 연행은 없었다. 있다고 한다면 군인 개인의 일탈에 의한 것이어서 공적으로 일본군에 의한 것이 아니다."라는 허위의 사실을 적시하였다.

나. 원심 판단의 요지

원심은 다음과 같은 이유로 범죄일람표 순번 5, 7, 10, 11, 16, 20, 23, 26, 27, 30, 34 기재 표현(이하 '이 사건 각 표현'이라 한다)에 관한 이 부분 공소사실을 무죄로 인정한 제1심판결을 파기하고 이를 유죄로 판단하였다.

1) 이 사건 공소사실 중 이 사건 각 표현은 단순히 피고인의 분석 또는 의견을 제시한 것을 넘어 증거에 의하여 증명 가능한 구체적인 사실의 적시에 해당한다.

2) 피고인이 사용한 이 사건 각 표현은 위안부 피해자들의 사회적 가치나 평가를 저하시키기에 충분하며, 이 사건 각 표현을 접하는 독자나 사람들이 객관적인 사실과 다른 내용, 즉 "전체는 아니더라도 대부분 또는 많은 '조선인 일본군 위안부'들은 자발적으로 '위안부'가 되어 경제적 대가를 받고 성매매를 하였고, 애국적으로 일본군에 협력하고 함께 전쟁을 수행하였으며, 일본 제국과 일본군은 '조선인 일본군 위안부'를 강제 동원하거나 강제 연행하지 않았다."라는 것을 받아들이도록 서술되어 있으므로 적시된 사실의 허위성 또한 인정된다.

3) '조선인 일본군 위안부' 집단의 성격 및 크기, 집단 내에서 피해자들의 지위, 이 사건 도서 및 표현의 내용 및 서술 방식, '위안부' 문제를 둘러싼 역사적, 사회적 상황 등을 감안하면, 이 사건 도서를 읽는 독자들에게 '조선인 일본군 위안부'는 자신이 '조선인 일본군 위안부'임을 밝히고 일본 정부에 사죄와 책임을 요구하는 이 사건 피해자들을 지칭하는 것으로 여겨질 수 있다.

4) 이 사건 각 표현의 서술 방식 등에 비추어 피고인은 이 사건 각 표현에서 적시한 사실이 허위인 점과 그 사실이 피해자들의 사회적 평가를 저하시킬 만한 것이라는 점을 인식하였다고 보이므로 명예훼손의 고의 또한 인정된다.

다. 대법원의 판단

1) 관련 법리

가) 정신적 자유의 핵심인 학문의 자유는 기존의 인식과 방법을 답습하지 아니하고 끊임없이 문제를 제기하거나 비판을 가함으로써 새로운 인식을 얻기 위한 활동을 보장하는 데에 그 본질이 있다(대법원 2018. 07. 12. 선고 2014도3923 판결 참조). 학문적 표현의 자유는 학문의 자유의 근간을 이룬다. 학문적 표현행위는 연구 결과를 대외적으로 공개하고 학술적 대화와 토론을 통해 새롭고 다양한 비판과 자극을 받아들여 연구 성과를 발전시키는 행위로서 그 자체가 진리를 탐구하는 학문적 과정이며 이러한 과정을 자유롭게 거칠 수 있어야만 궁극적으로 학문이 발전할 수 있다. 헌법 제22조 제1항이 학문의 자유를 특별히 보호하는 취지에 비추어 보면, 학문적 표현의 자유에 대한 제한은 필요 최소한에 그쳐야 한다. 따라서 학문적 표현행위는 기본적 연구윤리를 위반하거나 해당 학문 분야에서 통상적으로 용인되는 범위를 심각하게 벗어나 학문적 과정이라고 보기 어려운 행위의 결과라거나, 논지나 맥락과 무관한 표현으로 타인의 권리를 침해하는 등의 특별한 사정이 없는 한 원칙적으로 학문적 연구를 위한 정당한 행위로 보는 것이 타당하다.

한편 헌법 제10조는 인간의 존엄과 가치를 규정하고 있고, 인격권에 대한 보호 근거도 같은 조항에서 찾을 수 있다. 학문 연구도 헌법질서 내에서 이루어질 때에 보호받을 수 있으므로, 인간의 존엄성 및 그로부터 도출되는 인격권에 대한 존중에 바탕을 두어야 한다. 따라서 연구자들은 연구 주제의 선택, 연구의 실행뿐만 아니라 연구 결과 발표에 이르기까지 타인의 명예를 보호하고, 개인의 자유와 자기결정권을 존중하며, 사생활의 비밀을 보호하는 것을 소홀히 하여서는 안 된다. 특히 사회적 약자나 소수자와 같이, 연구에 대한 의견을 표출하거나 연구 결과를 반박하는 데에 한계가 있는 개인이나 집단을 대상으

나) 대법원은 명예훼손죄에서 '사실의 적시'에 관하여, 객관적으로 피해자의 사회적 평가를 저하시키는 사실에 관한 발언이 보도, 소문이나 제3자의 말을 인용하는 방법으로 단정적인 표현이 아닌 전문 또는 추측의 형태로 표현되었더라도, 표현 전체의 취지로 보아 사실이 존재할 수 있다는 것을 암시하는 방식으로 이루어진 경우에는 사실의 적시로 인정하여 왔다(대법원 2008. 11. 27. 선고 2007도5312 판결 등 참조).

하지만 학문적 표현의 자유를 실질적으로 보장하기 위해서는, 학문적 연구 결과 발표에 사용된 표현의 적절성은 형사 법정에서 가려지기보다 자유로운 공개토론이나 학계 내부의 동료평가 과정을 통하여 검증되는 것이 바람직하다. 그러므로 학문적 연구에 따른 의견 표현을 명예훼손죄에서 사실의 적시로 평가하는 데에는 신중할 필요가 있다. 역사학 또는 역사적 사실을 연구 대상으로 삼는 학문 영역에서의 '역사적 사실'과 같이, 그것이 분명한 윤곽과 형태를 지닌 고정적인 사실이 아니라 사후적 연구, 검토, 비판의 끊임없는 과정 속에서 재구성되는 사실인 경우에는 더욱 그러하다. 이러한 점에서 볼 때, 학문적 표현을 그 자체로 이해하지 않고, 표현에 숨겨진 배경이나 배후를 섣불리 단정하는 방법으로 암시에 의한 사실 적시를 인정하는 것은 허용된다고 보기 어렵다.

다) 형사재판에서 공소가 제기된 범죄의 구성요건을 이루는 사실은 그것이 주관적 요건이든 객관적 요건이든 그 증명책임이 검사에게 있으므로, 해당 표현이 학문의 자유로서 보호되는 영역에 속하지 않는다는 점은 검사가 증명하여야 한다.

2) 판 단

원심판결과 기록에 의하여 알 수 있는 아래의 사실들을 앞서 본 법리에 비추어 보면, 이 사건 각 표현은 피고인의 학문적 주장 내지 의견의 표명으로 평가함이 타당하고, 명예훼손죄로 처벌할 만한 '사실의 적시'로 보기 어렵다. 그 이유는 다음과 같다.

가) 피고인은 오랜 기간 대학의 일어일문학 교수로 재직하면서 일본 문학과 한일 근현대사를 연구하였다. 피고인은 한일 갈등의 핵심에 조선인 일본군 위안부 문제가 있으며, 이를 해결하지 않고서는 바람직한 한일관계를 구축할 수 없다고 보고, 그 해결을 위한 연구를 진행하여 연구 결과를 저서로 출판하였다. 이 사건 도서는 위 연구의 연장선상에서 나온 학문적 표현물로 보인다.

피고인은 이 사건 도서 집필 과정에서 국내외의 다양한 문헌과 사료를 조사하여 이 사건 도서에 직간접적으로 인용하였고, 기록상 피고인이 이 사건 도서 집필 과정에서 인문·사회분야 연구자에게 요구되는 기본적인 연구윤리를 위반하여 사료 등 연구 자료를 위조, 변조하였다거나, 학문분야에서 통상적으로 용인되는 범위를 심각하게 벗어나는 부정행위를 하였다는 사정은 확인되지 않으며, 피고인이 이 사건 도서의 기획, 집필, 발간에 이르는 전 과정에서 '조선인 일본군 위안부'인 피해자들의 자기결정권이나 사생활 비밀의 자유를 침해하는 등 이들의 존엄을 경시하였다고 볼 만한 사정도 확인되지 않는다.

나) 이 사건 도서의 전체적인 내용이나 맥락에 비추어 보면, 피고인이 검사의 주장처럼 일본군에 의한 강제 연행을 부인하거나, 조선인 위안부가 자발적으로 매춘행위를 하였다거나, 일본군에 적극 협력하였다는 주장을 뒷받침하기 위하여 이 사건 각 표현을 사용한 것으로

보이지는 않고, 이 사건 각 표현이 그러한 주장을 전제하고 있다고 보이지도 않는다. 오히려 피고인은 이 사건 도서에서 강제로 끌려가는 이들을 양산한 구조를 만든 것이 일본 제국 또는 일본군이라는 점은 분명하고, 조선인 일본군 위안부가 일본 제국의 구성원으로서 피해자인 동시에 식민지인으로서 일본 제국에 협력할 수밖에 없었던 모순된 상황에 처해 있었다는 점을 여러 차례에 걸쳐 밝히고 있다. 이는 공소사실에 기재된 것과 같은 '위안부의 자발성', '강제 연행의 부인', '동지적 관계'와는 거리가 있다.

이 사건 각 표현 전후의 맥락이나 피고인이 밝히고 있는 이 사건 도서의 집필 의도에 비추어 보면, 피고인은 이 사건 도서 전체를 통해 피고인의 주제의식, 즉 조선인 일본군 위안부 문제에 관하여 일본 제국이나 일본군의 책임을 부인할 수는 없으나, 제국주의 사조나 전통적 가부장제 질서와 같은 다른 사회구조적 문제가 기여한 측면이 분명히 있다는 것을 부인할 수는 없으므로, 전자의 문제에만 주목하여 양국 간 갈등을 키우는 것은 위안부 문제의 해결에 도움이 되기 어렵다는 점을 펼쳐 나가는 과정에서 그 주제의식을 부각하기 위해 이 사건 각 표현을 사용한 것으로 보인다.

다) 학문적 표현행위로 인하여 피해자 개인이 입는 인격권 침해의 정도는 그 표현이 가리키는 대상이 넓어지거나 표현의 내용이 일반화, 추상화될수록 희석될 수 있고, 이는 역사적 사실에 관한 표현에서도 마찬가지이다. 개인이나 구성원 개개인을 특정할 수 있는 소규모 집단이나 비교적 균일한 특성을 갖고 있는 집단에 관한 과거의 구체적 사실의 표현은 비교적 진위 여부의 증명이 용이할 뿐만 아니라, 표현으로 인한 인격권 침해의 효과가 희석되지 아니한 채 피해자에게 그대로 미치게 된다. 반면 이를 넘어서는 범위의 집단에 관한 일반화되고 추상화된 표현은 증명 가능한 구체적 사실이라기보다는 시대상(時代相)을 정의하는 것과 같이 역사적 사실에 기반한 연구자 개인의 종합적 해석이나 평가로서 학문적 주장 내지 의견의 표명으로 볼 여지가 커진다.

일본군 위안부의 전체 규모는 적게는 30,000명에서 많게는 400,000명까지 추산되고 있으며, 그중 조선인이 차지하는 비율 역시 50% 이상으로 추정된다. 따라서 조선인 일본군 위안부를 구성원 개개인이 특정될 수 있는 소규모 집단으로 정의하기는 어렵고, 피해자들이 증언하고 있는 다양한 연행 경위나 피해 양상에 비추어 균일한 특성을 가지고 있는 집단이라고 볼 수도 없다. 또한 이 사건 각 표현이 피해자 개개인에 관한 구체적인 사실의 진술에 해당한다고도 보기 어렵다.

그렇다면 이 사건 각 표현은 개개인을 특정할 수 있는 범위를 넘어서는 조선인 일본군 위안부 전체에 관한 일반적, 추상적 서술에 해당하고, 역사적 사실을 바탕으로 한 피고인의 종합적 해석이나 평가로서 학문적 주장 내지 의견의 표명으로 볼 여지가 있다.

라) 범죄일람표 순번 5, 16, 20, 26 표현에 사용된 '공적 강제 연행'의 개념에 관하여, 이를 일본 제국의 공식적인 정책에 의한 강제 연행으로 볼 수 있다는 검사의 주장과 달리, 피고인은 조선인 일본군 위안부의 연행 과정에서 일부 군인의 일탈행위가 있었으나, 그것만으로 공식 계통을 통한 '공적 강제 연행'이 있었다고 볼 수는 없다고 주장한다.

학문적 표현에 사용된 용어의 개념이나 범위에 관하여는 다양한 입장이 존재할 수 있다. 이 경우 국가가 다양한 학문적 견해 중 어느 하나의 견해만이 옳다고 선언하는 것은 학문적 표현의 자유에 대한 부당한 침해가 될 수 있다. 따라서 학문적 표현이 사실을 적시하고 있는 것처럼 보이는 경우에도, 용어의 개념이나 포섭 범위에 대한 다양한 해석이 가능하고, 해당 표현에서 취한 개념이 실제 학계에서 통용되는 것이거나, 통용되지 않더라도 문언의 객관적 의미나 대중의 언어습관에 비추어 용인될 수 있으며, 해당 표현이 용어에 대한 특정한 학문적 개념정의를 전제로 한 것임이 표현의 전후 맥락에 의하여 확인될 수 있는 경우에는, 사실의 적시가 아닌 학문적 견해 표명 내지 의견 진술로 보는 것이 학문의 자유를 최대한 보장하는 헌법 정신에 들어맞는다.

'공적 강제 연행' 역시 국가나 군 차원에서 어느 정도의 개입이 존재하여야 이를 '공적 강제 연행'으로 부를 수 있는지 여부에 관하여 다양한 해석이나 주장이 가능하고, 피고인이 한 주장이 학계에서 주류적인 지위를 차지하고 있다고 보기는 어렵지만, 문언의 객관적 의미나 대중의 언어습관에 비추어 용인될 수 없는 수준에 이르렀다고 단정하기도 어렵다. 그리고 해당 표현이 '공적 강제 연행'에 대한 학문적 개념 포섭을 전제로 한 것임은 표현 전후의 맥락에 의하여 충분히 확인될 수 있다. 따라서 이 사건 각 표현 중 '공적 강제 연행'에 관한 서술 부분은 사실의 적시에 해당한다고 보기 어렵다.

마) 학문적 표현, 특히 역사적 사실에 관한 학문적 표현을 그 자체로 이해하려고 하지 않고, 표현에 숨겨진 배경이나 배후에만 주목하여 손쉽게 암시에 의한 사실을 적시하고 있다고 평가할 수는 없으므로, 최소한 학문적 표현에 포함된 특정한 문구에 의하여 그러한 사실이 곧바로 유추될 수 있을 정도의 표현은 있어야 암시에 의한 사실 적시를 인정할 여지가 있다. 그런데 범죄일람표 순번 7, 10, 11, 27, 30, 34 기재 표현의 경우, 그 표현 내의 문구만으로는 검사가 공소사실에서 '적시 사실'이라 주장한 '자발성'이나 '동지적 관계'에 관한 명제를 곧바로 이끌어 내거나 유추하기 어렵다. 범죄일람표 순번 23 기재 표현의 경우, 그 전후 맥락에 비추어 해당 표현은 '조선인 일본군 위안부가 일본 제국의 구성원으로서 피해자인 동시에 식민지인으로서 일본 제국에 협력할 수밖에 없는 모순된 상황에 처한 존재였다.'는 피고인의 주장을 설명하는 내용으로 볼 수 있다. 이는 조선인 일본군 위안부의 처지와 역할에 관한 피고인의 학문적 의견 내지 주장을 표명한 것으로 보일 뿐, 검사의 주장과 같이 해당 표현이 '조선인 일본군 위안부들은 일본군과 동지의식을 가지고 일본 제국 또는 일본군에 애국적, 자긍적으로 협력하였다.'는 명제를 단선적으로 전제하고 있다고 보기는 어렵다.

3) 소 결

그런데도 원심은 이 사건 각 표현이 명예훼손죄에서의 사실 적시에 해당함을 전제로 이 부분 공소사실을 유죄로 판단하였다. 이러한 판단에는 형법 제307조 제2항에서 정한 명예훼손죄의 사실 적시에 관한 법리를 오해하여 판결에 영향을 미친 잘못이 있다. 이를 지적하는 상고이유 주장은 이유 있다.

2. 검사 상고이유에 관한 판단

원심판결 이유를 관련 법리와 기록에 비추어 살펴보면, 범죄일람표 순번 1, 2, 3, 4, 6, 8, 9, 12, 13, 14, 15, 17, 18, 19, 21, 22, 24, 25, 28, 29, 31, 32, 33, 35 기재 표현에 관한 원심판단에 명예훼손죄에서의 사실 적시에 관한 법리를 오해한 잘못이 없다.

3. 파기의 범위

위와 같은 이유로 원심판결 중 유죄 부분은 파기되어야 한다. 그런데 위 파기 부분은 원심이 이유에서 무죄로 판단한 부분과 일죄의 관계에 있으므로, 결국 원심판결은 전부 파기되어야 한다.

4. 결론

그러므로 원심판결을 파기하고 사건을 다시 심리·판단하도록 원심법원에 환송하기로 하여, 관여 대법관의 일치된 의견으로 주문과 같이 판결한다.

Ⓐ 대법원 2024. 01. 04. 선고 2022도14571 판결 [모욕]

【판시사항】

[1] 개별적으로 소수의 사람에게 발언하였더라도 상대방이 불특정 또는 다수인에게 해당 내용을 전파할 가능성이 객관적으로 인정되는 경우, 모욕죄의 구성요건인 '공연성'을 인정할 수 있는지 여부(적극) 및 이때 전파가능성에 관하여는 검사의 엄격한 증명이 필수적인지 여부(적극) / 구체적인 사안에서 공연성이 인정되는지 판단하는 기준

[2] 전파가능성을 이유로 모욕죄의 공연성이 인정될 수 있는 경우, 주관적 구성요건요소로서 요구되는 고의의 내용 및 고의 유무를 판단하는 방법 / 발언 후 실제로 전파되었는지는 전파가능성 유무를 판단할 때 소극적 사정으로 고려될 수 있는지 여부(적극) / 발언 내용이 전체적으로 피해자의 입장에서 불쾌함을 느낄 정도의 부정적·비판적 의견이나 불편한 감정을 거칠게 나타낸 정도의 표현에 그치는 것으로서, 그와 같은 조악한 표현 자체를 피해자에게 그대로 옮겨 전파하리라는 사정을 쉽게 예상하기 어려운 경우, 전파가능성을 인정할 때 유의할 점

【판결요지】

[1] 모욕죄의 구성요건인 '공연성'에 관하여도 명예훼손죄의 '공연성'에 관한 법리가 동일하게 적용되므로, 개별적으로 소수의 사람에게 발언하였더라도 그 상대방이 불특정 또는 다수인에게 해당 내용을 전파할 가능성이 객관적으로 인정되는 경우에는 공연성을 인정할 수 있지만, 특정한 소수에게만 발언하였다는 점은 공연성이 부정되는 유력한 사정이 될 수 있으므로, 그와 같은 사정하에서의 전파가능성에 관하여는 검사의 엄격한 증명이 필수적이다.

구체적인 사안에서 공연성이 인정되는지 여부는 발언을 하게 된 경위와 당시 상황, 발언의 내용·방법, 행위자의 의도, 행위자·상대방의 태도, 행위자·상대방·피해자의 관계와 지위 등 행위 당시의 구체적인 사정을 심리한 후 상대방이 불특정 또는 다수인에게 전파할 가능성이 있는지 등을 종합하여 객관적으로 판단하여야 한다.

[2] 전파가능성을 이유로 모욕죄의 공연성이 인정될 수 있는 경우에도 범죄구성요건의 주관적 요소로서 미필적 고의는 필수적이므로, 행위자가 당시에 전파가능성에 대한 인식을 전제로 그 위험을 용인하는 내심의 의사가 존재한다는 사실 및 그에 대한 증명이 있어야 한다. 행위자가 전파가능성을 용인하였는지 여부는 외부에 나타난 행위의 형태·상황 등 구체적 사정을 기초로 하여 일반인이라면 전파가능성을 어떻게 평가할 것인가를 고려하면서 행위자의 입장에서 심리상태를 추인하여야 하므로, 행위자의 고의를 인정함에 있어 신중할 필요가 있다. 한편 발언 후 실제로 전파되었는지 여부는 전파가능성 유무를 판단함에 있어 소극적 사정으로 고려될 수 있다.

특히 발언의 내용 역시 피해자의 외부적 명예나 인격적 가치에 대한 사회적 평가를 저하시키거나 인격을 허물어뜨릴 정도로 모멸감을 주는 혐오스러운 표현이라기보다는 전체적으로 피해자의 입장에서 불쾌함을 느낄 정도의 부정적·비판적 의견이나 불편한 감정을 거칠게 나타낸 정도의 표현에 그치는 것으로서, 발언에 담긴 취지가 아니라 그와 같은 조악한 표현 자체를 피해자에게 그대로 옮겨 전파하리라는 사정을 쉽게 예상하기 어려운 경우에는 전파가능성을 인정함에 더욱 신중을 기할 필요가 있다.

【참조조문】 [1] 형법 제311조, 형사소송법 제308조 [2] 형법 제13조, 제311조, 형사소송법 제308조
【참조판례】 [1][2] 대법원 2020. 1. 30. 선고 2016도21547 판결, 대법원 2020. 11. 19. 선고 2020도5813 전원합의체 판결(공2021상, 57) / [1] 대법원 2022. 6. 16. 선고 2021도15122 판결, 대법원 2022. 7. 28. 선고 2020도8336 판결(공2022하, 1803) / [2] 대법원 2004. 4. 9. 선고 2004도340 판결(공2004상, 850)
【전 문】【피 고 인】 피고인【상 고 인】 피고인
【원심판결】 대구지법 2022. 10. 21. 선고 2021노4485 판결

【주 문】

원심판결을 파기하고, 사건을 대구지방법원에 환송한다.

【이 유】

상고이유를 판단한다.

1. 관련 법리

가. 모욕죄의 구성요건인 '공연성'에 관하여도 명예훼손죄의 '공연성'에 관한 법리가 동일하게 적용되므로(대법원 2022. 06. 16. 선고 2021도15122 판결 등 참조), 개별적으로 소수의 사람에게 발언하였더라도 그 상대방이 불특정 또는 다수인에게 해당 내용을 전파할 가능성이 객관적으로 인정되는 경우에는 공연성을 인정할 수 있지만, 특정한 소수에게만 발언하였다는 점은 공연성이 부정되는 유력한 사정이 될 수 있으므로, 그와 같은 사정하에서의 전파가능성에 관하여는 검사의 엄격한 증명이 필수적이다(대법원 2020. 11. 19. 선고 2020도5813 전원합의체 판결, 대법원 2022. 07. 28. 선고 2020도8336 판결 등 참조).

구체적인 사안에서 공연성이 인정되는지 여부는 발언을 하게 된 경위와 당시 상황, 발언의 내용·

방법, 행위자의 의도, 행위자·상대방의 태도, 행위자·상대방·피해자의 관계와 지위 등 행위 당시의 구체적인 사정을 심리한 후 상대방이 불특정 또는 다수인에게 전파할 가능성이 있는지 등을 종합하여 객관적으로 판단하여야 한다(대법원 2020. 01. 30. 선고 2016도21547 판결, 대법원 2020. 11. 19. 선고 2020도5813 전원합의체 판결 등 참조).

나. 전파가능성을 이유로 모욕죄의 공연성이 인정될 수 있는 경우에도 범죄구성요건의 주관적 요소로서 미필적 고의는 필수적이므로, 행위자가 당시에 전파가능성에 대한 인식을 전제로 그 위험을 용인하는 내심의 의사가 존재한다는 사실 및 그에 대한 증명이 있어야 한다. 행위자가 전파가능성을 용인하였는지 여부는 외부에 나타난 행위의 형태·상황 등 구체적 사정을 기초로 하여 일반인이라면 전파가능성을 어떻게 평가할 것인가를 고려하면서 행위자의 입장에서 심리상태를 추인하여야 하므로, 행위자의 고의를 인정함에 있어 신중할 필요가 있다. 한편 발언 후 실제로 전파되었는지 여부는 전파가능성 유무를 판단함에 있어 소극적 사정으로 고려될 수 있다(대법원 2004. 04. 09. 선고 2004도340 판결, 대법원 2020. 01. 30. 선고 2016도21547 판결, 대법원 2020. 11. 19. 선고 2020도5813 전원합의체 판결 등 참조).

특히 발언의 내용 역시 피해자의 외부적 명예나 인격적 가치에 대한 사회적 평가를 저하시키거나 인격을 허물어뜨릴 정도로 모멸감을 주는 혐오스러운 표현이라기보다는 전체적으로 피해자의 입장에서 불쾌함을 느낄 정도의 부정적·비판적 의견이나 불편한 감정을 거칠게 나타낸 정도의 표현에 그치는 것으로서, 발언에 담긴 취지가 아니라 그와 같은 조악한 표현 자체를 피해자에게 그대로 옮겨 전파하리라는 사정을 쉽게 예상하기 어려운 경우에는 전파가능성을 인정함에 더욱 신중을 기할 필요가 있다.

2. 판 단

가. 원심판결 이유 및 원심이 적법하게 채택한 증거에 따르면, 아래의 사정을 알 수 있다.

1) 피고인·상대방·피해자는 모두 같은 정당에 소속된 당원으로, 피고인은 대구 ○구의회 의원으로, 상대방은 대구 ○구을 지역위원회 여성위원장 및 대구 △△ 자율방범대 대장으로, 피해자는 대구 △△ 자율방범대 대원으로 활동하였다.

2) 상대방은 2019. 1.경 피고인과 인사하면서 서로 알게 되었고, 그 후 공식적으로 몇 번 인사를 나눈 일이 있으나, 사적으로 특별히 친밀하다거나 신뢰관계가 있지는 않았다. 한편 상대방은 2020. 7.경 피해자가 대구 △△ 자율방범대 대원으로 새로 가입하면서 서로 친분을 갖게 되었다.

3) 피고인은 2020. 7.경부터 피해자에 대해 부정적인 평가·감정을 가진 상태에서, 2020. 10. 11. 상대방에게 카카오톡 메신저로 피해자가 같은 정당 소속 의원과 간담회에 참석한 사진을 보내면서 '거기에 술꾼인 피해자가 송총이랑 가 있네요 ㅋ 거기는 술 안 사주는데. 입 열면 막말과 비속어, 욕설이 난무하는 피해자와 가까이 해서 대장님이 득 될 것은 없다 봅니다.'라는 취지의 메시지를 전송하였다.

4) 피고인은 수사기관 이래 법정에 이르기까지 일관되게, 대구 ○구의회 의원 겸 같은 당원으로서 같은 당원이자 대구 △△ 자율방범대 대장인 상대방에게 피해자가 평소 술을 좋아하고 나이 많은 사람에게 함부로 행동하는 사람이라는 사실을 알려 피해자와 거리를 두는 것이 좋겠다는

생각에 메시지를 보냈다고 진술하였다.

5) 상대방은 피고인으로부터 메시지를 받았을 당시 상황에 대하여, '기분이 좋지 않았지만 자율방범대에 대한 외부 평판도 중요했기 때문에 피해자에게 피고인과 사이좋게 지내라고 타일렀을 뿐 메시지를 전달하거나 보여주지 않았다. 피고인으로부터 받은 메시지를 다른 사람에게 전달하지는 않았고, 그렇게 할 생각이 전혀 없었다.'는 취지로 일관되게 진술하였다.

나. 위와 같은 사정을 앞서 본 법리와 기록에 비추어 살펴보면, 다음과 같은 이유에서 피고인이 상대방에게 위와 같은 내용의 카카오톡 메시지를 보낸 행위에 모욕죄의 공연성이 있었다거나 피고인에게 전파가능성에 대한 인식과 그 위험을 용인하는 의사가 있었다고 단정하기 어렵다.

1) 특정 단체의 대표에게 단체 업무와 관련한 구성원의 처신, 자질 등과 관련한 사실을 단체의 이해관계자가 제보하는 행위는 해당 단체의 평판 및 건전한 존속, 운영 등과 직결된 사항이므로 전파가능성 내지 그에 대한 제보자의 인식을 쉽게 인정할 것은 아니다.

2) 피고인은 자율방범대 대장인 상대방에게만 이 사건 카카오톡 메시지를 전송하였는데, 피고인과 상대방의 신분·지위·관계 및 단체의 성격 등에 비추어 메시지의 객관적·핵심적 의미와 내용은, 시민들과 일상적인 접촉을 갖는 관계로 구성원의 처신과 외부적 평판이 중요한 자율방범대의 대장인 상대방에게 소속 대원인 피해자의 평소 행실·평판을 알려주어 단체의 운영 및 활동 과정에서 참고할 필요가 있음을 고지·조언하기 위한 것으로 볼 수 있다. 이는 같은 당원이자 구의회 의원의 직책을 맡은 피고인은 물론, 같은 지역위원회의 여성위원장이자 자율방범대 대장의 지위를 맡은 상대방 모두에게 공통의 관심사가 될 수 있는 사항에 해당하므로, 상호 담당하는 지위·역할에 따른 업무상 또는 공식적 관계에서 주고받은 메시지의 내용을 불특정 또는 다수인에게 전파할 이유나 가능성이 객관적으로 증명되었다고 보기 어렵다.

3) 특히 상대방이 피고인으로부터 메시지를 받았을 당시 상황에 대한 진술 내용에 비추어 보면, 상대방은 메시지의 핵심 내용을 상당히 정확하게 인식하였을 뿐 피해자를 포함한 다른 사람들에게 메시지 표현 자체를 전달·공유할 의사가 없었으며, 실제로도 메시지의 취지를 감안하여 자율방범대의 대표자로서 구성원인 피해자에게 외부의 시선·평판을 고려하여 처신에 주의할 필요가 있다는 원론적 수준의 조언만 하였을 뿐 피해자를 포함한 불특정 또는 다수인에게 메시지 자체를 전파하지는 않은 것으로 보인다. 이러한 상대방의 태도·의사·인식 및 메시지 처리 내역은 공연성을 부정할 만한 소극적 사정에 해당한다.

4) 피고인은 상대방과의 업무상 또는 공식적 관계를 매개로 하여, 평소 정당 활동 과정에서 상대방이 대표자로 운영 중인 단체의 구성원인 피해자의 행태를 통해 갖게 된 우려를 상대방에게 전달하기 위하여 메시지를 전송한 것으로 볼 수 있다. 이러한 상황에서 당시 피고인에게 메시지에 담긴 우려 및 조언의 취지를 넘어 메시지 자체의 전파가능성을 인식하였다거나 이를 용인하는 내심의 의사가 있었다고까지는 단정하기 어렵다. 메시지에 담긴 내용 역시 피해자의 외부적 명예나 인격적 가치에 대한 사회적 평가를 저하시키거나 인격을 허물어뜨릴 정도로 모멸감을 주는 혐오스러운 표현이라기보다는 단지 피해자의 입장에서 불쾌함을 느낄 정도의 부정적·비판적 의견이나 불편한 감정을 거칠게 나타낸 정도의 표현에 그치는 것이자, 그러한 개인적 의견과 감정을 공통의 이해관계인으로서 단체의 대표자에게 제보하는 취지의 것으로, 모욕죄의 '모욕'에 해당한다고 단정하기도 어렵다. 이는 전제되는 객관적 사실관계를 토대로, 자

신의 판단과 피해자가 취한 태도 등이 합당한가 하는 데 대한 자신의 판단·의견을 밝히고 그 타당성을 강조하는 과정에서 부분적으로 모욕적인 표현이 사용된 것에 불과하다면, 이는 사회상규에 위배되지 않는 행위로서 형법 제20조에 의하여 위법성이 조각된다는 점에서 보더라도 그러하다(대법원 2003. 11. 28. 선고 2003도3972 판결 등 참조).

다. 그럼에도 원심은 판시와 같은 이유만으로, 피고인의 카카오톡 메시지 발송행위가 공연성을 비롯한 모욕죄의 범죄구성요건을 충족한다고 단정하였는바, 이러한 원심의 판단에는 모욕죄에 관한 법리를 오해함으로써 판결에 영향을 미친 잘못이 있다.

3. 결 론

그러므로 나머지 상고이유에 대한 판단을 생략한 채 원심판결을 파기하고, 사건을 다시 심리·판단하도록 원심법원에 환송하기로 하여, 관여 대법관의 일치된 의견으로 주문과 같이 판결한다.

제23장   신용·업무와 경매에 관한 죄

1. 신용훼손(제313조)
2. 업무방해(제314조)

제24장 주거침입의 죄

1. 주거침입(제319조 제1항)

● 대법원 2024. 01. 04. 선고 2022도15955 판결 [폭력행위등처벌에관한법률위반(공동감금)·폭력행위등처벌에관한법률위반(공동강요)·업무방해·폭력행위등처벌에관한법률위반(공동주거침입)·폭력행위등처벌에관한법률위반(공동퇴거불응)·특수공무집행방해·특수폭행치상]

【판시사항】

주거침입죄의 구성요건적 행위인 '침입'의 의미 및 침입행위에 해당하는지 판단하는 기준 / 업무시간 중 출입자격 등의 제한 없이 일반적으로 개방되어 있는 장소에 들어간 경우, 관리자의 명시적 출입금지 의사 및 조치가 없었던 이상 그 출입행위가 결과적으로 관리자의 추정적 의사에 반하였다는 사정만으로 이를 주거침입죄에서 규정한 침입행위로 평가할 수 있는지 여부(소극)

【판결요지】

주거침입죄는 사실상 주거의 평온을 보호법익으로 한다. 주거침입죄의 구성요건적 행위인 침입은 주거침입죄의 보호법익과의 관계에서 해석하여야 하므로, 침입이란 주거의 사실상 평온상태를 해치는 행위 태양으로 주거에 들어가는 것을 의미하고, 침입에 해당하는지는 출입 당시 객관적·외형적으로 드러난 행위 태양을 기준으로 판단함이 원칙이다. 사실상의 평온상태를 해치는 행위 태양으로 주거에 들어가는 것이라면 대체로 거주자의 의사에 반하겠지만, 단순히 주거에 들어가는 행위 자체가 거주자의 의사에 반한다는 주관적 사정만으로는 바로 침입에 해당한다고 볼 수 없다. 따라서 침입행위에 해당하는지는 거주자의 의사에 반하는지가 아니라 사실상의 평온상태를 해치는 행위 태양인지에 따라 판단되어야 한다. 한편 업무시간 중 출입자격 등의 제한 없이 일반적으로 개방되어 있는 장소에 들어간 경우, 관리자의 명시적 출입금지 의사 및 조치가 없었던 이상 그 출입행위가 결과적으로 관리자의 추정적 의사에 반하였다는 사정만으로는 사실상의 평온상태를 해치는 행위 태양으로 출입하였다고 평가할 수 없다.

【참조조문】 형법 제319조 제1항
【참조판례】 대법원 2022. 3. 24. 선고 2017도18272 전원합의체 판결(공2022상, 819) 대법원 2022. 6. 16. 선고 2021도7087 판결
【전 문】【피 고 인】피고인 1 외 5인
【상 고 인】피고인들 및 검사(피고인 1, 피고인 3, 피고인 4에 대하여)
【변 호 인】법무법인(유한) 클라스한결 담당변호사 조용현 외 5인
【원심판결】인천지법 2022. 11. 18. 선고 2021노2193 판결

【주   문】

원심판결 중 피고인 1·피고인 3·피고인 4·피고인 5·피고인 6에 대한 유죄 부분을 모두 파기하고, 이 부분 사건을 인천지방법원에 환송한다. 피고인 2의 상고와 검사의 상고를 모두 기각한다.

【이   유】

상고이유를 판단한다.

1. 검사의 상고이유에 대한 판단

원심은 판시와 같은 이유로, 이 사건 공소사실 중 피고인 4의 2018. 8. 16. 자 「폭력행위 등 처벌에 관한 법률」(이하 '폭력행위처벌법'이라 한다) 위반(공동주거침입) 및 업무방해의 점, 피고인 1·피고인 3의 2018. 8. 17. 자 폭력행위처벌법 위반(공동강요), 2018. 9. 5. 자 폭력행위처벌법 위반(공동주거침입) 및 업무방해의 점에 대하여 범죄의 증명이 없다고 보아 무죄를 선고한 제1심 판결을 유지하였다.

원심판결 이유를 관련 법리와 기록에 비추어 살펴보면, 이러한 원심의 판단에 논리와 경험의 법칙을 위반하여 자유심증주의의 한계를 벗어나거나 공모공동정범에 관한 법리를 오해함으로써 판결에 영향을 미친 잘못이 없다.

2. 피고인들의 상고이유에 대한 판단

가. 인천 중구청 영종용유지원단 방문 관련

원심은 판시와 같은 이유로, 이 사건 공소사실 중 피고인 1·피고인 2·피고인 3·피고인 5·피고인 6의 2018. 8. 6. 자 폭력행위처벌법 위반(공동퇴거불응)의 점, 피고인 2·피고인 3·피고인 5의 2018. 8. 13. 자 폭력행위처벌법 위반(공동퇴거불응) 및 공소외 1에 대한 특수공무집행방해의 점, 피고인 1·피고인 3·피고인 5의 2018. 8. 20. 자 폭력행위처벌법 위반(공동퇴거불응) 및 피해자 공소외 2·공소외 3에 대한 폭력행위처벌법 위반(공동감금)의 점에 대하여 유죄를 선고한 제1심판결을 유지하였다.

원심판결 이유를 관련 법리와 기록에 비추어 살펴보면, 이러한 원심의 판단에 퇴거불응죄 및 사회상규 위반 여부, 특수공무집행방해죄, 공소사실의 특정, 공동정범에 관한 법리를 오해함으로써 판결에 영향을 미친 잘못이 없다.

나. 폭력행위처벌법 위반(공동주거침입) 성립 여부

1) 관련 법리

주거침입죄는 사실상 주거의 평온을 보호법익으로 한다. 주거침입죄의 구성요건적 행위인 침입은 주거침입죄의 보호법익과의 관계에서 해석하여야 하므로, 침입이란 주거의 사실상 평온상태를 해치는 행위 태양으로 주거에 들어가는 것을 의미하고, 침입에 해당하는지는 출입 당시 객관적·외형적으로 드러난 행위 태양을 기준으로 판단함이 원칙이다. 사실상의 평온상태를 해치는 행위 태양으로 주거에 들어가는 것이라면 대체로 거주자의 의사에 반하겠지만, 단순히 주거에 들어가는 행위 자체가 거주자의 의사에 반한다는 주관적 사정만으로는 바로 침입에 해당한다고 볼 수 없다. 따라서 침입행위에 해당하는지는 거주자의 의사에 반하는지가 아니라 사실상의 평온상태를 해치는 행위 태양인지에 따라 판단되어야 한다(대법원 2022. 03. 24. 선고 2017도18272 전원합의체 판결, 대법원 2022. 06. 16. 선고 2021도7087 판결 등 참조). 한편 업무시간 중 출입자격 등의 제한 없이 일반적으로 개방되어 있는 장소에 들어간 경우, 관리자의 명시적 출입금지 의사 및 조치가 없었던 이상 그 출입행위가 결과적으로 관리자의 추정적 의사에 반하였다는 사정만으로는 사실상의 평온상태를 해치는 행위 태양으로 출입하였다고 평가할 수 없다(위 대법원 2021도7087 판결 참조).

2) 판 단

원심판결 이유를 관련 법리 및 원심이 적법하게 채택한 증거에 비추어 살펴보면, ① 피고인 1·피고인 3의 2018. 8. 16. 자 (상호 생략)건설에 대한 폭력행위처벌법 위반(공동주거침입)의 점, ② 피고인 1·피고인 3·피고인 6의 2018. 8. 1. 자 (은행명 1 생략)저축은행에 대한 폭력행위처벌법 위반(공동주거침입)의 점, ③ 피고인 1·피고인 3의 2018. 8. 8. 자 (은행명 2 생략)저축은행에 대한 폭력행위처벌법 위반(공동주거침입)의 점, ④ 피고인 4·피고인 5의 2018. 8. 14. 자 (상호 생략)건설에 대한 폭력행위처벌법 위반(공동주거침입)의 점에 대하여 유죄를 선고한 제1심판결을 유지한 원심의 판단은 다음과 같은 이유에서 수긍할 수 없다.

가) 위 피고인들이 들어간 '(은행명 1 생략)저축은행·(은행명 2 생략)저축은행'은 업무시간에 출입자격 등의 제한 없이 일반적으로 개방되어 있는 장소이고, '(상호 생략)건설'은 업무상 이해관계인의 출입에 별다른 제한이 없는 영업장소에 해당한다.

나) 위 피고인들은 '(은행명 1 생략)저축은행·(은행명 2 생략)저축은행·(상호 생략)건설'에 출입할 당시에 별다른 출입의 제한이나 제지를 받지 않았고, 특별한 출입통제조치가 되어 있지도 않았다.

다) 위 피고인들은 물론 위 각 장소에 함께 들어간 구분소유자들은 3~4명씩 나누어 순차적으로 들어가거나 노인·여성부터 1~2명씩 먼저 들어간 것으로 보일 뿐 진입을 제지받았음에도 다수의 힘 또는 위세를 이용하여 들어간 것으로 보이지 않는다.

라) 특히 위 피고인들은 '(상호 생략)건설'에 미리 공문으로 방문 의사를 고지한 후 담당자와의 면담약속에 따라 방문하였고, '(은행명 2 생략)저축은행'의 경우 비록 사전약속은 없었으나 담당자와의 면담을 요청하기 위해 방문한 것으로, '(은행명 2 생략)저축은행·(상호 생략)건설'에서 제공하는 회의실·대기실 등에서 약속된 담당자와 실제로 면담·회의를 하였거나 담당자와의 면담 가능 여부의 확인 또는 담당자가 노력하기로 한 대표자와의 면담을 위해 대기하였을 뿐이다. '(은행명 1 생략)저축은행'의 경우에도 사전에 담당자와 면담약속을 한 후 방문하여, 그곳에서 제공하는 회의실·대기실 등에서 약속된 담당자와 실제로 면담·회의를 하였음은 위 다른 두 곳의 경우와 마찬가지로, 출입 과정에 관한 관계자의 증언을 보더라도 적극적·명시적 출입금지 의사 및 조치는 없었던 것으로 보인다.

마) 위 피고인들은 물론 함께 들어간 구분소유자들이 위 각 장소에 순차적으로 들어간 후 다중의 위력을 보일 수 있을 정도의 규모에 이르렀고, 그로부터 상당한 시간이 경과한 이후 그때까지 위 피고인들이 기대하였던 담당자 또는 대표이사와의 면담 등이 무산됨에 따라

일부 참석자들에 의한 소란 등 행위가 우발적으로 발생하였던 것으로 보일 뿐이다. 즉, 소란 등 행위에 가담한 이들에 대하여 판시 업무방해 또는 폭력행위처벌법 위반(공동퇴거불응) 등 범행이 성립함은 별론으로 하고, 업무시간 중 일반적으로 출입이 허용되어 개방된 '(은행명 1 생략)저축은행·(은행명 2 생략)저축은행'은 물론 업무상 이해관계인의 출입에 별다른 제한이 없는 영업장소인 '(상호 생략)건설'에 위 피고인들이 업무상 이해관계인 자격으로 관리자의 출입제한이나 제지가 없는 상태에서 사전에 면담약속·방문 통지를 한 후 방문한 것이거나 면담요청을 하기 위해 통상적인 방법으로 들어간 이상, 사실상의 평온상태를 해치는 행위 태양으로 들어갔다고 볼 수 없어 건조물침입죄에서 규정하는 침입행위에 해당한다고 보기 어렵다. 설령 사후적으로 볼 때 위 피고인들의 위 각 장소에의 순차적 출입이 앞서 본 소란 등 행위로 인하여 결과적으로 각 관리자의 추정적 의사에 반하는 결과를 초래하게 되었더라도, 그러한 사후적 사정만으로는 사실상의 평온상태를 해치는 행위 태양으로 출입하였다고 평가할 수 없다.

바) 그럼에도 '(은행명 1 생략)저축은행·(은행명 2 생략)저축은행·(상호 생략)건설'의 추정적 의사를 주된 근거로 삼아 폭력행위처벌법 위반(공동주거침입)죄의 성립을 인정한 원심의 판단에는 건조물침입죄의 성립에 관한 법리를 오해하여 필요한 심리를 다하지 아니함으로써 판결에 영향을 미친 잘못이 있다.

다. 정당행위 여부

원심은 판시와 같은 이유로, 이 사건 공소사실 중 (호텔명 생략)호텔·인천 중구청 영종용유지원단·(상호 생략)건설·저축은행 및 신탁회사 방문과 관련한 범행(무죄 부분 제외)에 대하여 유죄를 선고한 제1심판결을 유지하였다.

원심판결 이유를 관련 법리와 기록에 비추어 살펴보면, 위 2. 나.항에서 살펴본 폭력행위처벌법 위반(공동주거침입)의 점을 제외한 나머지 원심의 판단에 정당행위에 관한 법리를 오해함으로써 판결에 영향을 미친 잘못이 없다.

라. 파기범위

피고인 1·피고인 3·피고인 4·피고인 5·피고인 6에 대한 위 각 폭력행위처벌법 위반(공동주거침입)에 관한 부분은 파기되어야 하는데, 이 부분은 유죄로 인정된 나머지 부분과 실체적 경합 관계에 있어 하나의 형이 선고되었으므로, 결국 원심판결 중 피고인 1·피고인 3·피고인 4·피고인 5·피고인 6에 대한 유죄 부분은 모두 파기되어야 한다.

3. 결 론

그러므로 원심판결 중 피고인 1·피고인 3·피고인 4·피고인 5·피고인 6에 대한 유죄 부분을 모두 파기하고, 이 부분 사건을 다시 심리·판단하도록 원심법원에 환송하되, 피고인 2의 상고와 검사의 상고를 모두 기각하기로 하여, 관여 대법관의 일치된 의견으로 주문과 같이 판결한다.

2. 퇴거불응(제319조 제2항)

▶ 대법원 2023. 12. 14. 선고 2023도9350 판결 [마약류관리에관한법률위반(향정)·퇴거불응]

【판시사항】

퇴거불응죄의 보호법익 / 퇴거불응죄는 거주자나 관리자·점유자로부터 주거나 건조물·방실 등에서 퇴거요구를 받고도 이에 응하지 아니하면 성립하는지 여부(적극) 및 이때 주거 등에 관하여 거주·관리·점유할 법률상 정당한 권한을 가지고 있어야만 거주자나 관리자·점유자가 될 수 있는지 여부(소극) / 이는 숙박계약이 종료됨에 따라 고객이 숙박업소의 관리자 등으로부터 퇴거요구를 받은 경우에도 마찬가지인지 여부(원칙적 적극) / 숙박업소에서 개별 객실을 점유하고 있는 고객에게 퇴거불응죄가 성립할 수 있는 경우

【판결요지】

형법 제319조 제2항의 퇴거불응죄는 주거나 건조물·방실 등의 사실상 주거의 평온을 보호법익으로 하는 것으로, 거주자나 관리자·점유자로부터 주거나 건조물·방실 등에서 퇴거요구를 받고도 응하지 아니하면 성립하는데, 이때 주거 등에 관하여 거주·관리·점유할 법률상 정당한 권한을 가지고 있어야만 거주자나 관리자·점유자가 될 수 있는 것은 아니다. 이는 숙박업자가 고객에게 객실을 제공하여 일시적으로 이를 사용할 수 있도록 하고 고객으로부터 사용에 따른 대가를 지급받는 숙박계약이 종료됨에 따라 고객이 숙박업소의 관리자 등으로부터 퇴거요구를 받은 경우에도 원칙적으로 같다.

다만 숙박계약에서 숙박업자는 통상적인 임대차계약과는 달리 다수의 고객에게 반복적으로 객실을 제공하여 영업을 영위하고, 객실이라는 공간 외에도 객실 안의 시설이나 서비스를 함께 제공하여 객실 제공 이후에도 필요한 경우 객실에 출입하기도 하며, 사전에 고객과 사이에 대실기간을 단기간으로 정하여 대실기간 경과 후에는 고객의 퇴실 및 새로운 고객을 위한 객실 정비를 예정한다. 이와 같은 숙박계약의 특수성을 고려하면, 고객이 개별 객실을 점유하고 있더라도 숙박업소 및 객실의 구조 및 성격, 고객이 개별 객실을 점유하게 된 경위 및 점유 기간, 퇴실시간의 경과 여부, 숙박업자의 관리 정도, 고객에 대한 퇴거요구의 사유 등에 비추어 오히려 고객의 개별 객실에 대한 점유가 숙박업자의 전체 숙박업소에 대한 사실상 주거의 평온을 침해하는 것으로 평가할 수 있는 특별한 사정이 있는 경우에는 숙박업자가 고객에게 적법하게 퇴거요구를 하였음에도 고객이 응하지 않을 때 퇴거불응죄가 성립할 수 있다.

【참조조문】 형법 제319조 제2항
【참조판례】 대법원 2008. 1. 17. 선고 2006도1890 판결, 대법원 2015. 12. 10. 선고 2015도4048 판결
【전 문】【피 고 인】 피고인 【상 고 인】 피고인
【변 호 인】 변호사 채형석
【원심판결】 서울동부지법 2023. 6. 23. 선고 2023노376 판결

【주 문】

상고를 기각한다.

【이 유】

상고이유를 판단한다.

1. 제1심 판시 제3죄(퇴거불응 부분)에 관한 판단

   1) 형법 제319조 제2항의 퇴거불응죄는 주거나 건조물·방실 등의 사실상 주거의 평온을 보호법익으로 하는 것으로, 거주자나 관리자·점유자로부터 주거나 건조물·방실 등에서 퇴거요구를 받고도 응하지 아니하면 성립하는데(대법원 2015. 12. 10. 선고 2015도4048 판결 참조), 이때 주거 등에 관하여 거주·관리·점유할 법률상 정당한 권한을 가지고 있어야만 거주자나 관리자·점유자가 될 수 있는 것은 아니다(대법원 2008. 01. 17. 선고 2006도1890 판결 등 참조). 이는 숙박업자가 고객에게 객실을 제공하여 일시적으로 이를 사용할 수 있도록 하고 고객으로부터 사용에 따른 대가를 지급받는 숙박계약이 종료됨에 따라 고객이 숙박업소의 관리자 등으로부터 퇴거요구를 받은 경우에도 원칙적으로 같다.

   다만 숙박계약에서 숙박업자는 통상적인 임대차계약과는 달리 다수의 고객에게 반복적으로 객실을 제공하여 영업을 영위하고, 객실이라는 공간 외에도 객실 안의 시설이나 서비스를 함께 제공하여 객실 제공 이후에도 필요한 경우 객실에 출입하기도 하며, 사전에 고객과 사이에 대실기간을 단기간으로 정하여 대실기간 경과 후에는 고객의 퇴실 및 새로운 고객을 위한 객실 정비를 예정한다. 이와 같은 숙박계약의 특수성을 고려하면, 고객이 개별 객실을 점유하고 있더라도 숙박업소 및 객실의 구조 및 성격, 고객이 개별 객실을 점유하게 된 경위 및 점유 기간, 퇴실시간의 경과 여부, 숙박업자의 관리 정도, 고객에 대한 퇴거요구의 사유 등에 비추어 오히려 고객의 개별 객실에 대한 점유가 숙박업자의 전체 숙박업소에 대한 사실상 주거의 평온을 침해하는 것으로 평가할 수 있는 특별한 사정이 있는 경우에는 숙박업자가 고객에게 적법하게 퇴거요구를 하였음에도 고객이 응하지 않을 때 퇴거불응죄가 성립할 수 있다.

   2) 원심판결 이유와 적법하게 채택된 증거에 비추어 살펴보면, 다음의 사실을 알 수 있다.

      가) 피고인은 2022. 9. 20. 16:00경 피해자 공소외인이 운영하는 모텔(이하 '이 사건 모텔'이라 한다) 301호실(이하 '이 사건 객실'이라 한다)에 투숙하면서 선불로 1일 숙박요금 4만 원을 지급하였다. 입실 시 약속한 퇴실시간은 이튿날 오후 12시였다.

      나) 이 사건 모텔은 3층 건물로 1층 입구를 통해 들어가 안내실에서 계산을 한 후 복도 등을 통하여 배정된 객실로 들어가는 구조로, 이 사건 객실 외에도 다른 객실이 다수 존재하였다.

      다) 피고인은 투숙일 다음 날인 2022. 9. 21. 이 사건 객실에서 소란을 피웠고, 피해자는 다른 객실 투숙객으로부터 항의를 받게 되자 같은 날 11:11경 투숙객이 시비를 한다는 내용으로 112에 신고를 하고, 피고인에게도 퇴실시간이 12:00임을 알렸다.

라) 경찰관들이 11:14경 이 사건 모텔에 출동하였고, 피해자는 12:00경 출동한 경찰관들과 함께 다시 피고인에게 퇴실시간이 되었음을 이유로 이 사건 객실에서 퇴실할 것을 요구하였으나, 피고인은 '여기는 범죄현장이다. 국과수를 불러달라. 내가 피해자인데 내가 왜 나가냐? 니들이 경찰이냐?'라고 말하는 등 횡설수설하면서 이 사건 객실에서 나가지 않았다.

마) 경찰관들은 같은 날 14:50경 피고인을 퇴거불응죄의 현행범으로 체포하였다.

3) 이러한 사실관계에 의하여 인정할 수 있는 아래의 사정들을 앞서 본 법리에 비추어 살펴보면, 피고인이 피해자의 퇴거요청에도 불구하고 퇴실시간으로부터 상당한 시간이 지나도록 퇴거하지 않아 퇴거불응죄가 성립한다고 봄이 타당하다.

가) 피고인은 다수의 객실이 존재하는 숙박업소에서 퇴실시간이 정해진 단기간 숙박을 예정하여 그에 따른 대금만을 지불하였고, 퇴거요구를 받기 전까지 이 사건 객실을 점유한 시간은 채 하루에 이르지 않는다.

나) 게다가 피고인은 소란을 피워 피해자로 하여금 다른 손님들로부터 항의를 받도록 하였다. 이 사건 모텔 전부를 관리하는 피해자로서는 객실 관리의 필요성이 매우 컸다.

다) 이에 경찰이 출동하였고 피해자로부터 퇴거요구를 받고 퇴거 준비를 위한 충분한 시간이 경과하였다.

4) 원심은 판시와 같은 이유로 이 사건 공소사실 중 퇴거불응 부분을 유죄로 판단하였다. 원심의 위와 같은 판단은 정당하고, 논리와 경험의 법칙을 위반하여 자유심증주의의 한계를 벗어나거나 퇴거불응죄의 성립, 위법수집증거 배제법칙에 관한 법리를 오해한 잘못이 없다.

2. 제1심 판시 제2죄[「마약류 관리에 관한 법률」(이하 '마약류관리법'이라 한다) 위반(향정) 부분]에 관한 판단

원심은 판시와 같은 이유로 이 사건 공소사실 중 마약류관리법 위반(향정) 부분을 유죄로 판단하였다. 원심판결 이유를 관련 법리와 적법하게 채택된 증거에 비추어 살펴보면, 원심의 판단에 논리와 경험의 법칙을 위반하여 자유심증주의의 한계를 벗어나거나 위법수집증거 배제법칙에 관한 법리를 오해한 잘못이 없다.

3. 결론

상고를 기각하기로 하여, 관여 대법관의 일치된 의견으로 주문과 같이 판결한다.

제25장 권리행사를 방해하는 죄

1. 권리행사방해(제323조)
2. 강 요(제324조)
3. 강제집행면탈(제327조)

제26장 절도와 강도의 죄

1. 절 도(제329조)
2. 야간주거(방실)침입절도(제330조)
3. 특수절도(제331조)
4. 강 도(제333조)

제27장 사기와 공갈의 죄

1. 사 기(제347조)

● 대법원 2024. 01. 25. 선고 2020도10330 판결 [사기]

【판시사항】

소송사기죄 적용의 엄격성 및 소송사기를 유죄로 인정할 수 있는 경우 / 소송당사자들이 조정절차를 통해 원만한 타협점을 찾는 과정에서 다소간의 허위나 과장이 섞인 언행을 한 경우, 이러한 언행이 사기죄에서 말하는 기망행위에 해당하는지 여부(한정 소극) / 조정에 따른 이행의무를 부담하는 피고가 조정성립 이후 청구원인에 관한 주된 조정채무를 제때 이행하지 않았다는 사정만으로 원고에게 신의칙상 주의의무를 다하지 아니하였다거나 조정성립과 상당인과관계 있는 손해가 발생하였다고 단정할 수 있는지 여부(소극)

【판결요지】

소송사기는 법원을 속여 자기에게 유리한 판결을 얻음으로써 상대방의 재물 또는 재산상 이익을 취득하는 범죄로서, 이를 쉽사리 유죄로 인정하게 되면 누구든지 자기에게 유리한 주장을 하고 소송을 통하여 권리구제를 받을 수 있는 민사재판제도의 위축을 가져올 수밖에 없다. 이러한 위험성은 당사자 간 합의에 의하여 소송절차를 원만하게 마무리하는 민사조정에서도 마찬가지로 존재한다. 따라서 피고인이 범행을 인정한 경우 외에는 소송절차나 조정절차에서 행한 주장이 사실과 다름이 객관적으로 명백하고 피고인이 그 주장이 명백히 거짓인 것을 인식하였거나 증거를 조작하려고 하였음이 인정되는 때와 같이 범죄가 성립하는 것이 명백한 경우가 아니면 이를 유죄로 인정하여서는 안 된다.

소송당사자들은 조정절차를 통해 원만한 타협점을 찾는 과정에서 자신에게 유리한 결과를 얻기 위하여 노력하고, 그 과정에서 다소간의 허위나 과장이 섞인 언행을 하는 경우도 있다. 이러한 언행이 일반 거래관행과 신의칙에 비추어 허용될 수 있는 범위 내라면 사기죄에서 말하는 기망행위에 해당한다고 볼 수는 없다.

통상의 조정절차에서는 조정채무 불이행에 대한 제재수단뿐만 아니라 소송비용의 처리 문제나 청구취지에 포함되지 않은 다른 잠재적 분쟁에 관한 합의내용도 포함될 수 있고, 소송절차를 단축시켜 집행권원을 신속히 확보하기 위한 목적에서 조정이 성립되는 경우도 있다. 소송당사자가 조정에 합의한 것은 이러한 부수적 사정에 따른 이해득실을 모두 고려한 이성적 판단의 결과로 보아야 하고, 변호사 등 소송대리인이 조정절차에 참여하여 조정이 성립한 경우에는 더욱 그러하다.

따라서 조정에 따른 이행의무를 부담하는 피고가 조정성립 이후 청구원인에 관한 주된 조정채무를 제때 이행하지 않았다는 사정만으로 원고에게 신의칙상 주의의무를 다하지 아니하였다거나 조정성립과 상당인과관계 있는 손해가 발생하였다고 쉽사리 단정하여서는 아니 된다.

【참조조문】 형법 제347조 제1항
【참조판례】 대법원 2004. 6. 25. 선고 2003도7124 판결(공2004하, 1277)
【전 문】【피 고 인】 피고인 1 외 1인 【상 고 인】 피고인들
【변 호 인】 법무법인 청률 담당변호사 김태창
【원심판결】 서울동부지법 2020. 7. 10. 선고 2019노1916 판결

【주 문】

원심판결을 파기하고, 사건을 서울동부지방법원에 환송한다.

【이 유】

상고이유를 판단한다.

1. 이 사건 공소사실의 요지

공소외인은 피고인 1이 작성한 지급확약서(작성일자가 2005. 4. 16.로 기재되어 있다)에 따른 약정금 5억 4,000만 원을 지급받지 못하자 2015. 10. 23. 부산지방법원에 피고인 1 등을 피고로 하여 약정금 5억 4,000만 원의 지급을 구하는 민사소송을 제기하고, 피고인 1이 대표이사인 ○○건설 주식회사(이하 '○○건설'이라 한다)가 가지고 있는 토지 소유권이전등기청구권과 피고인 1, ○○건설이 피고인 2가 대표이사인 주식회사 △△개발(이하 '△△개발'이라 한다)과 주식회사 □□종합건설(이하 '□□종합건설'이라 한다)에 대하여 가지고 있는 양도대금채권을 가압류하였다.

피고인들은 공소외인과 분쟁이 계속되면 피고인들이 진행하는 부산 남구 ◇◇동 소재 아파트 시행사업에 차질이 생길 것을 우려하여 위 아파트 준공예정일인 2019. 5. 이후에야 □□종합건설로부터 양도대금을 받아 합의금을 마련할 수 있는 상황이었지만 신속히 합의금을 지급하겠다고 기망하여 공소외인과 합의하기로 공모하였다.

피고인 1은 2016. 4. 무렵 공소외인에게 "약정금 4억 5,000만 원을 판결을 통해 받으려면 2심을 거치는 등 몇 년이 걸릴 것이다. 합의해 주면 2016. 5. 말 ◇◇동 아파트 분양을 할 예정인데 그때는 돈을 받을 수 있으니 분양을 마친 후 2016. 6. 말에 합의금을 지급하겠다."라고 거짓말하고, 피고인들은 2016. 4. 13. ◇◇동 (상호명 생략)커피숍에서 공소외인에게 "피고인 1과 피고인 2가 대표이사인 △△개발이 연대하여 2016. 9. 말까지 2억 원, 2016. 12. 말까지 1억 원, 2019. 7. 말까지 1억 원 합계 4억 원을 지급하겠으니 약정금 청구를 취하하고 가압류 신청도 취하해 달라."라고 거짓말을 하였다.

그러나 피고인들은 □□종합건설로부터 아파트 분양 후가 아니라 아파트 준공 후부터 5개월 이내에 양도대금을 받기로 하였고, 달리 재산이 없어 3억 원이라는 거액을 2016. 12. 말까지 마련할 수 없었으므로 공소외인과 합의하더라도 합의금을 제때 지급할 의사나 능력이 없었다.

피고인들은 위와 같이 공소외인을 기망하여 이에 속은 공소외인과 2016. 4. 13. 위 커피숍에서 '피고인 1, △△개발은 연대하여 공소외인에게 4억 원을 지급하되, 그중 2억 원은 2016. 9. 말까지, 1억 원은 2016. 12. 말까지, 1억 원은 2019. 7. 말까지 지급하고, 공소외인은 약정금 소를 취하하고 각 가압류 신청을 취하한다.'는 내용으로 합의하고, 2016. 4. 25. 14:30 무렵 부산지방법원 조정실에서 공소외인으로 하여금 합의 내용으로 조정에 응하게 하였다.

이로써 피고인들은 공모하여 공소외인으로부터 약정금 5억 4,000만 원을 4억 원으로 감액받아 피고인 1이 1억 4,000만 원 채무를 면제받았다.

2. 원심 판단의 요지

원심은 다음과 같은 이유로 피고인들은 △△개발이 2016. 12. 말까지 3억 원을 마련할 방법이 없어 피해자에게 합의금을 제때 지급할 의사나 능력이 없음에도 공소외인을 기망하여 합의 및 조정에 응하게 하여 피고인 1이 1억 4,000만 원의 채무를 면제받은 사실이 인정된다고 판단하여 이 부분 공소사실을 무죄로 인정한 제1심판결을 파기하고 유죄로 인정하였다.

가. □□종합건설은 당시 공소외인과 법적 분쟁에 휘말리는 것 자체를 우려하고 이러한 우려를 피고인들에게 표시했을 것으로 보이므로 피고인들이 공소외인과 조속한 합의를 할 유인이 존재하였다.

나. 피고인들은 당시 △△개발이 □□종합건설로부터 위 아파트 사용승인 이후에 양도대금을 지급받기로 한 사실을 알고 있으면서도 합의 당시 약속한 지급기한에 맞추어 위 양도대금을 수령할 수 있는 것처럼 믿게 하였다.

다. 공소외인은 피고인 1로부터 10년 이상 채권 회수를 하지 못하였으므로, 피고인 2가 운영하던 △△개발의 연대보증 여부뿐만 아니라 연대보증한 금액의 지급시기도 중요하게 생각했을 것이어서, 별다른 자산이 없었던 △△개발이 □□종합건설로부터 사업권 양도대금을 지급받기로 한 시기가 2019년이라는 것을 알았다면 피고인들과 소송상 합의 및 조정을 하지 않았을 것으로 보인다.

3. 대법원의 판단

원심의 위와 같은 판단은 그대로 받아들이기 어렵다.

가. 소송사기는 법원을 속여 자기에게 유리한 판결을 얻음으로써 상대방의 재물 또는 재산상 이익을 취득하는 범죄로서, 이를 쉽사리 유죄로 인정하게 되면 누구든지 자기에게 유리한 주장을 하고 소송을 통하여 권리구제를 받을 수 있는 민사재판제도의 위축을 가져올 수밖에 없다(대법원 2004. 06. 25. 선고 2003도7124 판결 참조). 이러한 위험성은 당사자 간 합의에 의하여 소송절차를 원만하게 마무리하는 민사조정에서도 마찬가지로 존재한다. 따라서 피고인이 그 범행을 인정한 경우 외에는 소송절차나 조정절차에서 행한 주장이 사실과 다름이 객관적으로 명백하고 피고인이 그 주장이 명백히 거짓인 것을 인식하였거나 증거를 조작하려고 하였음이 인정되는 때와 같이 범죄가 성립하는 것이 명백한 경우가 아니면 이를 유죄로 인정하여서는 안 된다.

소송당사자들은 조정절차를 통해 원만한 타협점을 찾는 과정에서 자신에게 유리한 결과를 얻기 위하여 노력하고, 그 과정에서 다소간의 허위나 과장이 섞인 언행을 하는 경우도 있다. 이러한 언행이 일반 거래관행과 신의칙에 비추어 허용될 수 있는 범위 내라면 사기죄에서 말하는 기망행위에 해당한다고 볼 수는 없다.

통상의 조정절차에서는 조정채무 불이행에 대한 제재수단뿐만 아니라 소송비용의 처리 문제나 청구취지에 포함되지 않은 다른 잠재적 분쟁에 관한 합의내용도 포함될 수 있고, 소송절차를 단축시켜 집행권원을 신속히 확보하기 위한 목적에서 조정이 성립되는 경우도 있다. 소송당사자가 조정에 합의한 것은 이러한 부수적 사정에 따른 이해득실을 모두 고려한 이성적 판단의 결과로 보아야 하고, 변호사 등 소송대리인이 조정절차에 참여하여 조정이 성립한 경우에는 더욱 그러하다.

따라서 조정에 따른 이행의무를 부담하는 피고가 조정성립 이후 청구원인에 관한 주된 조정채무를 제때 이행하지 않았다는 사정만으로 원고에게 신의칙상 주의의무를 다하지 아니하였다거나 조정성립과 상당인과관계 있는 손해가 발생하였다고 섣불리 단정하여서는 아니 된다.

나. 원심판결 이유와 기록에 따르면 다음과 같은 사실과 사정들이 인정된다.

1) 피고인들이 위 조정 당시 지급하기로 한 금전의 지급 재원이 될 아파트 시행 사업 양도대금의 지급시기에 관하여 명확히 설명하지 않은 것 이외에, 소송자료로 허위의 서류를 제출하거나 위증을 교사하는 등의 적극적 기망행위를 한 사정은 확인되지 않는다.

2) 공소외인이 제기한 민사소송의 청구원인은 작성일자가 2005. 4. 16.로 기재되어 있는 지급확약서에 따른 약정금 지급청구권이다. 그런데 지급확약서의 실제 작성일은 2009. 12. 무렵으로서, 지급확약서에 기재되어 있는 작성일자와 사이에 4년 이상의 시간적 간격이 있고, 공소외인의 지급확약서 작성 경위에 관한 진술도 일관되지 않는다.

3) 공소외인이 민사소송을 제기할 무렵까지 10년 이상 피고인 1에 대한 채권을 회수하지 못하고 있었던 것으로 보이기는 하나, 공소외인은 2005. 4. 무렵 피고인 1에게 금전을 지급할 당시 이미 사채 중개업을 하고 있었고 법률전문가의 조언을 받아 민사소송 및 조정절차에 임하였다.

4) 위 조정 당시 합의된 조정조항에는 피고인 1의 공소외인에 대한 금전지급의무와 △△개발이 피고인 1과 연대하여 금전지급의무를 부담한다는 내용 외에도, 공소외인이 금전지급 합의에 대하여 절대적 비밀유지의무를 부담하며, 의무 위반으로 인한 피해를 피고인 1에게 보상하여 준다는 내용도 포함되어 있다.

5) 위 조정조항에 따르면, 피고인 1이 부담하는 금전지급의무의 최종 이행기는 2019. 7. 31.인데, 이는 피고인들이 추진하던 시행 사업으로 건설될 아파트의 사용승인 시기와 근접하여 있다. 그리고 공소외인은 △△개발로부터 시행 사업을 양수한 □□종합건설로부터 위 최종 이행기 무렵 300,373,400원을 수령하기도 하였다.

다. 위와 같은 사실관계를 앞서 본 법리에 비추어 본다.

공소외인은 사채 중개업을 하던 사람으로서, 채권 회수를 위한 민사소송이나 조정절차에 관하여 어느 정도의 지식과 경험을 가지고 있었을 것으로 보일 뿐만 아니라 민사소송을 제기하면서 법률전문가인 변호사를 소송대리인으로 선임하였고 그 소송대리인이 조정절차에 참여하였으며, 합의된 조정조항에는 피고인 1의 금전지급의무 이외에 공소외인의 비밀준수의무와 손해배상의무도 함께 정해져 있었다. 그렇다면 공소외인은 자신의 이해득실을 충분히 고려한 후 내린 이성적 판단의 결과로 위 조정에 응하였다고 볼 여지가 크고, 단순히 피고인들의 언행만을 믿고 선뜻 조정에 응하였을 것이라고 보기는 어렵다.

또한 공소외인이 민사소송을 제기할 무렵까지 약 10년 이상 피고인 1에 대한 채권을 회수하지 못하고 있었던 것으로 보이는데, 조정 당시 3회로 분할하여 지급하기로 한 약정금의 최초 분할지급기한과 마지막 분할지급기한이 3년가량이나 떨어져 있는 점이나 조정성립 당시 기한이익 상실에 관한 합의는 존재하였으나 지연이자에 관하여는 아무런 정함이 없었던 점에 비추어 보면, 피고인들과 공소외인이 조정성립 당시 집행권원 획득이나 자력이 있는 △△개발의 연대지급의무 부담 이외에 약정금의 지급시기에도 큰 의미를 두고 있었다고 단정하기 어렵다. 따라서 피고인들이 이 사건 조정 당시 공소외인에게 합의된 금전의 지급을 위한 유일한 재원이라고 할 수 있는 아파트 시행 사업 양도대금의 지급시기에 관하여 명확히 고지하였어야 할 신의칙상 주의의무를 부담하고 있었다고 보아야 할 특별한 사정을 찾을 수 없다.

그렇다면 피고인들이 2016. 12. 말까지 공소외인에게 3억 원을 지급할 의사와 능력이 없음에도 그와 같은 의사와 능력이 있는 것처럼 공소외인을 기망하였다고 보기 어렵고, 피고인들이 민사소송의 조정 과정에서 공소외인에게 아파트 시행 사업 양도대금의 지급시기를 설명하지 않았다는 사정만으로 곧바로 공소외인에 대한 기망행위가 성립하였다거나 그로 인한 손해가 발생하였다고 할 수도 없다.

그럼에도 이와 달리 피고인들의 행위가 기망행위에 해당한다고 본 원심판단에는 조정절차에서의 소송사기에 관한 법리를 오해하여 판결 결과에 영향을 미친 잘못이 있다.

4. 파기의 범위

위와 같은 이유로 원심판결 중 유죄 부분은 파기되어야 한다. 그런데 위 파기 부분은 원심이 이유에서 무죄로 판단한 부분과 일죄의 관계에 있으므로 결국 원심판결은 전부 파기되어야 한다.

5. 결 론

원심판결을 파기하고 사건을 다시 심리·판단하도록 원심법원에 환송하기로 하여, 관여 대법관의 일치된 의견으로 주문과 같이 판결한다.

2. 공 갈(제350조)

제28장 횡령과 배임의 죄

1. 횡 령(제355조 제1항)
2. 업무상횡령(제365조)
3. 배 임(제355조 제2항)
4. 업무상배임(제256조)
5. 배임수·증재(제357조)

제29장 장물에 관한 죄

제30장 손괴에 관한 죄

ⓑ 대법원 2023. 11. 16. 선고 2023도11885 판결 [특수재물손괴]

【판시사항】

[1] 민법 제256조에서 부동산에의 부합의 예외사유로 규정한 '권원'의 의미 / 타인 소유의 토지에 수목을 식재할 당시 토지 소유권자로부터 그에 관한 명시적 또는 묵시적 승낙·동의·허락 등을 받은 경우, 수목의 소유권이 귀속되는 자(=수목을 식재한 자)

[2] 피고인은 피해자 甲이 乙로부터 매수한 토지의 경계 부분에 매수 전 자신이 식재하였던 수목 5그루를 전기톱을 이용하여 절단하였다고 하여 특수재물손괴의 공소사실로 기소된 사안에서, 제반 사정에 비추어 피고인이 수목을 식재할 당시 토지의 전 소유자 乙로부터 명시적 또는 묵시적으로 승낙·동의를 받았거나 적어도 토지 중 수목이 식재된 부분에 관하여는 무상으로 사용할 것을 허락받았을 가능성을 배제하기 어렵고, 이는 민법 제256조에서 부동산에의 부합의 예외사유로 정한 '권원'에 해당한다고 볼 수 있어 수목은 토지에 부합하지 않고 이를 식재한 피고인에게 소유권이 귀속된다는 등의 이유로, 이와 달리 보아 공소사실을 유죄로 인정한 원심판결에 법리오해의 잘못이 있다고 한 사례

【판결요지】

[1] 민법 제256조에서 부동산에의 부합의 예외사유로 규정한 '권원'은 지상권, 전세권, 임차권 등과 같이 타인의 부동산에 자기의 동산을 부속시켜서 그 부동산을 이용할 수 있는 권리를 뜻한다. 따라서 타인 소유의 토지에 수목을 식재할 당시 토지의 소유권자로부터 그에 관한 명시적 또는 묵시적 승낙·동의·허락 등을 받았다면, 이는 민법 제256조에서 부동산에의 부합의 예외사유로 정한 '권원'에 해당한다고 볼 수 있으므로, 해당 수목은 토지에 부합하지 않고 식재한 자에게 그 소유권이 귀속된다.

[2] 피고인은 피해자 甲이 乙로부터 매수한 토지의 경계 부분에 매수 전 자신이 식재하였던 옹아나무 등 수목 5그루 시가 합계 약 2,050만 원 상당을 전기톱을 이용하여 절단하였다고 하여 특수재물손괴의 공소사실로 기소된 사안에서, 제반 사정에 비추어 피고인이 수목을 식재할 당시 토지의 전 소유자 乙로부터 명시적 또는 묵시적으로 승낙·동의를 받았거나 적어도 토지 중 수목이 식재된 부분에 관하여는 무상으로 사용할 것을 허락받았을 가능성을 배제하기 어렵고, 이는 민법 제256조에서 부동산에의 부합의 예외사유로 정한 '권원'에 해당한다고 볼 수 있어 수목은 토지에 부합하는 것이 아니라 이를 식재한 피고인에게 소유권이 귀속되며, 비록 甲이 토지를 매수할 당시 乙로부터 지장물까지 함께 매수하였다는 취지로도 증언하였으나 이를 뒷받침할 만한 증거가 없고, 설령 토지 및 지장물을 함께 매수하였더라도 수목이 식재될 당시부터 토지에 부합하지 않았다면 그 매매목적물에 수목이 당연히 포함된다고 단정할 수도 없다는 등의 이유로, 이와 달리 피고인은

수목이 甲 소유임을 미필적으로나마 인식하고서 이를 절단하였다고 보아 공소사실을 유죄로 인정한 원심판결에 재물손괴죄의 '소유권'에 관한 법리오해의 잘못이 있다고 한 사례.

【참조조문】 [1] 민법 제256조, 형법 제366조   [2] 형법 제366조, 제369조 제1항, 민법 제256조
【참조판례】 [1] 대법원 2005. 1. 27. 선고 2004도6289 판결, 대법원 2010. 10. 28. 선고 2010도4880 판결
【전문】 【피 고 인】 피고인 【상 고 인】 피고인
【변 호 인】 변호사 박남현
【원심판결】 청주지법 2023. 8. 9. 선고 2022노1231 판결

【주　문】

원심판결을 파기하고, 사건을 청주지방법원에 환송한다.

【이　유】

상고이유를 판단한다.

1. 사실오인 및 심리미진 여부

　이 부분 상고이유는 형사소송법 제383조 제4호에서 정한 형보다 가벼운 형이 선고된 이 사건에서 사실오인·심리미진 등을 내세우며 실질적으로 원심의 증거 선택 및 증명력에 관한 판단 또는 이에 기초한 사실인정을 탓하는 것이어서 적법한 상고이유로 볼 수 없다.

2. 재물손괴죄의 소유권에 관한 법리오해 여부

가. 원심은 판시와 같은 이유로, 피고인은 판시 각 수목이 피해자의 소유임을 미필적으로나마 인식하고서 이를 절단하였다고 보아 이를 유죄로 판단하였다.

나. 그러나 원심판결 이유를 적법하게 채택한 증거에 비추어 살펴보면, 판시 각 수목을 피해자의 소유로 단정한 원심의 판단은 다음과 같은 이유에서 수긍하기 어렵다.

　　1) 민법 제256조에서 부동산에의 부합의 예외사유로 규정한 '권원'은 지상권, 전세권, 임차권 등과 같이 타인의 부동산에 자기의 동산을 부속시켜서 그 부동산을 이용할 수 있는 권리를 뜻한다(대법원 2005. 01. 27. 선고 2004도6289 판결, 대법원 2010. 10. 28. 선고 2010도4880 판결 등 참조). 따라서 타인 소유의 토지에 수목을 식재할 당시 토지의 소유권자로부터 그에 관한 명시적 또는 묵시적 승낙·동의·허락 등을 받았다면, 이는 민법 제256조에서 부동산에의 부합의 예외사유로 정한 '권원'에 해당한다고 볼 수 있으므로, 해당 수목은 토지에 부합하지 않고 식재한 자에게 그 소유권이 귀속된다.

　　2) 피고인은 수사과정에서 피해자의 딸 소유인 '청주시 (행정구역 생략)산○○ 토지'(이하 '이 사건 토지'라 한다)에 식재된 나무를 절단한 사실을 인정하였을 뿐 판시 각 수목의 소유권의 귀속 주체나 여부에 관하여는 별다른 조사가 이루어지지 않았고, 공판과정에서 판시 각 수목이

자신의 소유라는 취지로 일관되게 주장하였다.

3) 수사과정에서 피고인이 판시 각 수목을 식재하였는지 여부나 식재 시점·경위 등에 관하여는 조사가 이루어지지 않았고, 심지어 피해자 및 피해자의 딸은 물론 피해자에게 이 사건 토지를 매도한 전 소유자에 대하여도 이에 관하여는 조사가 이루어지지 않았다. 피해자는 수사 및 공판과정에서 자신이 판시 각 수목을 식재하였다고 주장한 적이 없고, 오히려 공판과정에서 '이 사건 토지를 매수하기 전부터 판시 각 수목이 식재되어 있었다.'라는 취지로 진술하여 자신이 판시 각 수목을 식재하였다는 취지의 피고인의 주장과 배치되지 않는다. 제1심도 적법한 증거조사절차를 거쳐 피해자 측이 이 사건 토지를 매수하기 전 피고인이 판시 각 수목을 식재한 사실을 인정하였다.

4) 피고인은 공소사실 기재 일시로부터 약 20년 전에 판시 각 수목을 식재하였다고 주장하였는데, 2021. 5.경 기준으로 절단된 옹아나무의 수령이 23년인 점 등에 비추어 보면 상당히 설득력이 있다. 한편 피고인은 원래부터 '청주시 (행정구역 생략)'(이하 '이 사건 마을'이라 한다)에 거주하고 있었던 반면 피해자 측은 2014. 9.경 이 사건 토지를 매수하면서 이 사건 마을로 이사하게 되었는데, 피해자는 제1심에서 '이 사건 토지를 매수할 당시 전 소유자가 현장에 같이 가서 토지 경계가 피고인 측 주거지와 일부 겹친다는 점을 설명하였다. 그때 토지 경계 위에 다른 사람 소유의 나무가 심어져 있는 것은 알았다.'는 취지로 증언하였다. 즉, 피해자의 증언에 따르더라도, 이 사건 토지의 전 소유자는 피해자 측에 이 사건 토지를 매도할 당시 실제 경계를 알고 있었기에 이를 알려주었음은 물론 피고인이 상당기간 전에 이미 이 사건 토지에 판시 각 수목을 식재한 사실까지 잘 알고 있었음에도 10여 년 이상의 장기간 동안 피고인이 이를 유지·보존·관리를 하는 것에 대해 별다른 이의를 제기하지 않았던 것으로 볼 여지가 있다. 특히 이 사건 토지 중 판시 각 수목이 식재된 위치는 피고인의 집 뒷마당이거나 이와 연결된 부분으로 '관목 울타리'가 있는 언덕 위 또는 피고인의 집과 그 언덕 사이의 경사면이어서, 이 사건 토지의 전 소유자로서는 그 부분에 관한 점유·사용의 필요성이 커 보이지 않았던 점까지 더하여 보면, 피고인이 판시 각 수목을 식재할 당시 이 사건 토지의 전 소유자로부터 명시적 또는 묵시적으로 승낙·동의를 받았거나 적어도 이 사건 토지 중 판시 각 수목이 식재된 부분에 관하여는 무상으로 사용할 것을 허락받았을 가능성을 배제하기 어려워 보인다.

5) 피고인이 위와 같이 판시 각 수목을 식재할 당시 이 사건 토지의 소유권자로부터 위와 같은 명시적 또는 묵시적 승낙·동의·허락 등을 받았다면, 이는 민법 제256조에서 부동산에의 부합의 예외사유로 정한 '권원'에 해당한다고 볼 수 있으므로, 판시 각 수목은 이 사건 토지에 부합하는 것이 아니라 이를 식재한 피고인에게 소유권이 귀속된다고 볼 수 있는데, 비록 피해자가 이 사건 토지를 매수할 당시 전 소유자로부터 지장물까지 함께 매수하였다는 취지로도 증언하였으나, 검사가 이를 뒷받침할 만한 증거를 제출한 적이 없고, 설령 이 사건 토지 및 지장물을 함께 매수하였더라도 판시 각 수목이 식재될 당시부터 이 사건 토지에 부합하지 않았다면 그 매매목적물에 판시 각 수목이 당연히 포함된다고 단정할 수도 없으므로, 피해자의 위 증언은 판시 각 수목의 소유권의 귀속 여부를 판단함에 별다른 장애가 되지 아니한다.

다. 그럼에도 원심은 판시와 같은 이유로 공소사실을 유죄로 판단하였는바, 이러한 원심의 판단에는 재물손괴죄의 '소유권'에 관한 법리를 오해함으로써 판결에 영향을 미친 잘못이 있다.

그러므로 나머지 상고이유에 대한 판단을 생략한 채 원심판결을 파기하고, 사건을 다시 심리·판단하도록 원심법원에 환송하기로 하여, 관여 대법관의 일치된 의견으로 주문과 같이 판결한다.

제3편 형사특별법

제1장 교통관련법

제2장 스토킹범죄의 처벌 등에 관한 법률

제3장 성폭력범죄의 처벌 등에 관한 특례법
    (구 성폭력범죄의 처벌 및 피해자보호 등에 관한 법률)

제4장 아동·청소년의 성보호에 관한 법률

제5장 식품위생법

제6장 특정경제범죄 가중처벌 등에 관한 법률

제7장 특정범죄가중처벌 등에 관한 법률

제8장 폭력행위 등 처벌에 관한 법률

제9장 변호사법

제10장 청소년보호법

제11장 정보통신망 이용촉진 및 정보보호 등에 관한 법률

제12장 특정강력범죄의 처벌에 관한 특례법

제13장 기타 법률

제1장 교통관련법

1. **특정범죄가중처벌등에관한법률위반**(도주차량)(제5조의3)

2. **특정범죄가중처벌등에관한법률위반**(위험운전치사상)

3. **교통사고처리특례법위반**

4. **도로교통법위반**

● 대법원 2023. 12. 28. 선고 2020도6417 판결 [도로교통법위반(음주운전)]

【판시사항】

위드마크(Widmark) 공식을 적용하여 수학적 방법에 따른 계산결과로 운전 당시의 혈중알코올농도를 추정할 때 사용되는 방식 및 이때 그 적용의 전제가 되는 개별적이고 구체적인 사실에 관하여 엄격한 증명을 요하는지 여부(적극) / 해당 운전자의 시간당 알코올분해량을 계산할 때 고려할 사항 / 시간당 알코올분해량에 관하여 알려져 있는 신빙성 있는 통계자료 중 피고인에게 가장 유리한 것을 대입하여 위드마크 공식을 적용하여 운전 당시의 혈중알코올농도를 추정한 계산결과를 유죄의 인정자료로 사용할 수 있는지 여부(적극)

【판결요지】

음주하고 운전한 직후에 운전자의 혈액이나 호흡 등 표본을 검사하여 혈중알코올농도를 측정할 수 있는 경우가 아니라면 이른바 위드마크(Widmark) 공식을 사용하여 수학적 방법에 따른 계산결과로 운전 당시의 혈중알코올농도를 추정할 수 있다. 운전 시부터 일정한 시간이 경과한 후에 음주측정기 또는 혈액채취 등에 의하여 측정한 혈중알코올농도는 운전 시가 아닌 측정 시의 수치에 지나지 아니하므로 운전 시의 혈중알코올농도를 구하기 위하여는 여기에 운전 시부터 측정 시까지의 알코올분해량을 더하는 방식이 사용된다.

일반적으로 범죄구성요건 사실의 존부를 알아내기 위하여 위와 같은 과학공식 등의 경험칙을 이용하는 경우에는 그 법칙 적용의 전제가 되는 개별적이고 구체적인 사실에 관하여 엄격한 증명을 요한다고 할 것이다. 시간의 경과에 의한 알코올의 분해소멸에 관해서는 평소의 음주정도, 체질, 음주속도, 음주 후 신체활동의 정도 등이 시간당 알코올분해량에 영향을 미칠 수 있으므로, 특별한 사정이 없는 한 해당 운전자의 시간당 알코올분해량이 평균인과 같다고 쉽게 단정할 것이 아니라 증거에 의하여 명확히 밝혀야 하고, 증명을 위하여 필요하다면 전문적인 학식이나 경험이 있는 사람들의 도움 등을 받아야 하며, 만일 공식을 적용할 때 불확실한 점이 남아 있고 그것이 피고인에게 불이익하게 작용한다면 그 계산결과는 합리적인 의심을 품게 하지 않을 정도의 증명력이 있다고 할 수 없다. 그러나 시간당 알코올분해량에 관하여 알려져 있는 신빙성 있는 통계자료 중 피고인에게 가장 유리한 것을 대입하여 위드마크 공식을 적용하여 운전 시의 혈중알코올농도를 계산하는 것은 피고인에게 실질적인 불이익을 줄 우려가 없으므로 그 계산결과는 유죄의 인정자료로 사용할 수 있다고 하여야 한다.

【참조조문】도로교통법 제44조, 제148조의2 제1항, 제3항, 형사소송법 제307조, 제308조
【참조판례】대법원 2000. 10. 24. 선고 2000도3145 판결, 대법원 2000. 10. 24. 선고 2000도3307 판결(공2000하, 2473) 대법원 2000. 12. 26. 선고 2000도2185 판결, 대법원 2001. 6. 26. 선고 99도5393 판결
【전 문】【피 고 인】피고인 【상 고 인】검사
【원심판결】전주지법 2020. 5. 7. 선고 2020노300 판결

【주 문】

상고를 기각한다.

【이 유】

상고이유를 판단한다.

1. 공소사실의 요지

   피고인은 2019. 9. 10. 전주지방법원 정읍지원에서 도로교통법 위반(음주운전)죄로 징역 6월에 집행유예 2년을 선고받고, 같은 달 18일경 위 판결이 확정되었다. 피고인은 2019. 7. 20. 16:25경 정읍시 (주소 1 생략)에 있는 ○○고등학교에서부터 (주소 2 생략)에 있는 △△ 부근 삼거리에 이르기까지 약 60m 구간에서 혈중알코올농도 0.054%의 술에 취한 상태로 5t 화물차량을 운전하였다. 이로써 피고인은 술에 취한 상태에서 운전 금지 규정을 2회 이상 위반하였다.

2. 인정 사실

   원심판결 이유 및 기록에 의하면 다음의 사실을 알 수 있다.

가. 피고인은 2019. 7. 20. 16:25경 공소사실 기재 장소에서 공소사실 기재의 화물차량을 운전하다가 맞은편에 있던 승용차를 충격하였다(이하 '이 사건 사고'라고 한다).

나. 경찰관은 2019. 7. 20. 16:53경 교통사고가 발생하였다는 112 신고를 받고 공소사실 기재 △△ 부근 삼거리에 도착하여, 같은 날 17:20경 피고인에게 호흡측정 방식으로 음주측정을 실시한 결과 피고인의 혈중알코올농도가 0.169%로 측정되었다.

다. 피고인은 이 사건 사고가 발생한 직후인 16:43경 사고현장을 이탈하여 소주(360㎖) 1병에 복숭아 음료 1캔을 섞어 마셨다(이하 '후행음주'라고 한다).

라. 수사기관은 2019. 9. 24. 피고인에게 후행음주와 동일한 방식으로 소주 1병에 복숭아 음료 1캔

을 섞어 마시도록 한 뒤 음주측정을 실시한 결과 혈중알코올농도가 0.115%로 측정되었다.

마. 피고인이 이 사건 사고 당일 차를 운전하기 전에 마신 음주량에 관한 자료는 없다.

3. 원심의 판단

원심은 후행음주로 인한 혈중알코올농도 증가분을 산정하기 위하여 위드마크 공식을 사용하였는데, 이미 알려진 신빙성 있는 체내흡수율과 위드마크 상수에 관한 통계자료 중 피고인에게 가장 유리한 수치인 체내흡수율 0.9, 위드마크 상수 0.52를 적용하여 계산된 결과인 0.141%[= (술의 양 360㎖ × 알코올농도 0.17 × 알코올비중 0.7894 × 체내흡수율 0.9) ÷ (피고인의 체중 59kg × 위드마크 상수 0.52 × 10)]와 2019. 9. 24. 측정된 음주수치인 0.115% 중 피고인에게 보다 더 유리한 0.141%를 후행음주로 인한 혈중알코올농도 증가분으로 추정하고, 이를 이 사건 사고 당시 측정치인 0.169%에서 공제하는 방법으로 이 사건 사고 당시 피고인의 혈중알코올농도 추정치는 0.028%(= 0.169% - 0.141%)가 된다고 본 다음, 이는 도로교통법상 음주운전 처벌기준치인 0.03%에 미치지 아니하므로 이 사건 공소사실은 범죄의 증명이 없는 경우에 해당한다고 보아 이 사건 공소사실을 유죄로 인정한 제1심판결을 파기하고 무죄로 판단하였다.

4. 대법원의 판단

 1) 법 리

음주하고 운전한 직후에 운전자의 혈액이나 호흡 등 표본을 검사하여 혈중알코올농도를 측정할 수 있는 경우가 아니라면 이른바 위드마크(Widmark) 공식을 사용하여 수학적 방법에 따른 계산결과로 운전 당시의 혈중알코올농도를 추정할 수 있다. 운전 시부터 일정한 시간이 경과한 후에 음주측정기 또는 혈액채취 등에 의하여 측정한 혈중알코올농도는 운전 시가 아닌 측정 시의 수치에 지나지 아니하므로 운전 시의 혈중알코올농도를 구하기 위하여는 여기에 운전 시부터 측정 시까지의 알코올분해량을 더하는 방식이 사용된다.

일반적으로 범죄구성요건 사실의 존부를 알아내기 위하여 위와 같은 과학공식 등의 경험칙을 이용하는 경우에는 그 법칙 적용의 전제가 되는 개별적이고 구체적인 사실에 관하여 엄격한 증명을 요한다고 할 것이다. 시간의 경과에 의한 알코올의 분해소멸에 관해서는 평소의 음주정도, 체질, 음주속도, 음주 후 신체활동의 정도 등이 시간당 알코올분해량에 영향을 미칠 수 있으므로, 특별한 사정이 없는 한 해당 운전자의 시간당 알코올분해량이 평균인과 같다고 쉽게 단정할 것이 아니라 증거에 의하여 명확히 밝혀야 하고, 증명을 위하여 필요하다면 전문적인 학식이나 경험이 있는 사람들의 도움 등을 받아야 하며, 만일 공식을 적용할 때 불확실한 점이 남아 있고 그것이 피고인에게 불이익하게 작용한다면 그 계산결과는 합리적인 의심을 품게 하지 않을 정도의 증명력이 있다고 할 수 없다(대법원 2000. 10. 24. 선고 2000도3145 판결, 대법원 2000. 10. 24. 선고 2000도3307 판결, 대법원 2000. 12. 26. 선고 2000도2185 판결 등 참조). 그러나 시간당 알코올분해량에 관하여 알려져 있는 신빙성 있는 통계자료 중 피고인에게 가장 유리한 것을 대입하여 위드마크 공식을 적용하여 운전 시의 혈중알코올농도를 계산하는 것은 피고인에게 실질적인 불이익을 줄 우려가 없으므로 그 계산결과는 유죄의 인정자료로 사용할 수 있다고 하여야 한다(대법원 2001. 06. 26. 선고 99도5393 판결 등 참조).

2) 이 사건의 경우

원심판결 이유를 관련 법리와 기록에 비추어 살펴보면, 그 판시와 같은 이유로 이 사건 공소사실을 무죄로 본 원심의 판단에 논리와 경험의 법칙을 위반하여 자유심증주의의 한계를 벗어나거나 도로교통법 위반(음주운전)죄의 성립에 관한 법리를 오해한 잘못이 없다.

이 사건의 경우와 같이, 형사처벌을 모면하기 위해 의도적인 추가음주를 하는 행위가 드물지 않게 발생하고 있다. 죄증을 인멸하기 위한 의도적인 추가음주행위를 통해 음주운전자가 정당한 형사처벌을 회피하게 되는 결과를 그대로 용인하는 것은 정의의 관념이나 음주운전에 대한 강력한 처벌을 통해 안전사회를 염원하는 국민적 공감대 및 시대적 흐름에 비추어 바람직하지 않다. 국민의 건강과 사회의 안전을 보호하고 의도적인 법질서교란행위에 대한 정당한 처벌이 이루어질 수 있는 방향으로 추가음주 사안의 현황과 문제점을 체계적으로 파악하여 이를 해결하기 위한 입법적 조치 등이 이루어질 필요가 있지만, 이러한 조치가 없는 현재의 상황에서는 죄형법정주의와 검사의 엄격한 증명책임이라는 형사법의 대원칙을 존중하여 판단할 수밖에 없다.

5. 결 론

그러므로 상고를 기각하기로 하여, 관여 대법관의 일치된 의견으로 주문과 같이 판결한다.

제2장 스토킹범죄의 처벌 등에 관한 법률

● 대법원 2023. 12. 14. 선고 2023도10313 판결 [스토킹범죄의처벌등에관한법률위반]

【판시사항】

[1] 구 스토킹범죄의 처벌 등에 관한 법률 제2조 제1호 각 목의 행위가 객관적·일반적으로 볼 때 상대방에게 불안감 또는 공포심을 일으키기에 충분한 정도라고 평가되는 경우, 현실적으로 상대방이 불안감 내지 공포심을 갖게 되었는지와 관계없이 '스토킹행위'에 해당하는지 여부(적극) 및 이때 위 조항의 행위가 객관적·일반적으로 볼 때 상대방에게 불안감 또는 공포심을 일으키기에 충분한 정도인지 판단하는 방법

[2] 빌라 아래층에 살던 피고인이 불상의 도구로 여러 차례 벽 또는 천장을 두드려 '쿵쿵' 소리를 내어 이를 위층에 살던 피해자의 의사에 반하여 피해자에게 도달하게 하였다는 공소사실로 스토킹범죄의 처벌 등에 관한 법률 위반죄로 기소된 사안에서, 피고인의 위 행위는 층간소음의 원인 확인이나 해결방안 모색 등을 위한 사회통념상 합리적 범위 내의 정당한 이유 있는 행위라고 볼 수 없고, 객관적·일반적으로 상대방에게 불안감 내지 공포심을 일으키기에 충분하며, 위와 같은 일련의 행위가 지속·반복되었으므로 '스토킹범죄'를 구성한다고 본 원심판단을 정당하다고 한 사례

【판결요지】

[1] 스토킹행위를 전제로 하는 스토킹범죄는 행위자의 어떠한 행위를 매개로 이를 인식한 상대방에게 불안감 또는 공포심을 일으킴으로써 그의 자유로운 의사결정의 자유 및 생활형성의 자유와 평온이 침해되는 것을 막고 이를 보호법익으로 하는 위험범이라고 볼 수 있으므로, 구 스토킹범죄의 처벌 등에 관한 법률(2023. 7. 11. 법률 제19518호로 개정되기 전의 것, 이하 '구 스토킹처벌법'이라 한다) 제2조 제1호 각 목의 행위가 객관적·일반적으로 볼 때 이를 인식한 상대방에게 불안감 또는 공포심을 일으키기에 충분한 정도라고 평가될 수 있다면 현실적으로 상대방이 불안감 내지 공포심을 갖게 되었는지와 관계없이 '스토킹행위'에 해당하고, 나아가 그와 같은 일련의 스토킹행위가 지속되거나 반복되면 '스토킹범죄'가 성립한다. 이때 구 스토킹처벌법 제2조 제1호 각 목의 행위가 객관적·일반적으로 볼 때 상대방에게 불안감 또는 공포심을 일으키기에 충분한 정도인지는 행위자와 상대방의 관계·지위·성향, 행위에 이르게 된 경위, 행위 태양, 행위자와 상대방의 언동, 주변의 상황 등 행위 전후의 여러 사정을 종합하여 객관적으로 판단하여야 한다.

[2] 빌라 아래층에 살던 피고인이 불상의 도구로 여러 차례 벽 또는 천장을 두드려 '쿵쿵' 소리를 내어 이를 위층에 살던 피해자의 의사에 반하여 피해자에게 도달하게 하였다는 공소사실로 스토킹범죄의 처벌 등에 관한 법률 위반죄로 기소된 사안에서, 이웃 간 소음 등으로 인한 분쟁과정에서 위와 같은 행위가 발생하였다고 하여 곧바로 정당한 이유 없이 객관적·일반적으로 불안감 또는 공포심을 일으키는 '스토킹행위'에 해당한다고 단정할 수는 없으나, 피고인이 층간소음 기타 주

변의 생활소음에 불만을 표시하며 수개월에 걸쳐 이웃들이 잠드는 시각인 늦은 밤부터 새벽 사이에 반복하여 도구로 벽을 치거나 음향기기를 트는 등으로 피해자를 비롯한 주변 이웃들에게 큰 소리가 전달되게 하였고, 피고인의 반복되는 행위로 다수의 이웃들은 수개월 내에 이사를 갈 수밖에 없었으며, 피고인은 이웃의 112 신고에 의하여 출동한 경찰관으로부터 주거지 문을 열어 줄 것을 요청받고도 대화 및 출입을 거부하였을 뿐만 아니라 주변 이웃들의 대화 시도를 거부하고 오히려 대화를 시도한 이웃을 스토킹혐의로 고소하는 등 이웃 간의 분쟁을 합리적으로 해결하려 하기보다 이웃을 괴롭힐 의도로 위 행위를 한 것으로 보이는 점 등 피고인과 피해자의 관계, 구체적 행위 태양 및 경위, 피고인의 언동, 행위 전후의 여러 사정들에 비추어 보면, 피고인의 위 행위는 층간소음의 원인 확인이나 해결방안 모색 등을 위한 사회통념상 합리적 범위 내의 정당한 이유 있는 행위라고 볼 수 없고, 객관적·일반적으로 상대방에게 불안감 내지 공포심을 일으키기에 충분하며, 나아가 위와 같은 일련의 행위가 지속되거나 반복되었으므로 '스토킹범죄'를 구성한다고 본 원심판단을 정당하다고 한 사례.

【참조조문】 [1] 구 스토킹범죄의 처벌 등에 관한 법률(2023. 7. 11. 법률 제19518호로 개정되기 전의 것) 제2조 제1호, 제2호 [2] 구 스토킹범죄의 처벌 등에 관한 법률(2023. 7. 11. 법률 제19518호로 개정되기 전의 것) 제2조 제1호, 제2호
【참조판례】 [1] 대법원 2023. 9. 27. 선고 2023도6411 판결(공2023하, 1979)
【전 문】【피 고 인】피고인 【상 고 인】피고인
【원심판결】 창원지법 2023. 7. 11. 선고 2022노2407 판결

【주 문】

상고를 기각한다.

【이 유】

상고이유를 판단한다.

1. 구 「스토킹범죄의 처벌 등에 관한 법률」(2023. 7. 11. 법률 제19518호로 개정되기 전의 것, 이하 '구 스토킹처벌법'이라 한다) 제2조 제1호는 "'스토킹행위'란 상대방의 의사에 반하여 정당한 이유 없이 상대방 또는 그의 동거인, 가족에 대하여 다음 각 목의 어느 하나에 해당하는 행위를 하여 상대방에게 불안감 또는 공포심을 일으키는 것을 말한다."라고 규정하고, 그 유형 중 하나로 '상대방 등에게 직접 또는 제3자를 통하여 글·말·부호·음향·그림·영상·화상을 도달하게 하거나 주거 등 또는 그 부근에 물건 등을 두는 행위'를 들고 있다[(라)목]. 그리고 같은 조 제2호는 "'스토킹범죄'란 지속적 또는 반복적으로 스토킹행위를 하는 것을 말한다."라고 규정한다.

스토킹행위를 전제로 하는 스토킹범죄는 행위자의 어떠한 행위를 매개로 이를 인식한 상대방에게 불안감 또는 공포심을 일으킴으로써 그의 자유로운 의사결정의 자유 및 생활형성의 자유와 평온이 침해되는 것을 막고 이를 보호법익으로 하는 위험범이라고 볼 수 있으므로, 구 스토킹처벌법 제2조 제1호 각 목의 행위가 객관적·일반적으로 볼 때 이를 인식한 상대방으로 하여금 불안감 또는

공포심을 일으키기에 충분한 정도라고 평가될 수 있다면 현실적으로 상대방이 불안감 내지 공포심을 갖게 되었는지 여부와 관계없이 '스토킹행위'에 해당하고, 나아가 그와 같은 일련의 스토킹행위가 지속되거나 반복되면 '스토킹범죄'가 성립한다. 이때 구 스토킹처벌법 제2조 제1호 각 목의 행위가 객관적·일반적으로 볼 때 상대방으로 하여금 불안감 또는 공포심을 일으키기에 충분한 정도인지는 행위자와 상대방의 관계·지위·성향, 행위에 이르게 된 경위, 행위 태양, 행위자와 상대방의 언동, 주변의 상황 등 행위 전후의 여러 사정을 종합하여 객관적으로 판단하여야 한다(대법원 2023. 09. 27. 선고 2023도6411 판결 참조).

2. 원심은 판시와 같은 이유로, 이 사건 빌라 아래층에 살던 피고인이 불상의 도구로 여러 차례 벽 또는 천장을 두드려 '쿵쿵' 소리를 내어 이를 위층에 살던 피해자의 의사에 반하여 피해자에게 도달하게 한 행위가 객관적으로 불안감 또는 공포심을 일으킬 정도로 평가되는 스토킹행위에 해당한다고 보아, 이 사건 공소사실(무죄 부분 제외)을 유죄로 판단한 제1심의 판단을 유지하였다.

3. 이웃 간 소음 등으로 인한 분쟁과정에서 위와 같은 행위가 발생하였다고 하여 곧바로 정당한 이유 없이 객관적·일반적으로 불안감 또는 공포심을 일으키는 '스토킹행위'에 해당한다고 단정할 수는 없다. 그러나 원심판결 이유를 위 법리와 적법하게 채택된 증거에 비추어 살펴보면, 피고인은 층간소음 기타 주변의 생활소음에 불만을 표시하며 수개월에 걸쳐 이웃들이 잠드는 시각인 늦은 밤부터 새벽 사이에 반복하여 도구로 벽을 치거나 음향기기를 트는 등으로 피해자를 비롯한 주변 이웃들에게 큰 소리가 전달되게 하였고, 피고인의 반복되는 행위로 다수의 이웃들은 수개월 내에 이사를 갈 수밖에 없었으며, 피고인은 이웃의 112 신고에 의하여 출동한 경찰관으로부터 주거지 문을 열어 줄 것을 요청받고도 '영장 들고 왔냐.'고 하면서 대화 및 출입을 거부하였을 뿐만 아니라 주변 이웃들의 대화 시도를 거부하고 오히려 대화를 시도한 이웃을 스토킹혐의로 고소하는 등 이웃 간의 분쟁을 합리적으로 해결하려 하기보다 이웃을 괴롭힐 의도로 위 행위를 한 것으로 보이는 점 등 피고인과 피해자의 관계, 구체적 행위 태양 및 경위, 피고인의 언동, 행위 전후의 여러 사정들에 비추어 보면, 피고인의 위 행위는 층간소음의 원인 확인이나 해결방안 모색 등을 위한 사회통념상 합리적 범위 내의 정당한 이유 있는 행위에 해당한다고 볼 수 없고 객관적·일반적으로 상대방에게 불안감 내지 공포심을 일으키기에 충분하다고 보이며, 나아가 위와 같은 일련의 행위가 지속되거나 반복되었으므로 '스토킹범죄'를 구성한다고 본 원심의 판단은 수긍할 수 있고, 거기에 논리와 경험의 법칙을 위반하여 자유심증주의의 한계를 벗어나거나 구 스토킹처벌법 위반죄의 성립에 관한 법리를 오해함으로써 판결에 영향을 미친 잘못이 없다.

4. 그러므로 상고를 기각하기로 하여, 관여 대법관의 일치된 의견으로 주문과 같이 판결한다.

제3장 성폭력범죄의 처벌 등에 관한 특례법
(구 성폭력범죄의 처벌 및 피해자보호 등에 관한 법률)

● 대법원 2024. 01. 04. 선고 2023도13081 판결 [성폭력범죄의처벌등에관한특례법위반(공중밀집장소에서의추행)]

【판시사항】

[1] 성폭력범죄의 처벌 등에 관한 특례법 제11조의 '공중 밀집 장소에서의 추행죄'에서 '추행'의 의미 / 피고인이 추행의 고의를 부인하는 경우, 이를 증명하는 방법으로 고의와 상당한 관련성 있는 간접사실을 판단하는 방법 / 이는 피고인이 자폐성 장애인이거나 지적장애인에 해당하는 경우에도 마찬가지인지 여부(적극)

[2] 법관이 검사가 제출한 증거와 피고인이 제출한 증거를 종합하여 볼 때 공소사실에 관하여 조금이라도 합리적인 의심이 있는 경우, 피고인이 제출한 증거만으로 피고인의 주장 사실을 인정하기에 부족하다는 이유를 들어 공소사실에 관하여 유죄판결을 선고할 수 있는지 여부(소극)

[3] 법원이 성범죄 사건을 심리할 때 유지해야 하는 '성인지적 관점'의 의미 및 성범죄 피해자 진술의 증명력을 배척 내지 인정하는 방법

[4] 형사소송법이 공판중심주의의 한 요소로 채택하고 있는 실질적 직접심리주의의 내용과 취지 / 피고인이 수사과정에서 공소사실을 부인하였고 그 내용이 기재된 피의자신문조서 등에 관하여 증거 동의를 한 경우, 그중 일부만 발췌하여 유죄의 증거로 사용할 수 있는지 여부(소극)

【판결요지】

[1] 성폭력범죄의 처벌 등에 관한 특례법(이하 '성폭력처벌법'이라 한다) 제11조의 '공중 밀집 장소에서의 추행죄'의 '추행'이란 일반인을 기준으로 객관적으로 성적 수치심이나 혐오감을 일으키게 하고 선량한 성적 도덕관념에 반하는 행위로서 피해자의 성적 자기결정권을 침해하는 것을 의미한다. 성폭력처벌법 제11조 위반죄가 성립하기 위해서는 주관적 구성요건으로서 추행을 한다는 인식을 전제로 적어도 미필적으로나마 이를 용인하는 내심의 의사가 있어야 하므로, 피고인이 추행의 고의를 부인하는 경우에는 고의와 상당한 관련성이 있는 간접사실을 증명하는 방법에 따를 수밖에 없다. 이 경우 피고인의 나이·지능·지적능력 및 판단능력, 직업 및 경력, 피고인이 공소사실 기재 행위에 이르게 된 경위와 동기, 피고인과 피해자의 관계, 구체적 행위 태양 및 행위 전후의 정황, 피고인의 평소 행동양태·습관 등 객관적 사정을 종합하여 판단해야 하고, 피고인이 고의로 추행을 하였다고 볼 만한 징표와 어긋나는 사실의 의문점이 해소되어야 한다. 이는 피고인이 자폐성 장애인이거나 지적장애인에 해당하는 경우에도 마찬가지로서, 외관상 드러난 피고인의 언행이 비장애인의 관점에서 이례적이라거나 합리적이지 않다는 이유만으로 함부로 고의를 추단하거나 이를 뒷받침하는 간접사실로 평가해서는 안 되고, 전문가의 진단이나 감정 등을 통해 피고인의 장

애 정도, 지적·판단능력 및 행동양식 등을 구체적으로 심리한 후 피고인이 공소사실 기재 행위 당시 특정 범행의 구성요건 해당 여부에 관한 인식을 전제로 이를 용인하는 내심의 의사까지 있었다는 점에 관하여 합리적인 의심을 할 여지가 없을 정도의 확신에 이르러야 한다.

[2] 형사피고인은 유죄의 판결이 확정될 때까지는 무죄로 추정된다(헌법 제27조 제4항, 형사소송법 제275조의2). 무죄추정의 원칙은 수사를 하는 단계뿐만 아니라 판결이 확정될 때까지 형사절차와 형사재판 전반을 이끄는 대원칙으로서, '의심스러우면 피고인의 이익으로' 라는 오래된 법언에 내포된 것이며 우리 형사법의 기초를 이루고 있다. 형사소송법 제307조 제2항이 "범죄사실의 인정은 합리적인 의심이 없는 정도의 증명에 이르러야 한다."라고 정한 것의 의미는, 법관은 검사가 제출하여 공판절차에서 적법하게 채택·조사한 증거만으로 유죄를 인정하여야 하고, 법관이 합리적인 의심을 할 여지가 없을 만큼 확신을 가지는 정도의 증명력을 가진 엄격한 증거에 의하여 공소사실을 증명할 책임은 검사에게 있다는 것이다. 결국 검사가 법관으로 하여금 그만한 확신을 가지게 하는 정도로 증명하지 못한 경우에는 설령 피고인의 주장이나 변명이 모순되거나 석연치 않은 면이 있는 등 유죄의 의심이 가는 사정이 있다고 하더라도 피고인의 이익으로 판단하여야 한다. 따라서 피고인이 유리한 증거를 제출하면서 범행을 부인하는 경우에도 공소사실에 대한 증명책임은 여전히 검사에 있고, 피고인이 공소사실과 배치되는 자신의 주장 사실에 관하여 증명할 책임까지 부담하는 것은 아니므로, 검사가 제출한 증거와 피고인이 제출한 증거를 종합하여 볼 때 공소사실에 관하여 조금이라도 합리적인 의심이 있는 경우에는 무죄를 선고하여야 할 것이지, 피고인이 제출한 증거만으로 피고인의 주장 사실을 인정하기에 부족하다는 이유를 들어 공소사실에 관하여 유죄판결을 선고하는 것은 헌법상 무죄추정의 원칙은 물론 형사소송법상 증거재판주의 및 검사의 증명책임에 반하는 것이어서 허용될 수 없다.

[3] 성범죄 사건을 심리할 때에는 사건이 발생한 맥락에서 성차별 문제를 이해하고 양성평등을 실현할 수 있도록 '성인지적 관점'을 유지하여야 하므로, 개별적·구체적 사건에서 성범죄 피해자가 처하여 있는 특별한 사정을 충분히 고려하지 않은 채 피해자 진술의 증명력을 가볍게 배척하는 것은 정의와 형평의 이념에 입각하여 논리와 경험의 법칙에 따른 증거판단이라고 볼 수 없지만, 이는 성범죄 피해자 진술의 증명력을 제한 없이 인정하여야 한다거나 그에 따라 해당 공소사실을 무조건 유죄로 판단해야 한다는 의미는 아니다.

① 성범죄 피해자 진술에 대하여 성인지적 관점을 유지하여 보더라도, 진술 내용 자체의 합리성·타당성뿐만 아니라 객관적 정황, 다른 경험칙 등에 비추어 증명력을 인정할 수 없는 경우가 있을 수 있다.

② 또한 피고인은 물론 피해자도 하나의 객관적 사실 중 서로 다른 측면에서 자신이 경험한 부분에 한정하여 진술하게 되고, 여기에는 자신의 주관적 평가나 의견까지 어느 정도 포함될 수밖에 없으므로, 하나의 객관적 사실에 대하여 피고인과 피해자 모두 자신이 직접 경험한 사실만을 진술하더라도 그 내용이 일치하지 않을 가능성이 항시 존재한다. 즉, 피고인이 일관되게 공소사실 자체를 부인하는 상황에서 공소사실을 인정할 직접적 증거가 없거나, 피고인이 공소사실의 객관적 행위를 한 사실은 인정하면서도 고의와 같은 주관적 구성요건만을 부인하는 경우 등과 같이 사실상 피해자의 진술만이 유죄의 증거가 되는 경우에는, 피해자 진술의 신빙성을 인정하더라도 피고인의 주장은 물론 피고인이 제출한 증거, 피해자 진술 내용의 합리성·타당

성, 객관적 정황과 다양한 경험칙 등에 비추어 피해자의 진술만으로 피고인의 주장을 배척하기에 충분할 정도에 이르지 않아 법관으로 하여금 합리적인 의심을 할 여지가 없을 정도로 공소사실이 진실한 것이라는 확신을 가질 수 없게 되었다면, 피고인의 이익으로 판단해야 한다.

[4] 형사소송법은 형사사건의 실체에 대한 유무죄의 심증 형성은 법정에서의 심리에 의하여야 한다는 공판중심주의의 한 요소로서, 법관의 면전에서 직접 조사한 증거만을 재판의 기초로 삼을 수 있고 증명 대상이 되는 사실과 가장 가까운 원본 증거를 재판의 기초로 삼아야 하며 원본 증거의 대체물 사용은 원칙적으로 허용되어서는 안 된다는 실질적 직접심리주의를 채택하고 있다. 이는 법관이 법정에서 직접 원본 증거를 조사하는 방법을 통하여 사건에 대한 신선하고 정확한 심증을 형성할 수 있고 피고인에게 원본 증거에 관한 직접적인 의견진술의 기회를 부여함으로써 실체적 진실을 발견하고 공정한 재판을 실현할 수 있기 때문이다.

반면, 수사기관이 작성한 진술조서는 수사기관이 피조사자에 대하여 상당한 시간에 걸쳐 이루어진 문답 과정을 그대로 옮긴 '녹취록'과는 달리 수사기관의 관점에서 조사결과를 요약·정리하여 기재한 것에 불과할 뿐만 아니라 진술의 신빙성 유무를 판단할 때 가장 중요한 요소 중 하나인 진술 경위는 물론 피조사자의 진술 당시 모습·표정·태도, 진술의 뉘앙스, 지적능력·판단능력 등과 같은 피조사자의 상태 등을 정확히 반영할 수 없는 본질적 한계가 있다. 따라서 피고인이 수사과정에서 공소사실을 부인하였고 그 내용이 기재된 피의자신문조서 등에 관하여 증거동의를 한 경우에는, 형사소송법에 따라 증거능력 자체가 부인되는 것은 아니지만, 전체적 내용이나 진술의 맥락·취지를 고려하지 않은 채 그중 일부만을 발췌하여 유죄의 증거로 사용하는 것은 함부로 허용할 수 없다. 특히 지적능력·판단능력 등과 같이 본질적으로 수사기관이 작성한 진술조서에 나타나기 어려운 피고인의 상태에 대해서는 공판중심주의 및 실질적 직접심리주의 원칙에 따라 검사가 제출한 객관적인 증거에 대하여 적법한 증거조사를 거친 후 이를 인정하여야 할 것이지, 공소사실을 부인하는 취지의 피고인 진술이 기재된 피의자신문조서 중 일부를 근거로 이를 인정하여서는 안 된다.

【참조조문】 [1] 성폭력범죄의 처벌 등에 관한 특례법 제11조 [2] 헌법 제27조 제4항, 형사소송법 제275조의2, 제307조 제2항 [3] 형사소송법 제307조, 제308조, 양성평등기본법 제5조 제1항 [4] 형사소송법 제307조, 제308조
【참조판례】 [1] 대법원 2020. 6. 25. 선고 2015도7102 판결(공2020하, 1550) / [2] 대법원 2012. 6. 28. 선고 2012도231 판결(공2012하, 1367) 대법원 2017. 10. 31. 선고 2016도21231 판결(공2017하, 2258) / [3] 대법원 2018. 10. 25. 선고 2018도7709 판결(공2018하, 2294)
【전 문】【피 고 인】 피고인 【상 고 인】 피고인 【변 호 인】 변호사 안혜정
【원심판결】 서울동부지법 2023. 9. 8. 선고 2022노1401 판결

【주 문】

원심판결을 파기하고, 사건을 서울동부지방법원에 환송한다.

【이 유】

상고이유를 판단한다.

1. 공소사실의 요지

   피고인은 자폐성 장애 등으로 사물을 변별할 능력이나 의사를 결정할 능력이 미약한 상태에서 다음과 같이 범행하였다.

   피고인은 2021. 6. 24. 23:15경 부산도시철도 1호선 서면역에서 다대포 해수욕장역으로 운행 중인 1938호 전동차에서, 피해자 공소외인(여, 19세)의 옆자리에 앉아 피해자의 왼팔 상박 맨살에 자신의 오른팔 상박 맨살을 비비고, 피해자가 이를 피해 옆 좌석으로 이동하자 재차 피해자의 옆자리로 이동하여 위와 같은 방법으로 대중교통수단인 전동차에서 피해자를 추행하였다.

2. 원심 판단

   원심은 판시와 같은 이유로, ① 피고인의 지하철 내에서의 이동경로 및 신체적 접촉 정도 등에 관한 피해자 및 목격자의 진술 내용을 고려하면, 피고인 측이 제출한 소견서 등만으로는 자폐성 장애에 따른 '상동행동'으로서 추행의 고의가 없었다고 단정하기 어렵다는 취지의 제1심판결의 이유를 인용하면서, ② 피고인이 자폐성 장애 및 2급 지적장애인으로서 언어·사회성 등의 발달이 지연되어 사회적 관습과 규칙을 이해하고 내면화하는 것에 어려움이 있는 것으로 보이지만, 2016년 실시된 피고인에 대한 심리평가결과와 수사과정에서의 일부 질문에 대한 답변 내용에 비추어, 피고인의 지적 또는 의지적 상태가 자신이 한 행동의 사회적 의미를 전혀 이해하지 못하는 수준의 상태에 해당한다고 볼 정도는 아닌 점, ③ 피고인이 피해자의 맞은편에 앉아 있다가 피해자 옆으로 옮겨 앉은 후 공소사실 기재와 같은 행위를 한 점에 비추어 자폐성 장애로 인한 상동행동에 기인한 것이라고 보기 어려운 점 등을 추가적인 이유로 하여, 추행의 고의를 부인하는 피고인의 주장을 배척하고 공소사실을 유죄로 판단하였다.

3. 대법원 판단

가. 관련 법리

   1) 「성폭력범죄의 처벌 등에 관한 특례법」(이하 '성폭력처벌법'이라 한다) 제11조의 '공중 밀집 장소에서의 추행죄'의 '추행'이란 일반인을 기준으로 객관적으로 성적 수치심이나 혐오감을 일으키게 하고 선량한 성적 도덕관념에 반하는 행위로서 피해자의 성적 자기결정권을 침해하는 것을 의미한다(대법원 2020. 06. 25. 선고 2015도7102 판결 참조). 성폭력처벌법 제11조 위반죄가 성립하기 위해서는 주관적 구성요건으로서 추행을 한다는 인식을 전제로 적어도 미필적으로나마 이를 용인하는 내심의 의사가 있어야 하므로, 피고인이 추행의 고의를 부인하는 경우에는 고의와 상당한 관련성이 있는 간접사실을 증명하는 방법에 따를 수밖에 없다. 이 경우 피고인의 나이·지능·지적능력 및 판단능력, 직업 및 경력, 피고인이 공소사실 기재 행위에 이르게 된 경위와 동기, 피고인과 피해자의 관계, 구체적 행위 태양 및 행위 전후의 정황, 피고인의 평소 행동양태·습관 등 객관적 사정을 종합하여 판단해야 하고, 피고인이 고의로 추행을 하였다고 볼 만한 징표와 어긋나는 사실의 의문점이 해소되어야 한다. 이는 피고인이 자폐성 장애인이거나 지적장애인에 해당하는 경우에도 마찬가지로서, 외관상 드러난 피고인의 언행이 비장애인의 관점에서 이례적이라거나 합리적이지 않다는 이유만으로 함부로 고의를 추단하거나 이를 뒷받침하는 간접사실로 평가하여서는 아니 되고, 전문가의 진단이나 감정 등을 통해

피고인의 장애 정도, 지적·판단능력 및 행동양식 등을 구체적으로 심리한 후 피고인이 공소사실 기재 행위 당시 특정 범행의 구성요건 해당 여부에 관한 인식을 전제로 이를 용인하는 내심의 의사까지 있었다는 점에 관하여 합리적인 의심을 할 여지가 없을 정도의 확신에 이르러야 한다.

2) 형사피고인은 유죄의 판결이 확정될 때까지는 무죄로 추정된다(헌법 제27조 제4항, 형사소송법 제275조의2). 무죄추정의 원칙은 수사를 하는 단계뿐만 아니라 판결이 확정될 때까지 형사절차와 형사재판 전반을 이끄는 대원칙으로서, '의심스러우면 피고인의 이익으로'라는 오래된 법언에 내포된 것이며 우리 형사법의 기초를 이루고 있다(대법원 2017. 10. 31. 선고 2016도21231 판결 등 참조). 형사소송법 제307조 제2항이 "범죄사실의 인정은 합리적인 의심이 없는 정도의 증명에 이르러야 한다."라고 정한 것의 의미는, 법관은 검사가 제출하여 공판절차에서 적법하게 채택·조사한 증거만으로 유죄를 인정하여야 하고, 법관이 합리적인 의심을 할 여지가 없을 만큼 확신을 가지는 정도의 증명력을 가진 엄격한 증거에 의하여 공소사실을 증명할 책임은 검사에게 있다는 것이다. 결국 검사가 법관으로 하여금 그만한 확신을 가지게 하는 정도로 증명하지 못한 경우에는 설령 피고인의 주장이나 변명이 모순되거나 석연치 않은 면이 있는 등 유죄의 의심이 가는 사정이 있다고 하더라도 피고인의 이익으로 판단하여야 한다(대법원 2012. 06. 28. 선고 2012도231 판결 등 참조). 따라서 피고인이 유리한 증거를 제출하면서 범행을 부인하는 경우에도 공소사실에 대한 증명책임은 여전히 검사에 있고, 피고인이 공소사실과 배치되는 자신의 주장 사실에 관하여 증명할 책임까지 부담하는 것은 아니므로, 검사가 제출한 증거와 피고인이 제출한 증거를 종합하여 볼 때 공소사실에 관하여 조금이라도 합리적인 의심이 있는 경우에는 무죄를 선고하여야 할 것이지, 피고인이 제출한 증거만으로 피고인의 주장 사실을 인정하기에 부족하다는 이유를 들어 공소사실에 관하여 유죄판결을 선고하는 것은 헌법상 무죄추정의 원칙은 물론 형사소송법상 증거재판주의 및 검사의 증명책임에 반하는 것이어서 허용될 수 없다.

3) 성범죄 사건을 심리할 때에는 사건이 발생한 맥락에서 성차별 문제를 이해하고 양성평등을 실현할 수 있도록 '성인지적 관점'을 유지하여야 하므로, 개별적·구체적 사건에서 성범죄 피해자가 처하여 있는 특별한 사정을 충분히 고려하지 않은 채 피해자 진술의 증명력을 가볍게 배척하는 것은 정의와 형평의 이념에 입각하여 논리와 경험의 법칙에 따른 증거판단이라고 볼 수 없지만(대법원 2018. 10. 25. 선고 2018도7709 판결 등 참조), 이는 성범죄 피해자 진술의 증명력을 제한 없이 인정하여야 한다거나 그에 따라 해당 공소사실을 무조건 유죄로 판단해야 한다는 의미는 아니다.

 가) 성범죄 피해자 진술에 대하여 성인지적 관점을 유지하여 보더라도, 진술 내용 자체의 합리성·타당성뿐만 아니라 객관적 정황, 다른 경험칙 등에 비추어 증명력을 인정할 수 없는 경우가 있을 수 있다.

 나) 또한 피고인은 물론 피해자도 하나의 객관적 사실 중 서로 다른 측면에서 자신이 경험한 부분에 한정하여 진술하게 되고, 여기에는 자신의 주관적 평가나 의견까지 어느 정도 포함될 수밖에 없으므로, 하나의 객관적 사실에 대하여 피고인과 피해자 모두 자신이 직접 경험한 사실만을 진술하더라도 그 내용이 일치하지 않을 가능성이 항시 존재한다. 즉, 피고인이 일관되게 공소사실 자체를 부인하는 상황에서 공소사실을 인정할 직접적 증거가

없거나, 피고인이 공소사실의 객관적 행위를 한 사실은 인정하면서도 고의와 같은 주관적 구성요건만을 부인하는 경우 등과 같이 사실상 피해자의 진술만이 유죄의 증거가 되는 경우에는, 피해자 진술의 신빙성을 인정하더라도 피고인의 주장은 물론 피고인이 제출한 증거, 피해자 진술 내용의 합리성·타당성, 객관적 정황과 다양한 경험칙 등에 비추어 피해자의 진술만으로 피고인의 주장을 배척하기에 충분할 정도에 이르지 않아 법관으로 하여금 합리적인 의심을 할 여지가 없을 정도로 공소사실이 진실한 것이라는 확신을 가질 수 없게 되었다면, 피고인의 이익으로 판단하여야 한다.

4) 형사소송법은 형사사건의 실체에 대한 유무죄의 심증 형성은 법정에서의 심리에 의하여야 한다는 공판중심주의의 한 요소로서, 법관의 면전에서 직접 조사한 증거만을 재판의 기초로 삼을 수 있고 증명 대상이 되는 사실과 가장 가까운 원본 증거를 재판의 기초로 삼아야 하며 원본 증거의 대체물 사용은 원칙적으로 허용되어서는 안 된다는 실질적 직접심리주의를 채택하고 있다. 이는 법관이 법정에서 직접 원본 증거를 조사하는 방법을 통하여 사건에 대한 신선하고 정확한 심증을 형성할 수 있고 피고인에게 원본 증거에 관한 직접적인 의견진술의 기회를 부여함으로써 실체적 진실을 발견하고 공정한 재판을 실현할 수 있기 때문이다.

반면, 수사기관이 작성한 진술조서는 수사기관이 피조사자에 대하여 상당한 시간에 걸쳐 이루어진 문답 과정을 그대로 옮긴 '녹취록'과는 달리 수사기관의 관점에서 조사결과를 요약·정리하여 기재한 것에 불과할 뿐만 아니라 진술의 신빙성 유무를 판단할 때 가장 중요한 요소 중 하나인 진술 경위는 물론 피조사자의 진술 당시 모습·표정·태도, 진술의 뉘앙스, 지적능력·판단능력 등과 같은 피조사자의 상태 등을 정확히 반영할 수 없는 본질적 한계가 있다. 따라서 피고인이 수사과정에서 공소사실을 부인하였고 그 내용이 기재된 피의자신문조서 등에 관하여 증거동의를 한 경우에는, 형사소송법에 따라 증거능력 자체가 부인되는 것은 아니지만, 전체적 내용이나 진술의 맥락·취지를 고려하지 않은 채 그중 일부만을 발췌하여 유죄의 증거로 사용하는 것은 함부로 허용할 수 없다. 특히 지적능력·판단능력 등과 같이 본질적으로 수사기관이 작성한 진술조서에 나타나기 어려운 피고인의 상태에 대해서는 공판중심주의 및 실질적 직접심리주의 원칙에 따라 검사가 제출한 객관적인 증거에 대하여 적법한 증거조사를 거친 후 이를 인정하여야 할 것이지, 공소사실을 부인하는 취지의 피고인의 진술이 기재된 피의자신문조서 중 일부를 근거로 이를 인정하여서는 아니 된다.

나. 원심판결 이유를 위 법리와 적법하게 채택된 증거에 비추어 살펴보면, 피고인에게 추행의 고의를 인정한 원심의 판단은 다음과 같은 이유에서 수긍하기 어렵다.

1) 원심이 피고인에 대하여 추행의 고의를 인정한 가장 중요한 간접사실은 피고인이 피해자를 따라간 것처럼 계속 자리를 이동하였다는 점에 있다. 그러나 이에 관해서는 "자폐성 장애로 인한 '빈자리 채워 앉기에 관한 강박 증상'의 발현에 불과하다."라는 피고인의 주장 및 장애 상태와 이를 뒷받침하는 객관적 발현 증상에 관한 이론적 근거도 존재하는 것으로 보인다.

가) 피고인은 자신의 자리 이동경로나 경위를 전혀 기억하지 못하는 반면, 피해자의 수사기관 및 법정진술에 따르면 '피해자의 맞은편에서 피해자의 바로 옆자리로 이동하였다가, 피해자가 한 칸 옆으로 이동하자 다시 피해자의 바로 옆자리로 이동하였다.'는 것이지만, 한편 목격자의 법정진술에 따르면 '피해자의 두 칸 옆자리에 앉았다가 피해자와 피고인 사이에

앉은 학생이 내리자 피해자의 바로 옆자리로 이동하였고, 그 직후 추행으로 보이는 행위가 시작되어 사진을 촬영하였으며, 피해자가 한 칸 옆으로 이동하자 다시 피해자의 바로 옆자리로 이동하여 추가로 사진을 촬영하였다.'는 것이다.

나) 피해자 맞은편에 앉은 목격자는 피고인의 행동이 이상하다고 생각하여 사진을 2회 찍은 후 지하철에서 내리는 피해자에게 이를 교부하기까지 하였는바, 피고인의 행동을 유심히 관찰하면서 이상하게 생각하였던 이유와 근거를 구체적으로 진술하였다는 점에서 그 신빙성을 함부로 배척할 수는 없다. 즉, '맞은편에 앉았다가 내 옆으로 이동하였다.'는 취지의 피해자 진술의 신빙성을 부정하지 않더라도, 위와 같은 목격자 진술 내용까지 더하여 보면, 피고인은 피해자 바로 옆자리로 이동한 것이 아니라 피해자로부터 두 칸 떨어진 자리에 앉아 있었고, 이때까지 목격자는 피고인의 행동에 별다른 이상을 느끼지 못했던 것으로 보인다.

다) 피고인은 수사기관 이래 법정에 이르기까지 일관되게 '어릴 때부터 빈자리를 채워 앉는 것을 교육받아 반복된 학습에 따라 자리를 옮겼을 뿐이다.'라고 주장하였다. 피고인은 약 10년 동안 동일한 정신과 의원에서 작성한 심리평가보고서·소견서·사실확인서 등 객관적 자료를 증거로 제출하였고, 이에 따르면 피고인은 2세 때 자폐성 장애로 진단을 받았으며 관련 법령상 지적장애로 인한 '중증장애인'에 해당한다. 자폐성 장애는 증상의 하나로 '정해진 절차를 엄격하게 고집하는 경향'이 있는데, 이는 '제한적이고 반복적인 행동'이라는 주된 특성과 관련하여 특정한 순서에 따른 행동이나 의례적인 행동에 융통성 없이 집착하는 모습으로 나타난다. 목격자 진술에 따르더라도, 피고인은 피해자로부터 두 칸 떨어진 자리에 앉았다가 두 사람 사이에 앉아 있던 학생이 내리자 곧바로 피해자 옆자리로 당겨 앉았고, 이후 피해자가 다른 쪽 옆자리에 앉은 사람이 내림에 따라 한 칸 옆으로 이동하자 피고인은 곧바로 피해자 옆자리로 당겨 앉았다는 것이다. 이와 같은 피고인의 자리 이동방식은 자신의 일관된 주장은 물론 자폐성 장애의 특성이나 증상과도 정확히 일치하는 것으로 보이는바, 검사가 피고인의 장애 정도와 지적·판단능력 및 행동양식 등에 관한 주장을 배척할 만한 전문가의 진단 등 객관적 증거를 전혀 제출하지도 않은 상황에서, 외관상 보이는 피고인의 자리 이동방식이나 이동경로가 비장애인의 관점에서 이례적이거나 이상하더라도 그 행동이 '빈자리 채워 앉기에 대한 강박행동'일 가능성을 배제한 채 함부로 추행의 고의를 추단하거나 오히려 이를 고의에 의한 추행사실을 뒷받침하는 간접사실로 인정하는 것은 형사 증명책임의 원칙상 허용될 수 없다.

2) 피해자가 피고인이 상박 중 일부를 고의로 비볐다고 생각한 것은 자폐성 장애로 인하여 피고인도 의식하지 못한 채 별다른 의미 없이 팔을 위 아래로 움직이는 '상동행동'의 일환일 가능성을 배제하기 어렵다.

가) 피고인은 피해자와 상박 중 일부를 접촉한 사실이나 팔을 비비는 행위를 하였는지 여부를 전혀 기억하지 못하는 반면, 피고인이 팔을 비볐다고 생각한 이유에 대하여, 피해자는 '팔을 찌른다기보다는 그냥 돌린다고 해야 하나…'라는 취지로 진술하였고, 목격자 역시 '처음에는 팔 전체를 누르듯이 대고 있다가 위 아래로 비빈 것 같다.'라고 진술하였다. 또한 피해자와 목격자는 모두 공소사실 기재 당시에는 피고인을 자폐성 장애인이나 지적장애로 인한 중증장애인으로 전혀 인식하지 못하였는바, 그 이유에 대하여 '피고인이 외관상 비

장애인인 성인 남성과 별다른 차이가 없을 뿐만 아니라 고개를 앞뒤로 왔다 갔다 움직이는 자폐성 장애인의 행동양태를 보이지 않았기 때문이다.'라는 취지로 진술하였다.

나) 그러나 자폐성 장애의 특징 중 하나인 '상동행동'은 몸을 주기적으로 흔드는 등 특정한 행동을 반복적으로 되풀이하는 것인데, 이는 일정한 방식으로 나타나는 반복적인 운동으로서 사람마다 구체적인 형태·양상·정도가 매우 다양하다. 따라서 비장애인의 관점에서 특정한 유형의 상동행동이나 양태만을 전제한 후 피고인의 행동이 이와 다르다는 등의 이유로 상동행동에 해당하지 않는다고 단정하는 것은, 검사가 자폐성 장애인으로서 피고인의 평소 행동양태나 습성에 대하여 별다른 증명을 하지 않은 이 사건에서 피고인의 일관된 주장을 배척할 증거가 없음에도 함부로 추행의 고의를 추단하거나 이를 뒷받침하는 간접사실로 평가한 것이 되므로 쉽게 받아들이기 어렵다.

3) 한편 '피고인이 제출한 증거만으로는 자폐성 장애에 따른 상동행동으로서 추행의 고의가 없었다고 단정하기는 어렵다.'는 취지의 원심의 판단은 헌법상 무죄추정의 원칙은 물론 형사소송법상 증거재판주의 및 검사의 증명책임에 반한다고 볼 여지가 크다.

가) 검사는 공소사실에 '피고인은 자폐성 장애 등으로 사물을 변별할 능력이나 의사를 결정할 능력이 미약한 상태에서 범행을 하였다.'라고 기재하였음에도, 피고인의 지적능력이나 판단능력에 관한 증거를 전혀 제출하지 않은 반면, 피고인은 앞서 본 바와 같이 약 10년 동안 동일한 정신과 의원에서 작성한 심리평가보고서·소견서·사실확인서 등 객관적 자료를 증거로 제출하였다. 즉, 피고인이 위와 같은 증거를 제출하면서 추행의 고의를 부인하는 이상, 추행의 고의를 포함한 공소사실에 대한 증명책임은 여전히 검사에 있는 것이지, 피고인이 '추행의 고의 부존재 사실'에 대한 증명책임을 부담하는 것이 아니다. 따라서 피고인이 제출한 객관적인 증거로 인하여 추행의 고의 존재 여부에 합리적인 의심이 있는 경우라면 무죄를 선고하여야 할 것이지, 마치 피고인에게 '추행의 고의 부존재 사실'에 대한 증명책임이 있는 것처럼 피고인이 제출한 증거를 단지 부족증거로만 취급하여 공소사실을 유죄로 판단하는 것은 허용될 수 없다.

나) 특히 피고인은 피해자 바로 옆에 앉기 전부터 양팔 소매를 걷은 상태였기에 이와 같은 옷차림은 추행 행위와의 관련성을 인정할 만한 정황에 해당하지 않고, 목격자의 진술이나 판시 각 사진에 비추어 보더라도 피고인이 피해자 쪽에 치우치거나 피해자에 기대어 앉지는 않았을 뿐만 아니라 피해자도 피고인의 체격에 비추어 상박의 일부가 맞닿은 상황 자체는 자연스러운 것이어서 팔을 맞닿게 하는 상황을 의도적으로 초래한 것은 아니라는 취지로 진술하였다. 또한 피고인은 공소사실 기재 행위 이외에 피해자에게 다른 언행을 전혀 하지 않았는데 사실상 공개된 장소에서 다른 승객들의 시선을 전혀 의식하지 않은 채 공소사실 기재와 같은 추행 행위를 시도한다는 것은 이례적인 경우라고 볼 여지도 있고, 피고인이 제출한 증거에 따른 피고인의 장애 수준 및 지적능력(IQ 45)·판단능력(사회적응능력 8세 6개월, 중등도 지체 수준)에 비추어 보면 피고인이 특정한 상황에서 다른 사람의 마음을 헤아리거나 이를 미루어 짐작할 수 있는 능력이 결여되어 피해자와 서로 상박의 일부가 맞닿아 있는 상태만으로도 피해자에게 불편함 또는 성적 불쾌감을 일으킬 수 있음을 인식할 수 없었던 것으로 볼 여지도 많아 보인다. 더욱이 자폐성 장애는 발달장애의 일종으로서 일반적인 연령 및 발달단계에 비추어 사회적 성숙이 더디게 진행됨에 따라

성적인 관심이나 행동이 없는 등 비전형적인 발달이 종종 나타나는데, 피고인은 공소사실 기재 당시 약 15년 동안 수영선수로 활동하면서 약 8년 동안 수영강사로도 활동하고 있었으므로, 다수의 사람들과 신체적 접촉이 빈번하게 일어날 수밖에 없는 수영장에서 훈련·수업 등으로 상당한 시간을 보내는 일상을 장기간 지속해 왔기에 성적 관련성이 있는 부적절한 성향이나 언행이 쉽게 드러날 수 있었던 환경에 광범위하게 노출되어 있었음에도 이와 관련된 문제에 연루된 적이 있었다고 볼 만한 사정도 보이지 않는다. 위와 같은 사정에 더하여, 검사가 피고인의 성적인 관심의 존부 및 정도, 성적 관련성에 대한 지적 능력이나 판단능력 등 장애상태에 관하여 별다른 증거를 제출하지 않은 상황에서, 위와 같이 피고인에게 유리한 여러 정황을 고려하지 않은 채 함부로 추행의 고의를 단정할 수도 없다.

4) 피해자의 수사기관 및 법정진술은 자신이 직접 경험한 부분에 한정하여 이를 그대로 진술한 것일 뿐 허위·과장 등이 포함된 것으로 보이지 않으므로 일관성·합리성·타당성 등의 측면을 비롯하여 성인지적 관점에서 보더라도 그 신빙성을 인정함에 별다른 장애가 있는 것은 아니다. 반면, 피해자 진술에는 자신이 직접 경험한 사실만이 아니라 그러한 사실을 기초로 하여 피고인이 고의로 추행을 하였다고 판단한 주관적 의견이나 평가까지 상당히 포함되어 있는데, 앞서 본 바와 같은 목격자 진술에 따른 피고인의 자리 이동경로, 피고인이 제출한 증거에 따른 피고인의 자폐성 장애 및 중증장애 상태, 자폐성 장애로 인한 '빈자리 채워 앉기에 대한 강박행동' 및 '상동행동'의 가능성, 피해자와 목격자 모두 공소사실 기재 당시에는 위와 같은 사정을 전혀 알지 못한 채 피고인이 당연히 비장애인임을 전제로 하여 비장애인의 관점에서 그 행위를 평가한 점 등의 여러 정황을 더하여 보면, 피해자 진술만으로는 추행의 고의를 부인하는 피고인의 주장을 배척하기에 충분할 정도에 이르렀다고까지 단정할 수 없으므로, 공소사실에 관하여 합리적인 의심을 할 여지가 없을 정도로 확신을 가질 수 있는 경우에 해당한다고 보기 어렵다.

5) 피고인이 일관되게 공소사실을 부인하는 내용의 경찰 작성 피의자신문조서는 증거동의를 하였기에 증거능력 자체는 인정되지만, 원심이 그중 일부 내용만을 근거로 피고인의 진술태도나 지적상태·인지능력 등과 같은 피고인의 상태를 추단한 후 이를 공소사실을 뒷받침하는 유죄의 증거로 사용하는 것은 허용될 수 없다.

  가) 피고인에 대한 경찰 작성 피의자신문조서는 약 10면의 분량으로 1면당 3~4개의 질문에 대한 답변만이 간략히 기재되어 있다. 그러나 수사기관이 작성한 조서의 속성상 피고인과 수사기관 사이의 문답 과정 그대로 기재된 것이 아니라 수사기관의 관점에서 피고인에 대한 조사결과를 요약·정리하여 기재한 것에 불과하다는 한계가 있다. '수사과정확인서'의 기재 내용에 따르면, 피고인에 대한 조사는 그 시작부터 조서확인 완료에 이르기까지 약 1시간 30분이 소요되었는바, 이는 피의자신문조서의 분량이나 내용에 비해 상대적으로 문답 과정에 상당한 시간이 소요되었음을 짐작할 수 있는데, 피의자가 일관되게 혐의사실을 부인하는 취지에서 수사기관의 조사에 응하는 가운데 작성된 피의자신문조서의 전체적인 내용이나 진술의 맥락을 고려하지 않은 채 그중 일부만을 발췌하여 유죄의 증거로 사용하는 것은 함부로 허용될 수 없다.

  나) 피고인에 대한 경찰 작성 피의자신문조서는 피고인의 진술 모습·표정·태도 및 진술의 뉘

앙스, 피고인의 지적능력·판단능력 등과 같은 피고인의 상태나 조사 당시 상황 등을 정확히 반영할 수 없다는 점에서도 그 한계가 뚜렷하고, 특히 이 사건의 경우처럼 지적장애인의 지적능력·판단능력 등 지적장애 상태와 의지적 상태 및 그것들과 범행 당시 행위와의 관련성에 대한 평가가 중요한 사안에 있어서는 더욱 그러하다. 이러한 경우 검사가 제출한 객관적인 증거에 대하여 적법한 증거조사를 거친 후 이를 판단하여야 할 것임에도, 검사가 이를 뒷받침할 별다른 증거를 제출하지도 않은 상황에서, 공소사실을 부인하는 취지의 피고인의 일관된 진술이 기재된 피의자신문조서 중 일부 내용만을 근거로 장애 정도 등 피고인의 상태를 추단한 후 이를 유죄의 근거로 삼는 것은 공판중심주의 및 실질적 직접심리주의 원칙에 반하는 것임은 물론 장애인의 지적능력·판단능력 등에 관하여 전문가의 진단이나 감정 등의 절차를 거치지 않은 채 비장애인의 관점에서 함부로 재단하고 평가함으로써 결과적으로 피고인을 불리하게 취급하는 것이 되므로 역시 받아들이기 어렵다.

다. 그럼에도 원심은 판시와 같은 이유로 공소사실을 유죄로 판단하였는바, 이러한 원심의 판단에는 자폐성 장애 및 지적장애인의 정형적 행태와 관련된 행위의 추행성 여부에 대하여 논리와 경험의 법칙을 위반하여 자유심증주의의 한계를 벗어나거나 성폭력처벌법 제11조에서 정한 추행의 고의에 관한 법리를 오해하여 필요한 심리를 다하지 아니함으로써 판결에 영향을 미친 잘못이 있다.

4. 결론

그러므로 나머지 상고이유에 대한 판단을 생략한 채 원심판결을 파기하고, 사건을 다시 심리·판단하도록 원심법원에 환송하기로 하여, 관여 대법관의 일치된 의견으로 주문과 같이 판결한다.

제4장 아동·청소년의 성보호에 관한 법률

Ⓐ 대법원 2023. 10. 12. 선고 2023도5757 판결 [성폭력범죄의처벌등에관한특례법위반(카메라등이용촬영·반포등)·아동·청소년의성보호에관한법률위반(성착취물제작·배포등)·아동·청소년의성보호에관한법률위반(성착취물소지등)·정보통신망이용촉진및정보보호등에관한법률위반·(음란물유포)]

【판시사항】

[1] 아동·청소년의 성보호에 관한 법률 제11조 제3항에서 정한 아동·청소년성착취물의 '배포' 및 '공연히 전시'하는 행위의 의미 / 자신의 웹사이트에 아동·청소년성착취물이 저장된 다른 웹사이트로 연결되는 링크를 게시하여 불특정 또는 다수인이 링크를 이용하여 별다른 제한 없이 아동·청소년성착취물에 바로 접할 수 있는 상태를 실제로 조성한 경우, 위 조항에서 정한 아동·청소년성착취물을 배포하거나 공연히 전시한다는 구성요건을 충족하는지 여부(적극)

[2] 아동·청소년의 성보호에 관한 법률 제11조 제5항에서 정한 아동·청소년성착취물 '소지'의 의미 및 피고인이 자신이 지배하지 않는 서버 등에 저장된 아동·청소년성착취물에 접근하였으나 위 성착취물을 다운로드하는 등 실제로 지배할 수 있는 상태로 나아가지는 않은 경우, 이를 아동·청소년성착취물을 '소지'한 것으로 평가할 수 있는지 여부(원칙적 소극)

【판결요지】

[1] 아동·청소년의 성보호에 관한 법률 제11조 제3항은 "아동·청소년성착취물을 배포·제공하거나 이를 목적으로 광고·소개하거나 공연히 전시 또는 상영한 자는 3년 이상의 징역에 처한다."라고 규정하고 있다. 여기서 아동·청소년성착취물의 '배포'란 아동·청소년성착취물을 불특정 또는 다수인에게 교부하는 것을 의미하고, '공연히 전시'하는 행위란 불특정 또는 다수인이 실제로 아동·청소년성착취물을 인식할 수 있는 상태에 두는 것을 의미한다. 자신의 웹사이트에 아동·청소년성착취물이 저장된 다른 웹사이트로 연결되는 링크를 해 놓는 행위자의 의사, 그 행위자가 운영하는 웹사이트의 성격 및 사용된 링크기술의 구체적인 방식, 아동·청소년성착취물이 담겨져 있는 다른 웹사이트의 성격 및 다른 웹사이트 등이 아동·청소년성착취물을 실제로 전시한 방법 등 제반 사정을 종합하여 볼 때, 링크의 게시를 포함한 일련의 행위가 불특정 또는 다수인에게 다른 웹사이트 등을 단순히 소개·연결하는 정도를 넘어 링크를 이용하여 별다른 제한 없이 아동·청소년성착취물에 바로 접할 수 있는 상태를 실제로 조성한다면, 이는 아동·청소년성착취물을 직접 '배포'하거나 '공연히 전시'한 것과 실질적으로 다를 바 없다고 평가할 수 있으므로, 위와 같은 행위는 전체적으로 보아 아동·청소년성착취물을 배포하거나 공연히 전시한다는 구성요건을 충족한다.

[2] 아동·청소년의 성보호에 관한 법률 제11조 제5항은 "아동·청소년성착취물을 구입하거나 아동·청소년성착취물임을 알면서 이를 소지·시청한 자는 1년 이상의 징역에 처한다."라고 규정하고 있다.

여기서 '소지'란 아동·청소년성착취물을 자기가 지배할 수 있는 상태에 두고 지배관계를 지속시키는 행위를 말한다. 아동·청소년성착취물 파일을 구입하여 시청할 수 있는 상태 또는 접근할 수 있는 상태만으로 곧바로 이를 소지로 보는 것은 소지에 대한 문언 해석의 한계를 넘어서는 것이어서 허용될 수 없으므로, 피고인이 자신이 지배하지 않는 서버 등에 저장된 아동·청소년성착취물에 접근하였지만 위 성착취물을 다운로드하는 등 실제로 지배할 수 있는 상태로 나아가지는 않았다면 특별한 사정이 없는 한 아동·청소년성착취물을 '소지'한 것으로 평가하기는 어렵다.

【참조조문】 [1] 아동·청소년의 성보호에 관한 법률 제11조 제3항 [2] 아동·청소년의 성보호에 관한 법률 제11조 제5항
【참조판례】 [1] 대법원 2003. 7. 8. 선고 2001도1335 판결(공2003하, 1739), 대법원 2009. 5. 14. 선고 2008도10914 판결(공2009상, 925), 대법원 2019. 7. 25. 선고 2019도5283 판결(공2019하, 1701) [2] 대법원 2023. 3. 16. 선고 2022도15319 판결, 대법원 2023. 6. 29. 선고 2022도6278 판결(공2023하, 1407)
【전문】【피 고 인】 피고인【상 고 인】 피고인
【변 호 인】 법무법인(유한) 동인 담당변호사 조호경 외 2인
【원심판결】 서울고법 2023. 4. 19. 선고 (춘천)2022노171 판결

【주 문】

원심판결을 파기하고, 사건을 서울고등법원에 환송한다.

【이 유】

상고이유를 판단한다.

1. 사안의 개요

가. 쟁점 공소사실의 요지

1) 텔레그램 채널 (명칭 1 생략) 관련 「아동·청소년의 성보호에 관한 법률」(이하 '청소년성보호법'이라고 한다) 위반(성착취물제작·배포등) 부분의 요지

피고인은 2021. 12. 28.경부터 2022. 6. 5. 12:45경까지 피고인의 주거지 등에서, 스마트폰, 노트북 등을 통해 텔레그램 대화방 (명칭 2 생략)의 운영자로 활동하면서 아동·청소년이 성교행위를 하거나 가슴 내지 음부를 드러내고 있는 영상 등 원심 판시 별지 범죄일람표 5 기재 총 113개의 사진 또는 영상이 저장되어 있는 텔레그램 채널인 (명칭 1 생략)의 링크를 위 대화방에 게시하였다. 이로써 피고인은 아동·청소년성착취물을 배포하였다.

2) 청소년성보호법 위반(성착취물소지등) 부분의 요지

피고인은 2022. 1. 16.경부터 2022. 6. 5. 12:45경까지 피고인의 주거지 등에서, 스마트폰, 노트북 등을 통해 성명불상자가 개설한 (명칭 3 생략) 등 총 7개의 텔레그램 채널 및 대화방에 순차로 접속하여 그곳에 게시된 아동·청소년성착취물 사진 또는 영상을 확인한 다음 언제든지 접근할 수 있도록 대화방 등 참여 상태를 유지하거나, 피고인이 개설한 텔레그램 채널인

(명칭 4 생략), (명칭 5 생략)에 각 접속하여 아동·청소년성착취물 영상을 게시한 다음 언제든지 접근할 수 있도록 접속 상태를 유지하는 방법으로 원심 판시 별지 범죄일람표 7 기재와 같이 총 500개의 아동·청소년성착취물을 소지하였다.

나. 원심의 판단

원심은 다음과 같은 이유로 쟁점 공소사실에 대하여 유죄를 선고하였다.

1) 피고인이 (명칭 2 생략) 대화방에 (명칭 1 생략) 채널 링크를 게시한 행위는 아동·청소년성착취물을 직접 게시한 것과 다를 바 없어 아동·청소년성착취물을 배포한 것으로 평가할 수 있다.

2) 피고인이 텔레그램 채널 및 대화방에 참여하여 그곳에 게시된 사진 또는 영상에 언제든지 접근할 수 있도록 채널 및 대화방 참여 상태를 유지한 것은 아동·청소년성착취물을 사실상 피고인의 점유 또는 지배하에 두어 이를 소지한 것이라고 볼 수 있다.

2. 인정 사실

원심판결 이유 및 원심과 제1심이 적법하게 채택하여 조사한 증거들을 종합하면 다음의 사실을 알 수 있다.

가. 피고인은 2021. 12.경 싱가포르 세랑군에 있는 피고인의 주거지 등에서 피고인의 스마트폰, 노트북 등을 통해 텔레그램 대화방인 (명칭 2 생략)의 운영자로 활동하면서, 아동·청소년성착취물을 직접 업로드하거나, 대화방에 참여 중인 다수 회원들로 하여금 업로드하게 하는 방법으로 원심 판시 별지 범죄일람표 4 기재 총 36개의 아동·청소년성착취물 사진 또는 영상을 게시하였다.

나. 피고인은 2021. 12. 28.경부터 피고인이 체포된 시점인 2022. 6. 5. 12:45경까지 텔레그램 채널인 (명칭 1 생략)의 링크(인터넷주소 생략)를 위 (명칭 2 생략) 대화방에 게시하였다. 위 (명칭 1 생략) 채널은 성명불상자가 개설한 텔레그램 채널인데, 그곳에 아동·청소년이 성교행위를 하거나 가슴 내지 음부를 드러내고 있는 영상 등 원심 판시 별지 범죄일람표 5 기재 총 113개의 아동·청소년성착취물 사진 또는 영상이 저장되어 있었다. 피고인은 다른 회원들과 아동·청소년성착취물을 공유하거나 인지도를 높이기 위하여 위와 같이 (명칭 1 생략) 링크를 (명칭 2 생략) 대화방에 게시하였고, 위 대화방의 회원들은 위 (명칭 1 생략) 링크를 통하여 별도의 절차 없이 그곳에 저장된 아동·청소년성착취물을 다운로드 받을 수 있었다.

다. 한편 피고인은 위 주거지 등에서 피고인의 스마트폰, 노트북 등을 통해 성명불상자가 개설한 텔레그램 채널 및 대화방에 가입하였다. 구체적으로 피고인은 2022. 1. 16.경부터 텔레그램 채널인 (명칭 3 생략)에, 2022. 2. 3.경부터 텔레그램 채널인 (명칭 6 생략)에, 2022. 3. 19.경부터 텔레그램 채널인 (명칭 7 생략)에, 2022. 5. 10.경부터 텔레그램 대화방인 (명칭 8 생략)에, 2022. 5. 11.경부터 텔레그램 채널인 (명칭 9 생략)에, 2022. 5. 16.경부터 텔레그램 대화방인 (명칭 10 생략)에, 2022. 6. 1.경부터 텔레그램 대화방인 (명칭 11 생략)에 가입하여 피고인이 체포된 2022. 6. 5. 12:45경까지 위 채널 및 대화방에 대한 접속상태를 유지하였다. 당시 위 7개 채널 및 대화방에는 원심 판시 별지 범죄일람표 7 순번 1 내지 480 기재와 같이 아동·청소년이 성교행위를 하거나 가슴 내지 음부를 드러내고 있는 영상 등 총 480개의 아동·청소년성착취물 사진 또는 영상이 게시되어 있었다.

라. 피고인은 위 7개 채널 및 대화방에 게시된 사진 또는 영상물 목록을 드래그하거나 일부 썸네일을 보고 아동·청소년성착취물이 게시된 채널 및 대화방임을 인식하였다. 하지만 피고인이 위 7개 채널 및 대화방에 게시된 아동·청소년성착취물을 자신이 개설한 텔레그램 채널 및 대화방에 전달하여 게시하였거나 자신의 저장매체에 다운로드하였다는 점을 증명할 증거는 부족하다.

마. 한편 피고인은 2022. 3. 20.경부터 피고인이 체포된 2022. 6. 5. 12:45경까지 텔레그램 채널인 (명칭 4 생략), (명칭 5 생략)을 개설한 후, 위 채널에 원심 판시 별지 범죄일람표 7 순번 481 내지 500 기재와 같이 아동·청소년이 성교행위를 하거나 가슴 내지 음부를 드러내고 있는 영상 등 총 20개의 아동·청소년성착취물 영상을 게시하면서 그 접속 상태를 유지하였다.

3. 대법원의 판단

가. 청소년성보호법 위반(성착취물제작·배포등) 부분에 관하여

   1) 관련 법리

   청소년성보호법 제11조 제3항은 "아동·청소년성착취물을 배포·제공하거나 이를 목적으로 광고·소개하거나 공연히 전시 또는 상영한 자는 3년 이상의 징역에 처한다."라고 규정하고 있다. 여기서 아동·청소년성착취물의 '배포'란 아동·청소년성착취물을 불특정 또는 다수인에게 교부하는 것을 의미하고, '공연히 전시'하는 행위란 불특정 또는 다수인이 실제로 아동·청소년성착취물을 인식할 수 있는 상태에 두는 것을 의미한다(대법원 2009. 05. 14. 선고 2008도10914 판결 참조).

   자신의 웹사이트에 아동·청소년성착취물이 저장된 다른 웹사이트로 연결되는 링크를 해 놓는 행위자의 의사, 그 행위자가 운영하는 웹사이트의 성격 및 사용된 링크기술의 구체적인 방식, 아동·청소년성착취물이 담겨져 있는 다른 웹사이트의 성격 및 다른 웹사이트 등이 아동·청소년성착취물을 실제로 전시한 방법 등 제반 사정을 종합하여 볼 때, 링크의 게시를 포함한 일련의 행위가 불특정 또는 다수인에게 다른 웹사이트 등을 단순히 소개·연결하는 정도를 넘어 링크를 이용하여 별다른 제한 없이 아동·청소년성착취물에 바로 접할 수 있는 상태를 실제로 조성한다면, 이는 아동·청소년성착취물을 직접 '배포'하거나 '공연히 전시'한 것과 실질적으로 다를 바 없다고 평가할 수 있으므로, 위와 같은 행위는 전체적으로 보아 아동·청소년성착취물을 배포하거나 공연히 전시한다는 구성요건을 충족한다(대법원 2003. 07. 08. 선고 2001도1335 판결, 대법원 2019. 07. 25. 선고 2019도5283 판결 참조).

   2) 판 단

   위와 같은 사실을 앞서 본 법리에 비추어 살펴본다. 피고인은 아동·청소년성착취물이 게시된 텔레그램 대화방인 (명칭 2 생략)을 운영하는 사람으로서 위 대화방의 다수 회원들로 하여금 피고인이 게시한 (명칭 1 생략) 텔레그램 채널 링크를 통하여 그 채널에 저장된 아동·청소년성착취물을 별다른 제한 없이 접할 수 있게 하였는바, 피고인의 이러한 행위는 전체적으로 보아 아동·청소년성착취물을 '배포'한 것으로 평가할 수 있다. 따라서 원심의 이유 설시에 다소 적절하지 않은 부분이 있으나 피고인의 이 부분 범행에 대해 아동·청소년성착취물 '배포'에 해당한다고 본 원심의 결론은 수긍할 수 있다. 원심의 이 부분 판단에 청소년성보호법 제11조

제3항에서 정한 '배포'에 관한 법리를 오해하여 판결에 영향을 미친 잘못이 있다는 상고이유 주장은 받아들일 수 없다.

나. 청소년성보호법 위반(성착취물소지등) 부분에 관하여

1) 관련 법리

청소년성보호법 제11조 제5항은 "아동·청소년성착취물을 구입하거나 아동·청소년성착취물임을 알면서 이를 소지·시청한 자는 1년 이상의 징역에 처한다."라고 규정하고 있다. 여기서 '소지'란 아동·청소년성착취물을 자기가 지배할 수 있는 상태에 두고 지배관계를 지속시키는 행위를 말한다(대법원 2023. 03. 16. 선고 2022도15319 판결 참조).

아동·청소년성착취물 파일을 구입하여 시청할 수 있는 상태 또는 접근할 수 있는 상태만으로 곧바로 이를 소지로 보는 것은 소지에 대한 문언 해석의 한계를 넘어서는 것이어서 허용될 수 없으므로, 피고인이 자신이 지배하지 않는 서버 등에 저장된 아동·청소년성착취물에 접근하였지만 위 성착취물을 다운로드하는 등 실제로 지배할 수 있는 상태로 나아가지는 않았다면 특별한 사정이 없는 한 아동·청소년성착취물을 '소지'한 것으로 평가하기는 어렵다(대법원 2023. 06. 29. 선고 2022도6278 판결 참조).

2) 판 단

가) 피고인이 '개설'한 텔레그램 채널에 관련된 원심 판시 별지 범죄일람표 7 순번 481 내지 500 기재 아동·청소년성착취물 소지 부분에 대하여

위와 같은 사실을 앞서 본 법리에 비추어 살펴보면, 피고인은 자신이 지배하는 텔레그램 채널에 총 20개의 아동·청소년성착취물 영상을 게시하면서 그 접속 상태를 유지하였는바, 피고인의 이러한 행위는 아동·청소년성착취물을 자기가 지배할 수 있는 상태에 두고 지배관계를 지속시키는 행위로 평가할 수 있다. 따라서 원심의 이유 설시에 다소 적절하지 않은 부분이 있으나 피고인의 이 부분 범행에 대해 아동·청소년성착취물 '소지'에 해당한다고 본 원심의 결론은 수긍할 수 있다. 원심의 이 부분 판단에 청소년성보호법 제11조 제5항에서 정한 '소지'에 관한 법리를 오해하여 판결에 영향을 미친 잘못이 있다는 상고이유 주장은 받아들일 수 없다.

나) 피고인이 '참여'한 텔레그램 채널 등에 관련된 원심 판시 별지 범죄일람표 7 순번 1 내지 480 기재 아동·청소년성착취물 소지 부분에 대하여

위와 같은 사실을 앞서 본 법리에 비추어 살펴본다. 피고인이 가입한 위 7개 텔레그램 채널 및 대화방은 성명불상자가 개설·운영하였을 뿐 피고인이 지배하는 채널 및 대화방임을 인정하기에 부족하다. 그리고 피고인이 아동·청소년성착취물이 게시된 위 7개 채널 및 대화방에 접속하였지만, 그곳에 게시된 아동·청소년성착취물을 자신의 텔레그램 채널 등에 전달하거나, 자신의 저장매체에 다운로드하는 등 실제로 지배할 수 있는 상태로 나아가지는 않았고, 달리 그러한 지배를 인정할 만한 특별한 사정이 없다. 따라서 피고인의 이러한 행위를 가리켜 아동·청소년성착취물을 '소지'한 것으로 평가할 수는 없다.

3) 그런데도 원심은 판시와 같은 이유만으로 피고인이 위 순번 1 내지 480 기재 아동·청소년성착취물을 소지하였다고 보아 이 부분 공소사실을 유죄로 인정하였다. 이러한 원심판단에는 청소년성보호법 제11조 제5항에서 정한 '소지'에 관한 법리를 오해하여 판결에 영향을 미친 잘

못이 있다. 이 점을 지적하는 상고이유 주장은 이유 있다.

다. 파기의 범위

그렇다면 원심판결 중 위 순번 1 내지 480 기재 아동·청소년성착취물 소지로 인한 청소년성보호법 위반(성착취물소지등) 부분은 파기되어야 하는데, 이 부분 공소사실과 유죄로 인정된 나머지 공소사실은 경합범 관계에 있다는 이유로 하나의 형이 선고되었으므로, 결국 원심판결은 전부 파기되어야 한다.

4. 결 론

그러므로 원심판결을 파기하고 사건을 다시 심리·판단하도록 원심법원에 환송하기로 하여, 관여 대법관의 일치된 의견으로 주문과 같이 판결한다.

---

⑬ 대법원 2023. 11. 16. 선고 2021도4265 판결 [아동·청소년의성보호에관한법률위반(음란물소지)]

【판시사항】

구 아동·청소년의 성보호에 관한 법률의 입법 목적 / 아동·청소년 등이 일상적인 생활을 하면서 신체를 노출한 것을 몰래 촬영하는 방식 등으로 성적 대상화한 경우, 이와 같은 행위를 표현한 영상 등이 아동·청소년이용음란물에 해당하는지 여부(적극)

【판결요지】

구 아동·청소년의 성보호에 관한 법률(2020. 6. 2. 법률 제17338호로 개정되기 전의 것)의 입법 목적은 아동·청소년을 대상으로 성적 행위를 한 자를 엄중하게 처벌함으로써 성적 학대나 착취로부터 아동·청소년을 보호하고 아동·청소년이 책임 있고 건강한 사회구성원으로 성장할 수 있도록 하려는 데 있다. 아동·청소년이용음란물은 그 직접 피해자인 아동·청소년에게는 치유하기 어려운 정신적 상처를 안겨줄 뿐만 아니라, 이를 시청하는 사람들에게까지 성에 대한 왜곡된 인식과 비정상적 가치관을 조장한다. 아동·청소년이용음란물에 대한 지속적 접촉이 아동·청소년을 상대로 한 성범죄로 이어질 수 있다는 점을 부인하기 어렵다. 따라서 잠재적인 성범죄로부터 아동·청소년을 보호하기 위해서는 아동·청소년을 성적 대상화하는 행위를 엄격하게 규율하여 위반행위를 처벌할 필요가 있다. 위와 같은 입법 목적 등에 비추어 살펴보면, 아동·청소년 등이 일상적인 생활을 하면서 신체를 노출한 것일 뿐 적극적인 성적 행위를 한 것이 아니더라도 이를 몰래 촬영하는 방식 등으로 성적 대상화하였다면 이와 같은 행위를 표현한 영상 등은 아동·청소년이용음란물에 해당한다.

【참조조문】 구 아동·청소년의 성보호에 관한 법률(2020. 6. 2. 법률 제17338호로 개정되기 전의 것) 제2조 제4호 (다)목, 제5호, 제11조 제5항

【참조판례】 대법원 2018. 9. 13. 선고 2018도9340 판결(공2018하, 2030), 대법원 2021. 11. 25. 선고 2021두46421 판결(공2022상, 117)
【전문】【피 고 인】 피고인 【상 고 인】 피고인
【변 호 인】 법무법인 해창 담당변호사 이명근
【원심판결】 서울북부지법 2021. 3. 25. 선고 2020노1634 판결

【주 문】

상고를 기각한다.

【이 유】

상고이유를 판단한다.

1. 구 「아동·청소년의 성보호에 관한 법률」(2020. 6. 2. 법률 제17338호로 개정되기 전의 것, 이하 '구 청소년성보호법'이라고 한다) 제11조 제5항은 아동·청소년이용음란물임을 알면서 소지한 자를 1년 이하의 징역 또는 2천만 원 이하의 벌금으로 처벌하는 것으로 규정하고 있다. 한편 구 청소년성보호법 제2조 제5호는 아동·청소년이용음란물을 '아동·청소년 또는 아동·청소년으로 명백하게 인식될 수 있는 사람이나 표현물(이하 '아동·청소년 등'이라고 한다)이 등장하여 제4호의 어느 하나에 해당하는 행위를 하거나 그 밖의 성적 행위를 하는 내용을 표현하는 것으로서 필름·비디오물·게임물 또는 컴퓨터나 그 밖의 통신매체를 통한 화상·영상 등의 형태로 된 것'으로 규정하고, 같은 법 제2조 제4호 (다)목은 '신체의 전부 또는 일부를 접촉·노출하는 행위로서 일반인의 성적 수치심이나 혐오감을 일으키는 행위'를 규정하고 있다.

   구 청소년성보호법의 입법 목적은 아동·청소년을 대상으로 성적 행위를 한 자를 엄중하게 처벌함으로써 성적 학대나 착취로부터 아동·청소년을 보호하고 아동·청소년이 책임 있고 건강한 사회구성원으로 성장할 수 있도록 하려는 데 있다. 아동·청소년이용음란물은 그 직접 피해자인 아동·청소년에게는 치유하기 어려운 정신적 상처를 안겨줄 뿐만 아니라, 이를 시청하는 사람들에게까지 성에 대한 왜곡된 인식과 비정상적 가치관을 조장한다. 아동·청소년이용음란물에 대한 지속적 접촉이 아동·청소년을 상대로 한 성범죄로 이어질 수 있다는 점을 부인하기 어렵다. 따라서 잠재적인 성범죄로부터 아동·청소년을 보호하기 위해서는 아동·청소년을 성적 대상화하는 행위를 엄격하게 규율하여 위반행위를 처벌할 필요가 있다(대법원 2018. 09. 13. 선고 2018도9340 판결, 대법원 2021. 11. 25. 선고 2021두46421 판결 등 참조). 위와 같은 입법 목적 등에 비추어 살펴보면, 아동·청소년 등이 일상적인 생활을 하면서 신체를 노출한 것일 뿐 적극적인 성적 행위를 한 것이 아니더라도 이를 몰래 촬영하는 방식 등으로 성적 대상화하였다면 이와 같은 행위를 표현한 영상 등은 아동·청소년이용음란물에 해당한다.

2. 원심판결 이유와 원심이 적법하게 채택하여 조사한 증거에 의하면, 피고인이 소지한 동영상은 고등학교 여자기숙사의 여러 방실에서 여학생들이 옷을 갈아입는 등 일상생활을 하는 모습을 밤에

원거리에서 망원렌즈를 이용하여 창문을 통해 몰래 촬영한 것으로서 여학생들이 옷을 갈아입으면서 속옷을 노출하거나 가슴이나 둔부가 노출되는 장면이 담겨있는 사실, 위 동영상은 (파일명 생략)이라는 제목으로 인터넷 파일 공유 프로그램인 토렌트에 게시되었고 피고인도 토렌트에서 이를 다운로드 받은 사실을 알 수 있다.

원심은, 피고인이 소지한 동영상은 고등학교 여자기숙사에서 생활하는 여학생들의 탈의 후의 나체 모습 등을 몰래 촬영한 내용의 동영상으로, 여고생들의 일상생활 중의 모습을 촬영한 것이라고 하더라도, 구 청소년성보호법 제2조 제4호 (다)목의 '신체의 전부 또는 일부를 접촉·노출하는 행위로서 일반인의 성적 수치심이나 혐오감을 일으키는 행위'를 내용으로 하는 영상에 해당한다고 판단하였다.

원심판결 이유를 위에서 본 법리와 적법하게 채택된 증거에 비추어 살펴보면, 원심의 판단은 정당하다. 원심의 판단에 상고이유와 같이 구 청소년성보호법의 아동·청소년이용음란물에 관한 법리를 오해한 잘못이 없다.

3. 그러므로 상고를 기각하기로 하여, 관여 대법관의 일치된 의견으로 주문과 같이 판결한다.

제5장 식품위생법

제6장 특정경제범죄 가중처벌 등에 관한 법률

● 대법원 2023. 12. 14. 선고 2022도163 판결 [특정경제범죄가중처벌등에관한법률위반(알선수재)]

【판시사항】

특정경제범죄 가중처벌 등에 관한 법률 제7조는 변호사가 위임의 취지에 따라 수행하는 적법한 청탁이나 알선행위까지 처벌대상으로 한 규정인지 여부(소극) / 정식으로 법률사건을 의뢰받은 변호사의 경우, 금품 등의 수수 명목이 변호사의 지위 및 직무범위와 무관하다고 평가할 수 있는 때에만 위 제7조의 알선수재죄가 성립하는지 여부(적극)

【판결요지】

변호사법 제2조는 변호사의 지위에 관하여 "변호사는 공공성을 지닌 법률 전문직으로서 독립하여 자유롭게 그 직무를 수행한다."라고 규정하고, 제3조는 변호사의 직무에 관하여 "변호사는 당사자와 그 밖의 관계인의 위임이나 국가·지방자치단체와 그 밖의 공공기관의 위촉 등에 의하여 소송에 관한 행위 및 행정처분의 청구에 관한 대리행위와 일반 법률사무를 하는 것을 그 직무로 한다."라고 규정하고 있다.

이러한 변호사 지위의 공공성과 직무범위의 포괄성에 비추어 볼 때, 특정경제범죄 가중처벌 등에 관한 법률(이하 '특정경제범죄법'이라 한다) 제7조의 규정은 변호사가 그 위임의 취지에 따라 수행하는 적법한 청탁이나 알선행위까지 처벌대상으로 한 규정이라고 볼 수 없다. 따라서 정식으로 법률사건을 의뢰받은 변호사의 경우라면, 사건의 해결을 위한 접대나 향응, 뇌물의 제공, 사적인 연고관계나 친분관계를 부정하게 이용하는 등 공공성을 지닌 법률전문직으로서의 정상적인 활동이라고 보기 어려운 방법을 내세워 의뢰인의 청탁 취지를 금융회사 등의 임직원에게 전하거나 의뢰인을 대신하여 스스로 금융회사 등의 임직원에게 청탁하는 행위 등을 한다는 명목으로 금품이나 그 밖의 이익을 받거나 받을 것을 약속하는 등, 금품 등의 수수의 명목이 변호사의 지위 및 직무범위와 무관하다고 평가할 수 있는 때에만 특정경제범죄법 제7조 위반죄가 성립한다.

【참조조문】 특정경제범죄 가중처벌 등에 관한 법률 제7조, 변호사법 제2조, 제3조
【전 문】【피 고 인】 피고인 【상 고 인】 검사
【변 호 인】 법무법인 두우 외 1인
【원심판결】 서울고법 2021. 12. 15. 선고 2021노818 판결

【주 문】

상고를 기각한다.

【이　　유】

상고이유를 판단한다.

변호사법 제2조는 변호사의 지위에 관하여 "변호사는 공공성을 지닌 법률 전문직으로서 독립하여 자유롭게 그 직무를 수행한다."라고 규정하고, 제3조는 변호사의 직무에 관하여 "변호사는 당사자와 그 밖의 관계인의 위임이나 국가·지방자치단체와 그 밖의 공공기관의 위촉 등에 의하여 소송에 관한 행위 및 행정처분의 청구에 관한 대리행위와 일반 법률사무를 하는 것을 그 직무로 한다."라고 규정하고 있다.

이러한 변호사 지위의 공공성과 직무범위의 포괄성에 비추어 볼 때, 「특정경제범죄 가중처벌 등에 관한 법률」(이하 '특정경제범죄법'이라 한다) 제7조의 규정은 변호사가 그 위임의 취지에 따라 수행하는 적법한 청탁이나 알선행위까지 처벌대상으로 한 규정이라고 볼 수 없다. 따라서 정식으로 법률사건을 의뢰받은 변호사의 경우라면, 사건의 해결을 위한 접대나 향응, 뇌물의 제공, 사적인 연고관계나 친분관계를 부정하게 이용하는 등 공공성을 지닌 법률전문직으로서의 정상적인 활동이라고 보기 어려운 방법을 내세워 의뢰인의 청탁 취지를 금융회사 등의 임직원에게 전하거나 의뢰인을 대신하여 스스로 금융회사 등의 임직원에게 청탁하는 행위 등을 한다는 명목으로 금품이나 그 밖의 이익을 받거나 받을 것을 약속하는 등, 금품 등의 수수의 명목이 변호사의 지위 및 직무범위와 무관하다고 평가할 수 있는 때에만 특정경제범죄법 제7조 위반죄가 성립한다.

원심은 판시와 같이 ○○ 주식회사(이하 '○○'이라 한다)와 주식회사 △△은행(이하 '△△은행'이라 한다) 사이에 펀드 재판매 여부 등과 관련한 분쟁이 있는 상황에서 변호사인 피고인이 ○○의 위임 취지에 따라 △△은행장을 만나 펀드 관련 상황을 설명하고 △△은행의 실무진이 당초 약속했던 대로 펀드 재판매를 이행해 달라는 ○○의 입장을 전달하며 상대방을 설득하는 것은 분쟁 해결을 위하여 약속의 이행을 촉구하거나 상대방과 협상하는 것으로서 변호사가 수행할 수 있는 적법한 법률사무에 해당하고, 검사가 제출한 증거만으로는 피고인이 의뢰인으로부터 금품을 수수한 것이 변호사로서의 지위 및 직무범위와 무관하다거나 피고인이 전적으로 △△은행장과의 친분관계를 부정하게 이용하여 청탁 내지 알선한다는 명목으로 금품을 수수하였다고 단정하기 부족하므로 특정경제범죄법 위반(알선수재)죄에 해당하지 않는다고 보아 이 사건 공소사실을 유죄로 판단한 제1심판결을 파기하고 무죄로 판단하였다. 원심판결 이유를 관련 법리와 기록에 비추어 살펴보면, 원심의 판단에 논리와 경험의 법칙을 위반하여 자유심증주의의 한계를 벗어나거나 특정경제범죄법 제7조의 알선수재죄, 변호사의 적법한 직무범위 등에 관한 법리를 오해하는 등으로 판결에 영향을 미친 잘못이 없다.

그러므로 상고를 기각하기로 하여, 관여 대법관의 일치된 의견으로 주문과 같이 판결한다.

ⓑ 대법원 2023. 12. 21. 선고 2023도13514 판결 [사기[일부인정된죄명:특정경제범죄가중처벌등에관한법률위반(사기)]·도로교통법위반(무면허운전)]

【판시사항】

[1] 다수의 피해자에 대하여 각각 기망행위를 하여 각 피해자로부터 재물을 편취한 경우, 범의가 단일하고 범행방법이 동일하더라도 피해자별로 독립한 사기죄가 성립하는지 여부(적극) 및 이때 피해자들의 피해법익이 동일하다고 볼 수 있는 사정이 있는 경우, 이들에 대한 사기죄를 포괄일죄로 볼 수 있는지 여부(적극)

[2] 피고인이 부부인 피해자 갑과 을에게 '토지를 매수하여 분필한 후 이를 분양해서 원금 및 수익금을 지급하겠다.'면서 기망한 후, 이에 속아 피고인에게 투자하기 위해 공동재산인 건물을 매도하여 돈을 마련한 피해자들로부터 피해자 갑 명의 예금계좌에서 1억 원, 피해자 을 명의 예금계좌에서 4억 7,500만 원, 합계 5억 7,500만 원을 송금받아 이를 편취하였다는 이유로 특정경제범죄가중처벌 등에 관한 법률 위반(사기)죄로 기소된 사안에서, 피해자들에 대한 사기죄의 피해법익이 동일하다고 평가될 수 있어 이들에 대한 사기죄가 포괄일죄를 구성한다고 한 사례

【판결요지】

[1] 다수의 피해자에 대하여 각각 기망행위를 하여 각 피해자로부터 재물을 편취한 경우에는 범의가 단일하고 범행방법이 동일하더라도 각 피해자의 피해법익은 독립한 것이므로 이를 포괄일죄로 파악할 수 없고 피해자별로 독립한 사기죄가 성립된다. 다만 피해자들의 피해법익이 동일하다고 볼 수 있는 사정이 있는 경우에는 이들에 대한 사기죄를 포괄하여 일죄로 볼 수 있다.

[2] 피고인이 부부인 피해자 갑과 을에게 '토지를 매수하여 분필한 후 이를 분양해서 원금 및 수익금을 지급하겠다.'면서 기망한 후, 이에 속아 피고인에게 투자하기 위해 공동재산인 건물을 매도하여 돈을 마련한 피해자들로부터 피해자 갑 명의 예금계좌에서 1억 원, 피해자 을 명의 예금계좌에서 4억 7,500만 원, 합계 5억 7,500만 원을 송금받아 이를 편취하였다는 이유로 특정경제범죄 가중처벌 등에 관한 법률 위반(사기)죄로 기소된 사안에서, 각 피해자 명의의 예금계좌에 예치된 금전에 관한 권리는 특별한 사정이 없는 한 각 피해자에게 별도로 귀속되므로 민사상 권리 귀속관계의 면에서는 각 피해자가 피고인의 기망행위로 별도의 재산상 법익을 침해당하였다고 볼 수도 있으나, 포괄일죄를 판단하는 기준 중 하나인 피해법익의 동일성은 민사상 권리 귀속관계 외에 해당 사건에 나타난 다른 사정도 함께 고려하여 판단해야 하는데, 피고인의 피해자들에 대한 기망행위의 공통성, 기망행위에 이르게 된 경위, 재산 교부에 관한 의사결정의 공통성, 재산의 형성·유지 과정, 재산 교부의 목적 및 방법, 기망행위 이후의 정황 등 모든 사정을 고려하여 보면, 피해자들에 대한 사기죄의 피해법익이 동일하다고 평가될 수 있어 이들에 대한 사기죄가 포괄일죄를 구성한다고 한 사례.

【참조조문】 [1] 구 특정경제범죄 가중처벌 등에 관한 법률(2012. 2. 10. 법률 제11304호로 개정되기 전의 것) 제3조 제1항, 형법 제37조, 제347조 [2] 구 특정경제범죄 가중처벌 등에 관한 법률(2012. 2. 10. 법률 제11304호로 개정되기

전의 것) 제3조 제1항, 형법 제37조, 제347조
【참조판례】 [1] 대법원 1989. 6. 13. 선고 89도582 판결(공1989, 1103) 대법원 2003. 4. 8. 선고 2003도382 판결(공2003상, 1134) 대법원 2015. 4. 23. 선고 2014도16980 판결
【전 문】【피 고 인】피고인【상 고 인】피고인【변 호 인】변호사 박수연
【원심판결】 서울고법 2023. 9. 6. 선고 (춘천)2023노53 판결

【주 문】

상고를 기각한다.

【이 유】

상고이유를 판단한다.

1. 구「특정경제범죄 가중처벌 등에 관한 법률」(2012. 2. 10. 법률 제11304호로 개정되기 전의 것, 이하 '구 특정경제범죄법'이라 한다) 위반(사기) 부분에 관하여

가. <u>다수의 피해자에 대하여 각각 기망행위를 하여 각 피해자로부터 재물을 편취한 경우에는 범의가 단일하고 범행방법이 동일하더라도 각 피해자의 피해법익은 독립한 것이므로 이를 포괄일죄로 파악할 수 없고 피해자별로 독립한 사기죄가 성립된다</u>(대법원 1989. 06. 13. 선고 89도582 판결, 대법원 2003. 04. 08. 선고 2003도382 판결 등 참조). <u>다만 피해자들의 피해법익이 동일하다고 볼 수 있는 사정이 있는 경우에는 이들에 대한 사기죄를 포괄하여 일죄로 볼 수 있다</u>(대법원 2015. 04. 23. 선고 2014도16980 판결 등 참조).

나. 이 사건 공소사실 중 피해자 공소외 1, 공소외 2에 대한 부분은 다음과 같다.

   1) 피고인은 2010. 11. 15.경 주식회사 ○○ 사무실에서 부부인 피해자 공소외 1, 공소외 2에게 '양평군 (주소 생략) 임야 19,438㎡ 중 일부를 매수하여 분필한 후, 분양해서 원금과 평당 10만 원씩 수익금을 지급하겠다. 분양이 안 될 경우에는 그 부동산 명의를 이전하여 주겠다.'고 거짓말하고, 2011. 5. 25.경 위 장소에서 피해자 공소외 1에게 같은 취지로 거짓말하였다.

   2) 그러나 사실 피고인은 피해자들로부터 피해금원을 교부받더라도 위 부동산을 매수하여 분양 후 원금과 수익금을 변제할 의사나 능력이 없었다.

   3) 피고인은 이에 속은 피해자들로부터 2010. 11. 16. 4억 원, 같은 달 26. 7,500만 원, 2011. 5. 26. 1억 원, 합계 5억 7,500만 원을 피고인 명의의 계좌로 송금받아 이를 편취하였다.

다. 피고인은 상고이유로서, 부부별산제의 원칙에 비추어 볼 때 피해자들의 피해법익은 독립한 것이므로 위 공소사실은 각 피해자에 대한 각각의 사기죄를 구성하여 양자가 실체적 경합관계에 있는데도, 원심은 이를 포괄일죄로 보아 사기죄의 이득액이 5억 원을 넘는 경우에 가중처벌하는 구 특정경제범죄법 제3조 제1항 제2호, 형법 제347조 제1항을 적용한 잘못 등을 저질렀다고 주장한다.

라. 원심판결 이유와 기록에 비추어 보면 다음과 같은 사정을 알 수 있다.

1) 피고인은 토지개발 사업을 진행하는 과정에서 2010. 11. 15.경 부부인 피해자들을 함께 만나 '토지를 매수하여 분필한 후 이를 분양해서 원금 및 수익금을 지급하겠다.'면서 피해자들을 기망하였다.

2) 그 후 피고인이 2011. 5. 25.경 피해자 공소외 1을 한 차례 더 만나 유사한 취지로 이야기하였으나, 이는 피해자들에 대해 이미 공통으로 이루어진 기망행위의 연장선상에 있는 것일 뿐, 피해자 공소외 1에 대한 별도의 독립된 기망행위로 보이지는 않는다.

3) 피해자들은 피고인으로부터 위와 같은 설명을 듣고 함께 상의하여 자신들의 노후대비를 위한 자산 증식을 위하여 투자를 결정하였다. 그 과정에서 피해자 공소외 1이 주도적 역할을 수행하기는 하였으나 피해자 공소외 2도 이에 동의함으로써 공동으로 투자 결정에 이르렀다.

4) 피해자들은 부부로서 협력하여 유지·증식한 공동재산인 건물을 매도한 대금으로 피고인에게 투자할 돈을 마련하였다.

5) 피고인은 피해자들과 각 피해자 명의로 2장의 계약서를 작성하였고, 피해자 공소외 2는 4억 7,500만 원, 피해자 공소외 1은 1억 원을 각각 자신 명의의 예금계좌에서 피고인에게 송금하였다. 다만 피해자 공소외 2의 송금은 피해자 공소외 1의 요청에 따른 것이었다.

6) 피고인은 피해자들로부터 금원을 받은 이후에 여러 토지에 관하여 피해자 공소외 1에게 담보 목적의 소유권이전청구권 가등기 및 채권최고액을 6억 원으로 하는 근저당권설정등기를 마쳐 주었다.

마. 위와 같은 사정을 앞서 본 법리에 비추어 본다. 각 피해자 명의의 예금계좌에 예치된 금전에 관한 권리는 특별한 사정이 없는 한 각 피해자에게 별도로 귀속되므로 민사상 권리 귀속관계의 면에서는 각 피해자가 피고인의 기망행위로 별도의 재산상 법익을 침해당하였다고 볼 수도 있다. 그러나 포괄일죄를 판단하는 기준 중 하나인 피해법익의 동일성은 민사상 권리 귀속관계 외에 해당 사건에 나타난 다른 사정도 함께 고려하여 판단하여야 한다. 앞서 살핀 바와 같이, 이 사건에서 피고인의 피해자들에 대한 기망행위는 공통으로 이루어졌고, 피해자들도 노후 대비를 위한 자산 증식이라는 공통의 목적 아래 공동재산의 매도대금을 재원으로 삼아 공통으로 투자 결정에 이르렀다. 또한 각 피해자의 송금 내역 및 송금 합계액, 근저당권의 채권최고액 등에 비추어 볼 때, 피고인 역시 피해자들이 부부로서 공통의 이해관계를 가진다는 인식 아래 피해자들의 투자금 전체에 관하여 편의상 피해자 공소외 1에게 사후적으로 담보를 설정해 주었던 것으로 보인다. 이처럼 이 사건에 나타난 기망행위의 공통성, 기망행위에 이르게 된 경위, 재산 교부에 관한 의사결정의 공통성, 재산의 형성·유지 과정, 재산 교부의 목적 및 방법, 기망행위 이후의 정황 등 모든 사정을 고려하여 보면, 피해자들에 대한 사기죄의 피해법익은 동일하다고 평가될 수 있으므로 이들에 대한 사기죄는 포괄일죄를 구성한다. 피고인이 계약서를 피해자별로 작성하였거나 피해자들이 각각 자기 명의 계좌에서 별도로 송금하였다는 점은 피해법익의 동일성과 양립할 수 있는 사정으로서 피해자들에 대한 사기죄가 포괄일죄라는 결론과 모순되거나 상충되지 않는다.

바. 원심은 판시와 같은 이유로 피해자 공소외 1, 공소외 2에 대한 사기죄가 포괄하여 일죄에 해당한다고 보아 이 부분 공소사실을 유죄로 판단하였다. 원심판결 이유를 관련 법리와 적법하게 채택된 증거에 비추어 살펴보면, 원심의 판단에 필요한 심리를 다하지 않은 채 논리와 경험의 법칙을

위반하여 자유심증주의의 한계를 벗어나거나 포괄일죄에 관한 법리를 오해한 잘못이 없다.

2. 양형부당 주장에 관하여

형사소송법 제383조 제4호에 의하면 사형, 무기 또는 10년 이상의 징역이나 금고가 선고된 사건에서만 양형부당을 사유로 한 상고가 허용된다. 피고인에 대하여 그보다 가벼운 형이 선고된 이 사건에서 형이 너무 무거워 부당하다는 취지의 주장은 적법한 상고이유가 되지 못한다.

3. 결 론

그러므로 상고를 기각하기로 하여, 관여 대법관의 일치된 의견으로 주문과 같이 판결한다.

제7장 특정범죄가중처벌 등에 관한 법률

● 대법원 2023. 12. 21. 선고 2023도12852, 2023전도144 판결 [특정범죄가중처벌등에관한법률위반(강도)·특정범죄가중처벌등에관한법률위반(절도)·특수주거침입·공문서부정행사·부착명령]

【판시사항】

반복적인 강도 범행 등에 대한 누범가중 처벌규정인 특정범죄 가중처벌 등에 관한 법률 제5조의4 제5항의 취지 / 같은 항 제2호 중 '이들 죄를 범하여 누범으로 처벌하는 경우' 부분에서 '이들 죄'의 의미(=형법 제333조 내지 제336조의 죄 및 제340조 제1항의 죄 또는 그 미수죄)

【판결요지】

특정범죄 가중처벌 등에 관한 법률(이하 '특정범죄가중법'이라 한다) 제5조의4 제5항은 '형법 제329조부터 제331조까지, 제333조부터 제336조까지 및 제340조·제362조의 죄 또는 그 미수죄로 세 번 이상 징역형을 받은 사람이 다시 이들 죄를 범하여 누범으로 처벌하는 경우에는 다음 각호의 구분에 따라 가중처벌한다.'라고 규정하면서 제2호에서 '형법 제333조부터 제336조까지의 죄 및 제340조 제1항의 죄(미수범을 포함한다)를 범한 경우'에 가중처벌한다고 정하고 있다. 이러한 특정범죄가중법 제5조의4 제5항의 규정 취지는 같은 항 각호에서 정한 죄 가운데 동일한 호에서 정한 죄를 3회 이상 반복 범행하고, 다시 그 반복 범행한 죄와 동일한 호에서 정한 죄를 범하여 누범에 해당하는 경우에는 동일한 호에서 정한 법정형으로 처벌한다는 뜻으로 보아야 한다. 그러므로 특정범죄가중법 제5조의4 제5항 제2호 중 '이들 죄를 범하여 누범으로 처벌하는 경우' 부분에서 '이들 죄'라 함은, 앞의 범행과 동일한 범죄일 필요는 없으나, 특정범죄가중법 제5조의4 제5항 각호에 열거된 모든 죄가 아니라 앞의 범죄와 동종의 범죄, 즉 형법 제333조 내지 제336조의 죄 및 제340조 제1항의 죄 또는 그 미수죄를 의미한다.

【참조조문】 특정범죄 가중처벌 등에 관한 법률 제5조의4 제5항, 형법 제35조, 제333조, 제334조, 제335조, 제336조, 제340조 제1항, 제342조
【참조판례】 대법원 2020. 2. 27. 선고 2019도18891 판결(공2020상, 766)
【전 문】【피고인 겸 피부착명령청구자】 피고인 겸 피부착명령청구자
【상 고 인】 피고인 겸 피부착명령청구자 【변 호 인】 변호사 황경남
【원심판결】 부산고법 2023. 9. 6. 선고 (창원)2023노146, 2023전노18 판결

【주 문】

원심판결을 파기하고, 사건을 부산고등법원에 환송한다.

【이   유】

상고이유를 판단한다.

1. 「특정범죄 가중처벌 등에 관한 법률」(이하 '특정범죄가중법'이라 한다) 제5조의4 제5항은 '형법 제329조부터 제331조까지, 제333조부터 제336조까지 및 제340조·제362조의 죄 또는 그 미수죄로 세 번 이상 징역형을 받은 사람이 다시 이들 죄를 범하여 누범으로 처벌하는 경우에는 다음 각호의 구분에 따라 가중처벌한다.'라고 규정하면서 제2호에서 '형법 제333조부터 제336조까지의 죄 및 제340조 제1항의 죄(미수범을 포함한다)를 범한 경우'에 가중처벌한다고 정하고 있다. 이러한 특정범죄가중법 제5조의4 제5항의 규정 취지는 같은 항 각호에서 정한 죄 가운데 동일한 호에서 정한 죄를 3회 이상 반복 범행하고, 다시 그 반복 범행한 죄와 동일한 호에서 정한 죄를 범하여 누범에 해당하는 경우에는 동일한 호에서 정한 법정형으로 처벌한다는 뜻으로 보아야 한다. 그러므로 특정범죄가중법 제5조의4 제5항 제2호 중 '이들 죄를 범하여 누범으로 처벌하는 경우' 부분에서 '이들 죄'라 함은, 앞의 범행과 동일한 범죄일 필요는 없으나, 특정범죄가중법 제5조의4 제5항 각호에 열거된 모든 죄가 아니라 앞의 범죄와 동종의 범죄, 즉 형법 제333조 내지 제336조의 죄 및 제340조 제1항의 죄 또는 그 미수죄를 의미한다(대법원 2020. 02. 27. 선고 2019도18891 판결 등 참조).

2. 원심은, 피고인 겸 피부착명령청구자(이하 '피고인'이라 한다)가 1983. 8. 20. 강도상해죄로 징역 2년에 집행유예 3년, 1993. 7. 30. 절도죄 등으로 징역 10월에 집행유예 2년, 1999. 10. 20. 특정범죄가중법 위반(절도)죄 등으로 징역 1년 6월, 2002. 8. 13. 같은 죄 등으로 징역 1년 및 징역 4월, 2004. 2. 6. 같은 죄 등으로 징역 1년 6월, 2010. 2. 2. 같은 죄 등으로 징역 1년 6월, 2011. 10. 27. 같은 죄 등으로 징역 3년을 각각 선고받고, 2015. 12. 8. 강도치상죄 등으로 징역 7년을 선고받아 2022. 8. 8. 그 형의 집행을 종료한 자로서 다시 2022. 10. 31. 준특수강도미수죄를 범한 사실을 인정하고, 피고인에 대하여 특정범죄가중법 제5조의4 제5항 제2호를 적용한 제1심판결을 그대로 유지하였다.

3. 그러나 기록에 의하면, 피고인이 특정범죄가중법 제5조의4 제5항 제2호에 규정된 죄로 징역형을 선고받은 전력으로는 2015. 12. 8. 강도치상죄와 준강도죄 등으로 징역형을 선고받은 것이 유일하다. 판시 범죄전력 중 절도죄는 특정범죄가중법 제5조의4 제5항 제2호에 규정된 죄가 아님이 명백하고, 강도상해죄나 강도치상죄도 비록 형법 제333조 등의 강도를 주체로 하는 죄이기는 하나 형법 제337조에 별도로 규정되어 있으므로 위 제2호에 열거된 형법 제333조 내지 제336조의 죄 및 제340조 제1항의 죄 또는 그 미수죄에 포함되지 않음이 명백하다. 따라서 피고인은 특정범죄가중법 제5조의4 제5항 제2호에 규정된 죄로 세 번 이상 징역형을 받은 사람에 해당하지 않는다.

4. 또한 집행유예의 효과에 관한 형법 제65조에서 '형의 선고가 효력을 잃는다.'는 의미는 형의 실효 등에 관한 법률에 의한 형의 실효와 같이 형의 선고에 의한 법적 효과가 장래에 향하여 소멸한다는 취지이므로 위 규정에 따라 형의 선고가 효력을 잃는 경우 그 전과 자체를 특정범죄가중법 제5조의4 제5항에서 정한 '징역형을 받은 경우'로 볼 수 없는데(대법원 2014. 9. 4. 선고 2014도

7088 판결 등 참조), 판시 범죄전력란에 기재된 전과 중 1983. 8. 20. 강도상해죄 전과는 기록상 그 집행유예가 실효 또는 취소되지 않고 유예기간이 경과하였다고 보이므로 그러한 점에서도 특정범죄가중법 제5조의4 제5항을 적용할 수 없다.

5. 그럼에도 원심은 피고인에게 특정범죄가중법 제5조의4 제5항 제2호를 적용하여 처단한 제1심판결을 그대로 유지하였는바, 원심의 판단에는 특정범죄가중법 제5조의4 제5항 제2호에서 정한 '세 번 이상 징역형을 받은 사람'의 해석 등에 관한 법리를 오해하여 판결에 영향을 미친 잘못이 있다. 이를 지적하는 상고이유 주장은 이유 있다.

6. 그렇다면 원심판결 중 피고사건에 대한 특정범죄가중법 위반(강도)부분은 파기되어야 하는데, 이 부분 공소사실과 유죄로 인정된 나머지 공소사실은 형법 제37조 전단의 경합범 관계에 있다는 이유로 하나의 형이 선고되었으므로, 결국 피고사건을 전부 파기하여야 한다. 또한 피고사건을 파기하는 이상 그와 함께 심리되어 동시에 판결이 선고되어야 하는「전자장치 부착 등에 관한 법률」제5조 제4항에 의한 위치추적 전자장치 부착명령 사건도 함께 파기하여야 한다.

7. 그러므로 나머지 상고이유에 대한 판단을 생략한 채 원심판결을 파기하고, 사건을 다시 심리·판단하도록 원심법원에 환송하기로 하여, 관여 대법관의 일치된 의견으로 주문과 같이 판결한다.

● 대법원 2023. 12. 28. 선고 2017도21248 판결 [수뢰후부정처사 · 부정처사후수뢰 · 특정범죄가중처벌등에관한법률위반(알선수재) · 뇌물공여]

【판시사항】

[1] 특정범죄 가중처벌 등에 관한 법률 제3조의 알선수재죄에서 '알선'의 의미 / 공무원의 직무에 속하는 사항의 알선이 수수한 금품과 '대가관계'가 있는지 결정하는 방법
[2] 알선수재죄가 성립하는지 판단하는 방법
[3] 군수 분야의 고위직 간부로 재직한 경력이 있는 피고인이 방위사업체인 갑 주식회사와 경영자문위원 위촉계약을 체결한 후, 갑 회사의 현안과 관련된 군 관계자 상대 로비를 요청받고 그 대가로 자문료 및 활동비 명목으로 금원을 지급받아, 특정범죄 가중처벌 등에 관한 법률 위반(알선수재)으로 기소된 사안에서, 공소사실을 유죄로 인정한 원심판단에 법리오해 등의 잘못이 있다고 한 사례

【판결요지】

[1] 특정범죄 가중처벌 등에 관한 법률 제3조의 알선수재죄는 '공무원의 직무에 속한 사항을 알선한다는 명목'으로 금품이나 이익을 수수·요구 또는 약속함으로써 성립하는 범죄다. 여기서 '알선'이라 함은 "일정한 사항에 관하여 어떤 사람과 그 상대방 사이에 서서 중개하거나 편의를 도

모하는 것"을 의미하므로, 의뢰 당사자가 청탁하는 취지를 공무원에게 전하거나 의뢰 당사자를 대신하여 스스로 공무원에게 청탁하는 행위, 공무원에게 영향력을 행사하여 의뢰 당사자가 원하는 방향으로 결정이 이루어지도록 돕는 등의 행위는 모두 위 조항에서 말하는 '알선'에 해당한다. 공무원의 직무에 속하는 사항의 알선과 수수한 금품 사이에 '대가관계'가 있는지는 해당 알선의 내용, 알선자와 이익 제공자 사이의 친분관계 여부, 이익의 다과, 이익을 수수한 경위와 시기 등 제반 사정을 종합하여 결정하되, 알선과 수수한 금품 사이에 전체적·포괄적으로 대가관계가 있으면 족하다.

[2] 알선수재죄가 성립하는지는 당사자가 붙인 계약의 명칭이나 형식에 구애될 것이 아니라, 자문 등의 계약이 체결된 경위와 시기가 어떠한지, 의뢰 당사자가 피고인에게 사무처리를 의뢰하고 그 대가를 제공할 만한 구체적인 현안이 존재하는지, 피고인이 지급받는 계약상 급부가 의뢰 당사자와 공무원 사이를 매개·중개한 데 대한 대가인지, 현안의 중요도나 경제적 가치 등에 비추어 자문료 등 보수의 액수나 지급조건이 사회통념·거래관행상 일반적인 수준인지, 보수가 정기적·고정적으로 지급되는지 등 종합적인 사정을 바탕으로 계약의 실질에 따라 신중하게 판단하여야 한다.

[3] 군수 분야의 고위직 간부로 재직한 경력이 있는 피고인이 방위사업체인 갑 주식회사와 경영자문위원 위촉계약을 체결한 후, 갑 회사의 현안과 관련된 군 관계자 상대 로비를 요청받고 그 대가로 자문료 및 활동비 명목으로 금원을 지급받아, 특정범죄 가중처벌 등에 관한 법률(이하 '특정범죄가중법'이라 한다) 위반(알선수재)으로 기소된 사안에서, 피고인은 육군 장성 출신으로 오랜 기간 군에 복무하였고, 국방부에서 군수 및 전력자원 관리에 관한 고위 간부로서 근무한 경험도 있어, 갑 회사로서는 피고인의 전문적 지식과 경험을 활용해 업무의 경제성·효율성·전문성을 도모할 유인이 있었던 점, 유죄의 증거로 검사가 제출한 문건의 내용들에 의하더라도 피고인은 그의 전문성이나 인적인 네트워크를 활용하여 방위사업체의 입장이나 의사를 객관적으로 전달하거나 해당 현안에 관한 정보·설명을 제공하였다고 보일 뿐이고, 이러한 행위는 갑 회사의 통상적이고 정상적인 영업활동을 보조하는 것으로 보이는 점, 피고인이 위 계약으로 갑 회사로부터 수령한 보수액은 방위사업체 내부의 임원 인사관리 규정에서 정한 일반 자문계약의 보수액에 해당하고, 위 보수액은 대관업무를 수행하던 기존 군 출신 임원들이 지급받았던 금액에 비추어 현저히 적은 금액이며, 공소사실 기재 현안들의 중요도나 경제적 가치를 고려하면 공무원에 대한 알선을 통한 현안의 해결에 대한 대가라고 보기에도 사회통념상 과소한 금액에 해당하는 점 등을 종합하면, 위 계약은 일반적 자문·고문계약이라고 볼 여지가 충분하고, 검사가 제출한 증거만으로는 위 계약이 형식적인 것에 불과하여 피고인이 공무원의 직무에 속한 사항의 알선에 관하여 금품을 수수한 것이라는 점이 합리적 의심의 여지가 없을 정도로 증명되었다고 보기 어렵다는 이유로, 공소사실을 유죄로 인정한 원심판단에 특정범죄가중법 위반(알선수재)죄에 관한 법리오해 등의 잘못이 있다고 한 사례.

【참조조문】 [1] 특정범죄 가중처벌 등에 관한 법률 제3조 [2] 특정범죄 가중처벌 등에 관한 법률 제3조 [3] 특정범죄 가중처벌 등에 관한 법률 제3조, 형사소송법 제307조, 제308조
【참조판례】 [1] 대법원 2005. 1. 28. 선고 2004도7359 판결, 대법원 2014. 4. 24. 선고 2014도1631 판결, 대법원 2014. 10. 30. 선고 2012도12394 판결, 대법원 2016. 9. 28. 선고 2014도9903 판결
【전 문】【피 고 인】 피고인 1 외 1인 【상 고 인】 피고인 1 및 검사
【변 호 인】 법무법인 한신 담당변호사 권재갑 외 4인

【원심판결】 서울고법 2017. 12. 1. 선고 2017노1366 판결

【주 문】

원심판결 중 피고인 1에 대한 유죄 부분을 파기하고, 이 부분 사건을 서울고등법원에 환송한다. 검사의 피고인 2에 대한 상고와 피고인 1에 대한 나머지 상고를 모두 기각한다.

【이 유】

상고이유를 판단한다.

1. 피고인 1의 상고이유에 관한 판단

가. 주식회사 (회사명 1 생략)[이하 '(회사명 1 생략)'이라고 한다] 관련「특정범죄 가중처벌 등에 관한 법률」(이하 '특정범죄가중법'이라고 한다) 위반(알선수재) 부분

1) 이 부분 공소사실의 요지

피고인 1은 1975. 3. 28. 육군 소위(육사 ○○기)로 임관한 후 2004. 10. 18. 소장으로 진급하여 2006. 5. 4.부터 2008. 11. 29.까지 국방부 (직책명 1 생략)으로 근무하고 2008. 11. 30. 소장으로 예편하였고, 그 후 2010. 8. 20.부터 2012. 8. 19.까지 국방부 (직책명 2 생략)으로 재임하였으며, 현재 (직책명 3 생략)교수로 근무하고 있다.

피고인 1은 상당 기간 국방부 (직책명 2 생략) 및 (직책명 1 생략) 등 군수 분야의 고위직 간부로 재직한 경력 및 이에 따른 국방부·방위사업청 등 군 관계자들에 대한 영향력을 이용하여, 방산업체 등을 상대로 업체 선정 및 납품 등과 관련하여 군 관계자들에게 로비한다는 명목으로 금품을 챙기기로 마음먹었다.

이에 피고인 1은 2015. 1.경 서울 중구 (주소 생략)에 있는 (기관명 생략) 내 피고인 1의 사무실에서, 국산기동헬기 (제품명 1 생략), (제품명 2 생략) 고등훈련기 및 (제품명 3 생략) 경공격기 등을 제조·납품하는 방산업체인 (회사명 1 생략) △△팀장 공소외인으로부터 '(제품명 1 생략) 헬기의 부족예산 현실화, 해상작전헬기의 국내 사업화를 통한 수주, 의무후송헬기 납품물량 조정 및 항공정비단지(MRO) 사업 수주 등과 관련하여 (회사명 1 생략)의 애로사항을 국방부, 방위사업청 및 연합사 등에 가서 설명할 수 있도록 창구를 좀 열어 달라.'라는 취지로 군 관계자에 대한 로비를 요청받고 이를 승낙하였다.

그 후 피고인 1은 2015. 4. 1.경 (회사명 1 생략)과 형식적인 자문계약을 체결한 다음, 그 무렵부터 2016. 3.경까지 공소외인으로부터 해상작전헬기 2차 사업 및 항공정비단지 사업을 (회사명 1 생략)에서 수주하고, 의무후송헬기 물량 조정 및 (제품명 1 생략) 헬기 납품대금 지급 등과 관련하여 (회사명 1 생략)에 유리한 방향으로 결정될 수 있도록 국방부·방위사업청 등 군 관계자 상대 로비를 요청받고, 그 대가로 (회사명 1 생략)으로부터 2015. 4. 21.경부터 2016. 3. 21.경까지 제1심 판시 별지 범죄일람표 1 기재와 같이 총 12회에 걸쳐 자문료 형식으로 합계 36,165,160원을 지급받고 2015. 4. 3.경부터 2016. 3. 22.경까지 활동비 명목

으로 사용한 법인카드 대금 19,779,511원을 대납받았다.

2) 원심 판단의 요지

원심은, 검사가 제출한 증거들, 즉 "피고인 1의 경력으로 미군 내 네트워크로 사업에 관한 도움을 받을 수 있을 것으로 생각하였다. (회사명 1 생략)의 현안을 국방부, 방위사업청, 연합사령부 등에 설명할 수 있도록 창구를 열어달라는 부탁을 하며 자문계약을 체결하였다. (회사명 1 생략)은 국방부와 방위사업청에서 진행하는 업무에서 국내업체라는 이유로 불이익을 받지 않기 위하여 피고인 1을 자문위원으로 위촉한 것이다."라는 취지의 (회사명 1 생략) 소속 공소외인의 검찰진술, 피고인 1이 국방부, 방위사업청의 담당자들과 통화하거나 문자메시지를 주고받은 내역, 피고인 1이 공소사실 기재와 같은 (회사명 1 생략)의 다양한 현안들에 관하여 담당 공무원들을 상대로 활동한 내역이 기재된 문건 등을 종합하여 보면, 피고인 1이 군 관계자들의 직무에 속하는 사항에 관하여 알선한다는 명목으로 (회사명 1 생략)으로부터 돈을 수수한 사실을 인정할 수 있다고 보아, 피고인 1의 특정범죄가중법 위반(알선수재)을 인정한 제1심 판단을 수긍하면서 이 부분 공소사실을 유죄로 인정하였다.

3) 대법원의 판단

그러나 원심의 위와 같은 판단은 다음과 같은 이유에서 수긍하기 어렵다.

가) 관련 법리

(1) 특정범죄가중법 제3조의 알선수재죄는 '공무원의 직무에 속한 사항을 알선한다는 명목'으로 금품이나 이익을 수수·요구 또는 약속함으로써 성립하는 범죄다(대법원 2014. 04. 24. 선고 2014도1631 판결 등 참조). 여기서 '알선'이라 함은 "일정한 사항에 관하여 어떤 사람과 그 상대방 사이에 서서 중개하거나 편의를 도모하는 것"을 의미하므로, 의뢰 당사자가 청탁하는 취지를 공무원에게 전하거나 의뢰 당사자를 대신하여 스스로 공무원에게 청탁하는 행위, 공무원에게 영향력을 행사하여 의뢰 당사자가 원하는 방향으로 결정이 이루어지도록 돕는 등의 행위는 모두 위 조항에서 말하는 '알선'에 해당한다(대법원 2005. 01. 28. 선고 2004도7359 판결, 대법원 2014. 10. 30. 선고 2012도12394 판결 등 참조).
공무원의 직무에 속하는 사항의 알선과 수수한 금품 사이에 '대가관계'가 있는지 여부는 해당 알선의 내용, 알선자와 이익 제공자 사이의 친분관계 여부, 이익의 다과, 이익을 수수한 경위와 시기 등 제반 사정을 종합하여 결정하되, 알선과 수수한 금품 사이에 전체적·포괄적으로 대가관계가 있으면 족하다(대법원 2016. 09. 28. 선고 2014도9903 판결 등 참조).

(2) 피고인이 의뢰 당사자를 위하여 공무원의 직무에 속하는 사항에 관한 일정한 행위를 하고 그 대가를 수수하기로 하는 등으로 타인의 사무에 관하여 자문·고문·컨설팅계약 등을 체결하는 경우, 그 계약이 구체적인 현안의 직접적 해결을 염두에 두고 체결되었고 피고인이 의뢰 당사자와 공무원 사이에 서서 중개하거나 편의를 도모하는 것에 대한 대가로서 보수를 수령하는 것이라면, 이는 알선수재행위에 해당할 수 있다. 이와 달리 그 계약이 구체적인 현안을 전제하지 않고, 업무의 효율성·전문성·경제성을 위하여 피고인의 전문적인 지식과 경험에 바탕을 둔 편의제공에 대한 대가로서 보수

가 지급되는 것이라면, 통상의 노무제공행위에 해당하여 알선수재행위에 해당하지 않는다고 볼 여지가 있다.

알선수재죄가 성립하는지 여부는 당사자가 붙인 계약의 명칭이나 형식에 구애될 것이 아니라, 자문 등의 계약이 체결된 경위와 시기가 어떠한지, 의뢰 당사자가 피고인에게 사무처리를 의뢰하고 그 대가를 제공할 만한 구체적인 현안이 존재하는지, 피고인이 지급받는 계약상 급부가 의뢰 당사자와 공무원 사이를 매개·중개한 데 대한 대가인지, 현안의 중요도나 경제적 가치 등에 비추어 자문료 등 보수의 액수나 지급조건이 사회통념·거래관행상 일반적인 수준인지, 보수가 정기적·고정적으로 지급되는지 등 종합적인 사정을 바탕으로 계약의 실질에 따라 신중하게 판단하여야 한다.

나) 인정 사실

원심판결 이유 및 기록에 의하면 다음과 같은 사실을 알 수 있다.

(1) (회사명 1 생략)은 훈련기, 헬기, 무인기, 군 정찰위성 등의 항공전력을 개발·생산·제공하는 항공우주 체계종합업체이자 방위사업체로서 국방부, 방위사업청 등을 상대로 다수의 군수전력공급사업을 진행하고 있다.

(2) 피고인 1은 2015. 4.경 (회사명 1 생략)과 위촉기간 2015. 4. 1.부터 2016. 3. 31.까지, 보수 월 300만 원 및 월 150만 원 범위 내에서 자문활동비를 실비정산하는 내용의 경영자문위원 위촉계약(이하 '이 사건 계약'이라고 한다)을 체결하였다.

(3) 이 사건 계약은 (회사명 1 생략)의 임원 인사관리 규정에 의거하여 작성되었다. 임원 인사관리 규정 제23조는 대외 사업역량, 산업정책, 대외홍보·언론분야 등 경험, 지식, 기술을 바탕으로 경영활동을 지원 또는 조언해 주는 외부 전문가로서 자문위원을 둘 수 있고(제1항), 자문위원의 위촉은 1년을 원칙으로 하되 1년 단위로 연장할 수 있으며(제2항), 보수는 실 수령액 기준 월 300만 원으로 하고 월 150만 원의 한도에서 자문활동비를 실비 정산하도록(제3항) 정하고 있다.

(4) 이 사건 계약 당시 (회사명 1 생략)은 진행 중이던 사업 전반에 걸쳐 (제품명 1 생략) 기동헬기 예산 현실화, 해상작전헬기 국내 사업화, 의무헬기 납품물량 조정, 항공정비단지 사업 수주 등의 다수의 현안이 있었다.

(5) 이 사건 계약 체결 이후 피고인 1은 국방부 (직책명 4 생략), 방위사업청 원가회계검증단장, 국방부 (직책명 1 생략) 등 (회사명 1 생략)의 현안과 관련된 담당공무원들과 수시로 전화통화를 하거나 메시지를 주고받았다.

(6) 피고인 1의 업무활동을 기록한 문건에는 피고인 1이 활동한 내역으로 '감사원 현안 관련 자문 및 감사위원 면담', '국방위원회 위원 면담 및 우호적 관계 구축', '국방부 (직책명 2 생략)/(직책명 4 생략) 면담 및 현안 협의', '국방예산 추가확보/협력활동 및 자문', '중앙일보/조선일보 대기자 면담 및 기사 게재', 'T-X 사업관련 자문' 등이 기재되어 있다.

(7) 이 사건 계약 체결 무렵 (회사명 1 생략)에는 군 출신을 포함한 수십 명의 임원이 근무하고 있었는데 그들 다수가 이미 대관업무를 수행하고 있었다. 한편 상근으로 근무하였던 군 출신의 임원들은 보수로 2억~3억 원가량을 수령하였다.

다) 판 단

앞서 본 법리에 비추어 위 인정 사실을 살펴보면, 이 사건 계약은 그 내용에 비추어 경영 일반에 관한 자문용역을 제공하고 그 대가로 보수를 지급받는 것을 내용으로 하는 일반적 자문·고문계약이라고 볼 여지가 충분하고, 검사가 제출한 증거만으로는 이 사건 계약이 형식적인 것에 불과하여 피고인 1이 공소사실과 같은 공무원의 직무에 속한 사항의 알선에 관하여 금품을 수수한 것이라는 점이 합리적 의심의 여지가 없을 정도로 증명되었다고 보기 어렵다. 원심으로서는 이 사건 계약의 내용과 실질, 계약 체결의 경위와 목적, 피고인 1이 수행한 업무의 내용 등을 살펴 피고인 1이 경영전반에 관한 일반적 자문을 하고 그에 대한 보수를 수령한 것이 아니라 공무원의 직무에 속한 사항에 관하여 알선을 의뢰받고 그 대가로 금품을 수수한 것에 해당한다고 볼 사정이 있는지에 대하여 더 심리하여 보았어야 했다. 그런데도 원심이 앞서 본 사정만을 들어 이 부분 공소사실을 유죄로 판단한 데에는 특정범죄가중법 위반(알선수재)죄에 관한 법리를 오해하여 필요한 심리를 다하지 아니한 잘못이 있다.

(1) 피고인 1은 육군 장성 출신으로 오랜 기간 군에 복무하였고, 국방부에서 군수 및 전력자원 관리에 관한 고위 간부로서 근무한 경험도 있는바, (회사명 1 생략)으로서는 피고인 1의 전문적 지식과 경험을 활용해 업무의 경제성·효율성·전문성을 도모할 유인이 있었다.

(2) 이 사건 계약이 구체적인 현안의 직접적 해결을 염두에 두고 체결되었다고 보기 어렵다. 공소사실에 기재된 현안은 매우 포괄적이고 광범위하여 사실상 (회사명 1 생략)이 수행하는 사업 전반에 관한 것이라고 볼 수 있다. 유죄의 증거로 검사가 제출한 문건의 내용들에 의하더라도 피고인 1은 그의 전문성이나 인적인 네트워크를 활용하여 (회사명 1 생략)의 입장이나 의사를 객관적으로 전달하거나 해당 현안에 관한 정보·설명을 제공하였다고 보일 뿐이고, 이러한 행위는 (회사명 1 생략)의 통상적이고 정상적인 영업활동을 보조하는 것으로 보는 것이 타당하다.

(3) 피고인이 이 사건 계약으로 (회사명 1 생략)으로부터 수령한 보수액은 1년간 5,500여만 원정도인데, 이는 (회사명 1 생략) 내부의 임원 인사관리 규정에서 정한 일반 자문계약의 보수액에 해당한다. 한편 위 보수액은 대관업무를 수행하던 기존 군 출신 임원들이 지급받았던 금액에 비추어 현저히 적은 금액이고, 공소사실 기재 현안들의 중요도나 경제적 가치를 고려하면 공무원에 대한 알선을 통한 현안의 해결에 대한 대가라고 보기에도 사회통념상 과소한 금액에 해당한다.

(4) 피고인 1이 담당 공무원들과 접촉한 사실이 인정되기는 하나 알선에 이르지 않는 적법한 영업 보조활동을 넘어 공무원들에게 청탁 또는 알선을 하였다고 볼 만한 자료는 나타나 있지 않다.

나. 주식회사 (회사명 2 생략) 관련 특정범죄가중법 위반(알선수재) 부분

원심은 판시와 같은 이유로 이 부분 공소사실을 유죄로 판단하였다. 원심판결 이유를 관련 법리와 적법하게 채택된 증거에 비추어 살펴보면, 원심의 판단에 논리와 경험의 법칙을 위반하여 자유심증주의의 한계를 벗어나거나 증거능력, 특정범죄가중법 위반(알선수재)죄의 성립에 관한 법리 등을 오해한 잘못이 없다.

2. 검사의 상고이유에 관한 판단

원심은 판시와 같은 이유로 피고인 1에 대한 공소사실 중 수뢰후부정처사 부분, 부정처사후수뢰 부분, 피고인 2에 대한 공소사실에 대하여 범죄의 증명이 없다고 보아 이를 무죄로 판단한 제1심 판결을 그대로 유지하였다. 원심판결 이유를 관련 법리와 기록에 비추어 살펴보면, 원심의 판단에 논리와 경험의 법칙을 위반하여 자유심증주의의 한계를 벗어나거나 형법 제131조의 '부정한 행위' 등 관련 법리를 오해한 잘못이 없다.

3. 파기의 범위

위와 같은 이유로 피고인 1에 대한 (회사명 1 생략) 관련 특정범죄가중법 위반(알선수재) 부분은 파기되어야 한다. 그런데 위 파기 부분과 원심이 유죄로 인정한 피고인 1에 대한 주식회사 (회사명 2 생략) 관련 특정범죄가중법 위반(알선수재) 부분은 형법 제37조 전단의 경합범 관계에 있다는 이유로 하나의 형이 선고되었으므로, 결국 원심판결 중 피고인 1에 대한 유죄 부분은 전부 파기되어야 한다.

4. 결 론

그러므로 원심판결 중 피고인 1에 대한 유죄 부분을 파기하고, 이 부분 사건을 다시 심리·판단하도록 원심법원에 환송하며, 검사의 피고인 2에 대한 상고와 피고인 1에 대한 나머지 상고를 모두 기각하기로 하여, 관여 대법관의 일치된 의견으로 주문과 같이 판결한다.

제8장 폭력행위 등 처벌에 관한 법률

제9장 변호사법

제10장 청소년보호법

제11장 정보통신망 이용촉진 및 정보보호 등에 관한 법률

Ⓐ 대법원 2024. 01. 04. 선고 2022도699 판결 [정보통신망이용촉진및정보보호등에관한법률위반(명예훼손)]

【판시사항】

[1] 정보통신망 이용촉진 및 정보보호 등에 관한 법률 제70조 제1항 명예훼손죄의 구성요건 중 비방할 목적이 있는지와 드러낸 사실이 사회적 평가를 떨어뜨릴 만한 것인지가 별개의 구성요건인지 여부(적극) 및 드러낸 사실이 사회적 평가를 떨어뜨리는 것이면 비방할 목적이 당연히 인정되는지 여부(소극) / 위 규정에서 정한 모든 구성요건에 대한 증명책임의 소재(=검사)

[2] '사람을 비방할 목적'의 의미와 판단 기준 / '비방할 목적'과 '공공의 이익'을 위한 것과의 관계 및 적시된 사실이 공공의 이익에 관한 것인지 판단하는 기준 / 행위자의 주요한 동기 내지 목적인 공공의 이익에 부수적으로 다른 사익적 목적이나 동기가 내포되어 있는 경우, 비방할 목적의 유무(소극)

[3] 피고인 갑은 양육비채권자의 제보를 받아 양육비 미지급자의 신상정보를 공개하는 인터넷 사이트 'Bad Fathers'의 운영에 관계된 사람이고, 피고인 을은 위 사이트에 자신의 전 배우자 병을 제보한 사람인데, 피고인들은 각자 또는 공모하여 위 사이트에 병을 비롯한 피해자 5명의 이름, 얼굴사진, 거주지, 직장명 등 신상정보를 공개하는 글이 게시되게 하고, 피고인 을은 자신의 인스타그램에 위 사이트 게시 글의 링크 주소를 첨부하고 병에 대하여 '미친년'이라는 표현 등을 덧붙인 글을 게시함으로써 피해자들을 비방할 목적으로 사실을 적시하였다는 정보통신망 이용촉진 및 정보보호 등에 관한 법률 위반(명예훼손)의 공소사실로 기소된 사안에서, 제반 사정을 종합하면, 피고인들에게 피해자들을 '비방할 목적'이 인정된다는 이유로, 같은 취지에서 위 공소사실을 모두 유죄로 판단한 원심판결이 정당하다고 한 사례

【판결요지】

[1] 정보통신망 이용촉진 및 정보보호 등에 관한 법률 제70조 제1항은 "사람을 비방할 목적으로 정보통신망을 통하여 공공연하게 사실을 드러내어 다른 사람의 명예를 훼손한 자는 3년 이하의 징역 또는 3천만 원 이하의 벌금에 처한다."라고 정한다. 이 규정에 따른 범죄가 성립하려면 피고인이 공공연하게 드러낸 사실이 다른 사람의 사회적 평가를 떨어뜨릴 만한 것임을 인식해야 할 뿐만 아니라 사람을 비방할 목적이 있어야 한다. 비방할 목적이 있는지는 피고인이 드러낸 사실이 사회적 평가를 떨어뜨릴 만한 것인지와 별개의 구성요건으로서, 드러낸 사실이 사회적 평가를 떨어뜨리는 것이라고 해서 비방할 목적이 당연히 인정되는 것은 아니다. 그리고 이 규정에서 정한 모든 구성요건에 대한 증명책임은 검사에게 있다.

[2] '사람을 비방할 목적'이란 가해의 의사 내지 목적을 요하는 것으로, 사람을 비방할 목적이 있는

지 여부는 해당 적시 사실의 내용과 성질, 해당 사실의 공표가 이루어진 상대방의 범위, 표현의 방법 등 표현 자체에 관한 제반 사정을 감안함과 동시에 표현에 의하여 훼손되거나 훼손될 수 있는 명예의 침해 정도 등을 비교·형량하여 판단되어야 한다. 또한 비방할 목적이란 공공의 이익을 위한 것과는 행위자의 주관적 의도의 방향에서 서로 상반되는 관계에 있으므로, 적시한 사실이 공공의 이익에 관한 것인 경우에는 특별한 사정이 없는 한 비방할 목적은 부인된다. 여기에서 '적시한 사실이 공공의 이익에 관한 경우'란 적시된 사실이 객관적으로 볼 때 공공의 이익에 관한 것으로서 행위자도 주관적으로 공공의 이익을 위하여 그 사실을 적시한 것이어야 하는데, 공공의 이익에 관한 것에는 널리 국가·사회 기타 일반 다수인의 이익에 관한 것뿐만 아니라 특정한 사회집단이나 그 구성원 전체의 관심과 이익에 관한 것도 포함하는 것이다. 나아가 적시된 사실이 이러한 공공의 이익에 관한 것인지 여부는 해당 명예훼손적 표현으로 인한 피해자가 공무원 내지 공적 인물과 같은 공인인지 아니면 사인에 불과한지, 표현이 객관적으로 국민이 알아야 할 공공성·사회성을 갖춘 공적 관심 사안에 관한 것으로 사회의 여론형성 내지 공개토론에 기여하는 것인지 아니면 순수한 사적인 영역에 속하는 것인지, 피해자가 명예훼손적 표현의 위험을 자초한 것인지, 그리고 표현에 의하여 훼손되는 명예의 성격과 침해의 정도, 표현의 방법과 동기 등 제반 사정을 고려하여 판단하여야 한다. 행위자의 주요한 동기 내지 목적이 공공의 이익을 위한 것이라면 부수적으로 다른 사익적 목적이나 동기가 내포되어 있더라도 비방할 목적이 있다고 보기는 어렵다.

[3] 피고인 갑은 양육비채권자의 제보를 받아 양육비 미지급자의 신상정보를 공개하는 인터넷 사이트 'Bad Fathers'의 운영에 관계된 사람이고, 피고인 을은 위 사이트에 자신의 전 배우자 병을 제보한 사람인데, 피고인들은 각자 또는 공모하여 위 사이트에 병을 비롯한 피해자 5명의 이름, 얼굴 사진, 거주지, 직장명 등 신상정보를 공개하는 글이 게시되게 하고, 피고인 을은 자신의 인스타그램에 위 사이트 게시 글의 링크 주소를 첨부하고 병에 대하여 '미친년'이라는 표현 등을 덧붙인 글을 게시함으로써 피해자들을 비방할 목적으로 사실을 적시하였다는 정보통신망 이용촉진 및 정보보호 등에 관한 법률 위반(명예훼손)의 공소사실로 기소된 사안에서, 피고인들이 위 사이트의 신상정보 공개를 통해 양육비 미지급 사실을 알린 것은 결과적으로 양육비 미지급 문제라는 공적 관심 사안에 관한 사회의 여론형성이나 공개토론에 기여하였다고 볼 수 있으나, 글 게시 취지·경위·과정 등에 비추어 그 신상정보 공개는 특정된 개별 양육비채무자를 압박하여 양육비를 신속하게 지급하도록 하는 것을 주된 목적으로 하는 사적 제재 수단의 일환에 가까운 점, 위 사이트에서 신상정보를 공개하면서 공개 여부 결정의 객관성을 확보할 수 있는 기준이나 양육비채무자에 대한 사전 확인절차를 두지 않고 양육비 지급 기회를 부여하지도 않은 채 일률적으로 공개한 것은 우리 법질서에서 허용되는 채무불이행자 공개 제도와 비교하여 볼 때 양육비채무자의 권리를 침해하는 정도가 커 정당화되기 어려운 점, 위 사이트에서 공개된 신상정보인 얼굴 사진, 구체적인 직장명, 전화번호는 그 특성상 공개 시 양육비채무자가 입게 되는 피해의 정도가 매우 큰 반면, 피고인들에게 양육비 미지급으로 인한 사회적 문제를 공론화하기 위한 목적이 있었더라도 얼굴 사진 등의 공개는 위와 같은 공익적인 목적과 직접적인 관련성이 있다고 보기 어렵고, 얼굴 사진 등을 공개하여 양육비를 즉시 지급하도록 강제할 필요성이나 급박한 사정도 엿보이지 않는 점 등 제반 사정을 종합하면, 피고인들에게 신상정보가 공개된 피해자들을 비방할 목적이 인정된다는 이유로, 같은 취지에서 피고인들에 대한 위 공소사실을 모두 유죄로 판단한 원심판결이 정당하다고 한 사례.

【참조조문】 [1] 정보통신망 이용촉진 및 정보보호 등에 관한 법률 제70조 제1항, 형사소송법 제308조 [2] 정보통신망 이용촉진 및 정보보호 등에 관한 법률 제70조 제1항 [3] 정보통신망 이용촉진 및 정보보호 등에 관한 법률 제70조 제1항, 형법 제30조, 양육비 이행확보 및 지원에 관한 법률 제21조의5
【참조판례】 [1][2] 대법원 2020. 12. 10. 선고 2020도11471 판결(공2021상, 253) 대법원 2022. 7. 28. 선고 2022도4171 판결(공2022하, 1824) / [2] 대법원 2005. 10. 14. 선고 2005도5068 판결
【전 문】【피 고 인】 피고인 1 외 1인 【상 고 인】 피고인들 【변 호 인】 법무법인 별 외 5인
【원심판결】 수원고법 2021. 12. 23. 선고 2020노70 판결

【주 문】

상고를 모두 기각한다.

【이 유】

상고이유를 판단한다.

1. 공소사실의 요지

가. 'Bad Fathers'(이하 '이 사건 사이트'라 한다)는 양육비 지급 판결을 받는 등 양육비 지급의무가 있음에도 이를 지급하지 않고 있는 사람들에 대한 제보를 받아 양육비를 지급하지 않는 부모의 신상정보 등을 공개하여 양육비 지급을 촉구하기 위한 목적으로 설립된 사이트이다. 피고인 1은 제보를 받기 위해 이 사건 사이트에 자신의 전화번호 및 이메일 주소 등을 게시하고, 제보자들로부터 받은 양육비 미지급자의 신상정보를 이 사건 사이트 운영자에게 전달하여 해당 정보가 이 사건 사이트에 게시되도록 하며, 신상정보가 게시된 사람이 항의하거나 이의를 제기하는 경우 이러한 불만을 접수하여 처리하는 등의 역할을 담당하는 사람이다.

나. 피고인들은 다음과 같이 각자 또는 공동으로 피해자들을 비방할 목적으로 정보통신망을 통하여 공공연하게 사실을 드러내어 피해자들의 명예를 훼손하였다.

1) 피고인 1은, ① 2018. 10. 초순경 이 사건 사이트에 피해자 공소외 1의 사진, 실명, 거주지 등이 포함된 내용으로 '3. 공소외 1(생년 1, 거주지 1 생략) *현재 (업체명 1 생략) 운영'이라는 글이 게시되게 하고, ② 2018. 10. 11.경 이 사건 사이트에 피해자 공소외 2의 사진, 실명, 거주지 등이 포함된 내용으로 '18. 공소외 2(생년 2, 거주지 2 생략) *(업체명 2 생략) 사장'이라는 글이 게시되게 하고, ③ 2018. 9.경 이 사건 사이트에 피해자 공소외 3의 사진, 실명, 거주지 등이 포함된 내용으로 '33. 공소외 3(생년 3, 거주지 3 생략) *(업체명 3 생략) 운영, 미지급 금액: 4,200만 원, 핸드폰: (번호 생략)'이라는 글이 게시되게 하고, ④ 2018. 10.경 이 사건 사이트에 피해자 공소외 4의 사진, 실명, 거주지 등이 포함된 내용으로 '45. 공소외 4(생년 4, 거주지 4 생략) *(업체명 4 생략) 근무'라는 글이 게시되게 하였다.

2) 피고인들은 공모하여 2018. 9. 6.경 이 사건 사이트에 피고인 2와 혼인관계에 있다가 이혼을 한 피해자 공소외 5의 사진, 실명, 거주지 등이 포함된 내용으로 '1. 공소외 5(생년 5, 거주지 5 생략)'라는 글이 게시되게 하였다.

3) 피고인 2는 2018. 9. 6.경 자신의 인스타그램에 위 2)항 게시 글의 링크 주소와 함께 "아주 재밌는 일들을 시작해보자ㅋㅋㅋㅋ#신나는#재밌는#즐거운#기쁨#복수#추심#양육비#돈#재테크"라는 글을 게시하고, 위 아이디로 "양육비를 미지급하는 배드파더사이트에 1번 여자로 미친년이 추가되었습니다^^다들 가서서 구경한번 하시길...badfathers540837381.worldpress.com/author/badfathers540837381/#양육비#양육비이행관리원#양육비미지급은아동학대"라는 글을 추가로 게시하였다.

2. 관련 법리

가. 「정보통신망 이용촉진 및 정보보호 등에 관한 법률」(이하 '정보통신망법'이라 한다) 제70조 제1항은 "사람을 비방할 목적으로 정보통신망을 통하여 공공연하게 사실을 드러내어 다른 사람의 명예를 훼손한 자는 3년 이하의 징역 또는 3천만 원 이하의 벌금에 처한다."라고 정한다. 이 규정에 따른 범죄가 성립하려면 피고인이 공공연하게 드러낸 사실이 다른 사람의 사회적 평가를 떨어트릴 만한 것임을 인식해야 할 뿐만 아니라 사람을 비방할 목적이 있어야 한다. 비방할 목적이 있는지는 피고인이 드러낸 사실이 사회적 평가를 떨어트릴 만한 것인지와 별개의 구성요건으로서, 드러낸 사실이 사회적 평가를 떨어트리는 것이라고 해서 비방할 목적이 당연히 인정되는 것은 아니다. 그리고 이 규정에서 정한 모든 구성요건에 대한 증명책임은 검사에게 있다(대법원 2020. 12. 10. 선고 2020도11471 판결 등 참조).

나. '사람을 비방할 목적'이란 가해의 의사 내지 목적을 요하는 것으로, 사람을 비방할 목적이 있는지 여부는 해당 적시 사실의 내용과 성질, 해당 사실의 공표가 이루어진 상대방의 범위, 표현의 방법 등 표현 자체에 관한 제반 사정을 감안함과 동시에 표현에 의하여 훼손되거나 훼손될 수 있는 명예의 침해 정도 등을 비교·형량하여 판단되어야 한다. 또한 비방할 목적이란 공공의 이익을 위한 것과는 행위자의 주관적 의도의 방향에서 서로 상반되는 관계에 있으므로, 적시한 사실이 공공의 이익에 관한 것인 경우에는 특별한 사정이 없는 한 비방할 목적은 부인된다. 여기에서 '적시한 사실이 공공의 이익에 관한 경우'라 함은 적시된 사실이 객관적으로 볼 때 공공의 이익에 관한 것으로서 행위자도 주관적으로 공공의 이익을 위하여 그 사실을 적시한 것이어야 하는데, 공공의 이익에 관한 것에는 널리 국가·사회 기타 일반 다수인의 이익에 관한 것뿐만 아니라 특정한 사회집단이나 그 구성원 전체의 관심과 이익에 관한 것도 포함하는 것이다. 나아가 적시된 사실이 이러한 공공의 이익에 관한 것인지 여부는 해당 명예훼손적 표현으로 인한 피해자가 공무원 내지 공적 인물과 같은 공인인지 아니면 사인에 불과한지, 표현이 객관적으로 국민이 알아야 할 공공성·사회성을 갖춘 공적 관심 사안에 관한 것으로 사회의 여론형성 내지 공개토론에 기여하는 것인지 아니면 순수한 사적인 영역에 속하는 것인지, 피해자가 명예훼손적 표현의 위험을 자초한 것인지, 그리고 표현에 의하여 훼손되는 명예의 성격과 침해의 정도, 표현의 방법과 동기 등 제반 사정을 고려하여 판단하여야 한다. 행위자의 주요한 동기 내지 목적이 공공의 이익을 위한 것이라면 부수적으로 다른 사익적 목적이나 동기가 내포되어 있더라도 비방할 목적이 있다고 보기는 어렵다(대법원 2005. 10. 14. 선고 2005도5068 판결, 대법원 2022. 07. 28. 선고 2022도4171 판결 등 참조).

3. 이 사건 사이트 관련 피고인들 범행 부분에 관한 판단

가. 원심판결 이유 및 원심이 적법하게 채택한 증거에 따르면, 아래의 사실을 알 수 있다.

1) 이 사건 사이트는 2018. 7.경 양육비채권자의 제보를 받아 양육비 미지급자의 신상정보를 공개하여 양육비 지급을 촉구하기 위하여 설립된 것으로, 이 사건 사이트에 "양육비를 주지 않는 'bad father'를 공개하는 취지는 양육비를 주지 않는 아빠들이 양육비를 주도록 압박하기 위한 것이다."라고 명시되어 있다.

2) 이 사건 사이트에는 양육비 미지급자가 'bad father'와 'bad mother'로 분류되어 이름, 출생년도, 거주 지역, 직업 내지 직장명, 얼굴 사진, 전화번호 등 구체적인 신상정보를 공개하는 게시 글이 등록되어 있다. 게시 글은 각각 따로 작성되었으나, 명단 형식으로 목록화되어 있고, 양육비 미지급자의 얼굴 사진과 이름이 잘 드러난 제목을 누르면 자세한 신상정보가 기재된 글로 연결된다.

3) 이 사건 사이트의 운영과 관계된 사람들은 제보자로부터 집행권원, 양육비 미지급자의 신상정보에 대한 자료를 전달받아 이 사건 사이트에 게시 글을 추가하는 방식으로 신상정보를 공개하였다. 게시 글 작성과 관련하여, 관계자들은 제보자로부터 전달받은 자료를 근거로 집행권원 등을 형식적으로 확인하는 이외에 양육비 미지급자에게 양육비 미지급 금액의 다소 또는 미지급 경위, 사유 등에 대한 확인절차를 거치지는 아니하였고, 게시 여부를 결정하면서 이러한 개별적 사정을 고려하지 아니하였다. 신상정보 공개 글 게시 여부는 사실관계에 대한 쌍방의 확인 내지 검증 없이 양육비채권자의 일방적 제보 및 자료 제공에 따라 결정되었고, 이후 위 글의 삭제 역시 양육비채권자의 양육비 지급사실 확인에 따라 결정되었다. 이에 따라 일부 피해자의 경우 개별적 사정이 반영되지 않은 채 신상정보가 공개되었다.

가) 피해자 공소외 5의 경우, 양육비 조정조서에 따른 양육비 지급채무의 이행기가 도래하지 아니하였음에도 이 사건 사이트에 신상정보 공개 글이 게시되었고, 피고인 1은 이에 대해 피해자 공소외 5로부터 항의를 받았음에도 제보자인 피고인 2가 요청하는 경우에만 사진을 내려줄 수 있다며 피해자 공소외 5의 삭제 요청을 거절하다가 이후 관련 게시 글을 삭제한 다음, 자신이 운영하는 인터넷 블로그에 사과문을 게시하였다.

나) 피해자 공소외 1의 경우, 매월 100만 원의 양육비 지급의무가 있었으나 경제적 부담으로 인하여 법원에 양육비 감액 신청을 하였고, 이후 감액된 30만 원을 지급하고 있었음에도 이 사건 사이트에 신상정보 공개 글이 게시되었다.

4) 이 사건 사이트는 별도의 회원 가입절차 없이 누구나 게시 글을 열람할 수 있었고, 하루 평균 방문자는 약 7~8만 명에 육박하기도 하였다. 이 사건 사이트에 신상정보가 공개된 후 다수의 양육비 미지급자가 양육비를 지급하기도 하였다.

나. 관련 법리를 앞서 본 사정에 비추어 살펴보면, 피고인들에게 이 사건 사이트 게시 글과 관련하여 신상정보가 공개된 피해자들을 비방할 목적이 인정된다.

1) 신상정보 공개의 목적

가) 민법, 가사소송법, 「양육비 이행확보 및 지원에 관한 법률」(이하 '양육비이행법'이라 한다)을 중심으로 부모의 양육책임을 강화하고 양육비 이행을 확보하여 이를 지원하기 위한 제도가 발달하였으나, 소송절차 등에 장시간이 소요되고 양육비 미지급에 대한 제재수단이

과태료 부과 및 감치명령에 한정되며, 중한 불이익 조치에 해당하는 감치명령마저도 낮은 인용률과 집행률로 인해 제 기능을 발휘하지 못하는 등 제도상 한계가 있었다. 여기에 사회 전반적으로 이혼이 증가하는 상황과 맞물려 양육비 미지급으로 인하여 곤란을 겪는 양육자 또는 미성년 자녀가 많아졌다. 이러한 상황에서 이 사건 사이트의 신상정보 공개를 통해 양육비 지급률이 매우 낮은 현실이 사회적으로 알려지는 등 관심이 높아졌고, 양육비 미지급 문제가 단순히 양육자·비양육자 사이의 개인적인 금전채무불이행 문제가 아니라 미성년 자녀의 복리와 생존권까지 연관된 문제로서 국가적·사회적으로 해결할 과제라는 점에 대한 인식이 형성되어 양육비이행법이 개정되기에 이르렀다. 이 사건 사이트의 신상정보 공개를 통해 양육비 미지급 사실을 알리는 것은 결과적으로 양육비 미지급 문제라는 공적 관심 사안에 관한 사회의 여론형성이나 공개토론에 기여하였다고 볼 수 있다.

나) 그러나 양육비채권자의 양육비 미지급 주장과 신상정보 공개 신청 및 철회가 이 사건 사이트 신상정보 공개 글의 게시 및 삭제를 결정하는 주된 요소로 작용하여 이 사건 사이트의 운영이 실질적으로는 양육비채권자 개인의 의사에 좌우된 점, 이 사건 사이트에 "양육비를 주지 않는 'bad father'를 공개하는 취지는 양육비를 주지 않는 아빠들이 양육비를 주도록 압박하기 위한 것이다."라고 하여 대외적으로 신상정보 공개의 취지를 양육비 추심으로 밝히고 있는 점, 이 사건 사이트에서 양육비 미지급자를 목록화하여 보여주는 것은 개별 양육비채권자의 양육비채무자에 대한 압박 의사를 집합적으로 대행한 것으로도 볼 수 있는 점, 실제로 이 사건 사이트에서 신상정보가 공개되자 사회적 지탄을 받게 될 것을 우려한 다수의 양육비 미지급자가 양육비를 지급하게 되었고, 이 사건 사이트도 이러한 점을 염두하고 얼굴 사진을 비롯하여 개인을 특정할 수 있는 신상정보를 자세하게 밝히면서 일반인의 접근을 용이하게 한 것으로 보이는 점, 이 사건 사이트는 양육비 지급을 일응의 조건 성취나 목적 달성으로 취급하여 양육비 지급사실이 확인될 경우에는 신상정보 공개 글을 삭제하고 있는 점 등에 비추어 보면, 이 사건 사이트의 주된 목적은 양육비 미지급자 개인의 신상정보를 일반인에게 공개함으로써 인격권 및 명예를 훼손하고 그에게 수치심을 느끼게 하여 의무이행을 간접적으로 강제하려는 취지라고 볼 수 있다.

다) 결국 이 사건 사이트의 신상정보 공개는 특정된 개별 양육비채무자를 압박하여 양육비를 신속하게 지급하도록 하는 것을 주된 목적으로 하는 사적 제재 수단의 일환에 가깝다고 볼 수 있다.

2) 신상정보 공개의 경위 및 과정

가) 이 사건 사이트 관계자에게 우리 법질서에서 허용되는 채무불이행자 공개 제도와 관련된 법령에서 정하는 엄격한 수준의 절차 보장을 요구할 수는 없지만, 법적 절차가 존재하지 않거나 불충분하다는 이유만으로 신상정보를 공개하는 행위가 제한 없이 허용될 수도 없다. 신상정보 공개 행위가 사적 제재로 무분별하게 악용되어 법적 절차가 형해화되거나 개인의 법익이 과도하게 침해될 우려가 있기 때문이다. 따라서 허용 범위의 한계를 판단할 때에는 개별 법령에서 규정하는 절차적 권리의 보장의 내용 및 그 취지를 참조할 수 있다.

나) 우리 법령은 아래와 같이 의무·채무의 이행강제나 국민의 알 권리 실현 등을 위해 행정상 공표 또는 채무불이행자 명부 등재를 할 수 있도록 하면서 대상이나 요건, 공개 정보, 공개 방법 등을 제한적으로 규정하고, 사전에 의견진술의 기회를 부여하거나 사후 삭제가

가능하게 하여 대상자의 절차적 권리를 보장하며, 심의위원회 또는 법원으로 하여금 공개 여부를 결정하도록 하여 결정의 객관성을 담보하게 함으로써 대상자의 기본권이 침해되지 않거나 침해되더라도 최소화하기 위한 장치를 두고 있다.

(1) 행정청은 법령에 따른 의무를 위반한 자의 성명, 위반사실, 의무위반을 이유로 한 처분사실 등을 법률로 정하는 바에 따라 일반에게 공표하는 행정상 공표제도를 시행하고 있다. 의무위반의 유형은 다양하나 그중 금전채무불이행자를 공표하는 것으로는 체납자 명단 공개(관세법 제116조의2, 지방세징수법 제11조, 「지방행정제재·부과금의 징수 등에 관한 법률」 제7조의3), 체불사업주 명단 공개(근로기준법 제43조의2), 상습 체불 건설사업자 명단 공표(건설산업기본법 제86조의4) 등이 있다. 행정상 공표는 원칙적으로 개별 법률에 법적 근거가 있어야 하고, 개별 법률에 절차 등에 관한 특별히 정함이 없는 사항에 대하여는 행정절차법이 적용된다. 법적 근거가 되는 법령에는 명단 공개의 요건 및 제외 사유, 공개되는 인적사항, 공개 여부 심의를 위한 심의위원회의 구성 및 운영, 사전 소명 기회 부여 및 그 기간, 명단 공개의 방법 등의 요건 및 절차가 구체적으로 규정되어 있다. 또한 행정절차법은 공표 전 당사자가 의무의 이행 등 조치를 마친 경우에는 위반사실 등의 공표를 하지 아니할 수 있게 하고, 공표 후 공표된 내용이 사실과 다른 것으로 밝혀지는 경우 그 내용을 정정할 수 있게 하는 등 사전적으로 공표를 진행하지 않거나 사후적으로 잘못된 공표를 정정하는 절차를 규정하고 있다(제40조의3).

(2) 민사집행법은 채권자의 채무불이행자 명부 등재신청 요건(제70조), 등재신청에 대한 기각결정 사유(제71조), 명부 비치 장소 및 부본 송부 등(제72조), 사후적인 명부 등재의 말소(제73조) 등을 규정하고 있다.

(3) 2021. 1. 12. 개정된 양육비이행법(법률 제17897호) 역시 양육비채무자의 명단 공개 제도를 도입하면서도, 양육비채무자의 명단 공개를 위해서는 양육비채무자가 감치명령을 받았음에도 양육비 채무를 이행하지 않는 경우여야 하고, 명단 공개를 할 경우 양육비채무자에게 3개월 이상의 기간을 정하여 소명 기회를 주어야 하며, 양육비이행 심의위원회의 심의·의결을 거치도록 하고, 공개되는 정보의 범위를 제한하며, 일정한 경우 명단 공개를 할 수 없도록 하거나 공개된 명단을 삭제하도록 규정하고 있다(제21조의5).

다) 반면, 이 사건 사이트에서 신상정보를 공개하면서 공개 여부 결정의 객관성을 확보할 수 있는 기준이나 양육비채무자에 대한 사전 확인절차를 두지 않았고, 양육비를 지급할 기회를 부여하지도 않았다. 한번 훼손된 인격권 및 명예는 완전하게 회복되기 어렵고 양육비를 미지급하게 된 데 부득이한 사정이 있을 수 있음에도 사전에 양육비 미지급 상태를 해소할 수 있는 기회를 부여하지 않고 개별적 사정이나 특수성을 고려하지 않은 채 일률적으로 신상정보를 공개한 것은 앞서 본 채무불이행자 공개 제도와 비교하여 볼 때 양육비채무자의 권리를 침해하는 정도가 커 정당화되기 어렵다.

3) 공개되는 신상정보의 내용, 특성 등

가) 신상정보의 공개로 훼손되는 인격권 등 침해의 정도를 살필 때에는 공개되는 신상정보가 극도로 내밀한 영역인지, 실생활에 중대한 영향을 미칠 우려가 있는지와 같은 공개되는 신상정보의 내용, 특성이나, 공개의 목적과의 관련성을 고려할 수 있다.
나) 이 사건 사이트에서 공개된 신상정보인 얼굴 사진, 구체적인 직장명, 전화번호는 다음과 같은 특성이 있어 공개 시 양육비채무자가 입게 되는 피해의 정도가 매우 크다.
　(1) '사람의 얼굴'은 개인을 식별하는 절대적인 요소로서 공개될 경우 개인에 대한 부정적인 낙인효과를 유발할 수 있다. 법령에 의한 얼굴 공개는「특정중대범죄 피의자 등 신상정보 공개에 관한 법률」에 따른 특정중대범죄 피의자 또는 피고인의 얼굴 공개,「성폭력범죄의 처벌 등에 관한 특례법」에 따른 유죄의 판결이 확정된 성범죄자의 신상정보 공개와 같이 사회적으로 중대한 범죄라고 평가되는 혐의사실 또는 범죄사실에 국한하여 극히 예외적으로 인정하고 있다. 앞서 본 금전채무불이행자 공개 제도에서도 얼굴이 공개 대상에 포함되지 않고, 개정 양육비이행법도 양육비채무자의 명단 공개 제도를 두면서도 얼굴을 공개 대상으로 규정하고 있지 아니한다. 이는 얼굴 공개 시 중대한 법익 침해가 발생할 수 있다는 점을 반영한 것이라고 볼 수 있다.
　(2) 추상적인 직종을 넘은 '구체적인 직장명'은 개인이 소속된 비교적 작은 규모의 집단을 알기 쉽게 함으로써 다른 신상정보와 결합하여 개인의 특정을 쉽게 만들고, 생활의 기반이 되는 지역사회나 주변 사람들로부터 도덕적 비난을 받게 하거나 기본적인 신뢰를 잃게 하여 신상정보 공개 대상자의 경제활동을 위축시키거나 사회활동을 어렵게 만들 수 있다.
　(3) '전화번호'는 개인적으로 알지 못하는 불특정 다수의 사람들의 직접적인 연락을 가능하게 하여, 신상정보 공개 대상자의 일상적인 생활 영위를 불가능하게 만들 수 있고, 이름과 결합하여 유통될 경우 그 악용 가능성이 매우 크다.
다) 반면, 피고인들에게 양육비 미지급으로 인한 사회적 문제를 공론화하기 위한 목적이 있었더라도, 익명처리가 된 자료 제공 또는 통계수치의 제시 등으로도 위와 같은 목적 달성이 가능하므로 얼굴 사진, 구체적인 직장명, 전화번호의 공개가 위와 같은 공익적인 목적과 직접적인 관련성이 있다고 보기 어렵고, 얼굴 사진 등을 공개하여 양육비를 즉시 지급하도록 강제할 필요성이 있다고 볼 급박한 사정도 엿보이지 아니한다.
라) 이 사건 사이트에서 얼굴 사진, 구체적인 직장명, 전화번호를 공개함으로써 입게 되는 피해자들의 피해의 정도가 현저히 크고, 위와 같은 상세한 정보까지 공개할 필요성이 인정되지 않는다.

4) 그 외의 사정

이 사건 사이트를 통하여 신상정보가 공개된 데에는 피해자들이 양육비를 제때에 지급하지 않은 측면도 일부 있을 수 있으나, 피해자들은 직업, 사회적 지위·활동·영향력의 측면에서 공적 인물이라거나 자신에 대한 합리적인 비판 등을 수인해야 하는 공직자와 같다고 보기 어렵다. 또한 양육비 미지급으로 인한 사회적 문제가 공적인 관심 사안에 해당하더라도, 특정인의 양육비 미지급 사실 자체가 공적 관심 사안이라고 보기는 어려우며, 특히 전파성이 강한 정보통신망을 통한 공개라는 측면에서 볼 때, 양육비 지급에 관한 법적 책임을 고려하더라도 피해의 정도가 지나치게 크다.

다. 원심은 판시와 같은 이유로, 피고인들이 각자 또는 공모하여 이 사건 사이트에 피해자들의 신상정보가 공개된 글을 게시한 부분에 대하여 피고인들에게 비방의 목적을 인정하여 이 부분 공소사실을 유죄로 판단하였다. 이러한 원심의 판단에 논리와 경험의 법칙을 위반하여 자유심증주의의 한계를 벗어나거나 정보통신망법 위반(명예훼손)죄에서 '비방할 목적'에 관한 법리를 오해하고 공판중심주의와 실질적 직접심리주의 원칙을 위반함으로써 판결에 영향을 미친 잘못이 없다.

4. 피고인 2의 인스타그램 관련 범행에 관한 판단

원심은 피고인 2가 인스타그램에 피해자 공소외 5의 신상정보가 공개된 이 사건 사이트 게시 글의 링크 주소를 첨부하고 피해자 공소외 5에 대하여 '미친년'이라는 표현 등을 덧붙여 게시한 부분에 대하여 비방의 목적을 인정하여 이 부분 공소사실을 유죄로 판단하였다. 이러한 원심의 판단에 논리와 경험의 법칙을 위반하여 자유심증주의의 한계를 벗어나는 등으로 판결에 영향을 미친 잘못이 없다.

5. 결 론

그러므로 상고를 모두 기각하기로 하여, 관여 대법관의 일치된 의견으로 주문과 같이 판결한다.

제12장 특정강력범죄의 처벌에 관한 특례법

제13장 기타 법률

© 대법원 2023. 10. 26. 선고 2022도90 판결 [의료법위반·특정경제범죄가중처벌등에관한법률위반(사기)방조·의료법위반방조]

【판시사항】

[1] 의료법인 명의로 개설된 의료기관을 실질적으로 비의료인이 개설·운영하였다고 판단하기 위한 요건 및 이에 해당하는 것으로 인정할 수 있는 경우
[2] 적법하게 개설되지 아니한 의료기관의 실질 개설·운영자가 적법하게 개설된 의료기관인 것처럼 의료급여비용 지급을 청구하여 이에 속은 국민건강보험공단으로부터 의료급여비용 명목의 금원을 지급받아 편취한 경우의 피해자(=국민건강보험공단)

【판결요지】

[1] 의료법인 명의로 개설된 의료기관을 실질적으로 비의료인이 개설·운영하였다고 판단하려면, 비의료인이 의료법인 명의 의료기관의 개설·운영에 주도적으로 관여하였다는 점을 기본으로 하여, 비의료인이 외형상 형태만을 갖추고 있는 의료법인을 탈법적인 수단으로 악용하여 적법한 의료기관 개설·운영으로 가장하였다는 사정이 인정되어야 한다. 이러한 사정은 비의료인이 실질적으로 재산 출연이 이루어지지 않아 실체가 인정되지 아니하는 의료법인을 의료기관 개설·운영을 위한 수단으로 악용한 경우, 의료법인의 재산을 부당하게 유출하여 의료법인의 공공성, 비영리성을 일탈한 경우에 해당되면 인정될 수 있다.

[2] 적법하게 개설되지 아니한 의료기관의 실질 개설·운영자가 적법하게 개설된 의료기관인 것처럼 의료급여비용의 지급을 청구하여 이에 속은 국민건강보험공단으로부터 의료급여비용 명목의 금원을 지급받아 편취한 경우, 국민건강보험공단을 피해자로 보아야 한다. (가) 의료급여법 및 그 시행령, 시행규칙은, 의료급여에 관한 업무는 수급권자의 거주지를 관할하는 특별시장·광역시장·도지사와 시장·군수·구청장이 하고(법 제5조 제1항), 의료급여비용은 시·도에 설치된 의료급여기금에서 부담한다고 규정하면서도(법 제10조, 제25조), 의료급여비용의 지급 업무 등은 시장·군수·구청장이 국민건강보험공단에 위탁한다고 규정하고(법 제33조 제2항, 시행령 제20조 제2항), 시·도지사는 의료급여기금에서 보건복지부장관이 정하는 추정급여비용을 매월 20일까지 국민건강보험공단에 예탁하여야 한다고 규정한다(법 제27조 제1항, 시행규칙 제30조 제1항, 제31조 제1항). (나) 위 관련 규정에 따라, 국민건강보험공단은 매월 시·도지사로부터 추정급여비용을 교부받아 이를 자신 명의의 계좌에 보관·관리하면서 의료급여비용 지급사유가 발생하면 자신의 권한과 책임하에서 자신의 명의로 의료기관에 의료급여비용을 직접 지급한다. 시·도지사 내지 시장·군수·구청장은 국민건강보험공단의 의료급여비용 지급 업무와 관련하여 구체적 지시를 하거나 관리감독을 하지 아니하고, 국민건강보험공단에 예탁한 추정급여비용을 사용수익하거나 처분할 수 있는 권한이 없다.

국민건강보험공단의 의료급여비용 지급으로 인한 법률적 효과는 추정급여비용을 예탁한 시·도지사나 의료급여비용 지급 업무를 위탁한 시장·군수·구청장이 아닌 자신의 명의로 의료급여비용 지급 업무를 수행하는 국민건강보험공단에 귀속된다. 따라서 추정급여비용을 보관·관리하면서 자신의 명의로 의료급여비용을 지급하는 국민건강보험공단이 의료급여비용 편취 범행의 피해자라고 보아야 한다. 의료급여비용이 시·도에 설치된 의료급여기금을 재원으로 지급된다거나, 의료급여비용 편취 범행으로 인한 재산상 손해가 최종적으로 국민건강보험공단에 귀속되지 않는다고 하여 달리 볼 것은 아니다.

【참조조문】 [1] 구 의료법(2019. 8. 27. 법률 제16555호로 개정되기 전의 것) 제33조 제2항, 제87조 제2항 제2호(현행 제87조 참조)   [2] 형법 제347조 제1항, 특정경제범죄 가중처벌 등에 관한 법률 제3조, 의료급여법 제5조 제1항, 제10조, 제25조, 제27조 제1항, 제33조 제2항, 의료급여법 시행령 제20조 제2항, 의료급여법 시행규칙 제30조 제1항, 제31조 제1항
【참조판례】 [1] 대법원 2023. 7. 17. 선고 2017도1807 전원합의체 판결(공2023하, 1568), 대법원 2023. 8. 18. 선고 2020도6492 판결(공2023하, 1710)
【전문】【피 고 인】 피고인 1 외 5인 【상 고 인】 피고인들
【변 호 인】 법무법인 우리하나로 외 1인
【원심판결】 대구고법 2021. 12. 15. 선고 2021노115 판결

【주 문】

상고를 모두 기각한다.

【이 유】

상고이유를 판단한다.

1. 피고인 1, 피고인 2, 피고인 3, 피고인 4, 피고인 5에 대한 의료법 위반 방조 부분, 피고인 의료법인 호암의료재단 부분

가. 관련 법리

의료법인 명의로 개설된 의료기관을 실질적으로 비의료인이 개설·운영하였다고 판단하려면, 비의료인이 의료법인 명의 의료기관의 개설·운영에 주도적으로 관여하였다는 점을 기본으로 하여, 비의료인이 외형상 형태만을 갖추고 있는 의료법인을 탈법적인 수단으로 악용하여 적법한 의료기관 개설·운영으로 가장하였다는 사정이 인정되어야 한다. 이러한 사정은 비의료인이 실질적으로 재산 출연이 이루어지지 않아 실체가 인정되지 아니하는 의료법인을 의료기관 개설·운영을 위한 수단으로 악용한 경우, 의료법인의 재산을 부당하게 유출하여 의료법인의 공공성, 비영리성을 일탈한 경우에 해당되면 인정될 수 있다(대법원 2023. 7. 17. 선고 2017도1807 전원합의체 판결 참조).

나. 판 단

1) 원심은 다음과 같은 이유 등으로 피고인 의료법인 호암의료재단의 이사장인 원심 공동피고인 1이 이 사건 의료기관을 실질적으로 개설·운영하고 피고인 1, 피고인 2, 피고인 3, 피고인 4, 피고인 5가 이를 용이하게 하였다고 보아 이 부분 공소사실을 유죄로 판단한 제1심판결을 그대로 유지하였다.

　가) 원심 공동피고인 1은 이 사건 의료기관의 개설·운영에 필요한 자금 대부분을 조달하고, 피고인 의료법인 호암의료재단(이하 '이 사건 의료법인'이라 한다)의 이사장에 취임하여 재정, 인사, 업무집행 등 이 사건 의료기관의 개설·운영에 관한 주요 사항을 주도적 입장에서 처리하였다.

　나) 원심 공동피고인 1은 이 사건 의료법인 설립 당시 기본재산으로 가액 합계 약 35억 원의 부동산을, 보통재산으로 현금 5억 5,000만 원을 출연하여 '경상북도 의료법인 설립 및 운영지침'의 의료법인 설립허가 출연금 기준(40억 원)을 충족하는 것처럼 설립허가 신청을 하였으나, 실제로는 허위의 공사계약서를 제출하는 방법 등으로 부동산 가액을 부풀리고 현금 5억 5,000만 원은 출연하지 않아 출연금 기준(40억 원)을 충족하는 재산을 출연하지 않았다. 이는 의료법인 설립허가에 영향을 미칠 정도에 이르는 의료법인 설립 과정의 하자로 볼 수 있다.

　다) 원심 공동피고인 1은 이 사건 의료법인 설립 과정에서 피고인 2, 피고인 3, 피고인 4, 피고인 5로부터 1억 6,000만 원씩을 투자받았는데, 이 사건 의료법인 설립 직후 개최된 이사회에서 위와 같이 자금을 투자한 피고인 2 등에게 22년 동안 매월 500만 원씩의 급여를 지급하기로 하는 등 수익분배 약정 취지의 의결을 하였고, 실제 그 이사회 의결 내용과 같이 이사 또는 감사로서 별다른 업무를 수행하지 않은 피고인 2 등이나 그 가족들에게 수년 동안 월 500만 원씩 합계 약 6억 9,000만 원이 지급되었다. 나아가, 원심 공동피고인 1은 2015. 3.경부터 2016. 2.경까지 임원들에 대한 급여 지급의 형식을 갖추어 의료법인의 재산 합계 약 3억 6,000만 원을 유출한 후 이를 자신의 계좌로 되돌려 받기도 하였고, 의료법인의 재산으로 자신의 자녀, 조카에게 별다른 근거 없이 학자금 약 2억 5,000만 원을 지급하기도 하였다. 위와 같이 원심 공동피고인 1은 장기간에 걸쳐 이 사건 의료법인의 재산 중 상당 부분을 부당하게 유출하였다.

　라) 피고인 1, 피고인 2, 피고인 3, 피고인 4, 피고인 5는 원심 공동피고인 1이 이 사건 의료기관을 개설하는 데에 자금을 투자하거나 별다른 업무 수행 없이 급여 명목으로 급여를 지급받는 등의 방법으로 원심 공동피고인 1이 주도적 지위에서 이 사건 의료기관을 개설·운영하고 재산 중 상당 부분을 부당하게 유출하는 것을 용이하게 하였다.

2) 원심판결 이유를 앞서 본 법리와 적법하게 채택된 증거에 비추어 살펴보면, 원심의 판단에 논리와 경험의 법칙을 위반하여 자유심증주의의 한계를 벗어나거나 개설자격 위반 의료기관 개설로 인한 의료법 위반죄의 성립, 방조범의 성립에 관한 법리를 오해한 잘못이 없다.

2. 피고인 1, 피고인 2, 피고인 3, 피고인 4, 피고인 5에 대한 「특정경제범죄 가중처벌 등에 관한 법률」위반(사기) 방조 부분

가. 관련 법리

　적법하게 개설되지 아니한 의료기관의 실질 개설·운영자가 적법하게 개설된 의료기관인 것처럼

의료급여비용의 지급을 청구하여 이에 속은 국민건강보험공단으로부터 의료급여비용 명목의 금원을 지급받아 편취한 경우, 국민건강보험공단을 피해자로 보아야 한다.

1) 의료급여법 및 그 시행령, 시행규칙은, 의료급여에 관한 업무는 수급권자의 거주지를 관할하는 특별시장·광역시장·도지사와 시장·군수·구청장이 하고(법 제5조 제1항), 의료급여비용은 시·도에 설치된 의료급여기금에서 부담한다고 규정하면서도(법 제10조, 제25조), 의료급여비용의 지급 업무 등은 시장·군수·구청장이 국민건강보험공단에 위탁한다고 규정하고(법 제33조 제2항, 시행령 제20조 제2항), 시·도지사는 의료급여기금에서 보건복지부장관이 정하는 추정급여비용을 매월 20일까지 국민건강보험공단에 예탁하여야 한다고 규정한다(법 제27조 제1항, 시행규칙 제30조 제1항, 제31조 제1항).

2) 위 관련 규정에 따라, 국민건강보험공단은 매월 시·도지사로부터 추정급여비용을 교부받아 이를 자신 명의의 계좌에 보관·관리하면서 의료급여비용 지급사유가 발생하면 자신의 권한과 책임하에서 자신의 명의로 의료기관에 의료급여비용을 직접 지급한다. 시·도지사 내지 시장·군수·구청장은 국민건강보험공단의 의료급여비용 지급 업무와 관련하여 구체적 지시를 하거나 관리감독을 하지 아니하고, 국민건강보험공단에 예탁한 추정급여비용을 사용수익하거나 처분할 수 있는 권한이 없다. 국민건강보험공단의 의료급여비용 지급으로 인한 법률적 효과는 추정급여비용을 예탁한 시·도지사나 의료급여비용 지급 업무를 위탁한 시장·군수·구청장이 아닌 자신의 명의로 의료급여비용 지급 업무를 수행하는 국민건강보험공단에 귀속된다. 따라서 추정급여비용을 보관·관리하면서 자신의 명의로 의료급여비용을 지급하는 국민건강보험공단이 의료급여비용 편취 범행의 피해자라고 보아야 한다. 의료급여비용이 시·도에 설치된 의료급여기금을 재원으로 지급된다거나, 의료급여비용 편취 범행으로 인한 재산상 손해가 최종적으로 국민건강보험공단에 귀속되지 않는다고 하여 달리 볼 것은 아니다.

나. 판 단

원심은 판시와 같은 이유로, 이 사건 의료급여비용 편취 범행의 피해자를 개별 지방자치단체가 아닌 국민건강보험공단으로 판단하여 원심 공동피고인 1의 요양급여비용 및 의료급여비용 편취 범행 전체가 포괄하여 피해자 국민건강보험공단에 대한 하나의 「특정경제범죄 가중처벌 등에 관한 법률」위반(사기)죄를 구성한다고 보아, 이 부분 공소사실을 유죄로 판단한 제1심판결을 그대로 유지하였다.

원심판결 이유를 앞서 본 법리와 적법하게 채택된 증거에 비추어 살펴보면, 원심의 판단에 논리와 경험의 법칙을 위반하여 자유심증주의의 한계를 벗어나거나 사기죄의 피해자, 편취액의 범위, 이득액 산정, 방조범의 성립 등에 관한 법리를 오해한 잘못이 없다.

3. 결 론

그러므로 상고를 모두 기각하기로 하여, 관여 대법관의 일치된 의견으로 주문과 같이 판결한다.

© 대법원 2023. 11. 16. 선고 2023도5915 판결 [공직선거법위반]

【판시사항】

[1] 공직선거법 제60조의3 제1항 제5호에 따라 예비후보자에게 허용되는 선거운동방법 중 하나인 '표지물을 착용하는 행위'의 의미
[2] 피고인 甲이 구청장 예비후보자로서 선거구 내 길거리에서 총 3회에 걸쳐 자신의 이름과 홍보 내용이 기재된 표지물을 착용하지 않고 양손에 잡고 머리 위로 든 채 선거구민들을 상대로 지지를 호소하는 방법으로 선거운동을 함으로써 선거운동기간 전에 공직선거법에 규정된 방법 이외의 방법으로 선거운동을 하였다는 공소사실로 기소된 사안에서, 공소사실을 유죄로 판단한 원심판결을 정당하다고 한 사례

【판결요지】

[1] 공직선거법 제60조의3 제1항 제5호에 따라 예비후보자에게 허용되는 선거운동방법 중 하나인 '표지물을 착용하는 행위'는 '표지물을 입거나, 쓰거나, 신는 등 신체에 부착하거나 고정하여 사용하는 행위'라고 보아야 한다. 단순히 표지물을 신체의 주변에 놓아두거나, 신체에 부착·고정하지 아니한 채 신체접촉만을 유지하는 행위나 표지물을 양손에 잡고 머리 위로 들고 있는 행위는 이에 해당하지 않는다.

[2] 피고인 甲이 구청장 예비후보자로서 선거구 내 길거리에서 총 3회에 걸쳐 자신의 이름과 홍보 내용이 기재된 표지물을 착용하지 않고 양손에 잡고 머리 위로 든 채 선거구민들을 상대로 지지를 호소하는 방법으로 선거운동을 함으로써 선거운동기간 전에 공직선거법에 규정된 방법 이외의 방법으로 선거운동을 하였다는 공소사실로 기소된 사안에서, 예비후보자이던 피고인 甲이 선거운동기간 이전 선거운동의 일환으로 표지물을 양손에 잡고 머리 위로 들고 있었던 것은 '표지물을 착용하는 행위'로 평가되지 아니하여 공직선거법 제60조의3 제1항 제5호에 따라 예비후보자가 할 수 있는 선거운동방법에 해당하지 않는다는 이유 등으로 공소사실을 유죄로 판단한 원심판결을 정당하다고 한 사례.

【참조조문】 [1] 공직선거법 제60조의3 제1항 제5호 [2] 공직선거법 제60조의3 제1항 제5호
【전문】【피 고 인】 피고인 【상 고 인】 피고인
【변 호 인】 법무법인 하늘 담당변호사 이덕욱
【원심판결】 부산고법 2023. 5. 3. 선고 2023노10 판결

【주 문】

상고를 기각한다.

【이 유】

상고이유를 판단한다.

1. 공직선거법 제60조의3 제1항 제5호(이하 '이 사건 조항'이라 한다)에 의하여 예비후보자에게 허용되는 선거운동방법 중 하나인 '표지물을 착용하는 행위'는 '표지물을 입거나, 쓰거나, 신는 등 신체에 부착하거나 고정하여 사용하는 행위'라고 보아야 한다. 단순히 표지물을 신체의 주변에 놓아두거나, 신체에 부착·고정하지 아니한 채 신체접촉만을 유지하는 행위나 표지물을 양손에 잡고 머리 위로 들고 있는 행위는 이에 해당하지 않는다.

가. 공직선거법은 혼탁한 선거문화를 바로잡고 고비용의 선거구조를 혁신하여 공정하고 깨끗한 선거문화를 정착시키고자 선거운동의 기간과 방법 등을 상세하게 규율하고 있다. 공직선거법 제59조는 "선거운동은 선거기간개시일부터 선거일 전일까지에 한하여 할 수 있다. 다만 다음 각호의 어느 하나에 해당하는 경우에는 그러하지 아니하다."라고 규정하여, 선거운동기간 이전에는 원칙적으로 모든 선거운동이 금지되지만, 같은 조 단서에 열거된 사항에 해당하는 경우 예외적으로 사전선거운동이 허용될 수 있다는 점을 명시한 다음, 그 예외사유 중 하나로 제1호에서 '제60조의3(예비후보자 등의 선거운동) 제1항 및 제2항의 규정에 따라 예비후보자 등이 선거운동을 하는 경우'를 적시하고 있다. 이렇듯 이 사건 조항에 따라 예비후보자에게 허용되는 '선거운동을 위하여 어깨띠 또는 예비후보자임을 나타내는 표지물을 착용하는 행위'는 원칙적으로 금지되는 사전선거운동에 관한 예외이므로, 그 허용범위는 가급적 문언에 따라 엄격하게 해석하는 것이 바람직하다.

나. '착용'의 사전적 의미는 '의복, 모자, 신발 등을 입거나, 쓰거나, 신는 등의 행위'로, '착용'은 통상적으로 '신체에 부착하거나 고정하여 사용하는 행위'를 의미한다. 단순히 신체에 가까이 두거나 신체에 부착·고정하지 아니한 채 신체접촉만을 유지하는 행위는 '착용'의 통상적 의미에 포섭되지 않는다. 정치적 표현의 자유나 선거운동 기회의 폭넓은 보장, 유권자들의 알 권리 등의 헌법적 가치에 초점을 맞추어 '착용'이라는 문언을 통상적 의미보다 확장하여 해석한다면 위와 같은 행위를 그 문언에 포섭할 여지도 있다. 그러나 아래에 살펴보는 이 사건 조항의 입법 취지와 체계적 의미에 비추어 보면, 표지물에 관하여 허용되는 선거운동 범위를 입법으로 확대해 나가는 것은 몰라도 이 사건 조항의 '착용'이 가지는 의미를 해석으로 확장하는 것은 타당하지 않다.

다. 공직선거법은 후보자와 예비후보자에게 허용하는 선거운동의 범위를 달리 정하면서 후보자에게 더욱 폭넓은 선거운동의 자유를 보장하고 있다. 이 사건 조항은 예비후보자의 선거운동방법 중 하나를 규정하는 조항으로서 2010. 1. 25. 법률 제9974호로 개정된 공직선거법에 신설되었다. 한편 같은 시점에 개정된 공직선거법 제68조 제1항(이하 '비교 조항'이라 한다)은 후보자의 선거운동방법에 관한 조항인데, 이 개정 전에는 '어깨띠의 착용, 모양과 색상이 동일한 모자나 티셔츠의 착용'만을 허용하다가 이 개정을 통하여 '어깨띠, 윗옷, 표찰, 수기, 마스코트, 그 밖의 소품을 붙이거나 입거나 지니는 행위'도 허용하는 것으로 확대하였다. 이러한 비교 조항의 개정은 어깨띠 외에 표찰 등이 대상물로 추가되면서 '착용'에 해당하는 '붙이거나 입는 행위' 외에 휴대에 해당하는 '지니는 행위'도 추가적으로 허용하기 위한 취지에서 이루어졌는데, 같은 시점에 개정된 이 사건 조항에서는 예비후보자에게 허용되는 행위로 어깨띠, 표지물을 '착용하는 행위'만을 규정하였다. 또한 위 개정 전 공직선거법 제105조 제2항은 '누구든지 모양과 색상이 동일한 모자나 옷을 착용하거나 그 밖의 표지물을 휴대하여 선거운동을 할 수 없다.'라고 규정하였다가 위 개정을 통하여 삭제되었는데 이처럼 '표지물'의 '휴대'라는 개념이 이미 공직선거법상 존재한 바가 있는데도 이 사건 조항에서는 '표지물'의 '착용'이라는 표현이 선택되었다. 이는 결국 예비후보자가 어깨띠, 표지물을 통상적인 의미로 착용하는 방법을 넘어서서 이를 '지니는' 방법 또는 '휴대하는' 방법으로 사전선거운동을 하는 것은 금지하겠다는 입법자의 의도가 반영된 결과로 볼 수 있다. 이러한 입법자의 의도는 비교적 장기간에 걸친 예비후보자의 사전선거운동기간에 어깨띠, 표지물을 활용한 다양한 방법의 선거운동이 허용될 경우 선거가 조기에 과열되고 과도한 사회적 비용이 발생할 위험성을 고려한 것으로 이해된다.

라. 또한 공직선거법 제163조 제2항은 선거관리위원회의 위원 등은 투표소에 출입하는 때에는 표지를 '달거나 붙여야' 한다는 취지로 규정하고, 공직선거법 제166조 제3항은 누구든지 위 제163조 제2항에 따라 표지를 '달거나 붙이는' 경우를 제외하고는 선거일에 완장, 흉장 등의 '착용' 기타의 방법으로 선거에 영향을 미칠 우려가 있는 표지를 할 수 없다고 규정하고 있다. 이러한 각 조항의 문언을 종합하여 보면, 공직선거법 제166조 제3항에서의 '착용'은 같은 항에 기재된 '달거나 붙이는 행위', 즉 '신체에 부착·고정하는 행위'라는 통상적 의미로 사용된 것으로 보인다. 법률 해석의 정합성 또는 예측 가능성을 고려하면, 같은 법률에서 사용되는 같은 용어는 특별한 사정이 없는 한 같은 의미로 해석하는 것이 바람직하다. 위 각 규정의 '착용'이 통상적 의미로 사용되는 것으로 보이는 이상, 이 사건 조항에서의 '착용'만 그 통상적 의미를 넘어서서 확장해석하는 것은 가급적 자제해야 한다.

2. 원심은 예비후보자이던 피고인이 선거운동기간 이전 선거운동의 일환으로 표지물을 양손에 잡고 머리 위로 들고 있었던 것은 '표지물을 착용하는 행위'로 평가되지 아니하여 공직선거법 제60조의3 제1항 제5호에 따라 예비후보자가 할 수 있는 선거운동방법에 해당하지 않는다는 이유 등으로 이 사건 공소사실을 유죄로 판단한 제1심판결을 그대로 유지하였다. 원심판결 이유를 앞서 본 법리와 적법하게 채택된 증거에 비추어 살펴보면, 원심의 판단에 논리와 경험의 법칙을 위반하여 자유심증주의의 한계를 벗어나거나 공직선거법 제60조의3 제1항 제5호의 해석에 관한 법리를 오해한 잘못이 없다.

3. 그러므로 상고를 기각하기로 하여, 관여 대법관의 일치된 의견으로 주문과 같이 판결한다.

© 대법원 2023. 12. 07. 선고 2023도2318 판결 [근로자퇴직급여보장법위반]

【판시사항】

[1] 사납금제 금지에 관한 여객자동차 운수사업법 제21조 제1항 제2호 및 제26조 제2항 제2호의 법적 성격(=강행규정) 및 이에 반하는 내용으로 사용자와 택시운전근로자 노동조합 사이에 이루어진 합의의 효력(무효)

[2] 근로기준법 제27조에서 정한 해고의 의미 / 단체협약이나 취업규칙에서 당연퇴직으로 규정된 근로자에 대한 퇴직조치가 유효하기 위한 요건 / 단체협약 등에서 당연퇴직 사유에 대하여 징계해고에 관한 절차 등을 거치도록 규정하고 있지 않으나 당연퇴직 사유가 동일하게 징계사유로도 규정되어 있는 경우, 당연퇴직 처분을 하면서 일반의 징계절차를 거쳐야 하는지 여부(적극)

【판결요지】

[1] 일정한 금액을 운송사업자에 입금하고 이를 초과하는 초과운송수입금은 운수종사자 자신의 수입으로 하는 이른바 사납금제는 운송수입금이 일정하지 않기 때문에 운수종사자들의 임금액의 변동이 심하고, 고정급이 크지 않기 때문에 운송수입금이 적은 때에는 운수종사자가 기본적인 생활을 하기 위한 정도의 임금조차 확보하기 어려울 수도 있다는 문제점이 있었고, 이에 여객자동차 운수사업법(이하 '여객자동차법'이라 한다)이 1997. 12. 13. 법률 제5448호로 개정되어 이른바 전액관리제를 규정하였으나 이를 우회하여 사실상 사납금제를 실시하는 경우가 많았다.

그 후 여객자동차법이 2019. 8. 27. 법률 제16563호로 개정됨에 따라, '운송사업자는 일정 금액의 운송수입금 기준액을 정하여 수납하지 말고 운수종사자는 이를 납부하지 말 것'을 명시적으로 규정하는 제21조 제1항 제2호 및 제26조 제2항 제2호가 신설되어 2020. 1. 1.부터 시행되었다.

이와 같이 일정 금액의 운송수입금 기준액을 정하여 수수하는 행위가 금지됨을 명확히 하여 사납금제의 병폐를 시정하겠다는 신설 경위와 취지 등에 비추어 보면, 위 각 규정은 강행법규로 보는 것이 타당하므로 설령 이에 반하는 내용으로 사용자와 택시운전근로자 노동조합의 합의가 있었다고 하더라도 그 합의는 무효라고 보아야 한다.

[2] 근로계약의 종료 사유는 근로자의 의사나 동의에 의하여 이루어지는 퇴직, 근로자의 의사에 반하여 사용자의 일방적 의사에 의하여 이루어지는 해고, 근로자나 사용자의 의사와는 관계없이 이루어지는 자동소멸 등으로 나눌 수 있으며 근로기준법 제27조에서 말하는 해고란 실제 사업장에서 불리는 명칭이나 절차에 관계없이 위의 두 번째에 해당하는 모든 근로계약관계의 종료를 의미한다.

회사가 어떠한 사유의 발생을 당연퇴직사유로 규정하고 그 절차를 통상의 해고나 징계해고와는 달리하였더라도 근로자의 의사와 관계없이 사용자 측에서 일방적으로 근로관계를 종료시키는 것이면 성질상 이는 해고로서 근로기준법에 의한 제한을 받는다고 보아야 하므로 근로자에 대한 퇴직조치가 단체협약이나 취업규칙에서 당연퇴직으로 규정되었다고 하더라도 위 퇴직조치가 유효하기 위하여는 근로기준법 제23조 제1항에서 규정하는 정당한 이유가 있어야 한다.

단체협약 등에서 당연퇴직 사유에 대하여 징계해고에 관한 절차 등을 거치도록 규정하고 있지 않다고 하여 그것이 근로기준법상의 해고제한 규정을 회피하려는 것으로서 무효라고 할 수 없으나, 그 당연퇴직 사유가 동일하게 징계사유로도 규정되어 있는 경우에는 당연퇴직 처분을 하면서 일반의 징계절차를 거쳐야 한다.

【참조조문】 [1] 여객자동차 운수사업법 제21조 제1항 제2호, 제26조 제2항 제2호 [2] 근로기준법 제23조 제1항, 제27조
【참조판례】 [1] 헌법재판소 2011. 8. 30. 선고 2008헌마477 전원재판부 결정(헌공179, 1311) / [2] 대법원 1993. 10. 26. 선고 92다54210 판결(공1993하, 3160) 대법원 1995. 3. 24. 선고 94다42082 판결(공1995상, 1722) 대법원 1998. 4. 24. 선고 97다58750 판결(공1998상, 1469)
【전 문】【피 고 인】피고인 【상 고 인】검사
【변 호 인】법무법인 송담 담당변호사 이덕형
【원심판결】서울남부지법 2023. 1. 19. 선고 2022노528, 553 판결

【주 문】

원심판결 중 근로자 공소외 1, 근로자 공소외 2, 근로자 공소외 3, 근로자 공소외 4에 대한 부분을 파기하고, 이 부분 사건을 서울남부지방법원으로 환송한다. 검사의 나머지 상고를 기각한다.

【이 유】

상고이유를 판단한다.

1. 근로자 공소외 1, 공소외 2, 공소외 3에 대한 부분

가. 공소사실의 요지 및 원심의 판단

1) 이 부분 「근로자퇴직급여 보장법」(이하 '퇴직급여법'이라고 한다) 위반 공소사실의 요지는, 피고인이 이 사건 회사에서 택시기사로 근무하다가 2020. 11. 29. 퇴직한 근로자 공소외 1의 퇴직금 중 993,933원, 2020. 12. 14. 퇴직한 근로자 공소외 2의 퇴직금 중 4,623,806원, 2020. 11. 29. 퇴직한 근로자 공소외 3의 퇴직금 중 1,065,834원을 당사자 간 지급기일 연장에 관한 합의 없이 퇴직일로부터 14일 이내에 각각 지급하지 아니하였다는 것이다(공소외 2의 퇴직금 중 3,000,000원 부분은 제1심의 무죄판결이 확정되었다).

2) 원심은, 이 사건 회사의 단체협약 및 취업규칙에서 실제 운송수입금 납부액이 기준 운송수입금액에 미치지 못하는 경우 그 미달액을 임금에서 공제할 수 있다고 규정하고 있고, 이와 같이 정하는 것이 원칙적으로 가능하기 때문에 피고인이 운송수입금액 미달액을 퇴직금에서도 공제할 수 있다고 믿고 판시 퇴직금을 지급하지 아니한 데에 상당한 이유가 있다는 이유에서 피고인의 고의를 인정하기 어렵다고 판단하였다.

나. 대법원의 판단

그러나 위와 같은 원심의 판단은 받아들이기 어렵다.

1) 「여객자동차 운수사업법」(2019. 8. 27. 법률 제16563호로 개정되어 2020. 1. 1. 시행된 것,

이하 '여객자동차법'이라고 한다) 제21조 제1항 제2호는 대통령령으로 정하는 운송사업자는 운수종사자가 이용자에게서 받은 운임이나 요금(이하 '운송수입금'이라고 한다)의 전액에 대하여 일정금액의 운송수입금 기준액을 정하여 수납하지 않을 것을 운송사업자의 준수사항으로 규정하고 있고, 제26조 제2항 제2호는 운수종사자는 운송수입금의 전액에 대하여 일정금액의 운송수입금 기준액을 정하여 납부하지 않을 것을 운수종사자의 준수사항으로 규정하고 있다.

2) 일정한 금액을 운송사업자에 입금하고 이를 초과하는 초과운송수입금은 운수종사자 자신의 수입으로 하는 이른바 사납금제는 운송수입금이 일정하지 않기 때문에 운수종사자들의 임금액의 변동이 심하고, 고정급이 크지 않기 때문에 운송수입금이 적은 때에는 운수종사자가 기본적인 생활을 하기 위한 정도의 임금조차 확보하기 어려울 수도 있다는 문제점이 있었고(헌법재판소 2011. 8. 30. 선고 2008헌마477 전원재판부 결정 참조), 이에 여객자동차법이 1997. 12. 13. 법률 제5448호로 개정되어 이른바 전액관리제를 규정하였으나 이를 우회하여 사실상 사납금제를 실시하는 경우가 많았다.

그 후 여객자동차법이 2019. 8. 27. 법률 제16563호로 개정됨에 따라, '운송사업자는 일정금액의 운송수입금 기준액을 정하여 수납하지 말고 운수종사자는 이를 납부하지 말 것'을 명시적으로 규정하는 제21조 제1항 제2호 및 제26조 제2항 제2호가 신설되어 2020. 1. 1.부터 시행되었다.

이와 같이 일정 금액의 운송수입금 기준액을 정하여 수수하는 행위가 금지됨을 명확히 하여 사납금제의 병폐를 시정하겠다는 신설 경위와 취지 등에 비추어 보면, 위 각 규정은 강행법규로 봄이 타당하므로 설령 이에 반하는 내용으로 사용자와 택시운전근로자 노동조합과 사이에 합의가 있었다고 하더라도 그 합의는 무효라고 보아야 한다.

3) 원심판결 이유와 원심과 제1심이 적법하게 채택한 증거들을 종합하면 다음의 사실을 알 수 있다.
   가) 근로자 공소외 1, 근로자 공소외 2, 근로자 공소외 3이 이 사건 회사와 체결한 근로계약은 제6조 [별표#1]에서 1일 최저운송수입금 기준 금액을 정하는 한편, 지급한 운송수입액이 위 1일 최저운송수입금 기준 금액에 미치지 못할 경우 이를 임금에서 공제하도록 정하였다.
   나) 이 사건 회사의 취업규칙도 운송미수금을 임금에서 공제할 수 있다고 정하였고, 2018년도 단체협약 제40조 제5호에서도 운송미수금을 임금에서 공제할 수 있다고 정하고 있었다.
   다) 또한 2020년도 단체협약 제40조 제6호는 월 성과급 산정을 위한 월 기준급 미달금액을 임금에서 공제할 수 있다고 정하고 있었다.

4) 그런데 앞서 본 법리에 비추어 보면, 설령 위 근로계약, 취업규칙, 각 단체협약상 규정이 운송수입금 기준액을 정하는 한편, 그에 미달하는 금액을 임금에서 공제할 수 있다고 정한 취지라고 하더라도 이는 강행규정인 여객자동차법 제21조 제1항 제2호, 제26조 제2항 제2호에 반하여 무효이다.

결국 사용자인 피고인은 위와 같이 사법상 효력이 없는 근로계약이나 취업규칙, 단체협약 등을 내세워 근로자 공소외 1, 공소외 2, 공소외 3에게 지급할 퇴직금 중 1일 최저운송수입금 기준 금액 미달 부분의 지급을 거절할 수는 없다고 할 것이다. 따라서 피고인이 퇴직금을 지급하지 아니한 데에 상당한 이유가 있다고 볼 수 없다.

5) 한편 원심이 원용한 대법원 2006. 1. 26. 선고 2005도8221 판결 및 대법원 2022. 9. 29. 선고 2017다242928 판결은 모두 개정된 여객자동차법 시행 전 사안에 관한 것으로, 이 사건에 원용하기에 적절하지 않다.

6) 그럼에도 원심은 그 판시와 같은 이유로 이 부분 공소사실을 무죄로 판단하였는바, 이러한 원심의 판단에는 퇴직급여법 위반죄의 고의에 관한 법리를 오해하여 판결에 영향을 미친 잘못이 있다. 이를 지적하는 검사의 상고이유는 이유 있다.

2. 근로자 공소외 4에 대한 부분

가. 공소사실의 요지 및 원심의 판단

1) 이 사건 공소사실 중 근로자 공소외 4에 대한 퇴직급여법 위반 부분의 요지는, 피고인이 이 사건 회사에서 택시기사로 근무하다가 2020. 1. 22. 퇴직한 근로자 공소외 4의 퇴직금 중 970,744원을 당사자 간 지급기일 연장에 관한 합의 없이 퇴직일로부터 14일 이내에 지급하지 아니하였다는 것이다.

2) 원심은, 이 사건 회사의 취업규칙에 3일 이상 정당한 사유 없이 결근한 때 퇴직 처리한다고 규정되어 있고, 피고인으로서는 근로자 공소외 4가 월 3회 이상 무단결근함에 따라 1년의 계속근로기간 완성 전에 당연퇴직 처리되었다고 믿었다고 봄이 상당하다는 이유로 피고인에게 그 고의를 인정하기 어렵다고 판단하였다.

나. 대법원의 판단

그러나 이 부분 원심의 판단도 받아들이기 어렵다.

1) 근로계약의 종료 사유는 근로자의 의사나 동의에 의하여 이루어지는 퇴직, 근로자의 의사에 반하여 사용자의 일방적 의사에 의하여 이루어지는 해고, 근로자나 사용자의 의사와는 관계없이 이루어지는 자동소멸 등으로 나눌 수 있으며, 근로기준법 제27조에서 말하는 해고란 실제 사업장에서 불리우는 명칭이나 그 절차에 관계없이 위의 두 번째에 해당하는 모든 근로계약관계의 종료를 의미한다.

회사가 어떠한 사유의 발생을 당연퇴직사유로 규정하고 그 절차를 통상의 해고나 징계해고와는 달리하였더라도 근로자의 의사와 관계없이 사용자 측에서 일방적으로 근로관계를 종료시키는 것이면 성질상 이는 해고로서 근로기준법에 의한 제한을 받는다고 보아야 할 것이므로 근로자에 대한 퇴직조처가 단체협약이나 취업규칙에서 당연퇴직으로 규정되었다 하더라도 위 퇴직조처가 유효하기 위하여는 근로기준법 제23조 제1항이 규정하는 바의 정당한 이유가 있어야 한다(대법원 1993. 10. 26. 선고 92다54210 판결 등 참조).

단체협약 등에서 당연퇴직 사유에 대하여 징계해고에 관한 절차 등을 거치도록 규정하고 있지 않다 하여 그것이 근로기준법상의 해고제한 규정을 회피하려는 것으로서 무효라고 할 수 없다 할 것이나, 그 당연퇴직 사유가 동일하게 징계사유로도 규정되어 있는 경우에는 당연퇴직 처분을 하면서 일반의 징계절차를 거쳐야 한다고 할 것이다(대법원 1995. 03. 24. 선고 94다42082 판결, 대법원 1998. 04. 24. 선고 97다58750 판결 등 참조).

2) 이 사건 회사의 취업규칙상 정당한 사유 없이 월 3일 이상 결근한 때 퇴직 처리하도록 규정되

어 있음은 원심이 인정한 바와 같다.

그런데 한편 이 사건 회사의 취업규칙은 월 중 무단결근 3일 이상 또는 결근 사유가 인정되지 않는 결근이 계속 2일 또는 월 중 3일 이상인 자를 징계해고 대상으로도 정하고 있다.

3) 이 사건 회사의 취업규칙이 월 3일 이상 무단결근을 당연퇴직사유로 정한 것은 근로자의 의사와 관계없이 사용자 측에서 일방적으로 근로관계를 종료시키는 것으로서 성질상 해고에 해당한다. 또한 이 사건 회사의 취업규칙은 월 3일 이상 무단결근을 징계해고 사유로도 정하고 있다. 따라서 피고인이 근로자 공소외 4를 위 사유로 당연퇴직 처리하고 퇴직금 미지급 사유로 삼기 위하여는 근로기준법 제23조 제1항에 따른 해고의 정당한 이유가 있어야 하고, 징계절차를 거쳤다는 사정이 인정되어야 한다.

그러나 기록상 근로자 공소외 4에게 해고의 정당한 이유가 있다거나, 피고인이나 이 사건 회사가 그와 같은 절차를 거쳤다고 볼 만한 아무런 증거가 없다.

4) 그런데도 원심은 그 판시와 같은 이유로 이 부분 공소사실을 무죄로 판단하였는바, 이러한 원심의 판단에는 퇴직급여법 위반죄의 고의에 관한 법리를 오해하여 필요한 심리를 다하지 아니함으로써 판결에 영향을 미친 잘못이 있다. 이를 지적하는 검사의 상고이유도 이유 있다.

3. 근로자 공소외 5에 대한 부분

원심은 판시와 같은 이유로 이 부분 공소사실을 무죄로 판단하였다. 원심판결 이유를 관련 법리와 원심이 적법하게 채택한 증거에 비추어 살펴보면, 이 부분 원심의 판단에 필요한 심리를 다하지 아니한 채 논리와 경험의 법칙을 위반하여 자유심증주의의 한계를 벗어난 잘못이 없다.

4. 결론

그러므로 원심판결 중 근로자 공소외 1, 공소외 2, 공소외 3, 공소외 4에 대한 부분을 파기하고, 이 부분 사건을 다시 심리·판단하도록 원심법원에 환송하며, 검사의 나머지 상고를 기각하기로 하여, 관여 대법관의 일치된 의견으로 주문과 같이 판결한다.

ⓒ 대법원 2023. 11. 30. 선고 2020도10180 판결 [저작권법위반]

【판시사항】

저작권법 제136조 제2항 제1호 위반죄에서 저작자 또는 실연자의 '명예'의 의미(=사회적 명예) / 위 죄는 저작인격권 또는 실연자의 인격권을 침해하는 행위를 통해서 저작자 또는 실연자의 사회적 가치나 평가가 침해될 위험이 있으면 성립하는지 여부(적극) / 저작인격권 또는 실연자의 인격권을 침해하는 행위가 저작자 또는 실연자의 사회적 가치나 평가를 침해할 위험이 있는지 판단하는 기준

【판결요지】

저작권법 제136조 제2항 제1호는 저작인격권 또는 실연자의 인격권을 침해하여 저작자 또는 실연자의 명예를 훼손한 사람을 처벌하도록 규정하고 있다. 위 규정에서 정한 저작권법 위반죄는 저작인격권 또는 실연자의 인격권과 함께 저작자 또는 실연자의 명예를 보호하려는 데 그 목적이 있다. 여기서 저작자 또는 실연자의 명예란 저작자 또는 실연자가 그 품성·덕행·명성·신용 등의 인격적 가치에 관하여 사회로부터 받는 객관적 평가, 즉 사회적 명예를 가리킨다. 본죄는 저작인격권 또는 실연자의 인격권을 침해하는 행위를 통해서 저작자 또는 실연자의 사회적 가치나 평가가 침해될 위험이 있으면 성립하고, 현실적인 침해의 결과가 발생하거나 구체적·현실적으로 침해될 위험이 발생하여야 하는 것은 아니다. 다만 저작인격권 또는 실연자의 인격권을 침해하는 행위가 있었다는 사정만으로 바로 저작자 또는 실연자의 사회적 가치나 평가가 침해될 위험이 있다고 볼 수는 없다. 저작인격권 또는 실연자의 인격권을 침해하는 행위가 저작자 또는 실연자의 사회적 가치나 평가를 침해할 위험이 있는지는 저작자 또는 실연자의 주관적 감정이나 기분 등 명예감정을 침해할 만한 행위인지를 기준으로 판단할 것이 아니라, 침해행위에 이르게 된 경위, 침해행위의 내용과 방식, 침해의 정도, 저작자 또는 실연자의 저작물 또는 실연과 관련된 활동 내역 등 객관적인 제반 사정에 비추어 저작자 또는 실연자의 사회적 명예를 침해할 만한 행위인지를 기준으로 신중하게 판단하여야 한다.

【참조조문】 저작권법 제136조 제2항 제1호
【참조판례】 대법원 2009. 5. 28. 선고 2007다354 판결
【전문】【피 고 인】 피고인 【상 고 인】 피고인
【변 호 인】 법무법인 린 담당변호사 김용갑
【원심판결】 대전지법 2020. 7. 9. 선고 2019노3475 판결

【주 문】

상고를 기각한다.

【이 유】

상고이유를 판단한다.

1. 저작권법 제136조 제2항 제1호는 저작인격권 또는 실연자의 인격권을 침해하여 저작자 또는 실연자의 명예를 훼손한 사람을 처벌하도록 규정하고 있다. 위 규정에서 정한 저작권법 위반죄는 저작인격권 또는 실연자의 인격권과 함께 저작자 또는 실연자의 명예를 보호하려는 데 그 목적이 있다. 여기서 저작자 또는 실연자의 명예란 저작자 또는 실연자가 그 품성·덕행·명성·신용 등의 인격적 가치에 관하여 사회로부터 받는 객관적 평가, 즉 사회적 명예를 가리킨다(대법원 2009. 05. 28. 선고 2007다354 판결 참조). 본죄는 저작인격권 또는 실연자의 인격권을 침해하는 행위를 통해서 저작자 또는 실연자의 사회적 가치나 평가가 침해될 위험이 있으면 성립하고, 현실적인 침해

의 결과가 발생하거나 구체적·현실적으로 침해될 위험이 발생하여야 하는 것은 아니다. 다만 저작인격권 또는 실연자의 인격권을 침해하는 행위가 있었다는 사정만으로 바로 저작자 또는 실연자의 사회적 가치나 평가가 침해될 위험이 있다고 볼 수는 없다. 저작인격권 또는 실연자의 인격권을 침해하는 행위가 저작자 또는 실연자의 사회적 가치나 평가를 침해할 위험이 있는지는 저작자 또는 실연자의 주관적 감정이나 기분 등 명예감정을 침해할 만한 행위인지를 기준으로 판단할 것이 아니라, 침해행위에 이르게 된 경위, 침해행위의 내용과 방식, 침해의 정도, 저작자 또는 실연자의 저작물 또는 실연과 관련된 활동 내역 등 객관적인 제반 사정에 비추어 저작자 또는 실연자의 사회적 명예를 침해할 만한 행위인지를 기준으로 신중하게 판단하여야 한다.

2. 원심판결 이유와 원심이 적법하게 채택한 증거에 따르면 다음 사실을 알 수 있다.

가. 피해자는 ○○ 박사 학위를 받고 대학이나 기업의 연구원 등을 지낸 후 기술연구소 소장으로 재직하면서, ○○ 박사로서의 식견과 경험을 바탕으로 다양한 분야의 주제에 관한 다수의 게시물 및 연재물을 창작하여 자신의 페이스북 또는 저널의 전문가 연재란에 게시하거나 연재하였다.

나. 피고인은 피해자가 게시하거나 연재한 글을 페이스북에서 복사하여 개인적으로 소장하거나 피해자에게 부탁하여 건네받는, 피해자가 페이스북 계정을 닫은 2014년 이후인 2015. 3. 무렵부터 2018. 8. 무렵까지 약 3년 6개월 동안 무단으로 피고인의 페이스북 게시판에 피해자의 페이스북 게시글 42개 및 저널 연재글 3개(이하 '피해자 저작물'이라고 한다)를 저작자인 피해자의 성명을 표시하지 않은 채 마치 자신의 저작물인 것처럼 게시하거나 임의로 내용을 더하거나 구성을 변경하여 게시하였다.

다. 피고인이 위와 같이 피해자 저작물을 게시한 이후 피고인의 페이스북 친구들이 칭찬 댓글을 달았고 이에 대하여 피고인은 마치 피해자 저작물이 자신의 저작물인 것처럼 답글을 달기도 하였다. 그런데 피고인이 피해자 저작물에 더하거나 그 내용을 변경한 내용 중에는 피고인의 주관에 따른 사회비판적인 인식 등이 드러나거나 잘못된 상식에 기한 경우도 있었다. 한편 피고인의 게시글을 읽은 사람이 피해자에게 피고인의 게시글과 피해자 저작물이 너무 비슷하다는 취지의 이메일을 보내기도 하였다.

3. 이러한 사실관계를 앞에서 본 법리에 비추어 살펴본다.

가. 피고인은 약 3년 6개월 동안 총 45개에 이르는 피해자 저작물을 피해자의 성명을 표시하지 않은 채 마치 피고인의 저작물인 것처럼 피고인의 페이스북 게시판에 게시하여 피해자의 성명표시권을 침해하는 한편, 임의로 피해자 저작물의 내용을 더하거나 변경함으로써 동일성을 손상시켜 피해자의 동일성유지권을 침해하였다.

나. 피해자는 전문지식 등을 바탕으로 페이스북이나 저널의 전문가 연재란에 피해자 저작물을 비롯한 다수의 글을 게재하면서 자신의 학식 등 인격적 가치에 대한 긍정적인 평판을 누리고 있었는데, 피해자가 페이스북 계정을 닫는 등 피해자 저작물의 게시를 중단하자 피고인은 이러한 기회에 피해자 저작물을 이용하여 자신도 다양한 주제에 대한 상당한 식견이 있는 사람처럼 행세하고자 위와 같은 저작인격권 침해행위에 이르렀다고 보인다.

다. 피고인이 성명표시권을 침해하여 페이스북에 게시한 피해자 저작물은 불특정 다수의 사람들에게 마치 피고인의 저작물처럼 인식될 수 있어, 피해자로서는 피해자 저작물의 진정한 저작자가 맞는지 나아가 기존에 피해자가 피해자 저작물의 창작 등을 통해 얻은 사회적 평판이 과연 정당하게 형성된 것인지 의심의 대상이 될 위험이 있다. 한편 피고인이 동일성유지권을 침해하여 페이스북에 게시한 피해자 저작물로 인하여, 그 저작자를 피해자로 알고 있는 사람들에게는 피고인의 게시글에 나타난 피고인의 주관이나 오류가 원래부터 피해자 저작물에 존재했던 것으로 오해될 수 있고, 이에 따라 저작자인 피해자의 전문성이나 식견 등에 대한 신망이 저하될 위험도 없지 않다.

라. 결국 피고인은 피해자의 저작인격권인 성명표시권과 동일성유지권을 침해하여 피해자의 사회적 가치나 평가가 침해될 위험이 있는 상태를 야기함으로써 저작자인 피해자의 명예를 훼손하였다고 볼 수 있다.

4. 원심은 같은 취지에서 그 판시와 같은 이유로 이 사건 공소사실 중 저작인격권 침해로 인한 저작권법 위반의 점을 유죄로 판단하였다. 이러한 원심의 판단에 논리와 경험의 법칙을 위반하여 자유심증주의의 한계를 벗어나거나 저작인격권 침해로 인한 저작권법 위반죄의 성립에 관한 법리를 오해하는 등의 잘못이 없다.

5. 그러므로 상고를 기각하기로 하여 관여 대법관의 일치된 의견으로 주문과 같이 판결한다.

Ⓑ 대법원 2023. 12. 07. 선고 2020도15393 판결 [근로기준법위반·근로자퇴직급여보장법위반]

【판시사항】

[1] 구 근로기준법상 '1주간의 연장근로가 12시간을 초과하였는지'는 근로시간이 1일 8시간을 초과하였는지를 고려하지 않고 1주간의 근로시간 중 40시간을 초과하는 근로시간을 기준으로 판단하여야 하는지 여부(적극)
[2] 구 근로기준법상 사용자가 1일 8시간을 초과하여 4시간의 연장근로를 하게 할 때에는 연장근로시간 도중에 30분 이상의 휴게시간을 부여하여야 하는지 여부(적극)

【판결요지】

[1] 구 근로기준법(2017. 11. 28. 법률 제15108호로 개정되기 전의 것, 이하 같다) 제50조는 1주간의 근로시간은 휴게시간을 제외하고 40시간을 초과할 수 없고(제1항), 1일의 근로시간은 휴게시간을 제외하고 8시간을 초과할 수 없다(제2항)고 규정하고, 제53조 제1항은 당사자 간에 합의하면 1주간 12시간을 한도로 제50조의 근로시간을 연장할 수 있다고 규정하고 있다. 구 근로기준법 제53조 제1항은 연장근로시간의 한도를 1주간을 기준으로 설정하고 있을 뿐이고 1일을 기준으로 삼고 있지

아니하므로, 1주간의 연장근로가 12시간을 초과하였는지는 근로시간이 1일 8시간을 초과하였는지를 고려하지 않고 1주간의 근로시간 중 40시간을 초과하는 근로시간을 기준으로 판단하여야 한다. 그 이유는 다음과 같다. (가) 구 근로기준법 제53조 제1항은 1주 단위로 12시간의 연장근로 한도를 설정하고 있으므로, 여기서 말하는 연장근로란 같은 법 제50조 제1항의 '1주간'의 기준근로시간을 초과하는 근로를 의미한다고 해석하는 것이 자연스럽다. 구 근로기준법 제53조 제1항이 '제50조의 근로시간'을 연장할 수 있다고 규정하여 제50조 제2항의 근로시간을 규율 대상에 포함한 것은 당사자 간에 합의하면 1일 8시간을 초과하는 연장근로가 가능하다는 의미이지, 1일 연장근로의 한도까지 별도로 규제한다는 의미가 아니다. (나) 구 근로기준법은 '1주간 12시간'을 1주간의 연장근로시간을 제한하는 기준으로 삼는 규정을 탄력적 근로시간제나 선택적 근로시간제 등에서 두고 있으나(제53조 제2항, 제51조, 제52조), 1일 8시간을 초과하는 연장근로시간의 1주간 합계에 관하여 정하고 있는 규정은 없다. (다) 1일 8시간을 초과하거나 1주간 40시간을 초과하는 연장근로에 대해서는 통상임금의 50% 이상을 가산한 임금을 지급하도록 정하고 있는데(구 근로기준법 제56조), 연장근로에 대하여 가산임금을 지급하도록 한 규정은 사용자에게 금전적 부담을 가함으로써 연장근로를 억제하는 한편, 연장근로는 근로자에게 더 큰 피로와 긴장을 주고 근로자가 누릴 수 있는 생활상의 자유시간을 제한하므로 이에 상응하는 금전적 보상을 해 주려는 데에 그 취지가 있는 것으로서, 연장근로 그 자체를 금지하기 위한 목적의 규정은 아니다. 이와 달리 구 근로기준법 제53조 제1항은 당사자가 합의하더라도 원칙적으로 1주간 12시간을 초과하는 연장근로를 하게 할 수 없고, 이를 위반한 자를 형사처벌(제110조 제1호)하는 등 1주간 12시간을 초과하는 연장근로 그 자체를 금지하기 위한 것이다. 따라서 가산임금 지급 대상이 되는 연장근로와 1주간 12시간을 초과하는 연장근로의 판단 기준이 동일해야 하는 것은 아니다.

[2] 사용자는 근로시간이 4시간인 경우에는 30분 이상, 8시간인 경우에는 1시간 이상의 휴게시간을 근로시간 도중에 주어야 하는데
[구 근로기준법(2017. 11. 28. 법률 제15108호로 개정되기 전의 것) 제54조 제1항], 연장근로에 대해서도 이와 동일한 휴게시간이 부여되어야 하므로 1일 8시간을 초과하여 4시간의 연장근로를 하게 할 때에는 연장근로시간 도중에 30분 이상의 휴게시간을 부여하여야 한다.

【참조조문】[1] 구 근로기준법(2017. 11. 28. 법률 제15108호로 개정되기 전의 것) 제50조, 제51조(현행 제51조, 제51조의2, 제51조의3 참조), 제52조, 제53조 제1항, 제2항, 제54조 제1항, 제56조, 제110조 제1호
[2] 구 근로기준법(2017. 11. 28. 법률 제15108호로 개정되기 전의 것) 제50조, 제53조 제1항, 제54조 제1항, 제110조 제1호
【참조판례】[1] 대법원 2013. 12. 18. 선고 2012다89399 전원합의체 판결(공2014상, 236)
【전문】【피 고 인】피고인 【상 고 인】피고인
【변 호 인】변호사 신열호 외 1인
【원심판결】서울남부지법 2020. 10. 19. 선고 2019노2771 판결

【주 문】

원심판결을 파기하고, 사건을 서울남부지방법원에 환송한다.

【이 유】

상고이유를 판단한다.

1. 공소사실의 요지와 원심의 판단

가. 연장근로 제한 위반으로 인한 근로기준법 위반의 공소사실 요지

이 부분 공소사실의 요지는, 피고인이 상시 500명의 근로자를 사용하는 이 사건 회사의 대표이사로서, 근로자인 공소외인을 2014년 48회, 2015년 46회, 2016년 36회에 걸쳐 1주간 12시간을 초과하여 연장근로하게 하였다는 내용이다.

나. 원심의 판단

원심은, 취업규칙 및 근로계약서상의 시업시각과 업무일지상의 업무종료시각 사이의 시간 중 휴게시간 1시간을 제외한 나머지 시간이 모두 실근로시간에 해당한다고 전제한 후, 공소외인의 1주간의 근로시간 중 근로일마다 '1일 8시간을 초과하는 근로시간'을 합산하여 해당 주의 위 합산 시간이 12시간을 초과하면, 1주간 연장근로시간의 한도를 12시간으로 정한 구 근로기준법(2017. 11. 28. 법률 제15108호로 개정되기 전의 것, 이하 같다) 제53조 제1항을 위반하였다고 보아, 이 사건 공소사실 중 2014년 34회, 2015년 43회, 2016년 32회에 대하여 유죄(나머지는 이유무죄)로 인정한 제1심판단을 유지하였다.

2. 대법원의 판단

가. 관련 법리

1) 구 근로기준법 제50조는 1주간의 근로시간은 휴게시간을 제외하고 40시간을 초과할 수 없고(제1항), 1일의 근로시간은 휴게시간을 제외하고 8시간을 초과할 수 없다(제2항)고 규정하고, 제53조 제1항은 당사자 간에 합의하면 1주간 12시간을 한도로 제50조의 근로시간을 연장할 수 있다고 규정하고 있다. 구 근로기준법 제53조 제1항은 연장근로시간의 한도를 1주간을 기준으로 설정하고 있을 뿐이고 1일을 기준으로 삼고 있지 아니하므로, 1주간의 연장근로가 12시간을 초과하였는지는 근로시간이 1일 8시간을 초과하였는지를 고려하지 않고 1주간의 근로시간 중 40시간을 초과하는 근로시간을 기준으로 판단하여야 한다. 그 이유는 다음과 같다.

   가) 구 근로기준법 제53조 제1항은 1주 단위로 12시간의 연장근로 한도를 설정하고 있으므로, 여기서 말하는 연장근로란 같은 법 제50조 제1항의 '1주간'의 기준근로시간을 초과하는 근로를 의미한다고 해석하는 것이 자연스럽다. 구 근로기준법 제53조 제1항이 '제50조의 근로시간'을 연장할 수 있다고 규정하여 제50조 제2항의 근로시간을 규율 대상에 포함한 것은 당사자 간에 합의하면 1일 8시간을 초과하는 연장근로가 가능하다는 의미이지, 1일 연장근로의 한도까지 별도로 규제한다는 의미가 아니다.

   나) 구 근로기준법은 '1주간 12시간'을 1주간의 연장근로시간을 제한하는 기준으로 삼는 규정을 탄력적 근로시간제나 선택적 근로시간제 등에서 두고 있으나(제53조 제2항, 제51조, 제52조), 1일 8시간을 초과하는 연장근로시간의 1주간 합계에 관하여 정하고 있는 규정은 없다.

다) 1일 8시간을 초과하거나 1주간 40시간을 초과하는 연장근로에 대해서는 통상임금의 50% 이상을 가산한 임금을 지급하도록 정하고 있는데(구 근로기준법 제56조), 연장근로에 대하여 가산임금을 지급하도록 한 규정은 사용자에게 금전적 부담을 가함으로써 연장근로를 억제하는 한편, 연장근로는 근로자에게 더 큰 피로와 긴장을 주고 근로자가 누릴 수 있는 생활상의 자유시간을 제한하므로 이에 상응하는 금전적 보상을 해 주려는 데에 그 취지가 있는 것으로서(대법원 2013. 12. 18. 선고 2012다89399 전원합의체 판결 참조), 연장근로 그 자체를 금지하기 위한 목적의 규정은 아니다. 이와 달리 구 근로기준법 제53조 제1항은 당사자가 합의하더라도 원칙적으로 1주간 12시간을 초과하는 연장근로를 하게 할 수 없고, 이를 위반한 자를 형사처벌(제110조 제1호)하는 등 1주간 12시간을 초과하는 연장근로 그 자체를 금지하기 위한 것이다. 따라서 가산임금 지급 대상이 되는 연장근로와 1주간 12시간을 초과하는 연장근로의 판단 기준이 동일해야 하는 것은 아니다.

2) 사용자는 근로시간이 4시간인 경우에는 30분 이상, 8시간인 경우에는 1시간 이상의 휴게시간을 근로시간 도중에 주어야 하는데(구 근로기준법 제54조 제1항), 연장근로에 대해서도 이와 동일한 휴게시간이 부여되어야 하므로 1일 8시간을 초과하여 4시간의 연장근로를 하게 할 때에는 연장근로시간 도중에 30분 이상의 휴게시간을 부여하여야 한다.

나. 이 사건의 판단

원심판결 이유 및 기록을 앞서 본 법리에 비추어 살펴보면, 원심의 판단은 받아들이기 어렵다.

1) 원심은 1일 기준근로시간인 8시간에 대하여 1시간의 휴게시간이 부여되었다고 보았을 뿐, 4시간 이상의 연장근로에 대해서는 별도의 휴게시간이 부여되지 않았음을 전제로 공소외인의 실근로시간을 산정하였다. 그러나 기록에 의하면, 이 사건 회사와 노동조합은 2013년과 2015년에 '회사는 단체협약에 표시된 휴게시간 외에 연장근무 시 추가적인 휴게시간인 30분을 제공하며, 이 휴게시간은 연장비용으로 인정한다.'는 내용의 노사합의를 한 사실을 알 수 있는데, 이에 의하면 공소외인이 4시간 이상 연장근로를 한 날의 경우, 원심이 전부가 실근로시간이라고 본 연장근로시간에는 30분의 휴게시간이 포함되었을 여지가 커 보인다.

2) 원심은 1주간 연장근로가 12시간을 초과하였는지를 판단할 때 1주간의 실근로시간 중 40시간을 초과한 연장근로시간을 기준으로 한 것이 아니라 각 근로일마다 1일 8시간을 초과한 연장근로시간을 합산하였는데 이는 앞서 본 법리에 위배된다.

3) 기록에 의하면, 공소외인은 3일 근무 후 1일 휴무를 기본으로 대체로 주 5일을 근무하였고 일부 주는 3일, 4일 혹은 6일을 근무하였다. 그리고 근무일에는 전부 8시간 이상을 근무한 것으로 보인다. 그런데 아래에서 보듯이 4일을 근무한 일부 주의 경우, 그 주의 총실근로시간이 52시간을 넘지 않아 연장근로가 12시간을 초과하지 않았는데도, 원심은 1일 8시간을 초과하는 근로시간을 합산하는 방법으로 연장근로시간을 산정함에 따라 이 부분까지 유죄로 판단하고 말았다.

① 2014. 4. 14.(월요일)부터 2014. 4. 20.(일요일)까지 1주간(휴일을 제외한다. 이하 같다)의 공소외인의 총실근로시간은, 4시간 이상의 연장근로에 대한 휴게시간을 고려하지 않을 경우, 49시간 30분(= 4. 15. 12시간 + 4. 16. 11시간 30분 + 4. 17. 14시간 30분 + 4. 20. 11시간 30분)이 되고, 총연장근로시간은 9시간 30분이 되어 1주간 연장근로시간

의 한도인 12시간을 초과하지 않는다. 게다가 4시간 이상 연장근로를 한 4. 15.과 4. 17.에 연장근로에 대한 휴게시간 각 30분이 부여되었다면, 1주간의 총실근로시간은 48시간 30분, 총연장근로시간은 8시간 30분으로 더 줄어든다.

② 2014. 2. 17.(월요일)부터 2014. 2. 23.(일요일)까지의 1주간도 이와 같은 방법으로 계산하면 1주간 연장근로시간이 12시간을 초과하지 않는다. 1일 4시간 이상의 연장근로에 대하여 30분 이상의 휴게시간이 부여되었다면 2016. 8. 29.(월요일)부터 2016. 9. 4.(일요일)의 1주간도 마찬가지이다.

4) 그렇다면 위 ①, ②에 해당하는 2014. 4. 셋째 주 등 3주의 경우에는 피고인이 연장근로 제한에 관한 구 근로기준법 규정을 위반하였다고 단정할 수 없는데도, 원심은 그 판시와 같은 이유로 이 부분 공소사실까지 모두 유죄로 판단하였는바, 이러한 원심의 판단에는 휴게시간 부여 및 1주간 12시간을 한도로 하는 연장근로 제한에 관한 법리를 오해하여 판결에 영향을 미친 잘못이 있다. 이를 지적하는 상고이유는 이유 있다. 한편 휴일근로는 구 근로기준법 제53조 제1항의 '1주간 연장근로시간 12시간'에 포함되지 않으나, 휴일근로를 하지 않은 공소외인(원심은 변호인의 주장 등에 기초하여 공소외인이 휴일근로를 하지 않았다고 보았다)의 1주간 최대 근로시간은 68시간이 아니라 여전히 52시간이 되므로, 같은 취지의 원심판단은 수긍할 수 있다.

3. 파기의 범위

위와 같은 이유로 원심판결의 연장근로 제한 위반으로 인한 근로기준법 위반 부분 중 2014. 4. 셋째 주 등 3주에 관한 부분은 파기되어야 하는데, 원심판결의 나머지 부분은 위 파기 부분과 일죄 또는 형법 제37조 전단의 경합범 관계에 있으므로 함께 파기되어야 한다.

4. 결 론

그러므로 원심판결을 파기하고, 사건을 다시 심리·판단하도록 원심법원에 환송하기로 하여, 관여 대법관의 일치된 의견으로 주문과 같이 판결한다.

---

⑪ 대법원 2023. 12. 07. 선고 2020도17863 판결 [저작권법위반 · 부정경쟁방지및영업비밀보호에 관한법률위반]

【판시사항】

[1] 저작재산권 침해 여부를 가리기 위하여 두 저작물 사이에 실질적 유사성이 있는지 판단하는 기준
[2] 저작재산권자의 허락을 받아 저작물의 원본이나 그 복제물이 판매 등의 방법으로 거래에 제공된 경우, 저작자의 배포권이 소진되는지 여부(적극) / 저작물의 원본이나 그 복제물이 외국에서 판매 등의 방법으로 거래에 제공되지 않고 곧바로 국내로 수입되어 그 소유권이나 처분권이 이전된 경우, 저작권법 제20조 단서에 따라 저작자의 배포권 소진 여부를 판단하여야 하는지 여부(적극) /

외국에서 저작재산권자의 허락을 받아 판매 등의 방법으로 거래에 제공되었던 저작물의 원본이나 그 복제물을 국내로 다시 수입하여 배포하는 경우에도 마찬가지인지 여부(원칙적 적극)

【판결요지】

[1] 저작권법이 보호하는 것은 인간의 사상 또는 감정을 말·문자·음·색 등에 의하여 구체적으로 외부에 표현하는 창작적인 표현형식이므로, 저작재산권의 침해 여부를 가리기 위하여 두 저작물 사이에 실질적 유사성이 있는가의 여부를 판단함에 있어서는 창작적인 표현형식에 해당하는 것만을 가지고 대비하여야 한다.

[2] 저작재산권자의 허락을 받아 저작물의 원본이나 그 복제물이 판매 등의 방법으로 거래에 제공되었다면 저작재산권자는 그와 관련된 보상의 기회를 가졌던 것이고, 이미 거래에 제공된 저작물의 원본이나 그 복제물은 그 이후에는 자유롭게 유통될 필요가 있으므로 해당 저작물의 원본이나 그 복제물에 대한 배포권은 그 목적을 달성하여 소진된다. 저작권법은 제20조에서 "저작자는 저작물의 원본이나 그 복제물을 배포할 권리를 가진다. 다만 저작물의 원본이나 그 복제물이 해당 저작재산권자의 허락을 받아 판매 등의 방법으로 거래에 제공된 경우에는 그러하지 아니하다."라고 규정하여 저작재산권자의 배포권에 관한 권리소진의 원칙을 명문으로 정하고 있다. 저작물의 원본이나 그 복제물이 외국에서 판매 등의 방법으로 거래에 제공되지 않고 곧바로 국내로 수입되어 그 소유권이나 처분권이 이전된 경우에는 저작권법 제20조 단서에서 정한 바에 따라 해당 저작물의 원본이나 그 복제물에 대한 배포권 소진 여부를 판단하여야 한다. 한편 외국에서 저작재산권자의 허락을 받아 판매 등의 방법으로 거래에 제공되었던 저작물의 원본이나 그 복제물을 국내로 다시 수입하여 배포하는 경우에도 특별한 사정이 없는 한 저작권법 제20조 단서에서 정한 효과가 인정될 수 있다.

【참조조문】 [1] 저작권법 제136조 제1항 제1호 [2] 저작권법 제20조, 제136조 제1항 제1호
【참조판례】 [1] 대법원 2010. 2. 11. 선고 2007다63409 판결(공2010상, 499), 대법원 2011. 2. 10. 선고 2009도291 판결(공2011상, 594), 대법원 2021. 6. 30. 선고 2019도17068 판결
【전문】 【피 고 인】 피고인 【상 고 인】 피고인
【변 호 인】 법무법인 민후 담당변호사 김경환 외 3인
【원심판결】 서울중앙지법 2020. 11. 27. 선고 2019노3248 판결

【주   문】

상고를 기각한다.

【이   유】

상고이유를 판단한다.

1. 제1 상고이유에 관하여

가. 저작권법이 보호하는 것은 인간의 사상 또는 감정을 말·문자·음·색 등에 의하여 구체적으로 외부에 표현하는 창작적인 표현형식이므로, 저작재산권의 침해 여부를 가리기 위하여 두 저작물 사이에 실질적 유사성이 있는가의 여부를 판단함에 있어서는 창작적인 표현형식에 해당하는 것만을 가지고 대비하여야 한다(대법원 2010. 2. 11. 선고 2007다63409 판결, 대법원 2021. 6. 30. 선고 2019도17068 판결 등 참조).

나. 원심은 판시와 같은 이유로 원심판결의 [별지] 범죄일람표 중 춉파를 제외한 나머지 미니블록 제품으로 완성된 각 블록 모형은 원피스의 캐릭터, 도라에몽의 캐릭터, 짱구는 못말려의 캐릭터와 실질적 유사성이 인정된다고 판단하였다. 원심판결 이유를 위 법리와 적법하게 채택한 증거에 비추어 살펴보면, 원심의 판단에 저작물의 실질적 유사성 판단에 관한 법리를 오해하는 등의 잘못이 없다.

2. 제2 상고이유에 관하여

가. 외국에서 수입된 저작물의 원본이나 그 복제물에 관한 배포권의 소진 여부

저작재산권자의 허락을 받아 저작물의 원본이나 그 복제물이 판매 등의 방법으로 거래에 제공되었다면 저작재산권자는 그와 관련된 보상의 기회를 가졌던 것이고, 이미 거래에 제공된 저작물의 원본이나 그 복제물은 그 이후에는 자유롭게 유통될 필요가 있으므로 해당 저작물의 원본이나 그 복제물에 대한 배포권은 그 목적을 달성하여 소진된다. 저작권법은 제20조에서 "저작자는 저작물의 원본이나 그 복제물을 배포할 권리를 가진다. 다만 저작물의 원본이나 그 복제물이 해당 저작재산권자의 허락을 받아 판매 등의 방법으로 거래에 제공된 경우에는 그러하지 아니하다."라고 규정하여 저작재산권자의 배포권에 관한 권리소진의 원칙을 명문으로 정하고 있다.

저작물의 원본이나 그 복제물이 외국에서 판매 등의 방법으로 거래에 제공되지 않고 곧바로 국내로 수입되어 그 소유권이나 처분권이 이전된 경우에는 저작권법 제20조 단서에서 정한 바에 따라 해당 저작물의 원본이나 그 복제물에 대한 배포권 소진 여부를 판단하여야 한다. 한편 외국에서 저작재산권자의 허락을 받아 판매 등의 방법으로 거래에 제공되었던 저작물의 원본이나 그 복제물을 국내로 다시 수입하여 배포하는 경우에도 특별한 사정이 없는 한 저작권법 제20조 단서에서 정한 효과가 인정될 수 있다.

나. 이 사건에 관한 판단

1) 원심판결 이유와 원심이 적법하게 채택한 증거에 의하면 다음과 같은 사실을 알 수 있다.

가) 도라에몽 캐릭터의 저작권자인 일본 '가부시키가이샤 쇼가쿠칸 슈에이샤 푸로다쿠숀'(이하 '저작권자'라고 한다)은 2015. 10. 2. '애영(상해)상무유한회사'(이하 '애영'이라고 한다)에 도라에몽 캐릭터에 관한 '중국 내 상품화권'을 2015. 1. 1.부터 2017. 12. 31.까지로 기간을 정하여 부여하였고, '애영'은 다시 2015. 6. 30. '광동진풍과교완구유한회사'(이하 '광동'이라고 한다)에 중국 대륙 지역 내(대만, 홍콩, 마카오 제외) 도라에몽 캐릭터를 이용한 '다이아몬드블록' 제품 판매권을 2015. 7. 1.부터 2016. 6. 30.까지로 기간을 정하여 위임하였다.

나) 피고인은 (업체명 생략)을 운영하면서 2015년경 '광동'으로부터 직접 도라에몽 블록 제품

약 960개를 수입하여 국내에서 이를 다시 판매하였다. 피고인의 위 제품 수입과 양수는 국내에서 이루어졌고, 피고인이 당시 '광동'으로부터 중국 내에서 위 제품을 제공받거나 양도받지는 않았다.

다) 한편 대원미디어는 2014년경 저작권자로부터 도라에몽 캐릭터에 관한 국내 상품화사업권 등을 취득하여 그 무렵부터 현재까지 국내에서 도라에몽 캐릭터 제품을 판매하여 오고 있다.

2) 위와 같은 사실관계를 앞서 본 법리에 비추어 살펴본다.

가) 피고인이 '광동'으로부터 직접 수입한 도라에몽 블록 제품은 중국 내에서 판매 등의 방법으로 거래에 제공되지 않고 곧바로 국내로 수입되어 피고인에게 소유권이나 처분권이 이전되었으므로, 위 제품은 외국에서 거래에 제공된 경우가 아니라 국내에서 거래에 제공된 경우에 해당한다. 따라서 이 사건에서 저작권자의 배포권 소진 여부에 관하여는 저작권법 제20조 단서를 적용하여 판단하여야 한다.

나) '광동'은 '애영'으로부터 중국 내에서만 제품을 판매할 수 있다는 이용 방법 및 조건의 범위 안에서 도라에몽 캐릭터에 관한 이용허락을 받았다. 저작물을 이용할 수 있는 범위는 저작물 이용허락 계약에 따라 정해지므로, '광동'이 이용허락 계약에서 정한 판매지역을 넘어서 피고인에게 직접 도라에몽 블록 제품을 판매한 행위는 저작재산권자의 허락을 받지 않은 것으로 볼 수 있다.

다) 따라서 '광동'의 행위는 저작재산권자의 허락 없이 이루어진 것으로 저작권법 제20조 단서의 요건을 갖추지 못하였으므로, '광동'이 피고인에게 판매한 도라에몽 블록 제품에 대한 저작권자의 대한민국에서의 배포권은 소진되지 아니하였다.

3) 원심의 이유 설시에 다소 적절하지 않은 부분이 있으나, 피고인이 저작권자의 허락 없이 도라에몽 블록 제품을 중국 내 상품화권자로부터 수입하여 국내에 이를 다시 판매함으로써 저작권자의 저작재산권을 침해하였다는 취지의 원심의 판단에는 상고이유와 같이 저작권법 제20조 단서 내지 권리소진 원칙의 적용에 관한 법리를 오해하는 등의 잘못이 없다.

3. 결 론

그러므로 상고를 기각하기로 하여, 관여 대법관의 일치된 의견으로 주문과 같이 판결한다.

ⓒ 대법원 2023. 12. 14. 선고 2023도8341 판결 [의료법위반]

【판시사항】

　　의료인이 진료기록부 등을 거짓으로 작성하거나 고의로 사실과 다르게 추가기재·수정하는 행위와 관련하여, 구 의료법 제91조 양벌규정에 따라 사용자인 법인 또는 개인을 처벌하는 취지 및 이때 사용자인 법인 또는 개인이 상당한 주의 또는 감독 의무를 게을리하였는지 판단하는 기준

【판결요지】

구 의료법(2019. 8. 27. 법률 제16555호로 개정되기 전의 것) 제22조 제3항은 "의료인은 진료기록부 등을 거짓으로 작성하거나 고의로 사실과 다르게 추가기재·수정하여서는 아니 된다."라고 규정하고 있고, 같은 법 제88조 제1호는 '제22조 제3항을 위반한 자를 3년 이하의 징역이나 3천만 원 이하의 벌금에 처한다.'고 규정하고 있다.

또한 같은 법 제91조는 "법인의 대표자나 법인 또는 개인의 대리인, 사용인, 그 밖의 종업원이 그 법인 또는 개인의 업무에 관하여 제87조, 제88조, 제88조의2, 제89조 또는 제90조의 위반행위를 하면 그 행위자를 벌하는 외에 그 법인 또는 개인에게도 해당 조문의 벌금형을 과한다. 다만 법인 또는 개인이 그 위반행위를 방지하기 위하여 해당 업무에 관하여 상당한 주의와 감독을 게을리하지 아니한 경우에는 그러하지 아니하다."라고 규정하고 있다. 이러한 양벌규정에 따라 사용자인 법인 또는 개인을 처벌하는 것은 형벌의 자기책임 원칙에 비추어 위반행위가 발생한 그 업무와 관련하여 사용자인 법인 또는 개인이 상당한 주의 또는 감독 의무를 게을리한 과실이 있기 때문이다. 이때 사용자인 법인 또는 개인이 상당한 주의 또는 감독 의무를 게을리하였는지는 해당 위반행위와 관련된 모든 사정, 즉 법률의 입법 취지, 처벌조항 위반으로 예상되는 법익 침해의 정도, 그 위반행위에 관하여 양벌조항을 마련한 취지 등은 물론 위반행위의 구체적인 모습과 그로 인하여 실제 야기된 피해 또는 결과의 정도, 법인 또는 개인의 영업 규모, 행위자에 대한 감독가능성 또는 구체적인 지휘감독 관계, 법인 또는 개인이 위반행위 방지를 위하여 실제 행한 조치 등을 전체적으로 종합하여 판단해야 한다.

【참조조문】 구 의료법(2019. 8. 27. 법률 제16555호로 개정되기 전의 것) 제22조 제3항, 제88조 제1호, 제91조
【참조판례】 대법원 2010. 4. 29. 선고 2009도7017 판결(공2010상, 1065) 대법원 2021. 9. 30. 선고 2019도3595 판결(공2021하, 2144)
【전 문】【피 고 인】 피고인【상 고 인】 피고인
【변 호 인】 법무법인 명문 담당변호사 이대우
【원심판결】 인천지법 2023. 6. 2. 선고 2022노826 판결

【주 문】

상고를 기각한다.

【이 유】

상고이유(상고이유서 제출기간이 지난 다음 제출된 변호인 의견서는 상고이유를 보충하는 범위 내에서)를 판단한다.

1. 구 의료법(2019. 8. 27. 법률 제16555호로 개정되기 전의 것, 이하 같다) 제22조 제3항은 "의료인은 진료기록부 등을 거짓으로 작성하거나 고의로 사실과 다르게 추가기재·수정하여서는 아니 된다."라고 규정하고 있고, 같은 법 제88조 제1호는 '제22조 제3항을 위반한 자를 3년 이하의 징역이나 3천만 원 이하의 벌금에 처한다.'고 규정하고 있다.

또한 같은 법 제91조는 "법인의 대표자나 법인 또는 개인의 대리인, 사용인, 그 밖의 종업원이 그 법인 또는 개인의 업무에 관하여 제87조, 제88조, 제88조의2, 제89조 또는 제90조의 위반행위를 하면 그 행위자를 벌하는 외에 그 법인 또는 개인에게도 해당 조문의 벌금형을 과한다. 다만 법인 또는 개인이 그 위반행위를 방지하기 위하여 해당 업무에 관하여 상당한 주의와 감독을 게을리하지 아니한 경우에는 그러하지 아니하다."라고 규정하고 있다. 이러한 양벌규정에 따라 사용자인 법인 또는 개인을 처벌하는 것은 형벌의 자기책임 원칙에 비추어 위반행위가 발생한 그 업무와 관련하여 사용자인 법인 또는 개인이 상당한 주의 또는 감독 의무를 게을리한 과실이 있기 때문이다. 이때 사용자인 법인 또는 개인이 상당한 주의 또는 감독 의무를 게을리하였는지는 해당 위반행위와 관련된 모든 사정, 즉 법률의 입법 취지, 처벌조항 위반으로 예상되는 법익 침해의 정도, 그 위반행위에 관하여 양벌조항을 마련한 취지 등은 물론 위반행위의 구체적인 모습과 그로 인하여 실제 야기된 피해 또는 결과의 정도, 법인 또는 개인의 영업 규모, 행위자에 대한 감독가능성 또는 구체적인 지휘감독 관계, 법인 또는 개인이 위반행위 방지를 위하여 실제 행한 조치 등을 전체적으로 종합하여 판단해야 한다(대법원 2010. 4. 29. 선고 2009도7017 판결, 대법원 2021. 9. 30. 선고 2019도3595 판결 참조).

2. 원심은, 피고인이 인천 미추홀구 (주소 생략)에 있는 (병원명 생략)을 설립하여 운영한 사실, 위 병원의 간호사들이 근무한 간호사나 간호내용을 간호기록부에 거짓으로 기재한 사실, 피고인이 간호사들에게 간호기록부 작성방법에 관한 교육을 하지 않았고 대체근무 간호사를 확보하지 아니하여 휴가 등의 경우 대체근무 간호사를 구하기 어려웠던 사실을 인정한 다음, 위와 같은 피고인의 잘못이 간호사들의 간호기록부 거짓 작성의 원인이 되었을 뿐만 아니라 위반행위가 발생한 그 업무와 관련하여 피고인이 상당한 주의 또는 감독 의무를 게을리한 경우에 해당한다는 이유로, 피고인에 대하여 양벌규정을 적용하여 의료법 위반죄를 인정한 제1심판결을 그대로 유지하였다.

원심판결 이유를 관련 법리와 적법하게 채택된 증거에 비추어 살펴보면, 원심의 판단에 논리와 경험의 법칙을 위반하여 자유심증주의의 한계를 벗어나거나 구 의료법 제91조의 양벌규정 해석 및 적용에 관한 법리를 오해한 잘못이 없다.

3. 그러므로 상고를 기각하기로 하여, 관여 대법관의 일치된 의견으로 주문과 같이 판결한다.

© 대법원 2023. 12. 21. 선고 2023도8730 판결 [식품위생법위반·사기·공무집행방해]

【판시사항】

즉석판매제조·가공업자가 식품위생법 시행규칙 제37조 [별표 15] 제1호에 정한 식품을 스스로 제조·가공하여 판매하는 경우, 일부 식품을 즉석판매제조·가공업의 대상 식품에서 제외하는 같은 별표 제2호 단서의 제한을 받는지 여부(소극)

【판결요지】

식품위생법령은 통·병조림 식품을 제외한 모든 식품을 즉석판매제조·가공업의 대상 식품으로 규정하는 한편, 식품 제조기간의 장단에 따라 이를 달리 취급하지 않고 있다(식품위생법 시행규칙 제37조 [별표 15] 제1호 참조). 또한 식품위생법령은 식품제조·가공업자가 제조·가공한 것을 즉석판매제조·가공업자가 자신의 업소 내에서 직접 최종 소비자에게 판매하는 경우에는 식초 등 일부 식품을 즉석판매제조·가공업의 대상 식품에서 제외시키고 있는바(같은 별표 제2호 단서 참조), 즉석판매제조·가공업자가 같은 별표 제1호에 정한 식품을 스스로 제조·가공하여 판매하는 경우에는 같은 별표 제2호 단서의 제한을 받지 않는다고 보아야 한다.

【참조조문】 식품위생법 제36조 제1항, 제3항, 식품위생법 시행령 제21조 제2호, 식품위생법 시행규칙 제37조 [별표 15] 제1호, 제2호
【전 문】【피 고 인】 피고인 【상 고 인】 피고인
【변 호 인】 법무법인 비엘에스 담당변호사 시정기
【원심판결】 춘천지법 2023. 6. 9. 선고 2022노1292 판결

【주 문】

원심판결을 파기하고, 사건을 춘천지방법원에 환송한다.

【이 유】

상고이유를 판단한다.

1. 사기 및 공무집행방해 부분에 관하여

원심은 판시와 같은 이유로 이 부분 공소사실을 유죄로 판단한 제1심판결을 그대로 유지하였다. 원심판결 이유를 관련 법리와 적법하게 채택된 증거에 비추어 살펴보면, 원심의 판단에 논리와 경험의 법칙을 위반하여 자유심증주의의 한계를 벗어난 잘못이 없다.

2. 식품위생법 위반 부분에 관하여

가. 이 부분 공소사실의 요지

누구든지 식품제조업을 하려는 사람은 식품위생법 시행령으로 정하는 바에 따라 영업 종류별 또는 영업소별로 식품의약품안전처장 또는 특별자치시장·특별자치도지사·시장·군수·구청장에게 영업등록을 하여야 하고, 영업자가 아닌 자가 제조·가공한 식품 등을 판매하여서는 아니 된다.

그럼에도 피고인은 2020. 5. 10.경 자신의 주거지에서 영업등록을 하지 아니한 채 식초를 제조·발효하는 식품제조업을 하고, 피고인이 직접 제조·발효한 식초 7병(이하 '이 사건 식초'라 한다)을 공소외인에게 판매하였다.

나. 원심의 판단

이 사건 식초의 제조·판매행위는 즉석판매제조·가공업에 해당하여 영업등록이 아닌 영업신고대상에 불과하다는 피고인의 주장에 대하여, 원심은 피고인이 제조·판매한 식초의 제조기간이 7년에 이른다거나 식품위생법령상 식초는 즉석판매제조·가공 대상 식품에서 제외된다는 점에 비추어 이 사건 식초의 제조·판매행위는 즉석판매제조·가공업에 해당하지 않는다고 하여 이 부분 공소사실을 모두 유죄로 판단한 제1심판결을 그대로 유지하였다.

다. 대법원의 판단

그러나 원심의 판단은 다음과 같은 이유로 수긍하기 어렵다.

1) 식품위생법령에 의하면, 식품제조·가공업은 영업등록이 요구되나(식품위생법 제37조 제5항, 같은 법 시행령 제26조의2 제1항 제1호), 즉석판매제조·가공업은 영업신고가 요구된다(식품위생법 제37조 제4항 전단, 같은 법 시행령 제25조 제1항 제2호). 즉석판매제조·가공업이란 '총리령으로 정하는 식품을 제조·가공업소에서 직접 최종소비자에게 판매하는 영업'을 말한다(식품위생법 제36조 제3항, 같은 법 시행령 제21조 제2호). 즉석판매제조·가공업의 대상인 '총리령으로 정하는 식품'은 '식품제조·가공업에서 제조·가공할 수 있는 식품에 해당하는 모든 식품(통·병조림 식품 제외)'(식품위생법 시행규칙 제37조 [별표 15] 제1호)과 '식품제조·가공업의 영업자가 제조·가공한 식품으로 즉석판매제조·가공업소 내에서 소비자가 원하는 만큼 덜어서 직접 최종 소비자에게 판매하는 식품'(같은 별표 제2호 본문)을 의미하는데, 후자의 경우 식초 등 일부 식품은 제외된다(같은 별표 제2호 단서).

2) 이와 같이 식품위생법령은 통·병조림 식품을 제외한 모든 식품을 즉석판매제조·가공업의 대상 식품으로 규정하는 한편, 식품 제조기간의 장단에 따라 이를 달리 취급하지 않고 있다(같은 별표 제1호 참조). 또한 식품위생법령은 식품제조·가공업자가 제조·가공한 것을 즉석판매제조·가공업자가 자신의 업소 내에서 직접 최종 소비자에게 판매하는 경우에는 식초 등 일부 식품을 즉석판매제조·가공업의 대상 식품에서 제외시키고 있는바(같은 별표 제2호 단서 참조), 즉석판매제조·가공업자가 같은 별표 제1호에 정한 식품을 스스로 제조·가공하여 판매하는 경우에는 같은 별표 제2호 단서의 제한을 받지 않는다고 보아야 한다.

3) 이러한 법리에 따르면, 이 사건 식초의 제조기간이 7년 정도에 이른다거나 식품위생법 시행규칙 제37조 [별표 15] 제2호 단서에 따라 같은 호 본문의 식품에서 식초가 제외된다는 점만으로는 피고인이 스스로 제조·가공하여 판매한 이 사건 식초가 즉석판매제조·가공업의 대상 식품에서 제외된다고 할 수 없다. 그런데도 원심은 판시와 같은 이유만으로 이 사건 식초가 즉석판매제조·가공업의 대상이 아니라고 단정한 나머지 피고인이 제조·가공업소인 그 주거지에서 이 사건 식초를 직접 최종소비자에게 판매하였는지에 관하여 아무런 심리를 하지 아니한 채 피고인의 이 사건 식초 제조행위가 영업등록이 필요한 식품제조업에 해당한다고 보아 이 부분 공소사실을 유죄로 판단하였다. 이러한 원심의 판단에는 즉석판매제조·가공업이나 그 대상 식품에 관한 법리를 오해하고 필요한 심리를 다하지 아니하여 판결에 영향을 미친 잘못이 있다.

3. 파기의 범위

앞서 본 바와 같은 이유로 원심판결 중 식품위생법 위반 부분은 모두 파기되어야 한다. 그런데 원심은 이 부분과 유죄로 인정한 나머지 공소사실이 형법 제37조 전단의 경합범 관계에 있다는 이유로 하나의 형을 선고한 제1심판결을 그대로 유지하였으므로, 결국 원심판결은 전부 파기되어야 한다.

4. 결 론

그러므로 피고인의 나머지 상고이유에 대한 판단을 생략한 채, 원심판결을 파기하고 사건을 다시 심리·판단하도록 원심법원에 환송하기로 하여, 관여 대법관의 일치된 의견으로 주문과 같이 판결한다.

© 대법원 2024. 01. 11. 선고 2020도17666 판결 [국가유공자등예우및지원에관한법률위반]

【판시사항】

구 국가유공자 등 예우 및 지원에 관한 법률 제85조 제1항 제1호에서 '거짓이나 그 밖의 부정한 방법으로 보상을 받는 행위'의 의미 / 같은 법 제5조 제1항 제1호의 배우자가 국가유공자가 아닌 다른 사람과의 사실혼으로 보상을 받는 국가유공자의 유족 또는 가족에 해당하지 않게 됨에 따라 같은 법 제6조의2 제1항 제3호에 따른 신고 사유가 발생하였음을 알면서도 그 신고의무를 태만히 한 경우, 같은 법 제85조 제1항 제1호에 해당하는지 여부(소극)

【판결요지】

구 국가유공자 등 예우 및 지원에 관한 법률(2023. 3. 4. 법률 제19228호로 개정되기 전의 것, 이하 '구 국가유공자법'이라 한다) 제85조 제1항 제1호는 '거짓이나 그 밖의 부정한 방법으로 이 법에 따른 보상을 받거나 보상을 받게 한 사람'을 형사처벌하고 있는데, 여기서 '거짓이나 그 밖의 부정한 방법으로 보상을 받는 행위'라 함은 주관적으로 거짓 또는 부정한 방법임을 인식하면서 적극적인 방법으로 받을 수 없는 보상을 받는 것을 말한다. 따라서 구 국가유공자법 제5조 제1항 제1호의 배우자가 국가유공자가 아닌 다른 사람과의 사실혼으로 보상을 받는 국가유공자의 유족 또는 가족에 해당하지 않게 됨에 따라 같은 법 제6조의2 제1항 제3호에 따른 신고 사유가 발생하였음을 알면서도 그 신고의무를 태만히 한 것만으로는 이에 해당한다고 할 수 없다.

【참조조문】 구 국가유공자 등 예우 및 지원에 관한 법률(2023. 3. 4. 법률 제19228호로 개정되기 전의 것) 제5조 제1항 제1호, 제2항, 제6조 제1항, 제6조의2 제1항 제3호, 제85조 제1항 제1호
【참조판례】 대법원 2014. 2. 27. 선고 2012두9543 판결
【전 문】【피 고 인】피고인 【상 고 인】피고인
【변 호 인】변호사 강봉철 외 1인
【원심판결】 창원지법 2020. 11. 27. 선고 2020노848 판결

【주 문】

원심판결을 파기하고, 사건을 창원지방법원에 환송한다.

【이 유】

1. 상고이유를 판단한다.

   원심은 그 판시와 같은 사정에 비추어 볼 때, 피고인과 공소외 1은 혼인의사의 합치에 따라 부부 공동생활을 하였던 것으로 보인다고 판단하였는바, 적법하게 채택된 증거들에 비추어 살펴보면 원심의 이러한 판단은 정당한 것으로 수긍이 가고 거기에 상고이유 주장과 같이 논리와 경험의 법칙을 위반하여 자유심증주의의 한계를 벗어나는 등의 위법이 없다. 나아가 원심의 판단에 위헌인 법률조항을 적용한 잘못도 없다.

2. 직권으로 판단한다.

   가. 공소사실의 요지

   피고인은 1974. 6. 28. 배우자인 공소외 2가 북한 경비함과 교전 중 사망하여 1986. 5. 23. 국가유공자의 배우자로 등록되었다가, 1995. 4. 12.경 공소외 1과 사실혼 관계에 있게 되어 국가유공자의 배우자에 해당하지 아니하게 되었다.

   피고인은 위와 같이 공소외 1과 사실혼 관계에 있게 된 경우 국가보훈처장에게 신고하여야 함에도 불구하고 이를 신고하지 아니하고, 2012. 11.경 마치 위 사실혼 관계가 없었던 것처럼 보훈급여금 1,329,000원을 피고인 명의 우체국 계좌(계좌번호: 생략)로 송금받은 것을 비롯하여 그때부터 2019. 9.경까지 총 63회에 걸쳐 128,337,000원을 송금받았다.

   이로써 피고인은 거짓이나 그 밖의 부정한 방법으로 국가유공자 등 예우 및 지원에 관한 법률에 따른 보상을 받았다.

   나. 원심의 판단

   원심은 그 채택 증거들을 종합하여, 피고인이 공소외 1과 혼인의사의 합치에 따라 부부공동생활을 하였던 것으로 보인다고 인정한 다음, 피고인이 공소외 1과 사실혼 관계에 있게 된 사실을 신고하지 않고 보훈급여금을 수령하였다는 이 사건 공소사실에 대하여 구「국가유공자 등 예우 및 지원에 관한 법률」(2023. 3. 4. 법률 제19228호로 개정되기 전의 것, 이하 '구 국가유공자법'이라 한다) 제85조 제1항 제1호를 적용하여 유죄로 판단한 제1심판결을 그대로 유지하였다.

   다. 대법원의 판단

   그러나 원심의 판단은 다음과 같은 이유로 그대로 수긍하기 어렵다.

   1) 구 국가유공자법 제5조 제1항 제1호 및 제2항에 의하면, 구 국가유공자법에 따라 보상을 받는 국가유공자의 유족이나 가족의 범위에 배우자 또는 사실혼 관계에 있는 사람이 포함되지만, 그 배우자 및 사실혼 관계에 있는 사람이 국가유공자와 혼인 또는 사실혼 후 그 국가유공자가

아닌 다른 사람과 사실혼 관계에 있거나 있었던 경우는 제외된다. 구 국가유공자법 제6조 제1항은 국가유공자, 그 유족 또는 가족이 되려는 사람은 대통령령으로 정하는 바에 따라 국가보훈처장에게 등록을 신청하여야 한다고 정하는데, 구 국가유공자법 제6조의2 제1항 제3호에 의하면, 위 제6조 제1항에 따른 등록신청 대상자는 국가유공자의 유족 또는 가족이 제5조에 따른 유족 또는 가족에 해당하지 아니하게 된 경우 총리령으로 정하는 바에 따라 지체 없이 국가보훈처장에게 신고하여야 한다.

한편 구 국가유공자법 제85조 제1항 제1호는 '거짓이나 그 밖의 부정한 방법으로 이 법에 따른 보상을 받거나 보상을 받게 한 사람'을 형사처벌하고 있는데, 여기서 '거짓이나 그 밖의 부정한 방법으로 보상을 받는 행위'라 함은 주관적으로 거짓 또는 부정한 방법임을 인식하면서 적극적인 방법으로 받을 수 없는 보상을 받는 것을 말한다(대법원 2014. 2. 27. 선고 2012두9543 판결 등 참조). 따라서 구 국가유공자법 제5조 제1항 제1호의 배우자가 국가유공자가 아닌 다른 사람과의 사실혼으로 인해 보상을 받는 국가유공자의 유족 또는 가족에 해당하지 아니하게 됨에 따라 같은 법 제6조의2 제1항 제3호에 따른 신고 사유가 발생하였음을 알면서도 그 신고의무를 태만히 한 것만으로는 이에 해당한다고 할 수 없다.

2) 원심이 적법하게 채택한 증거에 의하면, 피고인은 구 국가유공자법 제5조 제1항 제1호에 따라 보상을 받을 수 있는 배우자로서 정당하게 보상금을 수령하여 오던 중 그 판시와 같이 공소외 1과 사실혼 관계를 형성하였음에도 이를 신고하지 아니하였을 뿐임을 알 수 있다. 사정이 이와 같다면 피고인은 신고의무를 태만히 한 것에 불과하고 피고인이 그에 더 나아가 적극적인 방법을 통해 보상금을 수령한 것이라고 단정하기 어렵다. 그런데도 이와 달리 원심은 이 사건 공소사실을 유죄로 판단한 제1심판결을 그대로 유지하고 말았으니 이러한 원심판단에는 구 국가유공자법 제85조의 '거짓 그 밖의 부정한 방법'에 관한 법리를 오해하여 필요한 심리를 다하지 아니함으로써 판결에 영향을 미친 위법이 있다.

3. 결 론

그러므로 원심판결을 파기하고, 사건을 다시 심리·판단하도록 원심법원에 환송하기로 하여, 관여 대법관의 일치된 의견으로 주문과 같이 판결한다.

ⓒ 대법원 2024. 01. 04. 선고 2023도2836 판결 [물가안정에관한법률위반]

【판시사항】

[1] 물가안정에 관한 법률 제7조와 구 '마스크 및 손소독제 매점매석 행위 금지 등에 관한 고시'(기획재정부고시) 제5조가 결합하여 물가안정에 관한 법률 제26조, 제7조 위반죄의 실질적 구성요건을 이루는 보충규범으로 작용하는지 여부(적극)

[2] 물가안정에 관한 법률 제26조, 제7조 위반죄는 '폭리 목적'을 범죄성립요건으로 하는 목적범인지 여부(적극) 및 '폭리 목적'이 엄격한 증명의 대상인지 여부(적극) / '폭리 목적'에 대한 증명책임 소재(=검사) 및 증명 방법

[3] 구 '마스크 및 손소독제 매점매석 행위 금지 등에 관한 고시'(기획재정부고시) 제5조 제1항에서 정한 '영업'의 의미

【판결요지】

[1] 물가안정에 관한 법률(이하 '물가안정법'이라 한다) 제7조는 사업자로 하여금 폭리를 목적으로 물품을 매점하거나 판매를 기피하는 행위로서 기획재정부장관이 물가의 안정을 해칠 우려가 있다고 인정하여 매점매석행위로 지정한 행위를 하여서는 아니 된다고 규정하면서 이를 위반한 행위에 대해 물가안정법 제26조에 따라 처벌하되, 구 '마스크 및 손소독제 매점매석 행위 금지 등에 관한 고시'(2020. 9. 28. 기획재정부고시 제2020-28호로 개정되기 전의 것) 제5조는 '2019. 1. 1. 이전부터 영업을 한 사업자(제1항 제1호)', '2019. 1. 1. 이후 신규로 영업을 한 사업자(제1항 제2호)', '2020. 1. 1. 이후 신규로 영업을 한 사업자(제1항 제3호)'로 나누어 매점매석행위에 관한 판단 기준을 정하였다. 행정규칙인 고시가 법령의 수권에 따라 법령을 보충하는 사항을 정한 경우에 근거 법령규정과 결합하여 대외적으로 구속력이 있는 법규명령으로서 성질과 효력을 가지게 되므로, 물가안정법 제7조와 위 고시 제5조가 결합하여 물가안정법 제26조, 제7조 위반죄의 실질적 구성요건을 이루는 보충규범으로 작용한다.

[2] 물가안정에 관한 법률 제26조, 제7조 위반죄는 초과 주관적 위법요소인 '폭리 목적'을 범죄성립요건으로 하는 목적범이므로, '폭리 목적'은 고의와 별도로 요구됨은 물론 엄격한 증명의 대상이 된다. '폭리 목적'에 대한 증명책임도 검사에게 있으므로, 행위자가 구 '마스크 및 손소독제 매점매석 행위 금지 등에 관한 고시'(2020. 9. 28. 기획재정부고시 제2020-28호로 개정되기 전의 것) 제5조에서 정한 매점매석행위를 하였다는 사실만으로 폭리 목적을 추정할 수는 없다. 다만 행위자에게 폭리 목적이 있음을 증명할 직접증거가 없는 경우에도 피고인이 해당 물품을 매입한 시점·경위, 판매를 위한 노력의 정도, 판매에 이르지 못한 사정, 해당 물품의 시가 변동 및 시장 상황, 매입 및 판매 형태·수량 등 간접사실을 종합적으로 고려하여 판단할 수 있다.

[3] 구 '마스크 및 손소독제 매점매석 행위 금지 등에 관한 고시'(2020. 9. 28. 기획재정부고시 제2020-28호로 개정되기 전의 것) 제5조 제1항에서 정한 '영업'은 해당 사업자에게 실제로 판매 또는 생산의 결과가 발생한 경우만을 의미하는 것이 아니라, 사업자가 직접적·구체적으로 판매

> 또는 생산행위에 착수한 경우는 물론 객관적으로 보아 판매 또는 생산을 위한 준비행위를 한 경우라면 널리 이에 포함된다고 봄이 타당하다.

【참조조문】 [1] 물가안정에 관한 법률 제7조, 제26조, 구 마스크 및 손소독제 매점매석 행위 금지 등에 관한 고시(2020. 9. 28. 기획재정부고시 제2020-28호로 개정되기 전의 것, 2021. 7. 7. 폐지) 제5조 [2] 물가안정에 관한 법률 제7조, 제26조, 구 마스크 및 손소독제 매점매석 행위 금지 등에 관한 고시(2020. 9. 28. 기획재정부고시 제2020-28호로 개정되기 전의 것, 2021. 7. 7. 폐지) 제5조, 형사소송법 제307조, 제308조 [3] 구 마스크 및 손소독제 매점매석 행위 금지 등에 관한 고시(2020. 9. 28. 기획재정부고시 제2020-28호로 개정되기 전의 것, 2021. 7. 7. 폐지) 제5조 제1항
【전 문】【피 고 인】피고인 1 외 1인 【상 고 인】피고인들
【원심판결】 부산고법 2023. 2. 8. 선고 (창원)2021노373 판결

【주 문】

원심판결 중 피고인들에 대한 유죄 부분을 모두 파기하고, 이 부분 사건을 부산고등법원에 환송한다.

【이 유】

상고이유를 판단한다.

1. 긴급수급조정조치 위반에 따른 「물가안정에 관한 법률」 위반의 점

   이 부분 상고이유는 결국 사실심인 원심의 전권사항에 속하는 증거의 취사선택과 사실인정을 다투는 취지일 뿐만 아니라 피고인들이 항소이유로 주장하거나 원심이 직권으로 심판대상으로 삼지 않은 것이어서 어느 모로 보나 부적법하다.

2. 매점매석행위금지 위반에 따른 「물가안정에 관한 법률」 위반의 점

가. 관련 법리

   1) 「물가안정에 관한 법률」(이하 '물가안정법'이라 한다) 제7조는 사업자로 하여금 폭리를 목적으로 물품을 매점하거나 판매를 기피하는 행위로서 기획재정부장관이 물가의 안정을 해칠 우려가 있다고 인정하여 매점매석행위로 지정한 행위를 하여서는 아니 된다고 규정하면서 이를 위반한 행위에 대해 물가안정법 제26조에 따라 처벌하되, 구 「마스크 및 손소독제 매점매석 행위 금지 등에 관한 고시」(2020. 9. 28. 기획재정부고시 제2020-28호로 개정되기 전의 것, 이하 '이 사건 고시'라 한다) 제5조는 '2019. 1. 1. 이전부터 영업을 한 사업자(제1항 제1호)', '2019. 1. 1. 이후 신규로 영업을 한 사업자(제1항 제2호)', '2020. 1. 1. 이후 신규로 영업을 한 사업자(제1항 제3호)'로 나누어 매점매석행위에 관한 판단 기준을 정하였다. 행정규칙인 고시가 법령의 수권에 따라 법령을 보충하는 사항을 정한 경우에 근거 법령규정과 결합하여 대외적으로 구속력이 있는 법규명령으로서 성질과 효력을 가지게 되므로, 물가안정법 제7조와 이 사건 고시 제5조가 결합하여 물가안정법 제26조, 제7조 위반죄의 실질적 구성요건을 이루는 보충규범으로 작용한다.

2) 물가안정법 제26조, 제7조 위반죄는 초과 주관적 위법요소인 '폭리 목적'을 범죄성립요건으로 하는 목적범이므로, '폭리 목적'은 고의와 별도로 요구됨은 물론 엄격한 증명의 대상이 된다. '폭리 목적'에 대한 증명책임도 검사에게 있으므로, 행위자가 이 사건 고시 제5조에서 정한 매점매석행위를 하였다는 사실만으로 폭리 목적을 추정할 수는 없다. 다만 행위자에게 폭리 목적이 있음을 증명할 직접증거가 없는 경우에도 피고인이 해당 물품을 매입한 시점·경위, 판매를 위한 노력의 정도, 판매에 이르지 못한 사정, 해당 물품의 시가 변동 및 시장 상황, 매입 및 판매 형태·수량 등 간접사실을 종합적으로 고려하여 판단할 수 있다.

3) 이 사건 고시 제5조 제1항에서 정한 '영업'은 해당 사업자에게 실제로 판매 또는 생산의 결과가 발생한 경우만을 의미하는 것이 아니라, 사업자가 직접적·구체적으로 판매 또는 생산행위에 착수한 경우는 물론 객관적으로 보아 판매 또는 생산을 위한 준비행위를 한 경우라면 널리 이에 포함된다고 봄이 타당하다.

나. 원심 판단

원심은 판시와 같은 이유로, 피고인 2 주식회사(이하 '피고인 회사'라 한다)가 2019. 12. 31. 이전에 마스크 재고를 보유하였거나 마스크 매출을 발생시켰다고 볼 자료가 없는 이상 '2020. 1. 1. 이후 신규로 영업을 한 사업자'에 해당하므로, 피고인들이 물가안정법 제7조 및 이 사건 고시 제5조에서 정한 매점매석행위를 한 사실이 인정된다고 판단하였다.

다. 대법원 판단

1) 원심판결 이유를 관련 법리 및 원심이 적법하게 채택한 증거에 비추어 살펴보면, 이러한 원심의 판단은 다음과 같은 이유에서 수긍할 수 없다.

가) 피고인들에 대하여 2020. 3.경부터 마스크 판매와 관련한 수사가 시작되었는데, 피고인들은 수사기관 이래 원심법정에 이르기까지 일관되게 이 부분 공소사실에 기재된 사실관계 자체를 인정하면서도 '2020. 1. 1. 이전에 영업을 개시하였고, 폭리 목적도 없었다.'는 취지로 주장하였다.

나) 원심이 적법하게 채택한 증거에 이 부분 공소사실 및 긴급수급조정조치 위반에 따른 물가안정법 위반의 점에 관한 공소사실을 더하여 보면, 피고인들은 2010. 1. 31.경부터 2020. 5.경까지 적어도 약 45만 6천 장의 마스크를 전부 공공기관 또는 관공서에 공급·판매하였고, 마스크 부족으로 의료기관에서 수술을 못한다는 소식을 접한 후인 2020. 3.경에는 경남 소재 의료기관에도 마스크 공급이 가능하다는 취지의 판매 광고 문자메시지를 발송하는 등 적법하게 마스크를 판매·공급하기 위한 노력을 계속한 사실, 이 부분 공소사실에 기재된 마스크의 매입단가는 1,940원 또는 1,960원이고, 이 부분 공소사실 일시경인 2020. 4. 22.부터 2020. 6. 5.까지 피고인 회사가 공공기관·관공서에 공급한 약 35만 장의 판매단가는 1,200원 내지 2,500원인 사실을 알 수 있다. 위와 같은 사정은 피고인들이 지속적으로 판매를 위한 노력을 한 정황이자 폭리를 목적으로 마스크를 매점하거나 판매를 기피한 행위와는 배치되는 대표적인 정황이다. 또한 실제 판매단가는 물론 피고인 회사가 의료기관에 판매 광고 문자메시지를 발송하였을 당시에 제시하였던 판매단가 역시 마스크의 당시 시장가격과 별다른 차이가 없는바, 여기에다가 유통비용 등까지

고려하면 피고인들이 직접 취득한 이윤 또는 이득의 규모가 미미한 수준에 불과한 것은 물론 피고인들의 판매 형태·수량 및 시가 변동·시장 상황에 비추어 보더라도 이는 '폭리 목적'과는 상당히 배치되는 정황이다.

다) 더욱이 피고인 회사는 2019. 10.경에 조달청이 운영하는 나라장터 종합쇼핑몰에 '마스크(제조사: 생략)'를 판매한다는 내용의 물품등록을 하여 2019. 10. 11.부터 2022. 10. 30.까지의 다수공급자계약 방식의 조달계약을 체결하였으나, 코로나바이러스 감염증 사태에 따른 마스크 긴급수급조정조치로 말미암아 조달청의 지시로 조달판매가 일시 정지된 상태에서 2020. 6. 26.경 기존 다수공급자계약이 일괄하여 해지 처리되었다. 피고인 회사가 주로 마스크를 판매·공급한 상대방이 공공기관·관공서라는 점에 비추어 보면, 피고인들에 대하여 2020. 3.경부터 마스크 판매와 관련한 수사가 개시된 상황에서 조달청의 조달판매 일시 정지조치 및 기존 다수공급자계약 일괄 해지 조치까지 더하여 이루어지는 바람에 피고인들이 확보·매입한 마스크의 완전한 판매에 이르지 못하였거나 그것이 통상적인 판매를 지연시킨 주된 원인이 되었을 가능성을 배제하기 어렵다.

라) 한편 피고인 회사는 2019. 5. 16. '방진마스크, 보건용 마스크'에 대하여 국가종합전자조달시스템 경쟁입찰참가자격을 등록하였고, 2019. 9. 24. 법인 등기부에 '마스크 판매업' 등을 목적사업으로 추가하였으며, 앞서 본 바와 같이 2019. 10.경 조달청이 운영하는 나라장터 종합쇼핑몰에 '마스크(제조사: 생략)'를 판매한다는 내용의 물품등록도 하여 2019. 10. 11.부터 2022. 10. 30.까지의 조달계약을 체결하였으나, 조달청의 지시로 조달판매가 일시 정지된 상태에서 2020. 6. 26.경 기존 다수공급자계약이 일괄하여 해지 처리되었다. 즉, 피고인 회사는 2019. 5. 16.부터 마스크 판매 영업을 실질적으로 개시하였거나 객관적으로 해당 영업의 준비행위를 시작한 것으로 보이며, 특히 2019. 10.경 다수공급자계약 방식의 조달계약을 체결함으로써 구체적·직접적인 영업행위를 시작하였다고 볼 여지가 많고, 단지 예상하지 못한 외부적 요인으로 인하여 실제 판매에 이르지 못하였다고 볼 수 있다. 따라서 피고인 회사가 이 사건 고시 제5조 제1항 제3호에서 정한 '2020. 1. 1. 이후 신규 영업을 한 사업자'에 해당한다고 단정하기 어렵고, 오히려 이 사건 고시 제5조 제1항 제2호에서 정한 '2019. 1. 1. 이후 신규로 영업을 한 사업자'에 해당한다고 볼 여지가 상당히 있어 보인다.

2) 그럼에도 원심은 판시와 같은 이유만으로 피고인들에 대한 이 부분 공소사실을 유죄로 판단하였는바, 이러한 원심의 판단에는 물가안정법 제7조의 '폭리 목적' 및 이 사건 고시 제5조 제1항의 '영업' 개시시점에 관한 법리를 오해함으로써 판결에 영향을 미친 잘못이 있다.

3) 따라서 원심판결의 피고인들에 대한 유죄 부분 중 판시 매점매석행위금지 위반에 따른 물가안정법 위반의 점에 관한 부분은 모두 파기되어야 하는데, 이 부분은 유죄로 인정된 나머지 부분과 실체적 경합 관계에 있어 하나의 형이 선고되었으므로, 결국 원심판결 중 피고인들에 대한 유죄 부분은 모두 파기되어야 한다.

3. 결론

그러므로 원심판결 중 피고인들에 대한 유죄 부분을 모두 파기하고, 이 부분 사건을 다시 심리·판단하도록 원심법원에 환송하기로 하여, 관여 대법관의 일치된 의견으로 주문과 같이 판결한다.

Ⓑ 대법원 2024. 01. 04. 선고 2023도2982 판결 [장애인차별금지및권리구제등에관한법률위반·사문서위조·위조사문서행사]

【판시사항】

장애인차별금지 및 권리구제 등에 관한 법률 제49조 제1항에서 정한 범죄구성요건에 관한 증명책임의 소재(=검사) 및 그 증명의 내용과 정도 / 어떠한 장애를 가진 사람에 대하여 이루어진 괴롭힘 등 부당한 취급이 해당 장애를 주된 사유로 한 것이 아니라거나 장애가 없는 사람과 차별적으로 이루어진 것이 아닌 경우, 위 조항이 적용될 수 있는지 여부(소극)

【판결요지】

장애인차별금지 및 권리구제 등에 관한 법률(이하 '장애인차별금지법'이라 한다)의 입법 목적과 체계·내용 등에 비추어 보면, 장애인차별금지법 제49조 제1항에서 정한 형사처벌의 대상은 '장애를 사유로 한 악의적인 차별행위'로서, 범죄구성요건에 해당하는 사항인 ① 차별행위의 존재, ② 차별이 장애를 사유로 한 것일 것, ③ 악의적일 것에 관하여는 검사에게 엄격한 증명책임이 있다. 이때 '차별행위의 존재'에 대하여는 비장애인과 비교하여 장애인을 불리하게 대하였다는 점이, '장애를 사유로 한 차별행위'에 대하여는 장애인의 성별, 장애의 유형·정도·특성 등을 충분히 고려하여 차별의 주된 원인이 장애라는 점이 각각 증명되어야 하고(제5조), '악의성'에 대하여는 장애인차별금지법 제49조 제2항의 개정 경과·이유, 시행시기 등을 고려하여 해당 조문의 각호에서 정한 사항이 구체적으로 증명되어야 한다. 따라서 어떠한 장애를 가진 사람에 대하여 이루어진 괴롭힘 등 부당한 취급이 해당 장애를 주된 사유로 한 것이 아니라거나 장애가 없는 사람과 차별적으로 이루어진 것이 아닌 경우에는, 그러한 부당한 취급 자체가 별도의 민사·형사·행정적 제재의 대상이 될 수 있음은 별론으로 하더라도 장애를 주된 사유로 하는 비장애인과의 악의적인 차별행위를 형사처벌의 대상으로 정한 장애인차별금지법 제49조 제1항이 적용된다고 볼 수는 없다.

【참조조문】 장애인차별금지 및 권리구제 등에 관한 법률 제1조, 제3조 제21호, 제4조 제1항 제1호, 제5조, 제32조 제4항, 제49조 제1항, 제2항, 구 장애인차별금지 및 권리구제 등에 관한 법률(2017. 12. 19. 법률 제15272호로 개정되기 전의 것) 제49조 제1항, 제2항
【전 문】【피 고 인】 피고인 【상 고 인】 피고인 【변 호 인】 법무법인 여의 담당변호사 오영신 외 1인
【원심판결】 서울북부지법 2023. 2. 14. 선고 2022노848 판결

【주 문】

원심판결 중 유죄 부분을 파기하고, 이 부분 사건을 서울북부지방법원에 환송한다.

【이 유】

상고이유를 판단한다.

1. 「장애인차별금지 및 권리구제 등에 관한 법률」 위반의 점에 관한 공소사실 요지

피고인은 서울 노원구 (주소 생략)에 있는 (사찰명 생략)사의 주지스님(법명: ○○)이다. 피해자 공소외 1은 지적장애 3급의 장애인으로 1985년경부터 2017. 12. 말경까지 (사찰명 생략)사에서 생활하였고, 2000년경부터 피고인의 지시에 따라 예불, 기도 등을 담당하는 노전스님(법명: △△) 역할을 하면서 마당 쓸기, 잔디 깎기, 농사, 제설작업, 각종 경내 공사 등의 일을 하였다.

피고인은 2008. 4. 11.부터 2017. 12. 31.까지 (사찰명 생략)사에서 피해자가 지적장애로 인해 보시를 요구하지 않는다는 점을 악용하여 매일 04:00경부터 22:00경까지 예불, 기도, 마당 쓸기, 잔디 깎기, 농사, 제설 작업, 각종 경내 공사 등 노동을 하게 하고도 제1심 별지 범죄일람표 기재와 같이 합계 129,295,200원 상당의 급여를 지급하지 아니함으로써 악의적으로 장애를 이유로 피해자에게 금전적 착취를 하였다.

2. 원심 판단

원심은 판시와 같은 이유로, 피고인이 지적장애가 있는 피해자에게 일을 시키고도 급여를 지급하지 않음으로써 장애를 이유로 한 금전적 착취를 하였고, 이는 악의적인 차별행위에 해당한다는 이유로 이 부분 공소사실을 유죄로 인정하였다.

3. 대법원 판단

가. 관련 법리

1) 「장애인차별금지 및 권리구제 등에 관한 법률」(이하 '장애인차별금지법'이라 한다)은 모든 생활영역에서 장애를 이유로 한 차별을 금지하고 장애를 이유로 차별받은 사람의 권익을 효과적으로 구제함으로써 장애인의 완전한 사회참여와 평등권 실현을 통하여 인간으로서의 존엄과 가치를 구현함을 입법 목적으로 하여(제1조), '괴롭힘 등'에 금전적 착취가 포함되는 것으로 정의하면서(제3조 제21호), 누구든지 장애를 이유로 사적인 공간, 가정, 시설, 직장, 지역사회 등에서 장애인에게 금전적 착취를 하여서는 아니 됨을 명시하여 '괴롭힘 등'을 금지하였다(제32조 제4항). 또한 장애인차별금지법은 차별행위의 하나로 '장애를 사유로 정당한 사유 없이 제한·배제·분리·거부 등에 의하여 장애인을 불리하게 대하는 경우'를 정하였고(제4조 제1항 제1호), 이 법에서 금지한 차별행위가 악의적인 경우에는 형사처벌의 대상으로 하되(제49조 제1항), 구 장애인차별금지법(2017. 12. 19. 법률 제15272호로 개정되기 전의 것, 이하 같다)은 제49조 제1항에서 정한 '악의성'을 판단할 때 차별의 고의성(제1호), 차별의 지속성 및 반복성(제2호), 차별 피해자에 대한 보복성(제3호), 차별 피해의 내용 및 규모(제4호)를 '전부' 고려하여 판단하여야 한다고 정하였다(제49조 제2항). 한편 장애인차별금지법 제49조 제2항은 2017. 12. 19. 법률 제15272호로 개정된 것인데, 이는 구 장애인차별금지법 제49조 제2항에서 정하였던 차별행위의 악의성에 대한 판단요건이 지나치게 엄격함에 따라 구체적 사건마다 해당 판단요건을 적절히 고려하여 '악의성' 여부를 판단할 수 있도록 해당 조문의 각호에서 정한 사항을 '전부' 고려하도록 명시되어 있던 문구 중 '전부' 부분을 삭제하였다.

2) 장애인차별금지법의 입법 목적과 체계·내용 등에 비추어 보면, 장애인차별금지법 제49조 제1항에서 정한 형사처벌의 대상은 '장애를 사유로 한 악의적인 차별행위'로서, 범죄구성요건에

해당하는 사항인 ① 차별행위의 존재, ② 차별이 장애를 사유로 한 것일 것, ③ 악의적일 것에 관하여는 검사에게 엄격한 증명책임이 있다. 이때 '차별행위의 존재'에 대하여는 비장애인과 비교하여 장애인을 불리하게 대하였다는 점이, '장애를 사유로 한 차별행위'에 대하여는 장애인의 성별, 장애의 유형·정도·특성 등을 충분히 고려하여 차별의 주된 원인이 장애라는 점이 각 증명되어야 하고(제5조), '악의성'에 대하여는 장애인차별금지법 제49조 제2항의 개정 경과·이유, 시행시기 등을 고려하여 해당 조문의 각호에서 정한 사항이 구체적으로 증명되어야 한다. 따라서 어떠한 장애를 가진 사람에 대하여 이루어진 괴롭힘 등 부당한 취급이 해당 장애를 주된 사유로 한 것이 아니라거나 장애가 없는 사람과 차별적으로 이루어진 것이 아닌 경우에는, 그러한 부당한 취급 자체가 별도의 민사·형사·행정적 제재의 대상이 될 수 있음은 별론으로 하더라도 장애를 주된 사유로 하는 비장애인과의 악의적인 차별행위를 형사처벌의 대상으로 정한 장애인차별금지법 제49조 제1항이 적용된다고 볼 수는 없다.

나. 원심판결 이유를 위 법리 및 적법하게 채택한 증거에 비추어 살펴보면, 이 부분 원심의 판단은 다음과 같은 이유에서 수긍할 수 없다.

1) 피고인은 수사기관 이래 원심법정에 이르기까지 일관되게 '피해자가 (사찰명 생략)사에 거주하였던 30여 년 동안 함께 거주하였던 스님 중 비장애인도 여럿 있었고, 이들에게도 피해자와 마찬가지로 별도의 급여를 지급한 적이 없다.'고 주장하였다. 그런데 피고인이 피해자와 같은 시기에 (사찰명 생략)사에 거주하였던 행자·노전스님·스님 등 종교인으로 볼 여지가 있는 사람 중에서 비장애인에게만 급여를 지급하였다거나, 장애인인 피해자에게만 공소사실에 기재된 '예불·기도·마당 쓸기·잔디 깎기·농사·제설 작업·각종 경내 공사 등 노동'을 담당하게 하는 등 비장애인과 비교하여 피해자를 차별적으로 대하였다는 점을 인정할 아무런 증거가 없다. 이는 장애인차별금지법 제49조 제1항의 구성요건 중 '장애를 이유로 한 차별행위의 존재' 자체를 인정하기 어려운 대표적인 사정에 해당한다.

2) 피고인은 물론 (사찰명 생략)사에 거주한 다른 스님·직원·신도들 모두 피해자를 약 20년 이상 노전스님으로 대우하여 왔으며 실제로 피해자가 승복을 입고서 예불·제사 등 노전스님의 역할을 계속적으로 수행하여 온 점에 비추어 보면, 피해자가 불교계 내 특정 종단(조계종)의 승려법상 승려의 자격을 갖추었는지 여부는 해당 종단과의 관계에서 의미가 있을 뿐 피고인이 (사찰명 생략)사 내에서 피해자를 비장애인과 비교하여 차별적으로 대우하였다는 점과 관련하여 별다른 의미를 가진다고 볼 수 없다. 피고인이 (사찰명 생략)사의 사무장 공소외 2에게는 보수를 지급하였으나, 공소외 2는 종교인이 아니라 사찰의 일반 직원에 불과하므로 법적지위·역할이 전혀 달라서 피해자와의 관계에서 비교대상이 되기 어렵다는 점에서 장애인차별금지법에서 정한 '차별행위의 존재'를 뒷받침하는 사정이 된다고 보기 어렵다. 검사가 제출한 그 밖의 증거 중, ① 스님 일반의 소득 관련 논문은 장애인 스님에 대한 차별적 취급에 관한 객관적 자료가 될 수 없음은 물론 그에 따르더라도 2009년경에는 월 소득이 없는 비율이 60% 이상이나 되고, 2011년경에는 월 소득이 있는 스님 중 약 60% 정도는 '50만 원 이하'에 불과하여 피고인이 피해자에 대하여 한 대우와 크게 다르지 않거나 피해자에 대하여 이루어진 비금전적 대우까지 감안하면 피해자가 더 나은 대우를 받은 것으로 볼 여지도 많아 보이는 점, ② 구직 사이트 관련 자료는 이 부분 공소사실의 범행 시기로부터 최소 3년 이상이 경과된 시점인

2020년 무렵의 것일 뿐만 아니라 명시적인 급여지급 약정이 전제된 경우에 한정된 것인 점 등에 비추어, 이러한 증거 역시 피해자에 대한 '장애를 이유로 한 차별행위의 존재' 사실에 관한 증명력을 지닌다고 볼 수 없다.

3) 나아가, 원심판결 이유에 따라 인정된 아래의 사정을 고려할 때 피고인이 피해자에 대하여 행한 행위에 구 장애인차별금지법 제49조 제2항에 따른 '악의성'이 있었다고 단정하기도 어려워 보인다.

가) 피해자의 부친 및 계모는 액취증 치료 후유증과 지적장애가 있었던 피해자를 키우기 어렵다는 이유로 양육을 포기하고 피해자를 의탁할 곳을 물색하던 중 (사찰명 생략)사 스님이던 피고인에게 피해자를 맡겼고, 이에 피고인이 피해자가 미성년자 시절이던 1985년부터 30여 년 동안 (사찰명 생략)사에 거주하게 하였다. 피고인은 그 과정에서 피해자 및 그 부모·가족으로부터 피해자의 의탁에 따른 아무런 대가를 지급받지 않았고, 오히려 피해자를 약 10년 동안 '행자'로 대우하고 그 후 20여 년 동안 '노전스님'으로 대우하였으며, 피해자 또한 신도들로부터 노전스님으로 대우받으면서 불경을 암송하여 각종 예불 등을 주재하거나 참여하는 등 노전스님으로서의 역할을 수행하였다.

나) 피고인은 위 기간 중 단순히 피해자의 의식주 비용을 책임지는 것을 넘어 실질적인 보호자로서 피해자의 뇌 수술비·입원비, 당뇨병 신경합병증 등 내분비내과·피부과 등 수술비·입원비·외래 진료비, 약 2,700만 원에 달하는 치아 임플란트 비용 등 상당한 액수의 의료비를 전액 부담하는 한편, 2001년경 및 2015년경부터 피해자를 피보험자로 한 2개의 상해보험 등에 가입하여 보험료까지 모두 납입하였음은 물론 피해자를 위한 다수의 국내외 여행비·해외 성지순례비까지 전부 부담하였다.

다) 피고인이 2016년경 피해자 명의로 매수한 시가 약 2억 원의 부동산에 관한 피고인의 「부동산 실권리자명의 등기에 관한 법률」위반의 점에 대하여 명의신탁 약정의 존재에 대한 증명이 없음을 이유로 무죄판결이 확정되었을 뿐만 아니라, 피고인이 수사기관 이래 원심법정에 이르기까지 '피해자를 위한 모든 생활비용을 부담하였고 피해자의 노후를 위해 부동산을 매수하였다.'라는 취지로 일관되게 주장한 점, 피고인이 위 부동산에 앞서 피해자 명의로 구입해 준 부동산 역시 피해자가 피고인 모르게 공소외 2와 상의하여 매각하고 공소외 2가 그 대금을 피해자로부터 차용하여 소비하는 등 피해자가 소유자로서의 권한을 실제 행사한 점까지 더하여 보면, 피해자에게 법률상 소유권이 귀속된 것이라고 볼 여지가 크다.

라) 피고인이 피해자를 위하여 가입한 후 보험료를 납입한 2개의 상해보험은 피해자가 그중 일부를 해지하여 환급금을 직접 수령하였을 뿐 피고인이 이와 관련하여 경제적 이익을 취한 적은 없어 보이고, 피해자의 장애 관련 수당 역시 피해자 또는 그의 가족이 직접 취급·수령하였을 뿐 피고인은 이에 관여한 사실이 없어 보인다.

마) 피해자의 사찰 내 노전스님으로서의 신분·역할과 종교적 성격을 도외시한 채 단순히 사찰 내 종교적 의례 집전을 비롯한 각종 용역의 제공이라는 근로자로서의 측면만을 고려하더라도, 이 부분 공소사실에 기재된 미지급 급여액이 합계 약 1억 3,000만 원인 반면, 앞서 본 바와 같이 피고인이 피해자를 위해 30여 년 동안 부담한 의식주, 의료비, 보험료, 여행비, 성지순례비는 물론 피해자 명의로 매수한 부동산 가액까지 더하면 미지급 급여액

을 훨씬 초과한다고 볼 여지가 큰 점에 비추어 보면, 구 장애인차별금지법 제49조 제2항 제4호의 '차별 피해' 및 그 일환으로서 제32조 제4항의 '금전적 착취'가 존재하는지에 관하여도 상당한 의문이 든다.

바) 피고인에게 구 장애인차별금지법 제49조 제2항 각호에서 정한 사항 중 '피해자에 대한 보복성(제3호)'을 인정할 별다른 증거가 없는 상황에서, 위와 같이 '차별 피해(제4호)'의 존재에 관하여 의문이 드는 이상, '차별의 고의성·지속성·반복성(제1호, 제2호)'에 관한 증명 역시 있다고 보기 어렵다. 특히 이 사건은 구 장애인차별금지법 제49조 제2항이 적용되는 사안으로서, 해당 조문의 각호에서 정한 사항을 '전부' 고려하여야 하는데, 앞서 본 각 사정에 비추어 검사가 제출한 증거만으로는 구 장애인차별금지법 제49조 제2항에서 정한 '악의성'이 충분히 증명되었다고 볼 수도 없다.

사) 앞서 본 바와 같이 피해자가 20여 년 동안 피고인 및 (사찰명 생략)사 신도들로부터 '노전스님'으로 대우받으면서 불경을 암송하여 각종 예불 등을 주재하거나 참여하는 등 일반적인 노전스님으로서의 역할을 수행할 수 있었던 점에 비추어 보면, 피해자로 하여금 사찰 내 종교적 사역에 비장애인 스님과 같은 지위에서 참여하도록 한 피고인의 조치가 '장애인의 완전한 사회참여와 평등권 실현'이라고 하는 장애인차별금지법의 취지에 오히려 부합하는 정황으로 볼 여지가 있을 뿐 '장애인에 대한 악의적인 차별행위'에 해당한다고 함부로 단정하기도 어렵다. 설령 피해자의 종교적 사역에 대한 충분한 금전적 보상이 이루어지지 아니한 것으로 인정되더라도, 그에 따른 민사적 손해배상 또는 형사처벌의 대상이 될 수 있음은 별론으로 하고, 그러한 사정만으로 당연히 장애인차별금지법 제49조 제1항 위반행위가 되는 것은 아니다.

4) 비록 피해자가 실제로 담당하였던 역할 중 사찰 내 승려 집단에서의 전통적 수행에 해당하는 '울력'을 행한 것으로 보기 어려운 '일부 경내 공사 업무'가 포함되어 있지만, 이는 피해자가 노전스님으로서 오랜 기간 행하였던 업무·역할에 비추어 일시적·보조적·부분적으로 담당하였던 것이지 해당 공사 업무를 직접 하였다고 보기 어렵고, 특히 피해자가 혼자 담당한 것이 아니라 피고인을 포함한 다른 스님 및 직원들과 같이 하였던 이상 피해자의 장애를 이유로 한 차별적인 업무에 해당한다거나 이 부분 공소사실과 관련하여 특별한 의미를 가진다고 볼 수 없다. 또한 피해자에 대한 총 12회의 폭행 혐의로 2019. 11. 30.경 벌금형이 확정된 피고인의 범행도 장애인·비장애인 여부와 무관하게 일상생활에서 발생할 수 있는 경미한 수준에 불과하여 이 부분 공소사실과 직접적 관련성을 인정하기 어렵고, 특히 그중 일부 범행일시는 이 부분 공소사실의 제1심 별지 범죄일람표에 기재된 바와 같이 피고인이 (사찰명 생략)사에 거주하지 않던 시기인 '2016. 10.경' 및 '2017. 4.경'과 겹친다는 점에서 그 자체로 모순된다. 특히 피고인은 해당 사건의 수사 초기부터 최초 공판과정까지 폭행 사실을 일관되게 부인하다가 형사재판이 계속되는 것에 부담을 느껴 변호인·신도들과의 협의를 거쳐 폭행 혐의를 인정한 것뿐이라고 주장하고, 여기에다가 해당 사건의 범행기간은 약 2년 정도여서 피해자가 (사찰명 생략)사에 거주한 30여 년 중 극히 일부에 지나지 않는 점, 범행 경위·수법·태양 및 피고인과 피해자의 오랜 관계 등에 비추어 이는 사찰 운영을 책임진 주지인 피고인의 피해자에 대한 경미한 수준의 우발적·일시적인 부적절한 행위라고 볼 수도 있는 점 등에 비추어, 이러한 사정 역시 이 부분 공소사실과 관련하여 특별한 의미를 가진다고 보기 어렵다.

다. 그럼에도 원심은 판시와 같은 이유만으로 이 부분 공소사실을 유죄로 판단하였는바, 이러한 원심의 판단에는 장애인차별금지법 제32조 제4항의 '장애를 이유로 한 금전적 착취', 구 장애인차별금지법 제49조의 '악의적 차별행위'에 관한 법리를 오해하여 필요한 심리를 다하지 아니함으로써 판결에 영향을 미친 잘못이 있다.

라. 이와 같은 이유로 원심판결 중 판시 장애인차별금지법 위반의 점에 관한 부분은 파기되어야 하는데, 원심은 위 파기 부분과 나머지 유죄 부분이 형법 제37조 전단의 경합범 관계에 있다고 보아 하나의 형을 선고하였으므로, 원심판결 중 유죄 부분은 전부 파기되어야 한다.

4. 결 론

그러므로 나머지 상고이유에 대한 판단을 생략한 채 원심판결 중 유죄 부분을 파기하고, 이 부분 사건을 다시 심리·판단하도록 원심법원에 환송하기로 하여, 관여 대법관의 일치된 의견으로 주문과 같이 판결한다.

제4편 형사소송법

제1장 총론

제2장 수사 및 공소제기

제3장 제1심 공판절차

제4장 상소심의 절차

제5장 특수절차

제1장 총 론

제2장 수사 및 공소제기

● 대법원 2023. 10. 18. 선고 2023도8752 판결 [아동·청소년의성보호에관한법률위반(위계등유사성행위)·아동·청소년의성보호에관한법률위반(성매수등)·아동·청소년의성보호에관한법률위반(성착취물제작·배포등)·성폭력범죄의처벌등에관한특례법위반(카메라등이용촬영·반포등)·미성년자의제강간·미성년자의제유사강간·아동복지법위반(아동에대한음행강요·매개·성희롱등)·성매매알선등행위의처벌에관한법률위반(성매매)]

【판시사항】

[1] 수사기관이 압수·수색영장을 제시하고 집행에 착수하여 압수·수색을 실시하고 집행을 종료한 후 그 영장의 유효기간 내에 동일한 장소 또는 목적물에 대하여 다시 압수·수색할 필요가 있는 경우, 종전의 압수·수색영장을 제시하고 다시 압수·수색을 할 수 있는지 여부(소극)

[2] 수사기관이 하드카피나 이미징 등(복제본)에 담긴 전자정보를 탐색하여 혐의사실과 관련된 정보(유관정보)를 선별하여 출력하거나 다른 저장매체에 저장하는 등으로 압수를 완료한 경우, 혐의사실과 관련 없는 전자정보(무관정보)를 삭제·폐기하여야 하는지 여부(적극) / 수사기관이 새로운 범죄 혐의의 수사를 위하여 무관정보가 남아 있는 복제본을 탐색, 복제 또는 출력할 수 있는지 여부(소극) 및 이때 수사기관이 열람할 수 있는 범위(=기존 압수·수색 과정에서 출력하거나 복제한 유관정보의 결과물)

[3] 헌법과 형사소송법이 정한 압수·수색절차의 내용 및 관련 규정 / 수사기관이 압수·수색영장의 집행기관으로서 준수하여야 할 적법절차의 내용

【판결요지】

[1] 형사소송법 제215조에 따른 압수·수색영장은 수사기관의 압수·수색에 대한 허가장으로서 거기에 기재되는 유효기간은 집행에 착수할 수 있는 종기를 의미하는 것이므로, 수사기관이 압수·수색영장을 제시하고 집행에 착수하여 압수·수색을 실시하고 그 집행을 종료하였다면 이미 그 영장은 목적을 달성하여 효력이 상실되는 것이고, 동일한 장소 또는 목적물에 대하여 다시 압수·수색할 필요가 있는 경우라면 그 필요성을 소명하여 법원으로부터 새로운 압수·수색영장을 발부받아야 하는 것이지, 앞서 발부받은 압수·수색영장의 유효기간이 남아 있다고 하여 이를 제시하고 다시 압수·수색을 할 수 없다.

[2] 수사기관은 하드카피나 이미징 등(이하 '복제본'이라 한다)에 담긴 전자정보를 탐색하여 혐의사

실과 관련된 정보(이하 '유관정보'라 한다)를 선별하여 출력하거나 다른 저장매체에 저장하는 등으로 압수를 완료하면 혐의사실과 관련 없는 전자정보(이하 '무관정보'라 한다)를 삭제·폐기하여야 한다. 수사기관이 새로운 범죄 혐의의 수사를 위하여 무관정보가 남아 있는 복제본을 열람하는 것은 압수·수색영장으로 압수되지 않은 전자정보를 영장 없이 수색하는 것과 다르지 않다. 따라서 복제본은 더 이상 수사기관의 탐색, 복제 또는 출력 대상이 될 수 없으며, 수사기관은 새로운 범죄 혐의의 수사를 위하여 필요한 경우에도 기존 압수·수색 과정에서 출력하거나 복제한 유관정보의 결과물을 열람할 수 있을 뿐이다.

[3] 수사기관이 압수 또는 수색을 할 때에는 처분을 받는 사람에게 반드시 적법한 절차에 따라 법관이 발부한 영장을 사전에 제시하여야 하고, 처분을 받는 자가 피의자인 경우에는 영장 사본을 교부하여야 하며(헌법 제12조 제3항 본문, 형사소송법 제219조 및 제118조), 피의자·피압수자 또는 변호인(이하 '피의자 등'이라 한다)은 압수·수색영장의 집행에 참여할 권리가 있으므로(형사소송법 제219조, 제121조) 수사기관이 압수·수색영장을 집행할 때에도 원칙적으로는 피의자 등에게 미리 집행의 일시와 장소를 통지하여야 하고(형사소송법 제219조, 제122조), 수사기관은 압수영장을 집행한 직후에 압수목록을 곧바로 작성하여 압수한 물건의 소유자·소지자·보관자 기타 이에 준하는 사람에게 교부하여야 한다(형사소송법 제219조, 제129조). 헌법과 형사소송법이 정한 절차와 관련 규정, 그 입법 취지 등을 충실히 구현하기 위하여, 수사기관은 압수·수색영장의 집행기관으로서 피압수자로 하여금 법관이 발부한 영장에 의한 압수·수색이라는 강제처분이 이루어진다는 사실을 확인할 수 있도록 형사소송법이 압수·수색영장에 필요적으로 기재하도록 정한 사항이나 그와 일체를 이루는 내용까지 구체적으로 충분히 인식할 수 있는 방법으로 압수·수색영장을 제시하고 피의자에게는 그 사본까지 교부하여야 하며, 증거인멸의 가능성이 최소화됨을 전제로 영장 집행 과정에 대한 참여권이 충실히 보장될 수 있도록 사전에 피의자 등에 대하여 집행 일시와 장소를 통지하여야 함은 물론 피의자 등의 참여권이 형해화되지 않도록 그 통지의무의 예외로 규정된 '피의자 등이 참여하지 아니한다는 의사를 명시한 때 또는 급속을 요하는 때'라는 사유를 엄격하게 해석하여야 한다.

【참조조문】 [1] 형사소송법 제215조 [2] 형사소송법 제215조, 제307조, 제308조의2 [3] 헌법 제12조 제3항, 형사소송법 제118조, 제121조, 제122조, 제129조, 제215조, 제219조, 제307조, 제308조의2
【참조판례】 [1] 대법원 1999. 12. 1. 자 99모161 결정(공2000상, 524) [2] 대법원 2023. 6. 1. 선고 2018도19782 판결(공2023하, 1162) [3] 대법원 2022. 7. 14. 자 2019모2584 결정(공2022하, 1694)
【전문】【피 고 인】 피고인 【상 고 인】 피고인
【변 호 인】 변호사 이재승
【원심판결】 서울고법 2023. 6. 14. 선고 (춘천)2022노257, (춘천)2022전노32 판결

【주 문】

원심판결 중 피고사건 부분(보호관찰명령 부분 포함)을 파기하고, 이 부분 사건을 서울고등법원에 환송한다.

【이　유】

직권판단을 포함하여 상고이유를 판단한다.

1. 공소사실의 요지

가. 피해자 공소외 1

1) 아동·청소년의 성보호에 관한 법률 위반(위계등유사성행위)

피고인은 2022. 4. 17. 오전경 원주시 이하 불상지에서 인스타그램 메신저로 피해자 공소외 1(여, 당시 13세)의 발을 빨게 해 주면 피해자에게 10만 원을 주기로 약속한 뒤 같은 날 13:00경 ○○초등학교 앞 노상에서 피해자를 만나서 원심이 인용한 제1심 판시와 같은 방법으로 위력으로 아동·청소년인 피해자를 상대로 유사성행위를 하였다.

2) 아동·청소년의 성보호에 관한 법률 위반(성매수등)

피고인은 2022. 6. 1. 18:00경 원주시 이하 불상지에서 인스타그램 메신저로 같은 피해자(당시 14세)에게 원심 판시와 같은 내용의 메시지를 보내어 ○○초등학교에서 만나기로 약속한 후, 2022. 6. 2. 20:51경 ○○초등학교 후문 앞 노상에서 피해자를 만남으로써, 아동·청소년인 피해자의 성을 사기 위하여 피해자를 유인하거나 성을 팔도록 권유하였다.

나. 피해자 성명불상자들

1) 성폭력범죄의 처벌 등에 관한 특례법 위반(카메라등이용촬영·반포등)

피고인은 2021. 8. 9. 21:19경 원주시에 있는 자신의 주거지에서 성명불상의 피해자와 성매매를 하면서 테이블 위에 설치해 놓은 자신의 휴대전화 카메라를 이용하여 그 장면을 몰래 촬영한 것을 비롯하여 2021. 8. 9.경부터 2022. 5. 29.경까지 제1심 [별지 2] 범죄일람표 1의 기재와 같이 6회에 걸쳐 자신의 휴대전화를 이용하여 성적 욕망 또는 수치심을 유발할 수 있는 피해자들의 신체를 의사에 반하여 촬영하였다.

2) 성매매알선 등 행위의 처벌에 관한 법률 위반(성매매)

피고인은 2021. 8. 9. 21:19경 같은 장소에서 인터넷을 통해 불상의 여성을 부른 뒤 불상의 금액을 주고 성교행위를 하여 성매매를 하였다.

다. 피해자 공소외 2

1) 미성년자의제강간, 아동복지법 위반(아동에대한음행강요·매개·성희롱등), 아동·청소년의 성보호에 관한 법률 위반(성착취물제작·배포등)

피고인은 2021. 10. 16. 09:39경 원주시에 있는 자신의 거주지 지하주차장의 승용차에서 피해자 공소외 2(여, 15세)로 하여금 자신의 성기를 입으로 빨게 한 뒤, 피해자를 간음하고 계속하여 손가락을 피해자의 성기에 넣었으며, 자신의 휴대전화 카메라를 이용하여 위 행위를 촬영함으로써 제1심 [별지 2] 범죄일람표 2의 연번 1번 기재와 같이 13세 이상 16세 미만의 피해자를 간음함과 동시에 아동인 피해자에게 성적 수치심을 주는 성희롱 등의 성적 학대행위를 하고, 아동·청소년성착취물을 제작하였다.

2) 미성년의제유사강간, 아동복지법 위반(아동에대한음행강요·매개·성희롱등), 아동·청소년의 성보호에 관한 법률 위반(성착취물제작·배포등)

   피고인은 2021. 10. 23. 09:36경 같은 장소에 주차된 승용차에서 같은 피해자의 성기에 오이를 넣고, 자신의 휴대전화 카메라를 이용하여 위 행위를 촬영한 것을 비롯하여 2021. 10. 23.경부터 2021. 11. 6.경까지 제1심 [별지 2] 기재 범죄일람표 2의 연번 2 내지 4번 기재와 같이 3회에 걸쳐 13세 이상 16세 미만의 피해자를 유사강간함과 동시에 아동인 피해자에게 성적 수치심을 주는 성희롱 등의 성적 학대행위를 하고, 아동·청소년성착취물을 제작하였다.

3) 아동복지법 위반(아동에대한음행강요·매개·성희롱등), 아동·청소년의 성보호에 관한 법률 위반(성착취물제작·배포등)

   피고인은 2022. 4. 5. 07:55경 같은 장소에 주차된 승용차에서 같은 피해자(16세)를 간음하였고, 자신의 휴대전화 카메라를 이용하여 위 행위를 촬영한 것을 비롯하여 2022. 4. 5.경부터 2022. 5. 29.경까지 제1심 [별지 2] 범죄일람표 2의 연번 5, 6번 기재와 같이 2회에 걸쳐 아동인 피해자에게 성적 수치심을 주는 성희롱 등의 성적 학대행위를 하고, 아동·청소년성착취물을 제작하였다.

2. 원심 판단

원심은 피고인의 휴대전화에서 피해자 성명불상자들 및 피해자 공소외 2에 관한 증거인 전자정보가 2022. 6. 4. 자 압수·수색영장에 따른 집행으로 적법하게 압수되었다는 전제하에 그 압수·수색영장에 기재된 혐의사실과 피해자 성명불상자들 및 피해자 공소외 2에 관한 전자정보 사이에 인적·객관적 관련성이 인정되고, 설령 그렇지 않더라도 2022. 9. 8. 자 압수·수색영장에 따른 집행으로 같은 증거가 압수되었을 뿐만 아니라 그 과정에서 비록 피고인이 참여권을 보장받지 못하였더라도 그와 같은 절차 위반행위는 적법절차의 실질적인 내용을 침해하는 경우에 해당한다고 볼 수 없다는 이유로 증거능력을 인정하여, 이 사건 공소사실 전부에 관하여 유죄판결을 선고하였다.

3. 대법원 판단

가. 관련 법리

1) 형사소송법 제215조에 따른 압수·수색영장은 수사기관의 압수·수색에 대한 허가장으로서 거기에 기재되는 유효기간은 집행에 착수할 수 있는 종기를 의미하는 것이므로, 수사기관이 압수·수색영장을 제시하고 집행에 착수하여 압수·수색을 실시하고 그 집행을 종료하였다면 이미 그 영장은 목적을 달성하여 효력이 상실되는 것이고, 동일한 장소 또는 목적물에 대하여 다시 압수·수색할 필요가 있는 경우라면 그 필요성을 소명하여 법원으로부터 새로운 압수·수색영장을 발부받아야 하는 것이지, 앞서 발부받은 압수·수색영장의 유효기간이 남아 있다고 하여 이를 제시하고 다시 압수·수색을 할 수 없다(대법원 1999. 12. 01. 자 99모161 결정 참조).

2) 수사기관은 하드카피나 이미징 등(이하 '복제본'이라 한다)에 담긴 전자정보를 탐색하여 혐의사실과 관련된 정보(이하 '유관정보'라 한다)를 선별하여 출력하거나 다른 저장매체에 저장하는 등으로 압수를 완료하면 혐의사실과 관련 없는 전자정보(이하 '무관정보'라 한다)를 삭제·폐기하여야 한다. 수사기관이 새로운 범죄 혐의의 수사를 위하여 무관정보가 남아 있는 복제본을

열람하는 것은 압수·수색영장으로 압수되지 않은 전자정보를 영장 없이 수색하는 것과 다르지 않다. 따라서 복제본은 더 이상 수사기관의 탐색, 복제 또는 출력 대상이 될 수 없으며, 수사기관은 새로운 범죄 혐의의 수사를 위하여 필요한 경우에도 기존 압수·수색 과정에서 출력하거나 복제한 유관정보의 결과물을 열람할 수 있을 뿐이다(대법원 2023. 06. 01. 선고 2018도19782 판결 참조).

3) 수사기관이 압수 또는 수색을 할 때에는 처분을 받는 사람에게 반드시 적법한 절차에 따라 법관이 발부한 영장을 사전에 제시하여야 하고, 처분을 받는 자가 피의자인 경우에는 영장 사본을 교부하여야 하며(헌법 제12조 제3항 본문, 형사소송법 제219조 및 제118조), 피의자·피압수자 또는 변호인(이하 '피의자 등'이라 한다)은 압수·수색영장의 집행에 참여할 권리가 있으므로(형사소송법 제219조, 제121조) 수사기관이 압수·수색영장을 집행할 때에도 원칙적으로는 피의자 등에게 미리 집행의 일시와 장소를 통지하여야 하고(형사소송법 제219조, 제122조), 수사기관은 압수영장을 집행한 직후에 압수목록을 곧바로 작성하여 압수한 물건의 소유자·소지자·보관자 기타 이에 준하는 사람에게 교부하여야 한다(형사소송법 제219조, 제129조). 헌법과 형사소송법이 정한 절차와 관련 규정, 그 입법 취지 등을 충실히 구현하기 위하여, 수사기관은 압수·수색영장의 집행기관으로서 피압수자로 하여금 법관이 발부한 영장에 의한 압수·수색이라는 강제처분이 이루어진다는 사실을 확인할 수 있도록 형사소송법이 압수·수색영장에 필요적으로 기재하도록 정한 사항이나 그와 일체를 이루는 내용까지 구체적으로 충분히 인식할 수 있는 방법으로 압수·수색영장을 제시하고 피의자에게는 그 사본까지 교부하여야 하며, 증거인멸의 가능성이 최소화됨을 전제로 영장 집행 과정에 대한 참여권이 충실히 보장될 수 있도록 사전에 피의자 등에 대하여 집행 일시와 장소를 통지하여야 함은 물론 피의자 등의 참여권이 형해화되지 않도록 그 통지의무의 예외로 규정된 '피의자 등이 참여하지 아니한다는 의사를 명시한 때 또는 급속을 요하는 때'라는 사유를 엄격하게 해석하여야 한다(대법원 2022. 07. 14. 자 2019모2584 결정 참조).

나. 원심판결 이유 및 기록에 따르면, 아래의 사실이 인정된다.
   1) 제1영장의 발부 및 1차 압수·수색
      가) 경찰은 2022. 6. 2. '피고인이 2022. 4. 17.경 아동·청소년인 피해자 공소외 1을 위력으로 유사성행위를 하고, 2022. 6. 1.부터 2022. 6. 2.까지 피해자에게 성을 팔도록 권유하고 피해자의 성을 사기 위하여 피해자를 유인하였다.'는 혐의로 피고인을 긴급체포하였다.
      나) 경찰은 2022. 6. 4. 춘천지방법원 원주지원 판사로부터 피고인에 대한 구속영장 및 피고인의 휴대전화와 휴대전화에 저장된 전자정보에 대한 압수·수색영장을 발부받았다(이하 '제1영장'이라 한다).
      다) 피고인은 2022. 6. 6. '전자정보 확인서(모바일기기 반출용)'를 작성하면서 휴대전화 또는 그 복제본에 대한 탐색·복제·출력 과정에 참여하지 않겠다는 의사를 표시하였다.
      라) 경찰은 2022. 6. 24. 제1영장에 기하여 피고인과 피해자 공소외 1 사이에 주고받은 문자메시지 내역 등 전자정보를 압수하였고, 같은 날 피고인에게 압수목록을 교부하였다(이하 '1차 압수·수색'이라 한다).
      마) 검사는 2022. 6. 27. 피고인을 피해자 공소외 1에 대한 공소사실로 기소하였다.

2) 2차 압수·수색
   가) 경찰은 1차 압수·수색 당시 피고인의 휴대전화에서 추출한 전자정보에서 확인하였던 별도의 혐의 자료인 '피고인이 아동·청소년인 피해자 공소외 2를 간음하는 영상과 피해자 성명불상자들의 신체를 촬영한 영상 등'을 토대로 피고인의 여죄를 수사한다는 명목으로, 2022. 7. 18. 피해자 공소외 2와 2022. 7. 26. 피고인을 각 조사하였다.
   나) 경찰은 2022. 7. 27. 1차 압수·수색 당시 피고인의 휴대전화에서 추출한 전자정보가 저장되어 있던 담당 경찰관의 컴퓨터에서 피고인과 피해자 공소외 2의 통화 기록, 문자메시지 내역, 피해자 공소외 2가 촬영된 영상물 등을 압수하였고, 같은 날 피고인에게 압수목록을 교부하였다(이하 '2차 압수·수색'이라 한다).

3) 제2영장의 발부 및 3차 압수·수색
   가) 검사는 2022. 8. 23. 경찰에 2차 압수·수색으로 압수한 전자정보에 대하여 별도의 압수·수색영장을 발부받아 압수하라는 취지의 보완수사요구를 하였다.
   나) 경찰은 2022. 9. 8. 춘천지방법원 원주지원 판사로부터 피고인의 휴대전화에서 추출한 전자정보가 저장되어 있는 담당 경찰관의 컴퓨터의 전자정보 중 피해자 공소외 2 및 피해자 성명불상자들에 대한 부분을 대상으로 하는 압수·수색영장을 발부받았다(이하 '제2영장'이라 한다).
   다) 경찰은 2022. 9. 10. 제2영장을 집행하면서, 2차 압수·수색으로 압수하였던 피해자 공소외 2와 관련된 전자정보 외에 피해자 성명불상자들이 촬영된 영상물도 추가로 압수하였는데(이하 '3차 압수·수색'이라 한다), 작성일이 '2022. 9. 10.'로 된 압수목록·압수조서의 참여인란에는 피고인의 서명·무인이 기재되어 있다.
   라) 경찰의 2022. 9. 10. 자 수사보고서에는 '2022. 9. 10. 담당 경찰관의 컴퓨터에서 전자정보를 압수하였고, 2022. 9. 15. 피고인을 교도소에서 접견하여 전자정보확인서·압수목록을 피고인에게 제공할 예정'이라는 취지가 기재되어 있고, 2022. 9. 14. 자 수사보고서에는 '2022. 9. 14. 교도소를 방문하여 피고인에게 수사접견으로 압수영장 사본을 교부하였으며, 전자정보확인서 등 관련 서류에 날인을 받았다.'는 취지가 기재되어 있으며, '전자정보확인서' 역시 2022. 9. 14. 자로 작성되어 있다.

다. 대법원 판단
   1) 2차 압수·수색의 적법 여부
      가) 압수·수색은 해당 혐의사실과 관련된 유관증거를 선별하여 출력하거나 다른 저장매체에 저장하는 등 필요한 절차를 마치면 종료하는 것이므로, 압수·수색영장에 기하여 집행 대상인 전자정보의 선별, 출력 혹은 저장이 이루어지고 그 자리에서 압수목록 및 전자정보확인서까지 교부된 경우에는 원칙적으로 그 시점에 압수·수색이 종료된 것으로 볼 수 있다. 즉, 경찰이 2022. 6. 24. 제1영장에 기해 피해자 공소외 1에 대한 전자정보를 압수하고 같은 날 피고인에게 압수목록까지 교부한 이상, 이때 제1영장에 기한 압수·수색은 종료되었고, 이로써 제1영장은 그 목적을 달성하여 효력이 상실되었다고 보아야 하므로, 2차 압수·수색이 제1영장을 이용한 것이라면 이는 효력을 상실한 영장을 재집행한 것이 되어 그 자체로 위법하다.

나) 2차 압수·수색으로 피해자 공소외 2에 관한 전자정보를 압수한 2022. 7. 27.까지 제1영장에 따른 집행이 종료되지 않고 계속되는 상태에 있었던 것으로 보이지 않고, 제1영장의 혐의사실인 피해자 공소외 1에 대한 공소사실에 대하여는 그 이전인 2022. 6. 27. 이미 기소까지 이루어진 상태였다. 또한 제1영장의 집행이 종료된 때로부터 2차 압수·수색까지는 1개월 이상의 상당한 시간적 간격이 있었을 뿐만 아니라 2차 압수·수색 당시에는 피고인의 휴대전화가 압수된 상태였기에 그 전자정보에 대한 압수·수색 영장을 새로 발부받아 이를 집행하는 것이 곤란한 상황도 아니었다. 수사기관 스스로 제1영장에 기한 집행이 위법하다는 인식하에 제2영장을 발부받아 3차 압수·수색을 한 점에 비추어 보더라도 제1영장을 이용한 2차 압수·수색은 수사기관의 통상적·원칙적인 집행절차가 아니었음을 나타낸다.

다) 결국 경찰의 2차 압수·수색은 제1영장의 혐의사실인 '피해자 공소외 1에 대한 공소사실'과 별도의 범죄 혐의인 '피해자 공소외 2에 대한 공소사실'에 대한 수사를 위하여 피해자 공소외 1에 대한 제1영장에 기한 전자정보 복제본을 대상으로 영장 없이 압수·수색한 것이다. 즉, 압수·수색절차의 종료로 삭제·폐기의 대상일 뿐 더 이상 수사기관의 탐색·복제·출력 대상이 될 수 없는 복제본을 대상으로 새로운 범죄 혐의의 수사를 위하여 기존 압수·수색 과정에서 출력하거나 복제한 유관정보의 결과물에 대한 열람을 넘어 그 결과물을 이용하여 새로이 영장 없이 압수·수색한 경우에 해당하여, 이는 그 자체로 위법하다고 볼 수밖에 없다.

라) 따라서 경찰의 2차 압수·수색은 적법한 압수·수색절차에 요구되는 관련 규정을 준수하지 아니함으로써 영장주의 및 적법절차 원칙을 위반하여 위법하고, 아래에서 보는 바와 같이 그 이후에 제2영장을 발부받아 3차 압수·수색을 하였다는 사정만으로는 그 하자가 치유된다고 보기 어렵다.

2) 3차 압수·수색의 적법 여부

가) 3차 압수·수색은 피고인의 휴대전화가 아니라 제1영장에 기하여 실시한 1차 압수·수색에 따른 복제본이 저장된 경찰관 컴퓨터의 전자정보를 대상으로 발부된 제2영장을 집행한 것인바, 이는 제1영장의 집행이 종료됨에 따라 당연히 삭제·폐기되었어야 할 전자정보를 대상으로 한 것이어서 위법하다. 경찰이 검찰에 송치하는 사건에서 별도의 적법성 확보를 위한 조치(사건 분리 후 피압수자에 대한 참여권 보장하에 재복제 실시 등)를 하지 아니한 이상, 압수·수색절차의 종료로 삭제·폐기되었어야 할 전자정보를 계속 소지하는 행위는 그 자체로서 위법하기 때문이다(위 대법원 2018도19782 판결 참조).

나) 더욱이 경찰의 2022. 9. 10. 자 및 2022. 9. 14. 자 수사보고서에 따르면, 3차 압수·수색은 2022. 9. 10. 종료되었고, 경찰은 그 집행이 종료된 이후인 2022. 9. 14. 피고인을 수사접견하면서 제2영장 사본은 물론 '전자정보확인서·압수목록'까지 교부한 것으로 보이는 이상, 2022. 9. 10. 자 압수목록·압수조서의 참여인란에 기재된 피고인의 서명·무인 역시 2022. 9. 14. 수사접견 과정에서 소급하여 작성된 것이라고 볼 여지가 많다. 이는 경찰이 3차 압수·수색을 할 때 피고인에게 제2영장을 사전에 제시하지 않았음은 물론 피고인에 대한 영장 사본의 교부의무와 3차 압수·수색의 집행 일시·장소의 통지의무까지 모두 해태하는 위법이 있었음을 의미한다.

다) 3차 압수·수색과 관련하여 수사기관으로 하여금 위와 같은 통지의무의 예외를 인정할 별

다른 정황이 없고, 피고인이 제2영장의 집행에 참여하지 않겠다는 의사를 표시한 자료를 찾을 수 없으며, 피고인이 제1영장의 집행에 참여하지 않겠다는 의사를 표시하였다고 하여 제2영장에 대하여도 같은 의사를 표시한 것으로 볼 수 없는 이상, 3차 압수·수색 과정에서 피고인의 참여권을 보장한 취지는 실질적으로 침해되었다고 봄이 타당하다.

라) 따라서 경찰의 3차 압수·수색 역시 피의자의 참여권 등 압수·수색의 절차 관련 규정을 준수하지 않는 등 영장주의와 적법절차 원칙을 위반한 것이어서 위법하고, 그것이 제2영장에 따른 집행이라는 이유만으로 달리 보기 어렵다.

3) 그럼에도 원심은 피해자 공소외 2 및 피해자 성명불상자들과 관련된 전자정보에 대한 2·3차 압수·수색이 적법하다고 보아 압수물의 증거능력을 인정하였는바, 이러한 원심의 판단에는 영장주의 및 적법절차의 원칙, 피의자의 참여권에 관한 법리를 오해함으로써 판결에 영향을 미친 잘못이 있다.

4. 파기 범위

앞서 본 이유로 원심판결의 피고사건 중 피해자 공소외 2 및 피해자 성명불상자들에 대한 부분은 파기되어야 한다. 그런데 위 파기 부분은 나머지 유죄 부분과 형법 제37조 전단의 경합범 관계에 있어 하나의 형이 선고되었으므로, 원심판결 중 피고사건 부분(보호관찰명령 부분 포함)은 전부 파기되어야 한다.

5. 결론

그러므로 나머지 상고이유에 대한 판단을 생략한 채 원심판결 중 피고사건 부분(보호관찰명령 부분 포함)을 파기하고, 이 부분 사건을 다시 심리·판단하도록 원심법원에 환송하기로 하여, 관여 대법관의 일치된 의견으로 주문과 같이 판결한다.

Ⓐ 대법원 2023. 12. 14. 선고 2020도1669 판결 [정보통신망이용촉진및정보보호등에관한법률위반(명예훼손)·성폭력범죄의처벌등에관한특례법위반(카메라등이용촬영)·음화제조교사]

【판시사항】

[1] 컴퓨터 프로그램파일이 형법 제243조(음화반포등)에서 규정한 '문서, 도화, 필름 기타 물건'에 해당하는지 여부(소극) / 이는 형법 제244조(음화제조등)의 '음란한 물건'의 해석에도 그대로 적용되는지 여부(적극)

[2] 피해자 등 제3자가 피의자의 소유·관리에 속하는 정보저장매체를 임의제출한 경우, 실질적 피압수자인 피의자에게 참여권을 보장하고 압수한 전자정보 목록을 교부하는 등 피의자의 절차적 권리를 보장하기 위한 적절한 조치가 이루어져야 하는지 여부(원칙적 적극) / 이때 정보저장매체를 임의제출한 피압수자에 더하여 임의제출자 아닌 피의자에게도 참여권이 보장되어야 하는 '피의자의 소유·관리에 속하는 정보저장매체'의 의미 및 이에 해당하는지 판단하는 기준

[3] 수사기관이 헌법과 형사소송법에서 정한 절차에 따르지 아니하고 수집한 증거 및 이를 기초로 하여 획득한 2차적 증거의 증거능력 유무(원칙적 소극) / 법원이 2차적 증거의 증거능력 인정 여부를 최종적으로 판단할 때 고려하여야 할 사정
[4] 임의제출된 정보저장매체에서 압수 대상이 되는 전자정보의 범위를 초과하여 수사기관 임의로 전자정보를 탐색·복제·출력하는 것이 허용되는지 여부(원칙적 소극) / 전자정보에 대한 압수·수색이 종료되기 전에 범죄혐의사실과 관련된 전자정보를 적법하게 탐색하는 과정에서 별도의 범죄혐의와 관련된 전자정보를 우연히 발견한 경우, 수사기관이 그러한 정보에 대하여 적법하게 압수·수색을 할 수 있는 요건

【판결요지】

[1] 형법 제243조(음화반포등)는 음란한 문서, 도화, 필름 기타 물건을 반포, 판매 또는 임대하거나 공연히 전시 또는 상영한 자에 대한 처벌 규정으로서 컴퓨터 프로그램파일은 위 규정에서 규정하고 있는 문서, 도화, 필름 기타 물건에 해당한다고 할 수 없다. 이는 형법 제243조의 행위에 공할 목적으로 음란한 물건을 제조, 소지, 수입 또는 수출한 자를 처벌하는 규정인 형법 제244조(음화제조등)의 '음란한 물건'의 해석에도 그대로 적용된다.

[2] 피해자 등 제3자가 피의자의 소유·관리에 속하는 정보저장매체를 임의제출한 경우에는 실질적 피압수자인 피의자가 수사기관으로 하여금 그 전자정보 전부를 무제한 탐색하는 데 동의한 것으로 보기 어려울 뿐만 아니라 피의자 스스로 임의제출한 경우 피의자의 참여권 등이 보장되어야 하는 것과 견주어 보더라도 특별한 사정이 없는 한 피의자에게 참여권을 보장하고 압수한 전자정보 목록을 교부하는 등 피의자의 절차적 권리를 보장하기 위한 적절한 조치가 이루어져야 한다.

이와 같이 정보저장매체를 임의제출한 피압수자에 더하여 임의제출자 아닌 피의자에게도 참여권이 보장되어야 하는 '피의자의 소유·관리에 속하는 정보저장매체'란, 피의자가 압수·수색 당시 또는 이와 시간적으로 근접한 시기까지 해당 정보저장매체를 현실적으로 지배·관리하면서 그 정보저장매체 내 전자정보 전반에 관한 전속적인 관리처분권을 보유·행사하고, 달리 이를 자신의 의사에 따라 제3자에게 양도하거나 포기하지 아니한 경우로서, 피의자를 그 정보저장매체에 저장된 전자정보 전반에 대한 실질적인 압수·수색 당사자로 평가할 수 있는 경우를 말하는 것이다. 이에 해당하는지 여부는 민사법상 권리의 귀속에 따른 법률적·사후적 판단이 아니라 압수·수색 당시 외형적·객관적으로 인식 가능한 사실상의 상태를 기준으로 판단하여야 한다.

[3] 형사소송법 제308조의2(군사법원법 제359조의2)는 "적법한 절차에 따르지 아니하고 수집한 증거는 증거로 할 수 없다."라고 규정하고 있는바, 수사기관이 헌법과 형사소송법이 정한 절차에 따르지 아니하고 수집한 증거는 물론, 이를 기초로 하여 획득한 2차적 증거 역시 유죄 인정의 증거로 삼을 수 없는 것이 원칙이다. 법원이 2차적 증거의 증거능력 인정 여부를 최종적으로 판단할 때에는 먼저 절차에 따르지 아니한 1차적 증거수집과 관련된 모든 사정들, 즉 절차 조항의 취지와 그 위반의 내용 및 정도, 구체적인 위반 경위와 회피가능성, 절차 조항이 보호하고자 하는 권리 또는 법익의 성질과 침해 정도 및 피고인과의 관련성, 절차 위반행위와 증거수집 사이의 인과관계 등 관련성의 정도, 수사기관의 인식과 의도 등을 살펴야 한다. 나아가 1차적 증거를 기초로 하여 다시 2차적 증거를 수집하는 과정에서 추가로 발생한 모든 사정들까지 구체적인 사안에 따라 주로 인과

[4] 임의제출된 정보저장매체에서 압수의 대상이 되는 전자정보의 범위를 초과하여 수사기관 임의로 전자정보를 탐색·복제·출력하는 것은 원칙적으로 위법한 압수·수색에 해당하므로 허용될 수 없다. 만약 전자정보에 대한 압수·수색이 종료되기 전에 범죄혐의사실과 관련된 전자정보를 적법하게 탐색하는 과정에서 별도의 범죄혐의와 관련된 전자정보를 우연히 발견한 경우라면, 수사기관은 더 이상의 추가 탐색을 중단하고 법원으로부터 별도의 범죄혐의에 대한 압수·수색영장을 발부받은 경우에 한하여 그러한 정보에 대하여도 적법하게 압수·수색을 할 수 있다.

【참조조문】 [1] 형법 제243조, 제244조 [2] 형사소송법 제121조, 제129조, 제218조, 제219조 [3] 형사소송법 제308조의2, 군사법원법 제359조의2 [4] 형사소송법 제218조, 제307조, 제308조의2, 군사법원법 제359조의2
【참조판례】 [1] 대법원 1999. 2. 24. 선고 98도3140 판결(공1999상, 604) / [2][4] 대법원 2021. 11. 18. 선고 2016도348 전원합의체 판결(공2022상, 57) / [2] 대법원 2022. 1. 27. 선고 2021도11170 판결(공2022상, 486) 대법원 2023. 9. 18. 선고 2022도7453 전원합의체 판결(공2023하, 1835) / [3] 대법원 2009. 3. 12. 선고 2008도11437 판결(공2009상, 900) 대법원 2014. 1. 16. 선고 2013도7101 판결(공2014상, 427)
【전 문】【피 고 인】 피고인【상 고 인】 피고인
【변 호 인】 변호사 이재용 외 8인
【원심판결】 고등군사법원 2020. 1. 9. 선고 2019노276 판결

【주 문】

원심판결 중 유죄 부분을 파기하고, 이 부분 사건을 서울고등법원에 이송한다.

【이 유】

상고이유를 판단한다.

1. 이 사건 공소사실(무죄 부분 제외)의 요지

가. 음화제조교사

피고인은 2017. 4. 2. 03:33경 지인의 얼굴과 나체사진이 합성된 음란한 사진(이하 '음란합성사진'이라고 한다)을 얻고자 음란합성사진 제작자인 성명불상자에게 피해자 공소외 1(여, 20세)의 사진과 이름, 나이, 주소 등을 제공하고 "합성 부탁드립니다."라고 하여, 위 성명불상자가 음란한 물건인 피해자의 음란합성사진 파일을 공연히 전시할 목적으로 제조할 것을 마음먹게 하였다. 그리하여 위 성명불상자는 그 무렵 피해자의 얼굴이 합성된 음란합성사진 파일을 제조하고, 피고인에게 완성된 음란합성사진 파일을 전송하였다. 피고인은 그때부터 2017. 11. 15.까지 사이에 제1심 판시 별지1 범죄일람표 기재와 같이 17회에 걸쳐 성명불상자로 하여금 공연히 전시할 목적으로 음란한 물건을 제조하도록 교사하였다.

나. 「정보통신망 이용촉진 및 정보보호 등에 관한 법률」(이하 '정보통신망법'이라고 한다) 위반(명예훼손)

피고인은 2017. 5. 21. 12:50경 위 성명불상자에게 피해자 공소외 2(여, 22세)의 사진과 이름 등을 보내 음란합성사진 제작을 의뢰하면서, '공소외 2 ○○살 ○○구 ○○동 거주, 뒹굴고 싶어서 일부러 동남아만 돌아다니는 사람입니다.'라는 메시지를 전송함으로써 비방할 목적으로 공공연하게 거짓의 사실을 드러내어 피해자의 명예를 훼손하였다.

다. 「성폭력범죄의 처벌 등에 관한 특례법」(이하 '성폭력처벌법'이라고 한다) 위반(카메라등이용촬영)

피고인은 2016. 7. 14.경 지하철 전동차 안에서 성명불상의 피해자가 밤색 교복치마를 입고 서 있는 것을 발견하고 소지하고 있던 피고인 소유의 갤럭시노트5 휴대전화(이하 '이 사건 휴대전화'라고 한다)에 설치된 무음카메라 어플을 이용하여 피해자의 다리를 몰래 촬영하였다. 피고인은 그때부터 2017. 11. 6.까지 지하철, 학원 강의실 등지에서 원심 판시 별지 범죄일람표 기재와 같이 6회에 걸쳐 카메라 기능을 갖춘 기계장치를 이용하여 성적 수치심을 유발할 수 있는 피해자들의 신체를 그 의사에 반하여 촬영하였다.

2. 음화제조교사 및 성폭력처벌법 위반(카메라등이용촬영) 부분에 관한 판단

가. 원심판단의 요지

원심은 다음과 같은 이유로 이 부분 공소사실에 대하여 유죄로 판단하였다.

1) 압수·수색 절차에서 피고인의 참여권을 보장한 형사소송법 제121조, 제122조는 모두 압수·수색영장의 집행을 전제로 한 규정으로 임의제출에 따른 압수의 경우 당연히 적용된다고 볼 수는 없다. 따라서 피고인이 이 사건 휴대전화에 관한 디지털포렌식 증거분석 과정에 참여하지 않았고, 사법경찰관이 압수·수색 후 피고인에게 전자정보 압수목록을 교부하지 않았다고 하여 압수·수색 절차가 위법하다고 볼 수는 없으므로, 이 사건 휴대전화 내 전자정보의 증거능력이 인정된다.

2) 군검사는 임의제출에 따른 압수의 동기가 된 음화제조교사 혐의사실과 별건의 혐의사실인 성폭력처벌법 위반(카메라등이용촬영) 관련 전자정보에 관하여 2018. 11. 2. 사전 압수·수색영장을 발부받아 압수하였다. 따라서 설령 사법경찰관의 증거수집 과정이 위법하다고 하더라도 위 전자정보 압수와 사이에 인과관계가 희석되거나 단절되었다.

나. 음화제조교사 부분에 관한 직권판단

먼저 피고인이 제작의뢰한 음란합성사진 파일이 형법 제244조(음화제조등)의 '음란한 물건'에 해당하는지 여부에 관하여 직권으로 살펴본다.

형법 제243조(음화반포등)는 음란한 문서, 도화, 필름 기타 물건을 반포, 판매 또는 임대하거나 공연히 전시 또는 상영한 자에 대한 처벌 규정으로서 컴퓨터 프로그램파일은 위 규정에서 규정하고 있는 문서, 도화, 필름 기타 물건에 해당한다고 할 수 없다(대법원 1999. 02. 24. 선고 98도3140 판결 참조). 이는 형법 제243조의 행위에 공할 목적으로 음란한 물건을 제조, 소지, 수입 또는 수출한 자를 처벌하는 규정인 형법 제244조(음화제조등)의 '음란한 물건'의 해석에도 그대로 적용된다.

위 법리에 의하면, 피고인이 성명불상자에게 제작을 의뢰하여 전송받은 음란합성사진 파일은 형법 제244조의 '음란한 물건'에 해당한다고 볼 수 없다. 그럼에도 원심은 판시와 같은 이유만으로 피

고인에 대한 이 부분 공소사실을 유죄로 인정하였는바, 이러한 원심의 판단에는 음화제조죄에 관한 법리를 오해하여 판결에 영향을 미친 잘못이 있다.

따라서 원심판결 중 음화제조교사 부분은 파기를 면할 수 없다.

다. 이 사건 휴대전화에 저장된 전자정보의 증거능력에 관한 판단

1) 인정 사실

원심판결 이유 및 적법하게 채택된 증거에 의하면 다음의 사실을 알 수 있다.

가) 피고인은 2017. 12. 21. 23:30경 저녁 모임 도중 이 사건 휴대전화를 분실하였다. 성명불상자는 이 사건 휴대전화를 습득하고 주인을 찾기 위해 휴대전화 안의 메시지 등을 확인하던 중 음란합성사진 일부를 확인하였고, 2017. 12. 22. 17:00경 이 사건 휴대전화를 피해자 공소외 3에게 건네주었다.

나) 피해자 공소외 3 등은 2017. 12. 23. 피고인을 경찰에 고소하면서 이 사건 휴대전화를 증거물로 임의제출하였고, 사법경찰관은 같은 날 14:00경 위 휴대전화를 피해자 공소외 3으로부터 영장 없이 압수하였다. 당시 압수조서(임의제출)에 의하면 '피고인에 대한 음화제조 피의사건에 관하여 이 사건 휴대전화를 압수한다. 피해자 공소외 3이 자신을 포함한 친구들의 음란합성사진들이 많이 있었다고 하면서 위 휴대전화를 임의제출하였다.'라는 취지로 기재되어 있었다. 한편 사법경찰관은 이 사건 휴대전화를 압수하면서 피해자 공소외 3에게 위 휴대전화에 저장된 사진 등 전자정보 전부를 제출하는 취지인지 등 제출 범위에 관한 의사를 따로 확인하지는 않았다.

다) 사법경찰관은 피해자 공소외 3으로부터 참여권 포기 서류를 제출받은 후 2018. 1. 19. 디지털포렌식 과정을 거쳐 이 사건 휴대전화에서 삭제된 전자정보 일체를 복원하였고, 2018. 2. 23. 복원된 전자정보를 탐색하는 과정에서 제1심 판시 별지1 범죄일람표 기재 피해자들에 대한 음란합성사진을 탐색·출력하여 증거기록에 편철하였으며, 나아가 원심 판시 별지 범죄일람표 기재 여고생들에 대한 불법촬영사진도 탐색하였다. 그럼에도 사법경찰관은 위 불법촬영사진에 관한 별도의 압수·수색영장을 발부받지 않은 채 피고인에 대하여 두 차례 피의자신문을 실시하는 등 수사를 진행하였다.

라) 그리고 사법경찰관은 이 사건 휴대전화를 압수한 후 삭제된 전자정보를 복원하고 그 정보를 탐색·출력하는 과정에서, 피고인에게 참여의 기회를 보장하거나 압수한 전자정보 목록을 교부하거나 또는 피고인이 그 과정에 참여하지 아니할 의사를 가지고 있는지 여부를 확인한 바가 없다.

마) 이후 피고인이 군입대하여 (부대명 생략) 보통검찰부로 사건이 송치되었다. 군검사는 2018. 11. 2. 피고인을 피의자로 하여 성폭력처벌법 위반(카메라등이용촬영)을 혐의사실로 이 사건 휴대전화 내 전자정보 등에 관한 사전 압수·수색영장(이하 '이 사건 영장'이라고 한다)을 발부받았다. 군검사는 2018. 11. 12. 이 사건 휴대전화를 제출인인 피해자 공소외 3 측에 환부하였고, 피해자 공소외 3의 모친은 이 사건 휴대전화를 피고인이 소속된 군부대로 발송하였다.

바) 군검사는 2018. 11. 15. 이 사건 영장에 의하여 위 휴대전화를 압수한 다음 재차 디지털포렌식 절차를 진행하여 원심 판시 별지 범죄일람표 기재 여고생들에 대한 불법촬영사진

을 탐색·복원·출력하였다. 피고인 및 변호인은 군검사의 위 탐색 등 절차에 대한 참여권을 포기하였다.
- 사) 군검사는 2019. 1. 17. 피고인을 이 사건 공소사실로 기소하였고, 경찰 수사과정에서 수집된 제1심 판시 별지1 범죄일람표 기재 피해자들에 대한 음란합성사진 출력물 및 군검사 수사과정에서 수집된 원심 판시 별지 범죄일람표 기재 여고생들에 대한 불법촬영사진 출력물, 시디(CD)를 증거로 제출하였다.

2) 피의자의 참여권 보장 및 전자정보 압수목록 교부에 관하여
- 가) 관련 법리

  피해자 등 제3자가 피의자의 소유·관리에 속하는 정보저장매체를 임의제출한 경우에는 실질적 피압수자인 피의자가 수사기관으로 하여금 그 전자정보 전부를 무제한 탐색하는 데 동의한 것으로 보기 어려울 뿐만 아니라 피의자 스스로 임의제출한 경우 피의자의 참여권 등이 보장되어야 하는 것과 견주어 보더라도 특별한 사정이 없는 한 피의자에게 참여권을 보장하고 압수한 전자정보 목록을 교부하는 등 피의자의 절차적 권리를 보장하기 위한 적절한 조치가 이루어져야 한다(대법원 2021. 11. 18. 선고 2016도348 전원합의체 판결 등 참조).

  이와 같이 정보저장매체를 임의제출한 피압수자에 더하여 임의제출자 아닌 피의자에게도 참여권이 보장되어야 하는 '피의자의 소유·관리에 속하는 정보저장매체'라 함은, 피의자가 압수·수색 당시 또는 이와 시간적으로 근접한 시기까지 해당 정보저장매체를 현실적으로 지배·관리하면서 그 정보저장매체 내 전자정보 전반에 관한 전속적인 관리처분권을 보유·행사하고, 달리 이를 자신의 의사에 따라 제3자에게 양도하거나 포기하지 아니한 경우로서, 피의자를 그 정보저장매체에 저장된 전자정보 전반에 대한 실질적인 압수·수색 당사자로 평가할 수 있는 경우를 말하는 것이다. 이에 해당하는지 여부는 민사법상 권리의 귀속에 따른 법률적·사후적 판단이 아니라 압수·수색 당시 외형적·객관적으로 인식 가능한 사실상의 상태를 기준으로 판단하여야 한다(대법원 2022. 01. 27. 선고 2021도11170 판결, 대법원 2023. 09. 18. 선고 2022도7453 전원합의체 판결 참조).

  한편 형사소송법 제308조의2(군사법원법 제359조의2)는 "적법한 절차에 따르지 아니하고 수집한 증거는 증거로 할 수 없다."라고 규정하고 있는바, 수사기관이 헌법과 형사소송법이 정한 절차에 따르지 아니하고 수집한 증거는 물론, 이를 기초로 하여 획득한 2차적 증거 역시 유죄 인정의 증거로 삼을 수 없는 것이 원칙이다. 법원이 2차적 증거의 증거능력 인정 여부를 최종적으로 판단할 때에는 먼저 절차에 따르지 아니한 1차적 증거수집과 관련된 모든 사정들, 즉 절차 조항의 취지와 그 위반의 내용 및 정도, 구체적인 위반 경위와 회피가능성, 절차 조항이 보호하고자 하는 권리 또는 법익의 성질과 침해 정도 및 피고인과의 관련성, 절차 위반행위와 증거수집 사이의 인과관계 등 관련성의 정도, 수사기관의 인식과 의도 등을 살펴야 한다. 나아가 1차적 증거를 기초로 하여 다시 2차적 증거를 수집하는 과정에서 추가로 발생한 모든 사정들까지 구체적인 사안에 따라 주로 인과관계 희석 또는 단절 여부를 중심으로 전체적·종합적으로 고려하여야 한다(대법원 2009. 03. 12. 선고 2008도11437 판결, 대법원 2014. 01. 16. 선고 2013도7101 판결 등 참조).
- 나) 판 단

앞서 본 사실관계를 위 법리에 비추어 살펴본다.
(1) 피고인은 피해자 공소외 3이 이 사건 휴대전화를 임의제출한 시점과 시간적으로 근접한 시기까지 위 휴대전화를 현실적으로 지배·관리하면서 휴대전화 내 전자정보 전반에 관한 전속적인 관리처분권을 보유·행사하였고, 달리 이를 자신의 의사에 따라 제3자에게 양도하거나 포기하지 않았다. 따라서 이 사건 휴대전화에 저장된 전자정보 전반에 관하여 피고인을 실질적인 압수·수색 당사자로 평가할 수 있으므로, 임의제출자가 아닌 피고인에 대하여도 참여권 등 절차적인 권리가 보장되어야 한다. 그럼에도 사법경찰관은 피고인에게 참여권을 보장하거나 전자정보 압수목록을 교부하는 등 절차적인 권리를 보호하기 위한 적절한 조치를 취하지 않은 채 이 부분 공소사실에 관한 전자정보를 탐색하는 등 압수·수색절차를 진행하였는바, 사법경찰관의 이러한 조치는 위법하다.
(2) 이러한 전제에서 음화제조교사 부분에 관하여 살펴보면, 군검사가 제출한 증거들 중 사법경찰관이 임의로 탐색·복제·출력한 전자정보인 제1심 판시 별지1 범죄일람표 기재 피해자들에 대한 음란합성사진 출력물은 위법하게 수집된 증거로서 증거능력이 없다.
(3) 다음으로 성폭력처벌법 위반(카메라등이용촬영) 부분에 관하여 살펴보면, 군검사는 이후 이 사건 영장에 의하여 압수된 이 사건 휴대전화에서 디지털포렌식 결과 탐색·복제·출력한 전자정보인 원심 판시 별지 범죄일람표 기재 여고생들에 대한 불법촬영사진 출력물, 시디(CD)를 증거로 제출하였는바, 선행 절차위법과 사이에 인과관계가 희석 내지 단절되는지 문제 된다.
앞서 본 바와 같이 사법경찰관은 피고인의 참여권 등 절차적인 권리를 전혀 보장하지 않은 채 이 사건 휴대전화에 저장된 성폭력처벌법 위반(카메라등이용촬영) 관련 전자정보를 탐색·복원하였고, 별도의 압수·수색영장을 발부받지 않고 여고생들에 대한 불법촬영 부분을 포함하여 피고인에 대하여 두 차례 피의자신문을 실시하는 등 수사를 진행하였다. 이후 사건이 군검사에게 송치되었는데 군검사는 이 사건 휴대전화를 피해자 측에 환부한 후 다시 제출받아 이 사건 영장에 따라 불법촬영사진을 탐색하기는 하였으나, 이는 군검사가 피해자에게 위 휴대전화를 환부하기 이전에 미리 이 사건 영장을 발부받은 다음 위 휴대전화를 피해자에게 환부하고, 휴대전화가 피해자 측을 거쳐 피고인이 소속된 군부대에 도착하자 이 사건 영장을 집행하여 다시 위 불법촬영사진을 탐색·복원·출력한 것에 불과하다. 따라서 군검사의 증거수집과 사법경찰관의 선행 절차위법 사이에는 여전히 직접적 인과관계가 있다고 볼 수 있고 그 인과관계가 희석되거나 단절되었다고 보기는 어려우며, 결국 위 불법촬영사진 출력물, 시디(CD) 역시 위법하게 수집된 증거로서 증거능력이 없다.

3) 객관적 관련성에 관하여

임의제출된 정보저장매체에서 압수의 대상이 되는 전자정보의 범위를 초과하여 수사기관 임의로 전자정보를 탐색·복제·출력하는 것은 원칙적으로 위법한 압수·수색에 해당하므로 허용될 수 없다. 만약 전자정보에 대한 압수·수색이 종료되기 전에 범죄혐의사실과 관련된 전자정보를 적법하게 탐색하는 과정에서 별도의 범죄혐의와 관련된 전자정보를 우연히 발견한 경우라면, 수사기관은 더 이상의 추가 탐색을 중단하고 법원으로부터 별도의 범죄혐의에 대한 압수·

수색영장을 발부받은 경우에 한하여 그러한 정보에 대하여도 적법하게 압수·수색을 할 수 있다(위 대법원 2016도348 전원합의체 판결 참조).

앞서 본 사실관계를 위 법리에 비추어 살펴본다. 피고인이 지하철, 학원 등지에서 성명불상의 여고생들을 몰래 촬영한 사진은 임의제출에 따른 압수의 동기가 된 범죄혐의사실인 음화제조교사 부분과 구체적·개별적 연관관계 있는 전자정보로 보기 어렵다. 그런데 사법경찰관은 별도의 범죄혐의와 관련된 전자정보를 우연히 발견하였음에도 더 이상의 추가 탐색을 중단하거나 법원으로부터 압수·수색영장을 발부받지 않았으므로, 그러한 정보에 대한 압수·수색은 위법하다.

그리고 군검사가 약 9개월 이후 이 사건 영장을 발부받아 디지털포렌식 절차를 진행하여 무관증거인 불법촬영사진을 탐색·복원·출력하였더라도, 앞서 본 법리에 비추어 볼 때 위 증거수집과 선행 절차위법 사이에 인과관계가 희석되거나 단절되었다고 보기는 어렵다. 그렇다면 위 불법촬영사진 출력물, 시디(CD)는 이 점에서도 위법하게 수집된 증거로서 증거능력이 없다.

4) 소결론

결국 이 사건 휴대전화에서 탐색·복원·출력된 전자정보는 위법하게 수집된 증거로서 증거능력이 없다. 그럼에도 원심은 위 전자정보에 관한 압수절차가 적법하다고 보아 위 각 출력물 및 시디의 증거능력을 인정하였는바, 이러한 원심의 판단에는 피의자의 참여권 보장, 전자정보 압수목록 교부, 객관적 관련성에 관한 법리를 오해하여 판결에 영향을 미친 잘못이 있다.

3. 정보통신망법 위반(명예훼손) 부분에 관한 판단

원심은 판시와 같은 이유로 이 부분 공소사실을 유죄로 판단하였다. 원심판결 이유를 관련 법리와 적법하게 채택된 증거에 비추어 살펴보면, 원심의 판단에 논리와 경험의 법칙을 위반하여 자유심증주의의 한계를 벗어나거나 명예훼손죄의 공연성, 사실 적시에 관한 법리를 오해한 잘못이 없다.

4. 파기의 범위

그렇다면 원심판결 중 유죄로 인정된 음화제조교사, 성폭력처벌법 위반(카메라등이용촬영) 부분은 파기되어야 하는데, 이 부분 공소사실과 정보통신망법 위반(명예훼손) 부분은 경합범 관계에 있다는 이유로 하나의 형이 선고되었으므로, 결국 원심판결 중 유죄 부분은 전부 파기되어야 한다.

5. 결 론

그러므로 원심판결 중 유죄 부분을 파기하고, 이 부분 사건을 다시 심리·판단하도록 원심법원과 동등한 관할 법원인 서울고등법원에 이송하기로 하여, 관여 대법관의 일치된 의견으로 주문과 같이 판결한다.

● 대법원 2024. 01. 05. 자 2021모385 결정 [압수처분에대한준항고기각결정에대한재항고]

【판시사항】

압수목록의 작성·교부 시기(=원칙적으로 압수 직후) 및 작성 방법 / 이는 임의제출에 따른 압수의 경우에도 마찬가지인지 여부(적극) / 압수목록 작성·교부 시기의 예외를 인정하기 위한 요건 / 압수물과 혐의사실과의 관련성 여부에 관한 평가 및 그에 필요한 추가 수사를 이유로 압수목록 작성·교부의무를 해태·거부할 수 있는지 여부(소극)

【판결요지】

수사기관은 압수를 한 경우 압수경위를 기재한 압수조서와 압수물의 특징을 구체적으로 기재한 압수목록을 작성하고, 압수목록은 압수물의 소유자·소지자·보관자 기타 이에 준하는 사람에게 교부하여야 한다[형사소송법 제219조, 제129조, 구 검사의 사법경찰관리에 대한 수사지휘 및 사법경찰관리의 수사준칙에 관한 규정(2020. 10. 7. 대통령령 제31089호 검사와 사법경찰관의 상호협력과 일반적 수사준칙에 관한 규정 부칙 제2조로 폐지) 제44조]. 압수조서에는 작성연월일과 함께 품종, 외형상의 특징과 수량을 기재하여야 하고(형사소송법 제49조 제3항, 제57조 제1항), 그 내용은 객관적 사실에 부합하여야 하므로, 압수목록 역시 압수물의 특징을 객관적 사실에 맞게 구체적으로 기재하여야 하는데, 압수방법·장소·대상자별로 명확히 구분한 후 압수물의 품종·종류·명칭·수량·외형상 특징 등을 최대한 구체적이고 정확하게 특정하여 기재하여야 한다. 이는 수사기관의 압수 처분에 대한 사후적 통제수단임과 동시에 피압수자 등이 압수물에 대한 환부·가환부 청구를 하거나 부당한 압수처분에 대한 준항고를 하는 등 권리행사절차를 밟는 데 가장 기초적인 자료가 되므로, 이러한 권리행사에 지장이 없도록 압수 직후 현장에서 바로 작성하여 교부하는 것이 원칙이다. 한편 임의제출에 따른 압수(형사소송법 제218조)의 경우에도 압수물에 대한 수사기관의 점유 취득이 제출자의 의사에 따라 이루어진다는 점에서만 차이가 있을 뿐 범죄혐의를 전제로 한 수사 목적이나 압수의 효력은 영장에 의한 압수의 경우와 동일하므로, 헌법상 기본권에 관한 수사기관의 부당한 침해로부터 신속하게 권리를 구제받을 수 있도록 수사기관은 영장에 의한 압수와 마찬가지로 객관적·구체적인 압수목록을 신속하게 작성·교부할 의무를 부담한다.

다만 적법하게 발부된 영장의 기재는 그 집행의 적법성 판단의 우선적인 기준이 되어야 하므로, 예외적으로 압수물의 수량·종류·특성 기타의 사정상 압수 직후 현장에서 압수목록을 작성·교부하지 않을 수 있다는 취지가 영장에 명시되어 있고, 이와 같은 특수한 사정이 실제로 존재하는 경우에는 압수영장을 집행한 후 일정한 기간이 경과하고서 압수목록을 작성·교부할 수도 있으나, 압수목록 작성·교부 시기의 예외에 관한 영장의 기재는 피의자·피압수자 등의 압수 처분에 대한 권리구제절차 또는 불복절차가 형해화되지 않도록 그 취지에 맞게 엄격히 해석되어야 하고, 나아가 예외적 적용의 전제가 되는 특수한 사정의 존재 여부는 수사기관이 이를 증명하여야 하며, 그 기간 역시 필요 최소한에 그쳐야 한다. 또한 영장에 의한 압수 및 그 대상물에 대한 확인조치가 끝나면 그것으로 압수절차는 종료되고, 압수물과 혐의사실과의 관련성 여부에 관한 평가 및 그에 필요한 추가 수사는 압수절차 종료 이후의 사정에 불과하므로 이를 이유로 압수 직후 이루어져야 하는 압수목록 작성·교부의무를 해태·거부할 수는 없다.

【참조조문】 형사소송법 제49조 제3항, 제57조 제1항, 제129조, 제218조, 제219조, 구 검사의 사법경찰관리에 대한 수사지휘 및 사법경찰관리의 수사준칙에 관한 규정(2020. 10. 7. 대통령령 제31089호 검사와 사법경찰관의 상호협력과 일반적 수사준칙에 관한 규정 부칙 제2조로 폐지) 제44조(현행 검사와 사법경찰관의 상호협력과 일반적 수사준칙에 관한 규정 제40조 참조)
【참조판례】 대법원 2009. 3. 12. 선고 2008도763 판결(공2009상, 503) 대법원 2021. 11. 18. 선고 2016도348 전원합의체 판결(공2022상, 57)
【전 문】
【준항고인】 주식회사 여인닷컴
【재항고인】 준항고인
【변 호 인】 법무법인 김장리 담당변호사 최성준 외 2인
【피준항고인】 서울본부세관 소속 특별사법경찰관
【원심결정】 서울중앙지법 2021. 1. 26. 자 2020보10 결정

【주 문】

원심결정을 파기하고, 사건을 서울중앙지방법원에 환송한다.

【이 유】

재항고이유를 판단한다.

1. 관련 법리

수사기관은 압수를 한 경우 압수경위를 기재한 압수조서와 압수물의 특징을 구체적으로 기재한 압수목록을 작성하고, 압수목록은 압수물의 소유자·소지자·보관자 기타 이에 준하는 사람에게 교부하여야 한다(형사소송법 제219조, 제129조, 「검사의 사법경찰관리에 대한 수사지휘 및 사법경찰관리의 수사준칙에 관한 규정」 제44조). 압수조서에는 작성연월일과 함께 품종, 외형상의 특징과 수량을 기재하여야 하고(형사소송법 제49조 제3항, 제57조 제1항), 그 내용은 객관적 사실에 부합하여야 하므로(대법원 2009. 03. 12. 선고 2008도763 판결 참조), 압수목록 역시 압수물의 특징을 객관적 사실에 맞게 구체적으로 기재하여야 하는데, 압수방법·장소·대상자별로 명확히 구분한 후 압수물의 품종·종류·명칭·수량·외형상 특징 등을 최대한 구체적이고 정확하게 특정하여 기재하여야 한다. 이는 수사기관의 압수 처분에 대한 사후적 통제수단임과 동시에 피압수자 등이 압수물에 대한 환부·가환부 청구를 하거나 부당한 압수처분에 대한 준항고를 하는 등 권리행사절차를 밟는데 가장 기초적인 자료가 되므로, 이러한 권리행사에 지장이 없도록 압수 직후 현장에서 바로 작성하여 교부하는 것이 원칙이다(대법원 2009. 03. 12. 선고 2008도763 판결 등 참조). 한편 임의제출에 따른 압수(형사소송법 제218조)의 경우에도 압수물에 대한 수사기관의 점유 취득이 제출자의 의사에 따라 이루어진다는 점에서만 차이가 있을 뿐 범죄혐의를 전제로 한 수사 목적이나 압

수의 효력은 영장에 의한 압수의 경우와 동일하므로(대법원 2021. 11. 18. 선고 2016도348 전원합의체 판결), 헌법상 기본권에 관한 수사기관의 부당한 침해로부터 신속하게 권리를 구제받을 수 있도록 수사기관은 영장에 의한 압수와 마찬가지로 객관적·구체적인 압수목록을 신속하게 작성·교부할 의무를 부담한다.

다만 적법하게 발부된 영장의 기재는 그 집행의 적법성 판단의 우선적인 기준이 되어야 하므로, 예외적으로 압수물의 수량·종류·특성 기타의 사정상 압수 직후 현장에서 압수목록을 작성·교부하지 않을 수 있다는 취지가 영장에 명시되어 있고, 이와 같은 특수한 사정이 실제로 존재하는 경우에는 압수영장을 집행한 후 일정한 기간이 경과하고서 압수목록을 작성·교부할 수도 있으나, 압수목록 작성·교부 시기의 예외에 관한 영장의 기재는 피의자·피압수자 등의 압수 처분에 대한 권리구제절차 또는 불복절차가 형해화되지 않도록 그 취지에 맞게 엄격히 해석되어야 하고, 나아가 예외적 적용의 전제가 되는 특수한 사정의 존재 여부는 수사기관이 이를 증명하여야 하며, 그 기간 역시 필요 최소한에 그쳐야 한다. 또한 영장에 의한 압수 및 그 대상물에 대한 확인조치가 끝나면 그것으로 압수절차는 종료되고, 압수물과 혐의사실과의 관련성 여부에 관한 평가 및 그에 필요한 추가 수사는 압수절차 종료 이후의 사정에 불과하므로 이를 이유로 압수 직후 이루어져야 하는 압수목록 작성·교부의무를 해태·거부할 수는 없다.

2. 원심결정 이유 및 기록에 따르면, 아래의 사실이 인정된다.

가. 이 사건 제1·2차 압수처분의 경위

1) 서울본부세관 소속 특별사법경찰관(이하 '서울본부세관'이라 한다)은 2020. 6. 26. 이 사건 제1차 압수·수색영장을 집행하던 중 재항고인으로부터 그 소유의 화장품 219상자를 임의제출받은 후 2020. 7. 8. 이 사건 제2차 압수·수색영장을 집행하여 이를 재차 압수하였다(이하 '이 사건 제1차 압수처분'이라 한다)

2) 서울본부세관은 2020. 7. 3. 이 사건 제2차 압수·수색영장을 집행하여 재항고인으로부터 그 소유의 화장품 9,523상자를 압수하였는데(이하 '이 사건 제2차 압수처분'이라 한다), 이 사건 제2차 압수·수색영장의 '압수할 물건' 부분에 '압수대상이 되는 화장품의 수량이 과다하여 압수·수색현장에서 범칙물품의 품명, 규격, 수량의 파악이 어려운 경우 압수물의 포장 단위로 일단 압수하고 해당 품명, 규격, 수량을 사후에 확정'이라는 문구가 포함되어 있었다.

3) 서울본부세관은 2020. 7. 4. 재항고인의 대표자 신청외인에게 이 사건 제2차 압수처분에 따른 압수목록을 작성·교부하였는데, 압수물 중 화장품과 관련하여 '② 물건명 화장품(박스), ③ 수량 9,523, ⑥ 비고 178파렛트' 외에 이를 구체적으로 특정할 수 있는 내용이 기재되어 있지 않고, '압수목록상 물품의 상세품명, 규격, 수량은 사후 확정함'이라는 문구와 신청외인의 서명·무인이 기재되어 있었다.

4) 서울본부세관은 2020. 7. 8. 재항고인의 대표자 신청외인에게 이 사건 제1차 압수처분에 따른 압수목록을 작성·교부하였는데, '② 물건명 화장품(박스), ③ 수량 219, ⑥ 비고 7파렛트' 외에 압수물을 구체적으로 특정할 수 있는 내용이 기재되어 있지 않고, '압수목록상 물품의 상세품명, 규격, 수량은 사후 확정함'이라는 문구와 신청외인의 서명·무인이 기재되어 있었다.

나. 상세 압수목록의 작성 경위

1) 서울본부세관은 2020. 7. 9.부터 2020. 7. 17.까지 80여 명의 인력을 투입하여 이 사건 제1·2차 압수물의 품명·수량·Lot번호·제조번호 등을 모두 확인한 후 한글·엑셀 등 파일로 작성하였다. 서울본부세관은 그 무렵부터 위 파일을 여러 화장품 제조회사에 개별적으로 송부하여 2020. 8. 26.경까지 압수물의 면세점 납품 여부 등을 조사하였다.

2) 재항고인은 2020. 8. 13. 서울본부세관에 이 사건 제1·2차 압수물에 대한 상세 압수목록(이하 '상세 압수목록'이라 한다) 미교부 등을 이유로 압수물의 환부를 요구하는 내용증명을 보냈으나, 서울본부세관은 2020. 8. 24.경 이를 거부하였다.

3) 재항고인은 2020. 9. 2. 상세 압수목록 미교부 등을 이유로 환부 청구를 하였고, 이에 비로소 서울본부세관은 2020. 9. 7. 재항고인에게 상세 압수목록을 교부한 후 2020. 9. 11. 압수된 화장품 총 239,249개 중 154,800개를 환부하였다.

4) 상세 압수목록에는 물건명·수량·Lot번호 및 세트명(비고란)만 기재되어 있을 뿐 제조사, 면세품 여부 등은 기재되어 있지 않았다.

3. 이러한 사실관계를 앞서 본 관련 법리에 비추어 살펴보면, 다음과 같이 판단된다.

가. 이 사건 압수목록 작성·교부와 관련한 압수처분의 적법성 여부는 앞서 본 바와 같이 이 사건 제2차 압수·수색영장의 기재 내용에 따른 것인지 여부가 우선적인 고려사항이 될 것인데, 그 영장에는 '범칙물품의 품명, 규격, 수량을 사후 확정'이라고 기재되어 있으므로, 이는 늦어도 압수목록에 기재할 물품의 상세한 품명·규격·수량을 확정한 시점에는 압수목록의 작성·교부가 이루어져야 한다는 취지라고 해석된다. 그렇다면 서울본부세관이 이 사건 제1·2차 압수처분 직후에 재항고인에게 작성·교부한 압수목록은 이 사건 제2차 압수·수색영장에 명시된 바와 같이 압수물의 포장 단위만 특정한 것에 불과하다 해도, 위 영장의 기재 및 실제로 당시 압수된 화장품의 수량이 과다하여 압수·수색현장에서 압수목록에 품명·종류·수량 등을 구체적으로 특정하여 기재하기 어려운 특수한 사정이 존재하였던 것으로 보이는 이상, 그 무렵 품명·종류·수량 등을 구체적으로 특정한 상세한 압수목록을 수사기관이 작성·교부하지 아니한 조치가 위법하다고 볼 것은 아니다.

나. 그러나 서울본부세관은 늦어도 2020. 7. 17. 무렵에는 이 사건 제1·2차 압수물의 품명·수량·Lot번호·제조번호 등을 모두 확인하였으므로, 이때 압수물 전체에 대하여 압수방법·시기별로 명확히 구분한 다음 품명·수량·Lot번호·제조번호 등을 구체적으로 특정하여 기재한 상세 압수목록을 재항고인에게 작성·교부하였어야 하고, 앞서 본 수사기관의 피압수자 등에 대한 객관적·구체적인 압수목록의 신속한 작성·교부의무의 취지에 비추어 이러한 수사기관의 의무 및 그에 따른 피압수자 등의 권리는 이 사건에서 서울본부세관이 압수절차를 통해 확인한 정보를 기초로 화장품 제조회사 등에 대한 추가 조사를 할 필요가 있었다는 이유만으로 면제되거나 무시될 수 없다. '압수대상이 되는 화장품의 수량이 과다하여 압수·수색현장에서 범칙물품의 품명, 규격, 수량의 파악이 어려운 경우 압수물의 포장 단위로 일단 압수하고 해당 품명, 규격, 수량을 사후에 확정'이라고 하는 이 사건 제2차 압수·수색영장의 문구는 압수·수색현장에서 압수물인 화장품의 품명·규격·수량의 구체적인 파악 및 상세 압수목록 작성이 곤란한 경우에 서울본부세관이 포장 단위로 일단 압수하여 반출하되, 재항고인이 압수물에 대한 환부·가환부 청구를 하거나 부당한 압수처분에 대한 준항고를 하는 등 권리행사절차를 밟는 데 지장이 없도록 필요 최소한의 기간 내에 신속히 품명·

규격·수량 등을 확정하고 그 즉시 상세 압수목록을 교부하여야 한다는 취지로 해석될 뿐, 그 과정에서 수사기관이 확인한 정보를 토대로 추가 조사·수사를 하는 데 필요한 기간 동안 상세 압수목록의 작성·교부의무를 면제하거나 연장하여 주는 취지로 해석되지 않는다.

다. 그럼에도 서울본부세관은 이 사건 제1·2차 압수처분일로부터 약 2개월이 경과한 시점이자 내부적으로 상세 압수목록 작성이 사실상 끝난 2020. 7. 17.로부터도 50여 일이 경과한 2020. 9. 7.에 이르러서야 재항고인에게 상세 압수목록을 교부하였을 뿐만 아니라, 그마저 내용상 압수방법·시기별로 구분이 되어 있지도 않아 개별 압수물이 이 사건 제1·2차 압수처분 중 어느 처분에 따라 언제 압수된 것인지조차 도무지 알 수 없었다. 이로 인하여 재항고인은 이 사건 제1·2차 압수처분일로부터 약 2개월이 넘는 장기간 동안 압수물의 종류·품명·수량 등을 전혀 알 수 없는 상태가 계속된 결과, 약 24만 개의 압수물에 대한 환부 청구 등 압수처분에 대한 법률상 권리구제절차 또는 불복절차가 사실상 불가능하였거나 상당한 지장이 초래되었는바, 이러한 서울본부세관의 조치는 형사소송법 제219조·제129조를 위반한 것으로서 헌법 제12조에서 정한 적법절차 및 영장주의 원칙과 이를 구현한 형사소송법 규정의 입법 취지 등에 비추어 위반의 정도 역시 무겁다고 판단되므로, 결국 이 사건 제1·2차 압수처분은 모두 취소됨이 타당하다.

라. 그럼에도 원심은 상세 압수목록의 교부가 다소 지연되었으나 이 사건 제2차 압수·수색영장의 취지에 따른 것으로서 압수물의 수량에 비추어 부득이하다거나, 이 사건 제2차 압수처분 당시 준항고인과 변호인이 압수물의 포장 단위 특정 및 압수목록 교부에 대해 적극적인 이의를 제기하지 않았다거나, 2020. 7. 17.까지 압수물인 화장품의 개별 품명 및 수량 등을 확인한 후 화장품 제조사에 대한 조사를 통해 면세품 여부를 확인하고 이를 토대로 다량의 압수물에 대한 상세 압수목록을 작성하기까지 상당 시간의 소요는 불가피했던 것으로 보인다는 등의 이유를 들어 준항고인의 재산권 등이 부당하게 침해된 것으로 볼 수는 없다고 보아, 이 사건 준항고를 기각하였다. 이러한 원심의 결정에는 형사소송법 제219조 및 제129조의 압수목록 작성·교부 등에 관한 법리를 오해함으로써 재판에 영향을 미친 잘못이 있다.

4. 결론

그러므로 나머지 재항고이유에 관한 판단을 생략한 채 원심결정을 파기하고, 사건을 다시 심리·판단하도록 원심법원에 환송하기로 하여, 관여 대법관의 일치된 의견으로 주문과 같이 결정한다.

제3장 제1심 공판절차

Ⓐ 대법원 2023. 10. 26. 선고 2023도7301 판결 [마약류관리에관한법률위반(향정)]

【판시사항】

형사소송법 제316조 제1항에서 정한 '피고인의 수사기관 진술이 특히 신빙할 수 있는 상태하에서 행하여졌음'의 의미 / 이러한 특신상태의 존재에 대한 주장·증명 책임의 소재(=검사) 및 피고인의 수사기관 진술이 '특히 신빙할 수 있는 상태하에서 행하여졌음'에 대한 증명 정도(=합리적인 의심의 여지를 배제할 정도)

【판결요지】

형사소송법은 검사, 사법경찰관 등 수사기관이 작성한 피의자신문조서는 그 피의자였던 피고인 또는 변호인이 공판준비 또는 공판기일에 내용을 인정하지 아니하면 증거능력을 부정하면서도(제312조 제1항, 제3항), 검사, 사법경찰관 등 공소제기 전에 피고인을 피의자로 조사하였거나 그 조사에 참여하였던 자, 즉 조사자의 공판준비 또는 공판기일에서의 진술이 피고인의 수사기관 진술을 내용으로 하는 것인 때에는 그 진술이 '특히 신빙할 수 있는 상태하에서 행하여졌음이 증명된 때'에 한하여 이를 증거로 할 수 있다고 규정하고 있다(제316조 제1항). 여기서 '그 진술이 특히 신빙할 수 있는 상태하에서 행하여졌음'이란 그 진술을 하였다는 것에 허위 개입의 여지가 거의 없고, 그 진술내용의 신빙성이나 임의성을 담보할 구체적이고 외부적인 정황이 있음을 의미한다. 이러한 특신상태는 증거능력의 요건에 해당하므로 검사가 그 존재에 대하여 구체적으로 주장·증명하여야 하는데, 피고인의 수사기관 진술이 '특히 신빙할 수 있는 상태하에서 행하여졌음에 대한 증명'은 단지 그러할 개연성이 있다는 정도로는 부족하고 합리적인 의심의 여지를 배제할 정도에 이르러야 한다. 피고인이나 변호인이 그 내용을 인정하지 않더라도 검사, 사법경찰관 등 조사자의 법정증언을 통하여 피고인의 수사기관 진술내용이 법정에 현출되는 것을 허용하는 것은, 형사소송법 제312조 제1항, 제3항이 피고인의 수사기관 진술은 신용성의 정황적 보장이 부족하다고 보아 피고인이나 변호인이 그 내용을 인정하지 않는 이상 피의자신문조서의 증거능력을 인정하지 않음으로써 그 진술내용이 법정에 현출되지 않도록 규정하고 있는 것에 대하여 중대한 예외를 인정하는 것이어서, 이를 폭넓게 허용하는 경우 형사소송법 제312조 제1항, 제3항의 입법 취지와 기능이 크게 손상될 수 있기 때문이다.

【참조조문】 형사소송법 제308조, 제312조 제1항, 제3항, 제316조 제1항
【참조판례】 대법원 2001. 9. 4. 선고 2000도1743 판결(공2001하, 2203), 대법원 2015. 12. 10. 선고 2015도16105 판결
【전문】【피 고 인】 피고인 【상 고 인】 피고인
【변 호 인】 변호사 박복환 외 1인
【원심판결】 부산지법 2023. 5. 19. 선고 2023노469 판결

【주 문】

원심판결을 파기하고, 사건을 부산지방법원에 환송한다.

【이 유】

상고이유를 판단한다.

1. 공소사실의 요지 및 원심의 판단

이 사건 공소사실의 요지는, 피고인이 2021. 8. 4. 23:00경 김해시 (주소 생략) 소재 ○○공원 내 벤치에서 불상량의 필로폰을 커피에 타서 마시는 등의 방법으로 투약하였다는 것이다.

원심은, 경찰관 공소외인의 제1심법정에서의 증언이 증거능력이 있음을 전제로, 위 증언과 피고인의 모발감정결과 등에 의하면 피고인이 공소사실과 같이 필로폰을 투약하였음을 충분히 인정할 수 있다는 등의 이유로, 이 사건 공소사실을 유죄로 판단한 제1심판결을 그대로 유지하였다.

2. 대법원의 판단

가. 형사소송법은 검사, 사법경찰관 등 수사기관이 작성한 피의자신문조서는 그 피의자였던 피고인 또는 변호인이 공판준비 또는 공판기일에 내용을 인정하지 아니하면 증거능력을 부정하면서도(제312조 제1항, 제3항), 검사, 사법경찰관 등 공소제기 전에 피고인을 피의자로 조사하였거나 그 조사에 참여하였던 자, 즉 조사자의 공판준비 또는 공판기일에서의 진술이 피고인의 수사기관 진술을 내용으로 하는 것인 때에는 그 진술이 '특히 신빙할 수 있는 상태하에서 행하여졌음이 증명된 때'에 한하여 이를 증거로 할 수 있다고 규정하고 있다(제316조 제1항). 여기서 '그 진술이 특히 신빙할 수 있는 상태하에서 행하여졌음'이란 그 진술을 하였다는 것에 허위 개입의 여지가 거의 없고, 그 진술내용의 신빙성이나 임의성을 담보할 구체적이고 외부적인 정황이 있음을 의미한다(대법원 2015. 12. 10. 선고 2015도16105 판결 등 참조).

이러한 특신상태는 증거능력의 요건에 해당하므로 검사가 그 존재에 대하여 구체적으로 주장·증명하여야 하는데(대법원 2001. 09. 04. 선고 2000도1743 판결 등), 피고인의 수사기관 진술이 '특히 신빙할 수 있는 상태하에서 행하여졌음에 대한 증명'은 단지 그러할 개연성이 있다는 정도로는 부족하고 합리적인 의심의 여지를 배제할 정도에 이르러야 한다. 피고인이나 변호인이 그 내용을 인정하지 않더라도 검사, 사법경찰관 등 조사자의 법정증언을 통하여 피고인의 수사기관 진술내용이 법정에 현출되는 것을 허용하는 것은, 형사소송법 제312조 제1항, 제3항이 피고인의 수사기관 진술은 신용성의 정황적 보장이 부족하다고 보아 피고인이나 변호인이 그 내용을 인정하지 않는 이상 피의자신문조서의 증거능력을 인정하지 않음으로써 그 진술내용이 법정에 현출되지 않도록 규정하고 있는 것에 대하여 중대한 예외를 인정하는 것이어서, 이를 폭넓게 허용하는 경우 형사소송법 제312조 제1항, 제3항의 입법 취지와 기능이 크게 손상될 수 있기 때문이다.

나. 기록에 의하면 다음의 사실을 알 수 있다.

1) 경찰관 공소외인은 피고인에 대하여 세 차례 피의자신문을 하였는데, 세 차례 모두 피고인의 변호인은 동석하지 아니하였다.

2) 피고인은 임의동행 직후 경찰관 공소외인으로부터 제1회 피의자신문을 받으면서 당초에는 필로폰 투약 범행을 부인하였으나 경찰관 공소외인이 소변의 임의제출을 종용하는 듯한 태도를 취하자 이를 번복하여 '2021. 8. 4. 18:00경 김해시 (주소 생략) 소재 ○○공원 내 벤치에서 불상량의 필로폰을 커피에 타서 마시는 방법으로 투약하였다.'는 취지로 진술하였다.

3) 그 후, 경찰관 공소외인은 피고인 휴대전화의 발신 기지국 위치를 통하여 피고인이 2021. 8. 4. 18:00경 위 ○○공원이 아닌 다른 곳에 있었고, 같은 날 22:46경 위 ○○공원 부근에 있었음을 확인하였다.

4) 경찰관 공소외인은 피고인을 재차 소환하여 위와 같은 사실을 언급하면서 2021. 8. 4. 18:00경이 아닌 같은 날 22:46경에 필로폰을 투약한 것이 아닌지 물었고, 이에 피고인은 기존 진술을 번복하면서 공소사실 기재와 같이 2021. 8. 4. 23:00경 필로폰을 투약하였던 것 같다는 취지로 진술하였다.

5) 피고인은 법정에서 경찰관 공소외인이 작성한 피의자신문조서의 내용을 부인하였고, 경찰관 공소외인은 제1심법정에 출석하여 피고인이 조사 당시 강요나 회유 없이 자발적으로 공소사실 기재 필로폰 투약 범행을 자백하였다는 취지로 증언하였다.

다. 위와 같은 사실관계를 앞서 본 법리에 비추어 살펴본다.

경찰관 공소외인의 제1심 증언은 피고인의 조사 당시 진술을 그 내용으로 하고 있으므로, 조사 당시 피고인이 진술한 내용의 신빙성이나 임의성을 담보할 수 있는 구체적이고 외부적인 정황이 존재한다는 점이 합리적인 의심의 여지를 배제할 정도로 주장·증명되어야 증거로 사용될 수 있다.

그런데 피고인은 조사 당시 변호인의 동석 없이 진술하였고, 피고인의 진술 중 범인만이 알 수 있는 내용에 관한 자발적, 구체적 진술로 평가될 수 있는 부분도 존재하지 아니한다. 달리 피고인 진술내용의 신빙성 내지 임의성을 담보할 수 있는 구체적·외부적 정황을 인정할 사정이 발견되지 않는다.

오히려 피고인은 임의동행 직후 경찰관 공소외인이 소변의 임의제출을 종용하자 필로폰 투약 사실을 인정하고, 이후 경찰관 공소외인이 발신 기지국 위치를 통하여 확인된 사실을 기초로 진술번복을 유도하자 그에 따라 공소사실 기재와 같은 필로폰 투약 범행을 인정한 것으로 보일 뿐이다. 이는 피고인이 조사 당시 그 진술내용을 신빙하기 어려운 상태에 있었다고 의심되는 정황이다.

따라서 경찰관 공소외인의 제1심 증언은 그 증거능력이 인정된다고 보기 어렵다.

라. 그럼에도 원심은 경찰관 공소외인의 제1심 증언을 유죄의 증거로 삼아 이 사건 공소사실을 유죄로 판단한 제1심판결을 그대로 유지하였다. 이러한 원심의 판단에는 조사자 증언에 관한 법리를 오해하여 판결에 영향을 미친 잘못이 있다. 이를 지적하는 상고이유 주장은 이유 있다.

3. 결 론

그러므로 원심판결을 파기하고 사건을 다시 심리·판단하도록 원심법원에 환송하기로 하여 관여 대법관의 일치된 의견으로 주문과 같이 판결한다.

Ⓐ 대법원 2024. 01. 11. 선고 2020도1538 판결 [아동학대범죄의처벌등에관한특례법위반(아동복지시설종사자등의아동학대가중처벌)]

【판시사항】

[1] 통신비밀보호법 제14조 제1항에서 공개되지 않은 타인 간의 대화를 녹음 또는 청취하지 못하도록 한 취지 / 여기서 '공개되지 않았다.'의 의미 및 이를 판단하는 방법

[2] 피해아동의 담임교사인 피고인이 피해아동에게 수회에 걸쳐 아동의 정신건강 및 발달에 해를 끼치는 정서적 학대행위를 하였다는 이유로 아동학대범죄의 처벌 등에 관한 특례법 위반(아동복지시설종사자등의아동학대가중처벌)으로 기소된 사안에서, 피해아동의 부모가 피해아동의 가방에 녹음기를 넣어 수업시간 중 교실에서 피고인이 한 발언을 녹음한 녹음파일, 녹취록 등은 공개되지 아니한 타인 간의 대화를 녹음한 것이므로 통신비밀보호법 제14조 제2항 및 제4조에 따라 증거능력이 부정된다고 한 사례

【판결요지】

[1] 통신비밀보호법 제14조 제1항이 공개되지 않은 타인 간의 대화를 녹음 또는 청취하지 못하도록 한 것은, 대화에 원래부터 참여하지 않는 제3자가 일반 공중이 알 수 있도록 공개되지 않은 타인 간의 발언을 녹음하거나 전자장치 또는 기계적 수단을 이용하여 청취해서는 안 된다는 취지이다. 여기서 '공개되지 않았다.'는 것은 반드시 비밀과 동일한 의미는 아니고 일반 공중에게 공개되지 않았다는 의미이며, 구체적으로 공개된 것인지는 발언자의 의사와 기대, 대화의 내용과 목적, 상대방의 수, 장소의 성격과 규모, 출입의 통제 정도, 청중의 자격 제한 등 객관적인 상황을 종합적으로 고려하여 판단해야 한다.

[2] 피해아동의 담임교사인 피고인이 피해아동에게 "학교 안 다니다 온 애 같아. 저쪽에서 학교 다닌 거 맞아, 1, 2학년 다녔어, 공부시간에 책 넘기는 것도 안 배웠어, 학습 훈련이 전혀 안 되어 있어, 1, 2학년 때 공부 안 하고 왔다갔다만 했나봐."라는 말을 하는 등 수회에 걸쳐 아동의 정신건강 및 발달에 해를 끼치는 정서적 학대행위를 하였다는 이유로 아동학대범죄의 처벌 등에 관한 특례법 위반(아동복지시설종사자등의아동학대가중처벌)으로 기소된 사안에서, 초등학교 담임교사가 교실에서 수업시간 중 한 발언은 통상적으로 교실 내 학생들만을 대상으로 하는 것으로서 교실 내 학생들에게만 공개된 것일 뿐, 일반 공중이나 불특정 다수에게 공개된 것이 아니므로, 대화자 내지 청취자가 다수였다는 사정만으로 '공개된 대화'로 평가할 수는 없어, 피해아동의 부모가 몰래 녹음한 피고인의 수업시간 중 발언은 '공개되지 않은 대화'에 해당하는 점, 피해아동의 부모는 피고인의 수업시간 중 발언의 상대방에 해당하지 않으므로, 위 발언은 '타인 간의 대화'에 해당하는 점을 종합하면, 피해아동의 부모가 피해아동의 가방에 녹음기를 넣어 수업시간 중 교실에서 피고인이 한 발언을 녹음한 녹음파일, 녹취록 등은 통신비밀보호법 제14조 제1항을 위반하여 공개되지 아니한 타인 간의 대화를 녹음한 것이므로 통신비밀보호법 제14조 제2항 및 제4조에 따라 증거능력이 부정된다는 이유로, 이와 달리 본 원심판단에 법리오해의 잘못이 있다고 한 사례.

【참조조문】 [1] 통신비밀보호법 제4조, 제14조 제1항, 제2항 [2] 통신비밀보호법 제4조, 제14조 제1항, 제2항
【참조판례】 [1] 대법원 2022. 8. 31. 선고 2020도1007 판결(공2022하, 2069)
【전 문】 【피 고 인】 피고인 【상 고 인】 피고인
【변 호 인】 법무법인 평안 담당변호사 이상원 외 1인
【원심판결】 서울동부지법 2020. 1. 9. 선고 2019노424 판결

【주 문】

원심판결을 파기하고, 사건을 서울동부지방법원에 환송한다.

【이 유】

상고이유를 판단한다.

1. 쟁점 공소사실의 요지

   쟁점 공소사실의 요지는, 피해아동의 담임교사로서 「아동학대범죄의 처벌 등에 관한 특례법」에 따른 아동학대범죄의 신고의무자인 피고인이 2018. 3. 14.경부터 2018. 5. 8.경까지 피해아동에게 "학교 안 다니다 온 애 같아. 저쪽에서 학교 다닌 거 맞아, 1, 2학년 다녔어, 공부시간에 책 넘기는 것도 안 배웠어, 학습 훈련이 전혀 안 되어 있어, 1, 2학년 때 공부 안 하고 왔다갔다만 했나봐."라는 말을 하는 등 원심 판시 별지 범죄일람표 순번 1 내지 3, 5 내지 8, 10 내지 16번 기재와 같이 14회에 걸쳐 아동의 정신건강 및 발달에 해를 끼치는 정서적 학대행위를 하였다는 것이다.

2. 원심의 판단

   원심은 다음과 같은 이유로 피해아동의 부모가 피해아동의 가방에 녹음기를 넣어 수업시간 중 교실에서 피고인이 한 발언을 녹음한 녹음파일, 녹취록 등(이하 '이 사건 녹음파일 등'이라고 한다)의 증거능력을 인정하고 이를 유죄의 증거로 삼아 쟁점 공소사실을 유죄로 판단하였다.

   가. 피고인은 30명 정도 상당수의 학생들을 상대로 발언하였고, 국민생활에 필요한 기초적인 교육을 목적으로 하는 초등학교 교육은 공공적인 성격을 가지므로, 피고인이 수업시간 중 교실에서 한 발언은 통신비밀보호법 제14조 제1항의 '공개되지 아니한 대화'에 해당하지 않는다.

   나. 피해아동의 부모와 피해아동은 밀접한 인적 관련이 있다.

   다. 피해아동의 부모는 피고인의 아동학대 행위 방지를 위하여 녹음에 이르게 되었고, 피해아동의 보호를 위해서 녹음 외에 별다른 유효적절한 수단이 없었으며, 피고인이 저지른 아동학대 범죄는 사회적 해악이 중대하여 그에 관한 증거를 수집할 필요성이 인정된다. 이 사건 녹음파일 등을 증거로 사용하는 것이 피고인의 사생활의 비밀이 일정 정도 침해되는 결과를 초래하더라도 이는 피고인이 수인하여야 할 기본권의 제한에 해당한다.

3. 대법원의 판단

가. 관련 법리

통신비밀보호법 제14조 제1항은 "누구든지 공개되지 아니한 타인 간의 대화를 녹음하거나 전자장치 또는 기계적 수단을 이용하여 청취할 수 없다."라고 규정하고, 제14조 제2항 및 제4조는 "제14조 제1항을 위반한 녹음에 의하여 취득한 대화의 내용은 재판 또는 징계절차에서 증거로 사용할 수 없다."라는 취지로 규정하고 있다.

통신비밀보호법 제14조 제1항이 공개되지 않은 타인 간의 대화를 녹음 또는 청취하지 못하도록 한 것은, 대화에 원래부터 참여하지 않는 제3자가 일반 공중이 알 수 있도록 공개되지 않은 타인 간의 발언을 녹음하거나 전자장치 또는 기계적 수단을 이용하여 청취해서는 안 된다는 취지이다. 여기서 '공개되지 않았다.'는 것은 반드시 비밀과 동일한 의미는 아니고 일반 공중에게 공개되지 않았다는 의미이며, 구체적으로 공개된 것인지는 발언자의 의사와 기대, 대화의 내용과 목적, 상대방의 수, 장소의 성격과 규모, 출입의 통제 정도, 청중의 자격 제한 등 객관적인 상황을 종합적으로 고려하여 판단해야 한다(대법원 2022. 8. 31. 선고 2020도1007 판결 등 참조).

나. 위 법리에 원심판결 이유 및 기록에 의하여 인정되는 아래의 사정을 더하여 보면, 이 사건 녹음파일 등은 통신비밀보호법 제14조 제2항 및 제4조에 따라 증거능력이 부정된다고 보아야 한다.

1) 피해아동의 부모가 몰래 녹음한 피고인의 수업시간 중 발언은 '공개되지 않은 대화'에 해당한다.

가) 초등학교 담임교사가 교실에서 수업시간 중 한 발언은 통상적으로 교실 내 학생들만을 대상으로 하는 것으로서 교실 내 학생들에게만 공개된 것일 뿐, 일반 공중이나 불특정 다수에게 공개된 것이 아니다. 초등학교 교실은 출입이 통제되는 공간이고, 수업시간 중 불특정 다수가 드나들 수 있는 장소가 아니며, 수업시간 중인 초등학교 교실에 학생이 아닌 제3자가 별다른 절차 없이 참석하여 담임교사의 발언 내용을 청취하는 것은 상정하기 어렵기 때문이다. 피고인이 교실 내 학생들이 아닌 제3자에 대한 공개를 의도하거나 감수하고 발언하였음을 인정할 만한 사정도 없다.

나) 피고인의 발언은 특정된 30명의 학생들에게만 공개되었을 뿐, 일반 공중이나 불특정 다수에게 공개되지 않았으므로, 대화자 내지 청취자가 다수였다는 사정만으로 '공개된 대화'로 평가할 수는 없다. 대화 내용이 공적인 성격을 갖는지 여부나 발언자가 공적 인물인지 여부 등은 '공개되지 않은 대화'에 해당하는지 여부를 판단하는 데에 영향을 미치지 않는다.

2) 피해아동의 부모가 몰래 녹음한 피고인의 수업시간 중 발언은 '타인 간의 대화'에 해당한다. 피해아동의 부모는 피고인의 수업시간 중 발언의 상대방, 즉 대화에 원래부터 참여한 당사자에 해당하지 않기 때문이다. 피해아동의 연령, 피해아동의 부모가 피해아동의 친권자, 법정대리인이라는 사정을 고려하더라도 부모는 피해아동과 별개의 인격체인 이상 대화에 참여하지 않은 제3자라고 평가할 수밖에 없다.

3) 결국 이 사건 녹음파일 등은 통신비밀보호법 제14조 제1항을 위반하여 공개되지 아니한 타인 간의 대화를 녹음한 것이므로 통신비밀보호법 제14조 제2항 및 제4조에 따라 증거능력이 부정된다고 보아야 한다. 사생활 및 통신의 불가침을 국민의 기본권의 하나로 선언하고 있는 헌법규정과 통신 및 대화의 비밀 보호, 통신 및 대화의 자유 신장을 목적으로 제정된 통신비밀보호법의 취지에 비추어 보면, 원심이 들고 있는 사정들을 이유로 이 사건 녹음파일 등의 증

거능력을 인정할 수는 없다.

다. 그럼에도 원심은 판시와 같은 이유만으로 이 사건 녹음파일 등의 증거능력을 인정하였는바, 이러한 원심의 판단에는 통신비밀보호법 제14조 제2항, 제4조 등에 관한 법리를 오해하여 판결에 영향을 미친 잘못이 있다.

4. 파기의 범위

위와 같은 이유로 원심판결 중 쟁점 공소사실 부분은 파기되어야 한다. 그런데 위 파기 부분은 원심이 이유에서 무죄로 판단한 부분과 일죄의 관계에 있으므로, 결국 원심판결은 전부 파기되어야 한다.

5. 결 론

그러므로 원심판결을 파기하고 사건을 다시 심리·판단하도록 원심법원에 환송하기로 하여, 관여 대법관의 일치된 의견으로 주문과 같이 판결한다.

제4장 상소심의 절차

Ⓑ 대법원 2023. 12. 28. 선고 2023도10718 판결 [공문서위조(예비적죄명:허위공문서작성)]

【판시사항】

동일한 사실관계에 대하여 서로 양립할 수 없는 적용법조의 적용을 주위적·예비적으로 구하는 사안에서 예비적 공소사실만 유죄로 인정되고 그 부분에 대하여 피고인만 상고한 경우, 주위적 공소사실까지 함께 상고심의 심판대상에 포함되는지 여부(적극) / 이때 상고심이 예비적 공소사실에 대한 원심판결이 잘못되었다는 이유로 원심판결을 전부 파기환송하는 경우, 환송 후 원심은 예비적 공소사실은 물론 주위적 공소사실에 대하여도 심리·판단하여야 하는지 여부(적극)

【판결요지】

원래 주위적·예비적 공소사실의 일부에 대한 상고제기의 효력은 나머지 공소사실 부분에 대하여도 미치는 것이고, 동일한 사실관계에 대하여 서로 양립할 수 없는 적용법조의 적용을 주위적·예비적으로 구하는 경우에는 예비적 공소사실만 유죄로 인정되고 그 부분에 대하여 피고인만 상고하였다고 하더라도 주위적 공소사실까지 함께 상고심의 심판대상에 포함된다. 이때 상고심이 예비적 공소사실에 대한 원심판결이 잘못되었다는 이유로 원심판결을 전부 파기환송한다면, 환송 후 원심은 예비적 공소사실은 물론 이와 동일체 관계에 있는 주위적 공소사실에 대하여도 이를 심리·판단하여야 한다.

【참조조문】 형사소송법 제254조 제5항, 제342조
【참조판례】 대법원 2006. 5. 25. 선고 2006도1146 판결(공2006하, 1217)
【전 문】【피 고 인】 피고인 【상 고 인】 검사
【변 호 인】 변호사 이강우
【환송판결】 대법원 2022. 9. 29. 선고 2022도1610 판결
【원심판결】 대구지법 2023. 7. 12. 선고 2022노3744 판결

【주 문】

원심판결을 파기하고, 사건을 대구지방법원에 환송한다.

【이 유】

상고이유를 판단한다.

1. 공소사실의 요지

가. 주위적 공소사실

피고인은 상주시 ○○동 행정복지센터에서 기간제 계약직 직원으로 근무하면서 △△계장인 공소외 1이 담당하는 인감증명서 발급 등 각종 주민등록 보조 업무를 담당한 사람으로 인감증명서 발급 권한이 없었다.

피고인은 2017. 9. 26. 위 ○○동 행정복지센터에서 공소외 2의 부탁을 받고 공소외 3이 방문하지 않았음에도 마치 공소외 3이 직접 방문하여 발급 신청한 것처럼 인감증명서 발급대장의 '인감신고인'란에 "공소외 3"과 그의 인적사항을 기재하고 '대리인'란에 "본인"이라고 기재하고, 인감증명서의 우측 상단 '본인'란에 "○"표시를 한 뒤 공소외 2에게 발급해주었다.

이로써 피고인은 공소외 2와 공모하여 행사할 목적으로 공문서인 인감증명서 발급대장과 상주시 ○○동장 명의로 된 공소외 3의 인감증명서 1통을 위조하였다.

나. 예비적 공소사실

피고인은 상주시 ○○동 행정복지센터에서 기간제 계약직 직원으로 근무하면서 △△계장인 공소외 1이 담당하는 인감증명서 발급 등 각종 주민등록 보조 업무를 담당한 사람이다.

피고인은 2017. 9. 26. 위 ○○동 행정복지센터에서 공소외 2의 부탁을 받고 마치 공소외 3이 직접 방문하여 발급 신청한 것처럼 인감증명서의 우측 상단 '본인'란에 "○"표시를 한 뒤 공소외 2에게 발급해주었다.

이로써 피고인은 공소외 2와 공모하여 행사할 목적으로 그 직무에 관하여 공문서인 인감증명서를 허위로 작성하였다.

2. 소송의 경과

기록에 의하면 다음과 같은 사실을 알 수 있다.

가. 검사는 공소장에 주위적 공소사실과 같은 공소사실을 기재하여 공소를 제기하였다.

나. 환송 전 원심은 예비적 공소사실을 추가하는 검사의 공소장변경허가신청을 허가한 후, 피고인이 인감증명서 발급 권한이 있었던 것으로 보인다는 이유로 주위적 공소사실은 이유에서 무죄로 판단하고, 예비적 공소사실을 유죄로 판단하였다.

다. 환송 전 원심판결의 유죄 부분에 대하여 피고인만 상고하였다. 이에 따라 환송 전 원심판결 중 '인감증명서 발급대장'에 관한 무죄 부분은 분리·확정되었다.

라. 대법원은, 피고인이 형법상 공무원에 해당하는지, 신분상 공무원이 아니더라도 허위공문서작성죄 등으로 처벌할 수 있는 특별규정이 있는지 등에 관하여 심리하지 않고 예비적 공소사실을 유죄로 판단한 환송 전 원심에는 허위공문서작성죄의 성립에 관한 법리오해나 심리미진의 위법이 있다고 판단하면서, 환송 전 원심판결 중 인감증명서 부분 전부를 파기환송하였다.

마. 그런데 원심은, '주위적 공소사실'에 대하여는 이미 심판대상에서 벗어나 이를 심리·판단하여 유죄를 선고할 수 없다는 이유로 환송 전 원심의 판단을 그대로 유지하고, '예비적 공소사실'에 대하여는 피고인이 형법상 공무원이 아니므로 범죄가 되지 아니하거나 범죄의 증명이 없다는 이유

로 무죄로 판단하면서, 검사의 항소를 기각하였다.

3. 대법원의 판단

가. 원래 주위적·예비적 공소사실의 일부에 대한 상고제기의 효력은 나머지 공소사실 부분에 대하여도 미치는 것이고, 동일한 사실관계에 대하여 서로 양립할 수 없는 적용법조의 적용을 주위적·예비적으로 구하는 경우에는 예비적 공소사실만 유죄로 인정되고 그 부분에 대하여 피고인만 상고하였다고 하더라도 주위적 공소사실까지 함께 상고심의 심판대상에 포함된다(대법원 2006. 05. 25. 선고 2006도1146 판결 참조). 이때 상고심이 예비적 공소사실에 대한 원심판결이 잘못되었다는 이유로 원심판결을 전부 파기환송한다면, 환송 후 원심은 예비적 공소사실은 물론 이와 동일체 관계에 있는 주위적 공소사실에 대하여도 이를 심리·판단하여야 한다.

나. 앞서 본 사실관계를 위 법리에 비추어 보면 다음과 같이 판단할 수 있다.

1) 검사는 '피고인이 인감증명서를 작성하여 발급하였다.'는 동일한 사실관계에 대하여 주위적으로는 형법 제225조, 예비적으로는 형법 제227조의 적용을 구하였고, 위와 같은 적용법조들은 서로 양립할 수 없다. 대법원은 예비적 공소사실에 대한 환송 전 원심판결이 잘못되었다는 이유로 이를 전부 파기환송하였으므로, 원심으로서는 주위적 공소사실에 대하여 이를 심리·판단한 후, 주위적 공소사실을 유죄로 판단하지 않는 경우에 한하여 예비적 공소사실을 심리·판단하였어야 한다.

2) 그럼에도 원심은 위 인감증명서 발급에 관한 주위적 공소사실에 대하여 실질적인 심리·판단을 하지 않은 채 환송 전 원심의 판단을 유지하고, 예비적 공소사실에 대한 판단으로 나아가 이를 무죄로 판단하였다.

3) 이러한 원심판단에는 파기환송 후 항소심의 심판대상에 관한 법리를 오해하여 판결에 영향을 미친 잘못이 있다. 이 점을 지적하는 검사의 상고이유 주장은 이유 있다.

4. 결 론

원심판결을 파기하고, 사건을 다시 심리·판단하게 하기 위하여 원심법원에 환송하기로 하여, 관여 대법관의 일치된 의견으로 주문과 같이 판결한다.

제5장 특수절차

⑧ 대법원 2023. 11. 30. 선고 2023도10699 판결 [특정범죄가중처벌등에관한법률위반(절도)]

【판시사항】

[1] 유죄의 확정판결에 대한 재심개시결정이 확정되어 법원이 그 사건에 대하여 다시 심판을 한 후 재심판결을 선고하여 확정된 경우, 종전 확정판결은 당연히 효력을 상실하는지 여부(적극) 및 재심판결 확정의 효력 범위

[2] 형의 실효 등에 관한 법률 제7조 제1항에서 정한 기간의 경과로 형이 실효된 경우, 그 전과가 특정범죄 가중처벌 등에 관한 법률 제5조의4 제5항에서 정한 "징역형을 받은 경우"에 해당하는지 여부(소극) / 2번 이상의 징역형을 받은 자가 자격정지 이상의 형을 받음이 없이 마지막 형의 집행을 종료한 날부터 형의 실효 등에 관한 법률에서 정한 기간을 경과한 경우, 그 마지막 형에 앞서는 형도 모두 실효되는지 여부(적극)

【판결요지】

[1] 유죄의 확정판결에 대하여 재심개시결정이 확정되어 법원이 그 사건에 대하여 다시 심판을 한 후 재심판결을 선고하고 그 재심판결이 확정된 때에는 종전의 확정판결은 당연히 효력을 상실하므로, 재심판결이 확정됨에 따라 원판결이나 그 부수처분의 법률적 효과가 상실되고 형 선고가 있었다는 기왕의 사실 자체의 효과가 소멸한다.

[2] 형의 실효 등에 관한 법률(이하 '형실효법'이라고 한다) 제7조 제1항은 '수형인이 자격정지 이상의 형을 받음이 없이 형의 집행을 종료하거나 그 집행이 면제된 날부터 같은 항 각호에서 정한 기간이 경과한 때에는 그 형은 실효된다.'고 정하고, 같은 항 제2호에서 3년 이하의 징역·금고형의 경우는 그 기간을 5년으로 정하고 있다. 위 규정에 따라 형이 실효된 경우에는 형의 선고에 의한 법적 효과가 장래에 향하여 소멸되므로, 그 전과를 특정범죄 가중처벌 등에 관한 법률 제5조의4 제5항에서 정한 "징역형을 받은 경우"로 볼 수 없다. 한편 형실효법의 입법 취지에 비추어 보면, 2번 이상의 징역형을 받은 자가 자격정지 이상의 형을 받음이 없이 마지막 형의 집행을 종료한 날부터 위 법에서 정한 기간을 경과한 때에는 그 마지막 형에 앞서는 형도 모두 실효되는 것으로 보아야 한다.

【참조조문】 [1] 형사소송법 제420조, 제435조, 제438조 [2] 특정범죄 가중처벌 등에 관한 법률 제5조의4 제5항, 형의 실효 등에 관한 법률 제7조 제1항
【참조판례】 [1] 대법원 2017. 9. 21. 선고 2017도4019 판결(공2017하, 2042)
대법원 2018. 2. 28. 선고 2015도15782 판결(공2018상, 657) / [2] 대법원 2010. 9. 9. 선고 2010도8021 판결(공2010하, 1963)

【전 문】【피 고 인】피고인【상 고 인】피고인
【변 호 인】변호사 한규옥
【원심판결】수원지법 2023. 7. 14. 선고 2023노979, 2238 판결

【주 문】

원심판결을 파기하고, 사건을 수원지방법원에 환송한다.

【이 유】

직권으로 판단한다.

1.

가. 유죄의 확정판결에 대하여 재심개시결정이 확정되어 법원이 그 사건에 대하여 다시 심판을 한 후 재심판결을 선고하고 그 재심판결이 확정된 때에는 종전의 확정판결은 당연히 효력을 상실하므로, 재심판결이 확정됨에 따라 원판결이나 그 부수처분의 법률적 효과가 상실되고 형 선고가 있었다는 기왕의 사실 자체의 효과가 소멸한다(대법원 2017. 09. 21. 선고 2017도4019 판결, 대법원 2018. 02. 28. 선고 2015도15782 판결 등 참조).

나. 「형의 실효 등에 관한 법률」(이하 '형실효법'이라고 한다) 제7조 제1항은 '수형인이 자격정지 이상의 형을 받음이 없이 형의 집행을 종료하거나 그 집행이 면제된 날부터 같은 항 각호에서 정한 기간이 경과한 때에는 그 형은 실효된다.'고 정하고, 같은 항 제2호에서 3년 이하의 징역·금고형의 경우는 그 기간을 5년으로 정하고 있다. 위 규정에 따라 형이 실효된 경우에는 형의 선고에 의한 법적 효과가 장래에 향하여 소멸되므로, 그 전과를 「특정범죄 가중처벌 등에 관한 법률」(이하 '특정범죄가중법'이라고 한다) 제5조의4 제5항에서 정한 "징역형을 받은 경우"로 볼 수 없다. 한편 형실효법의 입법 취지에 비추어 보면, 2번 이상의 징역형을 받은 자가 자격정지 이상의 형을 받음이 없이 마지막 형의 집행을 종료한 날부터 위 법에서 정한 기간을 경과한 때에는 그 마지막 형에 앞서는 형도 모두 실효되는 것으로 보아야 한다(대법원 2010. 09. 09. 선고 2010도8021 판결 등 참조).

2. 기록 등에 의하면 다음과 같은 사실을 알 수 있다.

가. 피고인은 2005. 12. 22. 대구지방법원에서 절도죄 등으로 징역 8월에 집행유예 2년을 선고받고(이하 '제1전과'라고 한다), 2006. 5. 17. 같은 법원에서 절도죄로 징역 8월을 선고받았으며(이하 '제2전과'라고 한다), 2007. 9. 4. 같은 법원에서 특정범죄가중법 위반(절도)죄로 징역 1년 6월을 선고받고(이하 '제3전과'라고 한다) 2009. 2. 1. 그 형의 집행을 종료하였다.

나. 피고인은 2009. 5. 27. 같은 법원에서 특정범죄가중법 위반(절도)죄로 징역 2년을 선고받고(이하 '제4전과'라고 한다), 2012. 11. 14. 같은 법원에서 같은 죄로 징역 3년 6월을 선고받았다(이하 '제5전과'라고 한다).

다. 피고인은 2016. 6. 13. 대구지방법원 포항지원에서 특수강도죄로 징역 3년을 선고받고, 2021. 4. 16. 수원지방법원에서 절도죄로 징역 1년 6월을 선고받고(이하 '제6전과'라고 한다) 2022. 2. 23. 그 형의 집행을 종료하였다.

라. 대구지방법원은 2021. 12. 14. 2021재고단32 사건에서 제4전과의 확정판결에 대하여 재심개시결정을 한 후 다시 심판하여 2022. 5. 11. 피고인에게 징역 2년을 선고하였고, 위 재심판결은 2023. 6. 9. 확정되었다. 또한 대구지방법원은 2022. 8. 18. 2022재고합6 사건에서 제5전과의 확정판결에 대하여 재심개시결정을 한 후 다시 심판하여 2022. 12. 2. 피고인에게 징역 3년 6월을 선고하였고, 위 재심판결은 2023. 4. 20. 확정되었다(위 각 재심판결을 통틀어 '이 사건 각 재심판결'이라고 한다).

3. 위와 같은 사실관계를 앞서 본 법리에 비추어 살펴본다. 이 사건 각 재심판결이 선고되어 확정됨으로써 제4전과 및 제5전과의 확정판결은 종국적으로 효력을 상실하여 형의 선고가 있었다는 기왕의 사실 자체의 효과가 소멸하였으므로, 위 각 전과는 형실효법 제7조 제1항에서 정한 '자격정지 이상의 형'을 받은 경우에 해당하지 않는다. 피고인이 제3전과에 의한 형의 집행을 종료한 2009. 2. 1.부터 그 후 특수강도죄로 징역형을 선고받은 2016. 6. 13.까지 형실효법 제7조 제1항 제2호에서 정한 5년의 기간이 경과하였음은 역수상 분명하므로, 이로써 제1전과 내지 제3전과는 위 실효기간이 경과한 때에 모두 실효되었다. 그렇다면 피고인의 전과 중 형법 제329조부터 제331조까지의 죄 또는 그 미수죄로 징역형을 받은 전과는 제6전과만 남게 되므로, 피고인은 특정범죄가중법 제5조의4 제5항 제1호에서 정한 '세 번 이상 징역형을 받은 사람'에 해당하지 않는다.

그런데도 원심은 피고인에게 특정범죄가중법 제5조의4 제5항 제1호를 적용하여 유죄를 선고하였다. 이러한 원심판결에는 특정범죄가중법 제5조의4 제5항 제1호에서 정한 '세 번 이상 징역형을 받은 사람'의 해석에 관한 법리를 오해하는 등으로 판결에 영향을 미친 잘못이 있다.

4. 그러므로 상고이유에 대한 판단을 생략한 채 원심판결을 파기하고 사건을 다시 심리·판단하도록 원심법원에 환송하기로 하여, 관여 대법관의 일치된 의견으로 주문과 같이 판결한다.

부록: 중요판결(Ⅰ, Ⅱ권 수록 이외)

부 록 : 중요 판결(Ⅰ, Ⅱ권 수록 이외)

● 대법원 2017. 12. 21. 선고 2015도8335 전원합의체 판결 【항공보안법위반·강요·업무방해·위계공무집행방해·증거인멸(인정된죄명:증거인멸교사)·증거은닉(인정된죄명:증거은닉교사)·공무상비밀누설】〈항공기 탑승구 복귀 사건〉

【판시사항】

[1] 항공보안법 제42조에서 정한 '항로'의 의미 / 승객이 탑승한 후 항공기의 모든 문이 닫힌 때부터 내리기 위하여 문을 열 때까지 항공기가 지상에서 이동하는 경로가 위 '항로'에 포함되는지 여부(소극)
[2] 甲 항공사 부사장인 피고인이 외국 공항에서 국내로 출발 예정인 자사 여객기에 탑승하였다가, 담당 승무원의 객실서비스 방식에 화가 나 폭언하면서 승무원을 비행기에서 내리도록 하기 위해, 기장으로 하여금 계류장의 탑승교에서 분리되어 푸시백 중이던 비행기를 다시 탑승구 쪽으로 돌아가게 함으로써 위력으로 운항 중인 항공기의 항로를 변경하게 하였다고 하여 항공보안법 위반으로 기소된 사안에서, 피고인이 푸시백 중이던 비행기를 탑승구로 돌아가게 한 행위가 항공기의 항로를 변경하게 한 것에 해당하지 않는다고 한 사례

【판결요지】

[1] [다수의견]
(가) 항공보안법 제42조는 "위계 또는 위력으로써 운항 중인 항공기의 항로를 변경하게 하여 정상 운항을 방해한 사람은 1년 이상 10년 이하의 징역에 처한다."라고 규정하고 있다. 같은 법 제2조 제1호는 '운항 중'을 '승객이 탑승한 후 항공기의 모든 문이 닫힌 때로부터 내리기 위하여 문을 열 때까지'로 정의하였다. 그러나 항공보안법에 '항로'가 무엇인지에 관하여 정의한 규정은 없다.
(나) 죄형법정주의는 국가형벌권의 자의적인 행사로부터 개인의 자유와 권리를 보호하기 위하여 범죄와 형벌을 법률로 정할 것을 요구한다. 그러한 취지에 비추어 보면 형벌법규의 해석은 엄격하여야 하고, 문언의 가능한 의미를 벗어나 피고인에게 불리한 방향으로 해석하는 것은 죄형법정주의의 내용인 확장해석금지에 따라 허용되지 아니한다. 법률을 해석할 때 입법 취지와 목적, 제·개정 연혁, 법질서 전체와의 조화, 다른 법령과의 관계 등을 고려하는 체계적·논리적 해석 방법을 사용할 수 있으나, 문언 자체가 비교적 명확한 개념으로 구성되어 있다면 원칙적으로 이러한 해석 방법은 활용할 필요가 없거나 제한될 수밖에 없다. 죄형법정주의 원칙이 적용되는 형벌법규의 해석에서는 더욱 그러하다.
(다) 법령에서 쓰인 용어에 관해 정의규정이 없는 경우에는 원칙적으로 사전적인 정의 등 일반적으로 받아들여진 의미에 따라야 한다. 국립국어원의 표준국어대사전은 항로를 '항공기가 통행하는 공로(空路)'로 정의하고 있다. 국어학적 의미에서 항로는 공중의 개념을 내포하고 있음이 분명하다. 항공기

운항과 관련하여 '항로'가 지상에서의 이동 경로를 가리키는 용어로 쓰인 예를 찾을 수 없다.

(라) 다른 법률에서 항로는 '항공로'의 뜻으로 사용되기도 하였다. 구 항공법(2016. 3. 29. 법률 제14116호로 폐지) 제115조의2 제2항은, 국토교통부장관이 항공운송사업자에게 운항증명을 하는 경우 '운항하려는 항로' 등 운항조건을 정하도록 규정하였다. 이 조문의 내용을 물려받은 항공안전법(2016. 3. 29. 법률 제14116호) 제90조 제2항은 '운항하려는 항로'를 '운항하려는 항공로'로 바꾸었으므로, 여기에서 '항로'는 항공로와 같은 뜻으로 쓰였음이 분명하다. 항공로의 법률적 정의는 '국토교통부장관이 항공기 등의 항행에 적합하다고 지정한 지구의 표면상에 표시한 공간의 길'로 규정되어 있으므로(항공안전법 제2조 제13호, 구 항공법에서의 정의도 같다), 항공기가 비행하면서 다녀야 항공로가 될 수 있다. 이처럼 항로가 법률용어로서 항공로와 혼용되기도 한 것을 볼 때, 입법자도 항로를 공중의 개념을 내포한 단어로 인식하였다고 볼 수 있다.

(마) 반면에 입법자가 유달리 본죄 처벌규정에서만 '항로'를 통상의 의미와 달리 지상에서의 이동 경로까지 포함하는 뜻으로 사용하였다고 볼 만한 입법자료는 찾을 수 없다. 본죄는 항공보안법의 전신인 구 항공기운항안전법(1974. 12. 26. 법률 제2742호) 제11조에서 처음으로 범죄로 규정되었다. 구 항공기운항안전법의 제정과정에서 법률안 심사를 위해 열린 1974. 11. 26. 국회 법제사법위원회 회의록은, 본죄의 처벌규정에 관하여는 아무런 논의가 없어서 '항로'의 의미를 알 수 있는 직접적인 단서가 되기 어렵다. 다만 제안이유에 관한 설명을 보면, 민간 항공기에 대한 범죄 억제를 위한 국제협약에 우리나라가 가입한 데 따른 협력의무의 이행으로 범죄행위자에 대한 가중처벌규정 등을 마련하기 위해 구 항공기운항안전법이 제정된 것임을 알 수 있다.

(바) 본죄의 객체는 '운항 중'의 항공기이다. 그러나 위계 또는 위력으로 변경할 대상인 '항로'는 별개의 구성요건요소로서 그 자체로 죄형법정주의 원칙에 부합하게 해석해야 할 대상이 된다. 항로가 공중의 개념을 내포한 말이고, 입법자가 그 말뜻을 사전적 정의보다 넓은 의미로 사용하였다고 볼 자료가 없다. 지상의 항공기가 이동할 때 '운항 중'이 된다는 이유만으로 그때 다니는 지상의 길까지 '항로'로 해석하는 것은 문언의 가능한 의미를 벗어난다. (사) 지상에서 이동하는 항공기의 경로를 함부로 변경하는 것은 다른 항공기나 시설물과 충돌할 수 있어 위험성이 큰 행위임이 분명하다. 그러나 처벌의 필요성만으로 죄형법정주의 원칙을 후퇴시켜서는 안 된다. 그런 행위는 기장에 대한 업무방해죄로 처벌할 수 있을 뿐만 아니라, 많은 경우 폭행·협박 또는 위계를 수반할 것이므로 10년 이하의 징역으로 처벌 가능한 직무집행방해죄(항공보안법 제43조) 등에 해당할 수 있어 처벌의 공백이 생기는 것도 아니다.

[대법관 박보영, 대법관 조희대, 대법관 박상옥의 반대의견]

(가) 국립국어원의 표준국어대사전에서는 항로를 '항공기가 통행하는 공로(空路). 항공로로 순화'라고 풀이하고, 또 공로(空路)는 '항공로'를 뜻하는 것으로, 항공로는 '일정하게 운항하는 항공기의 지정된 공중 통로'를 뜻하는 것으로 각 풀이하고 있다. 그런데 항공보안법 제42조의 처벌 대상은 운항 중인 항공기가 실제 운행하는 길을 변경하게 하는 것이지, 국토교통부장관이 지정한 공중 통로 자체를 변경하게 하는 것이 아니다.

(나) '항로'라는 표현은 법문의 문맥에 따라 지상에서의 항공기 이동 경로를 포함하는 개념으로도 해석될 수 있고, 실제 '항로'의 개념 속에 지상에서의 항공기 이동 경로가 포함되는지 논란이 되

자, 구 항공법의 '항로'가 항공안전법에서 그 문맥에 맞는 표현인 '항공로'로 바뀐 것으로 보인다. 따라서 이 부분 다수의견의 논거는 오히려 항로와 항공로를 구별되는 개념으로 보는 반대의견에 부합하는 논거이다.

(다) 항로(航路)는 한자의 뜻에 따라 풀이하면 '배나 비행기(航) 길(路)'을 말한다. 배는 항구에서 항구로 바닷길을 따라 운행하는 반면, 항공기는 공항에서 공항으로 운행하는데, 주로 공중에서 운행하지만 이륙과 착륙을 위하여 공항 내 지상에서의 운행도 필연적으로 있을 수밖에 없다. 항공보안법 제2조 제1호는 '운항 중'이란 승객이 탑승한 후 항공기의 모든 문이 닫힌 때부터 내리기 위하여 문을 열 때까지를 말한다는 규정을 두고 있다. 국립국어원의 표준국어대사전에서도 운항을 '배나 비행기가 정해진 항로나 목적지를 오고 감'이라는 뜻으로 풀이하고 있다. 따라서 항로는 '항공기가 운항하는 길'로 이해하는 것이 무리가 없고 자연스럽다.

(라) 본죄의 항로가 운항과 밀접한 관계 속에서 사용되었음은 법문의 구조에서도 드러난다. 항공보안법의 전신인 구 항공기운항안전법에서부터 항로는 그 법 전체를 통틀어 오로지 본죄의 구성요건에서만 사용되었고, 바로 앞에서 '운항 중인 항공기의'라는 말이 수식하고 있다. 입법자가 항로의 정의규정을 따로 두지 않은 것을 볼 때, 수식어로 사용된 '운항'이 일반인이 인식할 수 있을 정도로 항로의 의미를 분명히 할 수 있는 것으로 여겼음을 알 수 있다. 이러한 연관관계에 비추어 볼 때, 본죄의 '항로'는 따로 떼어 해석할 것이 아니라 '운항 중인 항공기의 항로'라는 어구 속에서 의미를 파악함이 타당하다. 항공보안법에서 '운항 중'은 입법자가 지상의 항공기도 범죄로부터 보호하려는 명확한 의도로 통상의 말뜻보다 의미를 넓힌 용어이다. 그렇다면 그와 어구를 이룬 '항로'도 지상과 공중을 불문하고 '운항 중인 항공기가 다니는 길'을 모두 포함하는 것으로 넓게 새겨도 가능한 의미의 범위를 벗어나지 아니한다.

(마) 지상에서 이동하는 항공기의 경로를 함부로 변경하게 하는 행위는 대형 참사로 이어질 수 있는 위험성이 매우 크므로, 1년 이상 10년 이하의 징역형만을 규정한 본죄로 처벌해야 안전운항을 위협하는 행위에 대한 처벌의 강도를 높이려는 입법자의 의도에 들어맞는다. 항공기는 지상에서도 승객 안전을 위해 기장의 판단과 관제 당국의 통제 아래 최적의 경로를 따라 진행해야 함은 비행할 때와 다를 바 없고, 이를 방해하는 행위를 합당한 처벌로 억제할 필요가 있기 때문이다. 형법상 업무방해죄는 징역형의 상한이 5년에 불과할 뿐만 아니라 벌금형으로 처벌될 수도 있어 항공기 운항과 관련된 중대범죄를 처벌할 죄목에 걸맞지 않다. 항공보안법상 직무집행방해죄(제43조)는 행위 유형에 '위력'이 빠져 있어 이와 같은 행위를 포섭하지 못한다. (바) 결론적으로, 승객이 탑승한 후 항공기의 모든 문이 닫힌 때부터 내리기 위하여 문을 열 때까지 항공기가 지상에서 이동하는 경로는 항공보안법 제42조의 '항로'에 포함된다고 해석하여야 한다.

[2] 甲 항공사 부사장인 피고인이 외국 공항에서 국내로 출발 예정인 자사 여객기에 탑승하였다가, 담당 승무원이 일등석 승객인 자신에게 견과를 대접하는 방식이 자기가 알고 있는 객실서비스 설명서에 규정된 방법과 다르다는 이유로 화가 나 폭언하면서 승무원을 비행기에서 내리도록 하기 위해, 기장으로 하여금 계류장의 탑승교에서 분리되어 푸시백(Pushback, 계류장의 항공기를 차량으로 밀어 유도로까지 옮기는 것) 중이던 비행기를 다시 탑승구 쪽으로 돌아가게 함으로써 위력으로 운항 중인 항공기의 항로를 변경하게 하였다고 하여 항공보안법 위반으로 기소된 사안에서, 피고인이 푸

부 록 : 중요 판결(Ⅰ, Ⅱ권 수록 이외)

> 시백 중이던 비행기를 탑승구로 돌아가게 한 행위가 항공기의 항로를 변경하게 한 것에 해당하지 않는다는 이유로, 같은 취지에서 피고인에게 무죄를 선고한 원심판단이 정당하다고 한 사례.

【참조조문】[1] 헌법 제12조 제1항, 형법 제1조 제1항, 제314조 제1항, 구 항공기운항안전법(2002. 8. 26. 법률 제6734호 항공안전 및 보안에 관한 법률로 전부 개정되기 전의 것) 제2조 제2호(현행 항공보안법 제2조 제1호 참조), 제11조(현행 항공보안법 제42조 참조), 항공보안법 제1조, 제2조 제1호, 제42조, 제43조, 구 항공법(2016. 3. 29. 법률 제14116호 항공안전법 부칙 제2조로 폐지) 제2조 제21호(현행 항공안전법 제2조 제13호 참조), 제115조의2 제2항(현행 항공안전법 제90조 제2항 참조), 항공안전법 제2조 제13호, 제90조 제2항
[2] 항공보안법 제2조 제1호, 제42조, 형사소송법 제325조

【참조판례】[1] 대법원 2007. 6. 14. 선고 2007도2162 판결(공2007하, 1118), 대법원 2009. 4. 23. 선고 2006다81035 판결(공2009상, 724), 대법원 2016. 3. 10. 선고 2015도17847 판결(공2016상, 596)

【전문】【피 고 인】피고인 1 외 2인 【상 고 인】피고인 2 및 검사
【변 호 인】법무법인(유한) 화우 외 2인
【원심판결】서울고법 2015. 5. 22. 선고 2015노800 판결

【주 문】

상고를 모두 기각한다.

【이 유】

상고이유를 판단한다.

1. 사건의 주요 경위

가. 피고인 1은 공소외 1 주식회사 부사장으로 재직하면서 여객기 객실 서비스 업무 등을 총괄하던 사람이다. 그는 2014. 12. 5. 현지 시각 00:37경 미합중국 뉴욕 존 에프 케네디 국제공항에서 같은 날 00:50 대한민국 인천국제공항으로 출발 예정인 공소외 1 회사 ○○○○○편 비행기 일등석에 탑승하였다.

나. 피고인 1은 스튜어디스 공소외 2가 일등석 승객인 자신에게 견과를 대접하는 방식이 자기가 알고 있는 객실서비스 설명서에 규정된 방법과 다르다는 이유로 심하게 화를 냈다. 피고인 1은 객실사무장 공소외 3에게 '설명서를 제대로 모르는 승무원은 데리고 갈 수 없으니 당장 기장에게 비행기를 세우라고 연락하라'고 고함을 쳤고, 같은 요구를 계속하면서 객실서비스 설명서로 공소외 3의 손등을 때리고 공소외 2에게는 설명서를 세게 던져 가슴에 맞히는 등 폭행하고, 폭언을 하였다.

다. 그 시간에 기장 공소외 4는 계류장에서 비행기를 탑승교로부터 분리하고 푸시백(Pushback, 계류장의 항공기를 차량으로 밀어 유도로까지 옮기는 것)으로 이동하던 중이었다. 공소외 4는 공소외 3으로부터 '비정상 상황이 발생해 비행기를 돌려야 한다'는 기내 전화 연락을 받고 푸시백을 중단하였다. 비행기는 그때까지 약 22초간 17m가량 후진하였고, 계류장을 벗어나 유도로에 진입하지는 않은 상태였다. 공소외 4는 공소외 3으로부터 '부사장이 객실서비스 때문에 화가 나 욕설을

하면서, 담당자인 승무원에게 비행기에서 내리라고 요구한다'는 설명을 듣고, 공항 계류장 통제소의 승인을 받아 비행기를 다시 탑승구를 향해 이동시켰다.

라. 그동안 피고인 1은 객실서비스 설명서의 해당 부분을 읽고 나서는, 공소외 2가 규정된 방법대로 견과를 제공한 것이 맞는데 자신에게 제대로 설명을 하지 못한 공소외 3이 잘못했다면서 그에게 비행기에서 내리라고 여러 번 소리쳤다. 이에 공소외 3은 업무를 부사무장에게 인계하고 같은 날 01:05경 비행기에서 내렸다.

마. 비행기는 같은 날 01:14경 다시 푸시백을 시작하여 이륙하였고, 당초 계획보다 11분 늦게 인천국제공항에 도착하였다.

2. 먼저, 피고인 1의 항공기 항로 변경으로 인한 항공보안법 위반 부분에 대한 검사의 상고이유를 판단한다.

가. 이 부분 소송의 경과

검사는 앞에서 본 피고인 1의 행위에 대하여, ① 항공기 안전운항을 저해하는 폭행으로 인한 항공보안법 위반, ② 항공기 항로 변경으로 인한 항공보안법 위반, ③ 공소외 4, 공소외 3, 공소외 2에 대한 업무방해, ④ 공소외 3에 대한 강요죄로 기소하였다.

항공기 안전운항을 저해하는 폭행으로 인한 항공보안법 위반, 업무방해, 강요 부분에 대하여는 제1심과 원심이 모두 유죄로 판단하였다. 피고인 1은 상고하지 않았고, 검사는 위 유죄 부분에 대하여는 상고장과 상고이유서에 불복이유를 기재하지 않았다.

항공기 항로 변경으로 인한 항공보안법 위반 부분에 대하여, 제1심은 이를 유죄로 판단하였으나 원심은 제1심판결을 파기하고 무죄를 선고하였다. 이에 대하여 검사가 상고로 다투고 있다.

나. 쟁 점

이 부분의 쟁점은 피고인 1이 푸시백을 개시한 비행기를 탑승구로 되돌아가게 한 행위가 '항로'의 변경에 해당하는지 여부이다.

원심은, 항로의 사전적 의미는 항공기가 하늘에서 다니는 길이고, 특별한 근거 없이 그보다 넓게 피고인에게 불리한 방향으로 해석하는 것은 죄형법정주의 원칙에 어긋나 허용되지 않으므로, 피고인 1의 행위는 '항로' 변경에 해당하지 않는다고 보았다.

이에 대하여 검사는, 항로의 사전적 정의는 이륙 전과 착륙 후 지상에서도 이동해야 하는 항공기의 특성을 반영하지 못한 것이고, 항공보안법은 지상의 항공기도 보호하기 위해 정의규정을 두어 항공기가 승객을 태우고 문을 닫은 때부터 '운항'이 개시되는 것으로 하였으므로, 이 정의에 따라 항공기가 '운항'하는 경로는 지상을 포함하여 전부 '항로'로 해석하더라도 죄형법정주의 원칙에 어긋나지 않는다고 주장한다.

다. 법률 규정과 그에 대한 해석

(1) 법률 규정

<u>항공보안법 제42조는 "위계 또는 위력으로써 운항 중인 항공기의 항로를 변경하게 하여 정상 운항을 방해한 사람은 1년 이상 10년 이하의 징역에 처한다."라고 규정하고 있다.</u> 같은 법

제2조 제1호는 '운항 중'을 '승객이 탑승한 후 항공기의 모든 문이 닫힌 때로부터 내리기 위하여 문을 열 때까지'로 정의하였다. 그러나 항공보안법에 '항로'가 무엇인지에 관하여 정의한 규정은 없다.

(2) 해 석

(가) 죄형법정주의는 국가형벌권의 자의적인 행사로부터 개인의 자유와 권리를 보호하기 위하여 범죄와 형벌을 법률로 정할 것을 요구한다. 그러한 취지에 비추어 보면 형벌법규의 해석은 엄격하여야 하고, 문언의 가능한 의미를 벗어나 피고인에게 불리한 방향으로 해석하는 것은 죄형법정주의의 내용인 확장해석금지에 따라 허용되지 아니한다(대법원 2016. 03. 10. 선고 2015도17847 판결 등 참조). 법률을 해석할 때 입법 취지와 목적, 제·개정 연혁, 법질서 전체와의 조화, 다른 법령과의 관계 등을 고려하는 체계적·논리적 해석 방법을 사용할 수 있으나, 문언 자체가 비교적 명확한 개념으로 구성되어 있다면 원칙적으로 이러한 해석 방법은 활용할 필요가 없거나 제한될 수밖에 없다(대법원 2009. 04. 23. 선고 2006다81035 판결 참조). 죄형법정주의 원칙이 적용되는 형벌법규의 해석에서는 더욱 그러하다.

(나) 법령에서 쓰인 용어에 관해 정의규정이 없는 경우에는 원칙적으로 사전적인 정의 등 일반적으로 받아들여진 의미에 따라야 한다. 국립국어원의 표준국어대사전은 항로를 '항공기가 통행하는 공로(空路)'로 정의하고 있다. 국어학적 의미에서 항로는 공중의 개념을 내포하고 있음을 분명히 알 수 있다. 기록에 나타난 모든 자료를 살펴보아도, 항공기 운항과 관련하여 '항로'가 지상에서의 이동 경로를 가리키는 용어로 쓰인 예를 찾을 수 없다.

(다) 다른 법률에서 항로는 '항공로'의 뜻으로 사용되기도 하였다. 구 항공법(2016. 3. 29. 법률 제14116호로 폐지) 제115조의2 제2항은, 국토교통부장관이 항공운송사업자에게 운항증명을 하는 경우 '운항하려는 항로' 등 운항조건을 정하도록 규정하였다. 이 조문의 내용을 물려받은 항공안전법(2016. 3. 29. 법률 제14116호) 제90조 제2항은 '운항하려는 항로'를 '운항하려는 항공로'로 바꾸었으므로, 여기에서 '항로'는 항공로와 같은 뜻으로 쓰였음이 분명하다. 항공로의 법률적 정의는 '국토교통부장관이 항공기 등의 항행에 적합하다고 지정한 지구의 표면상에 표시한 공간의 길'로 규정되어 있으므로(항공안전법 제2조 제13호, 구 항공법에서의 정의도 같다), 항공기가 비행하면서 다녀야 항공로가 될 수 있다. 이처럼 항로가 법률용어로서 항공로와 혼용되기도 한 것을 볼 때, 입법자도 항로를 공중의 개념을 내포한 단어로 인식하였다고 볼 수 있다.

(라) 반면에 입법자가 유달리 본죄 처벌규정에서만 '항로'를 통상의 의미와 달리 지상에서의 이동 경로까지 포함하는 뜻으로 사용하였다고 볼 만한 입법자료는 찾을 수 없다.

본죄는 항공보안법의 전신인 구 항공기운항안전법(1974. 12. 26. 법률 제2742호) 제11조에서 처음으로 범죄로 규정되었다. 구 항공기운항안전법의 제정과정에서 법률안 심사를 위해 열린 1974. 11. 26. 국회 법제사법위원회 회의록은, 본죄의 처벌규정에 관하여는 아무런 논의가 없어서 '항로'의 의미를 알 수 있는 직접적인 단서가 되기 어렵다. 다만 제안이유에 관한 설명을 보면, 민간 항공기에 대한 범죄 억제를 위한 국제협약에 우리나라가 가입한 데 따른 협력의무의 이행으로 범죄행위자에 대한 가중처벌규정 등을 마련하기 위해 구 항공기운항안전법이 제정된 것임을 알 수 있다.

여기서 말한 국제협약은 「항공기 내에서 범한 범죄 및 기타 행위에 관한 협약(도쿄 협약)」, 「항공기의 불법납치 억제를 위한 협약(헤이그 협약)」, 「민간항공의 안전에 대한 불법적 행위의 억제를 위한 협약(몬트리올 협약)」이다. 이들 협약 중 어느 것도 지상에서 이동하는 항공기의 경로를 변경하게 하는 행위를 독자적인 범죄 구성요건으로 다루고 있지 않다. 그런데도 우리 입법자가 그러한 행위까지 처벌하려는 의도로 본죄의 처벌규정을 두었다고 볼 자료는 없다. 만약 그런 의도가 있었다면 지상에서 이동하는 길이라는 의미가 없는 '항로' 대신 다른 말을 사용하였거나, 지상의 길도 본죄의 '항로'에 포함된다는 정의규정을 두었을 것으로 봄이 타당하다.

(마) 앞에서 보았듯이 항공보안법은 정의규정을 두어 항공기가 승객을 태우고 문을 닫을 때부터 '운항 중'이 되는 것으로 하였다. 이 정의는 구 항공기운항안전법이 제정되었을 때부터 내려온 것으로, 「항공기의 불법납치 억제를 위한 협약」이 '비행 중(in flight)'의 의미를 본래의 말뜻보다 넓히는 규정을 두어 보호대상인 항공기의 범위를 확대한 태도를 따른 것이다. 본죄의 객체는 이 정의에 따른 '운항 중'의 항공기이다. 그러나 위계 또는 위력으로 변경할 대상인 '항로'는 별개의 구성요건요소로서 그 자체로 죄형법정주의 원칙에 부합하게 해석해야 할 대상이 된다. 항로가 공중의 개념을 내포한 말이고, 입법자가 그 말뜻을 사전적 정의보다 넓은 의미로 사용하였다고 볼 자료가 없음은 앞에서 보았다. 지상의 항공기가 이동할 때 '운항 중'이 된다는 이유만으로 그때 다니는 지상의 길까지 '항로'로 해석하는 것은 문언의 가능한 의미를 벗어난다.

(바) 지상에서 이동하는 항공기의 경로를 함부로 변경하는 것은 다른 항공기나 시설물과 충돌할 수 있어 위험성이 큰 행위임이 분명하다. 그러나 처벌의 필요성만으로 죄형법정주의 원칙을 후퇴시켜서는 안 된다. 그런 행위는 기장에 대한 업무방해죄로 처벌할 수 있을 뿐만 아니라, 많은 경우 폭행·협박 또는 위계를 수반할 것이므로 10년 이하의 징역으로 처벌 가능한 직무집행방해죄(항공보안법 제43조) 등에 해당할 수 있어 처벌의 공백이 생기는 것도 아니다. 이 사건에서도 피고인 1은 기장 공소외 4에 대한 업무방해죄로 처벌받게 되었다.

라. 이 사건에 대한 판단

위와 같은 법리에 비추어 이 사건을 살펴보면, 피고인 1이 푸시백 중이던 비행기를 탑승구로 돌아오게 한 행위는 항공기의 항로를 변경하게 한 것에 해당하지 않는다. 원심의 판단은 정당하고, 검사의 상고이유 주장은 이유 없다.

3. 검사의 나머지 상고이유와 피고인 2의 상고이유를 판단한다.

가. 이 부분 소송의 경과

(1) 검사는, 앞에서 보았던 비행기 안에서의 사건으로 국토교통부의 조사가 개시되자 피고인 1이 저지른 범행을 숨기려고 하였던 일련의 시도와 관련하여, ① 당시 공소외 1 회사 상무로 재직하던 피고인 2를 강요, 증거인멸, 증거인멸·은닉교사 등의 죄로, ② 피고인 1, 피고인 2를 위계에 의한 공무집행방해죄로, ③ 국토교통부 항공안전감독관 피고인 3을 공무상비밀누설죄로 기소하였다.

(2) 피고인 1, 피고인 2가 함께 기소된 위계에 의한 공무집행방해죄 부분에 대해서는 제1심과 원

심이 모두 무죄로 판단하였고, 이에 대하여 검사가 상고하였다. 제1심과 원심은, 피고인 2의 나머지 공소사실 중 증거인멸 부분에 대해서는 모두 무죄로, 증거인멸·은닉교사와 강요 부분에 대해서는 모두 유죄로 판단하였고, 각각 검사와 피고인 2가 상고하였다.

피고인 3은 제1심에서는 공소사실 중 피고인 2에게 국토교통부가 조사한 결과를 알려준 부분은 유죄, 앞으로의 조사계획을 알려준 부분은 무죄판결을 받았으나, 원심은 공소사실 전부를 무죄로 판단하였고, 이에 대하여 검사가 상고하였다.

나. 검사의 상고이유에 대하여

(1) 피고인 1, 피고인 2의 위계공무집행방해 부분에 대하여

위계에 의한 공무집행방해죄에서 '위계'란 행위자의 행위목적을 이루기 위하여 상대방에게 오인, 착각, 부지를 일으키게 하여 그 오인, 착각, 부지를 이용하는 것으로서, 상대방이 이에 따라 그릇된 행위나 처분을 하여야만 죄가 성립한다. 만약 그러한 행위가 구체적인 직무집행을 저지하거나 현실적으로 곤란하게 하는 데까지 이르지 않은 경우에는 위계에 의한 공무집행방해죄로 처벌할 수 없다(대법원 2009. 04. 23. 선고 2007도1554 판결 참조).

원심은, 피고인 1, 피고인 2의 허위진술 등에도 불구하고 국토교통부가 피고인 1의 행위를 밝혀내어 항공보안법 위반으로 형사고발을 하였으므로 결국 국토교통부의 그릇된 행위나 처분이 있었다고 보기 어렵다는 이유 등으로, 무죄로 판단하였다.

앞에서 본 법리와 기록에 비추어 살펴보면 원심의 판단은 정당하고, 거기에 논리와 경험의 법칙을 위반하여 자유심증주의의 한계를 벗어나거나 관련 법리를 오해한 잘못이 없다.

(2) 피고인 2의 증거인멸 부분에 대하여

원심은, 피고인 2가 객실사무장 공소외 3으로부터 비행기 안에서 있었던 일에 관하여 보고서를 받아 보았을 때는 아직 그 사건이 보도되거나 국토교통부가 조사를 개시하기 전이어서 피고인 2가 다른 사람의 형사사건 증거를 인멸한다는 인식이 있었다고 인정하기 어렵다는 이유로, 무죄로 판단하였다.

기록에 비추어 살펴보면 원심의 판단은 정당하고, 거기에 논리와 경험의 법칙을 위반하여 자유심증주의의 한계를 벗어난 잘못이 없다.

(3) 피고인 3에 대하여

원심은, ① 검사가 제출한 증거만으로는 피고인 3이 국토교통부의 조사결과를 피고인 2에게 알려준 사실을 합리적 의심의 여지 없이 인정하기 어렵고, ② 피고인 3이 피고인 2에게 알려주었다는 앞으로의 조사계획은 국토교통부가 이미 보도자료에 담아 배포한 것이므로 공무상 비밀로 보기 어렵다는 이유로, 피고인 3에 대한 공무상비밀누설 공소사실을 모두 무죄로 판단하였다.

기록에 비추어 살펴보면 원심의 판단은 정당하고, 거기에 논리와 경험의 법칙을 위반하여 자유심증주의의 한계를 벗어나거나 관련 법리를 오해한 잘못이 없다.

다. 피고인 2의 상고이유에 대하여

원심은, ① 피고인 2가 협박으로 객실사무장 공소외 3에게 그 의사와는 다른 내용의 경위서, 시말서를 작성하게 하고, 국토교통부에서 허위로 진술을 하거나 확인서를 작성하게 함으로써 의무

없는 일을 하게 하였고, ② 부하인 객실승무본부 소속 팀장 12명에게 자신의 형사사건에 관한 증거인 파일을 사무실 컴퓨터에서 삭제하고 자료가 저장된 컴퓨터를 다른 것으로 교체하도록 지시함으로써 증거인멸·은닉을 교사하였다고 판단하는 한편, 이러한 증거인멸·은닉의 교사에 기대가능성이 없다거나 이 부분 공소사실이 특정되지 아니하였다는 피고인 2의 항소이유 주장을 모두 배척하였다.

적법하게 채택된 증거들에 비추어 살펴보면 원심의 판단은 정당하고, 거기에 강요죄에서의 고의, 협박과 '의무 없는 일'의 해석, 증거인멸·은닉교사죄에서의 공소사실 특정 및 정범과 교사범의 성립에 관한 법리 등을 오해하거나, 논리와 경험의 법칙을 위반하여 자유심증주의의 한계를 벗어난 잘못이 없다.

4. 결 론

그러므로 상고를 모두 기각하기로 하여 주문과 같이 판결한다. 이 판결에는 항공기 항로 변경으로 인한 항공보안법 위반 부분에 대한 대법관 박보영, 대법관 조희대, 대법관 박상옥의 반대의견이 있는 외에는 관여 법관의 의견이 일치하였다.

5. 대법관 박보영, 대법관 조희대, 대법관 박상옥의 항공기 항로 변경으로 인한 항공보안법 위반 부분에 대한 반대의견

가. 다수의견의 요지는, 항공기가 지상에서 이동하는 경로는 항공보안법 제42조의 '항로'에 포함되지 않으므로, 피고인 1이 푸시백 중인 비행기를 탑승구로 돌아가게 한 행위는 항공기 항로 변경으로 인한 항공보안법 위반죄에 해당하지 않는다는 것이다. 그러나 아래와 같은 이유로 다수의견에는 동의할 수 없다.

(1) 형벌법규를 해석할 때 피고인에게 불리한 방향으로 지나치게 확장해석하거나 유추해석하여서는 아니 되나, 문언의 가능한 의미 범위 안에서 입법 취지와 목적, 그 규정이 속한 법률의 체계와 구조, 다른 법령과의 관계 등을 고려하여 그 뜻을 분명하게 밝히는 것은 죄형법정주의 원칙에 부합하는 해석 방법이다(대법원 2007. 06. 14. 선고 2007도2162 판결 참조).

(2) 항공보안법 제42조는 위계 또는 위력으로써 '운항 중인 항공기의 항로'를 변경하게 하여 정상운항을 방해한 사람은 1년 이상 10년 이하의 징역에 처한다고 규정하고, 제2조 제1호는 운항 중이란 '승객이 탑승한 후 항공기의 모든 문이 닫힌 때부터 내리기 위하여 문을 열 때까지'를 말한다고 규정하고 있다.

(3) 다수의견은 국립국어원의 표준국어대사전에서 항로를 '항공기가 통행하는 공로(空路)'로 정의하고 있는 점, 항공안전법 제90조 제2항의 개정 과정에 비추어 항로는 '항공로'와 같은 뜻이 분명한 점 등을 근거로 항로를 '항공로'의 의미로 파악하고, 항공로의 법률적 정의를 '국토교통부장관이 항공기 등의 항행에 적합하다고 지정한 지구의 표면상에 표시한 공간의 길'로 내린 후, 항공기가 지상에서 이동하는 경로는 항로에 해당하지 않는 것으로 판단하고 있음을 알 수 있다.

국립국어원의 표준국어대사전에서는 항로를 '항공기가 통행하는 공로(空路). 항공로로 순화.'라고 풀이하고, 또 공로(空路)는 '항공로'를 뜻하는 것으로, 항공로는 '일정하게 운항하는 항공기의 지정된 공중 통로'를 뜻하는 것으로 각 풀이하고 있다.

그런데 항공보안법 제42조의 처벌 대상은 운항 중인 항공기가 실제 운행하는 길을 변경하게 하는 것이지, 국토교통부장관이 지정한 공중 통로 자체를 변경하게 하는 것이 아니다. 다수의견과 같이 국립국어원의 표준국어대사전의 풀이를 그대로 따라서 항로를 '항공로'의 의미로 파악하면, 항공보안법 제42조는 '국토교통부장관이 지정한 공중 통로'를 변경하게 하는 때에 성립하는 것이 되어 본래 처벌하고자 하는 입법 취지에서 벗어나는 엉뚱한 결과를 초래하게 된다.

(4) 다수의견은 구 항공법 제115조의2 제2항에 따라 국토교통부장관이 항공운송사업자에 대하여 운항증명을 하는 경우에 정해야 하는 '운항하려는 항로'와 관련하여, 이를 물려받은 항공안전법 제90조 제2항에서 위 '운항하려는 항로'를 '운항하려는 항공로'로 바꾸었으므로, 항공보안법 제42조에서의 '항로'도 '항공로'와 같은 뜻으로 쓰였음이 분명하다고 보고 있다. 그러나 '항로'라는 표현은 법문의 문맥에 따라 지상에서의 항공기 이동 경로를 포함하는 개념으로도 해석될 수 있고, 실제 이 사건 등으로 인해 '항로'의 개념 속에 지상에서의 항공기 이동 경로가 포함되는지 논란이 되자, 위와 같이 구 항공법의 '항로'가 항공안전법에서 그 문맥에 맞는 표현인 '항공로'로 바뀐 것으로 보인다. 따라서 이 부분 다수의견의 논거는 오히려 항로와 항공로를 구별되는 개념으로 보는 반대의견에 부합하는 논거이다.

(5) 항로(航路)는 한자의 뜻에 따라 풀이하면 '배나 비행기(航) 길(路)'을 말한다. 배는 항구에서 항구로 바닷길을 따라 운행하는 반면, 항공기는 공항에서 공항으로 운행하는데, 주로 공중에서 운행하지만 이륙과 착륙을 위하여 공항 내 지상에서의 운행도 필연적으로 있을 수밖에 없다. 앞에서 보듯이 항공보안법 제2조 제1호는 '운항 중'이란 승객이 탑승한 후 항공기의 모든 문이 닫힌 때부터 내리기 위하여 문을 열 때까지를 말한다는 규정을 두고 있다. 국립국어원의 표준국어대사전에서도 운항을 '배나 비행기가 정해진 항로나 목적지를 오고 감'이라는 뜻으로 풀이하고 있다. 따라서 항로는 '항공기가 운항하는 길'로 이해하는 것이 무리가 없고 자연스럽다.

(6) 항공보안법은 「국제민간항공협약」등 국제협약에 따라 공항시설, 항행안전시설 및 항공기 내에서의 불법행위를 방지하고 민간항공의 보안을 확보하기 위한 기준·절차 및 의무사항 등을 규정함을 목적으로 한다(제1조). 그리고 앞에서 본대로 항공보안법은 「항공기의 불법납치 억제를 위한 협약」상 '비행 중(in flight)'의 의미를 따라, '승객이 탑승한 후 항공기의 모든 문이 닫힌 때부터 내리기 위하여 문을 열 때까지' 항공기가 운항 중인 것으로 정의하였다. 항공기가 움직이기 전부터 운항이 개시된다는 것은 일상적 어감이나 사전적 정의에 들어맞지 않을 수 있다. 항공보안법에서 위와 같이 특별한 정의규정을 둔 데에는, 항공기의 안전운항에 대한 위협을 억제하려는 국제적 노력에 부응하기 위해 보호대상인 항공기의 범위를 확대하려는 입법자의 의도가 반영되어 있다.

(7) 본죄의 항로가 운항과 밀접한 관계 속에서 사용되었음은 법문의 구조에서도 드러난다. 항공보안법의 전신인 구 항공기운항안전법에서부터 항로는 그 법 전체를 통틀어 오로지 본죄의 구성요건에서만 사용되었고, 바로 앞에서 '운항 중인 항공기의'라는 말이 수식하고 있다. 입법자가 항로의 정의규정을 따로 두지 않은 것을 볼 때, 수식어로 사용된 '운항'이 일반인이 인식할 수 있을 정도로 항로의 의미를 분명히 할 수 있는 것으로 여겼음을 알 수 있다.

(8) 이러한 연관관계에 비추어 볼 때, 본죄의 '항로'는 따로 떼어 해석할 것이 아니라 '운항 중인 항공기의 항로'라는 어구 속에서 의미를 파악함이 타당하다. 앞에서 보았듯이 항공보안법에서 '운항 중'은 입법자가 지상의 항공기도 범죄로부터 보호하려는 명확한 의도로 통상의 말뜻보

다 의미를 넓힌 용어이다. 그렇다면 그와 어구를 이룬 '항로'도 지상과 공중을 불문하고 '운항 중인 항공기가 다니는 길'을 모두 포함하는 것으로 넓게 새겨도 가능한 의미의 범위를 벗어나지 아니한다.

(9) 다수의견도 인정하다시피, 지상에서 이동하는 항공기의 경로를 함부로 변경하게 하는 행위는 대형 참사로 이어질 수 있는 위험성이 매우 크므로, 1년 이상 10년 이하의 징역형만을 규정한 본죄로 처벌해야 안전운항을 위협하는 행위에 대한 처벌의 강도를 높이려는 입법자의 의도에 들어맞는다. 항공기는 지상에서도 승객 안전을 위해 기장의 판단과 관제 당국의 통제 아래 최적의 경로를 따라 진행해야 함은 비행할 때와 다를 바 없고, 이를 방해하는 행위를 합당한 처벌로 억제할 필요가 있기 때문이다. 다수의견처럼 해석해도 처벌의 공백이 없다는 근거로 제시된 형법상 업무방해죄는 징역형의 상한이 5년에 불과할 뿐만 아니라 벌금형으로 처벌될 수도 있어 항공기 운항과 관련된 중대범죄를 처벌할 죄목에 걸맞지 않다. 항공보안법상 직무집행방해죄(제43조)는 그 행위 유형에 '위력'이 빠져 있어 이 사건과 같은 행위를 포섭하지 못한다.

나. 결론적으로, 승객이 탑승한 후 항공기의 모든 문이 닫힌 때부터 내리기 위하여 문을 열 때까지 항공기가 지상에서 이동하는 경로는 항공보안법 제42조의 '항로'에 포함된다고 해석하여야 한다. 푸시백은 항공기가 계류장에서 유도로의 어느 지점을 향해 나아가는 과정이고, 그 상태에서 비행기는 항공보안법의 정의에 따라 '운항 중'이 된다. 피고인 1은 푸시백 중인 비행기를 탑승구 쪽으로 방향을 바꾸어 진행하게 하였으므로, 위력으로 '운항 중인 항공기의 항로'를 변경하게 하였다고 보는 것이 옳다.

다. 그런데 이와 달리 원심은 피고인 1의 항공기 항로 변경으로 인한 항공보안법 위반 부분을 무죄로 판단하였다. 이러한 원심의 판단에는 항공보안법 제42조에서 정한 '항로'에 관한 법리를 오해하여 판결에 영향을 미친 잘못이 있다. 그러므로 원심판결 중 피고인 1에 대한 위 무죄 부분은 파기되어야 할 것인데, 이는 검사의 상고로 이심된 유죄 부분과 형법 제37조 전단의 경합범 관계에 있어 하나의 형이 선고되어야 하므로, 원심판결 중 피고인 1에 대한 유죄 부분과 위 무죄 부분을 함께 파기하고 이 부분 사건을 원심법원에 환송하여야 한다.

이상과 같은 이유로 다수의견에 반대하는 취지를 밝힌다.

Ⓐ 대법원 2018. 09. 13. 선고 2018도7658, 2018전도54, 55, 2018보도6, 2018모2593 판결
【살인방조(변경된죄명:살인)·사체유기·특정범죄가중처벌등에관한법률위반(영리약취·유인 등)·사체손괴·부착명령·보호관찰명령】

【판시사항】

[1] 공동정범의 성립요건 / 공모공동정범의 성립 여부에 대한 증명 정도
[2] 특정 범죄자에 대한 보호관찰 및 전자장치 부착 등에 관한 법률 제5조 제3항 및 제21조의2 제3호에 규정된 '살인범죄를 다시 범할 위험성'의 의미 / 살인범죄의 재범의 위험성 유무를 판단하는 기준 및 판단의 기준 시점(=판결 시)
[3] 형법상 '방조행위'의 의미 및 방조의 시기 / 방조범 성립에 필요한 고의의 의미와 내용 및 그 증명 방법
[4] 법원이 공소장변경 없이 직권으로 공동정범으로 기소된 범죄사실을 방조사실로 인정할 수 있는지 여부(한정 적극)
[5] 형법 제10조에 규정된 심신장애의 요건 및 심신장애의 유무를 판단하는 방법

【판결요지】

[1] 형법 제30조의 공동정범은 2인 이상이 공동하여 죄를 범하는 것으로서, 공동정범이 성립하기 위하여는 주관적 요건인 공동가공의 의사와 객관적 요건인 공동의사에 의한 기능적 행위지배를 통한 범죄의 실행사실이 필요하다. 여기서 공동가공의 의사는 타인의 범행을 인식하면서도 이를 제지하지 아니하고 용인하는 것만으로는 부족하고, 공동의 의사로 특정한 범죄행위를 하기 위하여 일체가 되어 서로 다른 사람의 행위를 이용하여 자기의 의사를 실행에 옮기는 것을 내용으로 하여야 한다. 공모공동정범의 성립 여부는 범죄 실행의 전 과정을 통하여 각자의 지위와 역할, 공범에 대한 권유내용 등을 구체적으로 검토하고 이를 종합하여 위와 같은 상호이용의 관계가 합리적인 의심을 할 여지가 없을 정도로 증명되어야 하고, 그와 같은 증명이 없다면 설령 피고인에게 유죄의 의심이 간다고 하더라도 피고인의 이익으로 판단할 수밖에 없다.
[2] 특정 범죄자에 대한 보호관찰 및 전자장치 부착 등에 관한 법률 제5조 제3항 및 제21조의2 제3호에 규정된 '살인범죄를 다시 범할 위험성'이란 재범할 가능성만으로는 부족하고 피부착명령청구자 또는 피보호관찰명령청구자가 장래에 다시 살인범죄를 범하여 법적 평온을 깨뜨릴 상당한 개연성이 있음을 의미한다. 살인범죄의 재범의 위험성 유무는 피부착명령청구자 또는 피보호관찰명령청구자의 직업과 환경, 당해 범행 이전의 행적, 범행의 동기, 수단, 범행 후의 정황, 개전의 정 등 여러 사정을 종합적으로 평가하여 객관적으로 판단하여야 하고, 이러한 판단은 장래에 대한 가정적 판단이므로 판결 시를 기준으로 하여야 한다.
[3] 형법상 방조행위는 정범이 범행을 한다는 정을 알면서 그 실행행위를 용이하게 하는 직접·간접의 모든 행위를 가리키는 것으로서 유형적, 물질적인 방조뿐만 아니라 정범에게 범행의 결의를 강화하도록 하는 것과 같은 무형적, 정신적 방조행위까지도 이에 해당한다. 종범은 정범의 실행행위 중

에 이를 방조하는 경우뿐만 아니라, 실행 착수 전에 장래의 실행행위를 예상하고 이를 용이하게 하는 행위를 하여 방조한 경우에도 성립한다. 형법상 방조행위는 정범이 범행을 한다는 정을 알면서 그 실행행위를 용이하게 하는 직접·간접의 행위를 말하므로, 방조범은 정범의 실행을 방조한다는 이른바 방조의 고의와 정범의 행위가 구성요건에 해당하는 행위인 점에 대한 정범의 고의가 있어야 하나, 이와 같은 고의는 내심적 사실이므로 피고인이 이를 부정하는 경우에는 사물의 성질상 고의와 상당한 관련성이 있는 간접사실을 증명하는 방법에 의하여 증명할 수밖에 없다. 이때 무엇이 상당한 관련성이 있는 간접사실에 해당할 것인가는 정상적인 경험칙에 바탕을 두고 치밀한 관찰력이나 분석력에 의하여 사실의 연결상태를 합리적으로 판단하여야 하고, 방조범에서 요구되는 정범의 고의는 정범에 의하여 실현되는 범죄의 구체적 내용을 인식할 것을 요하는 것은 아니고 미필적 인식이나 예견으로 족하다.

[4] 법원은 공소사실의 동일성이 인정되는 범위 내에서 공소가 제기된 범죄사실보다 가벼운 범죄사실이 인정되는 경우, 심리의 경과 등에 비추어 볼 때 피고인의 방어에 실질적인 불이익을 주는 것이 아니라면 공소장변경 없이 직권으로 가벼운 범죄사실을 인정할 수 있으므로, 공동정범으로 기소된 범죄사실을 방조사실로 인정할 수 있다.

[5] 형법 제10조에 규정된 심신장애는 생물학적 요소로서 정신병 또는 비정상적 정신상태와 같은 정신적 장애가 있는 외에 심리학적 요소로서 이와 같은 정신적 장애로 말미암아 사물에 대한 변별능력과 그에 따른 행위통제능력이 결여되거나 감소되었음을 요하므로, 정신적 장애가 있는 자라고 하여도 범행 당시 정상적인 사물변별능력이나 행위통제능력이 있었다면 심신장애로 볼 수 없다. 심신장애의 유무는 법원이 형벌제도의 목적 등에 비추어 판단하여야 할 법률문제로서 그 판단에 전문감정인의 정신감정결과가 중요한 참고자료가 되기는 하나, 법원이 반드시 그 의견에 구속되는 것은 아니고, 그러한 감정결과뿐만 아니라 범행의 경위, 수단, 범행 전후의 피고인의 행동 등 기록에 나타난 여러 자료 등을 종합하여 독자적으로 심신장애의 유무를 판단하여야 한다.

【참조조문】 [1] 형법 제30조, 형사소송법 제308조 [2] 특정 범죄자에 대한 보호관찰 및 전자장치 부착 등에 관한 법률 제5조 제3항, 제21조의2 제3호 [3] 형법 제13조, 제32조, 형사소송법 제308조 [4] 형법 제30조, 제32조, 형사소송법 제298조 [5] 형법 제10조
【참조판례】 [1] 대법원 2005. 3. 11. 선고 2002도5112 판결(공2005상, 618), 대법원 2009. 7. 9. 선고 2009도3923 판결, 대법원 2014. 5. 16. 선고 2012도3676 판결 [2] 대법원 2012. 5. 10. 선고 2012도2289, 2012감도5, 2012전도51 판결(공2012상, 1052) [3] [4] 대법원 2004. 6. 24. 선고 2002도995 판결(공2004하, 1255), 대법원 2012. 6. 28. 선고 2012도2628 판결 [3] 대법원 2005. 4. 29. 선고 2003도6056 판결(공2005상, 887), 대법원 2009. 6. 11. 선고 2009도1518 판결 [5] 대법원 1996. 5. 10. 선고 96도638 판결(공1996하, 1951)
【전문】 【피고인 겸 피부착명령 및 피보호관찰명령청구자】 피고인 겸 피부착명령 및 피보호관찰명령청구자 1 외 1인
【상 고 인】 피고인들 및 검사(피고인 1에 대하여)
【변 호 인】 법무법인(유한) 바른 외 2인
【원심판결】 서울고법 2018. 4. 30. 선고 2017노2950, 2951, 2017전노149, 150, 2017보노1, 2017로133 판결

【주 문】

상고를 모두 기각한다.

【이   유】

상고이유(상고이유서 제출기간이 지난 후에 제출된 각 의견서, 탄원서, 상고이유보충서의 기재는 상고이유를 보충하는 범위 내에서)를 판단한다.

1. 검사의 상고이유에 대하여

가. 피고인 겸 피부착명령 및 피보호관찰명령청구자 1(이하 '피고인 1'이라고만 한다)이 살인죄의 공모공동정범에 해당한다는 주장에 관한 판단

  (1) 형법 제30조의 공동정범은 2인 이상이 공동하여 죄를 범하는 것으로서, 공동정범이 성립하기 위하여는 주관적 요건인 공동가공의 의사와 객관적 요건인 공동의사에 의한 기능적 행위지배를 통한 범죄의 실행사실이 필요하다. 여기서 공동가공의 의사는 타인의 범행을 인식하면서도 이를 제지하지 아니하고 용인하는 것만으로는 부족하고, 공동의 의사로 특정한 범죄행위를 하기 위하여 일체가 되어 서로 다른 사람의 행위를 이용하여 자기의 의사를 실행에 옮기는 것을 내용으로 하여야 한다(대법원 2009. 07. 09. 선고 2009도3923 판결 참조). 공모공동정범의 성립 여부는 범죄 실행의 전 과정을 통하여 각자의 지위와 역할, 공범에 대한 권유내용 등을 구체적으로 검토하고 이를 종합하여 위와 같은 상호이용의 관계가 합리적인 의심을 할 여지가 없을 정도로 증명되어야 하고, 그와 같은 증명이 없다면 설령 피고인에게 유죄의 의심이 간다고 하더라도 피고인의 이익으로 판단할 수밖에 없다(대법원 2005. 03. 11. 선고 2002도5112 판결 참조).

  (2) 원심은 그 판시와 같은 이유를 들어 피고인 1과 피고인 겸 피부착명령청구자 및 피보호관찰명령청구자 2(이하 '피고인 2'라고만 한다)가 이 사건 범행 당일 새벽까지 대화를 나눌 때까지는 피고인 1이 피고인 2의 실제 살인 범행 실행에 대한 가능성을 진지하게 인식하면서 이를 지시하거나 범행계획을 모의하는 등의 방법으로 공모하였다고 보기 어렵다는 이유로 피고인 1을 살인죄의 공모공동정범으로 인정할 수 없다고 판단하였다.

  (3) 위 법리와 기록에 따라 살펴보면, 원심의 판단에 논리와 경험의 법칙을 위반하여 자유심증주의의 한계를 벗어나거나 공모공동정범에 관한 법리를 오해한 잘못이 없다.

나. 피고인 1에 대한 양형부당 주장에 관한 판단

검사는 피고인 1에 대하여 징역 13년을 선고한 원심의 형이 너무 가벼워 부당하다고 주장한다. 그러나 피고인에 대하여 사형, 무기 또는 10년 이상의 징역이나 금고의 형이 선고된 경우에 있어서도 형사소송법 제383조 제4호의 해석상 검사는 그 형이 너무 가볍다는 이유로는 상고할 수 없다(대법원 2016. 04. 15. 선고 2016도1108, 2016전도12 판결 참조).

다. 피고인 1에 대한 부착명령청구와 보호관찰명령청구를 기각한 것이 위법하다는 주장에 관한 판단

  (1) 특정 범죄자에 대한 보호관찰 및 전자장치 부착 등에 관한 법률 제5조 제3항 및 제21조의2 제3호에 규정된 '살인범죄를 다시 범할 위험성'이라 함은 재범할 가능성만으로는 부족하고 피부착명령청구자 또는 피보호관찰명령청구자가 장래에 다시 살인범죄를 범하여 법적 평온을 깨뜨릴 상당한 개연성이 있음을 의미한다. 살인범죄의 재범의 위험성 유무는 피부착명령청구

자 또는 피보호관찰명령청구자의 직업과 환경, 당해 범행 이전의 행적, 그 범행의 동기, 수단, 범행 후의 정황, 개전의 정 등 여러 사정을 종합적으로 평가하여 객관적으로 판단하여야 하고, 이러한 판단은 장래에 대한 가정적 판단이므로 판결 시를 기준으로 하여야 한다(대법원 2012. 05. 10. 선고 2012도2289, 2012감도5, 2012전도51 판결 참조).

(2) 원심은 피고인 1이 피고인 2의 살인 범행에 공동정범으로 가담하지 않았고 정신적으로 방조하는 것에 그쳐 직접 사람을 죽이는 행위로 나아갈 위험성까지 갖추고 있다고 보기 어려운 점, 피고인 1에게 이 사건 외에 폭력적 범죄에 연루되거나 폭력적인 성향을 보인 적이 없었던 점에 비추어 피고인 1이 살인범죄를 다시 범할 위험성이 있다고 인정할 수 없다고 보아, 피고인 1에 대한 부착명령청구와 보호관찰명령청구를 모두 기각하였다.

(3) 위 법리와 기록에 따라 살펴보면, 원심의 위와 같은 판단에 특정 범죄자에 대한 보호관찰 및 전자장치 부착 등에 관한 법률에서 정한 '살인범죄를 다시 범할 위험성'에 관한 법리를 오해한 잘못이 없다.

2. 피고인 1의 상고이유에 대하여

가. 살인방조의 점에 대한 주장에 관한 판단

(1) 형법상 방조행위는 정범이 범행을 한다는 정을 알면서 그 실행행위를 용이하게 하는 직접·간접의 모든 행위를 가리키는 것으로서 유형적, 물질적인 방조뿐만 아니라 정범에게 범행의 결의를 강화하도록 하는 것과 같은 무형적, 정신적 방조행위까지도 이에 해당한다. 종범은 정범의 실행행위 중에 이를 방조하는 경우뿐만 아니라, 실행 착수 전에 장래의 실행행위를 예상하고 이를 용이하게 하는 행위를 하여 방조한 경우에도 성립한다. 형법상 방조행위는 정범이 범행을 한다는 정을 알면서 그 실행행위를 용이하게 하는 직접·간접의 행위를 말하므로, 방조범은 정범의 실행을 방조한다는 이른바 방조의 고의와 정범의 행위가 구성요건에 해당하는 행위인 점에 대한 정범의 고의가 있어야 하나, 이와 같은 고의는 내심적 사실이므로 피고인이 이를 부정하는 경우에는 사물의 성질상 고의와 상당한 관련성이 있는 간접사실을 증명하는 방법에 의하여 증명할 수밖에 없다. 이때 무엇이 상당한 관련성이 있는 간접사실에 해당할 것인가는 정상적인 경험칙에 바탕을 두고 치밀한 관찰력이나 분석력에 의하여 사실의 연결상태를 합리적으로 판단하여야 하고, 방조범에서 요구되는 정범의 고의는 정범에 의하여 실현되는 범죄의 구체적 내용을 인식할 것을 요하는 것은 아니고 미필적 인식이나 예견으로 족하다(대법원 2004. 06. 24. 선고 2002도995 판결, 대법원 2005. 04. 29. 선고 2003도6056 판결 참조).
법원은 공소사실의 동일성이 인정되는 범위 내에서 공소가 제기된 범죄사실보다 가벼운 범죄사실이 인정되는 경우, 그 심리의 경과 등에 비추어 볼 때 피고인의 방어에 실질적인 불이익을 주는 것이 아니라면 공소장변경 없이 직권으로 가벼운 범죄사실을 인정할 수 있으므로, 공동정범으로 기소된 범죄사실을 방조사실로 인정할 수 있다(대법원 2004. 06. 24. 선고 2002도995 판결 참조).

(2) 원심은 그 판시와 같은 이유를 들어 피고인 1은 피고인 2가 '사냥'을 나간다고 하면서 셀프카메라 방식으로 촬영한 변장사진을 보낸 시점 이후부터는 피고인 2가 실제로 살인행위를 한다는 것을 미필적으로나마 인식하면서 피고인 2가 살인 범행 대상을 용이하게 선정하도록 하고

살인 범행의 결의를 강화하거나 유지할 수 있도록 정신적으로 돕는 행위를 하였다고 보아 피고인 1에 대하여 공소장변경 없이 살인방조죄를 유죄로 인정하였다.

위 법리 및 원심과 제1심이 적법하게 채택하여 조사한 증거에 의하여 살펴보면, 원심의 판단에 범행 동기 등에 관한 필요한 심리를 다하지 아니한 채 논리와 경험의 법칙을 위반하여 자유심증주의의 한계를 벗어나거나, 방조, 축소사실 인정 및 공소장변경에 관한 법리를 오해하거나, 증거재판주의를 위반하는 등의 잘못이 없다.

(3) 피고인 1은, 검사가 증거를 조작·편집하거나 피고인 1에게 유리한 증거로 판단되는 트위터 다이렉트메시지 자료 등을 은닉·인멸하는 등 사법방해가 있었으므로, 검사의 공소제기 절차가 법률의 규정에 위반하여 무효에 해당하여 공소기각판결이 선고되거나 적어도 진술증거의 신빙성을 부정하여 살인방조의 점에 대하여 무죄를 선고하여야 한다고 주장한다.

그러나 기록을 살펴보면, 검사가 증거를 조작·편집하거나 은닉·인멸하였다고 볼 수 없고, 설령 일부 증거에 대한 열람·등사가 허용되지 않았다고 하더라도, 피고인 1의 신속·공정한 재판을 받을 권리와 변호인의 조력을 받을 권리가 중대하게 침해되어 이 사건 공소사실에 대한 유·무죄의 판단 등에 영향을 미칠 상당한 개연성이 있었다고는 할 수 없다. 따라서 이 부분 상고이유는 형사소송법 제383조 제1호에서 정한 '판결에 영향을 미친 헌법·법률·명령 또는 규칙의 위반이 있는 때'에 해당한다고 볼 수 없다.

나. 양형부당 주장에 관한 판단

피고인 1의 연령·성행·환경, 피해자와의 관계, 이 사건 각 범행의 동기·수단과 결과, 범행 후의 정황 등 기록에 나타난 양형의 조건이 되는 여러 가지 사정들을 살펴보면, 상고이유로 주장하는 사정을 감안하더라도 징역 13년을 선고한 원심의 형의 양정이 너무 무거워 부당하다고 할 수 없다.

3. 피고인 2의 상고이유에 대하여

가. 피고인 1이 살인죄의 공동정범에 해당한다는 주장에 관한 판단

피고인 2는, 피고인 1을 살인죄의 공동정범으로 인정하여야 함에도 이를 인정하지 않은 원심판결에는 채증법칙을 위반하고 공동정범에 관한 법리를 오해한 잘못이 있다고 주장한다. 이는 원심이 피고인 1을 공동정범으로 인정하지 않아 피고인 2에 대한 원심의 형이 중하게 선고되어 부당하다는 취지이므로, 뒤에서 판단하는 양형부당 주장과 다르지 않다.

나. 심신미약 주장에 관한 판단

(1) 형법 제10조에 규정된 심신장애는 생물학적 요소로서 정신병 또는 비정상적 정신상태와 같은 정신적 장애가 있는 외에 심리학적 요소로서 이와 같은 정신적 장애로 말미암아 사물에 대한 변별능력과 그에 따른 행위통제능력이 결여되거나 감소되었음을 요하므로, 정신적 장애가 있는 자라고 하여도 범행 당시 정상적인 사물변별능력이나 행위통제능력이 있었다면 심신장애로 볼 수 없다.

심신장애의 유무는 법원이 형벌제도의 목적 등에 비추어 판단하여야 할 법률문제로서 그 판단에 전문감정인의 정신감정결과가 중요한 참고자료가 되기는 하나, 법원이 반드시 그 의견에 구속되는 것은 아니고, 그러한 감정결과뿐만 아니라 범행의 경위, 수단, 범행 전후의 피고인

의 행동 등 기록에 나타난 여러 자료 등을 종합하여 독자적으로 심신장애의 유무를 판단하여야 한다(대법원 1996. 05. 10. 선고 96도638 판결 참조).

(2) 원심은 그 판시와 같은 이유를 들어 피고인 2가 자폐성 스펙트럼 장애의 일종인 아스퍼거 증후군을 갖고 있었다고 하더라도, 그것이 피고인 2의 범행 당시 사물변별능력이나 의사결정능력에 영향을 미쳤다고 볼 수 없다는 이유로 피고인 2의 심신미약 주장을 받아들이지 않았다.

(3) 위 법리와 기록에 따라 살펴보면, 원심의 판단에 논리와 경험의 법칙을 위반하여 자유심증주의의 한계를 벗어나거나 심신미약에 관한 법리를 오해한 잘못이 없다.

다. 자수 주장에 관한 판단

원심은 그 판시와 같은 이유를 들어 피고인 2의 자수 주장을 받아들이지 않은 제1심의 판단을 그대로 유지하였다. 관련 법리와 기록에 따라 살펴보면, 원심의 판단에 논리와 경험의 법칙을 위반하여 자유심증주의의 한계를 벗어나거나 자수에 관한 법리를 오해한 잘못이 없다. 피고인 2가 자수하였다고 하더라도 자수한 사람에 대하여는 법원이 재량으로 그 형을 감경 또는 면제할 수 있을 뿐이므로(형법 제52조 제1항), 원심이 자수감경을 하지 아니하였다고 하여 잘못이라고 할 수 없다.

라. 양형부당 주장에 관한 판단

피고인 2의 연령·성행·환경, 피해자와의 관계, 이 사건 각 범행의 동기·수단과 결과, 범행 후의 정황 등 기록에 나타난 양형의 조건이 되는 여러 가지 사정들을 살펴보면, 상고이유로 주장하는 사정을 감안하더라도 징역 20년을 선고한 원심의 형의 양정이 너무 무거워 부당하다고 할 수 없다.

마. 부착명령이 위법하다는 주장에 관한 판단

원심은 그 판시와 같은 이유를 들어 피고인 2의 성행, 환경, 이 사건 범행의 동기와 경위, 그 수법과 내용, 범행 전후의 상황 등에 비추어 피고인 2가 살인범죄를 다시 범할 위험성이 인정된다고 보아 피고인 2에 대하여 30년간 위치추적 전자장치의 부착을 명하였다. 관련 법리와 기록에 따라 살펴보면, 원심의 판단에 특정 범죄자에 대한 보호관찰 및 전자장치 부착 등에 관한 법률에서 정한 '살인범죄를 다시 범할 위험성'에 관한 법리를 오해한 잘못이 없다.

4. 결 론

그러므로 상고를 모두 기각하기로 하여, 관여 대법관의 일치된 의견으로 주문과 같이 판결한다.

Ⓐ 대법원 2018. 10. 25. 선고 2018도7709 판결 【강간·특수상해·상해·특수협박·협박·폭행】

【판시사항】

[1] 자유심증주의의 의미와 한계 / 형사재판에서 유죄로 인정하기 위한 심증형성의 정도 및 피해자 등의 진술의 신빙성이 인정되는 경우
[2] 법원이 성폭행이나 성희롱 사건의 심리를 할 때 유의하여야 할 사항 및 성폭행 등의 피해자 진술의 증명력을 판단하는 방법
[3] 강간죄가 성립하기 위한 가해자의 폭행·협박이 있었는지 판단하는 기준과 방법
[4] 강간죄에서 공소사실을 인정할 증거로 사실상 피해자의 진술이 유일한 경우, 피고인의 진술이 경험칙상 합리성이 없고 그 자체로 모순되어 믿을 수 없다는 사정이 피해자 진술의 신빙성을 뒷받침하거나 직접증거인 피해자 진술과 결합하여 공소사실을 뒷받침하는 간접정황이 될 수 있는지 여부(적극)

【판결요지】

[1] 증거의 증명력은 법관의 자유판단에 맡겨져 있으나 그 판단은 논리와 경험칙에 합치하여야 하고, 형사재판에 있어서 유죄로 인정하기 위한 심증형성의 정도는 합리적인 의심을 할 여지가 없을 정도여야 하나, 이는 모든 가능한 의심을 배제할 정도에 이를 것까지 요구하는 것은 아니며, 증명력이 있는 것으로 인정되는 증거를 합리적인 근거가 없는 의심을 일으켜 이를 배척하는 것은 자유심증주의의 한계를 벗어나는 것으로 허용될 수 없다. 피해자 등의 진술은 그 진술 내용의 주요한 부분이 일관되며, 경험칙에 비추어 비합리적이거나 진술 자체로 모순되는 부분이 없고, 또한 허위로 피고인에게 불리한 진술을 할 만한 동기나 이유가 분명하게 드러나지 않는 이상, 그 진술의 신빙성을 특별한 이유 없이 함부로 배척해서는 아니 된다.

[2] 법원이 성폭행이나 성희롱 사건의 심리를 할 때에는 그 사건이 발생한 맥락에서 성차별 문제를 이해하고 양성평등을 실현할 수 있도록 '성인지 감수성'을 잃지 않도록 유의하여야 한다(양성평등기본법 제5조 제1항 참조). 우리 사회의 가해자 중심의 문화와 인식, 구조 등으로 인하여 성폭행이나 성희롱 피해자가 피해사실을 알리고 문제를 삼는 과정에서 오히려 피해자가 부정적인 여론이나 불이익한 처우 및 신분 노출의 피해 등을 입기도 하여 온 점 등에 비추어 보면, 성폭행 피해자의 대처 양상은 피해자의 성정이나 가해자와의 관계 및 구체적인 상황에 따라 다르게 나타날 수밖에 없다. 따라서 개별적, 구체적인 사건에서 성폭행 등의 피해자가 처하여 있는 특별한 사정을 충분히 고려하지 않은 채 피해자 진술의 증명력을 가볍게 배척하는 것은 정의와 형평의 이념에 입각하여 논리와 경험의 법칙에 따른 증거판단이라고 볼 수 없다.

[3] 강간죄가 성립하기 위한 가해자의 폭행·협박이 있었는지 여부는 그 폭행·협박의 내용과 정도는 물론 유형력을 행사하게 된 경위, 피해자와의 관계, 성교 당시와 그 후의 정황 등 모든 사정을 종합하여 피해자가 성교 당시 처하였던 구체적인 상황을 기준으로 판단하여야 하며, 사후적으로 보아 피해자가 성교 이전에 범행 현장을 벗어날 수 있었다거나 피해자가 사력을 다하여 반항하지 않

앗다는 사정만으로 가해자의 폭행·협박이 피해자의 항거를 현저히 곤란하게 할 정도에 이르지 않았다고 섣불리 단정하여서는 아니 된다.

[4] 강간죄에서 공소사실을 인정할 증거로 사실상 피해자의 진술이 유일한 경우에 피고인의 진술이 경험칙상 합리성이 없고 그 자체로 모순되어 믿을 수 없다고 하여 그것이 공소사실을 인정하는 직접증거가 되는 것은 아니지만, 이러한 사정은 법관의 자유판단에 따라 피해자 진술의 신빙성을 뒷받침하거나 직접증거인 피해자 진술과 결합하여 공소사실을 뒷받침하는 간접정황이 될 수 있다.

【참조조문】[1] 형사소송법 제307조 제2항, 제308조 / [2] 형사소송법 제308조, 양성평등기본법 제5조 제1항 / [3] 형법 제297조 / [4] 형법 제297조, 형사소송법 제307조, 제308조
【참조판례】[1] 대법원 1994. 9. 13. 선고 94도1335 판결(공1994하, 2695), 대법원 2004. 6. 25. 선고 2004도2221 판결(공2004하, 1290), 대법원 2006. 11. 23. 선고 2006도5407 판결 / [2] 대법원 2018. 4. 12. 선고 2017두74702 판결(공2018상, 909) / [3] 대법원 2005. 7. 28. 선고 2005도3071 판결(공2005하, 1469), 대법원 2012. 7. 12. 선고 2012도4031 판결
【전 문】【피 고 인】피고인 【상 고 인】피고인 및 검사
【변 호 인】변호사 신철규 외 1인
【원심판결】대전고법 2018. 5. 4. 선고 2017노477 판결
【주 문】원심판결을 파기하고, 사건을 대전고등법원에 환송한다.

【이　유】

상고이유를 판단한다.

1. 피고인의 상고이유에 대하여

원심판결 이유를 적법하게 채택된 증거들에 비추어 살펴보면, 원심이 그 판시와 같은 이유를 들어 이 사건 공소사실 중 각 협박, 상해, 특수협박, 특수상해, 피해자 공소외 1에 대한 폭행의 점이 모두 유죄로 인정된다고 판단한 것은 정당하고, 거기에 상고이유 주장과 같이 필요한 심리를 다하지 아니한 채 논리와 경험의 법칙을 위반하여 자유심증주의의 한계를 벗어나거나 공소장변경 및 협박죄에 관한 법리를 오해하는 등의 잘못이 없다.

2. 검사의 상고이유에 대하여

가. 이 사건 공소사실 중 공소외 1에 대한 강간의 점의 요지

피고인은 2017. 4. 14. 23:43경부터 다음 날 01:06경까지 사이에 (지명 생략)에 있는 ○○ 무인모텔 △△△호실에서 피해자 공소외 1(여, 32세)에게 자신의 말을 듣지 않으면 피해자의 남편과 자녀들에게 위해를 가할 것처럼 피해자를 협박하여 이에 겁을 먹은 피해자를 강간하기로 마음먹고, 피해자를 강제로 침대에 눕힌 후 왼손으로 피해자의 쇄골 부위를 눌러 반항을 억압한 다음 오른손으로 피해자의 바지와 속옷을 벗기고 피해자를 1회 간음하여 강간하였다.

나. 원심의 판단

원심은, 다음과 같은 사정을 종합하여 보면 이 부분 공소사실에 부합하는 피해자의 수사기관 및

제1심에서의 진술만으로는 이 부분 공소사실이 합리적인 의심을 배제할 정도로 증명되었다고 할 수 없고 달리 이 부분 공소사실을 인정할 증거가 없다는 이유로, 이 부분 공소사실을 무죄로 판단한 제1심판결을 그대로 유지하였다.

(1) 피해자와 피고인의 문자메시지 내역이 삭제되어 그 내용을 확인할 수 없고, 피해자가 피고인으로부터 폭행을 당한 다음 날 피고인과 식사를 하고, 그 무렵부터 네 번 정도 더 피고인을 만나 자신의 일상에 관한 이야기를 하였다. 모텔 CCTV 영상에서 피해자가 모텔에 들어가는 과정에서 겁을 먹었다는 사정이 보이지 않고, 오히려 모텔에 가기 직전에 남편 공소외 2에게 '졸려서 먼저 자겠다'는 내용의 카카오톡 메시지를 보냈을 뿐, 수사기관이나 남편에게 피고인의 협박사실을 알리지 않았다. 이러한 점에 비추어, 피고인이 피해자를 계속하여 협박하였고 이로 인해 피해자가 모텔로 들어갈 때까지 외포된 상태에 있었는지 의문이 든다.

(2) 피해자가 모텔에서 피고인과 성관계를 가진 후 피고인에게 '템포'라는 상호의 생리대에 관하여 이야기하였고, 화장실에서 샤워하고 나와 피고인과 담배를 피우며 남편 등 가정 관련 대화를 10여 분 하다가 모텔에서 나온 것은, 성관계를 갖기 위해 피해자를 협박한 사실이 없고 자유로운 의사에 따라 성관계를 한 것이라는 피고인의 주장에 더 부합하는 측면이 있고, 위 모텔 CCTV 영상에서 피해자가 모텔에서 나와 차를 타고 돌아갈 때 강간을 당했다거나 외포된 상태에 있다는 사정이 확인되지 않는 점에 비추어, 피고인이 실제로 피해자를 폭행·협박하였고 이로 인하여 피해자가 항거가 불가능하게 되거나 현저히 곤란하게 되어 간음에 이른 것인지 의문이 든다.

(3) 피해자는 공소외 2가 베트남에서 귀국하여 바로 집에 들렀을 당시에 곧바로 강간피해 사실을 말하지 않고 그날 저녁경에 비로소 말하였다는 것인데, 공소외 2와 피고인이 어렸을 때부터 친구였고 조직폭력단체 내에서의 위상도 비슷하거나 공소외 2가 더 높아, 피해자가 공소외 2에게 피해사실을 얘기할 경우 피고인에게 어떠한 조치를 가할 수 있을 것으로 보임에도 즉시 얘기하지 않은 것은, 피고인의 계속된 협박 등으로 강간을 당할 수밖에 없을 정도로 외포된 상태였다는 피해자의 진술에 부합하지 않는다.

다. 대법원의 판단

(1) 증거의 증명력은 법관의 자유판단에 맡겨져 있으나 그 판단은 논리와 경험칙에 합치하여야 하고, 형사재판에 있어서 유죄로 인정하기 위한 심증형성의 정도는 합리적인 의심을 할 여지가 없을 정도여야 하나, 이는 모든 가능한 의심을 배제할 정도에 이를 것까지 요구하는 것은 아니며, 증명력이 있는 것으로 인정되는 증거를 합리적인 근거가 없는 의심을 일으켜 이를 배척하는 것은 자유심증주의의 한계를 벗어나는 것으로 허용될 수 없다(대법원 1994. 09. 13. 선고 94도1335 판결, 대법원 2004. 06. 25. 선고 2004도2221 판결 등 참조). 피해자 등의 진술은 그 진술 내용의 주요한 부분이 일관되며, 경험칙에 비추어 비합리적이거나 진술 자체로 모순되는 부분이 없고, 또한 허위로 피고인에게 불리한 진술을 할 만한 동기나 이유가 분명하게 드러나지 않는 이상, 그 진술의 신빙성을 특별한 이유 없이 함부로 배척해서는 아니 된다(대법원 2006. 11. 23. 선고 2006도5407 판결 참조).
그리고 법원이 성폭행이나 성희롱 사건의 심리를 할 때에는 그 사건이 발생한 맥락에서 성차별 문제를 이해하고 양성평등을 실현할 수 있도록 '성인지 감수성'을 잃지 않도록 유의하여야 한다(양성평등기본법 제5조 제1항 참조). 우리 사회의 가해자 중심의 문화와 인식, 구조 등으로 인하여 성폭행이나 성희롱 피해자가 피해사실을 알리고 문제를 삼는 과정에서 오히려 피해자가 부정적인 여론이나 불이익한 처우 및 신분 노출의 피해 등을 입기도 하여 온 점 등에 비추어 보면, 성폭행 피해자의 대처 양상은 피해자의 성정이나 가해자와의 관계 및 구체적인 상황에 따라 다르게 나타날 수밖에 없다. 따라서 개별적, 구체적인 사건에서 성폭행 등의 피해자가 처하여 있는 특별한 사정을 충분히 고려하지 않은 채 피해자 진술의 증명력을 가볍게 배척하는 것은 정의와 형평의 이념에 입각하여 논리와 경험의 법칙에 따른 증거판단이라고 볼 수 없다(대법원 2018. 04. 12. 선고 2017두74702 판결 참조).

나아가 강간죄가 성립하기 위한 가해자의 폭행·협박이 있었는지 여부는 그 폭행·협박의 내용과 정도는 물론 유형력을 행사하게 된 경위, 피해자와의 관계, 성교 당시와 그 후의 정황 등 모든 사정을 종합하여 피해자가 성교 당시 처하였던 구체적인 상황을 기준으로 판단하여야 하며, 사후적으로 보아 피해자가 성교 이전에 범행 현장을 벗어날 수 있었다거나 피해자가 사력을 다하여 반항하지 않았다는 사정만으로 가해자의 폭행·협박이 피해자의 항거를 현저히 곤란하게 할 정도에 이르지 않았다고 섣불리 단정하여서는 아니 된다(대법원 2005. 07. 28. 선고 2005도3071 판결 등 참조).

(2) 적법하게 채택된 증거들에 의하면, 다음의 사실을 알 수 있다.
  ① 피고인과 공소외 2는 유치원시절부터 알고 지내던 고향친구로서 30년 이상 친구 사이로 지내왔고, 같이 □□지역 조직폭력단체인 '◇◇파'에서 조직원으로 활동한 사실이 있다.
  ② 피해자와 공소외 2는 모두 이혼한 전력이 있는 사람들로서 2014. 5.경 재혼하였는데, 당시 전남편이나 전처 사이에서 각각 태어난 딸들과 함께 살았다.
  ③ 피해자와 공소외 2는 재혼한 후 □□시에서 피고인 및 그의 처와 같은 동네에 살면서 부부동반으로 가끔 만났고, 피해자는 피고인의 처와 친한 관계로 지냈다.
  ④ 피해자와 공소외 2는 2016. 12.경 ☆☆시로 이사를 가게 되었는데, 이사를 가기 전에 공소외 2와 피고인이 사업문제로 사이가 틀어져 이사를 간 후에는 서로 만나거나 연락을 하지 않았고, 피해자도 피고인의 처와 자연히 사이가 멀어져 연락하거나 만나지 않았다.
  ⑤ 공소외 2는 2017. 4. 10. 사업차 5박 6일 일정(2017. 4. 15. 오전 귀국 예정)으로 베트남으로 출국하였다.
  ⑥ 피고인은 공소외 2의 이러한 해외여행일정을 알고 공소외 2가 출국한 당일인 2017. 4. 10. 오후에 피해자에게 카카오톡 메시지로 긴히 할 말이 있으니 만나 줄 것을 요청하여 그날 밤에 피해자를 만났다. 피고인은 자신의 차 안에서 피해자에게 '공소외 2에게 사생아가 있다'는 말을 하였고, 피해자가 황당해하자, 피해자도 들을 수 있는 휴대전화 스피커폰 기능을 이용하여, 후배들에게 전화하여 '공소외 2에게 아들이 있는 것 맞지', '내가 너한테 공소외 2 연장 놓으라고 하면 알지'라고 하거나, 현직 경찰관에게 전화하여 '형님, 제가 지금 낫을 들고 있는데 내 앞에 있는 사람이 말을 듣지 않는데 어떻게 합니까'라고 하고, 그의 처에게도 전화하여 '씨발년아' 등 욕설을 하며 횡설수설하더니 통화를 끊자마자 피고인의 행동에 충격을 받아 당황한 피해자에게 '이게 진실이다, 정신차려라'고 소리치며, 다짜고짜 손바닥으로 피해자의 뺨을 1회 때리고, 피해자의 머리를 3~4회 때려 피해자를 폭행(이하 '이 사건 폭행'이라 한다)하였다.

⑦ 그 다음 날인 2017. 4. 11.부터 같은 달 13일까지 3일 동안 피고인은 피해자에게 날마다 연락하여 3회 정도 만났는데, 그중 한 번은 이 사건 폭행 다음 날 피해자 친정 근처까지 따라와 분식집에서 점심을 같이 먹은 것이고, 다른 한 번은 저녁경 피해자가 딸의 약을 사러 대전에 있는 약국에 갈 때 피고인에게서 연락이 와 같이 간 것이며, 나머지 한 번은 피고인이 피해자의 집 부근으로 찾아와 피고인의 차 안에서 잠깐 동안 이야기한 것이다.

⑧ 피해자는 공소외 2가 귀국하기 전날인 2017. 4. 14. 23:05경 공소외 2에게 "졸려서 비행기 탈 때까지 못 기다릴 것 같다. 비행기에서 내리면 전화하라. 먼저 잘 테니 조심히 오라."라는 내용의 카카오톡 메시지를 보냈다.

⑨ 피고인은 2017. 4. 14. 23:43경 조수석에 피해자를 태우고 피해자의 집(☆☆시 ▽▽아파트)에서 아주 가까운 (지명 생략)에 있는 ○○ 무인모텔 주차장에 들어갔다.

⑩ 피고인과 피해자는 이 사건 폭행 이전에는 둘만 만난 적이 전혀 없다.

(3) 먼저 피해자 진술의 신빙성에 관하여 본다.

(가) 피해자의 진술 내용은 다음과 같다. 즉 이 사건 폭행 당시 피고인이 피해자와 만난 자리에서 스피커폰으로 다른 사람들과 통화를 하면서 흉기로 피해자나 남편을 해칠 수 있다는 등으로 공포심을 불러일으키는 말을 하여 피해자에게 겁을 주고 이 사건 폭행까지 하였다. 피고인은 그 이후에도 강간범행 전까지 3일 동안 피해자에게 계속 전화하여 만남을 요구하였고, 피해자를 만나 지속적으로 과거나 현재에 자신이 다른 사람을 폭력으로 굴복시킨 이야기 등을 하면서 자신의 말을 듣지 않으면 피해자나 남편과 두 딸의 신변에도 위해를 가할 것처럼 말을 하여 겁을 주었다. 이 사건 강간범행 당일에는 피고인이 밤에 집 앞으로 찾아와 모텔에 가서 잠깐 쉬자는 말을 하여 피해자가 거절하였는데, 피고인이 다시 위협적인 말을 하면서 다른 짓은 하지 않고 맥주만 마시고 나오겠다고 하여 그 말을 믿고 모텔에 가게 되었다. 피해자는 모텔 객실의 테이블에 앉아 맥주를 마시고 있었는데, 혼자 침대에 누워있던 피고인이 갑자기 "더 이상 못 참겠다."라고 말하면서 피해자에게 다가오기에, 생리 중이라며 거부하자 피고인은 피해자의 왼쪽 뺨, 머리 부위를 때리고 피해자의 팔을 잡고 끌어 강제로 침대에 눕힌 후 피해자 위에 올라 타, 왼손으로 피해자의 쇄골 부분을 누르고 다른 손으로는 피해자의 바지와 속옷을 한꺼번에 벗긴 다음 강간하였다.

기록과 대조하여 살펴보면, 피해자의 위와 같은 진술 내용은 수사기관에서부터 제1심 법정에 이르기까지 일관될 뿐만 아니라 매우 구체적임을 알 수 있다. 또한 위 진술이 경험칙에 비추어 비합리적이라거나 진술 자체로 모순되는 부분을 찾기 어렵다.

(나) 피고인도 이 사건 폭행 당시 차 안에서 자신의 지인들과 피해자의 위 진술 내용과 같이 통화한 사실은 일부 인정하고 있다. 또한 이 사건 폭행 이후 피고인과 피해자가 만난 횟수나 만나서 한 일, 모텔에 가기를 거부하는 피해자에게 맥주만 마시자고 말을 하여 피해자를 모텔에 데려간 경위 등에 관하여도 피해자의 진술과 대부분 일치한다.

(다) 원심이 피해자 진술의 신빙성을 배척하는 이유로 들고 있는 사정들은, 피해자가 처한 구체적인 상황이나 피고인과 피해자의 관계 등에 비추어 피해자의 진술과 반드시 배치된다거나 양립이 불가능한 것이라고 보기 어렵다. 그럼에도 원심이 그러한 사정들을 근거로 피해자 진술의 신빙성을 배척한 것은 성폭행 피해자가 처하여 있는 특별한 사정을 충분

히 고려하지 않음으로써 성폭행 사건의 심리를 할 때 요구되는 '성인지 감수성'을 결여한 것이라는 의심이 든다.

① 피고인과 피해자의 진술에 의하더라도 당시 피해자는 피고인과 맥주를 마시고 이야기만 하다가 나오기로 하고 모텔에 갔다는 것이고, 모텔 CCTV 영상에 의하더라도 당시 피해자가 피고인과의 신체 접촉 없이 각자 떨어져 앞뒤로 걸어간 것 뿐이다. 그럼에도 이러한 사정을 들어 피해자가 겁을 먹은 것처럼 보이지 않고 나아가 모텔 객실에서 폭행·협박 등이 있었는지 의문이 든다고 판단한 것은 납득하기 어렵다.

② 피해자의 집과 범행장소인 이 사건 모텔은 매우 가까운 곳에 위치하고 있었다. 이동에 소요되는 시간과 피해자가 당일 공소외 2에게 카카오톡 메시지를 보낸 시각, 위 모텔 주차장에 도착한 시각 등을 고려해 보면, 피고인과 피해자가 모텔에 가기로 예정된 상태에서 피해자가 공소외 2에게 앞서 본 바와 같은 내용의 메시지를 보낸 것이라고 단정할 수 없다. 더욱이 피고인도 당일 피해자의 집 앞에서 만났을 때는 모텔에 가기로 하였던 것은 아니라고 진술하였다. 물론 피해자가 위 메시지를 보낼 당시 이미 피고인의 전화를 받고 집 앞에서 만나기로 하였기 때문에 미리 공소외 2에게 앞으로 전화를 받지 못하는 사정을 꾸며서 알린 것일 가능성도 있다. 하지만 피해자의 입장에서 늦은 밤에 피고인과 단둘이 만난다는 사실을 남편에게 일부러 알릴 수도 없는 노릇이므로 이는 오히려 자연스러운 것이라고 볼 수 있다. 피해자는 공소외 2가 베트남에 있는 내내 공소외 2와 카카오톡으로 대화를 주고받고 영상통화를 해왔음에도 공소외 2에게 피고인으로부터 이 사건 폭행을 당한 사실이나 공소외 2의 사생아에 관한 이야기를 들은 사실 등 피고인에 대한 일체의 언급을 하지 않았다.

③ 피해자가 이 사건 폭행을 당한 날부터 2017. 4. 14.까지 피고인과 주고받은 휴대전화 메시지를 모두 삭제한 것은 사실이다. 이에 대해 피해자는 경찰에서 피고인이 만날 때마다 자신에게 보낸 문자를 모두 지우라고 해서 피고인이 보는 자리에서 모두 지운 것이라고 일관되게 진술하였고, 경찰 수사에서 메시지 등을 복원할 수 있다는 이야기를 듣고 자신의 휴대전화를 자진하여 제출하기까지 하였다.

④ 피고인과 피해자는 서로 남편의 친구, 친구의 처 사이로서 2016. 12.경 피해자와 공소외 2가 이사가기 전까지 한 동네에 살면서 부부동반으로 만나기도 하고, 피고인의 처와 피해자는 자주 어울리며 친하게 지냈다. 그러므로 피해자가 피고인과 만나 피해자의 가족이나 일상에 관하여 대화를 하는 것은 오히려 자연스럽고, 피해자가 피고인과 대화하면서 별다른 의미를 두지 않고 대답해주었다고 하여 그것이 피해자 진술의 신빙성을 배척할 만한 사정이라고 볼 수 없다.

⑤ 피해자가 모텔에서 피고인과 성관계를 가진 후 피고인과 생리대에 관하여 이야기하거나 샤워 후에 피고인과 담배를 피우며 남편 등 피해자의 가정에 관한 대화를 10여 분 하다가 모텔에서 나온 것도 피해자 진술의 신빙성을 부정할 만한 사정이라고 보기에 부족하다. 강간을 당한 피해자의 대처 양상은 피해자의 성정이나 구체적인 상황에 따라 각기 다르게 나타날 수밖에 없다. 피해자는 이전부터 계속되어 온 피고인의 협박으로 이미 외포된 상태에서 제대로 저항하지 못한 채 피고인으로부터 강제로 성폭행을 당하였다는 것이고, 수치스럽고 무서운 마음에 반항을 하지 못하고 피고인의 마

음이 어떻게 변할지 몰라 달랬다는 것이므로, 피해자로서는 오로지 피고인의 비위를 거스르지 않을 의도로 위와 같은 대화를 하였던 것으로 보이고, 이러한 사정이 성폭행을 당하였다는 피해자의 진술과 양립할 수 없다고 보기 어렵다.

⑥ 공소외 2는 베트남에서 귀국한 당일 잠깐 집에 들러 옷만 갈아입고는 다시 집을 나가 광주에 있는 장례식에 가는 상황이었으므로, 피해자가 이 사건 강간피해 사실을 공소외 2가 귀국하여 집에 도착한 즉시 말하지 않고 그날 저녁에 공소외 2가 장례식장에서 돌아온 이후에야 말하였다는 사정이 피해자 진술의 신빙성을 배척할 만한 사정이라고 볼 수 없다.

원심 설시와 같이 공소외 2가 과거 조직폭력단체 내에서 피고인과 위상이 비슷하거나 더 높았다고 하더라도, 공소외 2가 피고인과 친구 사이이고, 이미 약 7년 전에 조직폭력단체에서 탈퇴한 점을 고려하면, 공소외 2가 피고인에게 어떠한 조치를 취할 수 있었다고 단정할 수 없고, 설령 공소외 2가 어떠한 조치를 취할 수 있었다고 하더라도 피해자가 남편인 공소외 2에게 강간피해 사실을 곧바로 말하지 않은 것을 두고 피해자 진술의 신빙성을 배척하는 사유로 삼은 것은 납득하기 어렵다.

(4) 다음으로 피고인 진술의 신빙성에 관하여 본다.

<u>강간죄에서 공소사실을 인정할 증거로 사실상 피해자의 진술이 유일한 경우에 피고인의 진술이 경험칙상 합리성이 없고 그 자체로 모순되어 믿을 수 없다고 하여 그것이 공소사실을 인정하는 직접증거가 되는 것은 아니지만, 이러한 사정은 법관의 자유판단에 따라 피해자 진술의 신빙성을 뒷받침하거나 직접증거인 피해자 진술과 결합하여 공소사실을 뒷받침하는 간접정황이 될 수 있다.</u>

(가) 피고인의 진술 요지는 다음과 같다. 즉 피해자는 평소 남편인 공소외 2와 이혼할 생각을 가지고 있었고, 이 사건 폭행 이후 매일 만나면서 서로 연인관계로 발전하였다. 2017. 4. 14. 밤에 모텔에 가기를 거부하는 피해자를 설득하여 모텔에 간 것은 맞지만, 모텔 안에서는 자신은 가만히 침대에 누워 있었고, 오히려 피해자가 먼저 다가와 스킨십을 하고 생리 중임에도 피해자가 괜찮다며 템포를 빼고 합의하에 성관계를 가진 것이고, 성관계 후 피해자가 스케줄을 알려주며 앞으로 남편 몰래 주기적으로 만나기로 약속하였다.

(나) 우선 피고인은 수사기관에서 피해자와 모텔에 가게 된 경위나 피해자와 성관계를 가졌는지 등에 관하여 최초에는 피해자가 먼저 모텔에 가자고 하였고 성관계는 갖지 않았다고 부인하였다. 이후 피고인은 진술을 번복하여 피해자가 모텔에 가기를 거부하여 맥주만 마시고 나오자고 피해자를 설득하여 모텔에 가게 되었고, 당시 성관계를 염두에 두고 간 것이라고 진술하면서도 정작 모텔 안에서는 피고인은 침대에 누워만 있었는데 오히려 생리 중이었던 피해자가 적극적으로 원하여 합의하에 성관계를 가진 것이라고 진술하였다. 이러한 피고인의 진술은 일관되지 않을 뿐만 아니라 진술 자체로 모순되거나 경험칙상 납득하기 어렵다.

(다) 피고인과 피해자는 이 사건 폭행 이전에는 단둘이 만난 적이 전혀 없고 서로 연락하는 사이도 아니었다. 그런데 피고인은 공소외 2가 해외로 출국한 당일 피해자를 불러내어 처음 만난 자리에서 공소외 2에게 사생아가 있다는 말을 하고, 스피커폰으로 지인들과 통화하면서 흉기로 피해자나 공소외 2를 해칠 수도 있다는 등의 말을 하여 피해자를 위

협하고, 나아가 이 사건 폭행까지 하였다. 이후 3일 동안 3회 정도 만난 것은 사실이나, 피고인의 요구에 의하여 분식집에서 함께 점심을 먹거나 차 안에서 잠깐 동안 이야기를 한 것이 전부이고, 이 사건 모텔 CCTV 영상에 의하더라도 피고인과 피해자가 연인과 같은 다정한 모습은 아닌 것으로 보인다. 이러한 사정에 비추어 보면, 이 사건 폭행 이후 불과 나흘 만에 연인관계로 발전하여 피해자와 합의하에 성관계를 가졌다는 피고인의 주장은 도저히 납득하기 어렵다.

(라) 피고인의 주장과 같이 피해자가 합의하에 성관계를 가진 후 자신의 스케줄을 알려주며 앞으로 남편 몰래 주기적으로 만나기로 약속까지 하였다면 피해자가 공소외 2가 귀국한 당일 저녁에 곧바로 강간피해 사실을 말할 이유가 없어 보인다. 피고인과의 성관계 사실이 발각될 만한 아무런 사정이 없는 상황에서 피해자가 지레 겁을 먹고 공소외 2에게 자발적으로 강간당하였다고 거짓말을 한다는 것은 경험칙상 이례적이다. 이 사건 범행 이후 피해자와 피고인이 통화를 했다거나 연락한 흔적이 없었다는 점에서도 피고인의 위와 같은 진술은 그대로 믿기 어렵다. 나아가 피해자가 예전부터 남편과 이혼하고 싶어했다는 것도 피고인의 일방적인 주장에 불과하고 이를 확인할 만한 아무런 정황이 없다. 피해자가 피고인으로부터 사생아 이야기를 들었다고 하더라도 피해자가 이에 관한 진위 여부를 공소외 2에게 확인하지 않은 상태에서 공소외 2와 이혼을 결심하게 되었다고 볼 사정도 보이지 않는다.

그런데도 원심은 위에서 본 바와 같이 피해자 진술의 신빙성을 배척하기에 부족하거나 양립 가능한 사정만을 근거로 피해자 진술의 신빙성을 의심하여 그 증명력을 배척하고 이 부분 공소사실을 무죄로 판단하였으니, 이러한 원심의 판단에는 증거의 증명력을 판단함에 있어 경험칙과 논리법칙에 어긋나는 판단을 함으로써 자유심증주의에 관한 법리를 오해하였거나 채증법칙 위반으로 인하여 사실을 오인함으로써 판결에 영향을 미친 잘못이 있다. 이 점을 지적하는 취지의 상고이유 주장은 이유 있다.

3. 파기의 범위

원심판결 중 무죄로 판단된 강간 부분은 파기되어야 할 것인바, 위 죄와 원심이 유죄로 인정한 나머지 각 죄는 형법 제37조 전단의 경합범의 관계에 있어 하나의 형이 선고되어야 할 것이므로, 결국 원심판결은 전부 파기될 수밖에 없다.

4. 결 론

그러므로 원심판결을 파기하고, 사건을 다시 심리·판단하게 하기 위하여 원심법원에 환송하기로 하여, 관여 대법관의 일치된 의견으로 주문과 같이 판결한다.

● 대법원 2019. 08. 29 선고 2018도2738 전원합의체 판결 【뇌물공여(일부 변경된 죄명: 뇌물공여약속)·특정경제범죄가중처벌등에관한법률위반(횡령)·특정경제범죄가중처벌등에관한법률위반(재산국외도피)·범죄수익은닉의규제및처벌등에관한법률위반·국회에서의증언·감정등에관한법률위반】

【판시사항】

[1] 공무원과 공무원이 아닌 사람(비공무원)에게 뇌물수수죄의 공동정범이 성립하기 위한 요건 / 공무원이 뇌물공여자로 하여금 공무원과 뇌물수수죄의 공동정범 관계에 있는 비공무원에게 뇌물을 공여하게 한 경우, 제3자뇌물수수죄가 성립하는지 여부(소극) / 금품이나 이익 전부에 관하여 뇌물수수죄의 공동정범이 성립한 이후 뇌물이 실제로 공동정범인 공무원 또는 비공무원 중 누구에게 귀속되었는지가 이미 성립한 뇌물수수죄에 영향을 미치는지 여부(소극) / 뇌물공여죄에서 고의의 내용

[2] 전문증거의 증거능력 / 다른 사람의 진술을 내용으로 하는 진술이 전문증거인지 본래증거인지 판단하는 기준 / 어떤 진술이 기재된 서류가 그 내용의 진실성이 범죄사실에 대한 직접증거로 사용될 경우, 전문증거인지 여부(적극) 및 어떠한 내용의 진술을 하였다는 사실 자체에 대한 정황증거로 사용될 것이라는 이유로 서류의 증거능력을 인정한 다음 그 사실을 다시 진술 내용이나 그 진실성을 증명하는 간접사실로 사용하는 경우, 그 서류는 전문증거에 해당하는지 여부(적극)

[3] 뇌물죄에서 뇌물의 내용인 이익의 의미 / 뇌물수수죄에서 말하는 '수수'와 뇌물공여에서 말하는 '공여'의 의미 및 뇌물에 대한 법률상 소유권을 취득하거나 취득하게 하여야 하는지 여부(소극) / 뇌물수수자가 뇌물로 제공된 물건에 대한 법률상 소유권 취득의 요건을 갖추지 않았더라도 그 물건 자체를 뇌물로 받은 것으로 볼 수 있는 경우 / 뇌물수수자가 뇌물공여자에 대한 내부관계에서 물건에 대한 실질적인 사용·처분권한을 취득하였으나 뇌물수수 사실을 은닉하거나 뇌물공여자가 계속 그 물건에 대한 비용 등을 부담하기 위하여 소유권 이전의 형식적 요건을 유보하는 경우, 뇌물수수죄와 뇌물공여죄가 성립하는지 여부(적극)

[4] 특정경제범죄 가중처벌 등에 관한 법률상 재산국외도피죄의 성립 요건 / 대한민국 또는 대한민국 국민의 국내 재산을 국외로 이동한 행위가 도피에 해당하려면 재산에 대한 지배·관리 상태를 국내에서 국외로 옮기는 경우여야 하는지 여부(적극) 및 이동으로 인하여 재산에 대한 지배·관리 상태를 상실하는 경우가 여기에 해당하는지 여부(소극)

[5] 범죄수익은닉의 규제 및 처벌 등에 관한 법률 제3조 제1항 제2호에서 정한 '범죄수익의 발생 원인에 관한 사실을 가장'하는 행위의 의미 및 범죄수익을 발생시키는 범죄행위의 기수 이전의 행위도 이에 해당하는지 여부(적극)

[6] 제3자뇌물수수죄에서 '뇌물'과 '부정한 청탁'의 의미 및 직무와 관련된 뇌물에 해당하는지 또는 부정한 청탁이 있었는지 판단하는 기준

【판결요지】

[1] [다수의견]
  신분관계가 없는 사람이 신분관계로 인하여 성립될 범죄에 가공한 경우에는 신분관계가 있는 사람과 공범이 성립한다(형법 제33조 본문 참조). 이 경우 신분관계가 없는 사람에게 공동가공의 의사

와 이에 기초한 기능적 행위지배를 통한 범죄의 실행이라는 주관적·객관적 요건이 충족되면 공동정범으로 처벌한다. 공동가공의 의사는 공동의 의사로 특정한 범죄행위를 하기 위하여 일체가 되어 서로 다른 사람의 행위를 이용하여 자기의 의사를 실행에 옮기는 것을 내용으로 한다. 따라서 공무원이 아닌 사람(이하 '비공무원'이라 한다)이 공무원과 공동가공의 의사와 이를 기초로 한 기능적 행위지배를 통하여 공무원의 직무에 관하여 뇌물을 수수하는 범죄를 실행하였다면 공무원이 직접 뇌물을 받은 것과 동일하게 평가할 수 있으므로 공무원과 비공무원에게 형법 제129조 제1항에서 정한 뇌물수수죄의 공동정범이 성립한다.

형법은 제130조에서 제129조 제1항 뇌물수수죄와는 별도로 공무원이 그 직무에 관하여 뇌물공여자로 하여금 제3자에게 뇌물을 공여하게 한 경우에는 부정한 청탁을 받고 그와 같은 행위를 한 때에 뇌물수수죄와 법정형이 동일한 제3자뇌물수수죄로 처벌하고 있다. 제3자뇌물수수죄에서 뇌물을 받는 제3자가 뇌물임을 인식할 것을 요건으로 하지 않는다. 그러나 공무원이 뇌물공여자로 하여금 공무원과 뇌물수수죄의 공동정범 관계에 있는 비공무원에게 뇌물을 공여하게 한 경우에는 공동정범의 성질상 공무원 자신에게 뇌물을 공여하게 한 것으로 볼 수 있다. 공무원과 공동정범 관계에 있는 비공무원은 제3자뇌물수수죄에서 말하는 제3자가 될 수 없고, 공무원과 공동정범 관계에 있는 비공무원이 뇌물을 받은 경우에는 공무원과 함께 뇌물수수죄의 공동정범이 성립하고 제3자뇌물수수죄는 성립하지 않는다.

뇌물수수죄의 공범들 사이에 직무와 관련하여 금품이나 이익을 수수하기로 하는 명시적 또는 암묵적 공모관계가 성립하고 공모 내용에 따라 공범 중 1인이 금품이나 이익을 주고받았다면, 특별한 사정이 없는 한 이를 주고받은 때 금품이나 이익 전부에 관하여 뇌물수수죄의 공동정범이 성립하고, 금품이나 이익의 규모나 정도 등에 대하여 사전에 서로 의사의 연락이 있거나 금품 등의 구체적 금액을 공범이 알아야 공동정범이 성립하는 것은 아니다.

금품이나 이익 전부에 관하여 뇌물수수죄의 공동정범이 성립한 이후에 뇌물이 실제로 공동정범인 공무원 또는 비공무원 중 누구에게 귀속되었는지는 이미 성립한 뇌물수수죄에 영향을 미치지 않는다. 공무원과 비공무원이 사전에 뇌물을 비공무원에게 귀속시키기로 모의하였거나 뇌물의 성질상 비공무원이 사용하거나 소비할 것이라고 하더라도 이러한 사정은 뇌물수수죄의 공동정범이 성립한 이후 뇌물의 처리에 관한 것에 불과하므로 뇌물수수죄가 성립하는 데 영향이 없다.

형법 제133조 제1항, 제129조 제1항에서 정한 뇌물공여죄의 고의는 '공무원에게 그 직무에 관하여 뇌물을 공여한다'는 사실에 대한 인식과 의사를 말하고, 미필적 고의로도 충분하다. 공여자가 공무원의 요구에 따라 비공무원에게 뇌물을 공여한 경우 공무원과 비공무원 사이의 관계가 형법 제129조 제1항 뇌물수수죄의 공동정범에 해당하고 공여자가 이러한 사실을 인식하였다면 공여자에게 형법 제133조 제1항, 제129조 제1항에서 정한 뇌물공여죄의 고의가 인정된다.

[대법관 박상옥의 별개의견]

다수의견의 논리 중 공무원과 비공무원 사이의 뇌물수수죄의 공동정범 성립에 관한 일반론 부분에 대하여는 동의하지만, 뇌물을 비공무원에게 전적으로 귀속시키기로 모의하거나 뇌물의 성질상 비공무원이 사용하거나 소비할 것인데도 비공무원이 뇌물을 받은 경우까지도 뇌물수수죄의 공동정범이 성립한다고 하는 부분에 대하여는 동의하지 않는다. 우리 형법이 제129조 제1항 뇌물수수죄와 별도로 제130조에서 제3자뇌물수수죄를 규정하고 있는 이상 공무원이 아닌 비공무원인 제3자가 뇌물을 수수한 경우에는 뇌물의 귀속주체와 성질이 어떠한지에 따라 그 뇌물수수죄 또는 제3자뇌물수수죄가 성립하는지를 달리 평가하여야 한다.

[대법관 조희대, 대법관 안철상, 대법관 이동원의 반대의견]
공무원과 비공무원이 공동가공의 의사와 이를 기초로 한 기능적 행위지배를 통하여 공무원의 직무에 관하여 뇌물을 수수하는 범죄를 실행하였다면 공무원과 비공무원에게 형법 제129조 제1항에서 정한 뇌물수수죄의 공동정범이 성립할 수 있다. 그러나 공무원과 비공무원이 뇌물을 받으면 뇌물을 비공무원에게 귀속시키기로 미리 모의하거나 뇌물의 성질에 비추어 비공무원이 전적으로 사용하거나 소비할 것임이 명백한 경우에 공무원이 증뢰자로 하여금 비공무원에게 뇌물을 공여하게 하였다면 형법 제130조의 제3자뇌물수수죄의 성립 여부가 문제 될 뿐이며, 공무원과 비공무원에게 형법 제129조 제1항의 뇌물수수죄의 공동정범이 성립한다고 할 수는 없다.

[2] 형사소송법은 제310조의2에서 원칙적으로 전문증거의 증거능력을 인정하지 않고, 제311조부터 제316조까지 정한 요건을 충족하는 경우에만 예외적으로 증거능력을 인정한다. 다른 사람의 진술을 내용으로 하는 진술이 전문증거인지는 요증사실이 무엇인지에 따라 정해진다. 다른 사람의 진술, 즉 원진술의 내용인 사실이 요증사실인 경우에는 전문증거이지만, 원진술의 존재 자체가 요증사실인 경우에는 본래증거이지 전문증거가 아니다.
어떤 진술이 기재된 서류가 그 내용의 진실성이 범죄사실에 대한 직접증거로 사용될 때는 전문증거가 되지만, 그와 같은 진술을 하였다는 것 자체 또는 진술의 진실성과 관계없는 간접사실에 대한 정황증거로 사용될 때는 반드시 전문증거가 되는 것이 아니다. 그러나 어떠한 내용의 진술을 하였다는 사실 자체에 대한 정황증거로 사용될 것이라는 이유로 서류의 증거능력을 인정한 다음 그 사실을 다시 진술 내용이나 그 진실성을 증명하는 간접사실로 사용하는 경우에 그 서류는 전문증거에 해당한다. 서류가 그곳에 기재된 원진술의 내용인 사실을 증명하는 데 사용되어 원진술의 내용인 사실이 요증사실이 되기 때문이다. 이러한 경우 형사소송법 제311조부터 제316조까지 정한 요건을 충족하지 못한다면 증거능력이 없다.

[3] 뇌물죄에서 뇌물의 내용인 이익은 금전, 물품 기타의 재산적 이익과 사람의 수요욕망을 충족시키기에 충분한 일체의 유형·무형의 이익을 포함한다. 뇌물수수에서 말하는 '수수'란 받는 것, 즉 뇌물을 취득하는 것이고, 뇌물공여에서 말하는 '공여'란 뇌물을 취득하게 하는 것이다. 여기에서 취득이란 뇌물에 대한 사실상의 처분권을 획득하는 것을 의미하고, 뇌물인 물건의 법률상 소유권까지 취득하여야 하는 것은 아니다. 뇌물수수자가 법률상 소유권 취득의 요건을 갖추지는 않았더라도 뇌물로 제공된 물건에 대한 점유를 취득하고 뇌물공여자 또는 법률상 소유자로부터 반환을 요구받지 않는 관계에 이른 경우에는 그 물건에 대한 실질적인 사용·처분권한을 갖게 되어 그 물건 자체를 뇌물로 받은 것으로 보아야 한다.
뇌물수수자가 뇌물공여자에 대한 내부관계에서 물건에 대한 실질적인 사용·처분권한을 취득하였으나 뇌물수수 사실을 은닉하거나 뇌물공여자가 계속 그 물건에 대한 비용 등을 부담하기 위하여 소유권 이전의 형식적 요건을 유보하는 경우에는 뇌물수수자와 뇌물공여자 사이에서는 소유권을 이전받은 경우와 다르지 않으므로 그 물건을 뇌물로 수수하고 공여하였다고 보아야 한다. 뇌물수

수자가 교부받은 물건을 뇌물공여자에게 반환할 것이 아니므로 뇌물수수자에게 영득의 의사도 인정되고, 뇌물공여자가 교부한 물건을 뇌물수수자로부터 반환받을 것이 아니므로 뇌물공여자에게 고의도 인정된다.

[4] 특정경제범죄 가중처벌 등에 관한 법률 제4조 제1항은 "법령을 위반하여 대한민국 또는 대한민국 국민의 재산을 국외로 이동하거나 국내로 반입하여야 할 재산을 국외에서 은닉 또는 처분하여 도피시켰을 때에는 1년 이상의 유기징역 또는 해당 범죄행위의 목적물 가액의 2배 이상 10배 이하에 상당하는 벌금에 처한다."라고 정하고, 제2항에서 도피액이 5억 원 이상일 때에는 금액에 따라 가중처벌하고 있다. 재산국외 도피죄는 자신의 행위가 법령을 위반하여 국내 재산을 해외로 이동한다는 인식과 그 행위가 재산을 대한민국의 법률과 제도에 의한 규율과 관리를 받지 않고 자신이 해외에서 임의로 소비, 축적, 은닉 등 지배·관리할 수 있는 상태에 두는 행위라는 인식을 가지고 국내 재산을 해외로 이동하여 대한민국 또는 대한민국 국민의 재산이 유출될 위험이 있는 상태를 발생하게 한 때에 성립한다. 대한민국 또는 대한민국 국민의 국내재산을 국외로 이동한 행위가 도피에 해당하려면 재산에 대한 지배·관리 상태를 국내에서 국외로 옮기는 경우여야 하고 이동으로 인하여 재산에 대한 지배·관리 상태를 상실하는 경우는 여기에 해당하지 않는다.

[5] 범죄수익은닉의 규제 및 처벌 등에 관한 법률 제3조 제1항 제2호에서 정한 '범죄수익의 발생 원인에 관한 사실을 가장'하는 행위는 범죄수익의 발생 원인에 관하여 존재하지 않는 사실을 존재하는 것처럼 가장하거나 존재하는 사실을 존재하지 않는 것처럼 가장하는 행위를 의미하는 것으로서, 시간적으로 범죄수익을 발생시키는 범죄행위의 기수 이전의 행위라도 해당할 수 있다.

[6] 형법 제130조 제3자뇌물수수죄는 공무원 또는 중재인이 직무에 관하여 부정한 청탁을 받고 제3자에게 뇌물을 공여하게 하는 행위를 구성요건으로 한다. 여기에서 뇌물이란 공무원의 직무에 관하여 부정한 청탁을 매개로 제3자에게 교부되는 위법·부당한 이익을 말하고, 형법 제129조 뇌물죄와 마찬가지로 직무관련성이 있으면 인정된다.

'부정한 청탁'이란 청탁이 위법·부당한 직무집행을 내용으로 하는 경우는 물론, 청탁의 대상이 된 직무집행 그 자체는 위법·부당하지 않더라도 직무집행을 어떤 대가관계와 연결시켜 직무집행에 관한 대가의 교부를 내용으로 하는 경우도 포함한다. 청탁의 대상인 직무행위의 내용을 구체적으로 특정할 필요도 없다. 부정한 청탁의 내용은 공무원의 직무와 제3자에게 제공되는 이익 사이의 대가관계를 인정할 수 있을 정도로 특정하면 충분하고, 이미 발생한 현안뿐만 아니라 장래 발생될 것으로 예상되는 현안도 위와 같은 정도로 특정되면 부정한 청탁의 내용이 될 수 있다. 부정한 청탁은 명시적인 의사표시가 없더라도 청탁의 대상이 되는 직무집행의 내용과 제3자에게 제공되는 금품이 직무집행에 대한 대가라는 점에 대하여 당사자 사이에 공통의 인식이나 양해가 있는 경우에는 묵시적 의사표시로 가능하다.

제3자뇌물수수죄에서 직무와 관련된 뇌물에 해당하는지 또는 부정한 청탁이 있었는지를 판단할 때에는 직무와 청탁의 내용, 공무원과 이익 제공자의 관계, 이익의 다과, 수수 경위와 시기 등의 여러 사정과 아울러 직무집행의 공정, 이에 대한 사회의 신뢰와 직무수행의 불가매수성이라고 하는 뇌물죄의 보호법익에 비추어 이익의 수수로 말미암아 사회 일반으로부터 직무집행의 공정성을 의심받게 되는지 등이 기준이 된다.

【참조조문】 [1] 형법 제13조, 제30조, 제33조, 제129조 제1항, 제130조, 제133조 제1항 / [2] 형사소송법 제307조, 제

310조의2, 제311조, 제312조, 제313조, 제314조, 제315조, 제316조 / [3] 형법 제129조 제1항, 제133조 제1항 / [4] 특정경제범죄 가중처벌 등에 관한 법률 제4조 제1항, 제2항 / [5] 범죄수익은닉의 규제 및 처벌 등에 관한 법률 제3조 제1항 제2호 / [6] 형법 제129조, 제130조

【참조판례】 [1][6] 대법원 2006. 6. 15. 선고 2004도3424 판결(공2006하, 1384), 대법원 2017. 3. 15. 선고 2016도19659 판결(공2017상, 826) / [1] 대법원 2001. 11. 9. 선고 2001도4792 판결(공2002상, 119), 대법원 2008. 4. 10. 선고 2008도1274 판결(공2008상, 708), 대법원 2011. 7. 14. 선고 2011도3180 판결(공2011하, 1686), 대법원 2014. 12. 24. 선고 2014도10199 판결 / [2] 대법원 2012. 7. 26. 선고 2012도2937 판결(공2012하, 1530), 대법원 2013. 6. 13. 선고 2012도16001 판결(공2013하, 1276), 대법원 2018. 5. 15. 선고 2017도19499 판결 / [3] 대법원 1979. 10. 10. 선고 78도1793 판결(공1979, 12283), 대법원 2006. 4. 27. 선고 2006도735 판결(공2006상, 990), 대법원 2014. 1. 29. 선고 2013도13937 판결(공2014상, 549) / [4] 대법원 2005. 4. 29. 선고 2002도7262 판결(공2005상, 871), 대법원 2016. 10. 13. 선고 2016도8130 판결 / [5] 대법원 2015. 12. 23. 선고 2014도11042 판결 / [6] 대법원 2007. 1. 26. 선고 2004도1632 판결(공2007상, 410), 대법원 2007. 11. 16. 선고 2004도4959 판결, 대법원 2011. 9. 8. 선고 2011도7503 판결, 대법원 2017. 12. 22. 선고 2017도12346 판결(공2018상, 379)

【전 문】
【피 고 인】 피고인 1 외 4인
【상 고 인】 피고인들 및 특별검사
【변 호 인】 법무법인(유한) 태평양 외 2인
【원심판결】 서울고법 2018. 2. 5. 선고 2017노2556 판결

【주 문】

원심판결의 피고인들에 대한 유죄 부분(이유무죄 부분 포함)과 무죄 부분 중 범죄수익 등의 처분에 관한 사실 가장에 의한 범죄수익은닉의 규제 및 처벌 등에 관한 법률 위반 부분, 피고인 1, 피고인 3, 피고인 4에 대한 공소외 1 사단법인 관련 뇌물공여와 특정경제범죄 가중처벌 등에 관한 법률 위반(횡령) 부분을 파기하고, 이 부분 사건을 서울고등법원에 환송한다. 특별검사의 나머지 상고를 모두 기각한다.

【이 유】

상고이유(상고이유서 제출기간이 지난 다음에 제출된 서면들은 상고이유를 보충하는 범위에서)를 판단한다.

1. 피고인들의 상고이유 주장

가. 공소외 2 승마 지원 관련 뇌물공여와 특정경제범죄 가중처벌 등에 관한 법률(이하 '특정경제범죄법'이라 한다) 위반(횡령)

1) 공무원과 공무원이 아닌 사람(이하 '비공무원'이라 한다)이 뇌물수수죄의 공동정범이 될 수 있는지 여부와 그 범위

가) 신분관계가 없는 사람이 신분관계로 인하여 성립될 범죄에 가공한 경우에는 신분관계가 있는 사람과 공범이 성립한다(형법 제33조 본문 참조). 이 경우 신분관계가 없는 사람에게 공동가공의 의사와 이에 기초한 기능적 행위지배를 통한 범죄의 실행이라는 주관적·객관적 요건이 충족되면 공동정범으로 처벌한다(대법원 2011. 07. 14. 선고 2011도

3180 판결 등 참조). 공동가공의 의사는 공동의 의사로 특정한 범죄행위를 하기 위하여 일체가 되어 서로 다른 사람의 행위를 이용하여 자기의 의사를 실행에 옮기는 것을 내용으로 한다(대법원 2001. 11. 09. 선고 2001도4792 판결, 대법원 2008. 04. 10. 선고 2008도1274 판결 등 참조). 따라서 비공무원이 공무원과 공동가공의 의사와 이를 기초로 한 기능적 행위지배를 통하여 공무원의 직무에 관하여 뇌물을 수수하는 범죄를 실행하였다면 공무원이 직접 뇌물을 받은 것과 동일하게 평가할 수 있으므로 공무원과 비공무원에게 형법 제129조 제1항에서 정한 뇌물수수죄의 공동정범이 성립한다.

형법은 제130조에서 제129조 제1항 뇌물수수죄와는 별도로 공무원이 그 직무에 관하여 뇌물공여자로 하여금 제3자에게 뇌물을 공여하게 한 경우에는 부정한 청탁을 받고 그와 같은 행위를 한 때에 뇌물수수죄와 법정형이 동일한 제3자뇌물수수죄로 처벌하고 있다. 제3자뇌물수수죄에서 뇌물을 받는 제3자가 뇌물임을 인식할 것을 요건으로 하지 않는다(대법원 2006. 06. 15. 선고 2004도3424 판결 등 참조). 그러나 위에서 본 것처럼 공무원이 뇌물공여자로 하여금 공무원과 뇌물수수죄의 공동정범 관계에 있는 비공무원에게 뇌물을 공여하게 한 경우에는 공동정범의 성질상 공무원 자신에게 뇌물을 공여하게 한 것으로 볼 수 있다. 공무원과 공동정범 관계에 있는 비공무원은 제3자뇌물수수죄에서 말하는 제3자가 될 수 없고(대법원 2017. 03. 15. 선고 2016도19659 판결 등 참조), 공무원과 공동정범 관계에 있는 비공무원이 뇌물을 받은 경우에는 공무원과 함께 뇌물수수죄의 공동정범이 성립하고 제3자뇌물수수죄는 성립하지 않는다.

뇌물수수죄의 공범들 사이에 직무와 관련하여 금품이나 이익을 수수하기로 하는 명시적 또는 암묵적 공모관계가 성립하고 공모 내용에 따라 공범 중 1인이 금품이나 이익을 주고 받았다면, 특별한 사정이 없는 한 이를 주고받을 때 금품이나 이익 전부에 관하여 뇌물수수죄의 공동정범이 성립하고, 금품이나 이익의 규모나 정도 등에 대하여 사전에 서로 의사의 연락이 있거나 금품 등의 구체적 금액을 공범이 알아야 공동정범이 성립하는 것은 아니다(대법원 2014. 12. 24. 선고 2014도10199 판결 등 참조).

금품이나 이익 전부에 관하여 뇌물수수죄의 공동정범이 성립한 이후에 뇌물이 실제로 공동정범인 공무원 또는 비공무원 중 누구에게 귀속되었는지는 이미 성립한 뇌물수수죄에 영향을 미치지 않는다. 공무원과 비공무원이 사전에 뇌물을 비공무원에게 귀속시키기로 모의하였거나 뇌물의 성질상 비공무원이 사용하거나 소비할 것이라고 하더라도 이러한 사정은 뇌물수수죄의 공동정범이 성립한 이후 뇌물의 처리에 관한 것에 불과하므로 뇌물수수죄가 성립하는 데 영향이 없다.

형법 제133조 제1항, 제129조 제1항에서 정한 뇌물공여죄의 고의는 '공무원에게 그 직무에 관하여 뇌물을 공여한다'는 사실에 대한 인식과 의사를 말하고, 미필적 고의로도 충분하다. 공여자가 공무원의 요구에 따라 비공무원에게 뇌물을 공여한 경우 공무원과 비공무원 사이의 관계가 형법 제129조 제1항 뇌물수수죄의 공동정범에 해당하고 공여자가 이러한 사실을 인식하였다면 공여자에게 형법 제133조 제1항, 제129조 제1항에서 정한 뇌물공여죄의 고의가 인정된다.

나) 원심은 다음과 같이 판단하였다. 제18대 대통령 박근혜(이하 '전 대통령'이라 한다)가 피고인 1에게 공소외 2에 대한 승마 지원에 관한 뇌물을 요구하고, 공소외 3은 승마 지원

을 통한 뇌물수수 범행에 이르는 핵심 경과를 조종하거나 저지·촉진하는 등으로 전 대통령과 자신의 의사를 실행에 옮기는 정도에 이르렀다. 공소외 2에 대한 승마 지원과 관련된 뇌물이 비공무원인 공소외 3에게 모두 귀속되었더라도 공무원인 전 대통령과 비공무원인 공소외 3 사이에는 뇌물수수죄의 공동정범이 성립한다. 피고인들이 용역대금을 송금하기 전에 전 대통령의 승마 지원 요구가 공소외 3의 딸 공소외 2에 대한 승마 지원이라는 점과 용역대금이 뇌물이라는 점을 알았으므로 뇌물수수에 관한 전 대통령과 공소외 3의 뇌물수수죄 공동정범 관계를 인식하였다.

다) 원심판결 이유를 위 법리와 적법하게 채택된 증거에 비추어 살펴보면, 원심의 판단에 상고이유 주장과 같이 뇌물공여죄와 형법 제129조 제1항 뇌물수수죄, 형법 제130조 제3자 뇌물수수죄의 성립 요건, 공범과 신분, 뇌물수수죄의 공동정범 등에 관한 법리를 오해하거나 논리와 경험의 법칙에 반하여 자유심증주의의 한계를 벗어나는 등의 잘못이 없다. 피고인들이 상고이유로 들고 있는 대법원판결은 이 사건과 사안이 다르므로 이 사건에 원용하기에 적절하지 않다.

2) 직무관련성과 대가성이 있는지 여부

원심은 다음과 같은 이유로 전 대통령의 직무집행과 피고인들의 승마 지원 사이에 직무관련성과 대가성이 있다고 판단하고, 강요죄 등의 피해자라는 피고인들의 주장을 받아들이지 않았다. 전 대통령이 피고인 1에게 형식적으로는 대한승마협회 회장사 인수, 승마종목의 올림픽 출전 지원 등을 요구하면서 실질적으로는 공소외 3과 공모하여 공소외 2 개인에 대한 승마 지원을 요구하였고, 피고인들도 이를 알고 있었다. 2015. 8. 26. 공소외 4 주식회사(이하 '공소외 4 회사'라 한다)와 공소외 5 회사 사이에 체결된 용역계약(이하 '이 사건 용역계약'이라 한다)은 처음부터 공소외 2만을 지원하는 것을 가장·은폐하기 위한 것이고, 피고인들과 공소외 3은 은밀한 방법으로 승마 지원 이익을 제공·수수하였다. 전 대통령과 피고인 1 사이에는 공소외 2에 대한 승마 지원을 요구하고 수락할 만한 특수한 사적 친분관계가 없고, 승마 지원의 경위와 규모, 이익의 귀속주체에 비추어 직무집행의 공정성에 대한 의심을 불러일으키기에 충분하다.

이러한 원심의 판단에 이른 사실인정을 다투는 취지의 상고이유 주장은 실질적으로 사실심 법원의 자유판단에 속하는 원심의 증거 선택과 증명력에 관한 판단을 다투는 것이다. 원심판결 이유를 적법하게 채택된 증거에 비추어 살펴보아도, 원심의 판단에 상고이유 주장과 같이 강요 또는 공갈과 뇌물공여죄의 성립, 뇌물공여죄의 직무관련성과 대가성 등에 관한 법리를 오해하거나 논리와 경험의 법칙에 반하여 자유심증주의의 한계를 벗어나는 등의 잘못이 없다.

3) 용역대금이 뇌물인지 여부

원심은 다음과 같이 판단하였다. 이 사건 용역계약은 공소외 2만 지원한다는 사실을 은폐하기 위해 5명의 선수를 추가로 선발하여 지원하는 것으로 가장하고 있다. 피고인들은 용역대금 송금 당시 용역계약의 내용에 따른 선수선발이나 지원인력이 다 갖추어지지 않았는데도 분기별 용역대금 전액을 송금하였고, 용역대금이 실질적으로 공소외 3에게 제공된다는 것도 인식하고 있었다. 따라서 용역대금은 뇌물에 해당하고 피고인들이 이를 횡령하였다.

이러한 원심의 판단에 이른 사실인정을 다투는 취지의 상고이유 주장은 실질적으로 사실심 법원의 자유판단에 속하는 원심의 증거 선택과 증명력에 관한 판단을 다투는 것이다. 원심판결

이유를 적법하게 채택된 증거에 비추어 살펴보아도, 원심의 판단에 상고이유 주장과 같이 뇌물죄에서 말하는 뇌물의 내용 등에 관한 법리를 오해하는 등의 잘못이 없다.

4) 피고인 1의 관여와 고의 인정 여부

원심은 다음과 같이 피고인 1이 뇌물공여와 업무상횡령 범행에 가담하였다고 인정한 제1심의 판단이 정당하다고 판단하였다. 피고인 1은 ○○그룹 내부에서 사실상 그룹의 후계자로 인정되는 부회장의 지위에서 2014. 9. 15. 대통령 단독 면담 이후부터 공소외 2에 대한 승마 지원이 이루어지는 기간 동안 피고인 3, 피고인 4, 피고인 2에게 전 대통령의 요구를 전달하고, 승마 지원에 관한 포괄적인 지시를 하며, 피고인 3, 피고인 4로부터 위 지원 경위를 보고받으며 확인하는 등의 방법으로 지원행위에 관여하였다. 따라서 피고인 1은 공소외 2에 대한 승마 지원을 통해 전 대통령에게 뇌물을 제공한다는 것에 대한 고의가 있었고, 다른 피고인들과 순차적·암묵적으로 공모하여 승마 지원의 핵심적 경과를 조종하거나 촉진하는 등으로 기능적 행위지배를 하였다.

이러한 원심의 판단에 이른 사실인정을 다투는 취지의 상고이유 주장은 실질적으로 사실심 법원의 자유판단에 속하는 원심의 증거 선택과 증명력에 관한 판단을 다투는 것이다. 원심판결 이유를 적법하게 채택된 증거에 비추어 살펴보아도, 원심의 판단에 상고이유 주장과 같이 논리와 경험의 법칙에 반하여 자유심증주의의 한계를 벗어나는 등의 잘못이 없다.

나. 범죄수익은닉의 규제 및 처벌 등에 관한 법률(이하 '범죄수익은닉규제법'이라 한다) 위반

원심은 다음과 같이 판단하였다. 피고인들이 공소외 2의 승마훈련을 지원하기로 하면서도 대외적으로는 공소외 2만이 아니라 총 6명의 선수를 선발하여 해외전지훈련을 지원하는 것처럼 가장하고자 이 사건 용역계약을 체결하고 그에 따른 내부품의서를 작성하였다. 이와 같이 가장된 사실에 기초하여 용역대금을 공소외 5 회사 명의의 계좌로 지급하여 뇌물공여죄와 업무상횡령죄가 기수에 이르렀다. 따라서 이 사건 용역계약을 체결하고 그에 따른 내부품의서를 작성하는 등의 행위는 범죄수익인 용역대금의 발생 원인에 관한 사실을 가장한 것이고, 범죄수익을 발생시키는 범죄행위인 뇌물공여 행위나 업무상횡령 행위와는 별도의 행위이다.

원심판결 이유를 관련 법리와 적법하게 채택된 증거에 비추어 살펴보면, 원심의 판단에 상고이유 주장과 같이 범죄수익은닉규제법에서 정한 범죄수익의 발생 원인에 관한 사실을 가장하는 행위 등에 관한 법리를 오해하거나 판단을 누락하는 등의 잘못이 없다.

다. 피고인 1의 국회에서의 증언·감정 등에 관한 법률(이하 '국회증언감정법'이라 한다) 위반

원심은 다음과 같이 판단하였다. 피고인 1이 '박근혜 정부의 공소외 3 등 민간인에 의한 국정농단 의혹사건 진상규명을 위한 국정조사' 제1차 청문회(이하 '이 사건 청문회'라 한다)에서 '○○그룹 임직원들로부터 공소외 6 재단법인과 공소외 7 재단법인(이하 두 재단법인을 통칭할 경우 '이 사건 각 재단'이라 한다)에 출연한다는 보고를 받지 못하였다.', '공소외 3, 공소외 2가 누구인지 몰랐고, ○○그룹 임직원들로부터 승마 관련 지원을 한다는 보고를 받지 못하였다.'는 취지로 증언한 것은 기억에 반하는 허위의 진술로 위증에 해당한다.

이러한 원심의 판단에 이른 사실인정을 다투는 취지의 상고이유 주장은 실질적으로 사실심 법원의 자유판단에 속하는 원심의 증거 선택과 증명력에 관한 판단을 다투는 것이다. 원심판결 이유

를 적법하게 채택된 증거에 비추어 살펴보아도, 원심의 판단에 상고이유 주장과 같이 논리와 경험의 법칙에 반하여 자유심증주의의 한계를 벗어나는 등의 잘못이 없다.

라. 공소장일본주의 위배 여부

원심은 다음과 같이 인정한 제1심의 판단이 정당하다고 판단하였다. 이 사건 공소사실 기재 범죄의 유형과 내용 등에 비추어 보면, 이 사건 공소장에 공소외 8과 관련된 과거의 사실을 기재한 부분이나 증거로 제출된 관련자의 진술을 인용하는 부분 등이 일부 포함되어 있다고 하더라도, 그것이 법관에게 예단을 생기게 하여 법관이 범죄사실의 실체를 파악하는 데 장애가 될 수 있을 정도에 이르렀다고 보기 어렵다.

원심판결 이유를 관련 법리와 적법하게 채택된 증거에 비추어 살펴보면, 원심의 판단에 상고이유 주장과 같이 공소장일본주의에 관한 법리를 오해하는 등의 잘못이 없다. 상고이유로 들고 있는 대법원판결은 이 사건과 사안이 다르므로 이 사건에 원용하기에 적절하지 않다.

2. 특별검사의 상고이유 주장

가. 증거능력

1) 공소외 9의 업무수첩과 진술(이하 '공소외 9의 업무수첩 등'이라 한다)의 증거능력 인정 여부

가) 형사소송법은 제310조의2에서 원칙적으로 전문증거의 증거능력을 인정하지 않고, 제311조부터 제316조까지 정한 요건을 충족하는 경우에만 예외적으로 증거능력을 인정한다. 다른 사람의 진술을 내용으로 하는 진술이 전문증거인지는 요증사실이 무엇인지에 따라 정해진다. 다른 사람의 진술, 즉 원진술의 내용인 사실이 요증사실인 경우에는 전문증거이지만, 원진술의 존재 자체가 요증사실인 경우에는 본래증거이지 전문증거가 아니다(대법원 2012. 07. 26. 선고 2012도2937 판결 등 참조).

어떤 진술이 기재된 서류가 그 내용의 진실성이 범죄사실에 대한 직접증거로 사용될 때는 전문증거가 되지만, 그와 같은 진술을 하였다는 것 자체 또는 진술의 진실성과 관계없는 간접사실에 대한 정황증거로 사용될 때는 반드시 전문증거가 되는 것이 아니다(대법원 2013. 06. 13. 선고 2012도16001 판결 등 참조). 그러나 어떠한 내용의 진술을 하였다는 사실 자체에 대한 정황증거로 사용될 것이라는 이유로 서류의 증거능력을 인정한 다음 그 사실을 다시 진술 내용이나 그 진실성을 증명하는 간접사실로 사용하는 경우에 그 서류는 전문증거에 해당한다. 서류가 그곳에 기재된 원진술의 내용인 사실을 증명하는 데 사용되어 원진술의 내용인 사실이 요증사실이 되기 때문이다. 이러한 경우 형사소송법 제311조부터 제316조까지 정한 요건을 충족하지 못한다면 증거능력이 없다.

나) 원심은 다음과 같이 판단하였다. 공소외 9의 업무수첩에 그와 같은 기재가 존재하는 것 자체에 관하여는 본래증거이지 전문증거가 아니고, 증거물인 서면으로서 증거능력이 인정된다. 공소외 9의 업무수첩이 전 대통령이 공소외 9에게 지시한 내용, 전 대통령과 피고인 1 사이에 있었던 대화 내용 등을 증명하기 위한 증거라면 요증사실과의 관계에 비추어 볼 때 원진술의 존재 자체가 아니라 그 내용의 진실성이 문제 되는 경우에 해당한다. 이러한 경우에는 그 기재 내용의 진실성과 관계없는 간접사실에 대한 정황증거라고 볼 수는 없다. 전 대통령의 진술을 들었다는 공소외 9의 진술 역시 마찬가지이다.

공소외 9의 업무수첩에 전 대통령이 공소외 9에게 지시한 내용의 기재, 전 대통령과 피고인 1 사이에 있었던 대화 내용의 기재가 있다는 그 자체를 전 대통령이 공소외 9에게 지시한 내용, 전 대통령과 피고인 1 사이에 있었던 대화 내용을 인정할 간접사실에 대한 증거로 사용할 수 없다.

다) 원심판결 이유를 위 법리와 적법하게 채택된 증거에 비추어 살펴본다.

공소외 9의 업무수첩 등에는 '전 대통령과 개별 면담자가 나눈 대화 내용을 전 대통령이 단독 면담 후 공소외 9에게 불러주었다는 내용'(이하 '대화 내용 부분'이라 한다)과 '전 대통령이 공소외 9에게 지시한 내용'(이하 '지시 사항 부분'이라 한다)이 함께 있다.

공소외 9의 업무수첩 등의 대화 내용 부분이 전 대통령과 개별 면담자 사이에서 대화한 내용을 증명하기 위한 진술증거인 경우에는 전문진술로서 형사소송법 제316조 제2항에 따라 원진술자가 사망, 질병, 외국거주, 소재불명 그 밖에 이에 준하는 사유로 진술할 수 없고 그 진술이 특히 신빙할 수 있는 상태에서 한 것임이 증명된 때에 한하여 증거로 사용할 수 있다. 이 사건에서 공소외 9의 업무수첩 등이 이 요건을 충족하지 못한다. 따라서 공소외 9의 업무수첩 등은 전 대통령과 개별 면담자가 나눈 대화 내용을 추단할 수 있는 간접사실의 증거로 사용하는 것도 허용되지 않는다. 이를 허용하면 대화 내용을 증명하기 위한 직접증거로 사용할 수 없는 것을 결국 대화 내용을 증명하는 증거로 사용하는 결과가 되기 때문이다.

이 부분 원심의 판단에 상고이유 주장과 같은 전문법칙 등에 관한 법리를 오해한 잘못이 없다. 특별검사가 상고이유로 들고 있는 대법원판결은 이 사건과 사안이 다르므로 이 사건에 원용하기에 적절하지 않다.

공소외 9의 진술 중 지시 사항 부분은 전 대통령이 공소외 9에게 지시한 사실을 증명하기 위한 것이라면 원진술의 존재 자체가 요증사실인 경우에 해당하여 본래증거이고 전문증거가 아니다. 그리고 공소외 9의 업무수첩 중 지시 사항 부분은 형사소송법 제313조 제1항에 따라 공판준비나 공판기일에서 그 작성자인 공소외 9의 진술로 성립의 진정함이 증명된 경우에는 진술증거로 사용할 수 있다.

그런데도 원심이 이 부분에 관하여 전 대통령이 공소외 9에게 지시한 내용을 증명하기 위해 사용하는 경우에도 증거능력이 없다고 판단한 것은 전문법칙에 관한 법리를 오해한 잘못이 있다. 이를 지적하는 상고이유 주장은 정당하다.

2) 공소외 10 업무일지의 증거능력 인정 여부

원심은 공소외 10의 업무일지에 어떠한 내용의 기재가 존재하는 것을 통하여 그 기재 내용의 진실성을 인정하는 간접사실에 대한 정황증거로 사용되는 경우라면 전문증거에 해당하여 증거능력이 없다고 판단하였다.

원심판결 이유를 위에서 본 법리와 적법하게 채택된 증거에 비추어 살펴보면, 원심이 위 1)다)에서 살펴본 것처럼 공소외 10의 업무일지 기재를 그 내용에 따라 증거능력의 요건을 구분하지 않고 판단한 것은 적절하지 않으나 증거능력을 인정하지 않은 원심의 판단에 상고이유 주장과 같이 전문법칙에 관한 법리를 오해하고 판단을 누락하는 등으로 판결에 영향을 미친 잘못이 없다.

3) 피고인 2에 대한 특별검사의 제2회 진술조서의 증거능력 인정 여부

원심은 피고인 2에 대한 특별검사 작성의 제2회 진술조서가 실질적으로 피의자신문조서에 해당하고, 특별검사가 제출한 증거만으로는 피고인 2에게 위 진술조서를 작성하기 전에 진술거부권을 고지하였다고 인정할 만한 증거가 부족하므로 위 진술조서는 위법하게 수집된 증거에 해당하여 증거능력이 없다고 판단하였다.

원심판결 이유를 적법하게 채택된 증거에 비추어 살펴보면, 원심의 판단에 상고이유 주장과 같이 진술거부권 고지의 대상 등에 관한 법리를 오해하거나 논리와 경험의 법칙에 반하여 자유심증주의의 한계를 벗어나는 등의 잘못이 없다.

나. 공소외 2 승마 지원 관련 뇌물공여

1) 말들 또는 그 구입대금이 뇌물인지 여부

가) 뇌물죄에서 뇌물의 내용인 이익은 금전, 물품 기타의 재산적 이익과 사람의 수요 욕망을 충족시키기에 충분한 일체의 유형·무형의 이익을 포함한다(대법원 1979. 10. 10. 선고 78도1793 판결, 대법원 2014. 01. 29. 선고 2013도13937 판결 등 참조). 뇌물수수에서 말하는 '수수'란 받는 것, 즉 뇌물을 취득하는 것이고, 뇌물공여에서 말하는 '공여'란 뇌물을 취득하게 하는 것이다. 여기에서 취득이란 뇌물에 대한 사실상의 처분권을 획득하는 것을 의미하고, 뇌물인 물건의 법률상 소유권까지 취득하여야 하는 것은 아니다. 뇌물수수자가 법률상 소유권 취득의 요건을 갖추지는 않았더라도 뇌물로 제공된 물건에 대한 점유를 취득하고 뇌물공여자 또는 법률상 소유자로부터 반환을 요구받지 않는 관계에 이른 경우에는 그 물건에 대한 실질적인 사용·처분권한을 갖게 되어 그 물건 자체를 뇌물로 받은 것으로 보아야 한다(대법원 2006. 04. 27. 선고 2006도735 판결 등 참조).

뇌물수수자가 뇌물공여자에 대한 내부관계에서 물건에 대한 실질적인 사용·처분권한을 취득하였으나 뇌물수수 사실을 은닉하거나 뇌물공여자가 계속 그 물건에 대한 비용 등을 부담하기 위하여 소유권 이전의 형식적 요건을 유보하는 경우에는 뇌물수수자와 뇌물공여자 사이에서는 소유권을 이전받은 경우와 다르지 않으므로 그 물건을 뇌물로 수수하고 공여하였다고 보아야 한다. 뇌물수수자가 교부받은 물건을 뇌물공여자에게 반환할 것이 아니므로 뇌물수수자에게 영득의 의사도 인정되고, 뇌물공여자가 교부한 물건을 뇌물수수자로부터 반환받을 것이 아니므로 뇌물공여자에게 고의도 인정된다.

자유심증주의를 규정한 형사소송법 제308조가 증거의 증명력을 법관의 자유판단에 의하도록 한 것은 그것이 실체적 진실발견에 적합하기 때문이지 법관의 자의적인 판단을 인용한다는 것은 아니다. 사실심 법관은 사실인정을 하면서 공판절차에서 획득된 인식과 조사된 증거를 남김없이 고려하여야 한다. 또한 증거의 증명력은 법관의 자유판단에 맡겨져 있으나 그 판단은 논리와 경험의 법칙에 합치하여야 하고, 형사재판에서 유죄로 인정하기 위한 심증 형성의 정도는 합리적인 의심을 할 여지가 없을 정도여야 하지만 이는 모든 가능한 의심을 배제할 정도에 이를 것까지 요구하는 것은 아니다. 증명력이 있다고 인정되는 증거를 합리적인 근거가 없이 배척하는 것은 자유심증주의의 한계를 벗어나는 것으로서 법률위반에 해당한다(대법원 2004. 06. 25. 선고 2004도2221 판결, 대법원 2007. 05. 10. 선고 2007도1950 판결, 대법원 2016. 10. 13. 선고 2015도17869 판결 등 참조).

나) 원심은 다음과 같은 이유를 들어, 피고인들이 공소외 3에게 살시도, 비타나, 라우싱 말들의 소유권을 이전해 주었다고 보기 어려우므로 피고인들이 전 대통령과 공소외 3에게 말들 또는 그 구입대금을 뇌물로 공여하였다고 볼 수 없다고 판단하였다. 그에 따라 말들을 뇌물로 공여하였다고 인정한 제1심판결을 파기하고, 말들에 관한 액수 미상의 무상 사용이익을 뇌물로 공여하였다고 인정하였다.

공소외 3이 2015. 11. 15.경 공소외 11을 통하여 피고인 2에게 화를 낸 것은 말 소유권을 이전해 달라고 요구한 것으로 보기는 어렵다. 피고인 2는 2015. 11. 15. 공소외 3이 화를 내며 독일로 들어오라고 요구한 것에 대하여 공소외 11에게 '기본적으로 원하시는 대로 해드리겠다는 것이고, 결정하시는 대로 지원해 드리겠다는 것이 우리 입장'이라는 취지의 문자메시지를 전송하였으나, 이는 공소외 3이 요구하면 이를 모두 들어줄 수 있다는 것일 뿐 소유권 이전의 승낙으로 볼 수 없다.

공소외 3이 살시도의 소유권 이전을 요구한 것으로 볼 수 없고, 피고인 2 역시 살시도의 소유권 이전을 승낙하였다고 볼 수 없으므로, 이를 전제로 공소외 3이 향후 구입할 말인 비타나와 라우싱의 소유권 이전을 요구하거나 피고인 2가 이를 약속하였다고 볼 수도 없다.

살시도 구입 당시와 비타나, 라우싱 구입 당시의 차이점 등은 비타나와 라우싱의 소유권 이전이 이루어졌다는 직접증거가 될 수 없고, 그와 같은 사정만으로는 비타나, 라우싱의 소유권이 이전되었다고 볼 수 없다.

다) 그러나 원심판결 이유를 위에서 본 법리와 적법하게 채택된 증거에 비추어 살펴보면, 공소외 3과 피고인 2 사이에 2015. 11. 15. 살시도와 향후 구입할 말들에 관하여 실질적인 사용·처분권한이 공소외 3에게 있다는 의사의 합치가 있었다고 판단할 수 있다. 피고인들은 공소외 3에게 2015. 11. 15.부터 구입대금 상당의 살시도, 비타나, 라우싱을 뇌물로 제공하였고, 공소외 3은 피고인들로부터 위 말들을 뇌물로 받았다고 보아야 한다. 그 이유는 다음과 같다.

(1) 피고인들이 살시도를 구입하는 과정에서 피고인 5는 공소외 11과 상의한 다음 말 소유권이 공소외 4 회사에 있다는 것을 명확히 하기 위하여 공소외 11로 하여금 국제승마연맹(FEI)에서 발급하는 말 패스포트의 마주란에 공소외 4 회사를 기재하게 하였다. 그 후 피고인 5는 말 소유권이 공소외 4 회사에 있다는 것을 더 확실하게 하려고 공소외 11을 통하여 공소외 3에게 마필 위탁관리계약서를 작성해 달라고 요구하였다. 공소외 3은 말 패스포트의 마주란에 공소외 4 회사가 소유자로 기재된 것을 듣고 화가 난 상태에서 이러한 요구를 받고 공소외 11에게 '윗선에서 ○○이 말을 사주기로 다 결정이 났는데 왜 ○○ 명의로 했냐'고 말하며 화를 냈고 피고인 2를 독일로 당장 들어오게 하라고 지시하였다. 공소외 11은 피고인 5에게 위와 같이 공소외 3이 한 말과 화를 낸 경위를 전달하였다. 피고인 2는 이를 전달받은 후 공소외 11에게 '그까짓 말 몇 마리 사주면 된다.'고 말하였고, 2015. 11. 15. 공소외 11에게 '기본적으로 원하시는 대로 하겠다.', '결정하는 대로 지원하겠다는 것이 우리의 입장'이라는 내용의 문자메시지를 보냈다.

위와 같은 경위에 비추어 보면, 피고인 5와 공소외 3 사이에서는 말 패스포트에 마주의 이름을 기재하는 것이 법적인 것은 아니더라도 승마계에서 말 소유권을 표시하는 방법으로 인식하였다고 볼 수 있다. 그리고 공소외 3은 이미 전 대통령과 피고인 1 사이에서 ○○이 공소외 3에게 말을 사주는 것으로 결정하였다고 알고 있는데 피고인 5가 그와 다르게 말 소유권은 공소외 4 회사가 갖고 공소외 3에게 단지 빌려주는 형식을 요구하였기 때문에 화를 냈다고 볼 수 있다. 즉 공소외 3이 이러한 태도를 보인 것은 말 소유권을 원했기 때문이다. 그 후 피고인 2가 취한 언행에 비추어 보면 피고인 2도 공소외 3이 말 소유권을 원한다는 것을 알았다고 보아야 한다.

전 대통령은 2014. 9. 15. 단독 면담에서 피고인 1에게 "대한승마협회 회장사를 ○○그룹에서 맡아주고, 승마 유망주들이 올림픽에 참가할 수 있도록 좋은 말도 사주는 등 적극 지원해 달라."라고 요청하였고, 2015. 7. 25. 단독 면담에서 피고인 1에게 승마 관련 지원이 부족하다며 다시 "승마 유망주를 해외 전지훈련도 보내고 좋은 말도 사줘야 하는데 ○○이 그걸 안하고 있다."라고 말하였다. 전 대통령은 위와 같이 두 차례 단독 면담을 하면서 그때마다 피고인 1에게 '좋은 말을 사줘라'고 말하였다. 이러한 요구를 받은 피고인 1의 포괄적인 지시에 따라 공소외 2에 대한 승마 지원 관련 권한을 가진 피고인 2는 공소외 3이 말 소유권을 원한다는 것을 안 후에는 공소외 3에게 말 소유권을 취득하도록 해야 한다는 것을 알았다고 보아야 한다. 그러한 상황에서 피고인 2는 공소외 11을 통하여 공소외 3에게 원하는 대로 해주겠다는 의사를 분명히 전달하였다.

따라서 피고인 2는 공소외 3에 대하여 더 이상 말 소유권을 주장하지 않을 것이고 말의 실질적인 사용·처분권한이 공소외 3에게 있다는 것을 인정하며 그와 관련하여 공소외 3이 구체적으로 원하는 조치는 공소외 3이 결정하는 대로 받아들이겠다는 의사를 표시하였고, 공소외 3과 그러한 의사의 합치가 있었다고 볼 수 있다.

(2) 공소외 11이 2015. 11. 17. 피고인 5에게 전한 공소외 3의 요구사항에는 말 소유자 등록 문제가 기재되어 있으나 공소외 3이 말 소유권을 원한다고 명시적으로 기재되어 있지는 않다. 그러나 공소외 11은 위 요구사항에 관하여 제1심에서 공소외 3이 화를 낸 것은 분명히 말 소유권 때문이 맞고 화가 진정된 후에 위 요구사항에 기재된 내용과 같이 이야기한 것은 ○○ 측에 문건을 보내면서 '말을 사주기로 했는데 왜 그러느냐'는 표현을 쓸 수 없으니 위와 같이 핑계를 댄 것 같다고 진술하였다.

위에서 본 것처럼 공소외 3은 말 소유권을 원했기 때문에 화를 냈고 피고인 2가 이를 알고 2015. 11. 15. 공소외 3에게 원하는 대로 해주겠다는 뜻을 명확히 전달하였으므로 이미 공소외 3은 피고인 2로부터 원하는 답을 얻었다. 따라서 공소외 3이 피고인 2, 피고인 5에게 위 요구사항을 보내면서 다시 말 소유권을 원한다는 말을 직접적으로 할 필요가 없다. 오히려 위 요구사항은 위 (1)에서 본 2015. 11. 15. 합의 내용을 전제로 구체적인 요구사항을 완곡하게 전달한 것으로 볼 수 있다. 공소외 3으로서는 공소외 4 회사에 대한 관계에서 말 소유권이 공소외 3에게 있다는 것을 확인하면 충분하였고 공소외 4 회사로부터 승마 지원을 받는 동안에는 공소외 4 회사가 법률상 소유자의 지위를 유지하면서 소유권 침해에 대한 대응, 유지비 부담, 언론의 추적을 회피하기 위한 필요한 조치 등을 하게 할 필요가 있었다. 공소외 3의 2015. 11. 17. 요구사항은 위와 같은 사정을 배경으로 제시되었다고 보는 것이 합리적이다.

위 요구사항에 마필 위탁관리계약서의 작성을 거절한다는 내용이 없는데도 위와 같은 과정을 거친 후 마필 위탁관리계약서가 작성되지 않았다는 사정도 이에 부합한다.

(3) 피고인 2 등이 2016. 2. 4. 비타나와 라우싱을 매수할 때에는 살시도의 경우와 달리 공소외 4 회사의 내부 기안문에서 패스포트와 소유주 부분이 삭제되었고, 말을 자산관리대장에 유형자산으로 등재하지 않았으며, 회계처리에서만 구입비용을 선급금으로 기재하였다. 공소외 3이 관여할 수 없는 공소외 4 회사 내부에서 이루어진 이러한 조치는 피고인 2 등 공소외 4 회사 측에서 비타나와 라우싱을 매수할 당시에는 말에 대한 소유권을 주장할 수 없다는 인식이 있었음을 보여준다. 그리고 비타나와 라우싱의 패스포트 마주란에는 공소외 4 회사가 기재되지 않았고 종전 마주의 이름이 기재된 상태를 그대로 유지하였다.

(4) 피고인들은 공소외 2에 대한 승마 지원에 관한 의혹이 제기되고 언론의 취재가 진행되자 이를 회피하기 위하여 2016. 8. 22. 공소외 4 회사가 △△△△△△ △△△△(이하 '△△△△△△'라 한다)에 살시도, 비타나, 라우싱을 매매대금 합계 269만 100유로에 매도하는 내용의 매매계약을 한 것처럼 가장하였다. 피고인 2, 피고인 5는 2016. 9. 28. 독일 프랑크푸르트에 있는 □□□□ 호텔에서 공소외 3을 만나 뇌물제공 사실을 숨기는 방법으로 △△△△△△와 프로그램을 돌려 말 값을 정산하는 방안을 논의하였다. 그에 따르면 실제로는 공소외 4 회사가 말 값을 지급하는 것인데도 외형상으로는 공소외 4 회사가 말을 처분하고 △△△△△△가 말을 매수한 것처럼 보이게 되고, 피고인 1, 피고인 2, 피고인 5 등이 공소외 3에게 말을 뇌물로 제공한 사실을 숨길 수 있게 된다.

공소외 3은 2016. 9. 30. 공소외 5 회사 명의로 △△△△△△와 살시도, 비타나에 67만 유로를 더해 블라디미르, 스타샤와 교환하는 계약을 체결하였다. 피고인 2는 공소외 3에게 그랑프리급 말을 같은 급으로 대체해서 대회에 출전하면 또 추적의 대상이 된다는 이유로 그랑프리급 말의 교체를 반대하며 아시안게임 이후에나 하라는 의사를 전하였으나 공소외 3은 피고인 2의 의사에 반하여 그랑프리급 말인 블라디미르로 교체하였다. 그 후 피고인 2, 피고인 5는 2016. 10. 19. 독일 프랑크푸르트에 있는 ◇◇◇ 호텔에서 공소외 3 등과 만나 승마 지원 관계를 종료하기로 하면서 범행은닉에 필요한 조치를 논의하고, 위 블라디미르를 처분하기로 한 것 외에는 공소외 3이 나머지 말들을 종국적으로 소유하는 전제로 협의를 하였다. 이러한 사정은 공소외 3에게 말의 처분에 관한 실질적인 권한이 있었다는 것을 보여준다.

(5) 요컨대, 피고인 1은 전 대통령과 단독 면담을 할 때 전 대통령으로부터 승마 지원을 요구받고 그 직무와 관련한 뇌물을 제공하기 위하여 공소외 2에게 승마 지원을 하였다. 두 차례의 단독 면담에서 전 대통령으로부터 '좋은 말을 사줘라'는 요구를 받았고 2차 단독 면담에서 재차 요구를 받은 다음 적극적이고 신속하게 승마 지원을 진행하였다. 그 과정에서 지원의 구체적인 내용은 공소외 3 측에서 정하는 대로 이루어졌다. 전 대통령의 요구에 따라 공소외 3에게 뇌물을 제공하는 피고인 1 등으로서는 공소외 3이 가급적 만족할 수 있도록 원하는 대로 뇌물을 제공하되 그 사실이 외부에 드러나지 않도록 하는 것이 중요한 관심사였다고 볼 수 있다. 이러한 경위로 공소외

3에게 공소외 2가 탈 말과 공소외 3이 요구하는 돈을 지급한 피고인 1 등이 공소외 3으로부터 말 소유권을 갖기를 원한다는 의사를 전달받고 원하는 대로 해주겠다는 의사를 밝혔으므로 양측 사이에 말을 반환할 필요가 없고 실질적인 사용·처분권한을 이전한다는 의사의 합치가 있었다고 보아야 한다.

위와 같은 합의 이후 말들에 대한 조치들은 모두 위 합의를 기초로 이루어졌다. 피고인 1 등이 공소외 4 회사의 자금으로 구입한 말들에 대한 점유가 공소외 3에게 이전되어 공소외 3이 원하는 대로 말들을 계속 사용하였다. 2015. 11. 15. 이후에는 공소외 3이 공소외 4 회사에 말들을 반환할 필요가 없었으며, 공소외 3이 말들을 임의로 처분하거나 잘못하여 말들이 죽거나 다치더라도 그 손해를 공소외 4 회사에 물어주어야 할 필요가 없다. 이러한 경우에 피고인 1 등이 공소외 3에게 제공한 뇌물은 말들이라고 보아야 하고, 비타나와 라우싱은 구입대금을 뇌물로 볼 수도 있다. 이와 달리 뇌물로 제공한 것이 말들에 관한 액수미상의 사용이익에 불과하다고 보는 것은 논리와 경험의 법칙에 반하고 일반 상식에도 어긋난다.

라) 그런데도 원심은 피고인들이 공소외 3에게 살시도, 비타나, 라우싱의 소유권을 이전하였다고 보기 어렵다는 이유로 말들 또는 구입대금을 뇌물로 제공한 것이 아니라고 판단하였다. 이러한 원심의 판단에는 뇌물수수죄에서 말하는 뇌물과 수수, 뇌물공여죄의 성립 등에 관한 법리를 오해하고 논리와 경험의 법칙에 반하여 자유심증주의의 한계를 벗어나 판결에 영향을 미친 잘못이 있다. 이를 지적하는 상고이유 주장은 정당하다.

2) 213억 원의 뇌물공여약속 성립 여부

원심은 다음과 같은 이유 등을 들어 피고인들이 전 대통령, 공소외 3에게 213억 원의 뇌물공여를 약속하였다고 볼 수 없다고 판단하였다. 이 사건 용역계약서에 표시된 금액이 용역계약의 이행에 필요한 잠정적인 예산을 추정한 것에 불과하여 피고인들과 공소외 3 사이에 '공소외 4 회사가 이 사건 용역계약에 따라 총액 213억 원을 공소외 5 회사에 지급하겠다.'는 확정적인 합의가 있었다고 보기 어렵고, 이 사건 용역계약 체결 당시 계약 총액에 상당한 뇌물의 제공을 약속하였다는 증명이 부족하다.

원심판결 이유를 적법하게 채택된 증거에 비추어 살펴보면, 원심의 판결이유에 일부 적절하지 않은 부분이 있으나, 원심의 판단에 상고이유 주장과 같이 뇌물공여약속의 성립과 금액 특정, 공여자의 고의 등에 관한 법리를 오해하고 공판중심주의와 직접심리주의를 위반하며 판단을 누락하거나 논리와 경험의 법칙에 반하여 자유심증주의의 한계를 벗어나는 등으로 판결에 영향을 미친 잘못이 없다.

3) 선수단차량 3대와 말 운송차량 1대(이하 차량 4대를 통칭할 경우 '이 사건 차량들'이라 한다)의 구입대금이 뇌물인지 여부

원심은 다음과 같이 판단하였다. 공소외 4 회사와 공소외 5 회사가 작성한 확인서에 이 사건 차량들의 소유권이 공소외 4 회사에 있다고 기재되어 있고, 공소외 4 회사가 2016. 2. 초순 공소외 5 회사에 선수단차량을, 2017. 4. 12. 다른 독일 회사에 말 운송차량 1대를 매도하고 대금을 수령한 사실 등에 비추어 보면, 피고인들이 이 사건 차량들의 구입대금을 공소외 3에게 뇌물로 제공하였다는 증명이 부족하다.

이러한 원심의 판단에 이른 사실인정을 다투는 취지의 상고이유 주장은 실질적으로 사실심 법원의 자유판단에 속하는 원심의 증거 선택과 증명력에 관한 판단을 다투는 것이다. 원심판결 이유를 적법하게 채택한 증거에 비추어 살펴보아도, 원심의 판결이유에 일부 적절하지 않은 부분이 있으나, 원심의 판단에 상고이유 주장과 같이 동산 소유권 귀속, 뇌물공여의 성립 요건 등에 관한 법리를 오해하고 공판중심주의와 직접심리주의를 위반하며 판단을 누락하거나 논리와 경험의 법칙에 반하여 자유심증주의의 한계를 벗어나는 등으로 판결에 영향을 미친 잘못이 없다.

다. 공소외 2 승마 지원 관련 특정경제범죄법 위반(횡령)

원심은 피고인들이 공소외 3에게 말들과 이 사건 차량들의 소유권을 이전하지 않았다는 이유를 들어 그 구입대금 또는 살시도 자체를 횡령하였다고 볼 수 없다고 판단하였다.

원심판결 이유를 적법하게 채택된 증거에 비추어 살펴보면, 위와 같은 원심의 판단 중 살시도 구입대금과 이 사건 차량들의 구입대금에 관한 부분에는 상고이유 주장과 같이 업무상횡령죄, 뇌물공여죄 등에 관한 법리를 오해하거나 논리와 경험의 법칙에 반하여 자유심증주의의 한계를 벗어난 잘못이 없다.

그러나 위에서 본 것처럼 피고인들은 공소외 3에게 2015. 11. 15.부터 살시도, 비타나, 라우싱을 뇌물로 제공하였고, 이를 위하여 공소외 4 회사의 자금으로 비타나, 라우싱의 구입대금을 지급하였으므로 피고인들이 2015. 11. 15.경 살시도 자체를 횡령하고 그 후 비타나, 라우싱의 구입대금을 횡령하였다고 보아야 한다. 그런데도 원심은 이 부분 업무상횡령죄가 성립하지 않는다고 판단하였다. 이 부분 원심의 판단에는 뇌물공여죄와 업무상횡령죄의 성립 요건 등에 관한 법리를 오해하여 판결에 영향을 미친 잘못이 있다. 이를 지적하는 상고이유 주장은 정당하다.

라. 특정경제범죄법 위반(재산국외도피)

1) 독일 ☆☆☆☆☆은행 공소외 5 회사 명의 계좌에 송금한 부분

가) 특정경제범죄법 제4조 제1항은 "법령을 위반하여 대한민국 또는 대한민국 국민의 재산을 국외로 이동하거나 국내로 반입하여야 할 재산을 국외에서 은닉 또는 처분하여 도피시켰을 때에는 1년 이상의 유기징역 또는 해당 범죄행위의 목적물 가액의 2배 이상 10배 이하에 상당하는 벌금에 처한다."라고 정하고, 제2항에서 도피액이 5억 원 이상일 때에는 금액에 따라 가중처벌하고 있다. 재산국외도피죄는 자신의 행위가 법령을 위반하여 국내 재산을 해외로 이동한다는 인식과 그 행위가 재산을 대한민국의 법률과 제도에 의한 규율과 관리를 받지 않고 자신이 해외에서 임의로 소비, 축적, 은닉 등 지배·관리할 수 있는 상태에 두는 행위라는 인식을 가지고 국내 재산을 해외로 이동하여 대한민국 또는 대한민국 국민의 재산이 유출될 위험이 있는 상태를 발생하게 한 때에 성립한다(대법원 2005. 04. 29. 선고 2002도7262 판결, 대법원 2016. 10. 13. 선고 2016도8130 판결 등 참조). 대한민국 또는 대한민국 국민의 국내 재산을 국외로 이동한 행위가 도피에 해당하려면 재산에 대한 지배·관리 상태를 국내에서 국외로 옮기는 경우여야 하고 이동으로 인하여 재산에 대한 지배·관리 상태를 상실하는 경우는 여기에 해당하지 않는다.

나) 원심은, 피고인들이 공소외 4 회사의 국내 자금을 용역대금 명목으로 독일 ☆☆☆☆☆은행 공소외 5 회사 명의의 계좌에 송금하였으나, 뇌물수수자인 공소외 3이 위 용역대금을

해외에서 자신의 필요에 따라 임의로 지배·관리하였고 뇌물공여자인 피고인들이 용역대금에 대하여 임의로 소비, 축적, 은닉 등 지배·관리하였던 것으로 볼 수 없다는 이유로 이 부분 공소사실을 무죄로 판단하였다.

원심판결 이유를 위 법리와 적법하게 채택된 증거에 비추어 살펴보면, 원심의 판결이유에 일부 적절하지 않은 부분이 있지만, 원심의 판단에 상고이유 주장과 같이 특정경제범죄법 위반(재산국외도피)죄에서 말하는 도피 등에 관한 법리를 오해하고 판단을 누락하거나 논리와 경험의 법칙에 반하여 자유심증주의의 한계를 벗어나는 등으로 판결에 영향을 미친 잘못이 없다.

2) 독일 ☆☆☆☆은행 공소외 4 회사 명의 계좌에 예치한 부분

원심은 독일 ☆☆☆☆은행 공소외 4 회사 명의의 계좌에 송금된 돈에 관하여 예금거래신고서가 제출될 당시를 기준으로 예금거래신고서에 기재된 예치사유에 허위가 없다는 이유로 이 부분 공소사실을 무죄로 판단하였다.

원심판결 이유를 적법하게 채택된 증거에 비추어 살펴보면, 원심의 판단에 상고이유 주장과 같이 외국환거래법에서 정한 예금거래신고, 특정경제범죄법 위반(재산국외도피)죄의 성립 요건 등에 관한 법리를 오해하고 논리와 경험의 법칙에 반하여 자유심증주의의 한계를 벗어나는 등의 잘못이 없다.

마. 범죄수익은닉규제법 위반

1) 범죄수익의 발생 원인에 관한 사실을 가장하는 행위 부분

가) 범죄수익은닉규제법 제3조 제1항 제2호에서 정한 '범죄수익의 발생 원인에 관한 사실을 가장'하는 행위는 범죄수익의 발생 원인에 관하여 존재하지 않는 사실을 존재하는 것처럼 가장하거나 존재하는 사실을 존재하지 않는 것처럼 가장하는 행위를 의미하는 것으로서, 시간적으로 범죄수익을 발생시키는 범죄행위의 기수 이전의 행위라도 해당할 수 있다(대법원 2015. 12. 23. 선고 2014도11042 판결 등 참조).

나) 원심은, 피고인들이 공소외 3에게 살시도, 비타나, 라우싱 또는 그 구입대금과 이 사건 차량들 구입대금을 뇌물로 공여하였다고 볼 수 없고, 위 말들과 이 사건 차량들의 구입대금 등을 횡령하였다고 볼 수 없다는 전제에서 이를 범죄수익으로 인정하지 않아 이 부분 공소사실을 무죄로 판단하였다.

다) 원심판결 이유를 위 법리와 적법하게 채택된 증거에 비추어 살펴보면, 원심의 판단 중 살시도 구입대금, 이 사건 차량들 구입대금이 범죄수익에 해당하지 않는다는 전제로 판단한 부분에는 상고이유 주장과 같이 뇌물공여죄와 업무상횡령죄의 성립, 범죄수익의 성립과 범위 등에 관한 법리를 오해하고 판단을 누락하며 필요한 심리를 다하지 않거나 논리와 경험의 법칙에 반하여 자유심증주의의 한계를 벗어나는 등의 잘못이 없다.

그러나 위에서 본 것처럼 피고인들은 공소외 3에게 살시도, 비타나, 라우싱을 뇌물로 제공하였고, 살시도 자체와 비타나, 라우싱의 구입대금을 횡령하였다. 따라서 원심은 위 말들 또는 구입대금이 범죄수익에 해당한다는 전제에서 피고인들이 이 부분 공소사실 기재와 같이 범죄수익인 말들과 구입대금의 발생 원인에 관한 사실을 가장하였는지에 관하여 심리하여 판단했어야 한다. 그런데도 원심은 위와 같이 잘못된 전제에서 이 부분 공소사

실을 무죄로 판단하였다.

이러한 원심의 판단에는 뇌물공여죄와 업무상횡령죄, 범죄수익은닉규제법 위반죄의 성립 요건 등에 관한 법리를 오해하고 필요한 심리를 다하지 않아 판결에 영향을 미친 잘못이 있다. 이를 지적하는 상고이유 주장은 정당하다.

2) 범죄수익의 처분에 관한 사실을 가장하는 행위 부분

원심은 다음과 같이 판단하였다. 피고인들이 살시도, 비타나, 라우싱을 뇌물로 제공하였다고 볼 수 없고, 비타나, 라우싱의 구입대금을 횡령한 것으로 볼 수 없으므로 말들은 범죄수익 또는 범죄수익에서 유래한 재산이 아니다. 따라서 위 말들이 범죄수익 등에 해당함을 전제로 하는 이 부분 공소사실은 범죄의 증명이 없는 경우에 해당한다.

그러나 위에서 본 것처럼 피고인들은 공소외 3에게 살시도, 비타나, 라우싱을 뇌물로 제공하였고, 살시도 자체와 비타나, 라우싱의 구입대금을 횡령하였으므로 위 말들은 범죄수익 은닉규제법 제2조에서 정한 범죄수익 또는 범죄수익에서 유래한 재산에 해당한다. 따라서 원심은 이러한 전제에서 피고인들이 이 부분 공소사실 기재와 같이 말들의 처분에 관한 사실을 가장하였는지에 관하여 심리하여 판단했어야 한다.

그런데도 원심은 위 말들이 범죄수익 또는 범죄수익에서 유래한 재산이 아니라는 잘못된 전제에서 이 부분 공소사실을 무죄로 판단하였다. 이러한 원심의 판단에는 뇌물공여죄와 업무상횡령죄, 범죄수익의 처분에 관한 사실을 가장하는 행위 등에 관한 법리를 오해하고 필요한 심리를 다하지 않아 판결에 영향을 미친 잘못이 있다. 이를 지적하는 상고이유 주장은 정당하다.

바. 공소외 1 사단법인(이하 '공소외 1 법인'이라 한다) 관련 뇌물공여

1) 형법 제130조 제3자뇌물수수죄는 공무원 또는 중재인이 직무에 관하여 부정한 청탁을 받고 제3자에게 뇌물을 공여하게 하는 행위를 구성요건으로 한다. 여기에서 뇌물이란 공무원의 직무에 관하여 부정한 청탁을 매개로 제3자에게 교부되는 위법·부당한 이익을 말하고, 형법 제129조 뇌물죄와 마찬가지로 직무관련성이 있으면 인정된다(대법원 2006. 06. 15. 선고 2004도3424 판결, 대법원 2007. 11. 16. 선고 2004도4959 판결 등 참조).

'부정한 청탁'이란 청탁이 위법·부당한 직무집행을 내용으로 하는 경우는 물론, 청탁의 대상이 된 직무집행 그 자체는 위법·부당하지 않더라도 직무집행을 어떤 대가관계와 연결시켜 직무집행에 관한 대가의 교부를 내용으로 하는 경우도 포함한다. 청탁의 대상인 직무행위의 내용을 구체적으로 특정할 필요도 없다. 부정한 청탁의 내용은 공무원의 직무와 제3자에게 제공되는 이익 사이의 대가관계를 인정할 수 있을 정도로 특정하면 충분하고, 이미 발생한 현안뿐만 아니라 장래 발생될 것으로 예상되는 현안도 위와 같은 정도로 특정되면 부정한 청탁의 내용이 될 수 있다. 부정한 청탁은 명시적인 의사표시가 없더라도 청탁의 대상이 되는 직무집행의 내용과 제3자에게 제공되는 금품이 직무집행에 대한 대가라는 점에 대하여 당사자 사이에 공통의 인식이나 양해가 있는 경우에는 묵시적 의사표시로 가능하다(대법원 2011. 09. 08. 선고 2011도7503 판결, 대법원 2017. 03. 15. 선고 2016도19659 판결, 대법원 2017. 12. 22. 선고 2017도12346 판결 등 참조).

제3자뇌물수수죄에서 직무와 관련된 뇌물에 해당하는지 또는 부정한 청탁이 있었는지를 판단할 때에는 직무와 청탁의 내용, 공무원과 이익 제공자의 관계, 이익의 다과, 수수 경위와 시기

등의 여러 사정과 아울러 직무집행의 공정, 이에 대한 사회의 신뢰와 직무수행의 불가매수성이라고 하는 뇌물죄의 보호법익에 비추어 이익의 수수로 말미암아 사회 일반으로부터 직무집행의 공정성을 의심받게 되는지 등이 기준이 된다(대법원 2007. 01. 26. 선고 2004도1632 판결 등 참조).

2) 원심은 다음과 같은 이유를 들어, 피고인 1과 전 대통령 사이에 공소외 1 법인 지원금 합계 16억 2,800만 원과 관련하여 부정한 청탁을 인정할 수 없다고 판단하여, 부정한 청탁을 인정하여 피고인 1, 피고인 3, 피고인 4에 대한 이 부분 공소사실을 유죄로 판단한 제1심판결을 파기하고 무죄로 판단하였다.

부정한 청탁의 대상이 되는 '승계작업'을 인정할 수 없다. 특별검사가 주장하는 현안들 중 일부는 그것이 성공에 이르는 경우 피고인 1의 공소외 4 회사 또는 공소외 12 주식회사(이하 '공소외 12 회사'라 한다)에 대한 지배력 확보에 직접적·간접적으로 유리한 영향을 미치는 효과가 있었다고 인정할 수 있으나, 그러한 사정만으로 승계작업을 바로 인정할 수 없다.

승계작업은 피고인 1과 전 대통령 사이에 부정한 청탁의 대상이 되는 것이므로 명확하게 정의된 내용으로 그 존재 여부가 합리적 의심이 없이 인정되어야 한다. 묵시적 의사표시에 의한 부정한 청탁에 필요한 공통의 인식과 양해의 대상인 승계작업이 명확하지 않거나 개괄적이게 되면 처벌의 범위가 불명확해지기 때문이다.

승계작업은 부정한 청탁의 대상으로서의 의미를 갖는 것이므로 그에 대한 당사자들의 인식도 뚜렷하고 명확하여야 한다. 전 대통령이 승계작업을 인식하였다고 볼 수 없다. 위와 같이 승계작업을 인정할 수 없으므로, 전 대통령이 승계작업에 대하여 인식하고 있었다거나 전 대통령과 피고인 1 사이에 승계작업을 매개로 공소외 1 법인을 지원한다는 묵시적인 인식과 양해가 있었다고 볼 수 없다.

3) 원심판결 이유를 위에서 본 법리에 비추어 살펴본다.

위에서 본 것처럼 부정한 청탁의 대상 또는 내용은 구체적일 필요가 없고 공무원의 직무와 제3자에게 제공되는 이익 사이의 대가관계를 인정할 수 있을 정도로 특정되면 충분하다. 그리고 이러한 부정한 청탁의 내용은 죄의 성립요소인 사실이므로 그에 대한 인식은 미필적인 것으로 충분하고, 확정적일 필요가 없다. 그런데도 원심은 부정한 청탁의 대상이 명확하게 정의되어야 하고, 부정한 청탁의 대상에 대한 인식은 뚜렷하고 명확하여야 한다는 근거를 들어, 부정한 청탁의 대상이 되는 승계작업을 인정할 수 없고, 전 대통령이 승계작업을 인식하고 있었다고 볼 수 없다며 부정한 청탁을 인정하지 않았다. 이러한 원심의 판단은 위에서 본 법리에 배치된다.

대통령은 정부의 수반으로서 중앙행정기관의 장을 지휘·감독하여 정부의 중요정책을 수립·추진하는 등 모든 행정업무를 총괄하는 직무를 수행하고, 대형건설 사업과 국토개발에 관한 정책, 통화, 금융, 조세에 관한 정책, 기업활동에 관한 정책 등 각종 재정·경제 정책의 수립과 시행을 최종 결정하며, 소관 행정 각 부의 장들에게 위임된 사업자 선정, 신규사업의 인허가, 금융지원, 세무조사 등 구체적 사항에 대하여 직접 또는 간접적인 권한을 행사함으로써 기업체들의 활동에 있어 직무상 또는 사실상의 영향력을 행사할 수 있는 지위에 있다(대법원 1997. 04. 17. 선고 96도3377 전원합의체 판결 등 참조).

위에서 본 것처럼 부정한 청탁은 묵시적 의사표시로도 가능하고 청탁의 대상인 직무행위의 내용이 구체적일 필요도 없다. 부정한 청탁의 내용도 전 대통령의 직무와 피고인 1 등의 공소외 1 법인에 대한 자금 지원 사이에 대가관계를 인정할 수 있을 정도면 충분하다. 위에서 본 대통령의 포괄적인 권한에 비추어 보면, 공소외 1 법인 지원금은 대통령 직무와 대가관계가 있다고 볼 여지가 충분하다.

따라서 원심은 위에서 본 법리를 적용하여, 전 대통령의 직무와 청탁의 내용, 전 대통령과 피고인 1의 관계, 이익의 다과, 수수 경위와 시기, 이익의 수수로 인하여 사회 일반으로부터 직무집행의 공정성을 의심받게 되는지 등을 심리하여 전 대통령의 직무와 공소외 1 법인 지원금 사이에 대가관계가 있는지 여부와 그와 관련된 부정한 청탁이 인정되는지를 판단했어야 한다.

4) 그런데도 원심은 위와 같은 사항에 관하여 심리·판단하지 않은 채 피고인 1, 피고인 3, 공소외 4에 대한 이 부분 뇌물공여 공소사실을 무죄로 판단하였다. 원심의 판단에는 제3자뇌물수수죄에서 말하는 부정한 청탁 등에 관한 법리를 오해하고 필요한 심리를 다하지 않아 판결에 영향을 미친 잘못이 있다. 이를 지적하는 상고이유 주장은 정당하다.

사. 공소외 1 법인 관련 특정경제범죄법 위반(횡령)

원심은, 공소외 1 법인 지원행위와 관련하여 '부정한 청탁'을 인정할 수 없으므로 이를 전제로 한 뇌물공여죄가 성립하지 않는다는 등의 이유로 피고인 1, 피고인 3, 피고인 4가 그 돈을 횡령한 것으로 볼 수 없다고 판단하였다.

그러나 위 바.에서 본 것처럼 위 피고인들에 대한 공소외 1 법인 관련 뇌물공여를 무죄로 판단한 원심판결을 파기하므로 위 뇌물공여가 성립하지 않는 것을 전제로 하는 이 부분 원심판결도 유지될 수 없다.

이 부분 업무상횡령 공소사실을 무죄로 판단한 원심의 판단에는 제3자뇌물수수죄에서 말하는 부정한 청탁과 대가관계 등에 관한 법리를 오해하고 필요한 심리를 다하지 않아 판결에 영향을 미친 잘못이 있다. 이를 지적하는 상고이유 주장은 정당하다.

아. 이 사건 각 재단 관련 뇌물공여

원심은 다음과 같이 판단하였다. 전 대통령의 직무집행과 피고인 1, 피고인 3, 피고인 4의 재단 지원 사이에 대가관계가 있다고 단정하기 어렵다. 이 사건 각 재단은 제3자뇌물수수죄에서 말하는 제3자이고, 위 피고인들이 전 대통령과 공소외 3이 설립하려고 하는 재단의 출연금을 대납해 준 것으로 볼 수도 없고 공소외 3과 전 대통령이 이 사건 각 재단 출연금을 직접 받은 것과 동일하게 볼 수 없다.

원심판결 이유를 관련 법리와 적법하게 채택된 증거에 비추어 살펴보면, 원심의 판결이유에 일부 적절하지 않은 부분이 있으나, 이 부분 뇌물공여죄를 인정하지 않은 원심의 판단에 상고이유 주장과 같이 뇌물수수죄와 제3자뇌물수수죄의 성립 요건, 재단법인의 설립과 출연행위 등에 관한 법리를 오해하고 판단을 누락하거나 논리와 경험의 법칙에 반하여 자유심증주의의 한계를 벗어나는 등의 잘못이 없다.

자. 이 사건 각 재단 관련 특정경제범죄법 위반(횡령)

원심은, 이 사건 각 재단에 출연금을 송금한 것을 피고인 1, 피고인 3, 피고인 4의 뇌물공여라 볼 수 없고, 정부가 주도하며 ▽▽▽이 주관하며 주요 그룹들이 모두 출연한다는 설명을 듣고 출연한 사정 등에 비추어 보면 위 피고인들의 불법영득의사를 인정하기 어렵다고 판단하였다.

원심판결 이유를 적법하게 채택된 증거에 비추어 살펴보면, 원심의 판단에 상고이유 주장과 같이 업무상횡령죄의 성립 요건 등에 관한 법리를 오해하고 판단을 누락하거나 논리와 경험의 법칙에 반하여 자유심증주의의 한계를 벗어나는 등의 잘못이 없다.

차. 피고인 1의 국회증언감정법 위반

원심은 이 사건 청문회에서 피고인 1이 전 대통령으로부터 2015. 7. 25. 이 사건 각 재단설립자금의 기부를 요구받았는지에 관하여 기억이 없다고 답변한 것은 피고인 1이 기억에 반하여 허위의 진술을 한 것이라고 단정하기 어렵다고 판단하였다.

이러한 원심의 판단에 이른 사실인정을 다투는 취지의 상고이유 주장은 실질적으로 사실심 법원의 자유판단에 속하는 원심의 증거 선택과 증명력에 관한 판단을 다투는 것이다. 원심판결 이유를 적법하게 채택된 증거에 비추어 살펴보아도, 원심의 판단에 상고이유 주장과 같이 논리와 경험의 법칙에 반하여 자유심증주의의 한계를 벗어나는 등의 잘못이 없다.

3. 파기의 범위

위에서 본 것과 같은 이유로 원심판결의 피고인들에 대한 공소외 2 승마 지원 말들 관련 뇌물공여, 말들 또는 그 구입대금 관련 특정경제범죄법 위반(횡령)과 범죄수익은닉규제법 위반 부분, 피고인 1, 피고인 3, 피고인 4에 대한 공소외 1 법인 관련 뇌물공여와 특정경제범죄법 위반(횡령) 부분은 파기되어야 한다. 그리고 공소외 2 승마 지원 관련 나머지 뇌물공여와 뇌물공여약속, 특정경제범죄법 위반(횡령), 범죄수익은닉규제법 위반 부분, 피고인 1에 대한 국회증언감정법 위반 부분은 위 파기 부분과 포괄일죄 관계에 있거나 형법 제37조 전단의 경합범 관계에 있어 하나의 형이 선고되었으므로 함께 파기되어야 한다. 결국 피고인들에 대한 유죄 부분(이유무죄 부분 포함) 전부와 무죄 부분 중 각 범죄수익 등의 처분에 관한 사실 가장에 의한 범죄수익은닉규제법 위반 부분, 피고인 1, 피고인 3, 피고인 4에 대한 공소외 1 법인 관련 뇌물공여와 특정경제범죄법 위반(횡령) 부분은 파기되어야 한다.

4. 결 론

나머지 상고이유에 대한 판단을 생략하고 원심판결의 피고인들에 대한 유죄 부분(이유무죄 부분 포함) 전부와 무죄 부분 중 범죄수익 등의 처분에 관한 사실 가장에 의한 범죄수익은닉규제법 위반 부분, 피고인 1, 피고인 3, 피고인 4에 대한 공소외 1 법인 관련 뇌물공여와 특정경제범죄법 위반(횡령) 부분을 파기하고, 이 부분 사건을 다시 심리·판단하도록 원심법원에 환송하며, 특별검사의 나머지 상고를 기각하기로 하여 주문과 같이 판결한다. 이 판결에는 뇌물수수죄의 공동정범에 관한 대법관 박상옥의 별개의견과 뇌물수수죄의 공동정범, 말 또는 그 구입대금이 뇌물인지와 공소외 1 법인 관련 제3자뇌물수수에 관한 대법관 조희대, 대법관 안철상, 대법관 이동원의 반대의견이 있는 외에는 관여 법관의 의견이 일치하였다.

5. 대법관 박상옥의 별개의견

다수의견의 논거 중 비공무원이 뇌물수수죄의 공동정범이 될 수 있는지 여부와 그 범위에 관한 부분에는 동의할 수 없다. 다수의견은 (1) 공무원과 비공무원이 공동가공의 의사와 이를 기초로 한 기능적 행위지배를 통하여 공무원의 직무에 관하여 뇌물을 수수하는 범죄를 실행하였다면 공무원과 비공무원에게 형법 제129조 제1항에서 정한 뇌물수수죄의 공동정범이 성립한다고 한 다음, (2) 금품이나 이익 전부에 관하여 뇌물수수죄의 공동정범이 성립한 이후에 뇌물이 실제로 공동정범인 공무원 또는 비공무원 중 누구에게 귀속되었는지는 이미 성립한 뇌물수수죄에 영향을 미치지 않고, 공무원과 비공무원이 사전에 뇌물을 비공무원에게 귀속시키기로 모의하였거나 뇌물의 성질상 비공무원이 사용하거나 소비할 것이라고 하더라도 이러한 사정은 뇌물수수죄의 공동정범이 성립한 이후 뇌물의 처리에 관한 것에 불과하므로 뇌물수수죄가 성립하는 데 영향을 미치지 않는다고 한다. 이러한 다수의견의 논리 중 공무원과 비공무원 사이의 뇌물수수죄의 공동정범 성립에 관한 일반론에 대한 부분인 위 (1)항 부분에 대하여는 동의하지만, 뇌물을 비공무원에게 전적으로 귀속시키기로 모의하거나 뇌물의 성질상 비공무원이 사용하거나 소비할 것인데도 비공무원이 뇌물을 받은 경우까지도 뇌물수수죄의 공동정범이 성립한다고 하는 위 (2)항 부분에 대하여는 동의하지 않는다. 우리 형법이 제129조 제1항 뇌물수수죄와 별도로 제130조에서 제3자뇌물수수죄를 규정하고 있는 이상 공무원이 아닌 비공무원인 제3자가 뇌물을 수수한 경우에는 뇌물의 귀속주체와 성질이 어떠한지에 따라 그 뇌물수수죄 또는 제3자뇌물수수죄가 성립하는지를 달리 평가하여야 한다.

이 사건은 아래 6. 가. 반대의견에서 자세히 밝히고 있는 이유와 같이, 전 대통령은 피고인 1에게 공소외 3에 대하여 '공소외 2 승마 지원'이라는 뇌물을 제공하도록 요구하였을 뿐이고 자신에게는 어떠한 뇌물도 요구하지 않았으며 실제로 뇌물을 수수한 것은 공소외 3이고, 뇌물의 성질상 전 대통령이 수수할 수 없고 공소외 3만 수수할 수 있으므로 형법 제129조 제1항 뇌물수수죄의 공동정범이 성립할 수 없고, 전 대통령과 공소외 3의 인식이나 의사도 제3자뇌물수수죄의 고의로 보는 것이 자연스럽다. 그리고 피고인들에게는 형법 제133조 제1항, 제130조 뇌물공여죄의 고의를 인정하는 것이 타당하다. 따라서 전 대통령에게 형법 제130조 제3자뇌물수수죄만 성립할 수 있고, 피고인들을 형법 제133조 제1항, 제130조 뇌물공여죄로만 처벌할 수 있다.

그런데도 원심은 전 대통령과 공소외 3에게 형법 제129조 제1항 뇌물수수죄의 공동정범이 성립하는 것을 전제로 피고인들에게 형법 제133조 제1항, 제129조 제1항의 일부 뇌물공여죄를 유죄로 판단하였다. 이러한 원심의 판단에는 비공무원이 뇌물수수죄의 공동정범이 될 수 있는지 여부와 그 범위에 관한 법리를 오해하여 판결에 영향을 미친 잘못이 있다.

그러므로 원심판결의 유죄 부분 중 공소외 2 승마 지원 관련 뇌물공여 부분은 파기되어야 한다. 비공무원이 뇌물수수죄의 공동정범이 될 수 있는지 여부와 그 범위에 관한 부분 외에는 다수의견의 견해에 동의하여 다수의견과 결론을 같이하므로, 다수의견과 견해를 달리하는 부분에 관하여 별개의견으로 이를 밝혀둔다.

6. 대법관 조희대, 대법관 안철상, 대법관 이동원의 반대의견

가. 공무원과 비공무원이 뇌물수수죄의 공동정범이 될 수 있는 범위에 관하여

1) 공무원과 비공무원이 공동가공의 의사와 이를 기초로 한 기능적 행위지배를 통하여 공무원의 직무에 관하여 뇌물을 수수하는 범죄를 실행하였다면 공무원과 비공무원에게 형법 제129조 제1항에서 정한 뇌물수수죄의 공동정범이 성립할 수 있다. 그러나 공무원과 비공무원이 뇌물을 받으면 뇌물을 비공무원에게 귀속시키기로 미리 모의하거나 뇌물의 성질에 비추어 비공무원이 전적으로 사용하거나 소비할 것임이 명백한 경우에 공무원이 증뢰자로 하여금 비공무원에게 뇌물을 공여하게 하였다면 형법 제130조의 제3자뇌물수수죄의 성립 여부가 문제 될 뿐이며, 공무원과 비공무원에게 형법 제129조 제1항의 뇌물수수죄의 공동정범이 성립한다고 할 수는 없다. 이러한 점에서 다수의견에 동의하기 어렵다.

2) 형법은 뇌물의 귀속주체에 따라 제129조 제1항의 뇌물수수죄와 제130조의 제3자뇌물수수죄를 구별하고 있고, 각 범죄의 구성요건도 달리 정하고 있다. 형법 제130조의 제3자뇌물수수죄를 형법 제129조 제1항의 뇌물수수죄와 비교하여 보면, 공무원이 직접 뇌물을 받지 않고 증뢰자로 하여금 제3자에게 뇌물을 공여하도록 하고 그 제3자로 하여금 뇌물을 받도록 한 경우에는 부정한 청탁을 받고 그와 같은 행위를 한 경우에 한하여 뇌물수수죄와 같은 형으로 처벌하며, 만일 부정한 청탁을 받은 일이 없다면 이를 처벌하지 않는다는 취지이다(대법원 1998. 9. 22. 선고 98도1234 판결 등 참조). 공무원이 직접 뇌물을 받지 않고 증뢰자로 하여금 다른 사람에게 뇌물을 공여하도록 한 경우에는 그 다른 사람이 공무원의 사자(使者) 또는 대리인으로서 뇌물을 받은 경우 등과 같이 사회통념상 그 다른 사람이 뇌물을 받은 것을 공무원이 직접 받은 것과 같이 평가할 수 있는 관계가 있는 경우에 한하여 형법 제129조 제1항의 뇌물수수죄가 성립한다(대법원 2016. 06. 23. 선고 2016도3540 판결 등 참조).

공동정범에서 공동가공의 의사는 공동의 의사로 특정한 범죄행위를 하기 위하여 일체가 되어 서로 다른 사람의 행위를 이용하여 자기의 의사를 실행에 옮기는 것을 내용으로 한다(대법원 2001. 11. 09. 선고 2001도4792 판결, 대법원 2008. 04. 10. 선고 2008도1274 판결 등 참조). 뇌물수수죄와 제3자뇌물수수죄를 구별하여 규정하고 있는 형법의 태도를 고려하면, 뇌물수수죄의 공동정범에서 공동가공 의사의 내용인 '특정한 범죄행위'는 '공무원이 전적으로 또는 비공무원과 함께 뇌물을 수수하기로 하는 범죄행위'를 말한다. 그런데 공동가공 의사와 실행행위의 내용이나 뇌물의 성질에 비추어 비공무원이 사용하거나 소비할 것이 공모되거나 예정되어 있고 실제로 비공무원이 뇌물을 모두 수수한 경우에는 공무원이 뇌물을 전혀 수수한 적이 없으므로, '공무원이 증뢰자로 하여금 제3자에게 뇌물을 공여하게 하는 범죄행위', 즉 제3자뇌물수수죄가 성립할 수 있을 뿐이고 형법 제129조 제1항의 뇌물수수죄의 공동정범은 성립할 수 없다.

3) 이 사건 공소사실에 의하면 전 대통령이 피고인 1에게 요구한 것은 공소외 3의 딸 공소외 2가 독일에서 지내는 동안 필요로 하는 승마에 대한 지원이고, 이 사건 기록상 전 대통령과 공소외 3이 사전에 모의한 내용과 공동하여 실행한 내용 및 피고인들이 공여한 내용도 모두 공소외 2에 대한 승마 지원뿐이다. '독일에 있는 공소외 2에 대한 승마 지원'이라는 뇌물은 그 성질상 전 대통령이 필요로 하거나 사용 또는 향유할 수 있는 이익이 전혀아니다. 전 대통령은 피고인 1에게 공소외 3 또는 공소외 2에 대한 '공소외 2 승마 지원'이라는 뇌물을 제공하도록 요구하였을 뿐이고 자신에 대한 어떠한 뇌물도 요구하지 않았다. 실제로 뇌물을 수수한 것은 공소외 3 또는 공소외 2이고 전 대통령이 이익을 취했다고 드러난 것이 없다. 전 대통령

과 공소외 3 사이에 공소외 3 또는 공소외 2가 뇌물을 수수한 것을 사회통념상 공무원인 전 대통령이 받은 것과 같이 평가할 수 있는 관계에 있다고 보기도 어렵다. '독일에 있는 공소외 2에 대한 승마 지원'이라는 뇌물의 성질상 전 대통령과 공소외 3의 인식이나 의사는 전 대통령이 뇌물을 수수하는 형법 제129조 제1항의 뇌물수수죄가 아니라 전 대통령이 제3자인 공소외 3 또는 공소외 2로 하여금 뇌물을 수수하게 하는 형법 제130조의 제3자뇌물수수죄의 고의로 보는 것이 자연스럽다. 공무원인 전 대통령과 비공무원인 공소외 3 사이에 뇌물을 모두 공소외 3 또는 공소외 2가 수수하기로 공모하고 또 뇌물의 성질상 전 대통령이 수수할 수 없고 공소외 3 또는 공소외 2만 수수할 수 있는 이 사건에서는 전 대통령에게 형법 제130조의 제3자뇌물수수죄만 성립한다고 보아야 하고, 공소외 3에게 제3자뇌물수수죄의 교사범이나 방조범이 성립한다고 보는 것이 타당하다. 여기서 형법 제130조의 제3자뇌물수수죄는 '부정한 청탁'이 없다면 처벌할 수 없으므로, 전 대통령과 피고인 1 사이에 부정한 청탁을 인정할 수 없다면 전 대통령을 제3자뇌물수수죄로 처벌할 수 없다.

4) 만일 전 대통령이 피고인 1에게 국내에서 사용될 금품 등과 같이 전 대통령과 공소외 3 중 누가 사용하거나 소비하는지 알 수 없는 성질의 뇌물을 공소외 3에게 공여하도록 하였다면, 피고인 1 등은 전 대통령이 뇌물을 수수할 수 있다는 사정을 미필적이나마 인식하면서도 공소외 3에게 뇌물을 공여한 것으로 볼 수 있으므로, 피고인들에게 형법 제133조 제1항, 제129조 제1항의 뇌물공여죄의 고의를 인정할 수 있다. 그러나 전 대통령은 피고인 1에게 '독일에 있는 공소외 2에 대한 승마 지원'이라는 전 대통령이 전혀 수수할 수 없는 뇌물을 공소외 3 또는 공소외 2에 대하여 공여하도록 하였고, 피고인들은 전 대통령의 요구에 따라 공소외 3 또는 공소외 2에게 그 뇌물을 공여하였다. 따라서 피고인들은 전 대통령에게 뇌물을 공여하는 것이 아니라 전 대통령의 요구에 따라 제3자인 공소외 3 또는 공소외 2에게 뇌물을 공여한다는 인식과 의사를 갖고 있었다고 보는 것이 자연스럽다. 피고인들에게는 오직 형법 제133조 제1항, 제130조의 뇌물공여죄의 고의를 인정할 수 있을 뿐이고, 형법 제133조 제1항, 제129조 제1항의 뇌물공여죄의 고의를 인정할 수 있는 여지가 없다. 이 경우 전 대통령과 피고인 1 사이에 부정한 청탁이 있었다고 인정할 수 없다면 피고인들이 공소외 3 또는 공소외 2에게 '공소외 2 승마 지원'을 하였다고 하더라도 피고인들을 형법 제133조 제1항, 제130조의 뇌물공여죄로는 처벌할 수 없다고 보아야 한다.

5) 범죄 또는 공동정범의 성립과 처벌은 해당 피고인의 고의와 공모의 내용 및 실행행위의 내용에 따라 결정된다. 그런데 원심은 전 대통령과 공소외 3 사이에 있었던 공동가공의 의사와 실행행위의 내용 및 이에 대한 피고인들의 고의를 도외시한 채 공소외 2 승마 지원 중 용역대금과 말들 및 차량들의 사용이익 부분에 대하여 형법 제129조 제1항의 뇌물수수죄의 공동정범을 인정하고 이를 전제로 피고인들에게 형법 제133조 제1항, 제129조 제1항의 뇌물공여죄를 인정하였다. 이러한 원심의 판단에는 공무원과 비공무원이 뇌물수수죄의 공동정범이 될 수 있는 범위 및 제3자뇌물수수죄에 관한 법리를 오해한 잘못이 있다.

나. 말들 또는 그 구입대금이 뇌물인지 여부에 관하여

1) 원심은 피고인들이 공소외 3에게 말들이나 그 구입대금을 뇌물로 공여하였다고 볼 수 없고, 말들의 무상 사용이익 상당을 뇌물로 공여하였다고 인정하였다. 다수의견은 공소외 3과 피고

인 2 사이에 2015. 11. 15.경 살시도 및 향후 구입할 말들에 관하여 실질적인 사용·처분권한이 공소외 3에게 있다는 의사의 합치가 있었다는 이유로 피고인들이 공소외 3에게 살시도, 비타나, 라우싱을 뇌물로 공여하였다고 인정하였다.

그러나 이와 같은 다수의견에는 동의하기 어렵다.

2) 원심판결 이유와 이 사건 기록을 종합하면, 공소외 3과 피고인 2 사이에 2015. 11. 15. 살시도 및 그 이후 구입하는 말들의 소유권이나 실질적인 처분권한을 공소외 3에게 넘겨주었다고 단정하기 어렵다. 구체적인 이유는 다음과 같다.

가) 공소외 3과 피고인 2 사이에 2015. 11. 15.경 살시도에 대한 소유권이나 실질적인 처분권한을 공소외 3에게 이전하려는 의사의 합치가 있었다고 인정하기 부족하다.

공소외 3은 당초 이 사건 용역계약에서 정한 내용에도 불구하고 ○○과의 내부적인 관계에서는 살시도의 소유권이 자신에게 있다고 생각하고 있었는데, 자신의 생각과 달리 피고인 5로부터 마필 위탁관리계약서를 작성해 달라는 요구를 받자 격분하면서 공소외 2에 대한 승마 지원과 관련하여 말의 구입, 말의 소유권 귀속 등 제반 사항을 결정할 권한을 가지고 있었던 피고인 2에게 독일로 들어와서 면담할 것을 요구하였다. 이에 당황한 피고인 2는 공소외 3이 화를 낸 이유가 살시도의 소유권 때문이라는 것을 인지한 상태에서 2015. 11. 15. 공소외 11에게 '기본적으로 원하시는 대로 해 드리겠다는 것', '결정하시는 대로 지원해 드리겠다는 것이 우리 입장'이라는 내용이 포함된 문자메시지를 보냈다. 그러나 위와 같은 사정들만으로 공소외 3이 피고인 2에게 살시도의 소유권이나 실질적인 처분권한의 이전을 요구하였고, 피고인 2가 공소외 3의 요구를 이해하고 승낙하였다고 보기는 부족하다. 즉, 공소외 3이 공소외 11을 통해 피고인 2에게 화를 내며 면담을 요구하였다는 것을 피고인 5가 공소외 3에게 살시도의 소유권을 명시적으로 확인하려고 한 행동에 화를 낸 것으로 해석하는 것을 넘어 공소외 3이 피고인 2 등에게 살시도의 소유권이나 실질적인 처분권한의 이전을 요구한 것이었다고까지 보기는 어렵다. 설령 이를 공소외 3의 살시도의 소유권 또는 실질적인 처분권한의 이전 요구라고 보더라도, 피고인 2는 살시도의 소유권 때문에 화를 내고 자신과의 면담을 요구하는 공소외 3에게 직접 대면하는 것을 완곡하게 거절하면서 공소외 3이 원하는 요구사항을 알려주면 그것을 지원해 주겠다는 의사를 표시한 것에 불과하며, 피고인 2가 공소외 3의 살시도의 소유권 또는 실질적인 처분권한의 이전 요구를 받아들였다고 인정하기는 어렵다.

공소외 11은 이틀 뒤인 2015. 11. 17. 피고인 5에게 공소외 3의 요구를 그대로 받아 적은 내용을 이메일로 보냈다. 여기에는 공소외 3이 살시도의 소유권을 요구하는 것이 아니라 패스포트의 마주란에 공소외 4 회사를 기재하지 말아 달라는 요구만이 기재되어 있다. 이에 관하여 공소외 11이 제1심 법정에서 "○○ 측에 문건을 보내면서 '말을 사주기로 했는데 왜 그러느냐'는 표현을 쓸 수 없으니 마치 '(말 소유자 등록 문제가) 여론화되면 어떻게 하느냐'는 식으로 핑계를 댄 것 같다."라고 진술하였지만, 이는 공소외 11이 추측으로 한 진술에 불과하다. 위 이메일을 통한 요구사항에는 150만 유로에 달하는 그랑프리급 말을 포함하여 말들을 추가로 구매해 달라거나 추가적인 선수 선발이나 용역대금을 미리 지급해달라는 민감한 내용이 포함되어 있으므로, 공소외 3이 피고인 2에게 살시도의 소유권이나 실질적인 처분권한을 요구하는 것을 감추거나 보안을 유지하기 위하여 실제로는 살시도의 소유권 또는 실질적인 처분권한의 이전을 요구하는 것이면서도 표현만 위와 같이 한 것으로 보기 어렵다.

따라서 위와 같은 막연한 사정들만으로는 공소외 3과 피고인 2 사이에 2015. 11. 15.경 살시도에 대한 소유권이나 실질적인 처분권한을 공소외 3에게 이전하려는 의사의 합치가 있었다고 인정하기 부족하다.

나) 공소외 3과 피고인 2 사이에 2015. 11. 15.경 이후에도 살시도, 비타나, 라우싱의 소유권이나 실질적인 처분권한을 공소외 3에게 이전한다는 의사의 합치가 있었다고 인정하기 어렵다.

피고인 2 등은 2015. 10. 14. 공소외 4 회사의 자금으로 차량 3대(Tiguan, T5 Multivan, T6 Multivan)를 매수해 공소외 3의 공소외 5 회사에 인도하여 사용하도록 하였다. 그 후 공소외 4 회사는 2016. 2. 초순경 공소외 5 회사에 위 차량 중 T5 Multivan, T6 Multivan을 매매가격 148,526.02유로에 매도하는 계약을 체결하였다(Tiguan은 눈길 사고로 수리비가 잔존가치를 초과하여 보험사로부터 수리비를 지급받지 못하게 되자 차량 보험담보액으로 환수하였다). 그런데 차량 매매가격은 장부가보다 높은 가격으로 결정되었고, 일반적인 차량의 중고가격보다 낮다고 볼 수 있는 사정이 없다. 또한 그 무렵 공소외 4 회사는 합계 200만 유로라는 큰 돈으로 비타나, 라우싱을 매수하여 공소외 3이 인도받게 하였으므로, 당시에 공소외 4 회사가 공소외 5 회사에 차량을 허위로 매도할 만한 정황이 있었다고 보기 어렵다.

만일 공소외 3과 피고인 2 사이에 2015. 11. 15.경 이후 공소외 3에게 살시도와 향후 구입할 말들의 소유권이나 실질적인 처분권한을 이전한다는 의사의 합치가 있었다면, 이미 구입하여 공소외 3이 사용하고 있던 차량 2대를 굳이 공소외 3의 공소외 5 회사가 공소외 4 회사로부터 매수하고 공소외 4 회사에 약 14만 유로라는 적지 않은 돈을 실제로 지급한 것을 납득하기 어렵다. 위와 같은 의사의 합치를 전제로 한다면, 공소외 3과 피고인 2 사이에는 고가인 말들의 소유권이나 실질적인 처분권한을 공소외 3에게 이전하기로 합의하여 말들 자체를 뇌물로 수수·공여하기로 하였으면서도 그보다 훨씬 소액인 차량들은 뇌물로 수수·공여하기로 하지 않았다는 결론에 이른다. 그러나 이러한 결론은 어색하여 받아들이기 어렵다. 또한 공소외 4 회사의 내부 기안문에 기재된 것처럼 차량관리에 대한 리스크를 해소하기 위해서였다면, 공소외 3과 피고인 2 사이에는 차량보다 훨씬 고가의 말들에 대한 소유권이나 실질적인 처분권한의 이전 합의가 있었으므로, 이미 공소외 5 회사 명의로 등록된 차량들도 공소외 3에게 소유권을 이전해 주는 것으로 차량관리에 대한 리스크 문제를 해결할 수 있었다. 그런데도 피고인 2, 피고인 5가 실제로 공소외 5 회사로부터 차량들의 매매대금을 지급받고 매도한 것은 살시도와 그 이후 구입할 말들에 대한 소유권이나 실질적인 처분권한의 이전에 관한 의사 합치가 있었다는 것을 전제한다면 설명하기 어렵다.

2016. 9. 23. 경향신문에서 ○○의 공소외 2에 대한 승마 지원이 보도되자, 피고인 1 등은 공소외 2에 대한 승마 지원을 계속할 수 없는 상황이 되었다. 2016. 9. 28. 독일 □□□□ 호텔에서 공소외 3, 피고인 2, 피고인 5가 회의를 하였고, 그 다음 날인 2016. 9. 29. 피고인 2가 피고인 5를 통하여 비타나를 같은 그랑프리급 말과 교환하면 다시 언

론의 추적을 받을 수 있다는 이유로 이를 반대한다는 의사를 표시하였다. 그 직후 덴마크 코펜하겐 공항에서 공소외 3, 피고인 5, △△△△△를 운영하는 공소외 13이 만남을 가졌다. 그리고 다음 날인 2016. 9. 30. 공소외 3의 공소외 5 회사와 공소외 13의 △△△ △△△ 사이에 살시도, 비타나에 67만 유로를 더해 블라디미르, 스타샤와 교환하는 계약을 체결하였다. 이러한 사정들을 종합하면, 피고인 2, 피고인 5는 위 교환계약에 개입했다고 볼 수밖에 없다. 피고인 2, 피고인 5는 2016. 10. 19. 독일 ◇◇◇ 호텔에서 공소외 3과 공소외 5 회사의 직원으로서 공소외 2의 승마 코치인 공소외 14를 만나 회의를 하였다. 공소외 3과 피고인 2 등은 이 회의에서 위 교환계약으로 취득한 블라디미르는 매각하고, 스타샤는 라우싱과 함께 2018년 말까지 공소외 13 명의로 두었다가 그 이후 공소외 3에게 소유권을 이전하기로 협의하였다. 그런데 만약 2015. 11. 15.경 또는 그 이후 공소외 3과 피고인 2가 살시도, 비타나, 라우싱의 소유권이나 실질적인 처분권한을 공소외 3에게 이전하기로 합의하였다면, 언론보도로 공소외 2에 대한 승마 지원을 중단해야 하는 상황에서 이루어진 비밀스러운 내부 회의에서 공소외 3과 피고인 2 등이 2018년 이후에야 이미 뇌물로 공여된 말과 교환한 스타샤와 라우싱의 소유권의 이전을 추진하기로 협의하지는 않았을 것이다.

다) 공소외 3이 전 대통령의 권력을 배경으로 공소외 4 회사와 이 사건 용역계약을 체결하고 공소외 4 회사로 하여금 고가의 말을 구매하도록 하여 인도받고, 피고인 2 등은 공소외 3의 요구에 따르는 관계에 있었다. 그러나 그와 같은 사정만으로 2015. 11. 15.경 또는 그 이후 공소외 3과 피고인 2 사이에 살시도, 비타나, 라우싱의 소유권이나 실질적인 처분권한을 공소외 3에게 이전하기로 하는 합의가 있었다고 볼 수 없다. 그 밖에 원심이 들고 있는 살시도 구입 당시와 비타나, 라우싱 구입 당시의 차이점 등을 종합해 보더라도 마찬가지이다.

반면에 언제든지 말들의 소유권을 원하면 취득할 수 있었던 공소외 3은 2015. 11. 15. 경 피고인 2 등에게 굳이 말들의 소유권을 자신에게 넘겨달라고 요구할 필요가 없었다. 따라서 공소외 3은 말의 패스포트에 공소외 4 회사를 마주로 기재하지 않는 선에서 요구를 하였고, 피고인 2 등도 공소외 3이 구체적으로 요구하지 않은 말들의 소유권 또는 실질적인 처분권한을 공소외 3에게 이전하겠다는 의사를 표시하지 않았다가, 2016. 9. 23. 경 언론에서 ○○의 공소외 2에 대한 승마 지원을 보도하자 공소외 2에 대한 승마 지원을 중단할 수밖에 없었고, 그 과정에서 공소외 3가 계속하여 말을 탈 수 있게 하기 위해서 비로소 공소외 3과 피고인 2 등이 2018년 이후에 공소외 3에게 말들의 소유권을 이전하기로 협의하였을 가능성을 배제하기 어렵다. 이러한 경우 공소외 3이 말들의 소유권이나 실질적인 처분권한을 갖고 있었다고 보기 어렵다.

라) 따라서 공소외 3과 피고인 2 등 사이에 살시도와 그 이후 구입하는 말들의 소유권이나 실질적인 처분권한을 공소외 3에게 주려는 의사의 합치가 있었다고 단정하기는 어렵다.

3) 결국 피고인들이 공소외 3에게 살시도, 비타나, 라우싱을 뇌물로 공여하였다고 보기 어렵다. 원심은 이 사건 공소사실 중 공소외 2 승마 지원 관련 뇌물공여 부분 중 말들에 관한 뇌물의 내용을 말들이나 그 구입대금이 아닌 액수 미상의 사용이익으로 판단하였다. 이러한 원심의 판단에 결과적으로 뇌물에 관한 법리를 오해한 잘못이 없다.

다. 공소외 1 법인 관련 부정한 청탁을 인정할 수 있는지 여부에 관하여

1) 승계작업에 관한 공소사실의 요지

피고인 1은 1996년경 공소외 15 주식회사(이하 '공소외 15 회사'라 한다)가 발행한 전환사채를 인수하고 1999년경 공소외 16 주식회사(이하 '공소외 16 회사'라 한다)가 발행한 신주인수권을 인수함으로써 아버지 공소외 8 회장과 미래전략실의 전신인 구조조정본부 임직원 등 ○○그룹 경영진의 도움을 받아 공소외 15 회사 및 공소외 16 회사의 지분을 확보한 것을 비롯하여 피고인 자신이 지분을 보유한 ○○그룹 비상장사 상장, 계열사 간의 합병 등을 이용하여 "최소한의 개인자금을 사용하여 ○○그룹 핵심 계열사들인 공소외 4 회사와 공소외 12 회사에 대하여 사실상 행사할 수 있는 의결권을 최대한 확보할 수 있도록 하는 것을 목표로 하는 ○○그룹 지배구조 개편"인 '승계작업'을 미래전략실 주도하에 지속적으로 추진하여 왔다.

그러던 중, 2014. 5.경 공소외 8 회장이 급성심근경색으로 쓰러진 이후 피고인 1의 승계작업을 보다 서둘러 진행해야 할 필요성이 커졌고, 순환출자를 활용한 당시 ○○그룹의 지배구조에 대한 제약을 강화하는 방향의 입법이 수년 내에 이루어질 가능성이 높아진 상황이었으므로, 피고인 1은 다른 주요 정치세력들과 비교하여 친대기업 성향으로 평가되는 박근혜 정부 임기 이후에는 승계작업을 성공하는 것이 훨씬 어려워질 것으로 판단하고, 구체적으로 "비핵심 계열사 매각 및 피고인 1이 대주주인 비상장 계열사 상장을 통한 상속세재원 등 마련 → 합병비율을 피고인 1에게 유리하게 조정하여 공소외 17 주식회사(이하 '공소외 17 회사'라 한다)·공소외 18 주식회사(이하 '공소외 18 회사'라 한다) 사이의 합병 → 공소외 18 회사 합병으로 인한 순환출자 고리 해소 시 공소외 18 회사 의결권 손실 최소화 → 공소외 12 회사의 금융지주회사 전환 → (중간금융지주회사법 통과 후) 중간금융지주회사 설립"의 순으로 박근혜 정부 임기 내에 승계작업을 최대한 진행하기로 계획하고 이를 실행에 옮기게 되었다.

위 승계작업을 구성하는 개별 현안들로는 공소외 16 회사 및 공소외 17 회사의 유가증권시장 상장, 공소외 18 회사와 공소외 17 회사 간 합병, ◎◎◎ 등 외국자본에 대한 경영권방어 강화 추진, 공소외 18 회사와 공소외 17 회사 간 합병에 따른 신규 순환출자 고리 해소를 위한 공소외 18 회사 주식 처분 최소화, 공소외 12 회사의 금융지주회사 전환 계획 금융위원회 승인 추진 등이 있었다.

2) 원심의 판단

가) 관련 법리

형법 제130조의 제3자뇌물공여죄에 있어서 '청탁'이란 공무원에 대하여 일정한 직무집행을 하거나 하지 않을 것을 의뢰하는 행위를 말하고, '부정한' 청탁이란 의뢰한 직무집행 자체가 위법하거나 부당한 경우는 물론, 의뢰한 직무집행 그 자체는 위법하거나 부당하지 아니하지만 당해 직무집행을 어떤 대가관계와 연결시켜 그 직무집행에 관한 대가의 교부를 내용으로 하는 청탁이라고 할 것이다(대법원 2008. 06. 12. 선고 2006도8568 판결 참조). 그런데 형법 제130조의 제3자뇌물공여죄에서 '부정한 청탁'을 요건으로 하는 취지는 처벌의 범위가 불명확해지지 않도록 하기 위한 것으로서, 이러한 '부정한 청탁'은 명시적인 의사표시에 의한 것은 물론, 묵시적인 의사표시에 의한 것도 가능하다고 할 것이지만, 묵시적인 의사표시에 의한 부정한 청탁이 있다고 하기 위하여는 당사자 사이에 청탁

의 대상이 되는 직무집행의 내용과 제3자에게 제공되는 금품이 그 직무집행에 대한 대가라는 점에 대하여 공통의 인식이나 양해가 존재하여야 할 것이고, 그러한 인식이나 양해 없이 막연히 선처하여 줄 것이라는 기대에 의하거나 직무집행과는 무관한 다른 동기에 의하여 제3자에게 금품을 공여한 경우에는 묵시적인 의사표시에 의한 부정한 청탁이 있다고 보기 어렵고, 공무원이 먼저 제3자에게 금품을 공여할 것을 요구하였다고 하여 달리 볼 것은 아니다(대법원 2009. 01. 30. 선고 2008도6950 판결 참조).

나) 이 사건 공소사실 중 부정한 청탁의 대상

특별검사는 부정한 청탁의 대상인 피고인 1의 현안으로서, (가) "피고인 1이 최소한의 개인자금을 사용하여 ○○그룹 핵심 계열사들인 공소외 4 회사와 공소외 12 회사에 대하여 사실상 행사할 수 있는 의결권을 최대한 확보할 수 있도록 하는 것을 목표로 하는 ○○그룹 지배구조 개편"을 '승계작업'이라고 주장한다. 특별검사는, 위 포괄적 현안인 승계작업은 개별적 현안인 ① 중간금융지주회사 제도 도입, ② 공소외 16 회사 및 공소외 17 회사의 유가증권 시장 상장, ③ 공소외 19 주식회사와 공소외 20 주식회사 사이의 합병, ④ 공소외 21 주식회사 등 4개 비핵심 계열사 매각, ⑤ 공소외 18 회사와 공소외 17 회사 간 합병, ⑥ ◎◎◎ 등 외국자본에 대한 경영권 방어 강화, ⑦ 이 사건 합병에 따른 신규 순환출자 고리 해소를 위한 공소외 18 회사 주식 처분 최소화, ⑧ 공소외 12 회사의 금융지주회사 전환 계획에 대한 금융위원회 승인 등으로 구성되는데, 피고인들이 전 대통령의 임기 동안 "비핵심 계열사 매각 및 피고인 1이 대주주인 비상장 계열사 상장을 통한 상속세 재원 등 마련 → 합병비율을 피고인 1에게 유리하게 조정하여 공소외 17 회사·공소외 18 회사 합병 → 공소외 18 회사 합병으로 인한 순환출자 고리 해소 시 공소외 18 회사 의결권 손실 최소화 → 공소외 12 회사의 금융지주회사 전환 → (중간금융지주회사법 통과 후) 중간금융지주회사 설립"의 순서로 승계작업을 최대한 진행하기로 계획하여 이를 실행에 옮기게 되었다고 주장한다.

또한 특별검사는 부정한 청탁의 대상인 피고인 1의 현안으로서, (나) "경영권 승계 과정에서 경영능력 입증을 통한 후계자로서의 위상 강화"를 위한 개별 현안인 ⑨ 공소외 22 회사 상장, 투자 유치 및 환경규제 관련 지원을, 기타 개별 현안인 ⑩ 메르스 사태 및 ◁◁◁ 병원에 대한 제재 수위 경감 추진(2015. 7. 25. 단독 면담 당시의 개별 현안)을 주장한다. 나아가 특별검사는 위 개별 현안들은 모두 청탁의 대상에 포함되며, '피고인 1의 안정적 경영권 승계'는 피고인들이 위 부정한 청탁을 통하여 달성하고자 하는 목표 내지 목적에 해당한다고 주장한다.

다) 개별 현안에 대하여

원심은 피고인 1이 전 대통령에게 개별 현안에 관하여 명시적인 부정한 청탁을 하였다고 인정할 수 없고, 전 대통령과 피고인 1 사이의 단독 면담 또는 각 지원행위에 이르는 과정에서 해당 개별 현안 해결에 관련된 전 대통령의 직무집행과 승마, 공소외 1 법인 및 이 사건 각 재단에 대한 지원이 대가관계가 있다는 점에 대한 공통의 인식 내지 양해가 있었음을 인정할 수 없어 묵시적 부정한 청탁을 인정할 수 없다는 제1심의 판단이 정당하다고 판단하였다.

라) 포괄적 현안으로서 승계작업에 대하여

(1) 제1심은 ○○그룹의 지배구조 개편 작업은, 그것이 오로지 피고인 1만의 이익을 위한 것은 아니라고 하더라도, 피고인 1의 공소외 4 회사 또는 공소외 12 회사에 대한 지배력확보를 중요한 목적으로 하여 이루어졌음이 인정되고, 그와 같은 목적 아래 추진된 일련의 개별 현안들의 전개는 충분히 특별검사가 전제로 하고 있는 '승계작업'의 성격이 있다고 평가할 수 있다고 판단하였다. 다만 '승계작업'은 피고인 1의 공소외 4 회사 또는 공소외 12 회사에 대한 지배력 확보라는 '목적' 아래 이루어지는 지배구조 개편작업을 의미하는 것이므로, 특별검사가 제시한 개별 현안들 사이의 진행 '순서'에까지 그 개념의 범위가 미치지는 않는다고 판단하였다.
(2) 원심은 제1심과 달리 다음과 같은 이유로 부정한 청탁의 대상으로서의 '승계작업'이 존재한다고 볼 수 없다고 판단하였다.
(가) 특별검사가 승계작업의 내용을 이루고 있다는 개별 현안들의 진행 자체가 공소사실과 같은 '승계작업'을 위하여 이루어졌다고 볼 아무런 증거가 없다. 또한 특별검사가 주장하는 바와 같이 피고인 1의 안정적 경영권 승계라는 목표를 위하여 위와 같은 순서로 개별현안들이 추진되었다는 점 역시 이를 인정할 아무런 증거가 없다.
(나) 다만 이 사건 개별 현안들 중 공소외 16 회사 및 공소외 17 회사의 유가증권시장상장, 이 사건 합병 및 외국자본에 대한 경영권 방어 강화, 이 사건 합병에 따른 신규 순환출자 고리 해소를 위한 공소외 18 회사 주식 처분 최소화 및 공소외 12 회사의 금융지주회사 전환은 그것이 성공에 이르는 경우 피고인 1의 공소외 4 회사 또는 공소외 12 회사에 대한 지배력 확보에 직접적·간접적으로 유리한 영향을 미치는 효과가 있었다는 점을 인정할 수 있다.
그러나 이렇듯 직·간접적으로 지배력 확보에 유리한 영향을 미치는 효과가 있었다는 사정은 개별 현안들의 진행과정에 따른 결과를 놓고 평가할 때 그러한 효과가 확인된다는 것이고 그렇게 확인된 결과는 개별 현안들의 진행에 따른 여러 효과(예컨대 구조조정을 통한 사업의 합리화 등)들 중의 하나일 뿐이어서 결과적으로 확인되어진 그와 같은 사정만 가지고는 특별검사가 주장하는 바와 같은 '피고인 1의 안정적 경영권 승계'라는 목표성을 갖는, 위 개별 현안들을 통하여 이루고자 하는 의미의 '승계작업'이 존재한다고 바로 인정할 수 없다.
(다) 더욱이 포괄적 현안으로서의 승계작업은 이 사건 공소사실에서 피고인 1과 전 대통령 사이에 부정한 청탁의 대상이 되는 것으로서 가장 중요한 개념인데 이러한 의미의 승계작업은 명확하게 정의된 내용으로 그 존재 여부가 관련 증거에 의하여 합리적 의심이 없이 인정되어야 한다.
앞서 본 바와 같이 형법 제130조의 제3자뇌물수수죄에서 '부정한 청탁'을 요건으로 하는 취지는 처벌의 범위가 불명확해지지 않도록 하기 위한 것으로서, 특히 이 사건에서와 같이 묵시적인 의사표시에 의한 부정한 청탁이 있다고 하기 위하여는 당사자 사이에 청탁의 대상이 되는 직무집행과 제3자에게 제공되는 금품이 그 직무집행에 대한 대가라는 점에 대하여 공통의 인식이나 양해가 존재해야 하는 것이므로, 이러한 공통의 인식과 양해의 대상으로서의 승계작업이 명확하지 않거나 개괄적이게 되면 공통의 인식이나 양해의 존부 판단에 영향을 주어 처벌의 범위가 불명확해지게 되므로 제3자뇌물수수죄에 있어서 '부정한 청탁'을 요건으로 하는 취지에 반하게 됨은 명백하다.

(라) 나아가 미래전략실이 각 계열사를 통할하면서 그 운영을 지원·조정하는 조직인 동시에 대주주(또는 총수)의 경영지배권 행사를 지원하는 조직으로서, 미래전략실 소속 임직원들이 피고인 1을 공소외 8의 후계자로 인정하면서 개별 현안들에 관하여 적극적으로 관여하였다는 사정이나 위 개별 현안들이 추진될 무렵 금융·시장감독기구의 전문가들도 ○○그룹의 지배구조 개편이 피고인 1의 계열사에 대한 지배력의 확보와 관련이 있다고 평가·분석하고 있었다는 사정들을 더하여 본다고 하여도 '승계작업'의 존재를 인정할 수 없음은 마찬가지이다.

3) 다수의견의 요지

'부정한 청탁'이란 청탁이 위법하거나 부당한 직무집행을 내용으로 하는 경우는 물론, 청탁의 대상이 된 직무집행 그 자체는 위법·부당하지 않더라도 직무집행을 어떤 대가관계와 연결시켜 직무집행에 관한 대가의 교부를 내용으로 하는 경우도 포함한다. 청탁의 대상인 직무행위의 내용을 구체적으로 특정할 필요도 없다. 부정한 청탁의 내용은 공무원의 직무와 제3자에게 제공되는 이익 사이의 대가관계를 인정할 수 있을 정도로 특정하면 충분하고, 이미 발생한 현안뿐만 아니라 장래 발생될 것으로 예상되는 현안도 위와 같은 정도로 특정되면 부정한 청탁의 내용이 될 수 있다. 부정한 청탁은 명시적인 의사표시가 없더라도 청탁의 대상이 되는 직무집행의 내용과 제3자에게 제공되는 금품이 그 직무집행에 대한 대가라는 점에 대하여 당사자 사이에 공통의 인식이나 양해가 있는 경우에는 묵시적 의사표시로 가능하다(대법원 2011. 09. 08. 선고 2011도7503 판결, 대법원 2017. 03. 15. 선고 2016도19659 판결, 대법원 2017. 12. 22. 선고 2017도12346 판결 등 참조).

위에서 본 것처럼 부정한 청탁의 내용은 공무원의 직무와 제3자에게 제공되는 이익 사이의 대가관계를 인정할 수 있을 정도로 특정되면 충분하다. 이러한 부정한 청탁의 내용은 고의의 대상이 되는 객관적 구성요건요소이므로 그에 대한 인식은 미필적인 것으로 충분하다. 그런데도 원심은 부정한 청탁의 대상이 명확하게 정의되어야 하고, 부정한 청탁의 대상에 대한 인식은 뚜렷하고 명확하여야 한다는 근거를 들어, 부정한 청탁의 대상이 되는 승계작업을 인정할 수 없고, 전 대통령이 승계작업을 인식하고 있었다고 볼 수 없다며 부정한 청탁을 인정하지 않았다. 이러한 원심의 판단은 위에서 본 법리에 배치된다.

대통령은 정부의 수반으로서 중앙행정기관의 장을 지휘·감독하여 정부의 중요정책을 수립·추진하는 등 모든 행정업무를 총괄하는 직무를 수행하고, 대형건설 사업과 국토개발에 관한 정책, 통화, 금융, 조세에 관한 정책, 기업활동에 관한 정책 등 각종 재정·경제 정책의 수립과 시행을 최종 결정하며, 소관 행정 각 부의 장들에게 위임된 사업자 선정, 신규사업의 인허가, 금융지원, 세무조사 등 구체적 사항에 대하여 직접 또는 간접적인 권한을 행사함으로써 기업체들의 활동에 있어 직무상 또는 사실상의 영향력을 행사할 수 있는 지위에 있다(대법원 1997. 04. 17. 선고 96도3377 전원합의체 판결 등 참조).

위에서 본 것처럼 부정한 청탁은 묵시적 의사표시로도 가능하고 청탁의 대상인 직무행위의 내용이 구체적일 필요도 없다. 부정한 청탁의 내용도 전 대통령의 직무와 피고인 1 등의 공소외 1 법인에 대한 자금 지원 사이에 대가관계를 인정할 수 있을 정도면 충분하다. 위에서 본 대통령의 포괄적인 권한에 비추어 보면, 공소외 1 법인 후원금은 전 대통령 직무와 대가관계가 있다고 볼 여지가 충분하다.

따라서 원심은 위에서 본 법리를 적용하여, 전 대통령의 직무와 청탁의 내용, 전 대통령과 피고인 1의 관계, 이익의 다과, 수수 경위와 시기, 이익의 수수로 인하여 사회 일반으로부터 직무집행의 공정성을 의심받게 되는지 등을 심리하여 전 대통령의 직무와 공소외 1 법인 후원금 사이에 대가관계가 있는지 여부와 그와 관련된 부정한 청탁이 인정되는지를 판단했어야 한다.

그런데도 원심은 위와 같은 사항에 관하여 심리·판단하지 않은 채 피고인 1, 피고인 3, 피고인 4에 대한 이 부분 뇌물공여 공소사실을 무죄로 판단하였다. 원심의 판단에는 제3자 뇌물수수죄에서 말하는 부정한 청탁 등에 관한 법리를 오해하고 필요한 심리를 다하지 않아 판결에 영향을 미친 잘못이 있다.

4) 반대의견

그러나 이와 같은 다수의견에는 동의하기 어렵다.

가) 원심의 판단에 제3자뇌물수수죄에서 정한 부정한 청탁 등에 관한 법리를 오해하여 판결에 영향을 미친 잘못이 없다.

(1) 다수의견은, 부정한 청탁의 내용은 고의의 대상이 되는 객관적 구성요건이므로 그에 대한 인식은 미필적인 것으로 충분한데도, 원심은 부정한 청탁의 대상이 명확하게 정의되어야 하고, 부정한 청탁의 대상에 대한 인식은 뚜렷하고 명확하여야 한다는 근거를 들어, 부정한 청탁의 대상이 되는 승계작업을 인정할 수 없고, 전 대통령이 승계작업을 인식하고 있었다고 볼 수 없다며 부정한 청탁을 인정하지 않았는바, 이는 대법원 판례의 법리에 배치된다고 한다.

(2) 사실심 법원은 검사가 주장한 공소사실이 검사가 사실심 법원의 변론이 종결될 때까지 제출한 증거에 따라 증명되었는지 판단하면 된다. 앞에서 본 것처럼 원심은 부정한 청탁에 관한 기존의 대법원판결의 법리를 인용하면서, 그 법리에 따르더라도 '특별검사가 승계작업의 내용을 이루고 있다는 개별 현안들'의 진행 자체가 공소사실과 같은 '승계작업'을 위하여 이루어졌다고 볼 아무런 증거가 없고, '특별검사가 주장하는 바와 같은 피고인 1의 안정적 경영권 승계'라는 목표성을 갖는, 위 개별 현안들을 통하여 이루고자 하는 의미의 '승계작업'이 존재한다고 인정할 수 없으며, '특별검사가 공소사실에서 특정한 승계작업'의 존재를 특별검사가 제출한 모든 증거들을 종합해 보더라도 인정하기 어렵다고 판단하였을 뿐이다. 원심판결 이유를 아무리 살펴보아도 원심의 판단에 부정한 청탁에 관한 대법원 판례의 법리에 배치되거나 법리를 오해한 부분을 찾기 어렵다.

(3) 원심이 '더욱이 포괄적 현안으로서의 승계작업은 명확하게 정의된 내용으로 그 존재 여부가 관련 증거에 의하여 합리적 의심이 없이 인정되어야 한다.'고 하거나, '형법 제130조의 제3자뇌물수수죄에서 부정한 청탁을 요건으로 하는 취지는 처벌의 범위가 불명확해지지 않도록 하기 위한 것으로서, 특히 이 사건에서와 같이 묵시적인 의사표시에 의한 부정한 청탁이 있다고 하기 위하여는 당사자 사이에 청탁의 대상이 되는 직무집행과 제3자에게 제공되는 금품이 그 직무집행에 대한 대가라는 점에 대하여 공통의 인식이나 양해가 존재해야 하는 것이므로, 이러한 공통의 인식과 양해의 대상으

로서의 승계작업이 명확하지 않거나 개괄적이게 되면 공통의 인식이나 양해의 존부 판단에 영향을 주어 처벌의 범위가 불명확해지게 되므로 제3자뇌물수수죄에 있어서 부정한 청탁을 요건으로 하는 취지에 반하게 된다.'고 한 것은 앞에서 본 바와 같다. 그런데 원심판결 이유를 살펴보면, 원심은 이미 본대로 특별검사가 공소사실에서 특정한 내용의 승계작업의 존재를 인정할 수 없다는 판단을 한 후, 포괄적 현안으로서의 승계작업에 관하여 위와 같은 내용을 부가적으로 판시하고 있을 뿐이다. 한편 대법원 판례에 의하더라도 형법 제130조의 제3자뇌물수수죄에서 부정한 청탁을 요건으로 하는 취지는 처벌의 범위가 불명확해지지 않도록 하기 위한 것으로서, 이 사건에서와 같이 묵시적인 의사표시에 의한 부정한 청탁이 있다고 하기 위하여는 당사자 사이에 청탁의 대상이 되는 직무집행과 제3자에게 제공되는 금품이 그 직무집행에 대한 대가라는 점에 대하여 공통의 인식이나 양해가 존재해야 하고(대법원 2009. 01. 30. 선고 2008도6950 판결, 대법원 2014. 09. 04. 선고 2011도14482 판결 등 참조), 부정한 청탁의 내용은 공무원의 직무와 제3자에게 제공되는 이익 사이에 대가관계를 인정할 수 있을 정도로 특정되어야 한다(대법원 2017. 03. 15. 선고 2016도19659 판결 등 참조). 따라서 부정한 청탁의 내용이 구체적이지는 않다고 하더라도 공소사실에서 그 내용이 명확하여야 하고 관련 증거에 의하여 합리적 의심이 없이 증명되어야 하는 것은 당연하다. 원심이 이 부분에 관하여 대법원 판례에 배치되는 법리를 적용하여 판단하였다고 보기 어렵다. 다수의견은 원심판결 이유 중 부가적이고 지엽적인 부분을 오해하여 원심의 판단을 잘못 해석하고 있다.

(4) 설령 원심이 '부정한 청탁의 대상에 대한 인식은 뚜렷하고 명확하여야 한다'고 판시한 데에 미필적인 고의를 배제하는 법리오해가 있다고 하더라도 이것이 판결에 영향을 미쳤다고 할 수 없다.

(가) 앞에서 보듯이 원심판결은 이 사건 공소사실 중 개별 현안에 대한 부정한 청탁을 인정할 수 없고, 부정한 청탁의 대상이 되는 포괄적 현안으로서의 승계작업이 존재한다고 볼 수 없다고 판단하였다.

(나) 원심판결 이유를 구체적으로 보면, '부정한 청탁의 대상으로서의 포괄적 현안인 승계작업이 존재한다는 제1심의 판단은 부당하다.'(41, 43쪽), '특별검사가 주장하는 포괄적 현안으로서의 승계작업을 인정할 수 없음은 앞서 본 바와 같고, 설령 이러한 승계작업이 존재한다고 하더라도 피고인 1이 전 대통령에게 청탁을 하였음은 인정되지 아니한다.'(45, 46, 48쪽), '이 사건 공소사실과 같이 특별검사가 주장하는 바와 같은 포괄적 현안으로서의 승계작업의 추진을 인정할 수 없으므로, 이를 전제로 전 대통령이 포괄적 현안으로서의 승계작업에 대하여 인식하고 있었다거나 전 대통령과 피고인 1 사이에 포괄적 현안으로서의 승계작업을 매개로 이 사건 승마 지원 및 공소외 1 법인 지원을 한다는 묵시적인 인식과 양해가 있었다고 볼 수 없다.'(48쪽)는 것이다.

(다) 위와 같이 원심이 특별검사가 주장하는 이 사건 공소사실과 같은 부정한 청탁의 대상이 아예 존재하지 않는다고 판단하였고, 이 부분 사실인정이 정당한 이상 더 나아가 살필 것 없이 이 부분 공소사실은 무죄로 판단되어야 하므로, 위와 같은 미필적

고의에 관한 판단의 당부는 원심판결에 영향을 미치지 않는다.
나) 원심의 판단에 필요한 심리를 다하지 않고 판단을 누락하여 판결에 영향을 미친 잘못이 없다.
　(1) 다수의견은, 부정한 청탁은 묵시적 의사표시로도 가능하고 청탁의 대상인 직무행위의 내용이 구체적일 필요도 없으며, 부정한 청탁의 내용도 전 대통령의 직무와 피고인 1 등의 공소외 1 법인에 대한 자금 지원 사이에 대가관계를 인정할 수 있을 정도면 충분한바, 대법원 1997. 04. 17. 선고 96도3377 전원합의체 판결에서 판시한 대통령의 포괄적인 권한에 비추어 보면, 공소외 1 법인 후원금은 전 대통령 직무와 대가관계가 있다고 볼 여지가 충분한데도, 원심이 위와 같은 사항에 관하여 심리·판단하지 않아 판결에 영향을 미친 잘못이 있다고 한다.
　(2) 부정한 청탁은 묵시적 의사표시로도 가능하고 청탁의 대상인 직무행위의 내용이 구체적일 필요도 없다. 원심도 이 점에 관하여 달리 보지 않고 있다. 그렇기 때문에 원심은 이 사건 공소사실에 적시된 구체적인 개별 현안뿐만 아니라 포괄적 현안으로서의 승계작업에 관하여도 구체성을 문제 삼지 않고 증거를 따져본 후 이를 인정할 수 없다고 판단하였다.
　(3) 다수의견은 청탁의 대상인 직무행위의 내용이 구체적일 필요가 없으므로 전 대통령의 포괄적인 직무권한도 그 대상이 될 수 있는데도, 원심이 이에 관하여 판단하지 않아 심리를 다하지 않았거나 판단을 누락하였다는 취지이다.
　　(가) 다수의견이 인용하고 있는 대법원 1997. 04. 17. 선고 96도3377 전원합의체 판결의 법리는 형법 제129조 제1항의 뇌물수수죄에 적용할 수 있을 뿐이고, 형법 제130조의 제3자뇌물수수죄에는 적용할 수 없다. 앞에서 보았듯이 형법은 제129조 제1항의 뇌물수수죄와 제130조의 제3자뇌물수수죄를 구별하고, 각 범죄의 구성요건도 달리 정하고 있는데, 무엇보다도 제3자뇌물수수죄는 '부정한 청탁'이 없으면 성립하지 않는 점에서 큰 차이가 있다. 그런데 대통령에 대한 제3자뇌물수수 사건에서 위 판결의 법리를 적용하게 되면, 대통령의 직무는 매우 포괄적이어서 대가관계를 인정할 수 있는 여지가 크다는 이유로 손쉽게 대통령과 공여자 사이의 대가관계에 관한 공통의 인식과 양해라는 묵시적 의사표시에 의한 부정한 청탁을 인정할 수 있게 되고, 그 결과 제3자뇌물수수죄의 구성요건인 부정한 청탁이 형해화되고 만다. 즉 다수의견에 의하면, 대통령의 직무는 포괄적이므로 부정한 청탁의 내용인 대통령의 직무가 특정될 필요도 없게 되고, 대부분의 경우에 대가관계를 인정할 수 있게 되어 쉽사리 제3자뇌물수수죄의 성립을 인정할 수 있게 된다. 이는 공소사실에 부정한 청탁의 내용은 아예 특정될 필요가 없다는 것과 다르지 않다.
　　(나) 이 사건에서 특별검사도 공소사실에서 부정한 청탁의 대상인 승계작업의 의미와 내용에 관하여 구체적으로 특정을 하고 있는데, 다수의견에 의하면 이에 구애받지 않고 공소사실과 전혀 다른 내용으로 부정한 청탁을 인정하여 피고인들에게 제3자뇌물수수죄를 인정할 수 있다는 결론에 이르게 된다.
　　(다) 다수의견은 대통령에 대한 형법 제130조의 제3자뇌물수수 사건에서 형법 제129조 제1항의 뇌물수수죄에 관한 판결을 엉뚱하게 끌어와 제3자뇌물수수죄에서 요구하

는 부정한 청탁이라는 구성요건을 형해화하여 피고인들에 대한 처벌의 범위를 부당하게 확장시키고, 부정한 청탁의 내용을 알 수 없게 하여 피고인들의 방어권 행사를 방해하며, 특별검사가 공소사실에서 특정한 부정한 청탁의 내용과 무관하게 피고인들을 제3자뇌물수수죄로 처벌할 수 있게 만들었다. 이러한 결론은 형법 제130조의 제3자뇌물수수죄에 관하여 확립된 대법원 판례의 법리에 명백히 반할 뿐만 아니라, 죄형법정주의, 피고인들의 재판을 받을 권리, 불고불리의 원칙 등에도 위배되므로, 다수의견을 받아들일 수 없다.

다) 이 사건에서 특별검사가 사실심 법원에 제출한 모든 증거를 살펴보아도 부정한 청탁의 대상이 되는 승계작업이 있었다거나 이에 관한 부정한 청탁이 있었음을 인정할 구체적인 증거가 없다. 그리고 부정한 청탁의 대상인 승계작업의 존재 여부는 기본적으로 사실인정의 문제에 불과하다. 이 사건은 피고인들에 대하여 10년 미만에 해당하는 징역형이 선고되었으므로 원칙적으로 사실의 오인은 적법한 상고이유가 될 수 없다. 또한 위에서 본 것처럼 부정한 청탁의 대상이 되는 승계작업이 있었음을 증명할 만한 증거도 부족하여 원심의 사실인정에 논리와 경험의 법칙을 위반하여 자유심증주의의 한계를 벗어난 잘못이 있다고도 보기 어렵다. 따라서 부정한 청탁의 대상이 되는 승계작업을 인정할 수 없고 피고인 1이 전 대통령에게 승계작업과 관련하여 부정한 청탁을 하였다고 볼 수 없다는 원심의 판단에 어떠한 잘못이 있다고 보기 어렵다.

라) 이러한 취지에서 이 사건 공소사실 중 공소외 1 법인 관련 뇌물공여 부분과 특정경제범죄법 위반(횡령) 부분을 무죄로 판단한 원심의 판단에 제3자뇌물수수죄의 부정한 청탁 등에 관한 법리를 오해하거나 필요한 심리를 다하지 않고 판단을 누락한 잘못이 없다.

라. 결 론

원심판결의 유죄 부분 중 피고인들에 대한 공소외 2 승마 지원 관련 뇌물공여 부분은 파기되어야 하고, 말들 또는 그 구입대금이 뇌물이 아니라는 전제로 판단한 특정경제범죄법위반(횡령), 범죄수익은닉규제법 위반 부분과 피고인 1, 피고인 3, 피고인 4에 대한 공소외 1 법인 관련 뇌물공여와 특정경제범죄법 위반(횡령) 부분에 대한 검사의 상고를 모두 기각하여야 한다.

이상의 이유로 다수의견에 반대한다.

● 대법원 2019. 08. 29. 선고 2018도13792 전원합의체 판결 【직권남용권리행사방해·강요(일부 인정된 죄명: 강요미수)·강요미수·사기미수·증거인멸교사·특정범죄가중처벌등에관한법률위반(뇌물)·특정범죄가중처벌등에관한법률위반(뇌물)(인정된 죄명: 뇌물수수)·국회에서의증언·감정등에관한법률위반·범죄수익은닉의규제및처벌등에관한법률위반·특정범죄가중처벌등에관한법률위반(알선수재)】

【판시사항】

[1] 전문증거의 증거능력 / 다른 사람의 진술을 내용으로 하는 진술이 전문증거인지 본래증거인지 판단하는 기준 / 어떤 진술이 기재된 서류가 그 내용의 진실성이 범죄사실에 대한 직접증거로 사용될 경우, 전문증거인지 여부(적극) 및 어떠한 내용의 진술을 하였다는 사실 자체에 대한 정황증거로 사용될 것이라는 이유로 서류의 증거능력을 인정한 다음 그 사실을 다시 진술 내용이나 그 진실성을 증명하는 간접사실로 사용하는 경우, 그 서류는 전문증거에 해당하는지 여부(적극)

[2] 공무원과 공무원이 아닌 사람(비공무원)에게 뇌물수수죄의 공동정범이 성립하기 위한 요건 / 공무원이 뇌물공여자로 하여금 공무원과 뇌물수수죄의 공동정범관계에 있는 비공무원에게 뇌물을 공여하게 한 경우, 제3자뇌물수수죄가 성립하는지 여부(소극) / 금품이나 이익 전부에 관하여 뇌물수수죄의 공동정범이 성립한 이후 뇌물이 실제로 공동정범인 공무원 또는 비공무원 중 누구에게 귀속되었는지가 이미 성립한 뇌물수수죄에 영향을 미치는지 여부(소극)

[3] 뇌물죄에서 뇌물의 내용인 이익의 의미 / 뇌물수수죄에서 말하는 '수수'의 의미 및 뇌물에 대한 법률상 소유권을 취득하여야 하는지 여부(소극) / 뇌물수수자가 뇌물로 제공된 물건에 대한 법률상 소유권 취득의 요건을 갖추지 않았더라도 그 물건 자체를 뇌물로 받은 것으로 볼 수 있는 경우 / 뇌물수수자가 뇌물공여자에 대한 내부관계에서 물건에 대한 실질적인 사용·처분권한을 취득하였으나 뇌물수수 사실을 은닉하거나 뇌물공여자가 계속 그 물건에 대한 비용 등을 부담하기 위하여 소유권 이전의 형식적 요건을 유보하는 경우, 뇌물수수죄가 성립하는지 여부(적극)

[4] 제3자뇌물수수죄에서 '뇌물'과 '부정한 청탁'의 의미 및 직무와 관련된 뇌물에 해당하는지 또는 부정한 청탁이 있었는지 판단하는 기준

[5] 강요죄의 수단인 '협박'의 의미와 내용 및 협박받는 사람에게 공포심 또는 위구심을 일으킬 정도의 해악을 고지하였는지 판단하는 기준 / 직무상 또는 사실상 상대방에게 영향을 줄 수 있는 직업이나 지위에 있는 행위자가 직업이나 지위에 기초하여 상대방에게 어떠한 이익 등의 제공을 요구한 경우, 곧바로 그 요구행위를 협박이라고 단정할 수 있는지 여부(소극) 및 이때 그 요구 행위가 강요죄의 수단으로서 해악의 고지에 해당하는지 판단하는 기준

【판결요지】

[1] 형사소송법은 제310조의2에서 원칙적으로 전문증거의 증거능력을 인정하지 않고, 제311조부터 제316조까지 정한 요건을 충족하는 경우에만 예외적으로 증거능력을 인정한다. 다른 사람의 진술을 내용으로 하는 진술이 전문증거인지는 요증사실이 무엇인지에 따라 정해진다. 다른 사람의 진술, 즉 원진술의 내용인 사실이 요증사실인 경우에는 전문증거이지만, 원진술의 존재 자체가 요증사실

인 경우에는 본래증거이지 전문증거가 아니다.

어떤 진술이 기재된 서류가 그 내용의 진실성이 범죄사실에 대한 직접증거로 사용될 때는 전문증거가 되지만, 그와 같은 진술을 하였다는 것 자체 또는 진술의 진실성과 관계없는 간접사실에 대한 정황증거로 사용될 때는 반드시 전문증거가 되는 것이 아니다. 그러나 어떠한 내용의 진술을 하였다는 사실 자체에 대한 정황증거로 사용될 것이라는 이유로 서류의 증거능력을 인정한 다음 그 사실을 다시 진술 내용이나 그 진실성을 증명하는 간접사실로 사용하는 경우에 그 서류는 전문증거에 해당한다. 서류가 그곳에 기재된 원진술의 내용인 사실을 증명하는 데 사용되어 원진술의 내용인 사실이 요증사실이 되기 때문이다. 이러한 경우 형사소송법 제311조부터 제316조까지 정한 요건을 충족하지 못한다면 증거능력이 없다.

[2] [다수의견]

신분관계가 없는 사람이 신분관계로 인하여 성립될 범죄에 가공한 경우에는 신분관계가 있는 사람과 공범이 성립한다(형법 제33조 본문 참조). 이 경우 신분관계가 없는 사람에게 공동가공의 의사와 이에 기초한 기능적 행위지배를 통한 범죄의 실행이라는 주관적·객관적 요건이 충족되면 공동정범으로 처벌한다. 공동가공의 의사는 공동의 의사로 특정한 범죄행위를 하기 위하여 일체가 되어 서로 다른 사람의 행위를 이용하여 자기의 의사를 실행에 옮기는 것을 내용으로 한다. 따라서 공무원이 아닌 사람(이하 '비공무원'이라 한다)이 공무원과 공동가공의 의사와 이를 기초로 한 기능적 행위지배를 통하여 공무원의 직무에 관하여 뇌물을 수수하는 범죄를 실행하였다면 공무원이 직접 뇌물을 받은 것과 동일하게 평가할 수 있으므로 공무원과 비공무원에게 형법 제129조 제1항에서 정한 뇌물수수죄의 공동정범이 성립한다.

형법은 제130조에서 제129조 제1항 뇌물수수죄와는 별도로 공무원이 그 직무에 관하여 뇌물공여자로 하여금 제3자에게 뇌물을 공여하게 한 경우에는 부정한 청탁을 받고 그와 같은 행위를 한 때에 뇌물수수죄와 법정형이 동일한 제3자뇌물수수죄로 처벌하고 있다. 제3자뇌물수수죄에서 뇌물을 받는 제3자가 뇌물임을 인식할 것을 요건으로 하지 않는다. 그러나 공무원이 뇌물공여자로 하여금 공무원과 뇌물수수죄의 공동정범 관계에 있는 비공무원에게 뇌물을 공여하게 한 경우에는 공동정범의 성질상 공무원 자신에게 뇌물을 공여하게 한 것으로 볼 수 있다. 공무원과 공동정범 관계에 있는 비공무원은 제3자뇌물수수죄에서 말하는 제3자가 될 수 없고, 공무원과 공동정범 관계에 있는 비공무원이 뇌물을 받은 경우에는 공무원과 함께 뇌물수수죄의 공동정범이 성립하고 제3자뇌물수수죄는 성립하지 않는다.

뇌물수수죄의 공범들 사이에 직무와 관련하여 금품이나 이익을 수수하기로 하는 명시적 또는 암묵적 공모관계가 성립하고 공모 내용에 따라 공범 중 1인이 금품이나 이익을 주고받았다면, 특별한 사정이 없는 한 이를 주고받은 때 그 금품이나 이익 전부에 관하여 뇌물수수죄의 공동정범이 성립하고, 금품이나 이익의 규모나 정도 등에 대하여 사전에 서로 의사의 연락이 있거나 금품 등의 구체적 금액을 공범이 알아야 공동정범이 성립하는 것은 아니다.

금품이나 이익 전부에 관하여 뇌물수수죄의 공동정범이 성립한 이후에 뇌물이 실제로 공동정범인 공무원 또는 비공무원 중 누구에게 귀속되었는지는 이미 성립한 뇌물수수죄에 영향을 미치지 않는다. 공무원과 비공무원이 사전에 뇌물을 비공무원에게 귀속시키기로 모의하였거나 뇌물의 성질상 비공무원이 사용하거나 소비할 것이라고 하더라도 이러한 사정은 뇌물수수죄의 공동정범이 성립한 이후 뇌물의 처리에 관한 것에 불과하므로 뇌물수수죄가 성립하는 데 영향이 없다.

[대법관 조희대, 대법관 안철상, 대법관 이동원의 별개의견]

공무원과 비공무원이 공동가공의 의사와 이를 기초로 한 기능적 행위지배를 통하여 공무원의 직무에 관하여 뇌물을 수수하는 범죄를 실행하였다면 공무원과 비공무원에게 형법 제129조 제1항에서 정한 뇌물수수죄의 공동정범이 성립할 수 있다. 그러나 공무원과 비공무원이 뇌물을 받으면 뇌물을 비공무원에게 귀속시키기로 미리 모의하거나 뇌물의 성질에 비추어 비공무원이 전적으로 사용하거나 소비할 것임이 명백한 경우에 공무원이 증뢰자로 하여금 비공무원에게 뇌물을 공여하게 하였다면 형법 제130조의 제3자뇌물수수죄의 성립 여부가 문제 될 뿐이며, 공무원과 비공무원에게 형법 제129조 제1항의 뇌물수수죄의 공동정범이 성립한다고 할 수는 없다.

[대법관 박상옥의 별개의견]

다수의견의 논리 중 공무원과 비공무원 사이의 뇌물수수죄의 공동정범 성립에 관한 일반론 부분에 대하여는 동의하지만, 뇌물을 비공무원에게 전적으로 귀속시키기로 모의하거나 뇌물의 성질상 비공무원이 사용하거나 소비할 것인데도 비공무원이 뇌물을 받은 경우까지 뇌물수수죄의 공동정범이 성립한다고 하는 부분에 대하여는 동의하지 않는다. 우리 형법이 제129조 제1항의 뇌물수수죄와 별도로 제130조에서 제3자뇌물수수죄를 규정하고 있는 이상 공무원이 아닌 비공무원인 제3자가 뇌물을 수수한 경우에는 뇌물의 귀속주체와 성질이 어떠한지에 따라 그 뇌물수수죄 또는 제3자뇌물수수죄가 성립하는지를 달리 평가하여야 한다.

[3] 뇌물죄에서 뇌물의 내용인 이익은 금전, 물품 그 밖의 재산적 이익과 사람의 수요 욕망을 충족시키기에 충분한 일체의 유형·무형의 이익을 포함한다. 뇌물수수죄에서 말하는 '수수'란 받는 것, 즉 뇌물을 취득하는 것이다. 여기에서 취득이란 뇌물에 대한 사실상의 처분권을 획득하는 것을 의미하고, 뇌물인 물건의 법률상 소유권까지 취득하여야 하는 것은 아니다. 뇌물수수자가 법률상 소유권 취득의 요건을 갖추지는 않았더라도 뇌물로 제공된 물건에 대한 점유를 취득하고 뇌물공여자 또는 법률상 소유자로부터 반환을 요구받지 않는 관계에 이른 경우에는 그 물건에 대한 실질적인 사용·처분권한을 갖게 되어 그 물건 자체를 뇌물로 받은 것으로 보아야 한다.

뇌물수수자가 뇌물공여자에 대한 내부관계에서 물건에 대한 실질적인 사용·처분권한을 취득하였으나 뇌물수수 사실을 은닉하거나 뇌물공여자가 계속 그 물건에 대한 비용 등을 부담하기 위하여 소유권 이전의 형식적 요건을 유보하는 경우에는 뇌물공여자와 뇌물수수자 사이에서는 소유권을 이전받은 경우와 다르지 않으므로 그 물건을 뇌물로 받았다고 보아야 한다. 뇌물수수자가 교부받은 물건을 뇌물공여자에게 반환할 것이 아니므로 뇌물수수자에게 영득의 의사도 인정된다.

[4] 형법 제130조 제3자뇌물수수죄는 공무원 또는 중재인이 직무에 관하여 부정한 청탁을 받고 제3자에게 뇌물을 공여하게 하는 행위를 구성요건으로 한다. 여기에서 뇌물이란 공무원의 직무에 관하여 부정한 청탁을 매개로 제3자에게 교부되는 위법·부당한 이익을 말하고, 형법 제129조 뇌물죄와 마찬가지로 직무관련성이 있으면 인정된다.

'부정한 청탁'이란 청탁이 위법·부당한 직무집행을 내용으로 하는 경우는 물론, 청탁의 대상이 된 직무집행 그 자체는 위법·부당하지 않더라도 직무집행을 어떤 대가관계와 연결시켜 직무집행에 관한 대가의 교부를 내용으로 하는 경우도 포함한다. 청탁의 대상인 직무행위의 내용을 구체적으로 특정할 필요도 없다. 부정한 청탁의 내용은 공무원의 직무와 제3자에게 제공되는 이익 사이의 대가관계를 인정할 수 있을 정도로 특정하면 충분하고, 이미 발생한 현안뿐만 아니라 장래 발생될 것으로 예상되는 현안도 위와 같은 정도로 특정되면 부정한 청탁의 내용이 될 수 있다. 부정한 청탁은 명시적인 의사표시가 없더라도 청탁의 대상이 되는 직무집행의 내용과 제3자에게 제공되는 금품이 직무집행에 대한 대가라는 점에 대하여 당사자 사이에 공통의 인식이나 양해가 있는 경우에는 묵시적 의사표시로 가능하다.

제3자뇌물수수죄에서 직무와 관련된 뇌물에 해당하는지 또는 부정한 청탁이 있었는지를 판단할 때에는 직무와 청탁의 내용, 공무원과 이익 제공자의 관계, 이익의 다과, 수수 경위와 시기 등의 여러 사정과 아울러 직무집행의 공정, 이에 대한 사회의 신뢰와 직무수행의 불가매수성이라고 하는 뇌물죄의 보호법익에 비추어 이익의 수수로 말미암아 사회 일반으로부터 직무집행의 공정성을 의심받게 되는지 등이 기준이 된다.

[5] [다수의견]
강요죄는 폭행 또는 협박으로 사람의 권리행사를 방해하거나 의무 없는 일을 하게 하는 범죄이다. 여기에서 협박은 객관적으로 사람의 의사결정의 자유를 제한하거나 의사실행의 자유를 방해할 정도로 겁을 먹게 할 만한 해악을 고지하는 것을 말한다. 이와 같은 협박이 인정되기 위해서는 발생 가능한 것으로 생각할 수 있는 정도의 구체적인 해악의 고지가 있어야 한다.

해악의 고지는 반드시 명시적인 방법이 아니더라도 말이나 행동을 통해서 상대방에게 어떠한 해악을 끼칠 것이라는 인식을 갖도록 하면 충분하고, 제3자를 통해서 간접적으로 할 수도 있다. 행위자가 그의 직업, 지위 등에 기초한 위세를 이용하여 불법적으로 재물의 교부나 재산상 이익을 요구하고 상대방이 불응하면 부당한 불이익을 입을 위험이 있다는 위구심을 일으키게 하는 경우에도 해악의 고지가 된다. 협박받는 사람이 공포심 또는 위구심을 일으킬 정도의 해악을 고지하였는지는 행위 당사자 쌍방의 직무, 사회적 지위, 강요된 권리·의무에 관련된 상호관계 등 관련 사정을 고려하여 판단해야 한다.

행위자가 직무상 또는 사실상 상대방에게 영향을 줄 수 있는 직업이나 지위에 있고 직업이나 지위에 기초하여 상대방에게 어떠한 요구를 하였더라도 곧바로 그 요구 행위를 위와 같은 해악의 고지라고 단정하여서는 안 된다. 특히 공무원이 자신의 직무와 관련한 상대방에게 공무원 자신 또는 자신이 지정한 제3자를 위하여 재산적 이익 또는 일체의 유·무형의 이익 등을 제공할 것을 요구하고 상대방은 공무원의 지위에 따른 직무에 관하여 어떠한 이익을 기대하며 그에 대한 대가로서 요구에 응하였다면, 다른 사정이 없는 한 공무원의 위 요구 행위를 객관적으로 사람의 의사결정의 자유를 제한하거나 의사실행의 자유를 방해할 정도로 겁을 먹게 할 만한 해악의 고지라고 단정하기는 어렵다.

행위자가 직업이나 지위에 기초하여 상대방에게 어떠한 이익 등의 제공을 요구하였을 때 그 요구 행위가 강요죄의 수단으로서 해악의 고지에 해당하는지 여부는 행위자의 지위뿐만 아니라 그 언동의 내용과 경위, 요구 당시의 상황, 행위자와 상대방의 성행·경력·상호관계 등에 비추어 볼 때 상대방으로 하여금 그 요구에 불응하면 어떠한 해악에 이를 것이라는 인식을 갖게 하였다고 볼 수 있는지, 행위자와 상대방이 행위자의 지위에서 상대방에게 줄 수 있는 해악을 인식하거나 합리적으로 예상할 수 있었는지 등을 종합하여 판단해야 한다. 공무원인 행위자가 상대방에게 어떠한 이익 등의 제공을 요구한 경우 위와 같은 해악의 고지로 인정될 수 없다면 직권남용이나 뇌물 요구 등이 될 수는 있어도 협박을 요건으로 하는 강요죄가 성립하기는 어렵다.

[대법관 박정화, 대법관 민유숙, 대법관 김선수의 별개의견]

다수의견이 지적한 것처럼 행위자가 상대방에게 영향을 줄 수 있는 지위에 있다는 사실만으로 곧바로 그 지위에 기초한 요구를 해악의 고지로 평가할 수는 없다. 이러한 요구를 해악의 고지로 평가할 수 있는지는 행위자와 상대방 사이의 관계와 지위뿐 아니라 그 요구의 내용, 요구 당시의 상황과 언행, 상대방이 요구에 응하게 된 경위와 당사자가 그 과정에서 보인 태도 등을 종합적으로 고려하여 판단하여야 한다.

대법원은 종래 해악의 고지는 언어나 거동에 의하여 상대방으로 하여금 어떠한 해악에 이르게 할 것이라는 인식을 갖도록 하는 것이면 충분하고, 행위자가 그 지위 등에 기한 불법한 위세를 이용하여 특정 요구를 함으로써 상대방으로 하여금 그에 응하지 아니한 때에는 부당한 불이익을 초래할 위험이 있다는 위구심을 야기하는 경우에도 해악의 고지가 된다고 일관되게 판시하여 왔다. 이는 행위자의 요구가 강요죄의 수단으로서 해악의 고지에 해당하는지는 구체적인 사정을 두루 참작하여 판단하여야 하고 개별적인 사정을 단편적으로 보아 판단할 것은 아니라는 것이다.

【참조조문】 [1] 형사소송법 제307조, 제310조의2, 제311조, 제312조, 제313조, 제314조, 제315조, 제316조 / [2] 형법 제13조, 제30조, 제33조, 제129조 제1항, 제130조, 제133조 제1항 / [3] 형법 제129조 제1항, 제133조 제1항 / [4] 형법 제129조, 제130조 / [5] 형법 제324조 제1항

【참조판례】 [1] 대법원 2012. 7. 26. 선고 2012도2937 판결(공2012하, 1530), 대법원 2013. 6. 13. 선고 2012도16001 판결(공2013하, 1276), 대법원 2018. 5. 15. 선고 2017도19499 판결 / [2][4] 대법원 2006. 6. 15. 선고 2004도3424 판결(공2006하, 1384), 대법원 2017. 3. 15. 선고 2016도19659 판결(공2017상, 826) / [2] 대법원 2001. 11. 9. 선고 2001도4792 판결(공2002상, 119), 대법원 2008. 4. 10. 선고 2008도1274 판결(공2008상, 708), 대법원 2011. 7. 14. 선고 2011도3180 판결(공2011하, 1686), 대법원 2014. 12. 24. 선고 2014도10199 판결 / [3] 대법원 1979. 10. 10. 선고 78도1793 판결(공1979, 12283), 대법원 2006. 4. 27. 선고 2006도735 판결(공2006상, 990), 대법원 2014. 1. 29. 선고 2013도13937 판결(공2014상, 549) / [4] 대법원 2007. 1. 26. 선고 2004도1632 판결(공2007상, 410), 대법원 2007. 11. 16. 선고 2004도4959 판결, 대법원 2011. 9. 8. 선고 2011도7503 판결, 대법원 2017. 12. 22. 선고 2017도12346 판결(공2018상, 379) / [5] 대법원 1995. 9. 29. 선고 94도2187 판결(공1995하, 3648), 대법원 2002. 8. 27. 선고 2001도6747 판결, 대법원 2002. 11. 22. 선고 2002도3501 판결, 대법원 2003. 5. 13. 선고 2003도709 판결(공2003상, 1405), 대법원 2003. 9. 26. 선고 2003도763 판결(공2003하, 2129), 대법원 2005. 7. 15. 선고 2004도1565 판결(공2005하, 1380), 대법원 2010. 4. 29. 선고 2007도7064 판결, 대법원 2011. 5. 26. 선고 2011도2412 판결, 대법원 2011. 7. 28. 선고 2011도1739 판결(공2011하, 1881), 대법원 2013. 4. 11. 선고 2010도13774 판결(공2013상, 895)

【전 문】 【피 고 인】 피고인 1 외 1인 【상 고 인】 피고인들, 특별검사, 검사 【변 호 인】 법무법인 이담 외 5인
【원심판결】 서울고법 2018. 8. 24. 선고 2018노723-1 판결

【주 문】

원심판결 중 피고인들에 대한 유죄 부분(이유무죄 부분 포함)을 파기하고, 이 부분 사건을 서울고등법원에 환송한다. 검사의 나머지 상고를 모두 기각한다.

【이　유】

상고이유(상고이유서 제출기간이 지난 다음에 제출된 서면들은 상고이유를 보충하는 범위에서)를 판단한다.

1. 소송절차의 위법 여부와 피고인 2의 업무수첩과 진술(이하 '피고인 2의 업무수첩 등'이라 한다)의 증거능력 인정 여부

가. 피고인 1에 대한 소송절차의 위법 여부

1) 원심은 다음과 같이 판단하였다.

가) 대통령은 내란 또는 외환의 죄를 범한 경우를 제외하고는 재직 중 형사상의 소추를 받지 않지만(헌법 제84조), 피고인 1을 대통령의 공범으로 기소하는 것이 이에 반하는 것은 아니다.

나) 이 사건에서 직권남용권리행사방해(이하 '직권남용'이라 한다)죄와 강요죄로 기소한 후 제3자뇌물수수로 인한 특정범죄 가중처벌 등에 관한 법률(이하 '특정범죄가중법'이라 한다) 위반(뇌물)죄로 추가 기소한 것은 이중기소에 해당하지 않는다.

다) 피고인 1이 주장하는 공소사실 기재 부분이 법관에게 예단을 갖게 하여 범죄사실의 실체를 파악하는 데 장애가 되는 경우에 해당하지 않으므로, 공소장일본주의에 위배되지 않는다.

라) 박◆혜 정부의 ○○○ 등 민간인에 의한 국정농단 의혹 사건 규명을 위한 특별검사의 임명 등에 관한 법률(이하 '특검법'이라 한다)에서 정한 파견검사는 특별검사 또는 특별검사보의 지휘·감독을 받아 공소유지에 관여할 수 있다.

마) 검사가 피고인 1에 대하여 △△그룹 관련 직권남용죄와 강요죄로 기소한 후 △△그룹과 □□□□그룹 관련 특정범죄가중법 위반(뇌물)죄로 추가 기소하고 피고인 2를 이 부분 공범으로 기소하지 않은 것과 ◇◇그룹 관련 직권남용죄와 강요죄로 기소한 후 특별검사가 특정범죄가중법 위반(뇌물)죄로 추가 기소한 것은 공소권 남용에 해당하지 않는다.

바) 제1심의 공판진행에 이른바 '비변호인 등' 접견 금지 결정, 추가 구속영장 발부와 구속기간 갱신 결정, 공판기일의 지정과 진행, 소송지휘권 행사, 선고절차, 변론의 병합, 증거신청의 채택 등에 관한 위법이 없다.

2) 원심판결 이유를 관련 법리와 적법하게 채택된 증거에 비추어 살펴보면, 원심의 판단에 피고인 1의 상고이유 주장과 같이 대통령의 불소추특권, 죄형법정주의, 유추·확장해석금지, 공소장일본주의, 특검법 관련 규정의 해석, 특별검사와 파견검사의 권한, 공소권 남용, 피고인의 방어권, 무죄추정의 원칙, 공정하고 신속한 재판을 받을 권리 등 형사소송절차와 피고인의 권리 등에 관한 법리를 오해한 잘못이 없다.

나. 피고인 2의 업무수첩 등의 증거능력 인정 여부

1) 전문증거에 해당하는지 여부

가) 형사소송법은 제310조의2에서 원칙적으로 전문증거의 증거능력을 인정하지 않고, 제311조부터 제316조까지 정한 요건을 충족하는 경우에만 예외적으로 증거능력을 인정한다. 다른 사람의 진술을 내용으로 하는 진술이 전문증거인지는 요증사실이 무엇인지에 따라

정해진다. 다른 사람의 진술, 즉 원진술의 내용인 사실이 요증사실인 경우에는 전문증거 이지만, 원진술의 존재 자체가 요증사실인 경우에는 본래증거이지 전문증거가 아니다(대법원 2012. 07. 26. 선고 2012도2937 판결 등 참조).

어떤 진술이 기재된 서류가 그 내용의 진실성이 범죄사실에 대한 직접증거로 사용될 때는 전문증거가 되지만, 그와 같은 진술을 하였다는 것 자체 또는 진술의 진실성과 관계없는 간접사실에 대한 정황증거로 사용될 때는 반드시 전문증거가 되는 것이 아니다(대법원 2013. 06. 13. 선고 2012도16001 판결 등 참조). 그러나 어떠한 내용의 진술을 하였다는 사실 자체에 대한 정황증거로 사용될 것이라는 이유로 서류의 증거능력을 인정한 다음 그 사실을 다시 진술 내용이나 그 진실성을 증명하는 간접사실로 사용하는 경우에 그 서류는 전문증거에 해당한다. 서류가 그곳에 기재된 원진술의 내용인 사실을 증명하는 데 사용되어 원진술의 내용인 사실이 요증사실이 되기 때문이다. 이러한 경우 형사소송법 제311조부터 제316조까지 정한 요건을 충족하지 못한다면 증거능력이 없다.

나) 원심은 다음과 같이 판단하였다.

제18대 대통령 박◆혜(이하 '전 대통령'이라 한다)가 피고인 2에게 말한 내용에 관한 피고인 2의 업무수첩 등에는 '전 대통령이 피고인 2에게 지시한 내용'(이하 '지시 사항 부분'이라 한다)과 '전 대통령과 개별 면담자가 나눈 대화 내용을 전 대통령이 단독 면담 후 피고인 2에게 불러주었다는 내용'(이하 '대화 내용 부분'이라 한다)이 함께 있다.

첫째, 피고인 2의 진술 중 지시 사항 부분은 전 대통령이 피고인 2에게 지시한 사실을 증명하기 위한 것이라면 원진술의 존재 자체가 요증사실인 경우에 해당하여 본래증거이고 전문증거가 아니다. 그리고 피고인 2의 업무수첩 중 지시 사항 부분은 형사소송법 제313조 제1항에 따라 공판준비나 공판기일에서 그 작성자인 피고인 2의 진술로 성립의 진정함이 증명된 경우에는 진술증거로 사용할 수 있다.

둘째, 피고인 2의 업무수첩 등의 대화 내용 부분이 전 대통령과 개별 면담자 사이에서 대화한 내용을 증명하기 위한 진술증거인 경우에는 전문진술로서 형사소송법 제316조 제2항에 따라 원진술자가 사망, 질병, 외국거주, 소재불명 그 밖에 이에 준하는 사유로 진술할 수 없고 그 진술이 특히 신빙할 수 있는 상태에서 한 것임이 증명된 때에 한하여 증거로 사용할 수 있다. 이 사건에서 피고인 2의 업무수첩 등이 이 요건을 충족하지 못한다. 따라서 피고인 2의 업무수첩 등은 전 대통령과 개별 면담자가 나눈 대화 내용을 추단할 수 있는 간접사실의 증거로 사용하는 것도 허용되지 않는다. 이를 허용하면 대화 내용을 증명하기 위한 직접증거로 사용할 수 없는 것을 결국 대화 내용을 증명하는 증거로 사용하는 결과가 되기 때문이다.

다) 원심판결 이유를 위 법리와 적법하게 채택된 증거에 비추어 살펴보면, 원심의 판단에 피고인 1과 특별검사·검사의 상고이유 주장과 같은 전문법칙 등에 관한 법리를 오해하는 등의 잘못이 없다. 특별검사가 상고이유로 들고 있는 대법원판결은 이 사건과 사안이 다르므로 이 사건에 원용하기에 적절하지 않다.

2) 형사소송법 제315조 제3호에 해당하는지 여부

상업장부, 항해일지, 진료일지 또는 이와 유사한 금전출납부 등과 같이 범죄사실의 인정 여부와 상관없이 자기에게 맡겨진 사무를 처리한 내역을 그때그때 계속적, 기계적으로 기재한 문서는 사무처리 내역을 증명하기 위하여 존재하는 문서로서 형사소송법 제315조 제2호에 따라 당연히 증거능력이 인정된다. 이러한 문서는 업무의 기계적 반복성으로 말미암아 허위로 작성될 여지가 적고, 또 문서의 성질에 비추어 고도의 신용성이 인정되어 반대신문의 필요가 없거나 작성자를 소환해도 서면제출 이상의 의미가 없기 때문에 당연히 증거능력을 인정한 것이다. 형사소송법 제315조 제3호는 '기타 특히 신용할 만한 정황에 의하여 작성된 문서'가 당연히 증거능력이 있다고 정하고 있는데, '기타'라는 문언으로 형사소송법 제315조 제1호와 제2호의 문서들을 제3호에서 정한 문서의 예시로 삼고 있다. 전문법칙에 관한 규정 체계·입법 취지와 함께 형사소송법 제315조의 규정형식을 살펴보면, 형사소송법 제315조 제3호에서 정한 문서는 제1호와 제2호에서 열거된 공권적 증명문서와 업무상 통상문서에 준하여 '굳이 반대신문의 기회 부여가 문제 되지 않을 정도로 고도의 신용성에 관한 정황적 보장이 있는 문서'를 뜻한다(대법원 2015. 07. 16. 선고 2015도2625 전원합의체 판결, 대법원 2017. 12. 05. 선고 2017도12671 판결 등 참조).

피고인 2의 업무수첩은 피고인 2가 사무처리의 편의를 위하여 자신이 경험한 사실 등을 기재해 놓은 것에 지나지 않는다. 이것은 '굳이 반대신문의 기회 부여가 문제 되지 않을 정도로 고도의 신용성에 관한 정황적 보장이 있는 문서'라고 보기는 어려우므로, 형사소송법 제315조 제3호의 '기타 특히 신용할 만한 정황에 의하여 작성된 문서'에 해당하지 않는다. 피고인 2의 업무수첩이 형사소송법 제315조 제3호에서 정한 문서에 해당하므로 증거능력이 있다는 특별검사의 상고이유 주장은 이유 없다.

2. 특정범죄가중법 위반(뇌물)

가. 공소외 1 승마 지원 관련 특정범죄가중법 위반(뇌물)

1) 피고인 1의 상고이유 주장

가) 공무원과 공무원이 아닌 사람(이하 '비공무원'이라 한다)이 뇌물수수죄의 공동정범이 될 수 있는지 여부와 그 범위

신분관계가 없는 사람이 신분관계로 인하여 성립될 범죄에 가공한 경우에는 신분관계가 있는 사람과 공범이 성립한다(형법 제33조 본문 참조). 이 경우 신분관계가 없는 사람에게 공동가공의 의사와 이에 기초한 기능적 행위지배를 통한 범죄의 실행이라는 주관적·객관적 요건이 충족되면 공동정범으로 처벌한다(대법원 2011. 07. 14. 선고 2011도3180 판결 등 참조). 공동가공의 의사는 공동의 의사로 특정한 범죄행위를 하기 위하여 일체가 되어 서로 다른 사람의 행위를 이용하여 자기의 의사를 실행에 옮기는 것을 내용으로 한다(대법원 2001. 11. 09. 선고 2001도4792 판결, 대법원 2008. 04. 10. 선고 2008도1274 판결 등 참조). 따라서 비공무원이 공무원과 공동가공의 의사와 이를 기초로 한 기능적 행위지배를 통하여 공무원의 직무에 관하여 뇌물을 수수하는 범죄를 실행하였다면 공무원이 직접 뇌물을 받은 것과 동일하게 평가할 수 있으므로 공무원과 비공무원에게 형법 제129조 제1항에서 정한 뇌물수수죄의 공동정범이 성립한다.

형법은 제130조에서 제129조 제1항 뇌물수수죄와는 별도로 공무원이 그 직무에 관하여 뇌물공여자로 하여금 제3자에게 뇌물을 공여하게 한 경우에는 부정한 청탁을 받고 그와

같은 행위를 한 때에 뇌물수수죄와 법정형이 동일한 제3자뇌물수수죄로 처벌하고 있다. 제3자뇌물수수죄에서 뇌물을 받는 제3자가 뇌물임을 인식할 것을 요건으로 하지 않는다 (대법원 2006. 06. 15. 선고 2004도3424 판결 등 참조). 그러나 위에서 본 것처럼 공무원이 뇌물공여자로 하여금 공무원과 뇌물수수죄의 공동정범 관계에 있는 비공무원에게 뇌물을 공여하게 한 경우에는 공동정범의 성질상 공무원 자신에게 뇌물을 공여하게 한 것으로 볼 수 있다. 공무원과 공동정범 관계에 있는 비공무원은 제3자뇌물수수죄에서 말하는 제3자가 될 수 없고(대법원 2017. 03. 15. 선고 2016도19659 판결 등 참조), 공무원과 공동정범 관계에 있는 비공무원이 뇌물을 받은 경우에는 공무원과 함께 뇌물수수죄의 공동정범이 성립하고 제3자뇌물수수죄는 성립하지 않는다.

뇌물수수죄의 공범들 사이에 직무와 관련하여 금품이나 이익을 수수하기로 하는 명시적 또는 암묵적 공모관계가 성립하고 공모 내용에 따라 공범 중 1인이 금품이나 이익을 주고 받았다면, 특별한 사정이 없는 한 이를 주고받은 때 그 금품이나 이익 전부에 관하여 뇌물수수죄의 공동정범이 성립하고, 금품이나 이익의 규모나 정도 등에 대하여 사전에 서로 의사의 연락이 있거나 금품 등의 구체적 금액을 공범이 알아야 공동정범이 성립하는 것은 아니다(대법원 2014. 12. 24. 선고 2014도10199 판결 등 참조).

금품이나 이익 전부에 관하여 뇌물수수죄의 공동정범이 성립한 이후에 뇌물이 실제로 공동정범인 공무원 또는 비공무원 중 누구에게 귀속되었는지는 이미 성립한 뇌물수수죄에 영향을 미치지 않는다. 공무원과 비공무원이 사전에 뇌물을 비공무원에게 귀속시키기로 모의하였거나 뇌물의 성질상 비공무원이 사용하거나 소비할 것이라고 하더라도 이러한 사정은 뇌물수수죄의 공동정범이 성립한 이후 뇌물의 처리에 관한 것에 불과하므로 뇌물수수죄가 성립하는 데 영향이 없다.

원심은 공소외 1에 대한 승마 지원과 관련된 뇌물이 비공무원인 피고인 1에게 모두 귀속되었더라도 공무원인 전 대통령과 비공무원인 피고인 1 사이에는 뇌물수수죄의 공동정범이 성립할 수 있다고 판단하였다.

원심판결 이유를 위 법리와 적법하게 채택된 증거에 비추어 살펴보면, 원심의 판단에 상고이유 주장과 같이 형법 제129조 제1항 뇌물수수죄와 형법 제130조 제3자뇌물수수죄, 공범과 신분, 공동정범 등에 관한 법리를 오해한 잘못이 없다.

나) 피고인 1과 전 대통령 사이에 공모관계가 있는지 여부

원심은 피고인 1과 전 대통령 사이의 공모관계와 피고인 1의 기능적 행위지배를 인정하였다. 그 이유로 전 대통령이 공소외 2에게 공소외 1에 대한 승마 지원이라는 뇌물을 요구하고, 피고인 1은 승마 지원을 통한 뇌물수수 범행에 이르는 핵심 경과를 조종하거나 저지·촉진하는 등 피고인 1과 전 대통령의 의사를 실행에 옮기는 정도에 이르렀다는 점을 들었다.

원심판결 이유를 적법하게 채택된 증거에 비추어 살펴보면, 원심의 판단에 상고이유 주장과 같이 공동정범에서의 공모, 기능적 행위지배 등에 관한 법리를 오해하거나 논리와 경험의 법칙에 반하여 자유심증주의의 한계를 벗어나는 등의 잘못이 없다.

다) 말들이 뇌물인지 여부

(1) 뇌물죄에서 뇌물의 내용인 이익은 금전, 물품 그 밖의 재산적 이익과 사람의 수요 욕

망을 충족시키기에 충분한 일체의 유형·무형의 이익을 포함한다(대법원 1979. 10. 10. 선고 78도1793 판결, 대법원 2014. 01. 29. 선고 2013도13937 판결 등 참조). 뇌물수수죄에서 말하는 '수수'란 받는 것, 즉 뇌물을 취득하는 것이다. 여기에서 취득이란 뇌물에 대한 사실상의 처분권을 획득하는 것을 의미하고, 뇌물인 물건의 법률상 소유권까지 취득하여야 하는 것은 아니다. 뇌물수수자가 법률상 소유권 취득의 요건을 갖추지는 않았더라도 뇌물로 제공된 물건에 대한 점유를 취득하고 뇌물공여자 또는 법률상 소유자로부터 반환을 요구받지 않는 관계에 이른 경우에는 그 물건에 대한 실질적인 사용·처분권한을 갖게 되어 그 물건 자체를 뇌물로 받은 것으로 보아야 한다(대법원 2006. 04. 27. 선고 2006도735 판결 등 참조).

뇌물수수자가 뇌물공여자에 대한 내부관계에서 물건에 대한 실질적인 사용·처분권한을 취득하였으나 뇌물수수 사실을 은닉하거나 뇌물공여자가 계속 그 물건에 대한 비용 등을 부담하기 위하여 소유권 이전의 형식적 요건을 유보하는 경우에는 뇌물공여자와 뇌물수수자 사이에서는 소유권을 이전받은 경우와 다르지 않으므로 그 물건을 뇌물로 받았다고 보아야 한다. 뇌물수수자가 교부받은 물건을 뇌물공여자에게 반환할 것이 아니므로 뇌물수수자에게 영득의 의사도 인정된다.

(2) 원심은 피고인 1과 공소외 3 사이에서 2015. 11. 15.경에는 살시도와 향후 구입할 말들에 관하여 실질적인 사용·처분권한이 피고인 1에게 있다는 의사의 합치가 있었다고 보아 제1심과 마찬가지로 피고인 1이 공소외 2 등으로부터 말들 자체를 뇌물로 받았다고 판단하였다.

(3) 원심판결 이유를 적법하게 채택된 증거에 비추어 살펴보면, 원심의 판단에 상고이유 주장과 같이 뇌물수수죄에 관한 법리를 오해하거나 논리와 경험의 법칙에 반하여 자유심증주의의 한계를 벗어나는 등의 잘못이 없다. 그 이유는 다음과 같다.

(가) 공소외 2, 공소외 3, 공소외 4 등이 살시도를 구입하는 과정에서 공소외 4는 공소외 5와 상의한 다음 말 소유권이 공소외 6 주식회사(이하 '공소외 6 회사'라 한다)에 있다는 것을 명확히 하기 위하여 공소외 5로 하여금 국제승마연맹(FEI)에서 발급하는 말 패스포트의 마주란에 공소외 6 회사를 기재하게 하였다. 그 후 공소외 4는 말 소유권이 공소외 6 회사에 있다는 것을 더 확실하게 하려고 공소외 5를 통하여 피고인 1에게 마필 위탁관리계약서를 작성해 달라고 요구하였다. 피고인 1은 말 패스포트의 마주란에 공소외 6 회사가 소유자로 기재된 것을 듣고 화가 난 상태에서 이러한 요구를 받고 공소외 5에게 '윗선에서 공소외 6 회사가 말을 사주기로 다 결정이 났는데 왜 공소외 6 회사 명의로 했냐'고 말하며 화를 냈고 공소외 3을 독일로 당장 들어오게 하라고 지시하였다. 공소외 5는 공소외 4에게 위와 같이 피고인 1이 한 말과 화를 낸 경위를 전달하였다. 공소외 3은 이를 전달받은 후 공소외 5에게 '그까짓 말 몇 마리 사주면 된다.'고 말하였고, 2015. 11. 15. 공소외 5에게 '기본적으로 원하시는 대로 하겠다.', '결정하는 대로 지원하겠다는 것이 우리의 입장'이라는 내용의 문자메시지를 보냈다.

위와 같은 경위에 비추어 보면, 피고인 1과 공소외 4 사이에서는 말 패스포트에 마주의 이름을 기재하는 것이 법적인 것은 아니더라도 승마계에서 말 소유권을 표시하는 방법으로 인식하였다고 볼 수 있다. 그리고 피고인 1은 이미 전 대통령과 공소외 2 사이에서 공소외 6 회사가 피고인 1에게 말을 사주는 것으로 결정하였다고 알고 있는데 공소외 4가 그와 다르게 말 소유권은 공소외 6 회사가 갖고 피고인 1에게 단지 빌려주는 형식을 요구하였기 때문에 화를 냈다고 볼 수 있다. 즉 피고인 1이 이러한 태도를 보인 것은 말 소유권을 원했기 때문이다. 그 후 공소외 3이 취한 언행에 비추어 보면 공소외 3도 피고인 1이 말 소유권을 원한다는 것을 알았다고 보아야 한다.
전 대통령은 2014. 9. 15. 단독 면담에서 공소외 2에게 "대한승마협회 회장사를 공소외 6 회사그룹에서 맡아주고, 승마 유망주들이 올림픽에 참가할 수 있도록 좋은 말도 사주는 등 적극 지원해 달라."라고 요청하였고, 2015. 7. 25. 단독 면담에서 공소외 2에게 승마 관련 지원이 부족하다며 다시 "승마 유망주를 해외 전지훈련도 보내고 좋은 말도 사줘야 하는데 공소외 6 회사가 그걸 안하고 있다."라고 말하였다. 전 대통령은 위와 같이 두 차례 단독면담을 하면서 그때마다 공소외 2에게 '좋은 말을 사줘라'고 말하였다. 이러한 요구를 받은 공소외 2의 포괄적인 지시에 따라 공소외 1에 대한 승마 지원 관련 권한을 가진 공소외 3은 피고인 1이 말 소유권을 원한다는 것을 안 후에는 피고인 1에게 말 소유권을 취득하도록 해야 한다는 것을 알았다고 보아야 한다. 그러한 상황에서 공소외 3은 공소외 5를 통하여 피고인 1에게 원하는 대로 해주겠다는 의사를 분명히 전달하였다.
따라서 공소외 3은 피고인 1에 대하여 더 이상 말 소유권을 주장하지 않을 것이고 말의 실질적인 사용·처분권한이 피고인 1에게 있다는 것을 인정하며 그와 관련하여 피고인 1이 구체적으로 원하는 조치는 피고인 1이 결정하는 대로 받아들이겠다는 의사를 표시하였고, 피고인 1과 그러한 의사의 합치가 있었다고 볼 수 있다.
(나) 공소외 5가 2015. 11. 17. 공소외 4에게 전한 피고인 1의 요구사항에는 말 소유자 등록 문제가 기재되어 있으나 피고인 1이 말 소유권을 원한다고 명시적으로 기재되어 있지는 않다. 그러나 공소외 5는 위 요구사항에 관하여 공소외 2에 대한 뇌물공여 등 사건(이하 '관련사건'이라 한다) 제1심에서 피고인 1이 화를 낸 것은 분명히 말 소유권 때문이 맞고 화가 진정된 후에 위 요구사항에 기재된 내용과 같이 이야기한 것은 공소외 6 회사 측에 문건을 보내면서 '말을 사주기로 했는데 왜 그러느냐'는 표현을 쓸 수 없으니 위와 같이 핑계를 댄 것 같다고 진술하였다.
위에서 본 것처럼 피고인 1은 말 소유권을 원했기 때문에 화를 냈고 공소외 3이 이를 알고 2015. 11. 15. 피고인 1에게 원하는 대로 해주겠다는 뜻을 명확히 전달하였으므로 이미 피고인 1은 공소외 3으로부터 원하는 답을 얻었다. 따라서 피고인 1이 공소외 3, 공소외 4에게 위 요구사항을 보내면서 다시 말 소유권을 원한다는 말을 직접적으로 할 필요가 없다. 오히려 위 요구사항은 위 (가)에서 본 2015. 11. 15. 합의 내용을 전제로 구체적인 요구사항을 완곡하게 전달한 것으로 볼 수 있다. 피고인 1로서는 공소외 6 회사에 대한 관계에서 말 소유권이 피고인 1에게 있다는 것을 확인하면 충분하였고 공소외 6 회사로부터 승마지원을 받는 동안에는 공소외 6 회사가 법률상 소유자의 지위를 유지하면서 소유권 침해에 대한 대응, 유지비 부담, 언론의 추적을 회피하기 위한 필요한 조치 등을 할 필요가 있었다. 피고인 1의 2015. 11. 17. 요구사항은 위와 같은 사정을 배경으로 제시되었다고 보는 것이 합리적이다. 위 요구사항에 마필 위탁관리계약서의 작성을 거절한다는 내용이 없는데도 위와 같은 과정을 거친 후 마필 위탁관리계약서가 작성되지 않았다는 사정도 이에 부합한다.

(다) 공소외 3 등이 2016. 2. 4. 비타나와 라우싱을 매수할 때에는 살시도의 경우와 달리 공소외 6 회사의 내부 기안문에서 패스포트와 소유주 부분이 삭제되었고, 말을 자산관리대장에 유형자산으로 등재하지 않았으며, 회계처리에서만 구입비용을 선급금으로 기재하였다. 피고인 1이 관여할 수 없는 공소외 6 회사 내부에서 이루어진 이러한 조치는 공소외 3 등 공소외 6 회사 측에서 비타나와 라우싱을 매수할 당시에는 말 소유권을 주장할 수 없다는 인식이 있었음을 보여준다. 그리고 비타나와 라우싱의 패스포트 마주란에는 공소외 6 회사가 기재되지 않았고 종전 마주의 이름이 기재된 상태를 그대로 유지하였다.

(라) 공소외 3 등은 공소외 1에 대한 승마 지원에 관한 의혹이 제기되고 언론의 취재가 진행되자 이를 회피하기 위하여 2016. 8. 22. 공소외 6 회사가 ☆☆☆☆☆ ☆☆☆☆(이하 '☆☆☆☆☆'라 한다)에 살시도, 비타나, 라우싱을 매매대금 합계 269만 100유로에 매도하는 내용의 매매계약을 한 것처럼 가장하였다. 공소외 3, 공소외 4는 2016. 9. 28. 독일 프랑크푸르트에 있는 ▽▽▽▽ 호텔에서 피고인 1을 만나 뇌물제공 사실을 숨기는 방법으로 ☆☆☆☆☆와 프로그램을 돌려 말 값을 정산하는 방안을 논의하였다. 그에 따르면 실제로는 공소외 6 회사가 말 값을 지급하는 것인데도 외형상으로는 공소외 6 회사가 말을 처분하고 ☆☆☆☆☆가 말을 매수한 것처럼 보이게 되고, 공소외 2, 공소외 3, 공소외 4 등이 피고인 1에게 말을 뇌물로 제공한 사실을 숨길 수 있게 된다.

피고인 1은 2016. 9. 30. 공소외 7 회사 명의로 ☆☆☆☆☆와 살시도, 비타나에 67만 유로를 더해 블라디미르, 스타샤와 교환하는 계약을 체결하였다. 공소외 3은 피고인 1에게 그랑프리급 말을 같은 급으로 대체해서 대회에 출전하면 또 추적의 대상이 된다는 이유로 그랑프리급 말의 교체를 반대하며 아시안게임 이후에나 하라는 의사를 전하였으나 피고인 1은 공소외 3의 의사에 반하여 그랑프리급 말인 블라디미르로 교체하였다. 그 후 공소외 3, 공소외 4는 2016. 10. 19. 독일 프랑크푸르트에 있는 ◎◎◎ 호텔에서 피고인 1 등과 만나 승마 지원 관계를 종료하기로 하면서 범행은닉에 필요한 조치를 논의하고, 위 블라디미르를 처분하기로 한 것 외에는 피고인 1이 나머지 말들을 종국적으로 소유하는 전제로 협의를 하였다. 이러한 사정은 피고인 1에게 말의 처분에 관한 실질적인 권한이 있었다는 것을 보여준다.

(마) 요컨대, 공소외 2는 전 대통령과 단독 면담을 할 때 전 대통령으로부터 승마 지원을 요구받고 그 직무와 관련한 뇌물을 제공하기 위하여 공소외 1에게 승마 지원을 하였다. 두 차례의 단독 면담에서 전 대통령으로부터 '좋은 말을 사줘라'는 요구를 받았고 2차 단독 면담에서 재차 요구를 받은 다음 적극적이고 신속하게 승마 지원을 진행하였다. 그 과정에서 지원의 구체적인 내용은 피고인 1 측에서 정하는 대로 이루어졌다. 전 대통령의 요구에 따라 피고인 1에게 뇌물을 제공하는 공소외 2 등으로서는 피고인 1이 가급적 만족할 수 있도록 원하는 대로 뇌물을 제공하되 그 사실이 외

부에 드러나지 않도록 하는 것이 중요한 관심사였다고 볼 수 있다. 이러한 경위로 피고인 1에게 공소외 1이 탈 말과 피고인 1이 요구하는 돈을 지급한 공소외 2 등이 피고인 1로부터 말 소유권을 갖기를 원한다는 의사를 전달받고 원하는 대로 해주겠다는 의사를 밝혔으므로 양측 사이에 말을 반환할 필요가 없고 실질적인 사용·처분권한을 이전한다는 의사의 합치가 있었다고 보아야 한다.

위와 같은 합의 이후 말들에 대한 조치들은 모두 위 합의를 기초로 이루어졌다. 공소외 2 등이 공소외 6 회사의 자금으로 구입한 말들에 대한 점유가 피고인 1에게 이전되어 피고인 1이 원하는 대로 말들을 계속 사용하였다. 2015. 11. 15. 이후에는 피고인 1이 공소외 6 회사에 말들을 반환할 필요가 없었으며, 피고인 1이 말들을 임의로 처분하거나 잘못하여 말들이 죽거나 다치더라도 그 손해를 공소외 6 회사에 물어주어야 할 필요가 없다. 이러한 경우에 공소외 2 등이 피고인 1에게 제공한 뇌물은 말들이라고 보아야 한다. 이와 달리 뇌물로 제공한 것이 말들에 관한 액수 미상의 사용이익에 불과하다고 보는 것은 논리와 경험의 법칙에 반하고 일반 상식에도 어긋난다.

라) 액수 미상의 뇌물수수약속죄가 성립하는지 여부

원심은, 공소외 6 회사와 공소외 7 회사 사이의 용역계약(이하 '이 사건 용역계약'이라 한다)이 체결된 2015. 8. 26. 무렵 피고인 1과 공소외 2 등 사이에서 적어도 당초 합의한 2018년 아시안게임 때까지는 공소외 1에 대한 승마 지원을 목적으로 액수 미상의 뇌물을 주고받겠다는 확정적인 의사 합치가 있었다고 판단하였다.

원심판결 이유를 적법하게 채택된 증거에 비추어 살펴보면, 원심의 판단에 상고이유 주장과 같이 뇌물수수약속죄 등에 관한 법리를 오해하거나 논리와 경험의 법칙에 반하여 자유심증주의의 한계를 벗어나는 등의 잘못이 없다.

2) 특별검사의 상고이유 주장

가) 원심은 다음과 같이 판단하였다.

가장행위에 불과한 이 사건 용역계약에 용역대금이 213억 원으로 기재되어 있다는 것만으로 피고인 1과 공소외 2 등 사이에서 213억 원을 뇌물로 수수하기로 하는 합의가 있었다고 볼 수 없다. 용역계약에 따르더라도 피고인 1이나 전 대통령과 공소외 2 등 사이에서 213억 원을 뇌물로 수수하겠다는 의사가 확정적으로 합치되었다고 단정할 수 없다. 말들에 관한 보험계약에 따른 보험이익이 공소외 6 회사에서 피고인 1에게 이전되었다고 볼 만한 증거가 없다. 보험사고가 발생하는 경우 보험금은 공소외 6 회사에 지급되고 공소외 3, 공소외 4 등이 피고인 1에게 보험금을 전달하거나 보험금으로 말을 구입하여 제공하면 그 단계에서 새로운 뇌물수수죄가 성립한다. 이러한 사정에 비추어 보면, 피고인 1이 공소외 3으로부터 말들에 대한 보험료 상당액을 받았다고 단정하기 어렵다.

공소외 6 회사와 공소외 7 회사는 공소외 7 회사가 공소외 6 회사의 비용으로 구입하여 사용한 선수단차량 3대, 말 운송차량 1대에 관하여 소유권이 공소외 6 회사에 있다는 확인서를 작성하였고 공소외 6 회사가 자산관리대장에 위 차량들을 유형자산으로 등재한 사정 등에 비추어 보면, 위 차량들 자체 또는 구입대금을 피고인 1이 뇌물로 받았다고 인정하기 어렵다.

나) 원심판결 이유를 관련 법리와 적법하게 채택된 증거에 비추어 살펴보면, 원심의 판단에

상고이유 주장과 같이 뇌물수수약속죄, 뇌물수수죄, 미필적 고의 등에 관한 법리를 오해하고 필요한 심리를 다하지 아니하며 판단을 누락하거나 논리와 경험의 법칙에 반하여 자유심증주의의 한계를 벗어나는 등의 잘못이 없다.

나. 공소외 8 사단법인(이하 '공소외 8 법인'이라 한다) 관련 특정범죄가중법 위반(뇌물)

1) 형법 제130조 제3자뇌물수수죄는 공무원 또는 중재인이 직무에 관하여 부정한 청탁을 받고 제3자에게 뇌물을 공여하게 하는 행위를 구성요건으로 한다. 여기에서 뇌물이란 공무원의 직무에 관하여 부정한 청탁을 매개로 제3자에게 교부되는 위법·부당한 이익을 말하고, 형법 제129조 뇌물죄와 마찬가지로 직무관련성이 있으면 인정된다(대법원 2006. 06. 15. 선고 2004도3424 판결, 대법원 2007. 11. 16. 선고 2004도4959 판결 등 참조).

'부정한 청탁'이란 청탁이 위법·부당한 직무집행을 내용으로 하는 경우는 물론, 청탁의 대상이 된 직무집행 그 자체는 위법·부당하지 않더라도 직무집행을 어떤 대가관계와 연결시켜 직무집행에 관한 대가의 교부를 내용으로 하는 경우도 포함한다. 청탁의 대상인 직무행위의 내용을 구체적으로 특정할 필요도 없다. 부정한 청탁의 내용은 공무원의 직무와 제3자에게 제공되는 이익 사이의 대가관계를 인정할 수 있을 정도로 특정하면 충분하고, 이미 발생한 현안뿐만 아니라 장래 발생될 것으로 예상되는 현안도 위와 같은 정도로 특정되면 부정한 청탁의 내용이 될 수 있다. 부정한 청탁은 명시적인 의사표시가 없더라도 청탁의 대상이 되는 직무집행의 내용과 제3자에게 제공되는 금품이 직무집행에 대한 대가라는 점에 대하여 당사자 사이에 공통의 인식이나 양해가 있는 경우에는 묵시적 의사표시로 가능하다(대법원 2011. 09. 08. 선고 2011도7503 판결, 대법원 2017. 03. 15. 선고 2016도19659 판결, 대법원 2017. 12. 22. 선고 2017도12346 판결 등 참조).

제3자뇌물수수죄에서 직무와 관련된 뇌물에 해당하는지 또는 부정한 청탁이 있었는지를 판단할 때에는 직무와 청탁의 내용, 공무원과 이익 제공자의 관계, 이익의 다과, 수수 경위와 시기 등의 여러 사정과 아울러 직무집행의 공정, 이에 대한 사회의 신뢰와 직무수행의 불가매수성이라고 하는 뇌물죄의 보호법익에 비추어 이익의 수수로 말미암아 사회 일반으로부터 직무집행의 공정성을 의심받게 되는지 등이 기준이 된다(대법원 2007. 01. 26. 선고 2004도1632 판결 등 참조).

2) 원심은 다음과 같은 이유로 승계작업에 관한 공소외 2의 묵시적 청탁과 공소외 8 법인 지원금 사이에 대가관계가 있다고 보아 피고인 1에 대한 이 부분 공소사실을 유죄로 판단하였다.

가) 승계작업이란 '공소외 2가 최소한의 개인자금을 사용하여 ◇◇그룹 핵심 계열사들인 공소외 6 회사와 공소외 9 주식회사(이하 '공소외 9 회사'라 한다)에 대하여 사실상 행사할 수 있는 의결권을 최대한 확보할 수 있도록 하는 것을 목표로 하는 ◇◇그룹 지배구조 개편'을 가리킨다. 이것은 최소 비용으로 ◇◇그룹 주요 계열사들에 대한 공소외 2의 지배권을 양적·질적으로 강화하는 것을 목적으로 한다. 이러한 승계작업은 성질상 고정불변의 것이 아니라, 경제적·사회적·제도적·정치적 환경의 변화에 따라 구체적 내용이 유동적일 수밖에 없다. 승계작업을 구성하는 개별적인 지배구조 개편 내용이 청탁 당시에 구체적으로 특정될 필요는 없고, 전 대통령의 직무와 공소외 8 법인에 제공되는 이익 사이의 대가관계를 인정할 수 있을 정도로 승계작업이 특정되면 부정한 청탁의 내용이 될 수 있다.

나) ◇◇그룹의 지배권을 승계하는 공소외 2는 ◇◇그룹 주요 계열사들에 대한 지배권을 최대한 강화할 필요가 있었고, 이에 따라 지배구조 개편을 진행해 왔다. 공소외 10 주식회사(이하 '공소외 10 회사'라 한다)와 공소외 11 주식회사(이하 '공소외 11 회사'라 한다)의 유가증권 시장 상장, 공소외 12 주식회사(이하 '공소외 12 회사'라 한다)와 공소외 11 회사 사이의 합병(이하 '이 사건 합병'이라 한다), 외국자본에 대한 경영권 방어 강화 추진, 이 사건 합병에 따른 신규 순환출자 고리 해소를 위한 공소외 12 회사 주식 처분 최소화, 공소외 9 회사의 금융지주회사 전환 계획에 대한 금융위원회 승인 추진은 승계작업의 일환으로 진행된 현안들이다. 이러한 사정에 비추어 승계작업을 인정할 수 있다.

다) 2015. 7. 25. 단독 면담 당시 전 대통령과 공소외 2 사이에는 공소외 2의 승계작업이라는 현안과 관련하여 전 대통령의 우호적인 입장에 관한 공통의 인식과 양해가 형성되어 있었다. 단독 면담에서 전 대통령은 공소외 2에게 공소외 8 법인을 지원해 달라고 요청하였다. 전 대통령과 공소외 2 사이에서는 공소외 2의 승계작업을 위한 전 대통령의 직무집행과 공소외 2의 공소외 8 법인 지원이 직무집행에 대한 대가라는 것에 관하여 공통의 인식이나 양해가 있었다.

라) 전 대통령은 승계작업에 영향을 미칠 수 있는 지위와 직무권한을 가지고 있다. 특정대기업집단의 경영권 승계작업을 돕기 위해 전 대통령의 권한을 사용해달라는 취지의 청탁은 그 자체로 사회상규나 신의성실의 원칙에 위배된다. 전 대통령과 공소외 2 사이에는 공소외 8 법인이라는 특정 단체에 대한 지원을 요청하고 받아줄 만한 인적 관계가 없다. 전 대통령은 단독 면담 자리에서 공소외 2에게 공소외 8 법인에 대한 지원을 은밀히 요구하였고, 피고인 1의 요청에 따라 지원 대상, 규모, 방식 등을 구체적으로 특정하여 요구하였다. 공소외 2 등은 공소외 8 법인이 정상적인 공익단체가 아니라는 사실을 인식하고 있었는데도 이례적으로 큰 금액을 별다른 검토 없이 요구받은 내용에 따라 지원하였다. 지원이 이루어진 2015. 10.경부터 2016. 3.경까지 사이에 승계작업의 일부를 이루는 이 사건 합병에 따른 순환출자 고리 해소, 외국자본에 대한 경영권 방어 강화, 공소외 9 회사의 금융지주회사 전환 등의 현안들이 진행되고 있었다.

마) 국내 최대 기업집단인 ◇◇그룹이 전 대통령의 요구에 따라 정상적인 공익단체가 아닌 공소외 8 법인에 큰 금액을 지원한다는 것 자체로 사회 일반으로부터 전 대통령의 직무집행 공정성에 대한 의심을 불러일으키기에 충분하다.

바) 피고인 1은 대통령의 권한과 지위, 전 대통령과 대기업 총수들의 단독 면담에서 이루어지는 대화의 대략적인 내용을 알고 있었고 전 대통령과 공소외 2의 단독 면담 일정을 미리 파악하여 전 대통령에게 공소외 8 법인 관련 문건을 전달하면서 공소외 2에 대한 공소외 8 법인 지원 요청을 부탁하였다. 이러한 사정 등에 따르면 피고인 1과 전 대통령 사이의 공모관계가 인정된다.

3) 원심이 인정한 사실관계에 따르면, 최소 비용으로 ◇◇그룹 주요 계열사들인 공소외 6 회사와 공소외 9 회사에 대한 공소외 2의 지배권 강화라는 뚜렷한 목적을 갖고 미래전략실을 중심으로 ◇◇그룹 차원에서 조직적으로 승계작업을 진행하였음을 알 수 있다. 이러한 뚜렷한 목적과 성격을 가진 승계작업에 대하여 대통령의 권한으로 영향을 미칠 수 있으므로 위와 같은 승계작업은 그에 관한 전 대통령의 직무행위와 제공되는 이익 사이에 대가관계를 인정할 수 있을

정도로 특정되었고 부정한 청탁의 내용이 될 수 있다.

승계작업 자체로 대가관계를 인정할 수 있는 이상 승계작업의 일환으로서 이루어지는 구체적인 각각의 현안과 대가관계를 특정하여 증명할 필요는 없고, 그러한 현안이 청탁 당시 이미 발생하고 있어야 하는 것도 아니다.

따라서 원심판결 이유를 위 법리와 적법하게 채택된 증거에 비추어 살펴보면, 원심의 판단에 피고인 1의 상고이유 주장과 같이 제3자뇌물수수죄에서 말하는 부정한 청탁 등에 관한 법리를 오해하거나 논리와 경험의 법칙에 반하여 자유심증주의의 한계를 벗어나는 등의 잘못이 없다.

다. 공소외 13 재단법인, 공소외 14 재단법인(이하 각각 '공소외 13 재단', '공소외 14 재단'이라 하고, 통칭하여 '이 사건 각 재단'이라 한다) 관련 특정범죄가중법 위반(뇌물)

1) 원심은 다음과 같은 이유로 피고인 1에 대한 이 부분 공소사실을 무죄로 판단하였다.

승계작업에 관한 공소외 2의 묵시적 청탁과 이 사건 각 재단 출연금 사이에 대가관계가 존재한다고 단정하기 어렵다. 청와대는 이 사건 각 재단에 대한 전체 출연 규모, 공소외 13 재단에 대한 출연금의 증액 여부, 출연 기업의 범위와 재단 설립 일정 등을 정하여 ◁◁◁◁◁◁◁(이하 '◁◁◁'이라 한다)에 전달하였고, ◁◁◁은 이를 기초로 후원금을 모으는 일반적인 방법으로 기업들의 출연금액을 정해 주었다. 따라서 ◇◇그룹에 대해서만 어떤 대가관계가 있다거나 전 대통령이 유독 공소외 2에게만 승계작업이라는 현안에 대한 대가관계를 인식하고 요청하였다고 보기 어렵다.

전 대통령과 공소외 2가 2014. 9. 12. 단독 면담을 하였다고 단정하기에 부족하고, 특별검사가 주장하는 다른 현안들에 관하여 전 대통령과 공소외 2 사이에 이 부분에 관한 부정한 청탁과 대가관계가 모두 인정된다고 보기는 어렵다.

이 사건 각 재단은 제3자뇌물수수죄의 제3자에 해당한다. 공소외 2 등이 피고인 1과 전 대통령이 부담하여야 할 이 사건 각 재단의 출연금을 대신 지급한 것으로 볼 수 없고, 피고인 1과 전 대통령이 이 사건 각 재단 출연금을 직접 받은 것과 동일하게 볼 수 없다.

2) 원심판결 이유를 관련 법리와 적법하게 채택된 증거에 비추어 살펴보면, 원심의 판단에 특별검사의 상고이유 주장과 같이 제3자뇌물수수죄의 성립 요건, 뇌물공여자의 인식과 뇌물수수자의 죄책, 재단법인 출연행위 등에 관한 법리를 오해하고 판단을 누락하며 필요한 심리를 다하지 않거나 논리와 경험의 법칙에 반하여 자유심증주의의 한계를 벗어나는 등의 잘못이 없다.

라. △△그룹 관련 특정범죄가중법 위반(뇌물)

1) 원심은 다음과 같은 이유로 전 대통령과 1심 공동피고인 3 사이에 부정한 청탁이 있었고, 피고인 1의 이 부분 범행에 관한 공모관계와 기능적 행위지배도 있었다고 판단하였다.

단독 면담의 성격과 시기, ▷▷▷ 면세점 현안의 중요성, 전 대통령의 '△△그룹 말씀자료'와 1심 공동피고인 3의 '미팅자료' 내용 등에 비추어 보면 전 대통령과 1심 공동피고인 3의 단독 면담 자리에서 면세점에 관한 대화가 있었다고 볼 수 있다.

전 대통령과 1심 공동피고인 3이 △△그룹의 핵심 현안인 ▷▷▷▷ 면세점 특허 재취득현안에 대하여 공통의 인식을 가지고 있었다. △△그룹 측은 ▷▷▷▷ 면세점의 고용 문제와 영업의 연속성, 공소외 15 주식회사 상장절차 등의 문제로 청와대 등 내부 방침에서 정해진 일정 또는 이보다 크게 지연되지 않는 범위 내에서 서울 시내면세점 신규특허 발행절차를 진행할 필요가 있었다. 전 대통령 등 청와대도 그러한 사정을 알고 있었다. 따라서 전 대통령과 1심 공동피고인 3 사이에서 청와대 등 내부 방침에 따른 절차대로 진행하는 것을 포함하는 '신규특허 방안의 조속한 추진과 ▷▷▷▷ 면세점의 특허 재취득'에 대한 묵시적 청탁이 있었다고 인정된다.

전 대통령은 단독 면담에서 1심 공동피고인 3의 청탁에 대하여 직무집행의 대가로 1심 공동피고인 3에게 공소외 14 재단에 대한 추가 지원을 요구하였다. 1심 공동피고인 3과 △△그룹 측은 전 대통령의 요구가 직무집행의 대가임을 인식하고 공소외 14 재단에 추가로 75억 원을 지원하기로 한 후 70억 원을 실제로 지급하였다.

피고인 1은 전 대통령에게 관련 사업계획안을 전달하였고, 1심 공동피고인 3과 △△그룹에 대한 공소외 14 재단 추가 지원 요청이 전 대통령의 직무집행과 대가관계에 있다는 사정을 미필적으로 인식하고 있었으므로, 이 부분 제3자뇌물수수 범행에 대하여 피고인 1과 전 대통령 사이의 공모관계도 인정된다.

2) 원심판결 이유를 위에서 본 법리와 적법하게 채택된 증거에 비추어 살펴보면, 원심의 판단에 피고인 1의 상고이유 주장과 같이 제3자뇌물수수죄에서 말하는 부정한 청탁 등 성립 요건에 관한 법리를 오해하거나 논리와 경험의 법칙에 반하여 자유심증주의의 한계를 벗어나는 등의 잘못이 없다.

마. □□□□그룹 관련 특정범죄가중법 위반(뇌물)

1) 원심은 다음과 같은 이유로 공소외 16이 전 대통령에게 부정한 청탁을 하였고, 전 대통령과 피고인 1 등의 고의가 인정되며, 피고인 1의 공모관계와 기능적 행위지배도 있었다고 판단하였다.

공소외 16은 단독 면담에서 공소외 17의 가석방 관련 발언, ♤♤♤ 면세점에 관한 발언, 공소외 18 주식회사의 공소외 19 주식회사 인수·합병에 관한 발언을 하였다. 이는 각각 '공소외 17을 형기 만료 전에 조기 석방될 수 있도록 배려해 달라.', '면세점 신규특허 발행절차를 신속하게 진행해 달라.', '기업결합 승인 신청에 대하여 신속하게 결론을 내 달라.'는 취지의 명시적 청탁에 해당한다.

공소외 16의 청탁에 따라 전 대통령이 직무집행의 대가로 공소외 14 재단과 가이드러너 사업에 대한 지원을 요구함으로써 공소외 16의 청탁과 전 대통령의 요구가 결합하여 부정한 청탁이 되고, 전 대통령과 □□□□그룹 측 상호 간에 전 대통령의 요구와 □□□□그룹의 현안들에 대한 직무집행 사이에 대가관계가 있다는 인식이 있었다. 전 대통령이 공소외 16에게 피고인 1이 주도적으로 설립·운영한 회사인 공소외 20 주식회사(이하 '공소외 20 회사'라 한다)가 기획하여 진행하는 가이드러너 사업에 대한 지원을 요구한 것이 순수한 의미의 협조를 당부한 것이라고 보기 어렵다.

피고인 1은 전 대통령이 2016. 2. 16. 공소외 16과 단독 면담을 한다는 사실을 알고 있었고, 전 대통령과 공소외 2를 통하여 □□□□그룹에 가이드러너 연구용역 계약서 등 기획안을 전달하였으며, 공소외 16과 □□□□그룹에 대한 공소외 14 재단과 가이드러너 사업 지원 요청이 전 대통령의 직무집행과 대가관계에 있다는 사정을 미필적으로 인식하고 있었다. 따라서 이 부분 제3자뇌물요구 범행에 대하여 피고인 1과 전 대통령 사이의 공모관계도 인정된다.

전 대통령이 피고인 2를 통하여 공소외 20 회사의 가이드러너 연구용역 제안서 등의 문건을 □□□□그룹에 전달하고, 이후 공소외 14 재단의 공소외 21, 공소외 22가 □□□□그룹 관계자들을 만나 89억 원을 지원해 달라고 요구하였으므로 그 즉시 뇌물요구죄는 성립한다.

2) 원심판결 이유를 위에서 본 법리와 적법하게 채택된 증거에 비추어 살펴보면, 원심의 판단에 피고인 1의 상고이유 주장과 같이 제3자뇌물요구죄에서 말하는 부정한 청탁, 요구 등 성립 요건과 공모관계 등에 관한 법리를 오해하거나 논리와 경험의 법칙에 반하여 자유심증주의의 한계를 벗어나는 등의 잘못이 없다.

바. 공소외 23·공소외 24 관련 특정범죄가중법 위반(뇌물)

1) 피고인 2의 상고이유 주장

원심은 다음과 같이 판단하였다. 피고인 2는 경제수석비서관으로서 직무집행의 대가로, 공소외 23·공소외 24 부부로부터 2014. 8. 21.경 시가 100만 원 상당의 여성 스카프 1장, 2014. 8. 30.경 시가 100만 원 상당의 양주 1병, 2015. 5. 초순경 루이뷔통 가방 1개와 현금 500만 원, 2016. 5. 중·하순경 딸 결혼식 축의금 명목으로 500만 원을 받았다.

이러한 원심의 판단에 이른 사실인정을 다투는 취지의 상고이유 주장은 실질적으로 사실심 법원의 자유판단에 속하는 원심의 증거 선택과 증명력에 관한 판단을 다투는 것이다. 원심판결 이유를 관련 법리와 적법하게 채택된 증거에 비추어 살펴보아도 원심의 판단에 상고이유 주장과 같이 뇌물수수죄의 대가성과 뇌물의 가액 등에 관한 법리를 오해하거나 논리와 경험의 법칙에 반하여 자유심증주의의 한계를 벗어난 잘못이 없다.

2) 특별검사의 상고이유 주장

원심은, 명절 직전 받은 현금 합계 1,500만 원 부분, 2015. 8. 11.경 받은 현금 300만 원 부분, 2016. 5. 중·하순경 축의금 명목으로 받은 현금 1,000만 원 중 500만 원 부분은 범죄의 증명이 부족하다고 보아, 이를 유죄로 판단한 제1심판결을 파기하고 피고인 2의 수뢰액이 특정범죄가중법 제2조 제1항 제3호에서 정한 3,000만 원을 넘지 않는다고 판단하였다.

이러한 원심의 판단에 이른 사실인정을 다투는 취지의 상고이유 주장은 실질적으로 사실심 법원의 자유판단에 속하는 원심의 증거 선택과 증명력에 관한 판단을 다투는 것이다. 원심판결 이유를 관련 법리와 적법하게 채택된 증거에 비추어 살펴보아도 원심의 판단에 상고이유 주장과 같이 필요한 심리를 다하지 않고 논리와 경험의 법칙에 반하여 자유심증주의의 한계를 벗어난 잘못이 없다.

3. 범죄수익은닉의 규제 및 처벌 등에 관한 법률(이하 '범죄수익은닉규제법'이라 한다) 위반

가. 피고인 1의 상고이유 주장

원심은 다음과 같이 판단하였다. 이 사건 용역계약은 피고인 1이 공소외 6 회사로부터 뇌물을 받기 위한 수단에 불과한 것으로 뇌물수수가 마치 정당한 승마 지원인 것처럼 범죄수익의 발생 원인에 관한 사실을 가장하는 행위에 해당한다. 공소외 6 회사가 이 사건 용역계약을 이용하여 그 용역대금 명목의 돈을 뇌물로 제공하는 과정에서 내부품의서를 작성하는 행위도 마찬가지이다. 피고인 1이 공소외 2 등으로부터 받은 말들은 범죄수익이고, 공소외 6 회사가 ☆☆☆☆☆☆에 말을 매

도하는 내용의 말 매매계약과 공소외 6 회사와 ☆☆☆☆☆ 사이에 체결된 함부르크 용역계약은 허위이므로 범죄수익의 처분에 관한 사실을 가장한 것이다. 이것은 범죄수익 발생 원인에 관한 사실을 가장하는 행위에 대한 불가벌적 사후행위에 해당하지 않는다.

원심판결 이유를 관련 법리와 적법하게 채택된 증거에 비추어 살펴보면, 원심의 판단에 상고이유 주장과 같이 범죄수익의 발생 원인에 관한 사실을 가장하는 행위, 범죄수익의 처분에 관한 사실을 가장하는 행위 등에 관한 법리를 오해하거나 논리와 경험의 법칙에 반하여 자유심증주의의 한계를 벗어나는 등의 잘못이 없다.

나. 특별검사의 상고이유 주장

원심은, 피고인 1이 공소외 2 등으로부터 말들의 보험료, 선수단차량 3대, 말 운송차량 1대 등 차량 4대의 구입대금 등을 뇌물로 받았다거나 위 보험료 등이 횡령죄의 객체가 된다고 볼 수 없으므로 뇌물수수죄와 횡령죄의 범죄행위로 발생한 범죄수익이 아니라고 판단하였다.

원심판결 이유를 적법하게 채택된 증거에 비추어 살펴보면, 원심의 판단에 상고이유 주장과 같은 뇌물수수죄, 업무상횡령죄와 미필적 고의, 범죄수익은닉규제법 등에 관한 법리를 오해하거나 논리와 경험의 법칙에 반하여 자유심증주의의 한계를 벗어나는 등의 잘못이 없다.

4. 직권남용

가. ◁◁◁과 대기업들에 대한 이 사건 각 재단 관련 출연 등 요구

1) 직권남용죄는 공무원이 일반적 직무권한에 속하는 사항에 관하여 직권을 행사하는 모습으로 실질적, 구체적으로 위법·부당한 행위를 한 경우에 성립한다. 여기에서 말하는 '직권남용'이란 공무원이 일반적 직무권한에 속하는 사항에 관하여 그 권한을 위법·부당하게 행사하는 것을 뜻하고, 공무원이 일반적 직무권한에 속하지 않는 행위를 하는 경우인 지위를 이용한 불법행위와는 구별된다(대법원 2008. 04. 10. 선고 2007도9139 판결, 대법원 2013. 11. 28. 선고 2011도5329 판결 등 참조).

어떠한 직무가 공무원의 일반적 직무권한에 속하는 사항이라고 하기 위해서는 그에 관한 법령상 근거가 필요하다. 법령상 근거는 반드시 명문의 규정만을 요구하는 것이 아니라 명문의 규정이 없더라도 법령과 제도를 종합적, 실질적으로 살펴보아 그것이 해당 공무원의 직무권한에 속한다고 해석되고, 이것이 남용된 경우 상대방으로 하여금 사실상 의무 없는 일을 하게 하거나 권리를 방해하기에 충분한 것이라고 인정되는 경우에는 직권남용죄에서 말하는 일반적 직무권한에 포함된다(대법원 2004. 11. 12. 선고 2004도4044 판결, 대법원 2011. 07. 28. 선고 2011도1739 판결 등 참조). 형법 제123조의 직권남용죄에 해당하려면 현실적으로 다른 사람이 법률상 의무 없는 일을 하였거나 다른 사람의 구체적인 권리행사가 방해되는 결과가 발생하여야 하고, 그 결과의 발생은 직권남용 행위로 인한 것이어야 한다(대법원 2005. 04. 15. 선고 2002도3453 판결, 대법원 2012. 10. 11. 선고 2010도12754 판결 등 참조).

형법 제30조의 공동정범은 공동가공의 의사와 이에 따른 기능적 행위지배를 통한 범죄실행이라는 주관적·객관적 요건을 충족함으로써 성립한다. 공모자 중 구성요건행위를 직접 분담하여 실행하지 않은 사람도 위 요건의 충족 여부에 따라 이른바 공모공동정범의 죄책을 질 수 있

다. 구성요건행위를 직접 분담하여 실행하지 않은 공모자가 공모공동정범으로 인정되기 위해서는 전체 범죄에서 그가 차지하는 지위·역할이나 범죄 경과에 대한 지배나 장악력 등을 종합하여 그가 단순한 공모자에 그치는 것이 아니라 범죄에 대한 본질적 기여를 통한 기능적 행위지배가 존재하는 것으로 인정되어야 한다. 이러한 법리는 비공무원이 공무원과 공모하여 직권남용죄를 저지른 경우에도 마찬가지이다(대법원 2009. 01. 30. 선고 2008도6950 판결, 대법원 2010. 01. 28. 선고 2008도7312 판결 등 참조).

2) 원심은 피고인 1에게 이 부분 범행에 관하여 전 대통령과 피고인 2와의 공모관계와 기능적 행위지배가 인정된다고 판단하였다. 원심판결 이유를 위 법리와 적법하게 채택된 증거에 비추어 살펴보면, 원심의 판단에 피고인 1의 상고이유 주장과 같이 직권남용죄의 고의와 직권, 공동정범 등에 관한 법리를 오해하거나 논리와 경험의 법칙에 반하여 자유심증주의의 한계를 벗어나는 등의 잘못이 없다.

그리고 원심은, 이 사건 각 재단 설립·모금 관련 직권남용 행위로 인하여 의무 없는 일을 한 사람은 ◁◁◁ 임직원 중 공소외 13 재단과 관련하여 공소외 25, 공소외 26, 공소외 27, 공소외 14 재단 설립과 관련하여 공소외 25, 공소외 26, 각 출연그룹의 임직원 중 원심판결 별지 범죄일람표 1, 2의 각 '그룹별 출연 결정 주체'란 기재 각 출연결정자이고, 이들을 제외한 ◁◁◁과 기업의 다른 임직원들은 직권남용 행위로 인하여 의무 없는 일을 한 사람에 해당하지 않는다고 판단하였다. 원심판결 이유를 위 법리와 적법하게 채택된 증거에 비추어 살펴보면, 원심의 판단에 검사의 상고이유 주장과 같이 직권남용죄 등에 관한 법리를 오해하거나 논리와 경험의 법칙에 반하여 자유심증주의의 한계를 벗어난 잘못이 없다.

나. ♡♡♡♡그룹에 대한 납품계약 체결과 광고발주 요구

원심은 공소외 28에게 공소외 29 주식회사(이하 '공소외 29 회사'라 한다)와 납품계약을 체결하도록 요구한 직권남용 범행에 관하여 피고인 1과 전 대통령의 공모관계와 기능적 행위지배가 존재한다고 판단하였다. 원심판결 이유를 위에서 본 법리와 적법하게 채택된 증거에 비추어 살펴보면, 원심의 판단에 피고인 1의 상고이유 주장과 같이 직권남용의 범의, 공동정범 등에 관한 법리를 오해하거나 논리와 경험의 법칙에 반하여 자유심증주의의 한계를 벗어나는 등의 잘못이 없다.

그리고 원심은, 공소외 29 회사 관련 전 대통령과 피고인 2의 직권남용 행위로 공소외 30이 의무 없는 일을 한 사람에 해당하지 않고, 피고인 2가 전 대통령의 지시를 받고 공소외 28에게 공소외 31 주식회사(이하 '공소외 31 회사'라 한다)에 대한 광고발주를 요구한 것이 대통령과 경제수석비서관의 직권을 행사한 것으로 볼 수 없다고 판단하였다. 원심판결 이유를 위에서 본 법리와 적법하게 채택된 증거에 비추어 살펴보면, 원심의 판단에 검사의 상고이유 주장과 같이 직권남용죄 등에 관한 법리를 오해하거나 논리와 경험의 법칙에 반하여 자유심증주의의 한계를 벗어난 잘못이 없다.

다. 공소외 32 주식회사(이하 '공소외 32 회사'라 한다)에 대한 채용·보직변경과 광고대행사 선정 요구

원심은, 피고인 2가 전 대통령의 지시를 받고 공소외 33에게 공소외 34와 공소외 35의 채용·보직변경과 공소외 31 회사의 광고대행사 선정을 요구한 것은 대통령과 경제수석비서관의 직권을 행사한 것으로 볼 수 없다고 판단하였다. 원심판결 이유를 위에서 본 법리와 적법하게 채택된 증

거에 비추어 살펴보면, 원심의 판단에 검사의 상고이유 주장과 같이 직권남용죄에 관한 법리를 오해하거나 논리와 경험의 법칙에 반하여 자유심증주의의 한계를 벗어난 잘못이 없다.

라. △△그룹에 대한 공소외 14 재단 관련 추가 지원 요구

원심은 1심 공동피고인 3에 대한 직권남용 범행에 관하여 전 대통령과 피고인 1의 공모관계와 기능적 행위지배가 존재한다고 판단하였다. 원심판결 이유를 위에서 본 법리와 적법하게 채택된 증거에 비추어 살펴보면, 원심의 판단에 피고인 1의 상고이유 주장과 같이 직권남용의 범의, 공동정범 등에 관한 법리를 오해하거나 논리와 경험의 법칙에 반하여 자유심증주의의 한계를 벗어나는 등의 잘못이 없다.

그리고 원심은, 검사가 주장하는 사정들만으로는 피고인 2가 이 부분 범행에 기능적 행위지배를 통해 가담하였다고 보기 어렵고, 공소외 36과 공소외 37은 전 대통령의 직권남용행위로 인하여 의무 없는 일을 한 것이 아니라고 판단하였다. 원심판결 이유를 위에서 본 법리와 적법하게 채택된 증거에 비추어 살펴보면, 원심의 판단에 검사의 상고이유 주장과 같이 공동정범의 성립, 직권남용죄 등에 관한 법리를 오해하거나 논리와 경험의 법칙에 반하여 자유심증주의의 한계를 벗어난 잘못이 없다.

마. ◇◇그룹에 대한 공소외 8 법인 지원 요구

원심은 공소외 2에 대한 직권남용 범행에 관하여 피고인 1, 전 대통령, 공소외 38 사이의 공모관계와 기능적 행위지배가 인정된다고 판단하였다. 원심판결 이유를 위에서 본 법리와 적법하게 채택된 증거에 비추어 살펴보면, 원심의 판단에 피고인 1의 상고이유 주장과 같이 직권남용죄의 범의, 공모관계 등에 관한 법리를 오해하거나 논리와 경험의 법칙에 반하여 자유심증주의의 한계를 벗어나는 등의 잘못이 없다.

그리고 원심은, 공소외 39와 공소외 40이 전 대통령의 직권남용 행위로 인하여 의무 없는 일을 한 사람에 해당하지 않는다고 판단하였다. 원심판결 이유를 위에서 본 법리와 적법하게 채택된 증거에 비추어 살펴보면, 원심의 판단에 검사의 상고이유 주장과 같이 직권남용죄 등에 관한 법리를 오해하거나 논리와 경험의 법칙에 반하여 자유심증주의의 한계를 벗어난 잘못이 없다.

바. 공소외 41 주식회사(이하 '공소외 41 회사'라 한다) 등에 대한 스포츠단 창단, 용역계약 체결과 공소외 8 법인 지원 요구

원심은 스포츠단 창단과 용역계약 체결 요구 부분에 관하여 피고인들, 전 대통령, 공소외 42 사이의 공모관계와 기능적 행위지배가 존재한다고 판단하였다. 원심판결 이유를 위에서 본 법리와 적법하게 채택된 증거에 비추어 살펴보면, 원심의 판단에 피고인들의 상고이유 주장과 같이 직권남용죄, 공동정범 등에 관한 법리를 오해하거나 논리와 경험의 법칙에 반하여 자유심증주의의 한계를 벗어나는 등의 잘못이 없다.

그리고 원심은, 공소외 8 법인 지원 요구 부분에 관하여 피고인 1이 공소외 42, 공소외 38과 직권남용 범행을 공모하고 기능적 행위지배를 하였다고 판단하였다. 원심판결 이유를 위에서 본 법리와 적법하게 채택된 증거에 비추어 살펴보면, 원심의 판단에 피고인 1의 상고이유 주장과 같이 직권남용죄의 범의, 공동정범 등에 관한 법리를 오해하거나 논리와 경험의 법칙에 반하여 자유심증주의의 한계를 벗어나는 등의 잘못이 없다.

사. ●●●그룹에 대한 스포츠단 창단과 용역계약 체결 요구

원심은 다음과 같이 판단하였다. 스포츠단 창단과 용역계약 체결이 성사되지 않았고, ●●●그룹과 공소외 20 회사 사이에 펜싱팀 창단 등에 관한 구속력 있는 합의가 없었으며, 양측에서 이루어진 의견교환을 두고 공소외 43, 공소외 44의 의무 없는 행위가 성립되었다고 보기 어렵다. 따라서 이 부분에 관한 피고인들의 직권남용 범행이 기수에 이르지 못하였다.

원심판결 이유를 관련 법리와 적법하게 채택된 증거에 비추어 살펴보면, 이 사건 공소사실에서 의무 없는 일로 특정한 행위가 이루어졌다고 보기 어려우므로 공소사실 기재 직권남용 범행이 기수에 이르렀다고 볼 수 없다. 따라서 원심의 판단에 검사의 상고이유 주장과 같이 직권남용죄 등에 관한 법리를 오해하거나 논리와 경험의 법칙에 반하여 자유심증주의의 한계를 벗어난 잘못이 없다.

아. ▲▲▲▲그룹에 대한 본부장 임명 요구

원심은, 전 대통령의 지시를 받은 피고인 2와 피고인 2의 지시를 받은 공소외 45가 공소외 46에게 공소외 47의 본부장 임명을 요구한 것은 대통령, 경제수석비서관과 금융위원회부위원장의 직권을 행사한 것으로 볼 수 없다고 판단하였다. 원심판결 이유를 위에서 본 법리와 적법하게 채택된 증거에 비추어 살펴보면, 원심의 판단에 특별검사의 상고이유 주장과 같이 직권남용죄에 관한 법리를 오해한 잘못이 없다. 상고이유로 들고 있는 대법원판결은 이 사건과 사안이 다르므로 이 사건에 원용하기에 적절하지 않다.

5. 강 요

가. 강요죄의 성립 요건인 협박

강요죄는 폭행 또는 협박으로 사람의 권리행사를 방해하거나 의무 없는 일을 하게 하는 범죄이다. 여기에서 협박은 객관적으로 사람의 의사결정의 자유를 제한하거나 의사실행의 자유를 방해할 정도로 겁을 먹게 할 만한 해악을 고지하는 것을 말한다(대법원 2002. 11. 22. 선고 2002도3501 판결, 대법원 2003. 09. 26. 선고 2003도763 판결 등 참조). 이와 같은 협박이 인정되기 위해서는 발생 가능한 것으로 생각할 수 있는 정도의 구체적인 해악의 고지가 있어야 한다(대법원 1995. 09. 29. 선고 94도2187 판결, 대법원 2011. 05. 26. 선고 2011도2412 판결 등 참조). 해악의 고지는 반드시 명시적인 방법이 아니더라도 말이나 행동을 통해서 상대방에게 어떠한 해악을 끼칠 것이라는 인식을 갖도록 하면 충분하고, 제3자를 통해서 간접적으로 할 수도 있다. 행위자가 그의 직업, 지위 등에 기초한 위세를 이용하여 불법적으로 재물의 교부나 재산상 이익을 요구하고 상대방이 불응하면 부당한 불이익을 입을 위험이 있다는 위구심을 일으키게 하는 경우에도 해악의 고지가 된다(대법원 2005. 07. 15. 선고 2004도1565 판결, 대법원 2013. 04. 11. 선고 2010도13774 판결 등 참조). 협박받는 사람이 공포심 또는 위구심을 일으킬 정도의 해악을 고지하였는지는 행위 당사자 쌍방의 직무, 사회적 지위, 강요된 권리·의무에 관련된 상호관계 등 관련 사정을 고려하여 판단해야 한다(대법원 2010. 04. 29. 선고 2007도7064 판결, 대법원 2011. 07. 28. 선고 2011도1739 판결 등 참조).

행위자가 직무상 또는 사실상 상대방에게 영향을 줄 수 있는 직업이나 지위에 있고 직업이나 지

위에 기초하여 상대방에게 어떠한 요구를 하였더라도 곧바로 그 요구 행위를 위와 같은 해악의 고지라고 단정하여서는 안 된다. 특히 공무원이 자신의 직무와 관련한 상대방에게 공무원 자신 또는 자신이 지정한 제3자를 위하여 재산적 이익 또는 일체의 유·무형의 이익 등을 제공할 것을 요구하고 상대방은 공무원의 지위에 따른 직무에 관하여 어떠한 이익을 기대하며 그에 대한 대가로서 요구에 응하였다면, 다른 사정이 없는 한 공무원의 위 요구 행위를 객관적으로 사람의 의사결정의 자유를 제한하거나 의사실행의 자유를 방해할 정도로 겁을 먹게 할 만한 해악의 고지라고 단정하기는 어렵다.

행위자가 직업이나 지위에 기초하여 상대방에게 어떠한 이익 등의 제공을 요구하였을 때 그 요구 행위가 강요죄의 수단으로서 해악의 고지에 해당하는지 여부는 행위자의 지위뿐만 아니라 그 언동의 내용과 경위, 요구 당시의 상황, 행위자와 상대방의 성행·경력·상호관계 등에 비추어 볼 때 상대방으로 하여금 그 요구에 불응하면 어떠한 해악에 이를 것이라는 인식을 갖게 하였다고 볼 수 있는지, 행위자와 상대방이 행위자의 지위에서 상대방에게 줄 수 있는 해악을 인식하거나 합리적으로 예상할 수 있었는지 등을 종합하여 판단해야 한다. 공무원인 행위자가 상대방에게 어떠한 이익 등의 제공을 요구한 경우 위와 같은 해악의 고지로 인정될 수 없다면 직권남용이나 뇌물 요구 등이 될 수는 있어도 협박을 요건으로 하는 강요죄가 성립하기는 어렵다.

나. 위 4. 가.부터 사.까지의 요구

1) 검사는 위 4. 가.부터 사.까지의 요구를 직권남용으로 기소하면서 동일한 행위에 관하여 동일한 상대방에 대한 강요로도 공소를 제기하였다. 원심은 그중 일부에 관하여 요구의 상대방이 아니라거나 요구에 따른 행위가 아니라는 등의 이유로 판결이유에서 무죄로 판단한 것 외에는 그 요구가 강요죄의 협박에 해당한다고 인정하여 유죄로 판단하였다.

2) 그러나 원심판결 이유를 위에서 본 법리에 비추어 살펴보면, 위 4. 가.부터 사.까지의 요구를 강요죄의 요건인 협박, 즉 해악의 고지라고 평가하기는 어렵다.

원심은 위 4. 가.부터 사.까지의 요구가 강요죄의 협박에 해당한다고 인정하면서 그 주된 근거로 기업 활동에 대하여 직무상 또는 사실상 영향력을 행사할 수 있는 대통령과 경제수석비서관의 지위, 문화체육관광부(이하 '문체부'라 한다) 산하 관광 관련 공공기관에 대한 관리·감독권한을 가지는 문체부 제2차관의 지위의 전부 또는 일부를 이용하여 요구하였다는 것을 들고 있다.

원심이 언급한 것처럼 대통령은 재정·금융·고용·산업 등 각종 경제 정책의 수립과 시행을 최종 결정하고, 행정 각 부의 장들에게 위임된 사업자 선정, 신규 사업의 인허가, 세무조사 등 구체적인 사항에 대하여도 직·간접적인 권한을 행사할 수 있다. 한편 대통령은 위와 같은 각종 정책의 수립과 시행을 위하여 관련 분야의 기업 등에 필요한 이해와 협조를 구할 수도 있다. 대통령의 권한 행사로 기업의 활동에 직무상 또는 사실상 영향을 받을 수 있고, 그러한 영향은 상황에 따라 이익 또는 불이익이 되거나 이익과 불이익이 복합되는 등 다양한 형태로 나타날 수 있다. 대통령을 보좌하는 경제수석비서관과 문체부 제2차관의 경우도 그 직무와 관련이 있는 기업의 활동에 대하여 위와 같은 영향을 줄 수 있다. 그러나 대통령, 경제수석비서관과 문체부 제2차관이 직무상 또는 사실상 영향력을 미칠 수 있는 기업 등에 대하여 그 지위에 기초하여 어떠한 이익 등의 제공을 요구하였다고 해서 곧바로 그 요구를 해악의 고지라고 평가할 수는 없고, 위 가.에서 살펴본 여러 사정을 종합하여 판단하여야 한다.

이 사건에서 전 대통령의 요구는 대기업 회장 등을 만나 국가·정부 정책 등을 설명하고 협조를 구할 목적으로 마련된 단독 면담 자리에서 이루어졌다. 원심판결 이유와 적법하게 채택된 증거에 비추어 살펴보아도 이러한 요구 당시 상대방에게 그 요구에 따르지 않으면 해악에 이를 것이라는 인식을 갖게 하였다고 평가할 만한 언동의 내용과 경위, 요구 당시의 상황, 행위자와 상대방의 성행·경력·상호관계 등에 관한 사정이 나타나 있지 않다. 피고인 2와 공소외 42의 요구에 관하여도 마찬가지이다. ◁◁◁ 또는 기업 관련자들이 대통령 또는 경제수석비서관, 문체부 제2차관의 요구를 받고도 그에 따르지 않으면 불이익을 받는다고 예상하는 것, 특히 원심이 들고 있는 인허가 관련 어려움, 세무조사 등을 받게 될 수 있다고 예상하는 것이 합리적이라고 볼 만한 사정도 제시되지 않았다. 한편 원심은 해악의 고지를 인정하는 근거로 요구를 받은 ◁◁◁ 또는 기업 관련자들의 진술을 들고 있으나, 그 내용이 주관적이거나 대통령과 경제수석비서관, 문체부 제2차관의 지위에 관한 것으로서 기업 활동에 직무상 또는 사실상 영향을 줄 수 있다는 것에 불과하고, 그 의미도 막연하다.

원심 또는 제1심이 들고 있는 사정들은 대통령과 경제수석비서관, 문체부 제2차관의 지위와 권세에 의한 압박 등에 해당하는지 여부는 별론으로 하더라도 해악의 고지가 있어야 하는 협박으로 인정하기에는 부족하다.

위 4. 라. 마. 요구는 위 2. 나. 라.에서 살펴본 것처럼 전 대통령이 1심 공동피고인 3과 공소외 2에게 각각 공소외 14 재단 관련 추가 지원 요구와 공소외 8 법인 지원 요구를 할 당시 1심 공동피고인 3과 공소외 2는 전 대통령에게 그 직무에 관하여 부정한 청탁을 하였고, 그 후 부정한 청탁에 대한 대가로서 전 대통령의 요구에 따른 행위를 하였다. 전 대통령과 1심 공동피고인 3 사이에 그리고 전 대통령과 공소외 2 사이에 전 대통령의 직무집행과 부정한 청탁, 전 대통령의 요구에 따른 행위에 대가관계가 있다는 인식이 있었다. 이러한 상황에 비추어 보면 전 대통령의 요구는 뇌물 요구에 해당하고 1심 공동피고인 3과 공소외 2가 그 요구에 따른 것은 전 대통령의 뇌물 요구에 편승하여 직무와 관련한 이익을 얻기 위하여 직무행위를 매수하려는 의사로 적극적으로 뇌물을 제공한 것이다. 전 대통령이 1심 공동피고인 3과 공소외 2에게 공포심이나 위구심을 일으킬 만한 해악을 고지하였다고 볼 만한 다른 사정도 발견되지 않는다.

요컨대, 원심판결 중 위 4. 가.부터 사.까지의 요구를 강요죄의 성립 요건인 협박, 즉 해악의 고지에 해당한다고 볼 수 없다. 그런데도 원심은 이 부분 요구가 해악의 고지에 해당하는 것을 전제로 이 부분 강요 공소사실을 유죄로 판단하였다. 이러한 원심의 판단에는 강요죄의 협박에 관한 법리를 오해하여 판결에 영향을 미친 잘못이 있다. 이를 지적하는 피고인들의 상고이유 주장은 정당하다(명시적으로 주장하지 않는 부분도 강요죄가 무죄라는 취지로 다투고 있거나 상고이유보충서에서 명시적으로 다투고 있으므로 함께 판단한다).

다. ▲▲▲▲그룹에 대한 본부장 임명 요구

원심은, 피고인 2, 공소외 45가 피해자 공소외 46에게 공소외 47을 본부장으로 임명하라고 요구한 행위가 강요죄의 협박에 해당하고, 피고인 1에게 전 대통령, 피고인 2, 공소외 45와의 공모관계와 기능적 행위지배가 있다고 인정한 제1심의 판단이 정당하다고 판단하였다.

원심판결과 제1심판결 이유를 위에서 본 법리와 적법하게 채택된 증거에 비추어 살펴보면, 원심의 판단에 피고인 1의 상고이유 주장과 같이 강요죄의 협박, 공동정범 등에 관한 법리를 오해하거나 논리와 경험의 법칙에 반하여 자유심증주의의 한계를 벗어나는 등의 잘못이 없다.

라. 공소외 48에 대한 공소외 49 주식회사 지분 요구

원심은, 피고인들이 공소외 50, 공소외 5, 공소외 52, 공소외 53과 공모하여 공소외 54 주식회사의 대표이사인 피해자 공소외 48을 상대로 공소외 49 주식회사 지분 80~90%를 내놓으라고 협박하여 공소외 48로 하여금 의무 없는 일을 하도록 하였으나 공소외 48이 불응하여 미수에 그쳤다고 판단하였다.

원심판결 이유를 위에서 본 법리와 적법하게 채택된 증거에 비추어 살펴보면, 원심의 판단에 피고인 1의 상고이유 주장과 같이 공모관계와 기능적 행위지배, 강요죄의 고의 등에 관한 법리를 오해하거나 논리와 경험의 법칙에 반하여 자유심증주의의 한계를 벗어나는 등의 잘못이 없다.

6. 나머지 부분

가. 특정범죄가중법 위반(알선수재)

원심은 다음과 같이 판단하였다. '미얀마 K-Town 프로젝트' 사업과 그 사업 과정에서 미얀마 현지 부동산 개발 사업 등을 진행할 수 있도록 하는 것은 대통령 등 공무원의 직무에 관한 사항에 포함된다. 공소외 55는 피고인 1에게 사업이 성공적으로 추진되도록 전 대통령 등에게 영향력을 행사해달라고 부탁하는 의미로 공소외 56 주식회사 주식 양도를 약속하였으며, 피고인 1도 그러한 사정을 알면서 공소외 55로부터 주식을 양수하기로 하였다.

원심판결 이유를 관련 법리와 적법하게 채택된 증거에 비추어 살펴보면, 원심의 판단에 피고인 1의 상고이유 주장과 같이 알선수재에 관한 법리를 오해하거나 논리와 경험의 법칙에 반하여 자유심증주의의 한계를 벗어나는 등의 잘못이 없다. 상고이유로 들고 있는 대법원판결은 이 사건과 사안이 다르므로 이 사건에 원용하기에 적절하지 않다.

나. 국회에서의 증언·감정 등에 관한 법률 위반

원심은 피고인 1에게 증인으로 출석할 것을 기대할 가능성이 있었다고 판단하였다. 원심판결 이유를 적법하게 채택된 증거에 비추어 살펴보면, 원심의 판단에 피고인 1의 상고이유 주장과 같이 관련 법리를 오해하거나 논리와 경험의 법칙을 위반하여 자유심증주의의 한계를 벗어나는 등의 잘못이 없다.

다. 사기미수

원심은, 피고인 1이 공소외 20 회사 명의로 공소외 14 재단으로부터 연구용역비 명목의 돈을 편취할 의사로 공소외 14 재단에 연구용역 제안서를 제출하였다고 단정하기 어렵다고 보아, 이 부분 공소사실에 대하여 범죄의 증명이 없다고 판단하였다.

원심판결 이유를 관련 법리와 적법하게 채택된 증거에 비추어 살펴보면, 원심의 판단에 검사의 상고이유 주장과 같이 판단을 누락하거나 논리와 경험의 법칙에 반하여 자유심증주의의 한계를 벗어난 잘못이 없다.

라. 증거인멸교사

1) 피고인 1의 증거인멸교사

원심은, 피고인 1이 공소외 52, 공소외 57 등에게 공소외 58 주식회사 사무실의 컴퓨터 5대를 모두 폐기하라고 지시함으로써 증거인멸을 교사하였다고 판단하였다. 원심판결 이유를 관련 법리와 적법하게 채택된 증거에 비추어 살펴보면, 원심의 판단에 피고인 1의 상고이유 주장과 같이 증거인멸교사 등에 관한 법리를 오해하거나 논리와 경험의 법칙에 반하여 자유심증주의의 한계를 벗어나는 등의 잘못이 없다.

2) 피고인 2의 공소외 25, 공소외 59에 대한 증거인멸교사

가) 원심은, 피고인 2가 공소외 25에게 허위 진술을 지시하거나 검찰의 압수·수색에 대비하라는 취지로 말하여 휴대전화 폐기를 종용함으로써 증거인멸을 교사하였다고 판단하였다. 이러한 원심의 판단에 이른 사실인정을 다투는 취지의 피고인 2의 상고이유 주장은 실질적으로 사실심 법원의 자유판단에 속하는 원심의 증거 선택과 증명력에 관한 판단을 다투는 것이다. 원심판결 이유를 관련 법리와 적법하게 채택된 증거에 비추어 살펴보아도 원심의 판단에 피고인 2의 상고이유 주장과 같이 증거인멸교사에 관한 법리를 오해하거나 논리와 경험의 법칙에 반하여 자유심증주의의 한계를 벗어난 잘못이 없다.

나) 원심은, '공소외 60이 휴대전화 통화내역, 이메일 등을 지워 달라는 말을 하면서 그것이 피고인 2의 지시라고 분명히 말하였다.'는 공소외 59의 진술은 전문증거에 해당하고, 형사소송법 제316조 제2항에서 정한 요건을 갖추지 못하여 증거능력이 없다는 이유로, 공소외 59에 대한 증거인멸교사 부분 공소사실은 범죄의 증명이 없다고 판단하였다.

원심판결 이유를 관련 법리와 적법하게 채택된 증거에 비추어 살펴보면, 원심의 판단에 검사의 상고이유 주장과 같이 전문증거와 증거능력에 관한 법리를 오해하거나 논리와 경험의 법칙에 반하여 자유심증주의의 한계를 벗어난 잘못이 없다.

7. 파기의 범위

원심판결 중 위 4. 가.부터 사.까지의 요구에 관한 강요 부분은 위 5. 나.에서 본 것과 같은 이유로 파기되어야 한다. 그리고 위 파기 부분과 포괄일죄, 상상적 경합 관계에 있는 부분과 형법 제37조 전단의 경합범 관계에 있어 하나의 형이 선고된 유죄 부분도 함께 파기되어야 하므로, 결국 원심판결 중 피고인들에 대한 유죄 부분(이유무죄 부분 포함)은 모두 파기되어야 한다.

8. 결론

나머지 상고이유에 대한 판단을 생략하고 원심판결 중 피고인들에 대한 유죄 부분(이유 무죄 부분 포함)을 파기하고, 이 부분 사건을 다시 심리·판단하도록 원심법원에 환송하기로 하며, 검사의 나머지 상고를 모두 기각하기로 하여 주문과 같이 판결한다. 이 판결에는 뇌물수수죄의 공동정범, 말이 뇌물인지와 공소외 8 법인 관련 제3자뇌물수수에 관한 대법관 조희대, 대법관 안철상, 대법관 이동원의 별개의견과 뇌물수수죄의 공동정범에 관한 대법관 박상옥의 별개의견과 강요죄의 협박에 관한 대법관 박정화, 대법관 민유숙, 대법관 김선수의 별개의견이 있는 외에는 관여 법관의 의견이 일치하였다.

9. 대법관 조희대, 대법관 안철상, 대법관 이동원의 별개의견

가. 공무원과 비공무원이 뇌물수수죄의 공동정범이 될 수 있는 범위에 관하여

1) 공무원과 비공무원이 공동가공의 의사와 이를 기초로 한 기능적 행위지배를 통하여 공무원의 직무에 관하여 뇌물을 수수하는 범죄를 실행하였다면 공무원과 비공무원에게 형법 제129조 제1항에서 정한 뇌물수수죄의 공동정범이 성립할 수 있다. 그러나 공무원과 비공무원이 뇌물을 받으면 뇌물을 비공무원에게 귀속시키기로 미리 모의하거나 뇌물의 성질에 비추어 비공무원이 전적으로 사용하거나 소비할 것임이 명백한 경우에 공무원이 증뢰자로 하여금 비공무원에게 뇌물을 공여하게 하였다면 형법 제130조의 제3자뇌물수수죄의 성립 여부가 문제 될 뿐이며, 공무원과 비공무원에게 형법 제129조 제1항의 뇌물수수죄의 공동정범이 성립한다고 할 수는 없다. 이러한 점에서 다수의견에 동의하기 어렵다.

2) 형법은 뇌물의 귀속주체에 따라 제129조 제1항의 뇌물수수죄와 제130조의 제3자뇌물수수죄를 구별하고 있고, 각 범죄의 구성요건도 달리 정하고 있다. 형법 제130조의 제3자뇌물수수죄를 형법 제129조 제1항의 뇌물수수죄와 비교하여 보면, 공무원이 직접 뇌물을 받지 않고 증뢰자로 하여금 제3자에게 뇌물을 공여하도록 하고 그 제3자로 하여금 뇌물을 받도록 한 경우에는 부정한 청탁을 받고 그와 같은 행위를 한 경우에 한하여 뇌물수수죄와 같은 형으로 처벌하며, 만일 부정한 청탁을 받은 일이 없다면 이를 처벌하지 않는다는 취지이다(대법원 1998. 09. 22. 선고 98도1234 판결 등 참조). 공무원이 직접 뇌물을 받지 않고 증뢰자로 하여금 다른 사람에게 뇌물을 공여하도록 한 경우에는 그 다른 사람이 공무원의 사자(使者) 또는 대리인으로서 뇌물을 받은 경우 등과 같이 사회통념상 그 다른 사람이 뇌물을 받은 것을 공무원이 직접 받은 것과 같이 평가할 수 있는 관계가 있는 경우에 한하여 형법 제129조 제1항의 뇌물수수죄가 성립한다(대법원 2016. 06. 23. 선고 2016도3540 판결 등 참조).

공동정범에서 공동가공의 의사는 공동의 의사로 특정한 범죄행위를 하기 위하여 일체가 되어 서로 다른 사람의 행위를 이용하여 자기의 의사를 실행에 옮기는 것을 내용으로 한다(대법원 2001. 11. 09. 선고 2001도4792 판결, 대법원 2008. 04. 10. 선고 2008도1274 판결 등 참조). 뇌물수수죄와 제3자뇌물수수죄를 구별하여 규정하고 있는 형법의 태도를 고려하면, 뇌물수수죄의 공동정범에서 공동가공 의사의 내용인 '특정한 범죄행위'는 '공무원이 전적으로 또는 비공무원과 함께 뇌물을 수수하기로 하는 범죄행위'를 말한다. 그런데 공동가공 의사와 실행행위의 내용이나 뇌물의 성질에 비추어 비공무원이 사용하거나 소비할 것이 공모되거나 예정되어 있고 실제로 비공무원이 뇌물을 모두 수수한 경우에는 공무원이 뇌물을 전혀 수수한 적이 없으므로, '공무원이 증뢰자로 하여금 제3자에게 뇌물을 공여하게 하는 범죄행위', 즉 제3자뇌물수수죄가 성립할 수 있을 뿐이고 형법 제129조 제1항의 뇌물수수죄의 공동정범은 성립할 수 없다.

3) 이 사건 공소사실에 의하면 전 대통령이 공소외 2에게 요구한 것은 피고인 1의 딸 공소외 1이 독일에서 지내는 동안 필요로 하는 승마에 대한 지원이고, 이 사건 기록상 전 대통령과 피고인 1이 사전에 모의한 내용과 공동하여 실행한 내용 및 피고인 1이 공소외 2 등으로부터 수수한 내용도 모두 공소외 1에 대한 승마 지원뿐이다. '독일에 있는 공소외 1에 대한 승마 지원'이라는 뇌물은 그 성질상 전 대통령이 필요로 하거나 사용 또는 향유할 수 있는 이익이

전혀 아니다. 전 대통령은 공소외 2에게 피고인 1 또는 공소외 1에 대한 '공소외 1 승마 지원'이라는 뇌물을 제공하도록 요구하였을 뿐이고 자신에 대한 어떠한 뇌물도 요구하지 않았다. 실제로 뇌물을 수수한 것은 피고인 1 또는 공소외 1이고 전 대통령이 이익을 취했다고 드러난 것이 없다. 전 대통령과 피고인 1 사이에 피고인 1 또는 공소외 1이 뇌물을 수수한 것을 사회통념상 공무원인 전 대통령이 받은 것과 같이 평가할 수 있는 관계에 있다고 보기도 어렵다. '독일에 있는 공소외 1에 대한 승마 지원'이라는 뇌물의 성질상 전 대통령과 피고인 1의 인식이나 의사는 전 대통령이 뇌물을 수수하는 형법 제129조 제1항의 뇌물수수죄가 아니라 전 대통령이 제3자인 피고인 1 또는 공소외 1로 하여금 뇌물을 수수하게 하는 형법 제130조의 제3자뇌물수수죄의 고의로 보는 것이 자연스럽다. 공무원인 전 대통령과 비공무원인 피고인 1 사이에 뇌물을 모두 피고인 1 또는 공소외 1이 수수하기로 공모하고 또 뇌물의 성질상 전 대통령이 수수할 수 없고 피고인 1 또는 공소외 1만 수수할 수 있는 이 사건에서는 전 대통령에게 형법 제130조의 제3자뇌물수수죄만 성립한다고 보아야 하고, 피고인 1에게 제3자뇌물수수죄의 교사범이나 방조범이 성립한다고 보는 것이 타당하다. 여기서 형법 제130조의 제3자뇌물수수죄는 '부정한 청탁'이 없다면 처벌할 수 없으므로, 전 대통령과 공소외 2 사이에 부정한 청탁을 인정할 수 없다면 전 대통령을 제3자뇌물수수죄로 처벌할 수 없고, 이 경우 피고인 1도 처벌할 수 없다.

4) 범죄 또는 공동정범의 성립과 처벌은 해당 피고인의 고의와 공모의 내용 및 실행행위의 내용에 따라 결정된다. 그런데도 원심은 전 대통령과 피고인 1 사이에 있었던 공동가공의 의사와 실행행위의 내용 및 이에 대한 공소외 2 등의 고의를 도외시한 채 공소외 1 승마 지원 중 용역대금, 말들 자체와 차량들의 사용이익 부분에 대하여 형법 제129조 제1항의 뇌물수수죄의 공동정범을 인정하였다. 이러한 원심의 판단에는 공무원과 비공무원이 뇌물수수죄의 공동정범이 될 수 있는 범위 및 제3자뇌물수수죄에 관한 법리를 오해한 잘못이 있다. 따라서 원심판결에서 공소외 1 승마 지원 관련 특정범죄가중법 위반(뇌물) 부분은 파기되어야 한다.

나. 말들이 뇌물인지 여부에 관하여

1) 다수의견은 피고인 1과 공소외 3 사이에 2015. 11. 15.경 살시도 및 향후 구입할 말들에 관하여 실질적인 사용·처분권한이 피고인 1에게 있다는 의사의 합치가 있었다는 이유로 피고인 1이 공소외 2 등으로부터 살시도, 비타나, 라우싱을 뇌물로 수수하였다고 인정한 원심의 판단이 정당하다고 판단하였다.

그러나 이와 같은 다수의견에는 동의하기 어렵다.

2) 원심판결 이유와 이 사건 기록을 종합하면, 피고인 1과 공소외 3 사이에 2015. 11. 15. 살시도 및 그 이후 구입하는 말들의 소유권이나 실질적인 처분권한을 피고인 1에게 넘겨주었다고 단정하기 어렵다. 구체적인 이유는 다음과 같다.

가) 피고인 1과 공소외 3 사이에 2015. 11. 15.경 살시도에 대한 소유권이나 실질적인 처분권한을 피고인 1에게 이전하려는 의사의 합치가 있었다고 인정하기 부족하다.

피고인 1은 당초 이 사건 용역계약에서 정한 내용에도 불구하고 공소외 6 회사와의 내부적인 관계에서는 살시도의 소유권이 자신에게 있다고 생각하고 있었는데, 자신의 생각과 달리 공소외 4로부터 마필 위탁관리계약서를 작성해 달라는 요구를 받자 격분하면서 공소외

1에 대한 승마 지원과 관련하여 말의 구입, 말의 소유권 귀속 등 제반 사항을 결정할 권한을 가지고 있었던 공소외 3에게 독일로 들어와서 면담할 것을 요구하였다. 이에 당황한 공소외 3은 피고인 1이 화를 낸 이유가 살시도의 소유권 때문이라는 것을 인지한 상태에서 2015. 11. 15. 공소외 5에게 '기본적으로 원하시는 대로 해 드리겠다는 것', '결정하시는 대로 지원해 드리겠다는 것이 우리 입장'이라는 내용이 포함된 문자메시지를 보냈다.

그러나 위와 같은 사정들만으로 피고인 1이 공소외 3에게 살시도의 소유권이나 실질적인 처분권한의 이전을 요구하였고, 공소외 3이 피고인 1의 요구를 이해하고 승낙하였다고 보기는 부족하다. 즉, 피고인 1이 공소외 5를 통해 공소외 3에게 화를 내며 면담을 요구하였다는 것을 공소외 4가 피고인 1에게 살시도의 소유권을 명시적으로 확인하려고 한 행동에 화를 낸 것으로 해석하는 것을 넘어 피고인 1이 공소외 3 등에게 살시도의 소유권이나 실질적인 처분권한의 이전을 요구한 것이었다고까지 보기는 어렵다. 설령 이를 피고인 1의 살시도의 소유권 또는 실질적인 처분권한의 이전 요구라고 보더라도, 공소외 3은 살시도의 소유권 때문에 화를 내고 자신과의 면담을 요구하는 피고인 1에게 직접 대면하는 것을 완곡하게 거절하면서 피고인 1이 원하는 요구사항을 알려주면 그것을 지원해 주겠다는 의사를 표시한 것에 불과하며, 공소외 3이 피고인 1의 살시도의 소유권 또는 실질적인 처분권한의 이전 요구를 받아들였다고 인정하기는 어렵다.

공소외 5는 이틀 뒤인 2015. 11. 17. 공소외 4에게 피고인 1의 요구를 그대로 받아 적은 내용을 이메일로 보냈다. 여기에는 피고인 1이 살시도의 소유권을 요구하는 것이 아니라 패스포트의 마주란에 공소외 6 회사를 기재하지 말아 달라는 요구만이 기재되어 있다. 이에 관하여 공소외 5가 관련사건의 제1심에서 "공소외 6 회사 측에 문건을 보내면서 '말을 사주기로 했는데 왜 그러느냐'는 표현을 쓸 수 없으니 마치 '(말 소유자 등록 문제가) 여론화되면 어떻게 하느냐'는 식으로 핑계를 댄 것 같다."라고 진술하였지만, 이는 공소외 5가 추측으로 한 진술에 불과하다. 위 이메일을 통한 요구사항에는 150만 유로에 달하는 그랑프리급 말을 포함하여 말들을 추가로 구매해 달라거나 추가적인 선수 선발이나 용역대금을 미리 지급해 달라는 민감한 내용이 포함되어 있으므로, 피고인 1이 공소외 3에게 살시도의 소유권이나 실질적인 처분권한을 요구하는 것을 감추거나 보안을 유지하기 위하여 실제로는 살시도의 소유권 또는 실질적인 처분권한의 이전을 요구하는 것이면서도 표현만 위와 같이 한 것으로 보기 어렵다.

따라서 위와 같은 막연한 사정들만으로는 피고인 1과 공소외 3 사이에 2015. 11. 15.경 살시도에 대한 소유권이나 실질적인 처분권한을 피고인 1에게 이전하려는 의사의 합치가 있었다고 인정하기 부족하다.

나) 피고인 1과 공소외 3 사이에 2015. 11. 15.경 이후에도 살시도, 비타나, 라우싱의 소유권이나 실질적인 처분권한을 피고인 1에게 이전한다는 의사의 합치가 있었다고 인정하기 어렵다. 공소외 3 등은 2015. 10. 14. 공소외 6 회사의 자금으로 차량 3대(Tiguan, T5 Multivan, T6 Multivan)를 매수해 피고인 1의 공소외 7 회사에 인도하여 사용하도록 하였다. 그 후 공소외 6 회사는 2016. 2. 초순경 공소외 7 회사에 위 차량 중 T5 Multivan, T6 Multivan을 매매가격 148,526.02유로에 매도하는 계약을 체결하였다(Tiguan은 눈길 사고로 수리비가 잔존가치를 초과하여 보험사로부터 수리비를 지급받지

못하게 되자 차량 보험담보액으로 환수하였다). 그런데 차량 매매가격은 장부가보다 높은 가격으로 결정되었고, 일반적인 차량의 중고가격보다 낮다고 볼 수 있는 사정이 없다. 또한 그 무렵 공소외 6 회사는 합계 200만 유로라는 큰 돈으로 비타나, 라우싱을 매수하여 피고인 1이 인도받게 하였으므로, 당시에 공소외 6 회사가 공소외 7 회사에 차량을 허위로 매도할 만한 정황이 있었다고 보기 어렵다.

만일 피고인 1과 공소외 3 사이에 2015. 11. 15.경 이후 피고인 1에게 살시도와 향후 구입할 말들의 소유권이나 실질적인 처분권한을 이전한다는 의사의 합치가 있었다면, 이미 구입하여 피고인 1이 사용하고 있던 차량 2대를 굳이 피고인 1의 공소외 7 회사가 공소외 6 회사로부터 매수하고 공소외 6 회사에 약 14만 유로라는 적지 않은 돈을 실제로 지급한 것을 납득하기 어렵다. 위와 같은 의사의 합치를 전제로 한다면, 피고인 1과 공소외 3 사이에는 고가인 말들의 소유권이나 실질적인 처분권한을 피고인 1에게 이전하기로 합의하여 말들 자체를 뇌물로 수수·공여하기로 하였으면서도 그보다 훨씬 소액인 차량들은 뇌물로 수수·공여하기로 하지 않았다는 결론에 이른다. 그러나 이러한 결론은 어색하여 받아들이기 어렵다. 또한 공소외 6 회사의 내부 기안문에 기재된 것처럼 차량관리에 대한 리스크를 해소하기 위해서였다면, 피고인 1과 공소외 3 사이에는 차량보다 훨씬 고가의 말들에 대한 소유권이나 실질적인 처분권한의 이전 합의가 있었으므로, 이미 공소외 7 회사 명의로 등록된 차량들도 피고인 1에게 소유권을 이전해 주는 것으로 차량관리에 대한 리스크 문제를 해결할 수 있었다. 그런데도 공소외 3, 공소외 4가 실제로 공소외 7 회사로부터 차량들의 매매대금을 지급받고 매도한 것은 살시도와 그 이후 구입할 말들에 대한 소유권이나 실질적인 처분권한의 이전에 관한 의사 합치가 있었다는 것을 전제한다면 설명하기 어렵다.

2016. 9. 23. 경향신문에서 공소외 6 회사의 공소외 1에 대한 승마 지원이 보도되자, 공소외 2 등은 공소외 1에 대한 승마 지원을 계속할 수 없는 상황이 되었다. 2016. 9. 28. 독일 ▽▽▽▽ 호텔에서 피고인 1과 공소외 3, 공소외 4가 회의를 하였고, 그 다음 날인 2016. 9. 29. 공소외 3이 공소외 4를 통하여 비타나를 같은 그랑프리급 말과 교환하면 다시 언론의 추적을 받을 수 있다는 이유로 이를 반대한다는 의사를 표시하였다. 그 직후 덴마크 코펜하겐 공항에서 피고인 1과 공소외 4, ☆☆☆☆☆☆를 운영하는 공소외 61이 만남을 가졌다. 그리고 다음 날인 2016. 9. 30. 피고인 1의 공소외 7 회사와 공소외 61의 ☆☆☆☆☆☆ 사이에 살시도, 비타나에 67만 유로를 더해 블라디미르, 스타샤와 교환하는 계약을 체결하였다. 이러한 사정들을 종합하면, 공소외 3, 공소외 4는 위 교환계약에 개입했다고 볼 수밖에 없다. 공소외 3과 공소외 4는 2016. 10. 19. 독일 ◎◎◎ 호텔에서 피고인 1과 공소외 7 회사의 직원으로서 공소외 1의 승마 코치인 공소외 62를 만나 회의를 하였다. 피고인 1과 공소외 3 등은 이 회의에서 위 교환계약으로 취득한 블라디미르는 매각하고, 스타샤는 라우싱과 함께 2018년 말까지 공소외 61 명의로 두었다가 그 이후 피고인 1에게 소유권을 이전하기로 협의하였다. 그런데 만약 2015. 11. 15.경 또는 그 이후 피고인 1과 공소외 3이 살시도, 비타나, 라우싱의 소유권이나 실질적인 처분권한을 피고인 1에게 이전하기로 합의하였다면, 언론보도로 공소외 1에 대한 승마 지원을 중단해야 하는 상황에서 이루어진 비밀스러운 내부 회의에서 피고인 1과 공소외 3

등이 2018년 이후에야 이미 뇌물로 수수한 말과 교환된 스타샤와 라우싱의 소유권의 이전을 추진하기로 협의하지는 않았을 것이다.

다) 피고인 1이 전 대통령의 권력을 배경으로 공소외 6 회사와 이 사건 용역계약을 체결하고 공소외 6 회사로 하여금 고가의 말을 구매하도록 하여 인도받고, 공소외 3 등은 피고인 1의 요구에 따르는 관계에 있었다. 그러나 그와 같은 사정만으로 2015. 11. 15.경 또는 그 이후 피고인 1과 공소외 3 사이에 살시도, 비타나, 라우싱의 소유권이나 실질적인 처분권한을 피고인 1에게 이전하기로 하는 합의가 있었다고 볼 수 없다. 그 밖에 살시도 구입 당시와 비타나, 라우싱 구입 당시의 차이점 등을 종합해 보더라도 마찬가지이다.

반면에 언제든지 말들의 소유권을 원하면 취득할 수 있었던 피고인 1은 2015. 11. 15.경 공소외 3 등에게 군이 말들의 소유권을 자신에게 넘겨달라고 요구할 필요가 없었다. 따라서 피고인 1은 말의 패스포트에 공소외 6 회사를 마주로 기재하지 않는 선에서 요구를 하였고, 공소외 3 등도 피고인 1이 구체적으로 요구하지 않은 말들의 소유권 또는 실질적인 처분권한을 피고인 1에게 이전하겠다는 의사를 표시하지 않았다가, 2016. 9. 23.경 언론에서 공소외 6 회사의 공소외 1에 대한 승마 지원을 보도하자 공소외 1에 대한 승마 지원을 중단할 수밖에 없었고, 그 과정에서 공소외 1이 계속하여 말을 탈 수 있게 하기 위해서 비로소 피고인 1과 공소외 3 등이 2018년 이후에 피고인 1에게 말들의 소유권을 이전하기로 협의하였을 가능성을 배제하기 어렵다. 이러한 경우 피고인 1이 말들의 소유권이나 실질적인 처분권한을 갖고 있었다고 보기 어렵다.

라) 따라서 피고인 1과 공소외 3 등 사이에 살시도와 그 이후 구입하는 말들의 소유권이나 실질적인 처분권한을 피고인 1에게 주려는 의사의 합치가 있었다고 단정하기는 어렵다.

3) 결국 피고인 1이 공소외 2 등으로부터 살시도, 비타나, 라우싱을 뇌물로 수수하였다고 인정하기 어렵다. 그런데도 원심은 피고인 1이 공소외 2 등으로부터 위 말들 자체를 뇌물로 수수하였다고 판단하였다. 이러한 원심의 판단은 뇌물에 관한 법리를 오해하고 논리와 경험의 법칙에 반하여 자유심증주의의 한계를 벗어난 잘못이 있다. 따라서 원심판결에서 공소외 1 승마 지원 관련 특정범죄가중법 위반(뇌물) 중 말들 자체를 뇌물로 판단한 부분과 이를 전제로 한 범죄수익은닉규제법 위반 부분은 파기되어야 한다.

다. 공소외 8 법인 관련 부정한 청탁을 인정할 수 있는지 여부에 관하여

1) 다수의견은 다음과 같은 원심의 판단이 정당하다고 판단하였다.

즉, 부정한 청탁의 대상인 승계작업이 성질상 고정불변의 것이 아니라 경제적·사회적·제도적·정치적 환경의 변화에 따라 구체적 내용이 유동적일 수밖에 없다. '공소외 2가 최소한의 개인자금을 사용하여 ◇◇그룹 핵심 계열사들인 공소외 6 회사와 공소외 9 회사에 대하여 사실상 행사할 수 있는 의결권을 최대한 확보할 수 있도록 하는 것을 목표로 하는 ◇◇그룹 지배구조 개편'이라는 승계작업이 있었다. 전 대통령이 승계작업에 대하여 인식할 수 있었다. 전 대통령과 공소외 2 사이에 공소외 2의 승계작업을 위한 전 대통령의 직무집행과 공소외 2의 공소외 8 법인 지원이 그 직무집행에 대한 대가라는 것에 관하여 공통의 인식이나 양해가 있었으므로 '묵시적 의사표시에 의한 부정한 청탁'이 있었다고 인정할 수 있다.

그러나 이와 같은 다수의견에는 동의하기 어렵다.

2) 형법 제130조의 제3자뇌물수수죄에서 '부정한 청탁'을 요건으로 하는 취지는 처벌의 범위가 불명확해지지 않도록 하기 위한 것이다. 여기서 '부정한 청탁'은 묵시적인 의사표시에 의한 것도 가능하지만, 묵시적인 의사표시에 의한 부정한 청탁이 있다고 하기 위해서는 당사자 사이에 청탁의 대상이 되는 직무집행의 내용과 제3자에게 제공되는 금품이 그 직무집행에 대한 대가라는 점에 대하여 공통의 인식이나 양해가 존재해야 한다. 그러한 인식이나 양해 없이 막연히 선처하여 줄 것이라는 기대에 의하거나 직무집행과는 무관한 다른 동기에 의하여 제3자에게 금품을 공여한 경우에는 묵시적인 의사표시에 의한 부정한 청탁이 있다고 보기 어렵고, 공무원이 먼저 제3자에게 금품을 공여할 것을 요구한 경우도 마찬가지이다(대법원 2009. 01. 30. 선고 2008도6950 판결 등 참조).

3) 승계작업은 전 대통령과 공소외 2 사이에 부정한 청탁의 대상이 되는 것이므로 그 존재 여부가 합리적 의심이 들지 않을 정도로 인정되어야 한다. 그러나 특별검사가 사실심에 제출한 모든 증거들을 종합해 보더라도, 특별검사가 공소사실에서 특정한 부정한 청탁의 대상이 되는 '승계작업'을 인정할 수 없다. 특별검사가 주장하는 현안들 중 일부는 그것이 성공할 경우에는 공소외 2의 공소외 6 회사 또는 공소외 9 회사에 대한 지배력 확보에 직접적·간접적으로 유리한 영향을 미치는 효과가 있었다고 인정할 수 있는 것도 있다. 그러나 이는 사후적·결과적으로 그러한 효과가 일부 확인된다는 것으로 구조조정을 통한 사업의 합리화 등 여러 효과들 중의 하나일 뿐이다. 이러한 사정만으로는 승계작업을 인정할 수 없다. 특별검사가 주장하는 현안들의 진행이 승계작업을 위하여 이루어졌다고 볼 수 있는 증거도 부족하다. 당시 미래전략실 소속 임직원들이 공소외 2를 공소외 63의 후계자로 인정하면서 현안들에 관하여 적극적으로 관여하였다거나, 금융·시장감독기구의 전문가들이 ◇◇그룹의 지배구조 개편이 공소외 2의 계열사에 대한 지배력의 확보와 관련이 있다고 평가·분석하고 있었다고 해도, 특별검사가 공소사실에서 주장하는 '승계작업'을 인정하기 부족한 것은 마찬가지이다.

4) 이 부분 공소사실은 전 대통령과 공소외 2 사이의 단독 면담에서 부정한 청탁이 있었다는 취지이다. 그런데 기록에 의하면, 단독 면담의 성격상 그 자리에서 전 대통령과 공소외 2 사이에 구체적으로 어떠한 내용으로 청탁이 오고 간 것인지에 관한 직접적인 증거는 전 대통령과 공소외 2의 진술 외에는 단독 면담 이후에 전 대통령이 피고인 2에게 불러준 것을 피고인 2가 적어 놓은 피고인 2의 업무수첩 중 대화 내용 부분과 그에 관한 피고인 2의 진술밖에 없다. 전 대통령과 공소외 2가 부정한 청탁이 없었다고 주장하는 이 사건에서는 결국 피고인 2의 업무수첩 등 외에는 부정한 청탁을 입증할 만한 결정적인 증거는 없다. 피고인 2의 업무수첩 중 대화 내용 부분은 증거능력이 없어 증거로 할 수 없다. 원심판결은 대화 내용 부분에 관하여 증거능력을 부정하였지만 원심 법원은 이미 피고인 2의 업무수첩과 그 내용에 관하여 자세하게 신문된 피고인 2에 대한 증인신문조서들에 관한 검토를 마쳐 그 내용을 알게 된 후였다. 그리고 여전히 피고인 2의 업무수첩과 그에 관한 위 증인신문조서들은 이 사건 기록에 증거로 편철되어 있다. 판사가 법률전문가라고 하더라도 증거능력이 없는 피고인 2의 업무수첩의 내용이 머릿속에 잔영으로 남아 심증을 형성하는 데에 영향을 받았을 가능성을 배제할 수 없다.

5) 이 사건에서 승계작업에 관한 부정한 청탁이 있었음을 인정할 수 있는 증거인 피고인 2의 업무수첩은 증거능력이 없으므로 증거로 사용할 수 없다. 그 밖에 특별검사가 사실심법원에 제

출한 모든 증거들을 살펴보아도 승계작업이 있었다거나 이에 관한 부정한 청탁이 있었음을 인정할 구체적인 증거가 없다. 범죄사실은 검사가 증명하여야 하고 그와 같은 증거가 없으면 무죄로 판단하여야 한다. 이는 헌법과 형사소송법의 명령이고 대법원 판례도 계속하여 같은 취지로 판시해 오고 있다. 구체적인 증거와 사실에 근거하지 않고 막연하게 개별적인 현안도 아닌 포괄적인 현안인 승계작업이 있었다고 인정하고 또 명시적이 아닌 묵시적인 부정한 청탁이 있었다고 인정하게 되면 피고인의 방어권 확보를 현저히 곤란하게 할 뿐만 아니라 누구도 범죄의 혐의로부터 자유로울 수 없게 만든다.

6) 이 사건은 피고인 1에 대하여 10년 이상에 해당하는 징역형이 선고되었으므로 중대한 사실의 오인은 적법한 상고이유가 될 수 있다(형사소송법 제383조 제4호). 원심은 부정한 청탁을 명확하게 증명할 만한 별다른 증거가 없는데도 공소외 8 법인 관련 부정한 청탁을 인정하였다. 이러한 원심의 판단에는 제3자뇌물수수죄에서 부정한 청탁에 관한 법리를 오해하고 중대한 사실의 오인이 있거나 논리와 경험의 법칙을 위반하여 자유심증주의의 한계를 벗어난 잘못이 있다고 보아야 한다. 그런데도 다수의견은 이러한 원심의 판단이 정당하다고 하고 있다. 이는 형사재판에서 유죄의 인정은 법관으로 하여금 합리적인 의심을 할 여지가 없을 정도로 공소사실이 진정하다는 확신을 가지게 할 수 있는 증명력을 가진 증거에 의하여야 하고 이와 같은 증명이 없다면 설령 피고인에게 유죄의 의심이 간다고 하더라도 유죄로 판단할 수는 없다는 대법원 판례에 정면으로 위배되므로 받아들일 수 없다.

7) 이러한 취지에서 이 사건 공소사실 중 공소외 8 법인 관련 특정범죄가중법 위반(뇌물) 부분을 유죄로 인정한 원심의 판단에는 제3자뇌물수수죄의 부정한 청탁 등에 관한 법리를 오해하고 중대한 사실을 오인하거나 논리와 경험의 법칙에 반하여 자유심증주의의 한계를 벗어나는 등의 잘못이 있다. 따라서 원심판결 중 공소외 8 법인 관련 특정범죄가중법 위반(뇌물) 부분을 파기하여야 한다.

라. 결 론

그러므로 원심판결의 유죄 부분이 파기되어야 한다는 결론은 다수의견과 같이 하지만 그 파기이유는 다르므로 별개의견으로 이를 밝혀둔다.

10. 뇌물수수죄의 공동정범에 관한 대법관 박상옥의 별개의견

다수의견의 논거 중 비공무원이 뇌물수수죄의 공동정범이 될 수 있는지 여부와 그 범위에 관한 부분에는 동의할 수 없다. 다수의견은 (1) 공무원과 비공무원이 공동가공의 의사와 이를 기초로 한 기능적 행위지배를 통하여 공무원의 직무에 관하여 뇌물을 수수하는 범죄를 실행하였다면 공무원과 비공무원에게 형법 제129조 제1항에서 정한 뇌물수수죄의 공동정범이 성립한다고 한 다음, (2) 금품이나 이익 전부에 관하여 뇌물수수죄의 공동정범이 성립한 이후에 뇌물이 실제로 공동정범인 공무원 또는 비공무원 중 누구에게 귀속되었는지는 이미 성립한 뇌물수수죄에 영향을 미치지 않고, 공무원과 비공무원이 사전에 뇌물을 비공무원에게 귀속시키기로 모의하였거나 뇌물의 성질상 비공무원이 사용하거나 소비할 것이라고 하더라도 이러한 사정은 뇌물수수죄의 공동정범이 성립한 이후 뇌물의 처리에 관한 것에 불과하므로 뇌물수수죄가 성립하는 데 영향을 미치지 않는다고 한

다. 이러한 다수의견의 논리 중 공무원과 비공무원 사이의 뇌물수수죄의 공동정범 성립에 관한 일반론에 대한 부분인 위 (1)항 부분에 대하여는 동의하지만, 뇌물을 비공무원에게 전적으로 귀속시키기로 모의하거나 뇌물의 성질상 비공무원이 사용하거나 소비할 것인데도 비공무원이 뇌물을 받은 경우까지 뇌물수수죄의 공동정범이 성립한다고 하는 위 (2)항 부분에 대하여는 동의하지 않는다. 우리 형법이 제129조 제1항의 뇌물수수죄와 별도로 제130조에서 제3자뇌물수수죄를 규정하고 있는 이상 공무원이 아닌 비공무원인 제3자가 뇌물을 수수한 경우에는 뇌물의 귀속주체와 성질이 어떠한지에 따라 그 뇌물수수죄 또는 제3자뇌물수수죄가 성립하는지를 달리 평가하여야 한다. 이 사건은 위 9. 가. 별개의견에서 자세히 밝히고 있는 이유와 같이, 전 대통령은 공소외 2에게 피고인 1에 대하여 '공소외 1 승마 지원'이라는 뇌물을 제공하도록 요구하였을 뿐이고 자신에게는 어떠한 뇌물도 요구하지 않았으며 실제로 뇌물을 수수한 것은 피고인 1이고, 뇌물의 성질상 전 대통령이 수수할 수 없고 피고인 1만 수수할 수 있으므로 형법 제129조 제1항 뇌물수수죄의 공동정범이 성립할 수 없고, 전 대통령과 피고인 1의 인식이나 의사도 제3자뇌물수수죄의 고의로 보는 것이 자연스럽다. 그리고 피고인 1에게는 형법 제130조 제3자뇌물수수죄의 고의를 인정하는 것이 타당하다. 따라서 피고인 1에게 형법 제130조 제3자뇌물수수죄만 성립할 수 있다.

그런데도 원심은 전 대통령과 피고인 1에게 형법 제129조 제1항 뇌물수수죄의 공동정범이 성립하는 것을 전제로 피고인 1에게 특정범죄가중법 위반(뇌물)죄를 유죄로 판단하였다. 이러한 원심의 판단에는 비공무원이 뇌물수수죄의 공동정범이 될 수 있는지 여부와 그 범위에 관한 법리를 오해하여 판결에 영향을 미친 잘못이 있다.

그러므로 원심판결의 유죄 부분 중 공소외 1 승마 지원 관련 특정범죄가중법 위반(뇌물) 부분은 파기되어야 한다. 비공무원이 뇌물수수죄의 공동정범이 될 수 있는지 여부와 그 범위에 관한 부분 외에는 다수의견의 견해에 동의하여 다수의견과 결론을 같이하므로, 다수의견과 견해를 달리하는 부분에 관하여 별개의견으로 이를 밝혀둔다.

11. 강요죄의 협박에 관한 대법관 박정화, 대법관 민유숙, 대법관 김선수의 별개의견

이 사건 공소사실의 강요죄 부분 중 ① ◁◁◁과 대기업들에 대한 이 사건 각 재단 관련 출연 등 요구, ② △△그룹에 대한 공소외 14 재단 관련 추가 지원 요구, ③ ◇◇그룹에 대한 공소외 8 법인 지원 요구(이하 위 세 개의 요구 사안을 '강요 불인정 사안'이라 한다)가 강요죄의 수단으로서 해악의 고지에 해당하지 않는다는 것에는 다수의견과 견해를 같이한다. 그러나 ① ♡♡♡♡♡그룹에 대한 공소외 29 회사와 납품계약 체결 및 공소외 31 회사에 광고발주 요구, ② ●●●그룹에 대한 스포츠단 창단을 활용한 공소외 20 회사와 용역계약 체결 요구, ③ 공소외 32 회사에 대한 공소외 34와 공소외 35의 채용·보직변경과 공소외 31 회사 광고대행사 선정 요구, ④ 공소외 41 회사 등에 대한 스포츠단 창단을 활용한 공소외 20 회사와 용역계약 체결 및 공소외 8 법인 지원 요구(이하 위 네 개의 요구 사안을 '대상 사안'이라 한다)까지도 강요죄의 협박에 해당한다고 보기 어렵다는 다수의견의 논거와 결론에는 동의할 수 없다.

가. 다수의견이 지적한 것처럼 행위자가 상대방에게 영향을 줄 수 있는 지위에 있다는 사실만으로 곧바로 그 지위에 기초한 요구를 해악의 고지로 평가할 수는 없다. 이러한 요구를 해악의 고지로

평가할 수 있는지는 행위자와 상대방 사이의 관계와 지위뿐 아니라 그 요구의 내용, 요구 당시의 상황과 언행, 상대방이 요구에 응하게 된 경위와 당사자가 그 과정에서 보인 태도 등을 종합적으로 고려하여 판단하여야 한다. 이러한 판단 기준에 비추어 보면 다수의견이 대상 사안에 대하여 강요죄의 협박에 해당하지 않는다고 판단한 것은 사회평균인의 관점에서 볼 때 경험법칙에 반한다. 구체적인 이유는 다음과 같다.

대법원은 종래 해악의 고지는 언어나 거동에 의하여 상대방으로 하여금 어떠한 해악에 이르게 할 것이라는 인식을 갖도록 하는 것이면 충분하고, 행위자가 그 지위 등에 기한 불법한 위세를 이용하여 특정 요구를 함으로써 상대방으로 하여금 그에 응하지 아니한 때에는 부당한 불이익을 초래할 위험이 있다는 위구심을 야기하는 경우에도 해악의 고지가 된다고 일관되게 판시하여 왔다(대법원 2002. 08. 27. 선고 2001도6747 판결, 대법원 2003. 05. 13. 선고 2003도709 판결 등 참조). 이는 행위자의 요구가 강요죄의 수단으로서 해악의 고지에 해당하는지는 구체적인 사정을 두루 참작하여 판단하여야 하고 개별적인 사정을 단면적으로 보아 판단할 것은 아니라는 것이다. 같은 취지에서 대상 사안의 경우 그 요구 행위자가 상대방에게 직무상 또는 사실상 영향력을 미칠 수 있는 대통령, 경제수석비서관과 문체부 제2차관이라는 것에 더하여 아래와 같은 각 사안별 여러 사정들을 종합하여 보면 그 요구는 묵시적 해악의 고지에 해당한다고 보는 것이 타당하다. 대상 사안의 각 요구를 해악의 고지로 볼 수 없다는 다수의견은 강요죄의 협박에 관하여 제시했던 해석상의 법리와는 달리 지위를 이용하여 한 요구를 묵시적 해악의 고지로 평가하기에 충분히 관련성이 있는 사정들을 종합적으로 고려하지 못하였고, 그 결과 경험법칙에 부합하지 않는 결론을 내리고 말았다. 대법원은 종래 행위자가 그 지위와 직책에 기하여 상대방의 중요한 이해관계에 상당한 영향력을 행사할 수 있는 경우 그 지위를 이용하여 업무와 직접 관련이 없는 요구를 한 것 자체가 해악의 고지에 해당할 수 있다는 취지로 판단하였다(대법원 1974. 04. 30. 선고 73도2518 판결, 대법원 2005. 11. 10. 선고 2004도42 판결 등 참조). 다수의견과 같이 대상 사안의 각 요구를 해악의 고지로 인정하지 않는다면 오히려 포괄적인 권한을 가진 고위공직자일수록 특정한 불이익을 시사하는 구체적인 언동을 하지 않은 경우에 그 지위를 이용하여 한 요구를 묵시적 해악의 고지로 인정할 수 없게 되는 결과에 이른다. 이는 기존 법리보다 묵시적 해악의 고지의 인정 범위를 축소시키는 것일 뿐 아니라 다수의견이 제시한 법리적 의미를 퇴색시킨다. 다수의견에 의하면 고위공직자가 그 지위를 이용하여 한 요구를 어떠한 경우에 묵시적 해악의 고지로 평가할 수 있는지에 대한 기준을 모호하게 만든다.

묵시적 해악의 고지가 있었는지 판단할 때 그 기준은 평균적인 사회인의 관점에서 형성된 경험법칙이 되어야 한다. 자유심증주의의 한계로 기능하는 '경험법칙'이란 사회경험으로부터 귀납된 사물의 인과관계나 성상에 관한 지식 내지 인과관계에 관한 법칙을 말하는바, 여기서 '사회경험'은 평균적인 사회인의 관점에서 겪은 경험을 의미하는 것으로 보아야 한다. 또한 '평균적인 사회인'은 사회와 고립되어 홀로 섬에 갇힌 로빈슨 크루소도 아니고, 종교적 또는 철학적 신념이 확고하여 어떤 외부 압력이나 협박에도 굴하지 않는 강인한 의지를 가진 순교자나 초인도 아니며, 다른 사람들과 관계를 유지하면서 사회 속에서 생활하며 이성에 근거한 합리적인 판단능력과 함께 오욕칠정과 공포심을 가진 대다수의 보통 사람을 의미한다. 경험법칙의 원천인 사회경험을 로빈슨 크루소나 종교적 순교자 또는 철학적 초인과 같이 사회와 단절되거나 극히 예외적인 개인의 관점에서 겪은 경험을 의미하는 것으로 보아서는 사회에서 수용할 수 있는 결론에 이를 수 없다. 사회에서 보편적으로 수용될 수 있는 법해석은 평균적인 사회인의 관점을 반영해야 가능한 것이다. 다수의견도 밝힌 바와 같이 묵시적 해악 고지가 있었는지 여부를 판단할 때에는 '&- 요구 당시의 상황&- 등 특수한 사정'을 고려하여야 한다. 따라서 이 사건에서 묵시적 해악 고지가 있었는지 여부를 판단할 때는 당시의 국정운영 방식과 사회분위기 그리고 이에 대한 평균적인 사회인의 인식 등을 감안해야만 한다.

강요 불인정 사안과 대상 사안 사이에는 강요죄의 성립 여부를 좌우할 만한 차이가 있다. 대기업들에 대한 이 사건 각 재단 관련 출연 등 요구는 중간에 민간경제단체인 ◁◁◁이 개입되어 있다는 점에서 대통령, 경제수석비서관과 문체부 제2차관이 각 개별 기업 대표들에 대해 직접 요구한 대상 사안과는 다르다. 청와대가 이 사건 각 재단에 대한 전체출연규모, 출연기업의 범위 등을 정하여 ◁◁◁에 전달하였으나, 구체적인 각 기업별 출연금액은 ◁◁◁이 내부 기준에 따라 자체적으로 정하였다. 또한 ◁◁◁의 요청을 받은 기업들은 ◁◁◁ 임직원들로부터 청와대의 관심사항이라는 말을 들었으나, 일부 기업은 그 요청을 거절하였다. 즉 공소외 64 주식회사는 유례없는 적자와 노조파업 등을 이유로, ■■그룹은 이미 체육 분야에 많은 지원을 하고 있다는 이유로, ◆◆◆그룹은 단순히 정부나 청와대에서 연락이 왔구나 하는 정도로 생각하여, ★★그룹은 청와대 주도로 설립된다는 사실을 알지 못하였다는 등의 이유로 거절하였다.

그리고 △△그룹에 대한 공소외 14 재단 관련 추가 지원 요구와 ◇◇그룹에 대한 공소외 8 법인 지원 요구의 경우 당시 △△그룹에는 '신규특허 방안의 조속한 추진 및 ▷▷▷▷ 면세점의 특허 재취득'이라는 현안이 있었고, ◇◇그룹에는 '승계작업'이라는 현안이 있었으며, △△그룹 회장 1심 공동피고인 3과 ◇◇그룹 부회장 공소외 2는 위와 같은 현안에 대해 부정한 청탁을 하는 대가로 전 대통령의 요구를 받아들였다는 점에서, 현안에 대한 청탁 없이 일방적으로 전 대통령과 피고인 2 등의 요구를 수용할 수밖에 없었던 대상 사안과는 차이가 있다. △△그룹과 ◇◇그룹에 대한 위 요구 사안은 다수의견도 인정한 바와 같이 1심 공동피고인 3과 공소외 2가 전 대통령의 뇌물 요구에 편승하여 그 직무와 관련한 이익을 얻기 위하여 직무행위를 매수할 의사로 뇌물을 공여한 것이다. 반면 대상 사안의 경우에는 피해자 측이 전 대통령 등의 요구를 일방적으로 수용할 수밖에 없었던 경우이다.

나. ♡♡♡♡그룹에 대하여 공소외 29 회사와 납품계약 체결을 요구하고 공소외 31 회사에 광고발주를 요구한 부분에 관하여 살펴본다.

전 대통령의 지시에 따른 피고인 2의 ♡♡♡♡그룹 부회장 공소외 28에 대한 요구는 ♡♡♡♡그룹의 주된 사업목적에 직접 관련된 기업 활동에 관한 경영상 의사결정의 자유를 제한하거나 의사실행의 자유를 방해하는 내용이다. 각종 차량, 일반기계 및 그 부분품의 제조 판매업 등을 주된 사업목적으로 하는 ♡♡♡♡그룹에 공소외 29 회사라는 특정 업체가 생산하는 원동기용 흡착제를 납품받도록 요구하는 것은 ♡♡♡♡그룹이 제조 판매하는 제품에 직접 영향을 줄 수 있는 중대한 경영상 의사결정에 부당하게 개입하는 것이다. 또한 ♡♡♡♡그룹이 제조하는 제품과 기업 자체에 대한 광고를 공소외 31 회사라는 특정 업체에게 발주하도록 요구하는 것도 주된 사업목적에 직접 영향을 줄 수 있는 중대한 경영상 의사결정에 부당하게 개입하는 것이다. 이와 같은 중대한 경영상 의사결정은 기업의 주된 사업목적과 직결되고 그 영향이 일회적이거나 일시적인 것이 아니라 상당한 기간 계속될 수밖에 없기 때문에 그 의사결정의 과정과 기준이 체계적이고 조직적으로 관리되고, 기업 대표자라 하더라도 그와 배치되는 결정을 하는 것이 곤란하다. 이러한 사항에 대하여 대통령 또는 경제수석비서관이 구체적이고 특정한 요구를 하는 것은 상대방으로 하여금 그 자체로 위구심을 느끼게 할 수 있다.

더구나 피고인 2는 직접 ♡♡♡♡그룹 측으로부터 공소외 29 회사의 납품 완료와 이행현황을 보고받으면서 계속적으로 개입하였다. 피고인 2의 이러한 행위는 ♡♡♡♡그룹으로 하여금 공소외 29 회사와의 계약을 해지할 수 없게 만들고 공소외 31 회사에 대한 광고발주 요구를 거절하기 어렵게 만들기에 충분하다. 결국 ♡♡♡♡그룹은 통상적인 내부의 의사결정 및 계약 상대방 결정 절차를 거치지 아니한 채 단기간 내에 공소외 29 회사와 수의계약으로써 납품계약을 체결하였고, 이미 다른 회사와 광고계약을 체결하였음에도 이를 해지하고 공소외 31 회사와 새로운 광고계약을 체결할 수밖에 없었다.

대통령과 경제수석비서관의 지위에 더하여 이와 같은 제반 사정을 종합하면, 피고인 2가 공소외 28에게 한 각 요구는 공소외 28로 하여금 위 요구들이 단순한 협조 요청에 불과하여 그에 응할지 여부를 자율적으로 결정할 수 있는 것이 아니라 그에 응하지 않을 경우 ♡♡♡♡그룹의 기업 활동에 어떠한 해악이 발생할 것이라는 인식을 갖게 하였다고 볼 수 있다. 공소외 28은 수사기관과 제1심에서, '한 나라의 경제정책을 좌지우지하는 경제수석이기 때문에 피고인 2의 부탁을 들어주었고, 부탁을 들어주지 않으면 불편할 수도 있다고 생각했다.', '피고인 2의 요구 내지 지시가 아니었다면 공소외 29 회사가 통상적인 입찰 절차를 거치지 않고 ♡♡♡♡그룹의 납품업체로 쉽게 선정되는 혜택을 누릴 수 없었을 것이다.', '특별한 요청이 없었다면 먼저 연락하여 공소외 31 회사를 광고 입찰 등의 과정에 참여시킬 일은 없었을 것이고, 유독 여러 광고업체 중 하나인 공소외 31 회사에 연락할 일은 없었을 것이라고 본다.'고 진술하였다. 피고인 2도 수사기관에서 '경제수석실에서 장기간 ♡♡♡♡ 측의 납품 여부까지 체크하는 등으로 인해 ♡♡♡♡ 측에서 어쩔 수 없이 공소외 29 회사 제품을 납품까지 받아야 했던 것은 인정하겠다.'고 진술하였다. 이는 묵시적 해악의 고지가 있었음을 충분히 인정할 수 있는 사정이라 할 수 있다. 이러한 피해자 측과 가해자 측의 진술이 있음에도 해악의 고지를 인정하지 않는 다수의견은 평균적인 사회인의 관점에서 보아 경험법칙에 반한다.

따라서 피고인 2의 위와 같은 요구는 공소외 28의 의사결정의 자유를 제한하거나 의사실행의 자유를 방해하기에 충분한 것으로서 묵시적인 협박에 해당한다.

다. ●●●그룹에 대하여 스포츠단을 창단하여 공소외 20 회사와 용역계약을 체결하라고 요구한 부분에 관하여 살펴본다.

전 대통령과 그 지시에 따른 피고인 2가 ●●●그룹에 대하여 배드민턴팀을 창단하여 공소외 20 회사와 용역계약을 체결하라고 요구한 것은 그 요구한 내용이 일회적이거나 일시적인 것이 아니고 상당한 기간 계속적인 비용의 지출과 관리가 필요한 사항으로 기업 경영에 상당한 부담이 될 수 있으므로 기업 대표자라 하더라도 일방적으로 결정하기 어려운 내용이다. 이러한 사항에 대하여 대통령 또는 경제수석비서관이 구체적이고 특정한 요구를 하는 것은 상대방으로 하여금 그 자체로 위구심을 느끼게 할 수 있다. ●●●그룹 회장 공소외 43은 2016. 2. 22. 전 대통령과의 단독 면담에서 여자 배드민턴팀을 창단해 주고 공소외 20 회사가 자문하게 하라는 요구를 받았고, 그 무렵 공소외 20 회사 대표 공소외 65의 연락처를 전달받았다. 공소외 43의 지시를 받은 ●●● 경영지원본부장 공소외 44는 여자배드민턴팀 창단 비용이 과도하다는 이유를 들어 거절하였다. 그러자 피고인 2가 공소외 44에게 전화하여 청와대 관심사항이라고 말하며 여자 배드민턴팀이 안되면 스포츠단을 창단하는 대안도 고려하라며 공소외 20 회사와 잘 협의하라고 요구하였다. 그로 인하여 ●●●그룹은 공소외 20 회사와 ●●●그룹 계열사 산하에 2017년부터 창단 비용 16억 원 상당의 펜싱팀을 창단하고 공소외 20 회사가 그 매니지먼트를 맡기로 하는 내용의 의견을 교환하는 등의 행위를 하여야만 했다. 대통령과 경제수석비서관의 지위에 더하여 피고인 2의 공소외 44에 대한 위와 같은 언행, 그에 따른 ●●●그룹의 대응 등 제반 사정을 종합하면, 전 대통령과 피고인 2의 요구는 공소외 43 등으로 하여금 그 요구에 응하지 않을 경우 ●●●그룹의 기업 활동에 어떠한 해악이 발생할 것이라는 인식을 갖게 하였다고 볼 수 있다. 공소외 43은 수사기관에서, '펜싱팀을 창단하기로 한 것은 피고인 2가 기업에 대한 우월적 지위를 이용하여 대통령의 관심사안이라고 하면서 요구하였기 때문이다.'라고 진술하였고, 공소외 44는 수사기관에서, '피고인 2가 전화까지 주었기 때문에 대응하지 않을 수 없었다. 피고인 2의 정부정책에 대한 영향력 및 사업운영에 있어 정부를 비롯한 공공기관의 협조가 필수불가결한 것이 현실적인 상황에서 피고인 2의 제안은 사실상 무언의 압력과 다를 바가 없었다.'는 내용의 진술서를 제출하였고, 제1심에서 피고인 2의 제안은 심리적으로 부담이 되었다는 취지로 진술하였다. 이는 묵시적 해악의 고지가 있었음을 충분히 인정할 수 있는 사정이다. 이러한 피해자들의 진술이 있음에도 해악의 고지를 인정하지 않는 다수의견은 평균적인 사회인의 관점에서 보아 경험법칙에 반한다.

따라서 피고인 2의 위와 같은 요구는 공소외 43 등의 의사결정의 자유를 제한하거나 의사실행의 자유를 방해하기에 충분한 것으로서 묵시적인 협박에 해당한다.

라. 공소외 32 회사에 대하여 공소외 34와 공소외 35의 채용·보직변경을 요구하고 공소외 31 회사를 광고대행사로 선정하라고 요구한 부분에 관하여 살펴본다.

피고인 2는 전 대통령의 지시를 받아 공소외 32 회사 회장 공소외 33에게 윗선의 관심사항임을 밝히면서 공소외 34와 공소외 35를 채용해 줄 것을 요구하고 그 후 보직변경을 요구하여 정기인사 시기가 아님에도 이들을 채용하고 보직을 변경하게 하였다. 또한 공소외 31 회사를 광고대행사로 선정하라고 요구하여 공소외 32 회사가 공소외 31 회사를 광고대행사로 선정하게 하였다. 전 대통령과 피고인 2의 이러한 요구는 기업의 자율적 활동 중 핵심적인 부분으로서 기업이 자체적인 기준과 절차에 따라 운영하는 인사에 직접 개입한 것이고, 그 내용이 일회적이거나 일시적인 것이 아니고 상당한 기간 계속적인 비용의 지출과 관리가 필요한 사항으로 기업 경영에 상당한 부담이 될 수 있는 내용이다. 이러한 사항에 대하여 대통령 또는 경제수석비서관이 구체적이고 특정한 요구를 하는 것은 상대방으로 하여금 그 자체로 위구심을 느끼게 할 수 있다.

피고인 2는 위 요구에서 나아가 그에 따른 이행을 재촉하였고, 결국 공소외 32 회사는 내부 원칙과 기준, 절차를 위반하면서까지 위 요구에 응할 수밖에 없었다. 이러한 사정에 비추어 보면 피고인 2의 일련의 언행과 요구는 공소외 33으로 하여금 그 요구에 응하지 않으면 공소외 32 회사의 기업 활동에 부당한 불이익이 초래될 위험이 있다는 위구심을 일으키기에 충분한 것으로 볼 수 있다. 공소외 33은 제1심에서, '경제수석인 피고인 2의 부탁이 아니었으면 공소외 34를 만날 일도 채용할 이유도 없다.', '기업을 하는 입장에서 경제수석이 대통령의 요구사항, 지시사항, 관심사항이라고 이야기하는 데 부담감을 느낄 수밖에 없다.', '피고인 2가 위와 같은 부탁을 할 때 무리하지 말라는 말을 하거나 그러한 뉘앙스로 이야기한 기억은 없다.'고 진술하였다. 피고인 2도 수사기관에서 '대통령이 기업 경영자들을 상대로 구체적으로 특정 기업을 언급하면서 협조를 요청할 경우 이를 거절하는 것이 사실상 어렵다.'고 진술하였다. 이는 묵시적 해악의 고지가 있었음을 충분히 인정할 수 있는 사정이다. 이러한 피해자의 진술이 있음에도 해악의 고지를 인정하지 않는 다수의견은 평균적인 사회인의 관점에서 보아 경험법칙에 반한다.

따라서 피고인 2의 위와 같은 요구는 공소외 33의 의사결정의 자유를 제한하거나 의사실행의 자유를 방해하기에 충분한 것으로서 묵시적인 협박에 해당한다.

마. 공소외 41 회사 등에 대하여 스포츠단을 창단하여 공소외 20 회사와 용역계약을 체결하라고 요구하고 공소외 8 법인에 대한 지원을 요구한 부분에 관하여 살펴본다.

공소외 41 회사는 관광진흥 및 사회공헌활동을 위해 문체부 산하 한국관광공사의 자회사로 설립된 공공기관으로 문체부 제2차관이 감독 업무를 총괄한다. 공소외 41 회사가 공공기관으로서 문체부의 직접적인 감독을 받기 때문에 대통령이나 문체부 제2차관의 요구를 거절하기 어려운 지위에 있다는 점에서 강요 불인정 사안의 사기업체와는 그 지위가 근본적으로 다르다.

전 대통령의 지시를 받은 피고인 2와 문체부 제2차관 공소외 42가 공소외 41 회사 대표이사 공소외 66에게 스포츠단을 창단하여 공소외 20 회사와 용역계약을 체결하라고 요구한 것은 그 요구한 내용이 일회적이거나 일시적인 것이 아니고 상당한 기간 계속적인 비용의 지출과 관리가 필요한 사항으로 기업 경영에 상당한 부담이 될 수 있는 것이므로 기업 대표자라 하더라도 일방적으로 결정하기 어려운 내용이다. 이러한 사항에 대하여 대통령 또는 경제수석비서관, 문체부 제2차관이 구체적이고 특정한 요구를 하는 것은 상대방으로 하여금 그 자체로 위구심을 느끼게 할 수 있다.

피고인 2는 업무적으로나 개인적인 친분이 없는 공소외 66에게 전화하여 공소외 21 회사를 특정하며 일방적으로 위와 같은 요구를 하였고 공소외 66이 공소외 21 회사가 요구하는 계약의 규모가 너무 크다는 이유로 난색을 표하자 이번에는 감독권한이 있는 공소외 42가 공소외 66에게 계약금액을 낮추고 장애인 선수단을 창단하라고 요구하였다. 이후에도 공소외 42는 선수단 창단 과정을 보고받고 공소외 66에게 지시를 하는 등 지속적으로 관여하였다. 또한 공소외 42는 공소외 66에게 공소외 8 법인에 대한 지원을 요구하였다. 공소외 66은 공소외 41 회사로부터 자금 전부를 출연받았을 뿐만 아니라 문체부 제2차관 산하 관광정책실의 감독을 받는 공소외 41 회사 사회공헌재단의 이사장 공소외 67에게 '위에서의 요청'이라며 공소외 8 법인에 대한 지원을 검토하게 하였다. 이러한 요구에 따라 공소외 41 회사는 내부 반대의견에도 불구하고 장애인 펜싱팀을 창단하고 공소외 20 회사에 소속 선수 관련 업무대행 권한을 부여하는 공소외 41 회사-선수-공소외 20 회사 3자간 공소외 41 회사 장애인 펜싱 실업팀 선수 위촉계약을 체결하였고, 공소외 41 회사 사회공헌재단은 공소외 8 법인에 공소외 42가 요구한 금액을 지원하였다.

경제수석비서관과 문체부 제2차관의 지위, 공소외 42와 공소외 66 및 공소외 67과의 관계에 더하여 이와 같은 제반 사정을 종합하면, 피고인 2와 공소외 42의 공소외 66에 대한 요구와 공소외 42의 공소외 66과 공소외 67에 대한 요구는 그 상대방으로 하여금 그 요구에 응하지 않으면 자신이나 공소외 41 회사 등의 기업 활동에 부당한 불이익이 초래될 위험이 있다는 위구심을 일으키기에 충분한 것으로 볼 수 있다. 스포츠단을 창단하여 공소외 20 회사와 용역계약을 체결하라는 요구에 관하여 공소외 66은 수사기관과 제1심에서, '청와대 경제수석인 피고인 2가 공소외 20 회사와 용역계약을 체결하라고 한 지시는 실질적인 압력이었고, 그렇기 때문에 전혀 받아들일 수 없는 연간 80억 원 상당의 용역계약 제안에 대해 공소외 20 회사와 장기간 협상을 할 수밖에 없었다.', '당시 위와 같은 피고인 2의 말은 곧 청와대의 뜻이라 생각했고, 경제수석의 월권행위라고 생각하지 못했으며, 청와대에서 지시하는 것이니 따라야겠다고 생각했다.', '피고인 2의 지시가 없었다면 사장으로서 스포츠팀을 창단하는 것이 급선무는 아니었을 것이다.', '피고인 2의 전화, 공소외 42의 계약 과정에서의 여러 제안에 따라 공소외 20 회사와의 계약 및 협상 과정에서 심리적으로 부담을 가졌던 것은 사실이다.'라고 진술하였다. 공소외 8 법인 지원 요구에 관하여 공소외 66은 수사기관과 제1심에서, '공소외 42 차관이 주무부처의 차관이고, 체육담당 차관이기 때문에 저의 직속상관이다. 그래서 그 전화는 제가 무시할 수 없고, 좀 부담을 갖고 받았다.', '반드시라는 말은 안 했지만, 그 말이 실질적으로 지원을 염두에 두고 한 것으로 이해했다.'고 진술하였다. 공소외 67은 수사기관과 제1심에서, '공소외 66으로부터 위에서의 요청이라며 공소외 8 법인에 지원을 해달라는 요청을 받았다. 지원의 규모를 봤을 때 문체부일 것이라고 생각했다.', '공소외 66을 통해 문체부로 생각되는 곳의 요청이 있었기 때문에 이 사업에 지원을 하게 된 것은 맞다.'고 진술하였다.

공소외 66과 공소외 67의 이와 같은 진술은 묵시적 해악의 고지가 있었음을 충분히 인정할 수 있는 사정이다. 이러한 피해자들의 진술이 있음에도 해악의 고지를 인정하지 않는 다수의견은 평균적인 사회인의 관점에서 보아 경험법칙에 반한다.

따라서 피고인 2와 공소외 42의 위와 같은 요구는 공소외 66과 공소외 67의 의사결정의 자유를 제한하거나 의사실행의 자유를 방해하기에 충분한 것으로서 묵시적인 협박에 해당한다.

바. 요컨대 원심이 대상 사안에 대하여 묵시적 해악 고지를 인정하여 이 부분 강요죄를 유죄로 판단한 것에 강요죄에서 말하는 협박 등에 관한 법리를 오해하는 등의 잘못이 없다.

그렇다면 원심판결의 강요 부분 중 강요 불인정 사안 부분은 파기되어야 하고, 위 파기부분과 포괄일죄, 상상적 경합 관계에 있는 부분, 대상 사안을 포함하여 형법 제37조 전단의 경합범 관계에 있어 하나의 형이 선고된 유죄 부분도 함께 파기되어야 한다. 원심판결 중 피고인들에 대한 유죄 부분(이유무죄 부분 포함)은 모두 파기되어야 한다.

이와 같이 이 사건 결론에 관하여는 다수의견과 의견을 같이하지만 결론에 이르기까지의 이유는 다르므로, 다수의견과 견해를 달리하는 부분에 관하여 별개의견으로 이를 밝혀둔다.

Ⓐ 대법원 2019. 03. 28. 선고 2018도16002 전원합의체 판결 【강간(인정된죄명:준강간미수,변경된죄명:준강간)】

【판시사항】

[1] 준강간죄에서 '고의'의 내용
[2] 피고인이 피해자가 심신상실 또는 항거불능의 상태에 있다고 인식하고 그러한 상태를 이용하여 간음할 의사로 피해자를 간음하였으나 피해자가 실제로는 심신상실 또는 항거불능의 상태에 있지 않은 경우, 준강간죄의 불능미수가 성립하는지 여부(적극)

【판결요지】

[1] 형법 제297조는 "폭행 또는 협박으로 사람을 강간한 자는 3년 이상의 유기징역에 처한다."라고 규정하고, 제299조는 "사람의 심신상실 또는 항거불능의 상태를 이용하여 간음 또는 추행을 한 자는 제297조, 제297조의2 및 제298조의 예에 의한다."라고 규정하고 있다. 형법은 폭행 또는 협박의 방법이 아닌 심신상실 또는 항거불능의 상태를 이용하여 간음한 행위를 강간죄에 준하여 처벌하고 있으므로, 준강간의 고의는 피해자가 심신상실 또는 항거불능의 상태에 있다는 것과 그러한 상태를 이용하여 간음한다는 구성요건적 결과 발생의 가능성을 인식하고 그러한 위험을 용인하는 내심의 의사를 말한다.

[2] [다수의견]
형법 제300조는 준강간죄의 미수범을 처벌한다. 또한 형법 제27조는 "실행의 수단 또는 대상의 착오로 인하여 결과의 발생이 불가능하더라도 위험성이 있는 때에는 처벌한다. 단, 형을 감경 또는 면제할 수 있다."라고 규정하여 불능미수범을 처벌하고 있다.

따라서 피고인이 피해자가 심신상실 또는 항거불능의 상태에 있다고 인식하고 그러한 상태를 이용하여 간음할 의사로 피해자를 간음하였으나 피해자가 실제로는 심신상실 또는 항거불능의 상태에 있지 않은 경우에는, 실행의 수단 또는 대상의 착오로 인하여 준강간죄에서 규정하고 있는 구성요건적 결과의 발생이 처음부터 불가능하였고 실제로 그러한 결과가 발생하였다고 할 수 없다. 피고인이 준강간의 실행에 착수하였으나 범죄가 기수에 이르지 못하였으므로 준강간죄의 미수범이 성립한다. 피고인이 행위 당시에 인식한 사정을 놓고 일반인이 객관적으로 판단하여 보았을 때 준강간의 결과가 발생할 위험성이 있었으므로 준강간죄의 불능미수가 성립한다.

구체적인 이유는 다음과 같다.

① 형법 제27조에서 규정하고 있는 불능미수는 행위자에게 범죄의사가 있고 실행의 착수라고 볼 수 있는 행위가 있지만 실행의 수단이나 대상의 착오로 처음부터 구성요건이 충족될 가능성이 없는 경우이다. 다만 결과적으로 구성요건의 충족은 불가능하지만, 그 행위의 위험성이 있으면 불능미수로 처벌한다. 불능미수는 행위자가 실제로 존재하지 않는 사실을 존재한다고 오인하였다는 측면에서 존재하는 사실을 인식하지 못한 사실의 착오와 다르다.

② 형법은 제25조 제1항에서 "범죄의 실행에 착수하여 행위를 종료하지 못하였거나 결과가 발생하

지 아니한 때에는 미수범으로 처벌한다."라고 하여 장애미수를 규정하고, 제26조에서 "범인이 자의로 실행에 착수한 행위를 중지하거나 그 행위로 인한 결과의 발생을 방지한 때에는 형을 감경 또는 면제한다."라고 하여 중지미수를 규정하고 있다. 장애미수 또는 중지미수는 범죄의 실행에 착수할 당시 실행행위를 놓고 판단하였을 때 행위자가 의도한 범죄의 기수가 성립할 가능성이 있었으므로 처음부터 기수가 될 가능성이 객관적으로 배제되는 불능미수와 구별된다.

③ 형법 제27조에서 정한 '실행의 수단 또는 대상의 착오'는 행위자가 시도한 행위방법 또는 행위객체로는 결과의 발생이 처음부터 불가능하다는 것을 의미한다. 그리고 '결과 발생의 불가능'은 실행의 수단 또는 대상의 원시적 불가능성으로 인하여 범죄가 기수에 이를 수 없는 것을 의미한다고 보아야 한다.

한편 불능범과 구별되는 불능미수의 성립요건인 '위험성'은 피고인이 행위 당시에 인식한 사정을 놓고 일반인이 객관적으로 판단하여 결과 발생의 가능성이 있는지 여부를 따져야 한다.

④ 형법 제299조에서 정한 준강간죄는 사람의 심신상실 또는 항거불능의 상태를 이용하여 간음함으로써 성립하는 범죄로서, 정신적·신체적 사정으로 인하여 성적인 자기방어를 할 수 없는 사람의 성적 자기결정권을 보호법익으로 한다. 심신상실 또는 항거불능의 상태는 피해자인 사람에게 존재하여야 하므로 준강간죄에서 행위의 대상은 '심신상실 또는 항거불능의 상태에 있는 사람'이다. 그리고 구성요건에 해당하는 행위는 그러한 '심신상실 또는 항거불능의 상태를 이용하여 간음'하는 것이다. 심신상실 또는 항거불능의 상태에 있는 사람에 대하여 그 사람의 그러한 상태를 이용하여 간음행위를 하면 구성요건이 충족되어 준강간죄가 기수에 이른다.

피고인이 피해자가 심신상실 또는 항거불능의 상태에 있다고 인식하고 그러한 상태를 이용하여 간음할 의사를 가지고 간음하였으나, 실행의 착수 당시부터 피해자가 실제로는 심신상실 또는 항거불능의 상태에 있지 않았다면, 실행의 수단 또는 대상의 착오로 준강간죄의 기수에 이를 가능성이 처음부터 없다고 볼 수 있다. 이 경우 피고인이 행위 당시에 인식한 사정을 놓고 일반인이 객관적으로 판단하여 보았을 때 정신적·신체적 사정으로 인하여 성적인 자기방어를 할 수 없는 사람의 성적 자기결정권을 침해하여 준강간의 결과가 발생할 위험성이 있었다면 불능미수가 성립한다.

[대법관 권순일, 대법관 안철상, 대법관 김상환의 반대의견]

① 형법 제13조(범의)는 "죄의 성립요소인 사실을 인식하지 못한 행위는 벌하지 아니한다."라고 규정하고 있다. 여기에서 '죄의 성립요소인 사실'이란 형법에 규정된 범죄유형인 구성요건에서 외부적 표지인 객관적 구성요건요소, 즉 행위주체·객체·행위·결과 등을 말한다. 이와 달리 행위자의 내면에 속하는 심리적·정신적 상태를 주관적 구성요건요소라고 하는데, 고의가 대표적인 예이다. 형법 제13조는 고의범이 성립하려면 행위자는 객관적 구성요건요소인 행위주체·객체·행위·결과 등에 관한 인식을 갖고 있어야 한다고 규정하고 있으므로, 구성요건 중에 특별한 행위양태(예컨대 강간죄에서의 '폭행·협박'이나 준강간죄에서의 '심신상실 또는 항거불능의 상태를 이용' 등)를 필요로 하는 경우에는 이러한 사정의 존재까지도 행위자가 인식하여야 한다.

② 형법 제27조(불능범)는 "실행의 수단 또는 대상의 착오로 인하여 결과의 발생이 불가능하더라도 위험성이 있는 때에는 처벌한다. 단, 형을 감경 또는 면제할 수 있다."라고 규정하고 있다.

이 조항 표제에서 말하는 '불능범'이란 범죄행위의 성질상 결과 발생 또는 법익침해의 가능성이 절대로 있을 수 없는 경우를 말한다. 여기에서 '실행의 수단의 착오'란 실행에 착수하였으나 행위자가 선택한 실행수단의 성질상 그 수단으로는 의욕한 결과 발생을 현실적으로 일으킬 수 없음에도 무지나 오인으로 인하여 당해 구성요건적 행위의 기수가능성을 상정한 경우를 의미한다. 그리고 대상의 착오란 행위자가 선택한 행위객체의 성질상 그 행위객체가 흠결되어 있거나 침해될 수 없는 상태에 놓여 있어 의욕한 결과 발생을 현실적으로 일으킬 수 없음에도 무지나 오인으로 인하여 당해 구성요건적 행위의 기수가능성을 상정한 경우를 의미한다. 한편 형법 제27조에서 '결과 발생이 불가능'하다는 것은 범죄기수의 불가능뿐만 아니라 범죄실현의 불가능을 포함하는 개념이다. 행위가 종료된 사후적 시점에서 판단하게 되면 형법에 규정된 모든 형태의 미수범은 결과가 발생하지 않은 사태라고 볼 수 있으므로, 만약 '결과불발생', 즉 결과가 현실적으로 발생하지 않았다는 것과 '결과발생불가능', 즉 범죄실현이 불가능하다는 것을 구분하지 않는다면 장애미수범과 불능미수범은 구별되지 않는다. 다시 말하면, 형법 제27조의 '결과 발생의 불가능'은 사실관계의 확정단계에서 밝혀지는 '결과불발생'과는 엄격히 구별되는 개념이다.

이 조항의 표제는 '불능범'으로 되어 있지만, 그 내용은 가벌적 불능범, 즉 '불능미수'에 관한 것이다. 불능미수란 행위의 성질상 어떠한 경우에도 구성요건이 실현될 가능성이 없지만 '위험성' 때문에 미수범으로 처벌하는 경우를 말한다. 판례는 불능미수의 판단 기준으로서 위험성의 판단은 피고인이 행위 당시에 인식한 사정을 놓고 이것이 객관적으로 일반인의 판단으로 보아 결과 발생의 가능성이 있느냐를 따져야 한다는 입장을 취하고 있다.

형법 제27조의 입법 취지는, 행위자가 의도한 대로 구성요건을 실현하는 것이 객관적으로 보아 애당초 가능하지 않았기 때문에 원칙적으로 미수범으로도 처벌의 대상이 되지 않을 것이지만 규범적 관점에서 보아 위험성 요건을 충족하는 예외적인 경우에는 미수범으로 보아 형사처벌을 가능하게 하자는 데 있다. 그렇기 때문에 형법 제27조에서 말하는 결과 발생의 불가능 여부는 실행의 수단이나 대상을 착오한 행위자가 아니라 그 행위 자체의 의미를 통찰력이 있는 일반인의 기준에서 보아 어떠한 조건하에서도 결과 발생의 개연성이 존재하지 않는지를 기준으로 판단하여야 한다. 따라서 일정한 조건하에서는 결과 발생의 개연성이 존재하지만 특별히 그 행위 당시의 사정으로 인해 결과 발생이 이루어지지 못한 경우는 불능미수가 아니라 장애미수가 될 뿐이다.

③ 강간죄나 준강간죄는 구성요건결과의 발생을 요건으로 하는 결과범이자 보호법익의 현실적 침해를 요하는 침해범이다. 그러므로 강간죄나 준강간죄에서 구성요건결과가 발생하였는지 여부는 간음이 이루어졌는지, 즉 그 보호법익인 개인의 성적 자기결정권이 침해되었는지를 기준으로 판단하여야 한다.

다수의견은 준강간죄의 행위의 객체를 '심신상실 또는 항거불능의 상태에 있는 사람'이라고 보고 있다. 그러나 형법 제299조는 "사람의 심신상실 또는 항거불능의 상태를 이용하여 간음 또는 추행을 한 자는 제297조, 제297조의2 및 제298조의 예에 의한다."라고 규정함으로써 '심신상실 또는 항거불능의 상태를 이용'하여 '사람'을 '간음 또는 추행'하는 것을 처벌하고 있다. 즉 심신상실 또는 항거불능의 상태를 이용하는 것은 범행 방법으로서 구성요건의 특별한 행위양태에 해당하고, 구성요건행위의 객체는 사람이다. 이러한 점은 "폭행 또는 협박으로 사람을 강간한 자는 3년 이상의 유기징역에 처한다."라고 정한 형법 제297조의 규정과 비교하여 보면 보다 분명하게 드러난다. 형법 제297조의 '폭행 또는 협박으로'에 대응하는 부분이 형법 제299조의 '사람의 심신상실 또는 항거불능의 상태를 이용하여'라는 부분이다. 구성요건행위이자 구성요건결과인 간음이 피해자가 저항할 수 없는 상태에 놓였을 때 이루어진다는 점은 강간죄나 준강간죄 모두 마찬가지이다. 다만 강간죄의 경우에는 '폭행 또는 협박으로' 항거를 불가능하게 하는 데 반하여, 준강간죄의 경우에는 이미 존재하고 있는 '항거불능의 상태를 이용'한다는 점이 다를 뿐이다. 다수의견의 견해는 형벌조항의 문언의 범위를 벗어나는 해석이다.

④ 결론적으로, 다수의견은 구성요건해당성 또는 구성요건의 충족의 문제와 형법 제27조에서 말하는 결과 발생의 불가능의 의미를 혼동하고 있다. 만약 다수의견처럼 보게 되면, 피고인의 행위가 검사가 공소 제기한 범죄의 구성요건을 충족하지 못하면 그 결과의 발생이 불가능한 때에 해당한다는 것과 다름없고, 검사가 공소장에 기재한 적용법조에서 규정하고 있는 범죄의 구성요건요소가 되는 사실을 증명하지 못한 때에도 불능미수범으로 처벌할 수 있다는 결론에 이르게 된다. 이러한 해석론은 근대형법의 기본원칙인 죄형법정주의를 전면적으로 형해화하는 결과를 초래하는 것이어서 도저히 받아들일 수 없다.

【참조조문】 [1] 형법 제13조, 제297조, 제299조 / [2] 헌법 제12조 제1항, 형법 제1조 제1항, 제13조, 제25조, 제26조, 제27조, 제297조, 제299조, 제300조
【참조판례】 [2] 대법원 1978. 3. 28. 선고 77도4049 판결(공1978, 10761), 대법원 1998. 10. 23. 선고 98도2313 판결, 대법원 2000. 5. 26. 선고 98도3257 판결(공2000하, 1574), 대법원 2005. 12. 8. 선고 2005도8105 판결(공2006상, 141), 대법원 2007. 7. 26. 선고 2007도3687 판결(공2007하, 1419), 대법원 2015. 8. 13. 선고 2015도7343 판결
【전 문】 【피 고 인】 피고인 【상 고 인】 피고인 【변 호 인】 법무법인 태일 담당변호사 최인한 외 1인
【원심판결】 고등군사법원 2018. 9. 13. 선고 2018노88 판결

【주 문】

상고를 기각한다.

【이 유】

상고이유를 판단한다.

1. 사건의 경위

가. 군검사는 피고인을 다음과 같은 강간의 공소사실로 기소하였다.

피고인은 2017. 4. 17. 22:30경 자신의 집에서 피고인의 처, 피해자와 함께 술을 마시다가 다음날 01:00경 피고인의 처가 먼저 잠이 들고 02:00경 피해자도 안방으로 들어가자 피해자를 따라 들어간 뒤, 누워 있는 피해자의 옆에서 피해자의 가슴을 만지고 팬티 속으로 손을 넣어 음부를 만지다가, 몸을 비틀고 소리를 내어 상황을 벗어나려는 피해자의 입을 막고 바지와 팬티를 벗긴 후 1회 간음하여 강간하였다.

나. 제1심은 예비적 죄명으로 준강간을, 예비적 공소사실로 다음과 같은 내용을 추가하는 군검사의 공소장변경을 허가하였다.

> 피고인은 위 가.항 기재 일시, 장소에서 술에 취하여 누워 있는 피해자를 위와 같은 방법으로 1회 간음하였다. 이로써 피고인은 피해자의 항거불능 상태를 이용하여 피해자를 강간하였다.

다. 제1심은 군검사가 제출한 증거들만으로는 항거를 불가능하게 하거나 현저히 곤란하게 할 정도의 폭행 또는 협박이 있었을 것이라고 쉽사리 단정할 수 없다는 등의 이유로 주위적 공소사실인 강간 부분을 이유에서 무죄로 판단하고, 예비적 공소사실인 준강간 부분을 유죄로 판단하였다. 이에 대하여 피고인만 항소하였다.

라. 원심은 예비적 죄명으로 준강간미수를, 예비적 공소사실로 다음과 같은 내용을 추가하는 군검사의 공소장변경을 허가하였다.

> 피고인은 위 가.항 기재 일시, 장소에서 피해자가 실제로는 반항이 불가능할 정도로 술에 취하지 아니하여 항거불능의 상태에 있는 피해자를 강간할 수 없음에도 불구하고, 피해자가 술에 만취하여 항거불능의 상태에 있다고 오인하여 누워 있는 피해자를 위와 같은 방법으로 1회 간음하였다. 이로써 피고인은 피해자의 항거불능 상태를 이용하여 피해자를 강간하려 하다가 미수에 그쳤다.

마. 원심은 군검사가 제출한 증거들만으로 피해자가 이 사건 당시 심신상실 또는 항거불능의 상태에 있었다고 인정하기에 부족하다는 이유로 제1심에서 유죄가 인정된 준강간 부분을 이유에서 무죄로 판단하고, 예비적 공소사실로 추가한 준강간의 불능미수 부분을 유죄로 판단하였다. 다만 예비적 공소사실 중 '몸을 비틀고 소리를 내어 상황을 벗어나려는 피해자의 입을 막고' 부분은 착오 기재라는 이유로 범죄사실에서 삭제하였다.

바. 피고인만 유죄 부분에 대하여 상고하였다. 피고인은 상고이유로 다음과 같이 주장한다. 1) 준강간의 고의가 없었다. 2) 피해자가 실제로는 심신상실 또는 항거불능의 상태에 있지 않아 성적 자기결정권의 침해가 없는 성관계를 하였으므로 준강간의 결과 발생 가능성이나 법익침해의 위험성이 없어 준강간죄의 불능미수가 성립하지 않는다. 이에 대하여 차례로 판단한다.

2. 준강간의 고의가 없다는 상고이유에 관하여

가.

1) 형법 제297조는 "폭행 또는 협박으로 사람을 강간한 자는 3년 이상의 유기징역에 처한다."라고 규정하고, 제299조는 "사람의 심신상실 또는 항거불능의 상태를 이용하여 간음 또는 추행을 한 자는 제297조, 제297조의2 및 제298조의 예에 의한다."라고 규정하고 있다. 형법은 폭행 또는 협박의 방법이 아닌 심신상실 또는 항거불능의 상태를 이용하여 간음한 행위를 강간죄에 준하여 처벌하고 있으므로, <u>준강간의 고의는 피해자가 심신상실 또는 항거불능의 상태에 있다는 것과 그러한 상태를 이용하여 간음한다는 구성요건적 결과 발생의 가능성을 인식하고 그러한 위험을 용인하는 내심의 의사를 말한다.</u>

2) 피고인이 범죄구성요건의 주관적 요소인 고의를 부인하는 경우, 그 범의 자체를 객관적으로 증명할 수는 없으므로 사물의 성질상 범의와 관련성이 있는 간접사실 또는 정황사실을 증명하

는 방법으로 이를 증명할 수밖에 없다. 이때 무엇이 관련성이 있는 간접사실 또는 정황사실에 해당하는지를 판단할 때에는 정상적인 경험칙에 바탕을 두고 치밀한 관찰력이나 분석력으로 사실의 연결상태를 합리적으로 판단하는 방법으로 하여야 한다(대법원 2006. 02. 23. 선고 2005도8645 판결 등 참조). 한편 고의의 일종인 미필적 고의는 범죄사실의 발생 가능성에 대한 인식이 있고 나아가 범죄사실이 발생할 위험을 용인하는 내심의 의사가 있어야 한다. 행위자가 범죄사실이 발생할 가능성을 용인하고 있었는지 여부는 행위자의 진술에 의존하지 않고 외부에 나타난 행위의 형태와 행위의 상황 등 구체적인 사정을 기초로 일반인이라면 해당 범죄사실이 발생할 가능성을 어떻게 평가할 것인지를 고려하면서 행위자의 입장에서 그 심리상태를 추인하여야 한다(대법원 2004. 05. 14. 선고 2004도74 판결, 대법원 2017. 01. 12. 선고 2016도15470 판결 등 참조).

3) 그리고 범죄사실의 인정은 합리적인 의심이 없는 정도의 증명에 이르러야 하나(군사법원법 제359조 제2항, 형사소송법 제307조 제2항), 사실인정의 전제로 행하여지는 증거의 취사선택 및 증거의 증명력은 사실심 법원의 자유판단에 속한다(군사법원법 제360조, 형사소송법 제308조). 이는 법관이 증거능력 있는 증거 중 필요한 증거를 채택·사용하고 증거의 실질적인 가치를 평가하여 사실을 인정하는 것은 법관의 자유심증에 속한다는 것을 의미한다. 따라서 충분한 증명력이 있는 증거를 합리적인 근거 없이 배척하거나 반대로 객관적인 사실에 명백히 반하는 증거를 아무런 합리적인 근거 없이 채택·사용하는 등으로 논리와 경험의 법칙에 어긋나는 것이 아닌 이상, 법관은 자유심증으로 증거를 채택하여 사실을 인정할 수 있다(대법원 2008. 05. 29. 선고 2007도1755 판결, 대법원 2015. 08. 20. 선고 2013도11650 전원합의체 판결 등 참조).

나. 원심은 판시와 같은 이유를 들어, 피고인에게 준강간의 고의가 있다고 판단하였다. 이 부분 상고이유 주장은 이러한 원심의 사실인정을 다투는 취지로서 사실심 법원의 자유판단에 속하는 원심의 증거 선택과 증명력에 관한 판단을 탓하는 것에 불과하다. 원심판결의 이유를 위에서 본 법리와 적법하게 채택하여 조사한 증거에 비추어 알 수 있는 다음과 같은 사정, 즉 피고인과 피고인의 처 그리고 피해자가 함께 술을 마신 경위, 피고인과 피해자가 마신 각 술의 양, 피해자가 심신상실 또는 항거불능의 상태에 이르지 않았더라도 장시간 주량을 초과하는 술을 마셔 취한 상태로 안방에 들어가 누워 있던 상황, 피고인이 준강간의 범행에 착수할 당시 피해자의 상태, 범행 후 피고인과 피해자가 주고받은 문자메시지의 내용 등을 살펴보더라도, 원심이 피고인에게 준강간의 고의를 인정한 것은 정당하다. 이러한 원심판단에 상고이유 주장과 같이 논리와 경험의 법칙에 반하여 자유심증주의의 한계를 벗어나거나 준강간의 고의에 관한 법리를 오해한 잘못이 없다.

3. 준강간죄의 불능미수가 성립하지 않는다는 상고이유에 관하여

가. 형법 제300조는 준강간죄의 미수범을 처벌한다. 또한 형법 제27조는 "실행의 수단 또는 대상의 착오로 인하여 결과의 발생이 불가능하더라도 위험성이 있는 때에는 처벌한다. 단, 형을 감경 또는 면제할 수 있다."라고 규정하여 불능미수범을 처벌하고 있다.

따라서 피고인이 피해자가 심신상실 또는 항거불능의 상태에 있다고 인식하고 그러한 상태를 이용하여 간음할 의사로 피해자를 간음하였으나 피해자가 실제로는 심신상실 또는 항거불능의 상태

에 있지 않은 경우에는, 실행의 수단 또는 대상의 착오로 인하여 준강간죄에서 규정하고 있는 구성요건적 결과의 발생이 처음부터 불가능하였고 실제로 그러한 결과가 발생하였다고 할 수 없다. 피고인이 준강간의 실행에 착수하였으나 범죄가 기수에 이르지 못하였으므로 준강간죄의 미수범이 성립한다. 피고인이 행위 당시에 인식한 사정을 놓고 일반인이 객관적으로 판단하여 보았을 때 준강간의 결과가 발생할 위험성이 있었으므로 준강간죄의 불능미수가 성립한다(대법원 2005. 12. 08. 선고 2005도8105 판결, 대법원 2015. 08. 13. 선고 2015도7343 판결 등 참조).

나. 구체적인 이유는 다음과 같다.

1) 형법 제27조에서 규정하고 있는 불능미수는 행위자에게 범죄의사가 있고 실행의 착수라고 볼 수 있는 행위가 있지만 실행의 수단이나 대상의 착오로 처음부터 구성요건이 충족될 가능성이 없는 경우이다. 다만 결과적으로 구성요건의 충족은 불가능하지만, 그 행위의 위험성이 있으면 불능미수로 처벌한다. 불능미수는 행위자가 실제로 존재하지 않는 사실을 존재한다고 오인하였다는 측면에서 존재하는 사실을 인식하지 못한 사실의 착오와 다르다.

2) 형법은 제25조 제1항에서 "범죄의 실행에 착수하여 행위를 종료하지 못하였거나 결과가 발생하지 아니한 때에는 미수범으로 처벌한다."라고 하여 장애미수를 규정하고, 제26조에서 "범인이 자의로 실행에 착수한 행위를 중지하거나 그 행위로 인한 결과의 발생을 방지한 때에는 형을 감경 또는 면제한다."라고 하여 중지미수를 규정하고 있다. 장애미수 또는 중지미수는 범죄의 실행에 착수할 당시 실행행위를 놓고 판단하였을 때 행위자가 의도한 범죄의 기수가 성립할 가능성이 있었으므로 처음부터 기수가 될 가능성이 객관적으로 배제되는 불능미수와 구별된다.

3) 형법 제27조에서 정한 '실행의 수단 또는 대상의 착오'는 행위자가 시도한 행위방법 또는 행위객체로는 결과의 발생이 처음부터 불가능하다는 것을 의미한다. 그리고 '결과 발생의 불가능'은 실행의 수단 또는 대상의 원시적 불가능성으로 인하여 범죄가 기수에 이를 수 없는 것을 의미한다고 보아야 한다.
한편 불능범과 구별되는 불능미수의 성립요건인 '위험성'은 피고인이 행위 당시에 인식한 사정을 놓고 일반인이 객관적으로 판단하여 결과 발생의 가능성이 있는지 여부를 따져야 한다(대법원 1978. 03. 28. 선고 77도4049 판결, 대법원 2005. 12. 08. 선고 2005도8105 판결 등 참조).

4) 형법 제299조에서 정한 준강간죄는 사람의 심신상실 또는 항거불능의 상태를 이용하여 간음함으로써 성립하는 범죄로서, 정신적·신체적 사정으로 인하여 성적인 자기방어를 할 수 없는 사람의 성적 자기결정권을 보호법익으로 한다(대법원 2000. 05. 26. 선고 98도3257 판결 등 참조). 심신상실 또는 항거불능의 상태는 피해자인 사람에게 존재하여야 하므로 준강간죄에서 행위의 대상은 '심신상실 또는 항거불능의 상태에 있는 사람'이다. 그리고 구성요건에 해당하는 행위는 그러한 '심신상실 또는 항거불능의 상태를 이용하여 간음'하는 것이다. 심신상실 또는 항거불능의 상태에 있는 사람에 대하여 그 사람의 그러한 상태를 이용하여 간음행위를 하면 구성요건이 충족되어 준강간죄가 기수에 이른다.

피고인이 피해자가 심신상실 또는 항거불능의 상태에 있다고 인식하고 그러한 상태를 이용하여 간음할 의사를 가지고 간음하였으나, 실행의 착수 당시부터 피해자가 실제로는 심신상실 또는 항거불능의 상태에 있지 않았다면, 실행의 수단 또는 대상의 착오로 준강간죄의 기수에 이를 가능성이 처음부터 없다고 볼 수 있다. 이 경우 피고인이 행위 당시에 인식한 사정을 놓고 일반인이 객관적으로 판단하여 보았을 때 정신적·신체적 사정으로 인하여 성적인 자기방어를 할 수 없는 사람의 성적 자기결정권을 침해하여 준강간의 결과가 발생할 위험성이 있었다면 불능미수가 성립한다.

다. 원심판결 이유를 위에서 본 법리에 비추어 살펴보면, 이 사건은 피고인이 준강간의 고의로 피해자를 간음하였으나, 피해자가 실제로는 심신상실 또는 항거불능의 상태에 있지 않아 실행의 수단 또는 대상의 착오로 인하여 준강간의 결과 발생이 불가능한 경우에 해당하고, 피고인이 인식한 사정을 놓고 일반인이 객관적으로 판단하여 보았을 때 결과 발생의 가능성이 있으므로 위험성이 인정된다. 원심판결 이유에 일부 적절하지 않은 부분이 있으나 준강간죄의 불능미수를 유죄로 인정한 원심의 결론은 정당하다. 원심판단에 상고이유 주장과 같이 준강간죄의 불능미수에 관한 법리를 오해한 잘못이 없다.

4. 결 론

그러므로 상고를 기각하기로 하여 주문과 같이 판결한다. 이 판결에는 준강간죄의 불능미수 성립 여부에 관한 대법관 권순일, 대법관 안철상, 대법관 김상환의 반대의견이 있는 외에는 관여 법관의 의견이 일치하였고, 다수의견에 대한 대법관 박상옥, 대법관 박정화, 대법관 김선수의 보충의견과 대법관 민유숙, 대법관 노정희의 보충의견이 있다.

5. 대법관 권순일, 대법관 안철상, 대법관 김상환의 반대의견

가.

1) 형법 제13조(범의)는 "죄의 성립요소인 사실을 인식하지 못한 행위는 벌하지 아니한다."라고 규정하고 있다. 여기에서 '죄의 성립요소인 사실'이라 함은 형법에 규정된 범죄유형인 구성요건에서 외부적 표지인 객관적 구성요건요소, 즉 행위주체·객체·행위·결과 등을 말한다. 이와 달리 행위자의 내면에 속하는 심리적·정신적 상태를 주관적 구성요건요소라고 하는데, 고의가 그 대표적인 예이다. 형법 제13조는 고의범이 성립하려면 행위자는 객관적 구성요건요소인 행위주체·객체·행위·결과 등에 관한 인식을 갖고 있어야 한다고 규정하고 있으므로, 구성요건 중에 특별한 행위양태(예컨대 강간죄에서의 '폭행·협박'이나 준강간죄에서의 '심신상실 또는 항거불능의 상태를 이용' 등)를 필요로 하는 경우에는 이러한 사정의 존재까지도 행위자가 인식하여야 한다.

2) 형법은 제2편 제32장에서 '강간과 추행의 죄'를 규정하고 있다. 이 장에 규정된 죄는 모두 개인의 성적 자유 또는 성적 자기결정권을 침해하는 것을 내용으로 하는 범죄이고, 그 기본적 구성요건은 강간죄(제297조)와 강제추행죄(제298조)이다. 강간죄는 폭행 또는 협박으로 사람을 강간함으로써 성립하는 범죄이다. 강간이란 폭행 또는 협박에 의하여 상대방의 반항을 불가능하게 하거나 현저히 곤란하게 하여 그 사람을 간음하는 것을 말한다. 간음이란 넓게는 위법한 성적 욕구 충족행위를 말하지만, 여기에서는 남자 성기와 여자 성기의 삽입을 의미한다. 강간죄에서 구성요건행위는 강간으로 그 특별한 행위양태는 '폭행 또는 협박'이고, 객체는 사람이

며, 구성요건적 결과는 간음이다. 준강간죄(제299조)는 사람의 심신상실 또는 항거불능의 상태를 이용하여 간음함으로써 성립하는 범죄이고, 미성년자 등에 대한 간음죄(제302조)는 미성년자 또는 심신미약자에 대하여 위계 또는 위력으로써 간음함으로써 성립하는 범죄이며, 미성년자에 대한 간음죄(제305조)는 13세 미만의 사람에 대하여 간음함으로써 성립하는 범죄이다. 준강간죄는 그 특별한 행위양태가 '사람의 심신상실 또는 항거불능의 상태를 이용'하는 것이라는 점에서, 미성년자 등에 대한 간음죄(제302조)는 객체가 미성년자 또는 심신미약자이고 그 특별한 행위양태가 '위계 또는 위력'을 사용하는 것이라는 점에서, 미성년자에 대한 간음죄(제305조)는 객체가 13세 미만의 사람이고 그 범행수단으로 폭행이나 협박, 위계나 위력을 사용하지 않아도 성립한다는 점에서 형법 제32장의 죄의 기본적 구성요건인 강간죄와 그 객관적 구성요건요소를 달리한다. 그러나 그 보호법익이 어느 것이나 성적 자기결정권의 침해라는 점, 즉 간음이라는 구성요건결과의 발생을 필요로 한다는 점은 강간죄와 같다.

나. 형법 제27조(불능범)는 "실행의 수단 또는 대상의 착오로 인하여 결과의 발생이 불가능하더라도 위험성이 있는 때에는 처벌한다. 단, 형을 감경 또는 면제할 수 있다."라고 규정하고 있다. 이 조항 표제에서 말하는 '불능범'이란 범죄행위의 성질상 결과 발생 또는 법익침해의 가능성이 절대로 있을 수 없는 경우를 말한다(대법원 1998. 10. 23. 선고 98도2313 판결, 대법원 2007. 07. 26. 선고 2007도3687 판결 등 참조). 여기에서 '실행의 수단의 착오'라 함은 실행에 착수하였으나 행위자가 선택한 실행수단의 성질상 그 수단으로는 의욕한 결과 발생을 현실적으로 일으킬 수 없음에도 무지나 오인으로 인하여 당해 구성요건적 행위의 기수가능성을 상정한 경우를 의미한다. 그리고 대상의 착오란 행위자가 선택한 행위객체의 성질상 그 행위객체가 흠결되어 있거나 침해될 수 없는 상태에 놓여 있어 의욕한 결과 발생을 현실적으로 일으킬 수 없음에도 무지나 오인으로 인하여 당해 구성요건적 행위의 기수가능성을 상정한 경우를 의미한다. 한편 형법 제27조에서 '결과 발생이 불가능'하다는 것은 범죄기수의 불가능뿐만 아니라 범죄실현의 불가능을 포함하는 개념이다. 행위가 종료된 사후적 시점에서 판단하게 되면 형법에 규정된 모든 형태의 미수범은 결과가 발생하지 않은 사태라고 볼 수 있으므로, 만약 '결과불발생', 즉 결과가 현실적으로 발생하지 않았다는 것과 '결과발생불가능', 즉 범죄실현이 불가능하다는 것을 구분하지 않는다면 장애미수범과 불능미수범은 구별되지 않는다. 다시 말하면, 형법 제27조의 '결과 발생의 불가능'은 사실관계의 확정단계에서 밝혀지는 '결과불발생'과는 엄격히 구별되는 개념이다.

이 조항의 표제는 '불능범'으로 되어 있지만, 그 내용은 가벌적 불능범, 즉 '불능미수'에 관한 것이다. 불능미수란 행위의 성질상 어떠한 경우에도 구성요건이 실현될 가능성이 없지만 '위험성' 때문에 미수범으로 처벌하는 경우를 말한다. 판례는 불능미수의 판단 기준으로서 위험성의 판단은 피고인이 행위 당시에 인식한 사정을 놓고 이것이 객관적으로 일반인의 판단으로 보아 결과 발생의 가능성이 있느냐를 따져야 한다는 입장을 취하고 있다(대법원 1978. 03. 28. 선고 77도4049 판결, 대법원 2005. 12. 08. 선고 2005도8105 판결 등 참조). 이러한 입장에서 대법원은 ① '초우뿌리' 또는 '부자' 달인 물을 피해자에게 마시게 하여 살해하려고 한 사건에서 피고인의 행위는 실행의 수단의 착오로 인하여 결과의 발생이 불가능한 때에 해당하지만 위험성이 있으므로 살인미수로 처벌한 것은 정당하다고 하였고(위 대법원 2007도3687 판결 참조), ② 야간주거침입절도 후 준강제추행 미수로 공소가 제기된 사건에서 피고인이 피해자의 주거에 침입할 당시 피해자는 이미 사망한 상태였기 때문에 피고인의 행위는 대상의 착오로 인하여 결과의 발생이 불가능한 때에 해당하지만 위험성이 있기 때문에 원심이 피고인을 주거침입 후 준강제추행의 불능미수의 유죄로 인정한 것은 정당하다고 판단하였다(대법원 2013. 07. 11. 선고 2013도5355 판결 참조).

형법 제27조의 입법 취지는, 행위자가 의도한 대로 구성요건을 실현하는 것이 객관적으로 보아 애당초 가능하지 않았기 때문에 원칙적으로 미수범으로도 처벌의 대상이 되지 않을 것이지만 규범적 관점에서 보아 위험성 요건을 충족하는 예외적인 경우에는 미수범으로 보아 형사처벌을 가능하게 하자는 데 있다. 그렇기 때문에 형법 제27조에서 말하는 결과 발생의 불가능 여부는 실행의 수단이나 대상을 착오한 행위자가 아니라 그 행위 자체의 의미를 통찰력이 있는 일반인의 기준에서 보아 어떠한 조건하에서도 결과 발생의 개연성이 존재하지 않는지를 기준으로 판단하여야 한다. 따라서 일정한 조건하에서는 결과 발생의 개연성이 존재하지만 특별히 그 행위 당시의 사정으로 인해 결과 발생이 이루어지지 못한 경우는 불능미수가 아니라 장애미수가 될 뿐이다.

다.

1) 먼저 이 사건의 경위를 살펴본다. 이 사건 최초 공소사실의 요지는 '피고인은 2017. 4. 18. 02:00경 자신의 집 안방에서 누워 있는 피해자의 옆에서 피해자의 가슴을 만지고 피해자의 입을 막고 바지와 팬티를 벗긴 후 1회 간음하여 강간하였다'는 것이다. 이에 대하여 피고인은 제1심 공판기일에 공소사실 기재 범행 당시 피해자가 술에 취한 것은 사실이지만 피해자의 동의하에 성관계를 한 것이라고 범행을 부인하였다. 이에 군검사는 '위 일시 장소에서 술에 취하여 누워 있는 피해자의 옆에서 피해자의 가슴을 만지고 바지와 팬티를 벗긴 후 1회 간음함으로써 피해자의 항거불능의 상태를 이용하여 강간하였다'는 예비적 공소사실을 추가하였다. 제1심은 주위적 공소사실에 대하여는 폭행 또는 협박의 점에 대하여 범죄사실의 증명이 없다고 보아 이유에서 무죄로 판단하고 예비적 공소사실인 준강간죄를 유죄로 인정하였다.

제1심판결에 대하여 피고인만이 항소하였고, 변호인은 항소이유서를 제출하여 피고인이 피해자의 항거불능의 상태를 이용하였다는 점에 대한 범죄의 증명이 없다고 다투었다. 그러자 군검사는 제1심에서 유죄가 인정된 준강간죄에 대하여 준강간미수죄의 적용법조인 형법 제300조, 제299조, 제297조를 예비적으로 추가하였다. 피고인의 주장과 같이 피해자가 항거불능의 상태에 있지 않았다 하더라도 피고인에게는 준강간의 고의가 있었으므로 준강간미수죄(불능미수)의 성립이 가능하다는 것이다. 원심은 군검사의 주장을 받아들여 피해자가 이 사건 당시 심신상실 또는 항거불능의 상태에 있었다고 인정할 증거가 부족하여 그 범죄사실의 증명이 없는 경우에 해당하지만, 피고인이 준강간의 고의를 가지고 있었던 이상 준강간죄의 불능미수에 해당한다고 판단하였다.

2) 피고인은 형법 제2편 제32장에 규정된 '강간과 추행의 죄' 중에서 강간죄 및 준강간죄로 기소되었다. 강간죄나 준강간죄는 구성요건결과의 발생을 요건으로 하는 결과범이자 보호법익의 현실적 침해를 요하는 침해범이다. 그러므로 강간죄나 준강간죄에서 구성요건결과가 발생하였는지 여부는 간음이 이루어졌는지, 즉 그 보호법익인 개인의 성적 자기결정권이 침해되었는지 여부를 기준으로 판단하여야 한다. 이 사건에서 제1심 및 원심 모두 강간죄 및 준강간죄의 구성요건결과인 간음이 행하여졌다는 사실을 인정하고 있다. 다만 제1심은 구성요건행위인 강간의 특별한 행위양태인 '폭행 또는 협박'을 하였다는 점에 대한 증거가 없다고 판단하였고, 원심은 준강간의 특별한 행위양태인 '심신상실 또는 항거불능의 상태를 이용하여' 간음하였다는 점에 대한 증거가 없다고 판단하였을 따름이다. 그리고 간음으로 인하여 피해자의 성적 자기

결정권이 침해되었다는 점에 대해서는 의문이 없다. 그렇다면 이 사건이 과연 형법 제27조에서 말하는 '결과의 발생이 불가능'한 경우, 즉 '범죄행위의 성질상 결과 발생 또는 법익침해의 가능성이 절대로 있을 수 없는 경우'(앞의 대법원 2007도3687 판결 참조)에 해당하는가? 그렇지 않다고 보아야 한다. 이 사건은 미수범의 영역에서 논의할 문제가 아니다.

다수의견은 피고인이 피해자가 심신상실 또는 항거불능의 상태에 있다고 인식하고 그러한 상태를 이용하여 간음할 의사로 피해자를 간음하였으나 피해자가 실제로는 심신상실 또는 항거불능의 상태에 있지 않은 경우에는, 실행의 수단 또는 대상의 착오로 인하여 준강간의 결과 발생이 불가능하였고 실제로 준강간죄의 구성요건에 해당하는 결과는 발생하지 않았지만 피고인이 행위 당시에 인식한 사정을 놓고 객관적으로 일반인의 판단으로 보았을 때 준강간의 결과가 발생할 위험성이 있었으므로 준강간죄의 불능미수가 성립한다고 한다. 그러나 준강간죄의 행위객체는 사람이므로, 이 사건에서 애당초 구성요건실현의 대상이 될 수 없다는 의미에서의 대상의 착오는 존재하지 않는다. 나아가 피고인이 피해자를 간음의 대상으로 삼은 데에 객체의 동일성에 관한 착오도 없었다. 다수의견은 피고인에게 '실행의 수단의 착오'도 있었던 것처럼 설시하고 있으나, 이 사건에서 어떠한 점에서 실행의 수단의 착오가 있다는 것인지 설명이 없다. 다수의견에서 이 사건이 실행의 수단 또는 대상의 착오로 인하여 준강간의 결과 발생, 즉 간음으로 인한 피해자의 성적 자기결정권 침해가 불가능한 경우에 해당한다고 본 것은 잘못이다.

다수의견은 준강간죄의 행위의 객체를 '심신상실 또는 항거불능의 상태에 있는 사람'이라고 보고 있다. 그러나 형법 제299조는 "사람의 심신상실 또는 항거불능의 상태를 이용하여 간음 또는 추행을 한 자는 제297조, 제297조의2 및 제298조의 예에 의한다."라고 규정함으로써 '심신상실 또는 항거불능의 상태를 이용'하여 '사람'을 '간음 또는 추행'하는 것을 처벌하고 있다. 즉 심신상실 또는 항거불능의 상태를 이용하는 것은 범행 방법으로서 구성요건의 특별한 행위양태에 해당하고, 구성요건행위의 객체는 사람이다. 이러한 점은 "폭행 또는 협박으로 사람을 강간한 자는 3년 이상의 유기징역에 처한다."라고 정한 형법 제297조의 규정과 비교하여 보면 보다 분명하게 드러난다. 형법 제297조의 '폭행 또는 협박으로'에 대응하는 부분이 형법 제299조의 '사람의 심신상실 또는 항거불능의 상태를 이용하여'라는 부분이다. 구성요건행위이자 구성요건결과인 간음이 피해자가 저항할 수 없는 상태에 놓였을 때 이루어진다는 점은 강간죄나 준강간죄 모두 마찬가지이다. 다만 강간죄의 경우에는 '폭행 또는 협박으로' 항거를 불가능하게 하는 데 반하여, 준강간죄의 경우에는 이미 존재하고 있는 '항거불능의 상태를 이용'한다는 점이 다를 뿐이다. 다수의견의 견해는 형벌조항의 문언의 범위를 벗어나는 해석이다.

다수의견은 피고인이 범행을 시도할 당시 피해자가 심신상실 또는 항거불능의 상태가 아니었음이 사후적으로 판명된 이상 피고인으로서는 피해자의 심신상실 또는 항거불능의 상태를 이용하는 것이 불가능하였던 것이고, 그리하여 준강간죄 결과의 발생은 처음부터 불가능하였던 것이라고 본다. 그러나 과연 이 사건이 형법 제27조에서 규정하는 것처럼 '결과의 발생이 불가능'한 경우, 즉 범죄행위의 성질상 결과 발생 또는 법익침해의 가능성이 절대로 있을 수 없는 경우에 해당하는가? 다수의견의 고민과 법리 구성은 경청할 만한 것이지만 이에 대해서 선뜻 긍정의 답변을 할 수 없다. 앞에서 살펴본 것처럼, 형법 제27조에서 말하는 '결과 발생의 불가능'은 범죄기수의 불가능뿐만 아니라 범죄실현의 불가능을 포함하는 개념으로서 결과가 현실적으로 발생하지 않았다는 '결과불발생'의 개념과는 다르기 때문이다. 이 사건에서 제1심은 준강간죄를 유죄로 인정하였다. 원심은 준강간죄를 유죄로 인정할 증거가 부족하다고 보았다. 군검사는 준강간죄가 무죄로 판단될 경우에 대비하여 적어도 준강간의 불능미수죄는 된다고 예비적으로 적용법조를 추가하였다. 형법 제27조의 입법 취지가 이런 경우를 위한 것이 아님은 이미 살펴보았다. 이 사건은 군검사가 적용을 구하는 준강간죄의 구성요건요소에 해당하는 특별한 행위양태에 대한 증거가 충분한지 여부가 문제되는 사안일 따름이다.

3) 결론적으로, 다수의견은 구성요건해당성 또는 구성요건의 충족의 문제와 형법 제27조에서 말하는 결과 발생의 불가능의 의미를 혼동하고 있다. 만약 다수의견처럼 보게 되면, 피고인의 행위가 검사가 공소 제기한 범죄의 구성요건을 충족하지 못하면 그 결과의 발생이 불가능한 때에 해당한다는 것과 다름없고, 이 사건처럼 검사가 공소장에 기재한 적용법조에서 규정하고 있는 범죄의 구성요건요소가 되는 사실을 증명하지 못한 때에도 불능미수범으로 처벌할 수 있다는 결론에 이르게 된다. 이러한 해석론은 근대형법의 기본원칙인 죄형법정주의를 전면적으로 형해화하는 결과를 초래하는 것이어서 도저히 받아들일 수 없다.

라. 그런데도 원심은 이와 달리 그 판시와 같은 사정만을 근거로 이 부분 예비적 공소사실인 준강간미수가 인정된다고 판단하였다. 이러한 원심판결에는 형법 제27조의 불능미수에 관한 법리를 오해하여 판결에 영향을 미친 잘못이 있다.

이상과 같은 이유로 다수의견에 반대하는 취지를 밝힌다.

6. 다수의견에 대한 대법관 박상옥, 대법관 박정화, 대법관 김선수의 보충의견

다수의견의 논거를 보충하고 반대의견의 비판에 관하여 몇 가지 의견을 개진하고자 한다.

가.

1) 형벌법규는 문언에 따라 엄격하게 해석·적용하여야 하고 함부로 피고인에게 불리한 방향으로 유추해석 등을 하여서는 안 된다. 그러나 형벌법규의 해석에서도 법률 문언의 통상적인 의미를 벗어나지 않는 한 그 법률의 입법 취지와 목적, 입법연혁 등을 고려한 목적론적 해석이 배제되는 것은 아니다(대법원 2007. 06. 14. 선고 2007도2162 판결, 대법원 2010. 05. 13. 선고 2009도13332 판결 등 참조). 그리고 형벌법규의 입법 목적이나 그 전체적 내용, 구조 등을 살펴보아 사물의 변별능력을 제대로 갖춘 일반인의 이해와 판단으로 그 구성요건요소에 해당하는 행위유형을 정형화하거나 한정할 합리적 해석기준을 찾는 것은 법률을 해석·적용하는 것으로서 죄형법정주의에 반하지도 않는다(대법원 2001. 11. 13. 선고 2001도3531 판결 등 참조).

2) 다수의견은 형법 제27조에서 규정하고 있는 '결과 발생의 불가능' 유무를 기준으로 불능미수와 장애미수 또는 중지미수를 구별하고, '위험성' 여부를 기준으로 불능미수와 불가벌적 불능범을 구별하고 있다.

가) 형법이 기본적으로 규율대상으로 삼는 범죄의 형태는 객관적 구성요건과 주관적 구성요건을 충족시키는 것이고, 그중 객관적 구성요건은 일정한 행위를 하거나 그 행위로 인하여 형법이 보호하고자 하는 법익에 대한 일정한 침해의 결과가 발생하였고 그러한 행위와 결과 사이에 규범적인 인과관계와 객관적 귀속이 인정될 것을 내용으로 한다. 그러므로 형법상 미수범은

기수범과 마찬가지로 주관적 구성요건으로 특정 구성요건의 실현에 대한 고의가 있으나, 다만 객관적 구성요건을 완비하지 못하여 범죄성립요건이 축소된 범죄형태라 볼 수 있다.

나) 형법 제25조 제1항은 "범죄의 실행에 착수하여 행위를 종료하지 못하였거나 결과가 발생하지 아니한 때에는 미수범으로 처벌한다."라고 하여 장애미수를, 제26조는 "범인이 자의로 실행에 착수한 행위를 중지하거나 그 행위로 인한 결과의 발생을 방지한 때에는 형을 감경 또는 면제한다."라고 하여 중지미수를 각 규정하고 있다. 실행에 착수한 행위가 장애미수 또는 중지미수로 처벌되는 것은 비록 현실적인 법익침해 또는 위태화라는 구성요건적 결과가 발생하지 않았지만 실행의 착수가 있었고 그 결과 발생의 가능성이 있다고 인정되기 때문이다. 따라서 장애미수 또는 중지미수는 구성요건실현 가능성이 있었지만, 즉 결과의 발생이 가능했지만 범죄가 기수에 이르지 않은 미수범이라 할 수 있다.

다) 원래 불능범은 행위자에게 범죄의사가 있고 외관상 실행의 착수라고 볼 수 있는 행위가 있지만 행위의 성질상 결과의 발생이 불가능한 경우, 즉 구성요건실현의 가능성이 없어 원칙적으로 범죄가 성립하지 않는 경우를 말한다. 그런데 불능범을 형사상 처벌의 대상으로 할 것인가에 대한 입법적 결단으로 형법 제27조는 불능범이라는 표제 하에 "실행의 수단 또는 대상의 착오로 인하여 결과의 발생이 불가능하더라도 위험성이 있는 때에는 처벌한다. 단, 형을 감경 또는 면제할 수 있다."라고 규정하여 '위험성'이 있는 불능미수를 예외적으로 처벌하고 있다. 형법 제27조에서 정한 '결과 발생의 불가능'은 불능미수의 본질적 표지로서 불능미수이냐 장애미수 또는 중지미수이냐에 따라 구성요건적 결과의 내용이 달라지는 것은 아니다. 따라서 형법 제27조에서 정한 '결과의 발생'을 형법 제25조 제1항, 제26조에서 정한 '결과의 발생'과 다르게 해석할 근거가 없고, 불능미수도 미수범의 한 유형이므로 형법 제27조에서 정한 '결과 발생의 불가능'은 처음부터 구성요건이 충족될 가능성이 없어 범죄가 기수에 이를 수 없다는 의미로 해석하여야 한다.

라) 대법원은 피고인이 남편을 살해하고자 배춧국에 농약을 타 먹게 하였으나 피해자가 국물을 토하여 살인미수로 기소된 사안에서 형법이 장애미수와 불능미수를 구별하여 처벌하고 있으므로 피고인의 행위가 어느 경우에 해당하는지를 가렸어야 함에도 원심이 이를 심리하지 않은 채 장애미수를 인정한 것은 위법하다고 판단하였다(대법원 1984. 02. 14. 선고 83도2967 판결 참조). 또한 피고인이 피해자가 심신상실의 상태에 있다고 인식하여 피해자의 성기에 손가락을 넣었으나, 피해자가 실제로는 심신상실의 상태에 있지 않았던 사안에서 피고인의 행위가 대상의 착오로 인하여 준유사강간의 결과 발생이 불가능하였고 그 위험성이 인정된다고 보아 준유사강간죄의 불능미수가 성립될 여지가 많다고 판단하였다(대법원 2015. 08. 13. 선고 2015도7343 판결 참조).

대법원은 이러한 판결들을 통하여 장애미수와 불능미수가 구별되고, 불능미수는 실행의 착수 당시부터 결과적으로 구성요건의 충족이 불가능하지만 위험성이 있으면 성립한다는 것을 분명히 하였다.

나. 반대의견은 준강간죄가 구성요건결과의 발생을 요건으로 하는 결과범이자 보호법익의 현실적 침해를 요하는 침해범이기 때문에 구성요건결과가 발생하였는지 여부는 간음이 이루어졌는지, 즉 그 보호법익인 개인의 성적 자기결정권이 침해되었는지 여부를 기준으로 판단하여야 하므로, 준강간죄의 구성요건결과인 간음으로 인하여 피해자의 성적 자기결정권이 침해된 이상 불능미수범이 성

립할 여지가 없다고 한다. 나아가 다수의견이 구성요건해당성 또는 구성요건의 충족의 문제와 결과 발생이 불가능한 경우를 혼동하고 있다고 한다. 그러나 반대의견의 위 비판은 다음과 같은 이유로 타당하지 않다.

1) 형법 제299조의 준강간죄는 심신상실 또는 항거불능의 상태에 있는 사람을 그러한 상태를 이용하여 간음한 때 구성요건적 결과가 발생하여 기수에 이른다. 심신상실 또는 항거불능의 상태에 있지 아니한 사람을 간음하는 것은 준강간죄의 대상이나 구성요건적 행위가 아니므로 간음이 발생하였다고 하더라도 준강간죄의 기수에 이르렀다고 할 수 없다. 피고인이 피해자가 심신상실 또는 항거불능의 상태에 있다고 인식하고 그러한 상태를 이용하여 간음할 의사로 피해자를 간음하였으나, 피해자가 실제로는 심신상실 또는 항거불능의 상태에 있지 않았다면, 실행의 착수 당시 실행의 수단 또는 대상의 착오로 구성요건이 충족될 가능성이 없어 결과적으로 준강간죄의 기수에 이를 가능성이 없었던 경우에 해당하므로 준강간죄의 불능미수 성립 여부가 문제된다. 피고인이 준강간의 고의를 가지고 실행에 착수한 이상 원칙적으로 형법적 평가의 대상이 되는 것은 범죄론의 논리구조상 당연하기 때문이다.

2) 반대의견은 '간음' 자체가 강간죄와 준강간죄의 구성요건적 결과라고 주장하나, 이는 강간죄와 준강간죄를 별개의 구성요건으로 규정한 형법 체계에 반한다. 강간죄와 준강간죄에서, 보호법익인 성적 자기결정권의 침해라는 결과는 간음행위만에 의해 발생하는 것이 아니고 피해자의 자기결정권을 침해하는 별도의 가해자의 행위 또는 피해자의 상태 등과 결합하여서만 발생하는 것이다. 따라서 반대의견은 객관적 구성요건요소 중 하나에 해당하는 '행위'와 구성요건적 결과 발생을 의미하는 '기수'를 혼동하고 있는 것으로 보인다.

다. 반대의견은 준강간죄의 행위의 객체가 '사람'이므로 이 사건에서 피고인에게 대상의 착오가 존재한다고 볼 수 없으며, 그 행위의 객체를 '심신상실 또는 항거불능의 상태에 있는 사람'이라고 해석하는 다수의견이 형벌조항의 문언의 범위를 벗어난 것이라고 한다. 또한 반대의견은 다수의견이 어떠한 점에서 실행의 수단의 착오가 있었는지 설명하지 않았다고 한다.

1) 형법은 제2편 제32장에서 '강간과 추행의 죄'를 규정하고 있는데, 강간죄(제297조)에서 규정하고 있는 행위의 객체는 '사람', 미성년자 등에 대한 간음죄(형법 제302조)에서 규정하고 있는 행위의 객체는 '미성년자 또는 심신미약자', 미성년자에 대한 간음죄(제305조)에서 규정하고 있는 행위의 객체는 '13세 미만의 사람'으로 명시하고 있다. 반면 형법 제299조에서 규정하고 있는 준강간죄는 사람의 심신상실 또는 항거불능의 상태를 이용하여 간음하는 범죄이고, 여기에서 '이용하여'라 함은 행위자가 심신상실 또는 항거불능의 상태에 있는 사람을 인식하고 그러한 상태 때문에 간음이 용이하게 되었음을 말하므로, 준강간죄에서 행위의 객체는 '심신상실 또는 항거불능의 상태에 있는 사람'이라고 보아야 한다. '사람의 심신상실 또는 항거불능의 상태'를 이용하여야 하므로 행위의 객체는 심신상실 또는 항거불능의 상태에 있는 사람이라고 해석할 수밖에 없다. 간음의 상대방이 아닌 다른 사람의 심신상실 또는 항거불능의 상태를 이용하는 것이 아니기 때문이다. 다수의견은 이러한 문언의 통상적인 의미와 범위 안에서 형법 제299조를 체계적이고 논리적으로 해석하는 것이므로, 다수의견이 형벌규정 문언의 범위를 벗어났다는 반대의견에는 동의할 수 없다.

2) 형법 제27조에서 정한 '실행의 수단의 착오'는 행위자가 시도한 행위방법으로는 결과의 발생

이 처음부터 불가능하다는 수단의 불가능성 또는 부적합성을 말한다. '대상의 착오'는 행위자가 시도한 행위의 객체가 구성요건을 충족시킬 대상이 될 수 없다는 대상의 불가능성 또는 부적합성을 말한다. 위에서 보았듯이 준강간죄의 행위의 객체는 '심신상실 또는 항거불능의 상태에 있는 사람'이고, 그 구성요건에 해당하는 행위는 '심신상실 또는 항거불능의 상태를 이용하여 간음'하는 것이다. 준강간죄에서 피해자가 심신상실 또는 항거불능의 상태에 있다는 것은 대상의 성질이기도 하지만 실행 수단의 전제이기도 하다. 피고인이 피해자가 심신상실 또는 항거불능의 상태에 있다고 인식하고 그러한 상태를 이용하여 간음할 의사로 간음하였으나, 피해자가 실제로는 심신상실 또는 항거불능의 상태에 있지 않았다면 피고인이 시도한 행위방법이나 행위객체에 대한 불가능성 또는 부적합성으로 인하여 준강간죄의 기수에 이를 가능성이 처음부터 없는 경우에 해당한다. 위와 같이 실행의 수단의 착오 또는 대상의 착오가 명확히 구분된다고 볼 수 없을 뿐만 아니라 수단의 착오와 대상의 착오 중 어느 것인지를 구분하는 것이 '그로 인하여 결과의 발생이 불가능'하다는 결론에 영향을 미치는 것도 아니므로 구분할 실익도 없다. 따라서 다수의견이 어떠한 점에서 피고인에게 실행의 수단의 착오가 있었는지 설명하지 않는다거나 준강간죄의 행위의 객체가 단순히 '사람'임을 전제로 피고인에게 대상의 착오가 존재하지 않는다는 반대의견의 비판은 옳지 않다.

라. 반대의견은 다수의견에 따르면 범죄의 구성요건을 충족하지 못하는 행위는 언제나 불능범이 되어 위험성이 있으면 미수범으로 처벌할 수 있다는 결론에 이르게 되며, 이러한 해석론은 죄형법정주의를 전면적으로 형해화하는 결과를 초래한다고 한다. 그러나 반대의견의 위 비판은 다음과 같은 이유로 타당하지 않다.

1) 다수의견은 모든 구성요건 불충족 행위에 대해 불능미수가 성립한다는 것이 아니라 처음부터 실행의 수단 또는 대상의 착오로 구성요건을 충족할 수 없는 경우에 한하여 형법 제27조에 의한 불능미수의 가벌 여부를 판단하여야 한다는 것이다.

2) 형법상 불능미수도 다른 미수범과 마찬가지로 주관적 구성요건으로 특정 구성요건의 실현에 대한 고의가 있어야 하고 이는 미필적 고의로도 족하다. 이러한 주관적 구성요건은 범죄사실을 구성하는 것으로서 합리적인 의심의 여지가 없는 엄격한 증명이 요구되고, 검사의 증명이 그만한 확신을 가지게 하는 정도에 이르지 못한 경우에는 피고인의 이익으로 판단할 수밖에 없으므로(대법원 2012. 06. 28. 선고 2012도231 판결, 대법원 2017. 12. 22. 선고 2017도12649 판결 등 참조), 피고인에게 주관적 구성요건인 고의를 인정할 수 없게 되면 애초부터 불능미수의 성립 여부를 검토할 필요조차 없다.

3) 형법 제27조는 실행의 수단 또는 대상의 착오로 인하여 결과의 발생이 불가능하더라도 위험성이 있는 때에는 처벌한다고 규정함으로써 예외적으로 가벌적 불능미수의 성립을 인정하고 있다. 다수의견은 이러한 불능미수의 성립요건이 충족된 사안에서만 불능미수가 성립될 수 있다는 것일 뿐, 실행의 수단 또는 대상의 착오가 아닌 다른 이유로 결과 발생이 불가능한 경우이거나 위험성이 없는 경우 등의 사안에까지 불능미수를 확대하여 인정하자는 취지가 아니다.

4) 형법 제29조는 "미수범을 처벌할 죄는 각 본조에 정한다."라고 규정하여 미수범은 처벌규정이 존재하는 경우에만 처벌되고, 불능미수는 형법 제27조에서 규정한 대로 위험성이 있는 경우에만 처벌되는 것이다.

5) 따라서 다수의견의 논리가 죄형법정주의를 형해화한다고 볼 수 없다.

마. 형법 제13조는 "죄의 성립요소인 사실을 인식하지 못한 행위는 벌하지 아니한다."라고 규정하고 있고, 여기에서 '죄의 성립요소인 사실'이라 함은 형법에 규정된 범죄유형인 구성요건에서 외부적 표지인 객관적 구성요건요소, 즉 행위주체·객체·행위·결과 등을 말한다는 점에 관하여는 다수의견과 반대의견이 일치한다.

그러나 반대의견은 이 사건에 대하여 불능미수의 '수단 또는 대상의 착오'가 아니어서 불능미수가 문제 되지 않고 단순히 무죄라고 한다. 반대의견이 전제하고 있는 형법 제27조 불능미수의 요건인 '수단 또는 대상의 착오로 인한 결과 발생의 불가능'의 의미가 사람일 줄 알았는데 실제로는 사람이 아닌 경우 등만을 말하는 것이라면, 피고인이 쓰러져 있는 피해자를 보고 심신상실 또는 항거불능의 상태에 있다고 인식하고 그러한 상태를 이용하여 간음할 의사로 피해자를 간음하였으나, 그 실행의 착수 당시 이미 피해자가 사망한 경우에는 준강간죄의 불능미수가 성립하고, 피해자가 생존하였으나 실제로는 심신상실 또는 항거불능의 상태에 있지 않은 경우에는 무죄라는 결론에 이르게 된다. 이러한 결론은 다음과 같은 점에서 납득하기 어렵다. 첫째, 피고인이 준강간의 고의를 가지고 피해자를 간음하려는 행위에 착수한 이상, 그 당시 피해자가 사망한 상태였는지, 생존하였으나 심신상실 또는 항거불능의 상태에 있지 않았는지는 준강간의 고의에 영향을 미치는 사유가 될 수 없다. 둘째, 실행의 착수 당시 객관적으로 존재하는 사실만을 놓고 보면, 피해자가 사망하였다는 사정이나 생존하였지만 심신상실 또는 항거불능의 상태에 있지 않았다는 사정은 준강간죄의 구성요건실현 가능성이 없어 기수에 이를 수 없다는 점에서 동일한데도, 전자의 경우에만 준강간죄의 불능미수를 인정하여 양자를 서로 다르게 취급해야 할 합리적인 이유도 없다. 셋째, 피해자가 심신상실 또는 항거불능의 상태에 있지 않아 구성요건해당성이 없다는 이유로 무죄를 선고한다면, 이는 생존한 피해자보다 사망한 피해자의 성적 자기결정권을 더 강하게 보호하는 셈이 되어 불합리하다.

이상과 같이 다수의견에 대한 보충의견을 밝힌다.

7. 다수의견에 대한 대법관 민유숙, 대법관 노정희의 보충의견

가. 이 사건은 원심에서 준강간죄의 불능미수가 인정된 데 대하여 피고인만 상고한 사안이다. 따라서 준강간죄의 기수가 성립하는지의 여부는 상고심의 판단대상이 아니고 불능미수의 성립 여부만이 쟁점이다. 장애미수와 불능미수, 불능범과 불능미수의 구별, 구성요건 충족의 문제와 결과 발생 불가능의 관계 등에 관하여는 앞선 다수의견에 대한 보충의견이 논한 바를 전제로 하고, 이하에서는 이 사건에서 준강간죄의 미수범 성립이 분명하다는 점에 관하여만 준강간죄의 구성요건을 중심으로 보충하고자 한다.

나. 준강간의 고의와 실행의 착수에 관하여

1) 불능미수는 미수범의 한 형태이고, 미수범의 성립은 고의와 실행의 착수가 있어야 하는 한편 범죄의 미완성을 요건으로 한다.

2) 형법 제299조는 '사람의 심신상실 또는 항거불능의 상태를 이용하여 간음한 자'를 준강간죄로

처벌하도록 규정하고 있다. '심신상실'이란 정신장애 또는 의식장애 때문에 성적 행위에 관하여 판단을 할 수 없는 상태를 말하고, '항거불능'이란 심신상실 이외의 원인 때문에 심리적 또는 물리적으로 반항이 불가능하거나 현저히 곤란한 상태를 말한다. '이용'이라 함은 피해자가 위와 같은 심신상실이나 항거불능의 상태에 있다고 인식하고 이를 간음을 용이하게 하는 방편으로 씀을 의미한다. 따라서 준강간의 고의는, 피고인이 피해자가 심신상실 또는 항거불능의 상태에 있다고 인식하고, 이를 이용하여 간음할 의사로(확정적 고의), 혹은 그러한 상태를 이용하여 간음하는 것도 상관없다는 내심의 의사로(미필적 고의) 실행에 착수한 경우 인정된다.

3) 범죄의 실행의 착수는 구성요건에 해당하는 행위 또는 구성요건적 행위와 밀접한 행위를 개시한 때에 인정된다. 준강간죄의 경우 예를 들어 잠을 자고 있는 피해자의 옷을 벗기고 자신의 바지를 내린 상태에서 피해자의 성기 등을 만지는 행위를 한 시점이면 피해자의 항거불능의 상태를 이용하여 간음을 할 의도를 가지고 간음의 수단이라고 할 수 있는 행동을 시작한 것으로서 준강간죄의 실행에 착수하였다고 볼 수 있다(대법원 2000. 01. 14. 선고 99도5187 판결 참조). 대법원은 위 사안에서 피고인이 위와 같은 행위를 하는 바람에 피해자가 잠에서 깨어난 경우에도 준강간미수죄의 성립에 지장이 없다고 판단한 바 있다.

4) 이 사건에서 준강간의 고의가 없었다는 피고인의 상고이유 주장이 그 이유가 없음은 다수의견에서 살펴본 바와 같다. 또한 원심이 적법하게 채택한 증거에 의하여 인정한 사실관계에 비추어 보면 피고인이 준강간의 실행의 착수라고 볼 수 있는 행위를 하였음도 넉넉히 인정할 수 있다. 반대의견도 명시적으로 밝히고 있지는 않지만 이를 전제하고 있는 것으로 보인다. 그렇다면 피고인의 행위는 불가벌적 불능범에 해당하지 않는 한 준강간죄의 미수범에 해당한다고 보아야 한다.

다. 간음과 미수범 성립의 배타성 여부에 관하여

1) 그럼에도 반대의견이 미수범의 성립 자체에도 의문을 제기하는 것은 이 사건에서 간음이 있었다는 사실에 연유하는 바가 크다고 생각한다. 이 부분 반대의견의 논지를 요약하면 다음과 같다. 이 사건에서 간음이라는 구성요건결과가 발생하였고, 간음으로 인하여 피해자의 성적 자기결정권이 침해되었다. 그러므로 형법 제27조에서 말하는 결과의 발생이 불가능한 경우에 해당하지 않으며, 미수범의 영역에서 논의할 문제가 아니다.

이와 같이 반대의견은 구성요건결과가 발생하였다고 하면서도 기수는 물론 미수범도 성립하지 않는다고 하고, 불능미수가 성립하지 않는다고 하면서도 장애미수의 성립 여부에는 침묵하고 있다. 반대의견의 논리적 모순을 지적하기 위하여 먼저 간음과 범죄의 완성 또는 기수 성립의 관계에 관하여 살펴본다.

2) 국어사전에서는 '간음'의 뜻을 '부정한 성관계' 또는 '주로 배우자 이외의 사람과의 성관계'를 이른다고 풀이하고 있다. 이에 의하여 알 수 있는 바와 같이 '간음'이라는 용어에는 부정적 내용이 포함되어 있기는 하지만, 강압적 요소 또는 상대방의 명시적·추정적 의사에 반하는 성관계의 의미까지는 포함되어 있지 않다고 봄이 일반적이다. 그러므로 간음을 성적 자기결정권의 침해와 곧바로 연결시키는 것은 행위 또는 행위의 사실적 결과와 보호법익의 침해에 대한 혼동을 야기하므로 구별하여 사용할 필요가 있다. 이를 전제로 강간죄나 준강간죄의 구성요건을 다시 살펴보면, 강간죄나 준강간죄는 간음 자체를 처벌하는 것이 아니라 폭행·협박으로 피해자의

거부의사를 억압하는 등 피해자의 성적 자기결정권을 침해하는 방법으로 간음이 이루어졌을 때 이를 범죄로 규정하고 처벌하는 것이다. 따라서 피고인이 목적 내지 의욕한 대로 간음이 이루어졌다 하더라도, 폭행이나 협박에 의하여 혹은 피해자의 심신상실이나 항거불능의 상태를 이용하여 간음한 것이 아니라면 강간죄나 준강간죄는 기수에 이르렀다고 할 수 없게 된다.

이와 같이 피고인이 목적 내지 의욕한 바가 실현됐음에도 인과관계의 결여로 인하여 범죄의 기수가 부정되는 사례는 공갈죄나 사기죄의 경우 자주 거론된다. 공갈죄의 경우 갈취의 고의로 폭행이나 협박을 하였으나 실제로 피해자가 외포되지는 않은 채 다른 이유로 처분행위를 했다면 피고인은 재물의 취득이라는 의욕한 결과를 얻었으나 공갈죄는 기수로 평가되지 않는다. 사기죄의 경우에도 편취의 의사로 기망행위를 했으나 피해자가 착오에 빠지지 않았음에도 다른 이유로 재물을 교부했다면 마찬가지이다. 피고인의 폭행이나 협박 등과 피해자의 처분행위 사이에 인과관계가 부정되기 때문이다. 강간죄와 준강간죄에서도 피고인이 목적 내지 의욕한 결과가 발생했더라도 인과관계의 결여로 미수범은 성립할 수 있다. 범죄의 미완성은 구성요건적 결과가 발생하지 않은 것을 의미하며, 행위자가 그 목적을 달성했느냐에 의하여 결정되는 것이 아니다.

3) 나아가 피고인의 폭행이나 협박에 의하여 또는 심신상실이나 항거불능의 상태를 이용한 행위에 의하여 간음이 이루어지지 않은 이상 피해자의 성적 자기결정권의 침해가 없거나 침해의 위험성도 없으므로 미수범도 성립할 수 없는 것 아닌가 하는 의문이 제기될 수 있다. 그러나 우리는 이러한 의문이 혹시 항거를 불가능하게 하거나 현저히 곤란하게 할 정도의 폭행·협박이나 그러한 정도의 상태를 이용하지 않고서는 피해자에게 성관계를 강요하는 것이 불가능하다는 편견에 기반한 것이 아닌지 돌아보아야 한다.

준강간죄에서 '항거불능의 상태'를 반항이 절대적으로 불가능하거나 현저히 곤란한 경우로 해석하는 데에는 강간죄 성립에 있어 폭행·협박의 정도를 가장 엄격하게 요구하는 최협의설의 입장과의 균형이 한 요인이 되고 있다(대법원 2009. 04. 23. 선고 2009도2001 판결 등 참조). 그리고 강간죄에서 폭행·협박의 정도를 최협의로 제한하는 오래된 근거 중 하나는, 항거불능 또는 현저한 항거곤란의 정도가 아니고서는 피해자의 의사에 반하여 강간하는 것이 불가능하다는 관념이다. 그러나 이는 피해자의 의사를 자의적으로 해석하여, 피해자가 사력을 다하여 대항하지 않았다면 피해자는 성관계에 동의한 것이고 고로 피해자의 성적 자기결정권의 침해는 없다는 비약적 결론과 크게 다르지 않다. 위 두 가지 상황 사이에는 넓은 간극이 있다. 일상에서도 우리는 예기치 못한 공격에 평소 이성적으로 상상했던 것과는 달리 실망스럽게도 제대로 대처하지 못하는 경우가 종종 있다. 객관적·사후적으로 볼 때에는 사소한 공격행위일지라도 당시의 구체적 상황에서는 심각한 두려움을 느끼거나 심리적·육체적 마비나 혼란을 겪을 수도 있다. 게다가 부조리하고 비정상적인 범죄 상황에서 피해자에게만 합리적이고 바람직한 선택을 강요하여 이에 실패했다고 비난하는 우를 범해서는 안 된다. 즉, 강간죄와 준강간죄를 규정한 형법규범과 대법원이 그 해석을 통하여 요구하는 정도의 폭행·협박이나 항거불능 상태의 이용에 의하지 않은 간음이라 하더라도 실제 피해자의 성적 자기결정권이 침해되는 경우가 충분히 있을 수 있다. 그리고 그 가능성은 구성요건적 행위를 엄격하게 해석할수록 커진다.

이 사건으로 돌아와 보면, 위에서 보았듯이 준강간죄의 불능미수의 성립 여부만이 이 사건의 쟁점이다. 그러므로 피고인의 착오로 인하여 피해자의 항거불능 상태를 이용한 간음이 객관적으로 불가능했으나, 당시 피고인이 인식한 사정을 놓고 객관적으로 평가할 때 기수에 이를 위험성이 있었다면 불능미수의 성립은 인정된다. 그리고 이는 피고인이 준강간의 고의로 실행에 착수했으나 간음에 이르지 못한 경우에도 긍정된다. 그런데 오히려 피고인이 의욕한 대로 간음이 실현됐다는 사실을 들어 피해자의 성적 자기결정권이 침해될 위험성이 없었다고 한다면 이는 본말이 전도된 해석이라고 할 수밖에 없다. 결론적으로 형법상 준강간죄의 구성요건과 불능미수의 요건에 기한 다수의견의 해석은 죄형법정주의의 원칙에 부합한다.

이상과 같이 다수의견에 대한 보충의견을 밝힌다.

● 대법원 2017. 12. 05. 선고 2017도15628 판결 【출판물에의한명예훼손】

【판시사항】

[1] 명예훼손죄 성립에 필요한 '사실의 적시'의 의미 및 판단할 진술이 사실인가 또는 의견인가를 구별하는 방법 / 다른 사람의 말이나 글을 비평하면서 사용한 표현이 겉으로 보기에 증거에 의해 입증 가능한 구체적인 사실관계를 서술하는 형태를 취하고 있더라도, 명예훼손죄에서 말하는 '사실의 적시'에 해당하지 않는 경우 및 어떠한 의견을 주장하기 위해 다른 사람의 견해나 그 근거를 비판하면서 사용한 표현의 경우에도 같은 법리가 적용되는지 여부(적극)
[2] 과거의 역사적 사실관계 등에 대하여 민사판결을 통하여 어떠한 사실인정이 있었다는 이유만으로, 이후 그와 반대되는 사실의 주장이나 견해의 개진 등을 형법상 명예훼손죄 등에서 '허위의 사실 적시'라는 구성요건에 해당한다고 단정할 수 있는지 여부(원칙적 소극)

【판결요지】

[1] 명예훼손죄가 성립하기 위해서는 사실의 적시가 있어야 하고, 적시된 사실은 이로써 특정인의 사회적 가치 내지 평가가 침해될 가능성이 있을 정도로 구체성을 띠어야 한다. 이때 사실의 적시란 가치판단이나 평가를 내용으로 하는 의견표현에 대치되는 개념으로서 시간과 공간적으로 구체적인 과거 또는 현재의 사실관계에 관한 보고 내지 진술을 의미하며, 그 표현내용이 증거에 의한 입증이 가능한 것을 말하고, 판단할 진술이 사실인가 또는 의견인가를 구별할 때에는 언어의 통상적 의미와 용법, 입증가능성, 문제 된 말이 사용된 문맥, 그 표현이 행하여진 사회적 상황 등 전체적 정황을 고려하여 판단하여야 한다.

다른 사람의 말이나 글을 비평하면서 사용한 표현이 겉으로 보기에 증거에 의해 입증 가능한 구체적인 사실관계를 서술하는 형태를 취하고 있더라도, 글의 집필의도, 논리적 흐름, 서술체계 및 전개방식, 해당 글과 비평의 대상이 된 말 또는 글의 전체적인 내용 등을 종합하여 볼 때, 평균적인 독자의 관점에서 문제 된 부분이 실제로는 비평자의 주관적 의견에 해당하고, 다만 비평자가 자신의

의견을 강조하기 위한 수단으로 그와 같은 표현을 사용한 것이라고 이해된다면 명예훼손죄에서 말하는 사실의 적시에 해당한다고 볼 수 없다. 그리고 이러한 법리는 어떠한 의견을 주장하기 위해 다른 사람의 견해나 그 근거를 비판하면서 사용한 표현의 경우에도 다를 바 없다.

[2] 민사재판에서 법원은 당사자 사이에 다툼이 있는 사실관계에 대하여 처분권주의와 변론주의, 그리고 자유심증주의의 원칙에 따라 신빙성이 있다고 보이는 당사자의 주장과 증거를 받아들여 사실을 인정하는 것이어서, 민사판결의 사실인정이 항상 진실한 사실에 해당한다고 단정할 수는 없다. 따라서 다른 특별한 사정이 없는 한, 그 진실이 무엇인지 확인할 수 없는 과거의 역사적 사실관계 등에 대하여 민사판결을 통하여 어떠한 사실인정이 있었다는 이유만으로, 이후 그와 반대되는 사실의 주장이나 견해의 개진 등을 형법상 명예훼손죄 등에 있어서 '허위의 사실 적시'라는 구성요건에 해당한다고 쉽게 단정하여서는 아니 된다. 판결에 대한 자유로운 견해 개진과 비판, 토론 등 헌법이 보장한 표현의 자유를 침해하는 위헌적인 법률해석이 되어 허용될 수 없기 때문이다.

【참조조문】 [1] 형법 제307조, 제309조 / [2] 헌법 제21조, 형법 제307조 제2항, 제309조 제2항
【참조판례】 [1] 대법원 1998. 3. 24. 선고 97도2956 판결(공1998상, 1248), 대법원 2000. 2. 25. 선고 98도2188 판결(공2000상, 885), 대법원 2017. 5. 11. 선고 2016도19255 판결(공2017상, 1325)
【전 문】 【피 고 인】 피고인
【상 고 인】 피고인 　　　　　【변 호 인】 법무법인 일호 담당변호사 김용남 외 2인
【원심판결】 수원지법 2017. 9. 7. 선고 2017노1270 판결

【주 문】

원심판결을 파기하고, 사건을 수원지방법원 본원 합의부에 환송한다.

【이 유】

상고이유를 판단한다.

1. 명예훼손죄가 성립하기 위해서는 사실의 적시가 있어야 하고 적시된 사실은 이로써 특정인의 사회적 가치 내지 평가가 침해될 가능성이 있을 정도로 구체성을 띠어야 한다(대법원 2000. 02. 25. 선고 98도2188 판결 등 참조). 이때 사실의 적시란 가치판단이나 평가를 내용으로 하는 의견표현에 대치되는 개념으로서 시간과 공간적으로 구체적인 과거 또는 현재의 사실관계에 관한 보고 내지 진술을 의미하는 것이며, 그 표현내용이 증거에 의한 입증이 가능한 것을 말하고 판단할 진술이 사실인가 또는 의견인가를 구별함에 있어서는 언어의 통상적 의미와 용법, 입증가능성, 문제된 말이 사용된 문맥, 그 표현이 행하여진 사회적 상황 등 전체적 정황을 고려하여 판단하여야 한다(대법원 1998. 03. 24. 선고 97도2956 판결 등 참조).

다른 사람의 말이나 글을 비평하면서 사용한 표현이 겉으로 보기에 증거에 의해 입증 가능한 구체적인 사실관계를 서술하는 형태를 취하고 있다고 하더라도, 글의 집필의도, 논리적 흐름, 서술체계 및 전개방식, 해당 글과 비평의 대상이 된 말 또는 글의 전체적인 내용 등을 종합하여 볼 때, 평균적인 독자의 관점에서 문제 된 부분이 실제로는 비평자의 주관적 의견에 해당하고, 다만 비평자

가 자신의 의견을 강조하기 위한 수단으로 그와 같은 표현을 사용한 것이라고 이해된다면 명예훼손죄에서 말하는 사실의 적시에 해당한다고 볼 수 없다(대법원 2017. 05. 11. 선고 2016도19255 판결 등 참조). 그리고 이러한 법리는 어떠한 의견을 주장하기 위해 다른 사람의 견해나 그 근거를 비판하면서 사용한 표현의 경우에도 다를 바 없다.

한편 민사재판에서 법원은 당사자 사이에 다툼이 있는 사실관계에 대하여 처분권주의와 변론주의, 그리고 자유심증주의의 원칙에 따라 신빙성이 있다고 보이는 당사자의 주장과 증거를 받아들여 사실을 인정하는 것이어서, 민사판결의 사실인정이 항상 진실한 사실에 해당한다고 단정할 수는 없다. 따라서 다른 특별한 사정이 없는 한, 그 진실이 무엇인지 확인할 수 없는 과거의 역사적 사실관계 등에 대하여 민사판결을 통하여 어떠한 사실인정이 있었다는 이유만으로, 이후 그와 반대되는 사실의 주장이나 견해의 개진 등을 형법상 명예훼손죄 등에 있어서 '허위의 사실 적시'라는 구성요건에 해당한다고 쉽게 단정하여서는 아니 된다. 판결에 대한 자유로운 견해 개진과 비판, 토론 등 헌법이 보장한 표현의 자유를 침해하는 위헌적인 법률해석이 되어 허용될 수 없기 때문이다.

2. 피고인에 대한 이 사건 공소사실의 요지는, "피고인은 ○○△씨□□□□□△◇공종중(이하 '이 사건 종중'이라고 한다)의 사무총장으로서 종중 이사회의 결의에 따라, 2014. 4. 10.경 및 2014. 5.경 두 차례에 걸쳐 '○○△씨의 적통'이라는 제목의 두 권으로 이루어진 책(이하 '이 사건 책자'라고 한다)을 각 출간하여 안내문과 함께 ○○△씨 각종 계파 회장, 임원들에게 배포하였다. 그런데 이 사건 책자와 안내문에는 '☆☆☆공 공소외 1이 ▽▽공 공소외 2의 맏형 또는 공소외 3의 장자가 될 수 없다는 사실이 입증된다'거나 '☆☆☆공이 실존인물이라고 볼 확실한 근거가 없는데도 그 후손들이 실존성을 조작하였다'는 등의 내용이 기재되어 있었다. 그러나 사실은 ☆☆☆공 공소외 1은 ◇◇공 공소외 4의 적장손이자 ▽▽공 공소외 2의 맏형이고, 그러한 사실은 종원지위부존재확인 사건에 관한 민사판결에서 확인되었다. 따라서 피고인은 위와 같이 비방할 목적으로 출판물에 의하여 공연히 허위의 사실을 적시하여 ○○△씨☆☆☆공파대정회 종원의 명예를 훼손하였다."라는 것이다.

3. 원심은, ○○△씨 문중 내에서 ☆☆☆공 공소외 1이 공소외 3의 아들이자 공소외 2의 형으로서 ◇◇공 공소외 4의 후손인지, 아니면 공소외 5의 아들로서 공소외 6의 후손인지 공소외 1의 상계(상계)에 관하여 서로 다른 족보들이 존재하여 논란이 있어왔던 사실, ◇◇공을 공동선조로 하는 이 사건 종중이 법원의 판단을 받고자 ☆☆☆공을 공동선조로 하는 ☆☆☆공파대정회의 일부 종원을 상대로 종원지위부존재확인을 구하는 소를 제기한 사실, 위 민사재판에서 법원은 ○○△씨 5대 대동보의 기재내용, 공소외 1의 상계(상계) 논쟁이 일어난 배경, 공소외 1의 후손들이 ◇◇공의 위답을 독자적으로 매입하기도 한 사정 등을 종합하여 공소외 1이 공소외 3의 아들로서 ◇◇공의 후손이라고 판단하여 무변론의 경우를 제외한 대부분의 ☆☆☆공파대정회 종원에 대하여 이 사건 종중의 청구를 기각하였고, 항소 및 상고가 모두 기각되어 위 판결이 그대로 확정된 사실 등을 인정하였다.

나아가 원심은 다음과 같은 사정을 들어 이 사건 책자와 안내문에 기재된 내용이 허위의 사실 적시에 해당하고, 피고인이 그 허위성을 인식하고 있었다고 판단하여, 이 사건 공소사실인 형법 제309조 제2항의 출판물에 의한 명예훼손죄가 성립된다고 판단하였다.

① 민사재판에서 이 사건 종중이 수집하여 제출한 증거와 자료를 기초로 이루어진 판결내용에 특별한 문제가 없어 보이므로, 공소외 1은 공소외 3의 아들이라고 할 것이다.

② 민사재판에서 이 사건 종중의 주장이 받아들여지지 않아 논란이 어느 정도 정리되었는데도, 피고인은 판결 결과와 전혀 상반되는 내용의 이 사건 책자 및 이를 요약한 안내문을 제작하여 배포하였다. 그리고 배포대상에는 민사재판의 진행 경과나 결과를 제대로 알지 못하는 ○○△씨 각 계파의 임원 등도 포함되어 있었다.

③ 이 사건 책자는 공소외 1이 공소외 3의 아들이 아니라 공소외 5의 아들이라는 사실을 밝히고자 하는 데 그 주된 목적이 있다. 그런데 그 과정에서 공소외 1이 실존했던 인물이라고 볼 만한 확실한 근거가 없고 가첩 등에 기록된 공소외 1의 실존성은 대부분 조작된 것이라며 공소외 1이 실존하는 인물이 아니라는 취지의 내용까지 기재하였으며, 마치 일부 후손들이 ○○△씨에 입보하기 위한 불순한 목적으로 공소외 1의 상계(상계)를 조작한 것이라는 표현도 사용하였다.

4. 그러나 원심의 위와 같은 판단은 다음과 같은 이유에서 수긍하기 어렵다.

가. 기록에 의하면 다음과 같은 사정을 알 수 있다.

① 공소외 1에 대하여는 ○○△씨 문중의 족보와 관련 문헌 등에도 일부는 공소외 3의 아들로, 일부는 공소외 5의 아들로 서로 다르게 기재되어 있고, 그 상계(상계)에 관하여 계속 논쟁이 있어 왔던 것으로 보인다. 따라서 공소외 1의 상계(상계)는 어느 것이 진실이라고 확실히 단정할 수 없는 과거의 역사적 사실관계에 관한 것이다. 이 사건 종중이 제기한 민사재판에서도 법원은 양측이 근거로 내세우는 족보 중 보다 여러 파의 후손들이 참여하여 작성한 ○○△씨 5대 대동보의 기재가 증명력이 높다고 보아 이를 근거로 공소외 1이 공소외 3의 아들로 보인다는 사실인정을 하였을 뿐이다.

② 두 차례에 걸쳐 발간된 이 사건 책자는 '○○△씨의 적통'이라는 제하에 2권으로 이루어져 있는데, 그 발간주체는 이 사건 종중이고, 피고인이 주무연구원으로 집필하였음이 표시되어 있으며, 제1권의 제목은 대조연구(대조연구), 제2권의 제목은 변증(변증)으로, 그 내용 역시 공소외 1의 상계(상계) 논쟁에 관한 양측의 서로 다른 주장내용과 그 근거인 각종 족보 등 문헌을 소개하고, 왜 공소외 1이 공소외 3의 아들이 될 수 없는지를 구체적으로 분석하여 논증하는 형식으로, 근거를 제시하고 구체적인 자료 등을 첨부·인용하고 있는 등 논문 등과 유사한 연구물의 형태로 집필되었음을 알 수 있다. 따라서 이 사건 책자를 수령한 사람들은 책자의 글과 표현 등이 족보 등 문헌에 기초한 연구를 통해 어떠한 주관적 의견을 개진하고자 하는 것임을 충분히 파악할 수 있을 것으로 보인다.

③ 공소사실에서 '허위사실의 적시'라고 문제 되는 부분은, 피고인이 본관이 다른 점 등을 근거로 공소외 1이 공소외 3의 아들이 될 수 없다는 견해를 주장하면서 반대 주장의 근거가 빈약하다고 지적하는 평가에 불과한 것으로 보인다. '공소외 1이 실존하였다고 볼 확실한 근거가 없다'는 등의 표현도 공소외 1이 아예 실존 인물이 아니라는 주장이라기보다는 '공소외 3의 아들 중에는 공소외 1이라는 인물이 실존한다고 볼 근거가 없다'는 내용으로 이해할 수 있다. 물론 피고인이 별다른 근거를 밝히지 않은 채 '☆☆☆공의 후손들이 이를 조작하였다'는 등의

단정적인 표현을 함께 사용한 것은 사실이나, 그러한 표현 역시 '☆☆☆공 후손들의 주장은 별다른 근거가 없는 주장이다'는 내용을 감정적·과장적으로 표현한 것으로 볼 여지가 상당하다.

④ 특히, 피고인은 이 사건 책자에서 피고인 등의 주장과 반대되는 ☆☆☆공파대정회의 입장과 그 주장내용, 근거 등을 상세하게 소개하고 있는 것은 물론, 그간 진행되어 온 민사소송의 경과 및 판결 내용 등에 대하여도 있는 그대로 밝히고 있는 것으로 보인다.

나. 원심이 인정한 사실관계 및 위와 같은 사정을 앞서 본 법리에 비추어 살펴보면, 이 사건 책자에서 문제 된 표현은 결국 피고인의 주관적 의견이나 견해 또는 주장에 해당하고, 다만 이를 강조하거나 달리 표현하기 위해 구체적인 사실관계를 단정하는 형태로 서술한 것에 불과하다고 할 것이고, 평균적인 독자의 관점에서 그와 같은 사정을 충분히 알 수 있었을 것으로 보인다. 따라서 원심이 든 이유나 검사가 제출한 증거들만으로는 문제 된 표현이 형법 제309조 제2항의 출판물에 의한 명예훼손죄에서 말하는 사실의 적시에 해당한다고 보기 어렵다.

다. 그럼에도 원심은 그 판시와 같은 이유만으로 문제 된 표현이 사실의 적시에 해당한다고 전제하여 이 사건 공소사실을 유죄로 판단하였으니, 원심판단에는 명예훼손죄에서의 사실의 적시와 의견표현의 구별에 관한 법리 등을 오해하고 필요한 심리를 다하지 아니하여 판결에 영향을 미친 잘못이 있다. 이 점을 지적하는 취지의 상고이유 주장은 이유 있다.

5. 그러므로 나머지 상고이유에 관한 판단을 생략한 채 원심판결을 파기하고, 사건을 다시 심리·판단하도록 원심법원에 환송하기로 하여, 관여 대법관의 일치된 의견으로 주문과 같이 판결한다.

Ⓐ 대법원 2018. 07. 19. 선고 2017도17494 전원합의체 판결 【사기방조·횡령】

【판시사항】

[1] 횡령죄의 주체인 '타인의 재물을 보관하는 자'의 의미 및 이에 해당하는지 판단하는 기준

[2] 송금의뢰인이 다른 사람의 예금계좌에 자금을 송금·이체하여 송금의뢰인과 계좌명의인 사이에 송금·이체의 원인이 된 법률관계가 존재하지 않음에도 송금·이체에 의하여 계좌명의인이 그 금액 상당의 예금채권을 취득한 경우, 계좌명의인이 그와 같이 송금·이체된 돈을 그대로 보관하지 않고 영득할 의사로 인출하면 횡령죄가 성립하는지 여부(적극) / 계좌명의인이 개설한 예금계좌가 전기통신금융사기 범행에 이용되어 그 계좌에 피해자가 사기피해금을 송금·이체한 경우, 계좌명의인이 그 돈을 영득할 의사로 인출하면 피해자에 대한 횡령죄가 성립하는지 여부(한정 적극) 및 이때 계좌명의인의 인출행위가 전기통신금융사기의 범인에 대한 관계에서도 횡령죄가 되는지 여부(소극)

[3] 피고인 갑, 을이 공모하여, 피고인 갑 명의로 개설된 예금계좌의 접근매체를 보이스피싱 조직원 병에게 양도함으로써 병의 정에 대한 전기통신금융사기 범행을 방조하고, 사기피해자 정이 병에게 속아 위 계좌로 송금한 사기피해금 중 일부를 별도의 접근매체를 이용하여 임의로 인출함으로써 주위적으로는 병의 재물을, 예비적으로는 정의 재물을 횡령하였다는 내용으로 기소되었는데, 원심

이 피고인들에 대한 사기방조 및 횡령의 공소사실을 모두 무죄로 판단한 사안에서, 피고인들에게 사기방조죄가 성립하지 않는 이상 사기피해금 중 일부를 임의로 인출한 행위는 사기피해자 정에 대한 횡령죄가 성립한다고 한 사례

【판결요지】

[1] 형법 제355조 제1항이 정한 횡령죄의 주체는 타인의 재물을 보관하는 자라야 하고, 여기에서 보관이란 위탁관계에 의하여 재물을 점유하는 것을 뜻하므로 횡령죄가 성립하기 위하여는 재물의 보관자와 재물의 소유자(또는 기타의 본권자) 사이에 위탁관계가 있어야 한다. 이러한 위탁관계는 사실상의 관계에 있으면 충분하고 피고인이 반드시 민사상 계약의 당사자일 필요는 없다. 위탁관계는 사용대차·임대차·위임·임치 등의 계약에 의하여 발생하는 것이 보통이지만 이에 한하지 않고 사무관리와 같은 법률의 규정, 관습이나 조리 또는 신의성실의 원칙에 의해서도 발생할 수 있다. 그러나 횡령죄의 본질이 위탁받은 타인의 재물을 불법으로 영득하는 데 있음에 비추어 볼 때 그 위탁관계는 횡령죄로 보호할 만한 가치가 있는 것으로 한정된다. 위탁관계가 있는지 여부는 재물의 보관자와 소유자 사이의 관계, 재물을 보관하게 된 경위 등에 비추어 볼 때 보관자에게 재물의 보관 상태를 그대로 유지하여야 할 의무를 부과하여 그 보관 상태를 형사법적으로 보호할 필요가 있는지 등을 고려하여 규범적으로 판단하여야 한다.

[2] [다수의견]
송금의뢰인이 다른 사람의 예금계좌에 자금을 송금·이체한 경우 특별한 사정이 없는 한 송금의뢰인과 계좌명의인 사이에 그 원인이 되는 법률관계가 존재하는지 여부에 관계없이 계좌명의인(수취인)과 수취은행 사이에는 그 자금에 대하여 예금계약이 성립하고, 계좌명의인은 수취은행에 대하여 그 금액 상당의 예금채권을 취득한다. 이때 송금의뢰인과 계좌명의인 사이에 송금·이체의 원인이 된 법률관계가 존재하지 않음에도 송금·이체에 의하여 계좌명의인이 그 금액 상당의 예금채권을 취득한 경우 계좌명의인은 송금의뢰인에게 그 금액 상당의 돈을 반환하여야 한다. 이와 같이 계좌명의인이 송금·이체의 원인이 되는 법률관계가 존재하지 않음에도 계좌이체에 의하여 취득한 예금채권 상당의 돈은 송금의뢰인에게 반환하여야 할 성격의 것이므로, 계좌명의인은 그와 같이 송금·이체된 돈에 대하여 송금의뢰인을 위하여 보관하는 지위에 있다고 보아야 한다. 따라서 계좌명의인이 그와 같이 송금·이체된 돈을 그대로 보관하지 않고 영득할 의사로 인출하면 횡령죄가 성립한다.

이러한 법리는 계좌명의인이 개설한 예금계좌가 전기통신금융사기 범행에 이용되어 그 계좌에 피해자가 사기피해금을 송금·이체한 경우에도 마찬가지로 적용된다. 계좌명의인은 피해자와 사이에 아무런 법률관계 없이 송금·이체된 사기피해금 상당의 돈을 피해자에게 반환하여야 하므로, 피해자를 위하여 사기피해금을 보관하는 지위에 있다고 보아야 하고, 만약 계좌명의인이 그 돈을 영득할 의사로 인출하면 피해자에 대한 횡령죄가 성립한다. 이때 계좌명의인이 사기의 공범이라면 자신이 가담한 범행의 결과 피해금을 보관하게 된 것일 뿐이어서 피해자와 사이에 위탁관계가 없고, 그가 송금·이체된 돈을 인출하더라도 이는 자신이 저지른 사기범행의 실행행위에 지나지 아니하여 새로운 법익을 침해한다고 볼 수 없으므로 사기죄 외에 별도로 횡령죄를 구성하지 않는다.

한편 계좌명의인의 인출행위는 전기통신금융사기의 범인에 대한 관계에서는 횡령죄가 되지 않는다.

① 계좌명의인이 전기통신금융사기의 범인에게 예금계좌에 연결된 접근매체를 양도하였다 하더라도 은행에 대하여 여전히 예금계약의 당사자로서 예금반환청구권을 가지는 이상 그 계좌에 송금·이체된 돈이 그 접근매체를 교부받은 사람에게 귀속되었다고 볼 수는 없다. 접근매체를 교부받은 사람은 계좌명의인의 예금반환청구권을 자신이 사실상 행사할 수 있게 된 것일 뿐 예금 자체를 취득한 것이 아니다. 판례는 전기통신금융사기 범행으로 피해자의 돈이 사기이용계좌로 송금·이체되었다면 이로써 편취행위는 기수에 이른다고 보고 있는데, 이는 사기범이 접근매체를 이용하여 그 돈을 인출할 수 있는 상태에 이르렀다는 의미일 뿐 사기범이 그 돈을 취득하였다는 것은 아니다.

② 또한 계좌명의인과 전기통신금융사기의 범인 사이의 관계는 횡령죄로 보호할 만한 가치가 있는 위탁관계가 아니다. 사기범이 제3자 명의 사기이용계좌로 돈을 송금·이체하게 하는 행위는 그 자체로 범죄행위에 해당한다. 그리고 사기범이 그 계좌를 이용하는 것도 전기통신금융사기 범행의 실행행위에 해당하므로 계좌명의인과 사기범 사이의 관계를 횡령죄로 보호하는 것은 그 범행으로 송금·이체된 돈을 사기범에게 귀속시키는 결과가 되어 옳지 않다.

[대법관 김소영, 대법관 박상옥, 대법관 이기택, 대법관 김재형의 별개의견]
다수의견의 논리는 다음과 같은 이유로 동의하기 어렵다.

① 계좌명의인과 사기피해자 사이에는 아무런 위탁관계가 존재하지 않는다.
사기이용계좌에 사기피해자로부터 돈이 송금·이체되면 전기통신금융사기 행위는 종료되고 전기통신금융사기 범죄는 이미 기수에 이른다. 사기죄는 재물을 교부받거나 재산상 이익을 취득함으로써 성립하므로 기수에 이르렀다는 것은 재물 또는 재산상 이익을 취득하였다는 것이다. 사기피해자는 돈을 송금·이체함으로써 그 돈에 대한 소유권을 상실한다. 한편 사기피해자가 사후에 전기통신금융사기 범인을 상대로 불법행위를 원인으로 한 손해배상청구, 부당이득반환청구 등 채권적 청구권을 가지거나 전기통신금융사기 피해 방지 및 피해금 환급에 관한 특별법(이하 '통신사기피해환급법'이라 한다)에 따른 피해환급금을 지급받을 수 있다 하더라도 이는 사후적으로 손해를 회복하는 수단에 불과하다. 사기피해자에게 위와 같은 피해회복 수단이 있다는 사정만으로 이미 사기이용계좌로 송금·이체된 돈에 대한 소유권이 남아 있다고 볼 수는 없다. 그러한 상태에서 계좌명의인이 송금·이체된 돈을 인출한다고 해서 사기피해자에게 이미 발생한 소유권 침해를 초과하는 어떠한 새로운 법익침해가 발생하는 것은 아니다.

다수의견은 계좌명의인과 사기피해자 사이에 위탁관계가 성립한다고 보면서 그 근거로 착오송금에 관한 판례를 들고 있다. 그러나 전기통신금융사기 범행에 따른 송금·이체는 착오송금과 다르므로 착오송금에 관한 법리를 적용할 수 없다. 대법원이 신의칙상 보관관계의 성립을 인정한 착오송금 사안은 송금인이 스스로 착오에 빠져 잘못 송금한 경우이다. 반면 사기피해자로부터 돈이 사기이용계좌로 송금·이체된 것은 타인 명의 계좌의 접근매체를 양수받은 사람(이하 '접근매체 양수인'이라 한다)의 전기통신금융사기 범행이 원인이 되어 이루어진 결과이다. 이는 계좌명의인이 접근매체 양수인에게 접근매체를 양도하여 사기이용계좌를 사용하게 하되 자신은 그 계좌에 입금된 돈을 임의로 인출하지 않기로 하는 약정에 따른 신임관계에 기초한다. 계좌명의인의 접근매체 양도, 접근매체 양수인의 기망을 수단으로 한 송금·이체 원인 제공, 그에 따른 사기피해자의 송금·이체가 원인과 결과로 결합되어 이루어졌다. 송금인과 계좌명의인 사이의 양자 관계가 아니라 접근매체 양수인까지 존재하는 3자 사이의 관계이고 접근매체 양수인이 송금·이체의 원인과 결과에 직접 관여하고 있다는 점에서 착오송금의 경우와 다르다.

② 계좌명의인과 접근매체 양수인 사이의 위탁관계를 인정할 수 있으므로 계좌명의인이 그 계좌에 입금된 돈을 인출하면 접근매체 양수인에 대한 횡령죄가 성립한다.

계좌명의인과 접근매체 양수인 사이에는 그 계좌에 송금·이체된 돈의 보관에 관한 약정이 있다고 볼 수 있다.

대법원은 부동산 실권리자명의 등기에 관한 법률(이하 '부동산실명법'이라 한다)을 위반하여 중간생략등기형 명의신탁이 이루어진 사안에서, 횡령죄에서 위탁신임관계는 횡령죄로 보호할 만한 가치 있는 신임에 의한 것으로 한정함이 타당하다고 판결하였다. 그러나 중간생략등기형 명의신탁 사안은 위탁신임약정 자체가 부동산실명법에 따라서 무효인 경우이다. 반면 사기피해자로부터 돈이 송금·이체된 사안에서는 계좌명의인이 전기통신금융사기 범행을 알지 못한 이상 접근매체 양수인과 사이의 약정이 무효라거나 돈의 보관이 불법원인급여에 해당한다고 볼 뚜렷한 근거는 없다. 이와 같이 원인관계가 무효이거나 돈의 보관이 불법원인급여에 해당한다고 보기 어려운 경우까지 횡령죄의 성립을 부정할 것은 아니다.

③ 다수의견에 따르더라도 사기피해자를 더 강하게 보호하는 것이 아니고, 오히려 법률관계가 복잡해진다. 굳이 계좌명의인과 사기피해자 사이에 위탁관계를 인정하지 않더라도 민사적으로 사기피해자를 보호할 수 있다. 사기피해자는 계좌명의인을 상대로 부당이득반환청구를 할 수 있고, 계좌명의인에게 과실이 있는 경우 불법행위를 원인으로 한 손해배상청구를 할 수도 있다. 그리고 접근매체 양수인에 대한 불법행위를 원인으로 한 손해배상청구권을 피보전채권으로 삼아 접근매체 양수인을 대위하여 계좌명의인을 상대로 위탁관계에 따른 돈의 반환을 청구할 수도 있다. 아울러 통신사기피해환급법에 따른 피해환급금을 지급받을 수도 있다.

④ 결론적으로, 전기통신금융사기 범행을 알지 못하는 계좌명의인이 그 계좌에 송금·이체된 돈을 인출한 경우 접근매체 양수인에 대한 횡령죄가 성립하고, 송금인에 대하여는 횡령죄가 성립하지 않는다.

[대법관 조희대의 반대의견]

송금인과 접근매체 양수인 중 누구에 대하여도 횡령죄가 성립하지 않는다고 보아야 한다. 그 이유는 아래와 같다.

① 계좌명의인과 접근매체 양수인 사이의 위탁관계는 형법상 보호할 만한 가치 있는 신임에 의한 것이 아니므로 접근매체 양수인에 대한 횡령죄가 성립하지 않는다.

② 계좌명의인과 송금인 사이에는 아무런 위탁관계가 없으므로 송금인에 대한 횡령죄가 성립하지 않는다.

다수의견은 착오송금에 관한 판례 법리를 근거로 계좌명의인과 송금인 사이의 위탁관계를 인정하나, 착오송금은 송금인과 계좌명의인 양자 사이의 법률관계에 관한 사안이므로 송금인과 별도로 계좌명의인과 접근매체 양수인 사이에 위탁관계가 존재하는 이 사건에 적용할 수는 없다. 그리고 다수의견은 송금인이 계좌명의인에게 부당이득반환청구권을 가진다는 대법원판결을 근거로 곧바로 착오송금에 관한 판례를 이 사건에도 적용할 수 있다고 한다. 그러나 착오송금에 관한 판례의 사안은 부당이득반환에 관한 권리·의무 또는 그 발생원인 사실이 있다는 것을 계좌명의인이 알고 있었던 경우이다. 설령 송금인이 계좌명의인에게 부당이득반환청구권을 가진다 하더라도 계좌명의인이 그러한 권리·의무 또는 그 발생원인 사실이 있다는 것을 알지 못한 상태에서 그 돈을 인출하였다면 계좌명의인에게 송금인에 대한 횡령죄를 인정할 수는 없다.

계좌명의인은 접근매체 양수인과 사이에 계약에 의한 위탁관계에 있고 그 위탁관계가 형법상 보호할 만한 신임에 의한 것이 아니라면 무죄가 될 뿐이다. 계좌명의인과 송금인 사이에서 없던 위탁관계가 생겨나고 행위자에게 그에 대한 고의까지 있다고 볼 수는 없다.

[3] 피고인 갑, 을이 공모하여, 피고인 갑 명의로 개설된 예금계좌의 접근매체를 보이스피싱 조직원 병에게 양도함으로써 병의 정에 대한 전기통신금융사기 범행을 방조하고, 사기피해자 정이 병에게 속아 위 계좌로 송금한 사기피해금 중 일부를 별도의 접근매체를 이용하여 임의로 인출함으로써 주위적으로는 병의 재물을, 예비적으로는 정의 재물을 횡령하였다는 내용으로 기소되었는데, 원심이 피고인들에 대한 사기방조 및 횡령의 공소사실을 모두 무죄로 판단한 사안에서, 피고인들에게 사기방조죄가 성립하지 않는 이상 사기피해금 중 일부를 임의로 인출한 행위는 사기피해자 정에 대한 횡령죄가 성립한다는 이유로, 원심이 공소사실 중 횡령의 점에 관하여 병을 피해자로 삼은 주위적 공소사실을 무죄로 판단한 것은 정당하나, 이와 달리 정을 피해자로 삼은 예비적 공소사실도 무죄로 판단한 데에는 횡령죄에서의 위탁관계 등에 관한 법리를 오해한 위법이 있다고 한 사례.

【참조조문】 [1] 형법 제355조 제1항 / [2] 형법 제32조, 제347조, 제355조 제1항 / [3] 형법 제30조, 제32조, 제347조 제1항, 제355조 제1항

【참조판례】 [1][2] 대법원 2016. 5. 19. 선고 2014도6992 전원합의체 판결(공2016상, 817) / [1] 대법원 1985. 9. 10. 선고 84도2644 판결(공1985, 1363), 대법원 2003. 7. 11. 선고 2003도2077 판결 / [2] 대법원 1992. 2. 25. 선고 91다9312 판결(공1992, 1114), 대법원 2005. 10. 28. 선고 2005도5975 판결(공2005하, 1920), 대법원 2007. 11. 29. 선고 2007다51239 판결(공2007하, 2031), 대법원 2010. 12. 9. 선고 2010도891 판결, 대법원 2010. 12. 9. 선고 2010도6256 판결(공2011상, 170), 대법원 2014. 10. 15. 선고 2013다207286 판결, 대법원 2015. 5. 14. 선고 2013다9574 판결, 대법원 2016. 2. 19. 선고 2015도15101 전원합의체 판결(공2016상, 538), 대법원 2017. 5. 31. 선고 2017도3045 판결(공2017하, 1450)

【전 문】 【피 고 인】피고인 1 외 1인 【상 고 인】검사
【원심판결】서울남부지법 2017. 10. 10. 선고 2017노1785 판결

【주 문】

원심판결 중 횡령 부분을 파기하고, 이 부분 사건을 서울남부지방법원에 환송한다. 검사의 나머지 상고를 기각한다.

【이 유】

상고이유를 판단한다.

1. 이 사건 쟁점과 관련된 공소사실 요지와 원심판단은 다음과 같다.

가. 피고인들은 2017. 2. 12. 성명불상의 보이스피싱 조직원에게 피고인 1이 SC제일은행에 자신의 명의로 개설한 예금계좌(이하 '이 사건 계좌'라 한다)의 예금통장과 위 계좌에 연결된 체크카드 1개, OTP카드 1개 등을 교부하여 전자금융거래에 관한 접근매체를 양도하였다. 이후 성명불상의 보이스피싱 조직원은 2017. 2. 13. 09:00경 공소외인에게 전화하여 검사를 사칭하면서 "당신 명의로 은행 계좌가 개설되어 범죄에 이용되었다. 명의가 도용된 것 같으니 추가 피해 예방을 위해 금융기관에 있는 돈을 해약하여 금융법률 전문가인 피고인 1에게 송금하면 범죄 연관성을 확인 후 돌려주겠다."라고 거짓말을 하였다. 이에 속은 공소외인은 2017. 2. 14. 11:20경 이 사건 계좌에 613만 원(이하 '이 사건 사기피해금'이라 한다)을 송금하였는데, 피고인들은 같은 날 11:50경 별도로 만들어 소지하고 있던 이 사건 계좌에 연결된 체크카드를 이용하여 그중 300만 원을 임의로 인출하였다.

이로써 피고인들은 공모하여 ① 이 사건 계좌의 접근매체를 양도함으로써 보이스피싱 조직원의 공소외인에 대한 사기범행을 방조하고, ② 이 사건 사기피해금 중 300만 원을 임의로 인출함으로써 주위적으로는 이 사건 계좌의 접근매체를 양수한 보이스피싱 조직원의 재물을, 예비적으로는 공소외인의 재물을 횡령하였다.

나. 이에 대하여 원심은 다음과 같은 이유로 이 부분 공소사실을 모두 무죄로 판단하였다. 사기방조의 점은 피고인들이 이 사건 계좌가 보이스피싱 범행에 이용될 것임을 인식하였다고 볼 증거가 없으므로 무죄이다. 횡령의 점은 이 사건 계좌의 접근매체를 양수한 보이스피싱 조직원은 물론 공소외인과 사이에도 이 사건 사기피해금의 보관에 관한 위탁관계가 성립하지 않으므로 주위적 및 예비적 공소사실 모두 무죄이다.

2. 피고인들에 대한 위 사기방조의 점과 피고인 2에 대한 사기방조의 점에 관한 상고이유 주장은 사실심인 원심의 전권에 속하는 증거의 취사선택과 사실인정을 탓하는 취지에 불과하므로 적법한 상고이유가 되지 못한다. 따라서 이 사건의 쟁점은 전기통신금융사기 범행으로 인하여 피해자의 계좌에서 제3자 명의의 사기이용계좌(이른바 대포통장 계좌)에 송금·이체된 피해금을 그 제3자(이하 '계좌명의인'이라 한다)가 임의로 인출한 경우에 횡령죄가 성립하는지와 성립한다면 횡령죄의 피해자가 누구인지이다.

3.

가. 형법 제355조 제1항이 정한 횡령죄의 주체는 타인의 재물을 보관하는 자라야 하고, 여기에서 보관이란 위탁관계에 의하여 재물을 점유하는 것을 뜻하므로 횡령죄가 성립하기 위하여는 그 재물의 보관자와 재물의 소유자(또는 기타의 본권자) 사이에 위탁관계가 있어야 한다. 이러한 위탁관계는 사실상의 관계에 있으면 충분하고 피고인이 반드시 민사상 계약의 당사자일 필요는 없다. 위탁관계는 사용대차·임대차·위임·임치 등의 계약에 의하여 발생하는 것이 보통이지만 이에 한하지 않고 사무관리와 같은 법률의 규정, 관습이나 조리 또는 신의성실의 원칙에 의해서도 발생할 수 있다(대법원 1985. 09. 10. 선고 84도2644 판결, 대법원 2003. 07. 11. 선고 2003도2077 판결 등 참조). 그러나 횡령죄의 본질이 위탁받은 타인의 재물을 불법으로 영득하는 데 있음에 비

추어 볼 때 그 위탁관계는 횡령죄로 보호할 만한 가치가 있는 것으로 한정된다(대법원 2016. 05. 19. 선고 2014도6992 전원합의체 판결 등 참조). 위탁관계가 있는지 여부는 재물의 보관자와 소유자 사이의 관계, 재물을 보관하게 된 경위 등에 비추어 볼 때 보관자에게 재물의 보관 상태를 그대로 유지하여야 할 의무를 부과하여 그 보관 상태를 형사법적으로 보호할 필요가 있는지 등을 고려하여 규범적으로 판단하여야 한다.

나. 송금의뢰인이 다른 사람의 예금계좌에 자금을 송금·이체한 경우 특별한 사정이 없는 한 송금의뢰인과 계좌명의인 사이에 그 원인이 되는 법률관계가 존재하는지 여부에 관계없이 계좌명의인(수취인)과 수취은행 사이에는 그 자금에 대하여 예금계약이 성립하고, 계좌명의인은 수취은행에 대하여 그 금액 상당의 예금채권을 취득한다. 이때 송금의뢰인과 계좌명의인 사이에 송금·이체의 원인이 된 법률관계가 존재하지 않음에도 송금·이체에 의하여 계좌명의인이 그 금액 상당의 예금채권을 취득한 경우 계좌명의인은 송금의뢰인에게 그 금액 상당의 돈을 반환하여야 한다(대법원 2007. 11. 29. 선고 2007다51239 판결 등 참조). 이와 같이 계좌명의인이 송금·이체의 원인이 되는 법률관계가 존재하지 않음에도 계좌이체에 의하여 취득한 예금채권 상당의 돈은 송금의뢰인에게 반환하여야 할 성격의 것이므로, 계좌명의인은 그와 같이 송금·이체된 돈에 대하여 송금의뢰인을 위하여 보관하는 지위에 있다고 보아야 한다. 따라서 계좌명의인이 그와 같이 송금·이체된 돈을 그대로 보관하지 않고 영득할 의사로 인출하면 횡령죄가 성립한다(대법원 2005. 10. 28. 선고 2005도5975 판결, 대법원 2010. 12. 09. 선고 2010도891 판결 등 참조).

이러한 법리는 계좌명의인이 개설한 예금계좌가 전기통신금융사기 범행에 이용되어 그 계좌에 피해자가 사기피해금을 송금·이체한 경우에도 마찬가지로 적용된다. 계좌명의인은 피해자와 사이에 아무런 법률관계 없이 송금·이체된 사기피해금 상당의 돈을 피해자에게 반환하여야 하므로(대법원 2014. 10. 15. 선고 2013다207286 판결 참조), 피해자를 위하여 사기피해금을 보관하는 지위에 있다고 보아야 하고, 만약 계좌명의인이 그 돈을 영득할 의사로 인출하면 피해자에 대한 횡령죄가 성립한다. 이때 계좌명의인이 사기의 공범이라면 자신이 가담한 범행의 결과 피해금을 보관하게 된 것일 뿐이어서 피해자와 사이에 위탁관계가 없고, 그가 송금·이체된 돈을 인출하더라도 이는 자신이 저지른 사기범행의 실행행위에 지나지 아니하여 새로운 법익을 침해한다고 볼 수 없으므로 사기죄 외에 별도로 횡령죄를 구성하지 않는다(대법원 2017. 05. 31. 선고 2017도3045 판결 등 참조).

다. 한편 계좌명의인의 인출행위는 전기통신금융사기의 범인에 대한 관계에서는 횡령죄가 되지 않는다.

(1) 계좌명의인이 전기통신금융사기의 범인에게 예금계좌에 연결된 접근매체를 양도하였다 하더라도 은행에 대하여 여전히 예금계약의 당사자로서 예금반환청구권을 가지는 이상 그 계좌에 송금·이체된 돈이 그 접근매체를 교부받은 사람에게 귀속되었다고 볼 수는 없다. 접근매체를 교부받은 사람은 계좌명의인의 예금반환청구권을 자신이 사실상 행사할 수 있게 된 것일 뿐 예금 자체를 취득한 것이 아니다. 판례는 전기통신금융사기 범행으로 피해자의 돈이 사기이용계좌로 송금·이체되었다면 이로써 편취행위는 기수에 이른다고 보고 있는데(대법원 2010. 12. 09. 선고 2010도6256 판결, 대법원 위 2017도3045 판결 등 참조), 이는 사기범이 접근매체를 이용하여 그 돈을 인출할 수 있는 상태에 이르렀다는 의미일 뿐 사기범이 그 돈을 취득하였다는 것은 아니다.

(2) 또한 계좌명의인과 전기통신금융사기의 범인 사이의 관계는 횡령죄로 보호할 만한 가치가 있는 위탁관계가 아니다. 사기범이 제3자 명의 사기이용계좌로 돈을 송금·이체하게 하는 행위는 그 자체로 범죄행위에 해당한다. 그리고 사기범이 그 계좌를 이용하는 것도 전기통신금융사기 범행의 실행행위에 해당하므로 계좌명의인과 사기범 사이의 관계를 횡령죄로 보호하는 것은 그 범행으로 송금·이체된 돈을 사기범에게 귀속시키는 결과가 되어 옳지 않다.

라. 위와 같은 법리를 바탕으로 이 사건에 관하여 살펴보면, 피고인들에게 사기방조죄가 성립하지 않는 이상 이 사건 사기피해금 중 300만 원을 임의로 인출한 행위는 피해자 공소외인에 대한 횡령죄가 성립한다고 보아야 한다.

따라서 원심이 이 사건 공소사실 중 횡령의 점에 관하여 보이스피싱 조직원을 피해자로 삼은 주위적 공소사실을 무죄로 판단한 것은 정당하다. 그러나 이와 달리 공소외인을 피해자로 삼은 예비적 공소사실도 무죄로 판단한 데에는 횡령죄에서의 위탁관계 등에 관한 법리를 오해한 위법이 있다. 이 점을 지적하는 상고이유 주장은 이유 있다.

4. 그러므로 원심판결 중 횡령의 점에 관한 예비적 공소사실 부분은 파기되어야 하고, 이에 따라 이와 동일체 관계에 있는 주위적 공소사실 부분도 함께 파기될 수밖에 없으므로, 원심판결 중 횡령 부분을 파기하고, 이 부분 사건을 다시 심리·판단하도록 원심법원에 환송하며, 검사의 나머지 상고를 기각하기로 하여 주문과 같이 판결한다. 이 판결에는 다수의견과 결론은 같으나 횡령죄의 피해자를 다수의견과 다르게 판단하는 대법관 김소영, 대법관 박상옥, 대법관 이기택, 대법관 김재형의 별개의견과 횡령죄의 성립을 부정하는 대법관 조희대의 반대의견이 있는 외에는 관여 법관의 의견이 일치하였다.

5. 대법관 김소영, 대법관 박상옥, 대법관 이기택, 대법관 김재형의 별개의견은 다음과 같다.

가. 다수의견의 요지는, 타인 명의 계좌의 접근매체를 양수받은 사람(이하 '접근매체 양수인'이라 한다)이 전기통신금융사기 범행을 저질러 사기피해자로부터 위 계좌로 돈을 송금·이체받은 경우에 그 돈에 관하여 계좌명의인과 사기피해자 사이에 위탁관계가 성립하고, 계좌명의인과 접근매체 양수인 사이에는 횡령죄로 보호할 만한 위탁관계가 존재하지 않는다는 것이다. 그래서 사기피해자에 대한 횡령죄가 성립하고 접근매체 양수인에 대한 횡령죄는 성립하지 않는다는 것이다. 그러나 이러한 다수의견의 논리는 다음과 같은 이유로 동의하기 어렵다.

나. 계좌명의인과 사기피해자 사이에는 아무런 위탁관계가 존재하지 않는다.

(1) 사기이용계좌에 사기피해자로부터 돈이 송금·이체되면 전기통신금융사기 행위는 종료되고 전기통신금융사기 범죄는 이미 기수에 이른다(대법원 2016. 02. 19. 선고 2015도15101 전원합의체 판결 참조). 사기죄는 재물을 교부받거나 재산상 이익을 취득함으로써 성립하므로 기수에 이르렀다는 것은 재물 또는 재산상 이익을 취득하였다는 것이다. 사기피해자는 돈을 송금·이체함으로써 그 돈에 대한 소유권을 상실한다. 이 사건의 경우 사기피해자가 접근매체 양수인으로부터 '범죄연관성을 확인한 후 돌려주겠다'는 말에 기망당하여 송금·이체하였으나, 위와 같은 말은 접근매체 양수인이 한 기망행위의 내용에 불과하므로 그로 인하여 송금·이체된

돈에 대하여 계좌명의인과 사기피해자 사이에 위탁관계가 발생한다거나 사기피해자가 소유권을 유지하고 있다고 보기는 어렵다.

한편 사기피해자가 사후에 전기통신금융사기 범인을 상대로 불법행위를 원인으로 한 손해배상청구, 부당이득반환청구 등 채권적 청구권을 가지거나 전기통신금융사기 피해 방지 및 피해금 환급에 관한 특별법(이하 '통신사기피해환급법'이라 한다)에 따른 피해환급금을 지급받을 수 있다 하더라도 이는 사후적으로 손해를 회복하는 수단에 불과하다. 사기피해자에게 위와 같은 피해회복 수단이 있다는 사정만으로 이미 사기이용계좌로 송금·이체된 돈에 대한 소유권이 남아 있다고 볼 수는 없다. 그러한 상태에서 계좌명의인이 송금·이체된 돈을 인출한다고 해서 사기피해자에게 이미 발생한 소유권 침해를 초과하는 어떠한 새로운 법익침해가 발생하는 것은 아니다.

(2) 다수의견은 계좌명의인과 사기피해자 사이에 위탁관계가 성립한다고 보면서 그 근거로 착오송금에 관한 판례를 들고 있다. 그러나 전기통신금융사기 범행에 따른 송금·이체는 착오송금과 다르므로 착오송금에 관한 법리를 적용할 수 없다.

　(가) 대법원은 횡령죄에서 재물을 보관하게 된 원인은 반드시 당사자의 위탁행위에 기인한 것일 필요가 없으므로 어떤 계좌에 돈이 착오로 잘못 송금되어 입금된 경우에 그 예금주와 송금인 사이에 신의칙상 보관관계가 성립하고, 예금주가 그 명의 계좌에 입금된 돈을 임의로 인출하여 소비한 행위는 횡령죄에 해당하며, 송금인과 예금주 사이에 별다른 거래관계가 없더라도 마찬가지라고 판결하였다(대법원 2010. 12. 09. 선고 2010도891 판결 등 참조).

　(나) 대법원이 신의칙상 보관관계의 성립을 인정한 착오송금 사안은 송금인이 스스로 착오에 빠져 잘못 송금한 경우이다. 반면 사기피해자로부터 돈이 사기이용계좌로 송금·이체된 것은 접근매체 양수인의 전기통신금융사기 범행이 원인이 되어 이루어진 결과이다. 이는 계좌명의인이 접근매체 양수인에게 접근매체를 양도하여 사기이용계좌를 사용하게 하되 자신은 그 계좌에 입금된 돈을 임의로 인출하지 않기로 하는 약정에 따른 신임관계에 기초한다. 계좌명의인의 접근매체 양도, 접근매체 양수인의 기망을 수단으로 한 송금·이체 원인 제공, 그에 따른 사기피해자의 송금·이체가 원인과 결과로 결합되어 이루어졌다. 송금인과 계좌명의인 사이의 양자 관계가 아니라 접근매체 양수인까지 존재하는 3자 사이의 관계이고 접근매체 양수인이 송금·이체의 원인과 결과에 직접 관여하고 있다는 점에서 착오송금의 경우와 다르다.

　(다) 착오송금 사안에서는 계좌명의인이 그 돈이 착오송금된 것임을 인식하고 인출·사용한다. 즉 계좌명의인은 돈이 잘못 송금되었으므로 송금인에게 반환해야 한다는 것을 알면서도 송금인에 대한 그러한 관계를 위반하여 인출한 사안이다. 그러나 사기피해자가 돈을 송금·이체한 사안에서 계좌명의인은 그 돈이 어떠한 경위로 입금되었는지 전혀 알지 못하고 단지 접근매체 양수인과 관련된 원인으로 입금이 되었을 것이라고 인식할 뿐이다. 계좌명의인은 접근매체 양수인 앞으로 송금·이체된 돈을 접근매체 양수인과의 약정에 위반하여 인출한다는 인식이 있을 뿐 착오송금된 돈이거나 송금인에게 반환해야 할 돈을 인출한다는 인식은 없다.

　다수의견에 따르면 전기통신금융사기 범행으로 인하여 송금·이체가 이루어졌다는 것이 핵심적인 불법요소이다. 그것 때문에 사기피해자에 대한 횡령죄가 성립하고 접근매체 양수인에 대한 횡령죄는 성립하지 않는다는 것이다. 다수의견은 계좌명의인에게 그러한 핵심적인 불법요소에 대한 인식이 없었음에도 유죄를 인정하므로 형법상 책임주의에도 반한다.

(라) 착오송금 사안에서 횡령죄를 인정하는 것에 대하여도 신의칙이라는 일반원칙으로 가벌성을 확장시킨다거나 한쪽 당사자의 일방적인 신뢰에 기초하여 양 당사자 사이의 신뢰관계가 형성될 수 있다고 보는 것은 곤란하다는 등의 비판이 있다. 그와 같은 착오송금에 관한 법리를 그 사안에 한정하여 적용하는 것에서 나아가 전기통신금융사기 사안에까지 확대할 것은 아니다.

(마) 전기통신금융사기 피해자로부터 돈이 송금·이체된 경우에까지 착오송금의 법리를 확장하는 것은 횡령죄에 있어서 위탁관계를 지나치게 넓힐 위험이 있다.

만일 이러한 경우에도 착오송금의 법리를 적용하게 되면 전기통신금융사기가 아닌 일반적인 차용금 사기 등 범행을 저지른 사람이 피해자의 돈을 차명계좌로 송금받는 경우에도 적용해야 한다는 논리로 이어질 수 있다. 전기통신금융사기 범행이 특정 또는 불특정인을 상대로 이루어지고 사회적으로 피해규모가 상당한 정도에 이르고 있기는 하나 재산범죄는 개인적 법익을 보호하는 범죄로서 피해자별로 독립된 범죄가 성립하므로 각각의 범죄에 있어서 사기범, 피해자, 계좌명의인 사이의 관계를 살펴보면 전기통신금융사기 범죄의 경우와 일반적인 사기, 공갈 범죄의 경우를 달리 취급할 이유가 없다.

그런데 일반적인 사기, 공갈 범죄로 인한 피해자의 돈이 차명계좌에 송금·이체되었다고 하여 그 계좌명의인과 피해자 사이에 위탁관계가 성립한다고 보면 범죄의 종류에 관계없이 모든 범죄행위로 인한 돈이 차명계좌에 송금·이체되는 경우에도 계좌명의인과 송금인 사이에 위탁관계를 인정하지 않을 수 없다. 이러한 논리는 횡령죄에 있어서 위탁관계를 지나치게 확장하여 그 개념 자체를 모호하게 만들고 계좌명의인과 접근매체 양수인 사이의 위탁관계와 충돌을 일으킬 수 있다.

다. 계좌명의인과 접근매체 양수인 사이의 위탁관계를 인정할 수 있으므로 계좌명의인이 그 계좌에 입금된 돈을 인출하면 접근매체 양수인에 대한 횡령죄가 성립한다.

앞에서 본 것처럼 계좌명의인과 접근매체 양수인 사이에는 그 계좌에 송금·이체된 돈의 보관에 관한 약정이 있다고 볼 수 있다.

대법원은 부동산 실권리자명의 등기에 관한 법률(이하 '부동산실명법'이라 한다)을 위반하여 중간생략등기형 명의신탁이 이루어진 사안에서, 횡령죄에서 위탁신임관계는 횡령죄로 보호할 만한 가치 있는 신임에 의한 것으로 한정함이 타당하다고 판결하였다(대법원 2016. 05. 19. 선고 2014도6992 전원합의체 판결 등 참조). 그러나 중간생략등기형 명의신탁 사안은 위탁신임약정 자체가 부동산실명법에 따라서 무효인 경우이다. 반면 사기피해자로부터 돈이 송금·이체된 사안에서는 계좌명의인이 전기통신금융사기 범행을 알지 못한 이상 접근매체 양수인과 사이의 약정이 무효라거나 돈의 보관이 불법원인급여에 해당한다고 볼 뚜렷한 근거는 없다. 이와 같이 원인관계가 무효이거나 돈의 보관이 불법원인급여에 해당한다고 보기 어려운 경우까지 횡령죄의 성립을 부정할 것은 아니다.

라. 다수의견에 따르더라도 사기피해자를 더 강하게 보호하는 것이 아니고, 오히려 법률관계가 복잡해진다.

(1) 굳이 계좌명의인과 사기피해자 사이에 위탁관계를 인정하지 않더라도 민사적으로 사기피해자를 보호할 수 있다. 사기피해자는 계좌명의인을 상대로 부당이득반환청구를 할 수 있고(대법원 2014. 10. 15. 선고 2013다207286 판결 등 참조), 계좌명의인에게 과실이 있는 경우 불법행위를 원인으로 한 손해배상청구를 할 수도 있다(대법원 2015. 05. 14. 선고 2013다9574 판결 등 참조). 그리고 접근매체 양수인에 대한 불법행위를 원인으로 한 손해배상청구권을 피보전채권으로 삼아 접근매체 양수인을 대위하여 계좌명의인을 상대로 위탁관계에 따른 돈의 반환을 청구할 수도 있다(대법원 1992. 02. 25. 선고 91다9312 판결 등 참조). 아울러 통신사기피해환급법에 따른 피해환급금을 지급받을 수도 있다.

(2) 다수의견은 다수의 피해자로부터 송금·이체가 이루어지거나 접근매체 양수인의 돈이 일부 예금되어 있는 등 혼재하는 상태에서 계좌명의인이 그 합계금액 중 일부 금액을 인출한 경우 유죄라는 것인지 무죄라는 것인지를 분명히 하지 않고 있다. 만약 유죄라는 취지라면 횡령죄의 피해자를 누구로 확정할 것인지 곤란해지고 죄수를 판단하기도 어렵다. 송금·이체한 사기피해자들의 성명이 모두 확인되는 상태에서 횡령죄의 피해자를 성명불상자라고 특정하는 것도 자연스럽지 않다. 피해자들 중 일부가 친족인 경우 친족 간의 범행에 관한 조항(형법 제354조, 제328조)을 적용할 수 있는지도 불분명하다. 반면 접근매체 양수인에 대한 횡령죄를 인정하면 간명해진다.

마. 결론적으로, 전기통신금융사기 범행을 알지 못하는 계좌명의인이 그 계좌에 송금·이체된 돈을 인출한 경우 접근매체 양수인에 대한 횡령죄가 성립하고, 송금인에 대하여는 횡령죄가 성립하지 않는다.

바. 그런데도 원심은 횡령 부분 주위적 공소사실을 무죄로 판단하였다. 이러한 원심의 판단에는 횡령죄의 위탁관계 등에 대한 법리를 오해한 잘못이 있다. 따라서 원심판결 중 횡령 부분은 파기되어야 한다.

이와 같이 이 사건의 결론에 관하여는 다수의견과 의견을 같이하지만 그 이유는 다르므로, 별개의견으로 이를 밝혀둔다.

6. 대법관 조희대의 반대의견은 다음과 같다.

가. 계좌명의인의 인출행위에 대하여 다수의견은 송금인에 대한 횡령죄가 성립한다고 하고, 별개의견은 접근매체 양수인에 대한 횡령죄가 성립한다고 한다. 그러나 송금인과 접근매체 양수인 중 누구에 대하여도 횡령죄가 성립하지 않는다고 보아야 한다. 그 이유는 아래와 같다.

나. 계좌명의인과 접근매체 양수인 사이의 위탁관계는 형법상 보호할 만한 가치 있는 신임에 의한 것이 아니므로 접근매체 양수인에 대한 횡령죄가 성립하지 않는다. 따라서 접근매체 양수인에 대한 횡령죄가 성립할 것을 전제로 하는 주위적 공소사실은 무죄로 판단하여야 한다.

다. 계좌명의인과 송금인 사이에는 아무런 위탁관계가 없으므로 송금인에 대한 횡령죄가 성립하지 않는다. 따라서 송금인에 대한 횡령죄가 성립할 것을 전제로 하는 예비적 공소사실도 무죄로 판단하여야 한다.

(1) 횡령죄가 성립하기 위해서는 행위자가 타인의 재물을 보관하는 지위에 있어야 하고, 여기서 보관이란 위탁관계에 의하여 재물을 점유하는 것을 뜻한다. 위탁관계는 원칙적으로 계약에 기초하여 발생하고, 계약이 없는 경우에도 법률의 규정·관습이나 조리 또는 신의칙에 기초하여 발생할 수 있다.

(2) 이 사건에서는 접근매체 양수인이 계좌명의인에게 금전의 보관을 의뢰하였으므로 계좌명의인과 접근매체 양수인 사이에 계약에 의한 위탁관계가 존재한다. 계약에 의한 위탁관계가 존재하는 이상 관습·조리·신의칙 등을 근거로 그와 배치되는 위탁관계를 인정할 수는 없다. 계약에 의한 위탁관계가 형법상 보호할 만한 가치 있는 신임에 의한 것이 아니라 하더라도 계약 자체가 무효이거나 계약에 의한 위탁관계가 존재하지 않는다고 보지 않는 이상 이와 달리 볼 수는 없다. 관습·조리·신의칙에 기초한 위탁관계는 그와 배치되는 계약에 의한 위탁관계가 없는 경우에 인정될 수 있을 뿐이다.

횡령죄는 사법(사법)상의 위탁관계를 형법상 보호하는 재산범죄이므로, 그 위탁관계는 원칙적으로 민법·상법 등에 기초하여 정해져야지 형법상 규범적으로 정할 것은 아니다. 이 사건에서 계좌명의인과 접근매체 양수인 사이에는 계약상 위탁관계가 설정되었다. 그리고 원심은 계좌명의인이 자신 명의 계좌가 보이스피싱 범행에 이용될 것을 인식하였다고 볼 증거가 없다는 이유로 이 사건 공소사실 중 사기방조 부분을 무죄로 판단하였고, 다수의견도 이에 대한 검사의 상고이유를 배척하고 있다. 그런데 다수의견은 계좌명의인이 알지 못하는 사실인 그 계좌가 보이스피싱 범행에 이용되었다는 사실을 근거로 계좌명의인과 송금인 사이에 위탁관계를 인정하고 이를 전제로 계좌명의인에게 횡령죄를 유죄로 인정한다. 이로써 다수의견은 계약에 의한 위탁관계와 배치되는 위탁관계를 규범적 판단이라는 근거로 인정하여 모순되는 상황을 초래한다. 그러나 행위자가 보관의무를 지는 상대방이 계약상 정해져 있음에도 행위자가 전혀 알지 못하는 사실을 근거로 계약상 상대방이 아닌 제3자에 대한 보관의무를 지워 횡령죄를 유죄로 인정할 수는 없고, 그러한 유죄 인정이 규범적 판단이라는 이름으로 정당화되어서는 아니 된다.

나아가 신의칙은 법 또는 법률행위의 내용을 보충하는 데 적용되어야지 계약관계가 있음에도 신의칙을 적용하여 그와 다른 관계를 인정하고 그 전제에서 형사 범죄를 인정하는 것은 옳지 않다.

(3) 다수의견은 착오송금에 관한 판례 법리를 근거로 계좌명의인과 송금인 사이의 위탁관계를 인정하나, 착오송금은 송금인과 계좌명의인 양자 사이의 법률관계에 관한 사안이므로 송금인과 별도로 계좌명의인과 접근매체 양수인 사이에 위탁관계가 존재하는 이 사건에 적용할 수는 없다.

그리고 다수의견은 송금인이 계좌명의인에게 부당이득반환청구권을 가진다는 대법원 2013다207286 판결을 근거로 곧바로 착오송금에 관한 판례를 이 사건에도 적용할 수 있다고 한다. 그러나 착오송금에 관한 판례의 사안은 부당이득반환에 관한 권리·의무 또는 그 발생원인 사실이 있다는 것을 계좌명의인이 알고 있었던 경우이다. 설령 송금인이 계좌명의인에게 부당이득반환청구권을 가진다 하더라도 계좌명의인이 그러한 권리·의무 또는 그 발생원인 사실이 있다는 것을 알지 못한 상태에서 그 돈을 인출하였다면 계좌명의인에게 송금인에 대한 횡령죄를 인정할 수는 없다. 이 사건이 바로 그러한 경우이다. 따라서 다수의견이 송금인이 계좌명의인에게 부당이득반환청구권을 갖고 계좌명의인이 송금인에게 부당이득반환의무를 진다는 이유로 착오송금에 관한 법리를 이 사건에 대하여도 마찬가지로 적용할 수 있다고 하는 것은 옳지 않다.

(4) 계좌명의인은 접근매체 양수인과 사이에 계약에 의한 위탁관계에 있고 그 위탁관계가 형법상 보호할 만한 신임에 의한 것이 아니라면 무죄가 될 뿐이다. 계좌명의인과 송금인 사이에서 없던 위탁관계가 생겨나고 행위자에게 그에 대한 고의까지 있다고 볼 수는 없다.

라. 원심이 이와 같은 취지에서 이 사건 공소사실 중 횡령 부분을 무죄로 판단한 것은 정당하고, 횡령죄의 위탁관계 등에 관한 법리를 오해한 잘못이 없다. 따라서 검사의 상고를 전부 기각하여야 한다.

이상의 이유로 다수의견에 반대한다.

7. 대법관 고영한, 대법관 김창석의 다수의견에 대한 보충의견은 다음과 같다.

가. 다수의견의 요지는, 계좌명의인은 자기 명의의 계좌에 돈이 송금·이체되었어도 그 돈이 자기가 수취할 수 있는 것이 아니라면 그 돈을 그대로 보관하여야 할 보관자의 지위에 있으므로 그 돈을 가지기 위해 인출하면 송금의뢰인에 대한 횡령죄가 성립하고, 반면에 사기 범행의 실행을 위해 제3자 명의 계좌를 이용한 사기범과 계좌명의인 사이의 위탁관계를 보호할 수는 없으므로 그 사기범에 대한 횡령죄의 성립은 인정할 수 없다는 것이다.

나. 별개의견은 계좌명의인과 전기통신금융사기의 피해자 사이에는 위탁관계가 존재하지 않는다고 하면서 그 주된 근거로 전기통신금융사기 범행이 기수에 이르면 피해자가 송금·이체된 돈에 대한 권리를 상실한다는 점을 들고 있다. 그러나 피해자가 제3자 명의 사기이용계좌에 돈을 송금·이체함으로써 사기범행이 기수에 이르렀다 하더라도 그 돈이 그 계좌에 남아 있는 한 피해자가 그 돈에 대한 권리를 상실하는 것은 아니다. 그 이유는 다음과 같다.

(1) 사기죄에 있어서 '재물의 교부'란 재물에 대한 사실상의 지배를 범인에게 이전하는 것을 의미한다. 판례는 재물이 범인의 사실상의 지배 아래에 들어가 그의 자유로운 처분이 가능한 상태에 놓인 경우에 재물의 교부가 있었다고 본다(대법원 2003. 5. 16. 선고 2001도1825 판결 등 참조). 따라서 재물이 교부됨으로써 사기죄가 기수에 이르렀다는 것은 해당 재물에 대하여 소유권 등 본권에 기한 지배가능성을 침해당하였다는 것을 의미하고, 피해자가 그 재물에 대한 소유권 등 본권을 상실하였다거나 사기범이 그 재물에 대한 소유권 등 본권을 취득하였다는 것을 의미하지 않는다. 게다가 피해자가 처분행위로 인한 결과까지 인식하여야 사기죄에서 말하는 처분행위가 있다고 인정되는 것도 아니다(대법원 2017. 2. 16. 선고 2016도13362 전원합의체 판결 참조). 결국 형법에서 말하는 재산권 침해가 있으면 사법(사법)에서 말하는 소유권 등 본권의 득실변경이 있다고 단정할 수 있는 것은 아니다.

(2) 한편 전기통신금융사기의 유형에는 전기통신을 이용하여 타인을 기망·공갈함으로써 타인으로 하여금 자금을 송금·이체하도록 하는 행위뿐만 아니라 개인정보를 알아내어 범인이 직접 자금을 송금·이체하는 행위도 포함된다(통신사기피해환급법 제2조 제2호). 후자의 경우에는 피해자의 처분행위 자체가 없다. 피해자가 직접 사기이용계좌에 자금을 송금·이체하는 경우에도 이를 범인에게 취득시킨다는 의사 없이 하는 경우가 적지 않다. 이 사건의 경우도 피해자 공소외인은 성명불상의 보이스피싱 조직원으로부터 '돈을 금융법률 전문가인 피고인 1에게 송금하면 범죄 연관성을 확인 후 돌려주겠다'는 말을 듣고 이 사건 계좌에 돈을 송금하였다는 것이어서 피해자 공소외인이 계좌명의인이든 보이스피싱 조직원이든 그들에게 돈을 귀속시킨다

는 의사는 없었던 것이다.

다. 별개의견과 반대의견은, 이 사건과 같이 계좌명의인이 아닌 다른 사람의 범행이 개입되어 송금·이체된 경우는 이른바 '착오송금' 사안과 다르므로 '착오송금 법리'를 적용하여 계좌명의인과 돈을 송금·이체한 사기피해자 사이에 위탁관계를 인정할 수 없다고 주장한다. 그러나 이러한 주장도 아래와 같은 이유로 타당하지 않다.

(1) 계좌명의인이 수취할 아무런 원인이 없이 그 명의 계좌로 돈을 송금·이체받은 경우에는 그 돈을 그대로 보관하여야 하지 이를 수취할 원인이 없다는 점을 알면서도 영득할 의사로 인출하면 안 된다는 신의칙상 의무가 인정된다. 송금·이체를 하게 된 구체적인 경위, 예를 들어 송금의뢰인이 단순히 실수로 송금한 것인지, 원래 계좌명의인과 거래관계에 있는 사람인데 잘못 보낸 것인지, 다른 사람의 기망이나 협박 등에 의해 보내게 된 것인지 등 그 경위가 어떠한지에 따라 위와 같은 의무의 존부가 달라질 수 없고, 송금·이체의 구체적인 이유나 경위를 알아야만 그러한 의무의 이행이 가능한 것도 아니다. 다만 계좌명의인이 가담한 사기 등 범행에 의해 송금·이체된 돈이라면 계좌명의인이 그 돈을 인출하거나 소비하는 것은 이미 성립한 사기범행의 실행행위에 해당하므로 그와 별도로 위와 같은 의무의 불이행을 평가하지 않을 뿐이다.

(2) 그리고 계좌명의인이 예금계좌에 연결된 접근매체를 양도함으로써 계좌명의인과 전기통신금융사기의 범인 사이에 있을 수 있는 위탁관계는 보호할 가치가 있는 위탁관계가 아니어서 횡령죄에서 말하는 위탁관계라고 할 수 없으므로 그러한 관계 때문에 사기피해자와 계좌명의인 사이의 위탁관계를 부정할 것도 아니다.

라. 별개의견은 계좌명의인이 임의로 인출한 돈이 전기통신금융사기 범행으로 인해 송금·이체된 돈이라거나 계좌의 접근매체를 양수한 사기범이 아닌 사기피해자에게 반환되어야 할 돈이라는 인식이 없음에도 사기피해자에 대한 횡령죄를 인정하는 것은 책임주의에 반한다는 취지로 주장한다. 그러나 이러한 주장도 타당하지 않다.

횡령죄가 성립하기 위해서는 횡령의 객체가 된 재물이 '타인의 소유'여야 하고 행위자는 그러한 사실을 인식하는 것으로 충분하고, 나아가 그 소유자가 누구인지까지 인식하여야 하는 것은 아니므로, 행위자가 영득한 재물의 소유자를 누구로 인식했는지에 따라 횡령죄의 성립 여부가 달라질 수 없다. 또한 횡령죄는 재물의 소유권 등 본권을 보호법익으로 하는 범죄이고(대법원 2016. 8. 30. 선고 2013도658 판결 참조), 위탁받은 타인의 재물을 불법하게 영득하는 데에 그 본질이 있다. 따라서 행위자가 진정한 소유자를 누구로 인식했느냐에 따라 행위불법이나 결과불법에 영향을 미치는 것이 아니다. 게다가 이 사건에서 피고인들은 영득의 의사로 이 사건 사기피해금을 인출하였을 뿐 반환하여야 할 상대방이 누구인지 알지 못하여 반환을 거부한 것도 아니다.

마. 한편 반대의견은 계좌명의인과 계좌의 접근매체를 양수한 자 사이에 계약에 의한 위탁관계가 존재하는 이상 신의칙 등을 근거로 그와 모순·배치되는 계좌명의인과 송금의뢰인 사이의 위탁관계를 규범적 판단이라는 이유로 인정할 수는 없다고 주장한다.

그러나 횡령죄에서 말하는 위탁관계는 형법상 보호할 가치가 있는 것에 한정되므로, 계좌명의인과 사기범행 실행을 위해 그로부터 계좌에 연결된 접근매체를 양수한 사기범 사이의 위탁관계가 횡령죄로 보호할 가치가 없다면 형법의 관점에서는 그들 사이의 위탁관계가 있다고 할 수 없다. 따라서 계좌명의인과 돈을 송금·이체한 사기피해자 사이에 위탁관계가 존재한다고 판단하는 것이 계좌명의인과 사기범 사이의 위탁관계와 모순되는 상황이라고 할 수 없다.

바. 요컨대, 이 사건의 핵심은 자기 명의의 계좌에 입금된 타인의 돈을 영득하는 행위를 횡령죄로 처벌할 것인가, 이를 긍정할 경우 사기범행의 실행 과정에서 제3자 명의의 계좌에 입금된 범죄수익을 사기범의 재물로 보아 형법적 보호를 부여할 것인가이다. 범행에 이용된 계좌의 명의인과 사기범 사이의 위탁관계를 인정하여 사기범의 재물에 대한 횡령행위로 평가한다면 제3자 명의 계좌를 이용하여 저질러지는 범행을 용인하고 이에 조력하는 결과가 된다. 그러한 결과가 타당하지 않음은 다언을 요하지 않는다.

이상과 같이 다수의견에 대한 보충의견을 밝힌다.

● 대법원 2020. 02. 20. 선고 2019도9756 전원합의체 판결 【사기·배임】〈동산을 양도담보로 제공한 채무자가 제3자에게 담보에 제공된 동산을 처분한 경우 배임죄가 성립하는지 여부가 문제 된 사건〉

【판시사항】

[1] 배임죄의 주체인 '타인의 사무를 처리하는 자'의 의미 / 채무자가 금전채무를 담보하기 위하여 그 소유의 동산을 채권자에게 양도담보로 제공함으로써 채권자인 양도담보권자에 대하여 담보물의 담보가치를 유지·보전할 의무 내지 담보물을 타에 처분하거나 멸실, 훼손하는 등으로 담보권 실행에 지장을 초래하는 행위를 하지 않을 의무를 부담하게 된 경우, 배임죄의 주체인 '타인의 사무를 처리하는 자'에 해당하는지 여부(소극) 및 이때 채무자가 담보물을 제3자에게 처분하는 등으로 담보가치를 감소 또는 상실시켜 채권자의 담보권 실행이나 이를 통한 채권실현에 위험을 초래한 경우, 배임죄가 성립하는지 여부(소극) / 위와 같은 법리는, 채무자가 동산에 관하여 양도담보설정계약을 체결하여 이를 채권자에게 양도할 의무가 있음에도 제3자에게 처분한 경우에도 적용되는지 여부(적극) 및 주식에 관하여 양도담보설정계약을 체결한 채무자가 제3자에게 해당 주식을 처분한 사안에도 마찬가지로 적용되는지 여부(적극)

[2] 갑 주식회사를 운영하는 피고인이 을 은행으로부터 대출을 받으면서 대출금을 완납할 때까지 갑 회사 소유의 동산을 점유개정 방식으로 양도담보로 제공하기로 하는 계약을 체결하였음에도 담보목적물인 동산을 병 등에게 매각함으로써 을 은행에 대출금 상당의 손해를 가하였다고 하여 배임의 공소사실로 기소된 사안에서, 위 양도담보계약에서 갑 회사와 을 은행 간 당사자 관계의 전형적·본질적 내용은 대출금 채무의 변제와 이를 위한 담보에 있고, 갑 회사를 통상의 계약에서의 이익대립관계를 넘어서 을 은행과의 신임관계에 기초하여 을 은행의 사무를 맡아 처리하는 것으로 볼 수 없는 이상 갑 회사를 운영하는 피고인을 을 은행에 대한 관계에서 '타인의 사무를 처리하는 자'에 해당한다고 할 수 없다는 이유로, 이와 달리 보아 공소사실을 유죄로 판단한 원심판결에 법리오해의 위법이 있다고 한 사례

【판결요지】

[1] [다수의견]

　　배임죄는 타인의 사무를 처리하는 자가 그 임무에 위배하는 행위로써 재산상의 이익을 취득하거나 제3자로 하여금 이를 취득하게 하여 사무의 주체인 타인에게 손해를 가할 때 성립하는 것이므로 범죄의 주체는 타인의 사무를 처리하는 지위에 있어야 한다. 여기에서 '타인의 사무를 처리하는 자'라고 하려면, 타인의 재산관리에 관한 사무의 전부 또는 일부를 타인을 위하여 대행하는 경우와 같이 당사자 관계의 전형적·본질적 내용이 통상의 계약에서의 이익대립관계를 넘어서 그들 사이의 신임관계에 기초하여 타인의 재산을 보호 또는 관리하는 데에 있어야 한다. 이익대립관계에 있는 통상의 계약관계에서 채무자의 성실한 급부이행에 의해 상대방이 계약상 권리의 만족 내지 채권의 실현이라는 이익을 얻게 되는 관계에 있다거나, 계약을 이행함에 있어 상대방을 보호하거나 배려할 부수적인 의무가 있다는 것만으로는 채무자를 타인의 사무를 처리하는 자라고 할 수 없고, 위임 등과 같이 계약의 전형적·본질적인 급부의 내용이 상대방의 재산상 사무를 일정한 권한을 가지고 맡아 처리하는 경우에 해당하여야 한다.

　　채무자가 금전채무를 담보하기 위하여 그 소유의 동산을 채권자에게 양도담보로 제공함으로써 채권자인 양도담보권자에 대하여 담보물의 담보가치를 유지·보전할 의무 내지 담보물을 타에 처분하거나 멸실, 훼손하는 등으로 담보권 실행에 지장을 초래하는 행위를 하지 않을 의무를 부담하게 되었더라도, 이를 들어 채무자가 통상의 계약에서의 이익대립관계를 넘어서 채권자와의 신임관계에 기초하여 채권자의 사무를 맡아 처리하는 것으로 볼 수 없다. 따라서 채무자를 배임죄의 주체인 '타인의 사무를 처리하는 자'에 해당한다고 할 수 없고, 그가 담보물을 제3자에게 처분하는 등으로 담보가치를 감소 또는 상실시켜 채권자의 담보권 실행이나 이를 통한 채권실현에 위험을 초래하더라도 배임죄가 성립한다고 할 수 없다.

　　위와 같은 법리는, 채무자가 동산에 관하여 양도담보설정계약을 체결하여 이를 채권자에게 양도할 의무가 있음에도 제3자에게 처분한 경우에도 적용되고, 주식에 관하여 양도담보설정계약을 체결한 채무자가 제3자에게 해당 주식을 처분한 사안에도 마찬가지로 적용된다.

[대법관 김재형, 대법관 김선수의 별개의견]

　　채무자가 채권담보의 목적으로 점유개정 방식으로 채권자에게 동산을 양도하고 이를 보관하던 중 임의로 제3자에게 처분한 경우 횡령죄가 성립한다고 보아야 한다.

　　동산 양도담보는 동산소유권을 이전하는 형태의 양도담보이다. 그 법적 구성을 어떻게 할 것인지에 관해서는 논란이 있지만, 현재까지 일관된 판례에 따라 신탁적 양도, 즉 채권담보를 목적으로 소유권을 이전하는 행위로 봄이 타당하다(동산 양도담보에 대해서는 '가등기담보 등에 관한 법률'이 적용되지 않는다).

　　동산 양도담보를 신탁적 양도로 보는 이상, 그 기능이나 경제적 목적이 채권담보이고, 그에 따라 채권자가 채권담보의 목적 범위에서만 소유권을 행사할 채권적 의무를 부담하더라도, 담보목적물의 소유권은 당사자 사이에 소유권을 양도한다는 합의와 점유개정에 의한 인도에 따라 완전히 채권자에게 이전한다. 따라서 점유개정에 따라 양도담보 목적물을 직접 점유하는 채무자는 '타인의 재물을 보관하는 자'에 해당하고, 그가 채권자의 허락 없이 제3자에게 담보목적물을 양도하는 등 처분한 경우에는 횡령죄가 성립한다고 보아야 한다.

[대법관 민유숙의 반대의견]

채무자가 동산에 관하여 점유개정 등으로 양도담보권을 설정한 이후 채권자에 대하여 부담하는 담보물의 보관의무 및 담보가치 유지의무는 '타인의 사무'에 해당한다.

그 해석이 다수의견이 변경대상으로 지적하는 몇 개의 대법원판결을 넘어서 최근까지 이루어진 많은 대법원판결들 및 전원합의체 판결의 흐름에 부합하고, 범행 실체에 따른 처벌 필요성에 부응한다.

배임죄의 성부를 가르는 기준은 담보권설정 약정의 불이행인지, 담보권설정 후 유지관리임무를 위배한 처분인지에 달려 있고, 구체적인 사건에서 동산담보권이 설정되었는지 여부는 사실인정의 문제로서 사실심 재판과정에서 심리되어야 한다.

[2] 갑 주식회사를 운영하는 피고인이 을 은행으로부터 대출을 받으면서 대출금을 완납할 때까지 갑 회사 소유의 동산인 골재생산기기(크러셔)를 점유개정 방식으로 양도담보로 제공하기로 하는 계약을 체결하였음에도 담보목적물인 동산을 병 등에게 매각함으로써 을 은행에 대출금 상당의 손해를 가하였다고 하여 배임의 공소사실로 기소된 사안에서, 위 양도담보계약은 피고인이 운영하는 갑 회사가 을 은행에 대한 대출금 채무를 담보하기 위하여 동산에 관하여 양도담보를 설정하고, 갑 회사의 채무불이행 시 양도담보권의 실행, 즉 동산을 처분하여 그 매각대금으로 채무의 변제에 충당하거나 채무의 변제에 갈음하여 을 은행이 담보목적물을 취득하기로 하는 내용의 전형적인 양도담보계약으로서, 양도담보계약서 제2조, 제4조 등에는 '담보목적물은 설정자가 채권자의 대리인으로서 점유·사용·보전·관리한다', '설정자는 선량한 관리자로서의 주의의무를 다하여 점유·사용·보전·관리하여야 한다' 등과 같이 담보설정자(갑 회사)의 담보목적물의 보전·관리에 관한 내용이 포함되어 있으나, 위와 같은 계약서의 기재 내용만으로 위 양도담보계약이 전형적인 양도담보계약이 아니라거나 양도담보계약과 별도로 을 은행이 갑 회사에 신임관계에 기초하여 담보목적물의 보관·관리에 관한 사무의 처리를 위탁하는 내용의 특약이 있다고 보기 어려운 점 등을 종합하면, 위 양도담보계약에서 갑 회사와 을 은행 간 당사자 관계의 전형적·본질적 내용은 대출금 채무의 변제와 이를 위한 담보에 있고, 갑 회사를 통상의 계약에서의 이익대립관계를 넘어서 을 은행과의 신임관계에 기초하여 을 은행의 사무를 맡아 처리하는 것으로 볼 수 없는 이상 갑 회사를 운영하는 피고인을 을 은행에 대한 관계에서 '타인의 사무를 처리하는 자'에 해당한다고 할 수 없다는 이유로, 이와 달리 피고인이 타인의 사무를 처리하는 자의 지위에 있음을 전제로 공소사실을 유죄로 판단한 원심판결에 배임죄에서 '타인의 사무를 처리하는 자' 등에 관한 법리를 오해한 위법이 있다고 한 사례.

【참조조문】 [1] 헌법 제12조 제1항, 형법 제1조 제1항, 제355조, 민법 제185조, 제188조 제1항, 제189조 / [2] 형법 제355조 제2항, 민법 제189조, 제374조, 형사소송법 제325조

【참조판례】 [1] 대법원 1983. 3. 8. 선고 82도1829 판결(공1983, 678)(변경), 대법원 1987. 4. 28. 선고 86도2490 판결(공1987, 924), 대법원 1998. 11. 10. 선고 98도2526 판결(공1998하, 2903)(변경), 대법원 2007. 6. 15. 선고 2006도3912 판결(변경), 대법원 2009. 2. 26. 선고 2008도11722 판결(공2009상, 401), 대법원 2010. 2. 25. 선고 2009도13187 판결(변경), 대법원 2010. 11. 25. 선고 2010도11293 판결(변경), 대법원 2011. 1. 20. 선고 2008도10479 전원합의체 판결(공2011상, 482), 대법원 2011. 12. 22. 선고 2010도7923 판결(변경), 대법원 2014. 8. 21. 선고 2014도3363 전원합의체 판결(공2014하, 1923), 대법원 2015. 3. 26. 선고 2015도1301 판결(공2015상, 666)

【전 문】【피 고 인】피고인 【상 고 인】피고인 【변 호 인】변호사 이지언
【원심판결】창원지법 2019. 6. 20. 선고 2018노2687 판결

【주 문】

원심판결 중 유죄 부분을 파기하고, 이 부분 사건을 창원지방법원 합의부에 환송한다.

【이 유】

1. 배임의 점에 대하여 직권으로 살펴본다.

가. 배임죄는 타인의 사무를 처리하는 자가 그 임무에 위배하는 행위로써 재산상의 이익을 취득하거나 제3자로 하여금 이를 취득하게 하여 사무의 주체인 타인에게 손해를 가할 때 성립하는 것이므로 그 범죄의 주체는 타인의 사무를 처리하는 지위에 있어야 한다. 여기에서 '타인의 사무를 처리하는 자'라고 하려면, 타인의 재산관리에 관한 사무의 전부 또는 일부를 타인을 위하여 대행하는 경우와 같이 당사자 관계의 전형적·본질적 내용이 통상의 계약에서의 이익대립관계를 넘어서 그들 사이의 신임관계에 기초하여 타인의 재산을 보호 또는 관리하는 데에 있어야 한다(대법원 1987. 04. 28. 선고 86도2490 판결, 대법원 2009. 02. 26. 선고 2008도11722 판결, 대법원 2011. 01. 20. 선고 2008도10479 전원합의체 판결, 대법원 2014. 08. 21. 선고 2014도3363 전원합의체 판결 등 참조). 이익대립관계에 있는 통상의 계약관계에서 채무자의 성실한 급부이행에 의해 상대방이 계약상 권리의 만족 내지 채권의 실현이라는 이익을 얻게 되는 관계에 있다거나, 계약을 이행함에 있어 상대방을 보호하거나 배려할 부수적인 의무가 있다는 것만으로는 채무자를 타인의 사무를 처리하는 자라고 할 수 없고(대법원 2015. 03. 26. 선고 2015도1301 판결 등 참조), 위임 등과 같이 계약의 전형적·본질적인 급부의 내용이 상대방의 재산상 사무를 일정한 권한을 가지고 맡아 처리하는 경우에 해당하여야 한다.

나. 채무자가 금전채무를 담보하기 위하여 그 소유의 동산을 채권자에게 양도담보로 제공함으로써 채권자인 양도담보권자에 대하여 담보물의 담보가치를 유지·보전할 의무 내지 담보물을 타에 처분하거나 멸실, 훼손하는 등으로 담보권 실행에 지장을 초래하는 행위를 하지 않을 의무를 부담하게 되었더라도, 이를 들어 채무자가 통상의 계약에서의 이익대립관계를 넘어서 채권자와의 신임관계에 기초하여 채권자의 사무를 맡아 처리하는 것으로 볼 수 없다. 따라서 채무자를 배임죄의 주체인 '타인의 사무를 처리하는 자'에 해당한다고 할 수 없고, 그가 담보물을 제3자에게 처분하는 등으로 담보가치를 감소 또는 상실시켜 채권자의 담보권 실행이나 이를 통한 채권실현에 위험을 초래하더라도 배임죄가 성립한다고 할 수 없다. 그 구체적인 이유는 다음과 같다.

1) 배임죄는 '타인의 사무를 처리하는 자'라는 신분을 요하는 진정신분범이다. 따라서 배임죄의 성립을 인정하기 위해서는 피고인의 행위가 타인의 신뢰를 위반한 것인지, 그로 인한 피해가 어느 정도인지를 따지기에 앞서 당사자 관계의 본질을 살펴 그가 '타인의 사무를 처리하는 자'에 해당하는지를 판단하여야 한다. 채무자가 계약을 위반하여 그 의무를 이행하지 않는 등 채권자의 기대나 신뢰를 저버리는 행위를 하고, 그로 인한 채권자의 재산상 피해가 적지 않아

비난가능성이 높다거나, 채권자의 재산권 보호를 위하여 처벌의 필요성이 크다는 이유만으로 배임죄의 죄책을 묻는 것은 죄형법정주의 원칙에 반한다.

2) 금전채권채무 관계에서 채권자가 채무자의 급부이행에 대한 신뢰를 바탕으로 금전을 대여하고 채무자의 성실한 급부이행에 의해 채권의 만족이라는 이익을 얻게 된다 하더라도, 채권자가 채무자에 대한 신임을 기초로 그의 재산을 보호 또는 관리하는 임무를 부여하였다고 할 수 없고, 금전채무의 이행은 어디까지나 채무자가 자신의 급부의무의 이행으로서 행하는 것이므로 이를 두고 채권자의 사무를 맡아 처리하는 것으로 볼 수 없다. 따라서 채무자를 채권자에 대한 관계에서 '타인의 사무를 처리하는 자'에 해당한다고 할 수 없다(대법원 2011. 04. 28. 선고 2011도3247 판결 등 참조).

채무자가 금전채무를 담보하기 위하여 그 소유의 동산을 채권자에게 양도하기로 약정하거나 양도담보로 제공한 경우에도 마찬가지이다.

채무자가 양도담보설정계약에 따라 부담하는 의무, 즉 동산을 담보로 제공할 의무, 담보물의 담보가치를 유지·보전하거나 담보물을 손상, 감소 또는 멸실시키지 않을 소극적 의무, 담보권 실행 시 채권자나 그가 지정하는 자에게 담보물을 현실로 인도할 의무와 같이 채권자의 담보권 실행에 협조할 의무 등은 모두 양도담보설정계약에 따라 부담하게 된 채무자 자신의 급부의무이다. 또한 양도담보설정계약은 피담보채권의 발생을 위한 계약에 종된 계약으로, 피담보채무가 소멸하면 양도담보설정계약상의 권리의무도 소멸하게 된다. 양도담보설정계약에 따라 채무자가 부담하는 의무는 담보목적의 달성, 즉 채무불이행 시 담보권 실행을 통한 채권의 실현을 위한 것이므로 담보설정계약의 체결이나 담보권설정 전후를 불문하고 당사자 관계의 전형적·본질적 내용은 여전히 금전채권의 실현 내지 피담보채무의 변제에 있다. 따라서 채무자가 위와 같은 급부의무를 이행하는 것은 채무자 자신의 사무에 해당할 뿐이고, 채무자가 통상의 계약에서의 이익대립관계를 넘어서 채권자와의 신임관계에 기초하여 채권자의 사무를 맡아 처리한다고 볼 수 없으므로 채무자를 채권자에 대한 관계에서 '타인의 사무를 처리하는 자'라고 할 수 없다.

3) 채무자가 그 소유의 동산을 점유개정 방식으로 양도담보로 제공하는 경우 채무자는 그의 직접점유를 통하여 양도담보권자에게 간접점유를 취득하게 하는 것이므로, 채무자가 담보목적물을 점유하는 행위에는 '보관자'로서 담보목적물을 점유한다는 측면이 있고, 채무자는 그 과정에서 담보물을 처분하거나 멸실·훼손하는 등의 행위를 하여서는 아니 될 의무를 부담한다. 그러나 그와 같은 의무는 점유매개관계가 설정되는 법률관계에서 직접점유자에게 공통적으로 인정되는 소극적 의무에 불과하다. 이러한 소극적 의무가 있다는 사정만으로는 직접점유자에게 신임관계에 기초하여 간접점유자의 재산상 이익을 보호·관리할 의무가 있고 그러한 보호·관리의무가 당사자 관계의 전형적·본질적 내용을 이루는 것이라고 볼 수 없다. 점유매개관계를 설정한 직접점유자가 '타인의 사무를 처리하는 자'의 지위에 있는지를 판단하기 위해서는 그 점유매개관계의 기초가 되는 계약관계 등의 내용을 살펴보아야 하고, 점유매개관계의 기초가 되는 계약관계 등의 내용상 직접점유자의 주된 급부의무 내지 전형적·본질적 급부의무가 타인의 재산상 사무를 일정한 권한을 가지고 맡아 처리하는 것이어야 '타인의 사무를 처리하는 자'라고 할 수 있다.

앞서 본 바와 같이 양도담보설정계약에서 당사자 관계의 전형적·본질적인 내용은 채무자의 채무불이행 시 처분정산의 방식이든 귀속정산의 방식이든 담보권 실행을 통한 금전채권의 실현에 있다. 채무자 등이 채무담보목적으로 그 소유의 물건을 양도한 경우 반대의 특약이 없는 한 그 물건의 사용수익권은 양도담보설정자에게 있다(대법원 1996. 09. 10. 선고 96다25463 판결, 대법원 2001. 12. 11. 선고 2001다40213 판결 등 참조). 동산을 점유개정 방식으로 양도담보에 제공한 채무자는 양도담보 설정 이후에도 여전히 남아 있는 자신의 권리에 기하여, 그리고 자신의 이익을 위하여 자신의 비용 부담하에 담보목적물을 계속하여 점유·사용하는 것이지, 채권자인 양도담보권자로부터 재산관리에 관한 임무를 부여받았기 때문이 아니다. 따라서 이러한 측면에서도 채무자가 양도담보권자의 재산을 보호·관리하는 사무를 위탁받아 처리하는 것이라고 할 수 없다.

다. <u>위와 같은 법리는, 채무자가 동산에 관하여 양도담보설정계약을 체결하여 이를 채권자에게 양도할 의무가 있음에도 제3자에게 처분한 경우에도 적용되고, 주식에 관하여 양도담보설정계약을 체결한 채무자가 제3자에게 해당 주식을 처분한 사안에도 마찬가지로 적용된다.</u>

라. 이와 달리 채무담보를 위하여 동산이나 주식을 채권자에게 양도하기로 약정하거나 양도담보로 제공한 채무자가 채권자인 양도담보권자의 사무를 처리하는 자에 해당함을 전제로 채무자가 담보목적물을 처분한 경우 배임죄가 성립한다고 한 대법원 1983. 03. 08. 선고 82도1829 판결, 대법원 1998. 11. 10. 선고 98도2526 판결, 대법원 2007. 06. 15. 선고 2006도3912 판결, 대법원 2010. 02. 25. 선고 2009도13187 판결, 대법원 2010. 11. 25. 선고 2010도11293 판결, 대법원 2011. 12. 22. 선고 2010도7923 판결을 비롯한 같은 취지의 대법원판결들은 이 판결의 견해에 배치되는 범위 내에서 모두 변경하기로 한다.

마. 이러한 법리에 비추어 배임 부분에 대한 원심의 판단을 살펴본다.

1) 이 부분 공소사실의 요지는, 공소외 1 주식회사(이하 '공소외 1 회사'라 한다)를 운영하는 피고인이 피해자 공소외 2 은행으로부터 1억 5,000만 원을 대출받으면서 위 대출금을 완납할 때까지 골재생산기기인 '크라샤4230'(이하 '이 사건 크러셔'라 한다)을 양도담보로 제공하기로 하는 계약(이하 '이 사건 양도담보계약'이라 한다)을 체결하였으므로, 피해자 공소외 2 은행이 담보의 목적을 달성할 수 있도록 위 크러셔를 성실히 보관·관리하여야 할 의무가 있음에도, 그러한 임무에 위배하여 위 크러셔를 다른 사람에게 매각함으로써 피해자 공소외 2 은행에 대출금 상당의 손해를 가하였다는 것이다. 원심은 위 공소사실을 유죄로 판단한 제1심판단을 그대로 유지하였다.

2) 원심이 인정한 사실관계와 기록에 의하면, 이 사건 양도담보계약은 피고인이 운영하는 공소외 1 회사가 공소외 2 은행에 대한 대출금 채무를 담보하기 위하여 공소외 1 회사 소유의 이 사건 크러셔에 관하여 점유개정 방식으로 양도담보를 설정하고, 공소외 1 회사의 채무불이행 시 양도담보권의 실행, 즉 이 사건 크러셔를 처분하여 그 매각대금으로 채무의 변제에 충당하거나 채무의 변제에 갈음하여 공소외 2 은행이 담보목적물을 취득하기로 하는 내용의 전형적인 양도담보계약임을 알 수 있다.

3) 한편 이 사건 양도담보계약서 제2조, 제4조 등에는 '담보목적물은 설정자가 채권자의 대리인으로서 점유·사용·보전·관리한다', '설정자는 선량한 관리자로서의 주의의무를 다하여 점유·사

용·보전·관리하여야 한다' 등과 같이 담보설정자(공소외 1 회사)의 담보목적물(이 사건 크러셔)의 보전·관리에 관한 내용이 포함되어 있으나, 다음과 같은 사정에 비추어 보면 위와 같은 계약서의 기재 내용만으로 이 사건 양도담보계약이 전형적인 양도담보계약이 아니라거나 양도담보계약과 별도로 공소외 2 은행이 공소외 1 회사에 신임관계에 기초하여 이 사건 크러셔의 보관·관리에 관한 사무의 처리를 위탁하는 내용의 특약이 있다고 보기 어렵다.

가) 이 사건 양도담보계약서상 '담보목적물은 설정자가 채권자의 대리인으로서 점유·사용·보전·관리한다'는 기재는 점유개정의 방법으로 양도담보를 설정한다는 것, 즉 담보설정자는 점유매개관계를 설정하여 채권자에게 간접점유를 취득시키고 스스로 점유매개자로서 점유를 계속한다는 의미로 볼 수 있을 뿐이다. 이 사건 양도담보계약서는 담보설정자가 담보물의 보전·관리 등에 따른 비용을 부담하면서 담보물을 영업범위 내에서 사용하도록 정하는 한편(제2조, 제12조), 담보물이 멸실·훼손되거나 그럴 염려가 있는 경우 채권자의 청구에 따라 담보설정자가 상당액의 물건을 보충하여 채권자에게 양도하여야 한다고 정하여(제4조 제1항, 제5조) 멸실·훼손에 따른 위험을 담보설정자가 부담하도록 되어 있으며, 나아가 물상대위에 관하여도 정하고 있다(제10조). 이러한 계약 내용은 양도담보설정계약의 전형적인 내용이다.

나) 담보설정자는 채권자의 담보권 실행에 따라 담보목적물을 현실로 인도할 때까지 담보물을 선량한 관리자의 주의로 보존할 의무를 부담하지만(민법 제374조), 이때 '선량한 관리자의 주의'는 거래상 일반적으로 평균인에게 요구되는 주의의 정도를 의미할 뿐이고, 담보설정자가 담보목적물을 '보존할 의무'는 담보권 실행 시 채권자나 채권자가 지정하는 자에게 '인도할 의무'에 부수하는 의무이자, 채무불이행 시 담보권 실행 및 이를 통한 채권의 만족이라는 궁극적인 목적을 위해 당연히 수반되는 의무에 불과하다.

4) 결국 이 사건 양도담보계약에서 공소외 1 회사와 공소외 2 은행 간 당사자 관계의 전형적·본질적 내용은 대출금 채무의 변제와 이를 위한 담보에 있고, 공소외 1 회사를 통상의 계약에서의 이익대립관계를 넘어서 공소외 2 은행과의 신임관계에 기초하여 공소외 2 은행의 사무를 맡아 처리하는 것으로 볼 수 없는 이상 공소외 1 회사를 운영하는 피고인을 공소외 2 은행에 대한 관계에서 '타인의 사무를 처리하는 자'에 해당한다고 할 수 없다. 그런데도 원심은 이와 달리 피고인이 타인의 사무를 처리하는 자의 지위에 있음을 전제로 이 부분 공소사실을 유죄로 판단하였다. 이러한 원심판결에는 배임죄에 있어서 '타인의 사무를 처리하는 자' 등에 관한 법리를 오해한 위법이 있다.

2. 각 사기의 점에 대한 상고이유를 본다.

가. 재물편취를 내용으로 하는 사기죄에 있어서 그 대가가 일부 지급된 경우에도 그 편취액은 피해자로부터 교부된 재물의 가치로부터 그 대가를 공제한 차액이 아니라 교부받은 재물 전부이다(대법원 1995. 3. 24. 선고 95도203 판결 등 참조). 원심이 판시 부동산의 소유권이전등기를 피해자 공소외 3으로부터 공소외 4 명의로 이전받음으로써 편취한 이득액을 산정하면서 판시 부동산의 가액에서 피고인이 피해자 공소외 3에게 지급한 계약금을 공제하지 않은 조치는 정당하고, 거기에 사기죄의 편취액 등에 관한 법리를 오해한 위법이 없다.

나. 한편 피고인은 제1심판결에 대하여 항소하면서 각 사기의 점에 관한 항소이유로 양형부당과 함께 사실오인 주장을 하였다가 원심 제5회 공판기일에 양형부당과 편취액에 관한 사실오인을 제외한 나머지 항소이유를 철회하였고, 원심도 위와 같이 철회된 부분을 직권으로 심판대상으로 삼지 않았다. 따라서 각 사기의 점에 관한 나머지 상고이유는 부적법하다.

3. 위와 같은 이유로 원심판결 중 배임 부분을 파기하여야 하는데, 원심은 이 부분과 나머지 유죄 부분이 형법 제37조 전단의 경합범관계에 있다는 이유로 하나의 형을 선고하였으므로, 원심판결 중 유죄 부분을 전부 파기하여야 한다.

4. 그러므로 나머지 상고이유에 관한 판단을 생략한 채, 원심판결 중 유죄 부분을 파기하고, 이 부분 사건을 다시 심리·판단하도록 원심법원에 환송하기로 하여, 주문과 같이 판결한다. 이 판결에는 다수의견과 결론은 같으나 그 이유를 달리하는 대법관 김재형, 대법관 김선수의 별개의견과 대법관 민유숙의 반대의견이 있는 외에는 관여 법관의 의견이 일치하였고, 다수의견에 대한 대법관 권순일, 대법관 박상옥, 대법관 노정희, 대법관 김상환의 보충의견이 있다.

5. 대법관 김재형, 대법관 김선수의 별개의견은 다음과 같다.

가. 이 사건은 채무자가 채무를 담보하기 위하여 동산을 채권자에게 점유개정 방식으로 양도하되 현실적으로 점유하여 보관하던 중 채권자의 허락 없이 제3자에게 처분한 행위에 대한 형사법적 평가가 문제 되는 사안이다.

전제가 되는 사실관계는 다음과 같다. 채무자가 동산을 담보목적으로 채권자에게 양도하였다. 동산의 인도에 관한 여러 방법 가운데 점유개정의 방식을 채택하여 채무자가 현실적 점유를 하고 있다. 채무자는 동산을 처분할 권한이 없는데도 이를 제3자에게 처분하였다. 제3자가 동산에 대한 소유권을 취득하여 채권자는 더 이상 동산에 대해 아무런 권리를 행사할 수 없다.

채무자의 이러한 행위에 대해 배임죄가 성립하는가라는 관점에서만 바라볼 것이 아니라 양도담보에 제공된 동산에 대한 채권자의 정당한 재산권을 보호하기 위해 형사적 제재의 필요성이 있는지, 있다면 어떠한 범죄가 성립한다고 볼 것인지라는 좀 더 넓은 시각에서 접근하는 것이 필요하다.

나. 채무자가 채권담보의 목적으로 점유개정 방식으로 채권자에게 동산을 양도하고 이를 보관하던 중 임의로 제3자에게 처분한 경우 횡령죄가 성립한다고 보아야 한다.

1) 형법 제355조 제1항의 횡령죄는 타인의 재물을 보관하는 자가 그 재물을 횡령하거나 그 반환을 거부한 때 성립한다. 횡령죄의 주체는 타인의 재물을 보관하는 자라야 하고, 타인의 재물인지 여부는 민법, 상법 그 밖의 실체법에 따라 결정하여야 한다(대법원 2010. 05. 13. 선고 2009도1373 판결 등 참조). 법적 개념은 가급적 일관성 있게 해석하여 법질서의 통일성을 확보하여야 하고, 형사법 영역에서 특별한 수정을 가하여 민사법과 다른 소유권 개념을 창조해 내는 것은 바람직하지 않다.

2) 양도담보는 소유권 등 권리 이전 형태의 비전형담보이다. 채권담보의 목적으로 물건의 소유권 또는 그 밖의 재산권을 채권자에게 이전하고, 채무가 이행되면 채권자는 목적물을 설정자에게

반환하여야 하지만 채무가 이행되지 않으면 목적물로부터 채권의 우선적인 만족을 얻는 담보방법이다.

동산 양도담보는 동산소유권을 이전하는 형태의 양도담보이다. 그 법적 구성을 어떻게 할 것인지에 관해서는 논란이 있지만, 현재까지 일관된 판례에 따라 신탁적 양도, 즉 채권담보를 목적으로 소유권을 이전하는 행위로 봄이 타당하다[이 사건에서 문제 되는 동산 양도담보에 대해서는 가등기담보 등에 관한 법률(이하 '가등기담보법'이라 한다)이 적용되지 않는다]. 그 구체적 근거와 내용은 아래와 같다.

가) 일반적으로 동산 양도담보약정에는 채무자가 채권담보의 목적으로 채권자에게 자기 소유의 동산을 양도하되 채권자는 점유개정의 방법으로 동산을 인도받고 그 동산에 대한 현실적 점유는 채무자가 계속하기로 하는 내용이 포함된다. 민법 제189조는 점유개정에 관하여 "동산에 관한 물권을 양도하는 경우에 당사자의 계약으로 양도인이 그 동산의 점유를 계속하는 때에는 양수인이 인도받은 것으로 본다."라고 정함으로써, 점유개정을 동산소유권 이전에 필요한 '인도'의 한 종류로 명시하고 있다. 동산 양도담보약정에 따라 동산의 소유권은 채권자에게 완전히 이전한다. 양도담보약정에 따른 점유매개관계를 통해서 채권자는 동산에 대한 간접점유를 취득하고 채무자는 직접점유를 계속 유지하게 되지만, 채무자의 점유는 채권자의 소유권을 전제로 한 점유로 전환된다. 채권자는 채권담보의 목적 범위에서만 양도받은 목적물의 소유권을 행사하여야 할 채권적 의무를 부담한다. 다시 말하면 채권자는 채무자가 채무를 변제하지 않을 때 해당 동산을 처분해서 우선변제를 받기 위한 목적 범위에서 소유권을 가지므로 채무자가 채무를 변제하면 채무자에게 해당 동산을 반환할 의무가 있다.

이것이 본래 의미의 '신탁적 양도설'의 내용이다. 동산 양도담보의 유효성을 인정하고 있는 독일, 스위스, 일본 등에서 판례와 통설이 취하고 있는 태도이고, 현재 우리나라 판례와 다르지 않다.

나) 민법 제185조는 "물권은 법률 또는 관습법에 의하는 외에는 임의로 창설하지 못한다."라고 정하여 물권법정주의를 선언하고 있다. 물권법의 강행법규성에 따라 법률과 관습법이 인정하지 않는 새로운 종류의 물권을 창설하는 것은 허용되지 않는다(대법원 2002. 02. 26. 선고 2001다64165 판결 등 참조). 동산 양도담보에서 대외적으로만 담보목적물의 소유권이 채권자에게 이전하고 대내적으로는 채무자에게 유보되어 있다고 보아 이른바 '소유권의 관계적 귀속'을 인정하는 것은 법률이 정하지 않은 새로운 소유권을 창설하는 것으로서 물권법정주의에 반하여 허용되지 않는다. 이것은 목적물의 소유권을 양도한다는 양도담보계약 당사자의 물권적 합의 또는 처분의사에 반한다. 소유권의 관계적 귀속은 하나의 물건에 대해 두 사람의 소유권을 인정하는 결과가 되기 때문에, 하나의 물건에는 하나의 물권만이 성립할 수 있다는 일물일권주의에도 배치된다.

민법 제정 당시 물권변동에 관하여 의사주의에서 형식주의로 전환하였다. 민법 제186조는 부동산물권변동의 효력에 관하여 "부동산에 관한 법률행위로 인한 물권의 득실변경은 등기하여야 그 효력이 생긴다."라고 정하고, 제188조 제1항은 동산물권양도의 효력에 관하여 "동산에 관한 물권의 양도는 그 동산을 인도하여야 효력이 생긴다."라고 정하고 있다. 물권을 양도하기로 하는 의사표시만으로는 물권변동의 효력이 생기지 않고 그 공시방법인 등기 또는 인도를 하여야만 물권변동의 효력이 생긴다. 물권변동의 의사표시와 공시방법을 갖추면, 당사자 사이에서든 제3자에 대한 관계에서든 물권이 변동되기 때문에, 물권의 귀속이 대내적·대외적으로 분열되는 것은 민법에서 예정하고 있지 않다. 동산물권을 점유개정의 방법으로 양도하여 양도인이 현실적 점유를 계속하는 경우에 소유권이 대외적으로는 양수인에게 귀속되고 대내적으로는 양도인에게 유보된다는 것은 물권변동에 관한 기본 원칙에 어긋난다.

다) 동산 양도담보의 법적 성격을 신탁적 양도로 보는 종래 판례·통설의 입장은 가등기담보법이 시행된 이후에도 그대로 유지되어야 한다.

가등기담보법은 부동산 양도담보에 관하여 그 적용범위(제1조)에 속하는 한도에서 채권자가 채무자에게 청산기간이 지난 후에 청산금을 지급한 때에 소유권을 취득한다고 정하고 있다(제3조 제1항, 제4조 제2항). 그러한 청산절차를 마치기 전까지는 부동산의 소유권은 소유권이전등기에도 불구하고 여전히 채무자에게 있고 채권자는 가등기담보법에서 정한 일종의 담보물권을 가진다고 볼 수 있다. 이는 강행법규의 성질을 가지는 가등기담보법의 규정, 특히 제3조 제1항, 제4조 제2항을 적용한 결과일 뿐이다. 가등기담보법은 민법 제607조, 제608조를 기초로 하는 법률로서 등기·등록과 같은 공시방법이 마련되어 있는 물건에 한하여 그에 관한 권리이전형 담보에만 적용되고, 그마저도 피담보채무가 소비대차와 준소비대차로 인한 차용물반환의무인 경우만을 규율하는 등 적용범위가 극히 제한되어 있다(가등기담보법 제1조, 제18조 등). 그러한 가등기담보법을 양도담보 일반에 적용할 수는 없다. 가등기담보법이 적용될 여지가 없는 동산 양도담보를 포함하여 양도담보 일반에 대해서 가등기담보법이 적용되는 경우와 같이 이론 구성을 하는 것은 타당하지 않다.

라) 동산 양도담보에 관하여 대법원은 가등기담보법 시행 전후를 불문하고 일관되게 '신탁적 양도설'의 입장에서 동산의 소유권은 채권자에게 신탁적으로 이전되고, 채무자는 동산의 소유권을 이미 상실한 채 점유·사용권만을 가진다고 보고 있다. 대법원은 그와 같은 입장에서 채무자가 양도담보에 제공한 목적물을 제3자에게 다시 양도담보로 제공하는 등으로 처분하더라도 그 제3자는 무권리자로부터 양수한 것이므로 선의취득의 방법 외에는 목적물에 대한 권리를 취득할 수 없고(대법원 2004. 10. 28. 선고 2003다30463 판결, 대법원 2005. 02. 18. 선고 2004다37430 판결 등 참조), 채권자는 그 소유권을 행사할 수 있으므로, 제3자에게 목적물의 반환을 구할 수 있다고 하였다(대법원 1986. 08. 19. 선고 86다카315 판결 등 참조). 또한 채무자의 일반채권자가 신청한 목적물에 관한 강제집행절차에서 채권자는 제3자이의의 소로써 강제집행의 배제를 구할 수 있고(대법원 1994. 08. 26. 선고 93다44739 판결 등 참조), 그러한 강제집행절차가 계속 진행되어 양도담보에 제공된 목적물이 매각되어 매수인이 선의취득한 경우 채권자는 그 매각대금을 배당받은 일반채권자를 상대로 부당이득반환을 구할 수 있다고 하였다(대법원 1997. 06. 27. 선고 96다51332 판결 참조).

마) 대법원 민사 판결 중에는 마치 소유권이 대내적으로는 채무자에게 남아 있고, 대외적으로만 이전된다는 취지로 판단한 듯한 내용이 포함되어 있는 판결들(대법원 2004. 10. 28. 선고 2003다30463 판결, 대법원 2004. 12. 24. 선고 2004다45943 판결, 대법원 2005. 02. 18. 선고 2004다37430 판결 등 참조)이 있다. 그러나 그와 같은 표현만을

근거로 대법원이 동산 양도담보에서 위에서 본 '신탁적 양도설'과 달리 소유권의 관계적 귀속을 인정하는 태도를 취하고 있다고 할 수 없다.

대법원은 '대내적으로 채무자가 갖는 소유권'의 의미가 무엇인지 구체적으로 밝힌 적이 없을 뿐만 아니라 위 대법원판결들은 양도담보 목적물의 소유자가 누구인지가 쟁점이 되었던 사안에서 채권자가 정당한 소유자이고, 채무자는 무권리자이므로, 채무자로부터 양도담보 목적물을 양수한 자는 선의취득이 인정되지 않는 한 소유권을 취득할 수 없다고 한 판결들로서, 대내적 관계에서 채무자가 여전히 소유자인지 여부가 법적 쟁점이 아니었다. 따라서 동산 양도담보에 관한 대법원판결 중 대내적 관계에서는 채무자가 소유자라고 한 부분은 방론에 해당할 뿐 '판례', 즉 '대법원에서 판시한 법령의 해석적용에 관한 의견'이라고 할 수 없다.

오히려 대법원은 부동산 명의신탁 관계에서 명의신탁자가 이른바 내부적 소유권을 가지는 것을 전제로 하는 약정을 무효라고 판단하였고(대법원 2014. 08. 20. 선고 2014다30483 판결 등 참조), 자동차 지입계약 관계에서 특별한 사정이 없는 한 지입차량의 소유권은 지입회사에 있고 지입차주가 차량을 처분하면 횡령죄가 성립한다고 판단하였다(대법원 2003. 05. 30. 선고 2000도5767 판결, 대법원 2015. 06. 25. 선고 2015도1944 전원합의체 판결 등 참조). 소유권을 대내적·대외적으로 분열시키는 것은 법리에 맞지 않는다. 또한 일반적으로 동산 양도담보약정에는 위와 같이 소유권을 분열시킨다는 내용이 포함되어 있지도 않다.

3) 동산 양도담보를 신탁적 양도로 보는 이상, 그 기능이나 경제적 목적이 채권담보이고, 그에 따라 채권자가 채권담보의 목적 범위에서만 소유권을 행사할 채권적 의무를 부담하더라도, 담보 목적물의 소유권은 당사자 사이에 소유권을 양도한다는 합의와 점유개정에 의한 인도에 따라 완전히 채권자에게 이전한다. 따라서 점유개정에 따라 양도담보 목적물을 직접 점유하는 채무자는 '타인의 재물을 보관하는 자'에 해당하고, 그가 채권자의 허락 없이 제3자에게 담보목적물을 양도하는 등 처분한 경우에는 횡령죄가 성립한다고 보아야 한다.

4) 독일에서는 우리나라와 같이 동산 양도담보의 유효성을 인정하고 그 법적 구성을 소유권이 채권자에게 신탁적으로 양도된 것으로 보고 있는데, 소유권이 대내적으로나 대외적으로 채권자에게 양도되었다고 설명한다. 이에 따라 형법에서는 채무자가 점유개정에 따라 현실적으로 동산을 점유하는 것을 타인의 동산을 위탁받아 점유하는 것으로 보아 채무자가 양도담보로 제공된 동산을 처분하는 행위를 횡령죄(독일 형법 제246조)로 처벌하고 있다.

5) 이와 달리 채무자가 채권자에 대한 내부적인 관계에서 소유자임을 전제로 채무자는 자기의 물건을 보관하고 있는 셈이 되어 횡령죄의 주체가 될 수 없다는 판결(대법원 1980. 11. 11. 선고 80도2097 판결, 대법원 2009. 02. 12. 선고 2008도10971 판결 등) 등은 변경되어야 한다.

다. 채권자는 양도담보계약을 통해서 담보목적으로 동산의 소유권을 취득하면서도 채무자의 처분행위로 권리를 상실할 위험을 감수하고 채무자의 편의를 위하여 채무자로 하여금 목적물을 계속하여 사용하도록 맡겨 둔 것이다. 이것은 채무자가 목적물의 교환가치를 유지하리라는 특별한 신뢰가 있기 때문이다. 그러한 신뢰는 보호되어야 하고, 채무자가 채권자에 대한 신뢰를 저버리고 양도담보 목적물을 처분하는 것은 위법하게 채권자의 양도담보 목적물에 대한 소유권을 침해하는 것이므로 사적 자치의 영역에만 맡겨 둘 것이 아니라 형사적 제재를 가함으로써 채권자를 보호할 필요가 있다.

비교법적으로 보더라도 채무자가 동산을 양도담보로 제공한 다음 임의로 이를 처분하는 행위에 대해 형사처벌을 하는 경우가 대부분이다. 위에서 보았듯이 독일의 통설·판례는 채무자가 위탁받아 점유·소지하는 타인의 물건을 위법하게 영득한 것으로 보아 횡령죄 성립을 인정하고 있다. 일본의 판례는 양도담보의 경우 원칙적으로 소유권은 대내외 구분 없이 채권자에게 이전된다는 입장이고, 다수설은 이러한 형태의 양도담보에 대해 횡령죄가 성립한다고 보고 있다. 미국에서는 우리나라와 달리 배임죄에 관한 규정을 두고 있지 않지만, 동산을 담보로 제공한 자가 당초 약정에 위반하여 담보물을 임의로 처분한 경우 사기죄(fraud)나 횡령죄(embezzlement) 등으로 처벌하는 주가 대부분이다.

종래 대법원이 양도담보로 제공된 동산을 제3자에게 처분한 행위를 배임죄로 처벌해 온 것은 부동산에 관한 담보설정자의 임의 처분행위를 배임죄로 처벌한 것(대법원 2007. 01. 11. 선고 2006도4215 판결 등 참조)과 맥락을 같이한다. 형법 제355조 제2항이 배임죄의 주체를 '타인의 사무를 처리하는 자'라고 포괄적으로 규정하고 있기 때문에, 위와 같은 행위를 배임죄의 규율범위에 포함시켰다고 볼 수 있다. 배임죄의 규율범위를 좁히기 위한 새로운 이론 구성은 얼마든지 가능하다. 그러나 동산 양도담보의 경우 배임죄의 규율범위에서 제외하는 데서 나아가 형사처벌의 대상에서 아예 제외하는 것은 타당하지 않다. 채무자가 동산을 양도담보로 제공하고 이를 계속 점유하는 경우에는 '타인의 재물을 보관하는 자'라는 횡령죄의 구성요건을 쉽게 충족하므로, 채무자가 양도담보로 제공한 동산을 제3자에게 처분하는 것을 횡령죄로 규율하는 것이 올바른 방향이다.

한편 동산을 점유개정 방식으로 양도담보에 제공한 자가 계속하여 점유하더라도 이는 자기의 재물이 아닌 '타인의 재물'을 보관하는 것이므로, 채무자가 그 동산을 처분하더라도 '자기의 재물'을 그 객체로 하는 형법 제323조의 권리행사방해죄는 성립할 여지가 없다. 게다가 다수의견과 같이 위와 같은 행위를 배임죄로 처벌할 수 없다고 한다면 그러한 행위를 범죄로 처벌할 수 없게 되는 문제가 있다. 이와 같은 점에서도 횡령죄 성립을 인정할 필요가 있고, 이러한 해결방안에 아무런 법적 장애가 없다.

라. 다수의견의 문제점에 관하여 본다.

1) 다수의견은 채무자의 금전채무 이행이 자신의 급부의무 이행이고, 채무자가 양도담보설정계약에 따라 부담하는 의무가 자신의 의무임을 강조하면서 담보권설정 전후 또는 양도담보 목적물의 양도 전후를 불문하고 채무자가 양도담보 목적물의 가치를 유지·보전할 의무가 '타인의 사무'에 해당하지 않는다고 한다.

채무자가 양도담보계약에 따라 자기 소유의 동산을 채권자에게 양도할 의무는 '자기의 사무'라고 볼 수 있다. 그러나 채무자가 양도담보계약에 따라 동산을 채권자에게 양도하면 채권자에게 소유권이 이전되므로 그때부터 채무자는 타인의 재물을 보관하는 지위에 있고 채권자를 위해서 양도담보 목적물의 유지·관리의무를 지게 된다.

동산 양도담보에서는 위에서 보았듯이 동산의 양도 시점을 전후로 채무자의 법적 지위가 본질적으로 달라진다. 점유개정으로 채무자가 계속 동산을 점유하는 경우에는 그 점유가 채권자의 소유권을 전제로 하는 점유로 전환된다. 이처럼 양도담보 목적물을 채권자에게 양도하기 전

단계에서 채무자가 양도담보계약에 따라 부담하는 의무는 채권자 앞으로 소유권이 이전된 이후에 채무자가 부담하는 의무와는 그 성격이 명확하게 구분되는데도, 다수의견은 이를 명확하게 구분하지 않아 이 사건의 본질을 흐리고 있다.

2) 다수의견은 동산 양도담보에 관하여 대법원이 채택하고 있는 '신탁적 양도설'이 가지는 진정한 의미를 고려하고 있지 않다. 다수의견은 양도담보설정계약에서 당사자 관계의 전형적·본질적인 내용은 채무자의 채무불이행 시 처분정산의 방식이든 귀속정산의 방식이든 담보권 실행을 통한 금전채권의 실현에 있고, 채무자가 양도담보 설정 이후에도 여전히 남아 있는 자신의 권리에 기초하여 목적물을 계속 점유·관리하는 것이라고 한다. 그러나 형사범죄의 성립 여부에 중대한 의미가 있는 '물건의 양도로 인한 소유권 이전의 효과'에 관해서는 침묵하면서 '담보권'이라는 표현을 빈번하게 사용하고 있다. 이것이 동산 양도담보에 따라 채권자가 취득하는 권리를 일종의 담보권으로 파악하고 채무자에게 소유권이 남아 있거나, 이른바 소유권의 관계적 분열을 인정하는 전제에서 내부적 소유권은 채무자에 있음을 전제로 한 것인지 분명하지 않다.

다수의견은 동산 양도담보의 경우 '반대의 특약이 없는 한 그 물건의 사용수익권은 양도담보설정자에게 있다'고 하면서 2개의 대법원판결을 인용하고 있다. 그런데 다수의견이 인용한 대법원 96다25463 판결은 채권자와 채무자 사이에 채무자가 양도담보 목적물을 무상으로 사용·수익하기로 약정한 사안에 관하여 사용수익권이 채무자에게 귀속된다고 판단한 것이고, 대법원 2001다40213 판결은 부동산 양도담보에서 특별한 사정이 없는 한 목적 부동산에 대한 사용수익권은 채무자에게 있다고 판단한 것일 뿐이다. 이러한 판결들이 동산 양도담보에 관한 신탁적 양도설과 배치되는 것이 아님은 분명하다.

동산 양도담보에서 채무자가 그 소유의 물건을 채권자에게 양도하면 채권자 앞으로 소유권 이전의 효과가 생기므로, 그 이후에 '채무자에게 남아 있는 권리'를 소유권으로 볼 수 없다.

동산 양도담보에서 '점유개정' 방식으로 물건을 인도하는 것이 일반적이지만 점유개정 방식이 필수적인 것은 아니다. 당사자는 약정으로 얼마든지 '현실인도'를 하는 것으로 정할 수 있다. 동산 양도담보에서 채무자가 점유개정을 통해서 인도하든 현실인도를 통해서 인도하든 채권자에 대한 소유권 이전 효과는 같아야 한다. 채무자가 채권자에게 실제로 양도담보 목적물을 인도한 경우 채권자는 양도담보 목적물에 대한 소유권을 취득한다. 채권자가 위와 같이 소유권을 취득한 다음 채무자에게 해당 목적물을 맡겨 보관하도록 하면서 그 사용을 허락한 경우, 채무자는 채권자 소유의 물건에 대한 재산관리의무를 부여받은 것으로 '타인의 재물을 보관한 자'에 해당함이 명백하다.

3) 다수의견은 배임죄에서 말하는 '타인의 사무를 처리하는 자'가 되기 위해서는 위임 등과 같이 계약의 전형적·본질적 의무가 타인의 재산상 사무를 맡아 처리하는 것이어야 한다는 새로운 법리를 내세우고 있다. 다수의견은 이러한 논리를 점유매개관계의 기초가 되는 계약관계에 대하여도 그대로 적용하고 있다. 즉 다수의견은 배임죄에서 말하는 '타인의 사무를 처리하는 자'를 위임 등과 같은 경우로 한정하는 새로운 법리를 제시하고 이를 물건에 대한 보관관계에도 그대로 적용하고 있다. 이러한 논리에 따르면 물건에 대하여는 배임죄가 성립할 여지가 전혀 없게 된다. 다수의견이 이러한 의도로 위와 같은 논리를 전개한 것일 수 있으나, 이는 부동산 이중매매에 대하여 배임죄를 인정한 대법원 2018. 05. 17. 선고 2017도4027 전원합의체 판

결과 배치된다.

다수의견이 점유매개관계를 설정한 직접점유자가 배임죄의 성립요건인 '타인의 사무를 처리하는 자'에 해당할 수 있는 경우를 위임 등으로 한정한 것은 그 자체로 모순이다. 왜냐하면 타인 소유의 물건에 대한 점유가 위임 관계에 기초한 것이라면 수임인이 임무에 위배하여 물건을 처분하는 행위는 결국 횡령죄가 성립되기 때문이다. 즉 다수의견은 이미 횡령죄가 성립하고 배임죄는 논할 필요가 없는 경우를 상정하여 그러한 경우만 배임죄가 성립할 수 있고 다른 경우는 배임죄가 성립할 수 없다는 논리를 펴고 있다. 이는 모순이고 순환논리이다. 다수의견이 상정하는 위와 같은 사안은 처음부터 횡령죄가 성립하는지만 따지면 된다.

횡령죄의 주체는 타인의 재물을 보관하는 자라야 하고, 여기에서 보관이란 위탁관계에 따라 재물을 점유하는 것을 뜻한다. 이러한 위탁관계는 사용대차·임대차·위임·임치 등의 계약에 따라 발생하는 것이 보통이지만 이에 한정되지 않는다(대법원 1985. 09. 10. 선고 84도2644 판결, 대법원 2003. 07. 11. 선고 2003도2077 판결 등 참조). 사용대차의 차주, 임대차의 임차인이나 임치의 수치인은 위탁관계에 따라 대주, 임대인이나 임치인의 재물을 보관하는 자의 전형적인 예이다.

임차인이 자전거를 빌린 사안을 들어 설명해 보고자 한다. 동산 임대차에서 임차인이 임대인으로부터 빌린 자전거를 점유·사용하던 중 임대인의 허락 없이 이를 제3자에게 처분하였다면 횡령죄가 성립한다. 임차인은 임대차계약에 따라 임대인 소유의 자전거를 점유·사용한다. 이때 임차인은 임대차계약이라는 위탁관계를 통해서 동시에 임대인 소유의 자전거를 보관하는 자로서, 횡령죄에서 말하는 '타인의 재물을 보관하는 자'의 지위에 있다. 즉 직접점유자인 임차인은 간접점유자인 임대인과 임대차계약에 따른 신뢰관계(위탁관계)에 기초하여 임대인 소유의 자전거를 보관할 의무가 있다. 임차인이 자신이 보관 중인 임대인 소유의 자전거를 임의로 제3자에게 유효하게 처분한 경우 횡령죄가 성립한다(대법원 2016. 06. 09. 선고 2015도20007 판결, 대법원 2017. 09. 07. 선고 2017도6060 판결은 이러한 법리를 전제로 하고 있다). 임차목적물을 무단 처분한 임차인이 배임죄로 처벌되지 않는 것은 임차인이 임대차계약을 통해서 '타인의 재물을 보관하는 자'의 지위에 있어서 횡령죄로 처벌되기 때문이다. 임차인의 임차목적물에 대한 보관의무가 임차목적물 반환의무에 부수하는 소극적 의무에 불과하기 때문에 배임죄가 성립하지 않는 것으로 볼 수 없다.

대법원 판례가 임차인의 임대차계약에 따른 임차목적물 보관의무와 수치인의 임치계약에 따른 목적물 보관의무를 위반한 사안에 대하여 모두 횡령죄 성립의 요건인 '위탁관계에 따른 보관'을 인정하고 있으므로 두 사안에서 목적물 보관의무는 본질적으로 다르지 않다.

횡령죄가 성립하기 때문에 배임죄를 논할 필요가 없는 것이지 타인의 사무를 처리하는 자가 아니기 때문에 배임죄가 부정되는 것이 아니다. 횡령죄와 배임죄는 타인에 대한 신임관계를 침해하는 범죄라는 점에서 그 본질이 같고 횡령죄가 재물을 객체로 함에 대하여 배임죄는 재산상의 이익을 객체로 하는 점에서 구별된다. 대법원도 횡령죄와 배임죄는 모두 신임관계를 기본으로 하고 있는 같은 죄질의 재산범죄라는 등의 이유로 배임죄로 기소된 공소사실에 대하여 공소장변경 없이도 횡령죄를 적용하여 처벌할 수 있다고 판단하였다(대법원 1999. 11. 26. 선고 99도2651 판결, 대법원 2008. 11. 13. 선고 2008도6982 판결 등 참조). 타인 소유의 물건을 위탁관계에 기초하여 보관하는 사람이 그 물건을 보관하는 것은 신임관계에 기초한 타인의 사무라고 볼 수 있다. 그 보관이 보관자 자신에게도 이익이 되는 경우가 있다고 하여 달리 볼 수는 없다. 이러한 보관임무에 위배하여 물건을 처분한 경우에는 횡령죄에 해당하기 때문에 배임죄를 논할 필요가 없을 뿐이다.

4) 다수의견은 이 사건 양도담보계약서 제2조, 제4조만으로 공소외 2 은행이 공소외 1 회사에 신임관계에 기초하여 이 사건 크러셔의 보관·관리에 관한 사무의 처리를 위탁하는 특약이 있다고 보기 어렵다고 한다.

그러나 이 사건 양도담보계약서 제2조 '담보목적물은 설정자가 채권자의 대리인으로서 점유·사용·보전·관리한다' 부분은 동산 양도담보에 따라 채권자 앞으로 소유권이 이전되었음을 당사자가 상호 확인하고, 채무자(설정자)가 채권자 소유의 물건을 점유·사용·보전·관리한다는 점을 명확하게 한 것이라고 볼 수 있다. 그리고 이러한 계약관계를 통해서 공소외 2 은행이 공소외 1 회사에 이 사건 크러셔에 대한 보관·관리를 위탁하는 것으로 볼 여지가 충분하다. 나아가 이 사건 양도담보계약서 제4조 제1항과 제5조가 담보물이 멸실·훼손되는 경우 채무자(설정자)는 상당액의 물건을 보충하여 채권자에게 '양도'하여야 한다고 정하고 있는 것 역시 채권자 앞으로 양도담보 목적물의 소유권을 이전하는 것임을 전제로 한 것이라고 볼 여지가 있다.

마. 법원은 공소사실의 동일성이 인정되는 범위 내에서 공소가 제기된 범죄사실에 포함된 보다 가벼운 범죄사실이 인정되는 경우 심리의 경과에 비추어 피고인의 방어권 행사에 실질적인 불이익을 초래할 염려가 없다고 인정되는 때에는 공소장이 변경되지 않았더라도 직권으로 공소장에 기재된 공소사실과 다른 범죄사실을 인정할 수 있다(대법원 2015. 10. 29. 선고 2013도9481 판결 참조). 횡령죄와 배임죄는 다 같이 신임관계를 기본으로 하는 재산범죄로서 그에 대한 법정형이 같고, 동일한 범죄사실에 대하여 단지 법률적용만을 달리하는 경우에 해당할 수 있다. 심리의 경과에 비추어 피고인의 방어권 행사에 실질적인 불이익을 초래할 염려가 없다면 배임죄로 기소된 공소사실에 대하여 공소장변경 없이도 횡령죄를 적용하여 처벌할 수 있다.

그러나 횡령죄와 배임죄는 그 범죄주체와 실행행위의 내용 등 구성요건표지를 달리하는 범죄이기 때문에 기본적 범죄사실의 동일성은 인정되지만 검사가 증명해야 하는 구체적인 범죄사실의 내용이 다른 경우도 충분히 있을 수 있다. 이러한 경우에도 공소장변경 없이 기소된 공소사실과 다른 범죄사실을 인정하여 횡령죄로 처벌하는 것은 피고인의 방어권 행사에 실질적인 불이익을 초래할 염려가 있는 것으로 허용되지 않는다고 보아야 한다.

바. 이 사건에 관하여 살펴본다.

공소외 1 회사는 피해자 공소외 2 은행에 이 사건 크러셔를 양도담보로 제공하고 이를 직접 점유·보관하는 주체이므로 그 실질적 대표자인 피고인은 피해자 공소외 2 은행에 대하여 '타인의 재물을 보관하는 자'에 해당하고 피고인이 이 사건 크러셔를 제3자에게 처분한 행위는 횡령죄에 해당한다고 볼 여지가 있다.

그런데 이 사건에서는 이 사건 양도담보계약의 법적 성격에 관하여 법리적으로 문제 되고 있는 상황인데도 피고인이 방어할 기회를 충분히 가졌다고 볼 만한 사정이 보이지 않으므로, 피고인의 방어권 행사를 실질적으로 보장할 필요가 있다. 이 경우 파기 후 환송심 법원은 심리의 경과에 비추어 피고인에게 방어의 기회를 부여한 다음 공소사실에 관해서 판단함이 바람직하다.

기본적 사실관계의 동일성이 인정되고 법적 평가를 달리하는 것일 뿐이므로, 판례에 따르면 대법원이 곧바로 횡령죄를 유죄로 판단하면서 원심을 유지하는 것도 가능하다. 그러나 대법원이 종래 이 사건과 같은 사안에서 일관되게 배임죄를 유죄로 인정하였던 것에 비추어 보면 대법원이 곧바로 횡령죄를 유죄로 판단하여 확정시키는 것보다 원심판결을 파기하여 환송 후 원심에서 피고인이 횡령죄의 성립 여부에 관하여 방어할 수 있는 기회를 부여하는 것이 피고인의 방어권 보장에 부합한다. 이러한 조치는 불고불리의 원칙이나 대법원의 심판범위 등에 관한 기존 법리에 배치되지 않을 뿐만 아니라 피고인의 방어권을 충실히 보장할 수 있으므로 형사소송법의 일반 원칙에 부합한다.

이러한 이유로 피고인에 대하여 배임죄의 성립을 인정한 원심판결을 파기하기로 하는 다수의견과 결론이 같지만 그 이유가 다르다.

6. 대법관 민유숙의 반대의견은 다음과 같다.

가. 반대의견 요지

1) 이 사건 전원합의체 판결의 쟁점은 담보설정자가 '동산'을 '양도담보로 제공한 후' 대상 동산을 처분한 행위가 배임죄를 구성하는지 여부이다(대상 재산이 동산으로, 처분 시기가 양도담보권을 설정한 이후로 한정된다).

2) 다수의견은, 위 단계에서 채무자가 양도담보권자인 채권자에 대하여 부담하는 담보물 보관의무 및 담보가치 유지의무는 '타인의 사무'에 해당하지 않고, 따라서 담보물을 처분하여 담보가치를 감소·상실시키더라도 배임죄가 성립하지 않는다는 견해이다.

3) 그러나 채무자가 동산에 관하여 점유개정 등으로 양도담보권을 설정함으로써 채권자가 양도담보권을 취득한 이후 채무자의 담보물 보관의무 및 담보가치 유지의무는 '타인의 사무'에 해당한다.

나. 대법원 판례 및 종전 전원합의체 판결 법리와의 정합성

1) 다수의견은 배임죄에 관한 전체적인 대법원 판례의 흐름, 특히 최근 10여 년 동안 선고된 3개의 전원합의체 판결 법리와 충돌된다.

2) 대법원 2011. 01. 20. 선고 2008도10479 전원합의체 판결(이하 '제1전원합의체 판결'이라 한다), 대법원 2014. 08. 21. 선고 2014도3363 전원합의체 판결(이하 '제2전원합의체 판결'이라 한다)과 더불어 최근 대법원 2018. 05. 17. 선고 2017도4027 전원합의체 판결(이하 '제3전원합의체 판결'이라 한다)까지 대법원은 '신임관계에 기초한 타인 재산의 보호·관리'와 '계약에서의 이익대립'을 구별함으로써 다양한 국면에서 배임죄의 구성요건인 '타인의 사무를 처리하는 자'의 판단 기준을 제시하였다.

3) 제1전원합의체 판결은 동산양도약정을 체결한 피고인이 그 동산을 이중 양도한 행위는 배임죄를 구성하지 않는다고 판시하면서, 매도인은 매수인에게 목적물을 인도함으로써 계약 이행을 완료하고 별도로 매수인 재산의 보호·관리에 협력할 의무가 없기 때문에 '타인의 사무'에 해당

하지 않는다고 보았다.

그리고 다수의견에 대한 보충의견은 위 법리가 동산의 '양도'에 한정됨을 명백히 하면서 구분기준을 제시하였다.

동산 이중매매는 동산에 대한 권리가 상대방에게 이전되기 전 단계에서 계약상 의무를 불이행한 사안인 반면, 권리가 상대방에게 이전·귀속된 이후에는 이미 상대방에게 귀속된 재산권을 보호·관리할 의무로서 타인의 사무가 되므로 사안의 본질적인 구조가 다르다는 것이다. 동산을 점유개정 등으로 양도담보로 제공하여 담보권자에게 이미 담보권이 귀속되면 담보권자는 대외적으로 담보물의 소유권을 갖고 담보설정자는 이를 담보권자의 재산으로서 보호·관리하여야 할 의무를 부담하는 지위에 있어 타인의 사무에 해당한다고 명시하였다.

4) 제1전원합의체 판결 선고 후 동산담보에 관한 재판실무는, 담보권이 설정되기 전 단계에서 담보권을 설정해 줄 계약상 의무인지, 담보권이 설정되어 상대방에게 귀속된 이후 담보물을 보호·관리할 의무인지에 따라 '타인의 사무' 여부를 판단하였다.

최근 3년여 전까지 대법원 역시 같은 입장을 취하였다. 즉 대법원 2015. 06. 24. 선고 2015도2999 판결, 대법원 2016. 04. 28. 선고 2015도3188 판결, 대법원 2016. 08. 18. 선고 2016도7946 판결은 피고인이 상대방에게 점유개정방식으로 양도담보로 제공하되 계속 점유하던 동산을 제3자에게 처분한 사안에서, 제1전원합의체 판결의 기준을 명시하며 유죄를 선고한 원심판결에 배임죄 성립에 관한 법리오해의 위법이 없다고 판단하며 이를 수긍하였다.

위 3개의 대법원판결은 다수의견의 변경대상 판결 중 사건번호가 특정되지 않은 '같은 취지의 대법원판결들'에 포함되어 있을 것이다.

5) 다수의견은 계약의 전형적·본질적인 급부의 내용이 상대방의 재산상 사무를 일정한 권한을 가지고 대신 맡아 처리하는 것이어야 '타인의 사무'에 해당한다는 것이다.

그러나 확립된 대법원 판례는, 문제 된 사무 처리가 오로지 타인의 이익을 보호·관리하는 것만을 내용으로 할 필요는 없고 자신의 이익을 도모하는 성질을 아울러 가진다고 하더라도 타인을 위한 사무로서의 성질이 부수적·주변적인 의미를 넘어서 중요한 내용을 이루는 경우에는 '타인의 사무'에 해당한다는 법리를 유지하여 왔다.

비교적 최근 선고된 제3전원합의체 판결 역시 부동산 이중매매를 배임죄로 인정하는 종전 판례를 유지하면서 위 법리를 재확인한 다음, 부동산 매매계약에서 중도금 지급 등 계약이 본격적으로 이행되는 단계에 이른 때부터 매도인은 매수인의 재산보전에 협력하여 재산적 이익을 보호·관리할 신임관계에 있다고 판시하였다.

6) 제3전원합의체 판결 후 대법원 2019. 01. 10. 선고 2018도15584 판결, 대법원 2019. 11. 28. 선고 2019도13730 판결은 채무담보로 근저당권설정등기를 설정하기로 약정하였다가 제3자에게 근저당권설정등기를 마친 경우 배임죄의 유죄를 선고한 원심판결을 수긍하였는데, 그 과정에서 "근저당권설정등기는 상대방의 채권확보를 위한 부수적인 내용에 불과하여 타인의 사무에 해당하지 않는다."라는 주장이 배척되었다.

7) 이와 같이 다수의견의 견해는 '타인의 사무' 관련 많은 대법원판결들과 나아가 전원합의체 판결에서 표명된 법리와 부합되지 않는다. 게다가 양도담보권이 설정된 후 담보설정자가 대상

동산을 처분한 행위의 배신성은 제3전원합의체 판결의 사안보다 더 크다.

향후 담보권을 설정한 동산 이외의 재산(주식, 채권, 면허권 등)의 처분에 배임죄 성립을 인정한 대법원판결들의 유지 여부가 거론될 때마다 다수의견의 판례부정합성이 계속 문제 될 우려가 있고, 특정재산에 한정되지 않고 널리 위임 등으로 상대방에 대하여 부담하는 의무를 '약정의 본질적 내용'으로 보아 타인의 사무로 인정한 선례들의 유지 여부가 문제 되는 경우도 마찬가지이다.

8) 이 사건 쟁점은 추상적으로 규정된 처벌법규 해석의 영역이고 대상 재산, 범행 시기, 행위 태양이 구체적으로 특정되어 있다. 죄형법정주의 대원칙으로부터 곧바로 어느 쪽의 결론을 도출할 수 없다. 제3전원합의체 판결이 부동산 이중매매에 대하여 배임죄 성립을 긍정한다는 이유로 죄형법정주의에 어긋나는 판결이라고 비판한다면 그 지적이 타당하지 않은 것과 마찬가지이다.

9) 다수의견의 변경대상 판결 중 대법원 2010. 02. 25. 선고 2009도13187 판결은 채무자가 주식에 양도담보를 설정하기로 약정하고 아직 이행하지 아니한 상태에서 처분한 사안으로 본 전원합의체 판결과는 쟁점을 달리하고, 나머지 변경대상 판결들은 모두 '담보권설정 후' 담보목적물을 처분한 경우로서 '담보권설정 약정 불이행'과 무관하다는 점을 덧붙인다.

다. 담보설정에서 실행까지 단계별 법률효과와의 관련

1) 다수의견은 채무자가 목적물을 담보로 제공할 의무, 담보설정 후 담보를 유지·보전할 의무, 담보권 실행 시 담보물을 인도하고 상대방의 담보실행에 협조할 의무를 동일하게 취급하면서 이를 모두 채무자 자신의 사무라고 한다.

2) 다수의견은 담보설정에서 실행까지 단계별로 채무자가 부담하는 의무의 내용이 변화하고 이에 대응하여 당사자 관계의 전형적·본질적 내용 역시 변화한다는 점을 간과한 것일뿐더러, 그 단계별로 부담하는 의무의 법률적 평가에 관한 대법원 판례와 부합하지 않는다.

3) 채무자가 담보를 설정할 의무를 자신의 사무로 파악하는 데에는 이의가 없으며, 이 사건의 쟁점도 아니다. 그러나 일단 점유개정 등의 방법으로 담보를 설정한 후 담보를 유지·보전할 의무 및 그 이후 담보권 실행에 협조할 의무는 계약 당시와는 내용을 달리하는 것이어서, 최초단계의 약정이행의무가 채무자 자신의 사무라 하여 그 이후의 사무까지 같은 내용으로 포섭할 수는 없다.

부동산 매매에서 계약 시부터 계약금 지급 단계까지는 매도인 본인의 사무로 취급하고, 중도금 지급 등 계약이 본격적으로 이행되는 단계에 이른 때에는 매수인의 재산보전에 협력하여 재산적 이익을 보호·관리할 신임관계로서 '타인의 사무'로 인정되는 것과 같은 이치이다.

4) 동산을 양도담보로 제공하여 채권자가 점유개정의 방법으로 인도를 받았다면, 정산절차를 마치기 전이라도 양도담보권자인 채권자는 제3자에 대한 관계에 있어서는 담보목적물의 소유자로서 그 권리를 행사할 수 있다(대법원 1994. 08. 26. 선고 93다44739 판결 참조). 양도담보권자인 채권자가 제3자에게 담보목적물을 매각한 경우, 제3자는 채권자와 채무자 사이의 정산절차 종결 여부와 관계없이 양도담보 목적물을 인도받음으로써 소유권을 취득한다(대법원 2008. 11. 27. 선고 2006도4263 판결 참조).

담보권 실행 단계에 이르는 경우, 채권자는 담보목적물인 동산을 사적으로 타에 처분하거나 스스로 취득한 후 정산할 수 있고(대법원 2009. 11. 26. 선고 2006다37106 판결 참조), 환가로 인한 매득금에서 환가비용을 공제한 잔액 전부를 양도담보권자의 채권변제에 우선 충당할 수 있다(대법원 2000. 06. 23. 선고 99다65066 판결 참조).

5) 양도담보권이 설정된 후 채권자가 취득한 담보권의 내용은 위에서 본 바와 같이 강력한 권리를 포함하므로 채권자가 담보권과 관련하여 행사하는 권리의 내용은 '채권자의 사무'로서의 성격이 강하게 드러난다. 그 논리적 귀결로서 담보설정자가 부담하는 의무는 채권자를 위한 사무로서의 성질이 부수적·주변적인 의미를 넘어서 중요한 내용을 이루게 되고, '타인의 사무'에 해당하게 된다.

6) 이러한 점에서 동산담보설정 후의 법률관계는, 일반적으로 당사자 관계의 전형적·본질적 내용이 일방의 의무와 이에 대립하는 상대방의 권리로 구성되는 계약(예컨대 임대차계약을 체결하여 임대인이 임차인에게 목적물을 사용·수익하게 하고 계약종료 시 이를 반환받는 관계)과는 달리 취급되어야 하는 것이다.

라. 담보권의 목적과 의무내용의 구분

1) 다수의견은, 양도담보설정계약은 피담보채권의 발생을 위한 계약에 종된 계약이고, 양도담보설정 이후에도 당사자 관계의 전형적·본질적 의무는 피담보채무의 변제라고 한다. 채무자가 담보권설정 후 부담하는 각종 의무는 금전채무에 부수되고 종된 의무라고 보는 듯하다(다수의견은 이 사건에 대한 판단 부분에서 "담보설정자가 담보목적물을 보존할 의무는 채권의 만족이라는 궁극적인 목적을 위해 당연히 수반되는 의무에 불과하다."라고 한다).

2) 동산을 금전채무의 담보로 제공한 경우 채무자는 변제의무와 담보유지의무를 각기 부담하고 변제를 완료하면 담보유지의무가 소멸한다. 이러한 관계는 법률에서 담보권의 부종성을 인정하기 때문이고 그 내용은 담보권이 채권에 부종한다는 취지이다. 담보권이 소멸하면 그에 따라 채무자의 담보유지의무가 소멸한다.

그러나 금전소비대차계약에 따른 채무자의 의무와 담보설정계약에 따른 담보설정자의 의무는 각각 서로 다른 계약에 기초하여 발생한 의무이므로 이 두 의무를 놓고 배임죄의 타인의 사무를 판단하는 기준인 전형적·본질적 의무와 부수적·종된 의무로 구분 지을 수는 없다. 제2전원합의체 판결이 채무자가 대물변제예약에 따라 부동산에 관한 소유권이전등기절차를 이행할 의무를 '부수적 내용'이라고 표현한 것은 '대물변제예약'에 따른 '소유권이전등기절차를 이행할 의무'를 대상으로 칭한 것이다. 제2전원합의체 판결은 변경대상판결을 '담보를 위한 대물변제예약 사안'으로 특정하여 그러한 판결만을 폐기하였다.

이미 부동산에 관하여 민법 제369조가 저당권의 부종성을 명문으로 규정하고 있음에도 대법원이 채무자의 근저당권설정등기의무를 '타인의 사무'로 인정한 점에서도 알 수 있듯이, 민법상 금전채무와 담보권의 관계를 형법상 배임죄 성립요건으로서 '타인의 사무' 여부를 가리는 기준으로 삼을 수 없다.

3) 금전소비대차에 따라 채무자가 부담하는 의무의 전형적·본질적 내용은 '채무 변제'이다.

그러나 담보권설정에 있어서 채권실현은 담보권 실행의 목적이지 의무의 내용이 아니다. 담보권설정 후 당사자 관계의 전형적·본질적 내용은 채권실현(채무 변제)이 아니라 담보권 실행과 이를 위한 협조로서 담보물의 보관·유지가 된다.

4) 그 밖에 다수의견이 근거로 들고 있는 사정 중, 양도담보설정자가 담보목적물을 사용·수익하는 권한을 갖고 있다는 점은 본건 쟁점과 논리적인 관련이 없고, 점유매개관계의 기초가 되는 계약관계 등의 내용 등을 반드시 살펴보아야 한다는 내용은 이 사건에서 금전채무를 담보하기 위하여 양도담보를 설정한 사실관계가 다투어진 바 없다는 점에서 무관하다고 보여진다.

5) 결론적으로 다수의견이 들고 있는 근거들은 모두 이미 담보권을 취득한 상대방에 대하여 '타인의 사무'를 부정하기에 부족하다고 할 것이어서 판례변경의 근거가 될 수 없다.

마. 이 사건의 검토

1) 이 사건의 사실관계와 경위를 구체적으로 보아도 배임죄를 인정하는 것이 타당하다.

피고인은 2015. 12. 피해은행으로부터 대출을 받으면서 이 사건 크러셔를 양도담보로 제공하였는데 불과 3개월여 후인 2016. 3. 이를 매도하였다. 피고인은 위 담보물 처분 3개월여 후부터 저지른 다른 피해자들에 대한 사기범행으로도 경합범으로 기소되어 원심에서 유죄로 인정되었고 그 범죄사실에 따르면 당시 피고인에게 영업손실이 14억 원에 이르러 변제능력이 없었다는 것이다.

2) 이는 동산 양도담보설정자의 처분이 문제 되는 사건들에서 공통적으로 드러나는 사정이기도 하다.

담보설정자의 무자력으로 채무이행을 기대할 수 없는 상태에서 유일한 채권실현 수단인 담보물이 처분되었는데, '채무를 변제하면 양도담보권 또한 소멸한다'는 일반론은 공허하게 들린다.

대법원 판례와 해석론이 일치하여 배임죄의 본질에 관한 '배신설'의 입장을 취해 온 점도 고려할 수 있다.

3) 다수의견도 인정하는 것처럼 이 사건 양도담보계약서 제2조 등에서 '담보목적물은 설정자가 채권자의 대리인으로서 점유·사용·보전·관리하며 그 비용을 부담한다.'는 등의 기재가 있다. 이에 따라 채무자가 양도담보권 설정 후 담보물을 보관하고 담보가치를 유지할 의무는 채권자의 대리인으로서 갖는 의무이므로 전형적인 '타인의 사무'이다.

다수의견은 '전형적인 양도담보계약'이라거나 '피해은행이 별도로 담보목적물 보관사무를 위탁한 적이 없다'는 이유를 들어 처분문서의 문언과 달리 해석하여 '타인의 사무'가 아니라고 한다. 다수의견이 계약관계 등의 내용을 제대로 살펴보았다고 말하기 어렵다. 피고인이 양도담보설정 사실관계를 다투지 않았고 원심까지 계약서의 문언과 달리 해석되어야 할 사정이 주장되거나 심리된 바도 없다.

바. 결 론

채무자가 동산에 관하여 점유개정 등으로 양도담보권을 설정한 이후 채권자에 대하여 부담하는 담보물의 보관의무 및 담보가치 유지의무는 '타인의 사무'에 해당한다.

그 해석이 다수의견이 변경대상으로 지적하는 몇 개의 대법원판결을 넘어서 최근까지 이루어진 많은 대법원판결들 및 전원합의체 판결의 흐름에 부합하고, 범행 실체에 따른 처벌 필요성에 부응한다.

배임죄의 성부를 가르는 기준은 담보권설정 약정의 불이행인지, 담보권설정 후 유지관리임무를 위배한 처분인지에 달려 있고, 구체적인 사건에서 동산담보권이 설정되었는지 여부는 사실인정의 문제로서 사실심 재판과정에서 심리되어야 한다.

이상과 같은 이유로 다수의견의 견해에 찬성할 수 없음을 밝힌다.

7. 다수의견에 대한 대법관 권순일, 대법관 박상옥, 대법관 노정희, 대법관 김상환의 보충의견은 다음과 같다.

가. 형법 제355조 제2항의 배임죄는 타인의 사무를 처리하는 자가 그 임무에 위배하는 행위로써 재산상 이익을 취득하거나 제3자로 하여금 취득하게 하여 본인에게 손해를 가하는 것을 구성요건으로 하는 범죄이다. 대법원은 배임죄의 본질을 신임관계에 기한 타인의 신뢰를 저해하는 임무위배행위로써 타인에게 재산상 손해를 입게 하는 데에 있다고 파악하고, 이러한 '임무위배행위'에는 '처리하는 사무의 내용, 성질 등 구체적 상황에 비추어 법령의 규정, 계약의 내용 또는 신의칙상 당연히 할 것으로 기대되는 행위를 하지 않거나 당연히 하지 않아야 할 것으로 기대되는 행위를 함으로써 본인과의 신임관계를 저버리는 일체의 행위'가 포함된다고 판시하여 왔다(대법원 2008. 05. 29. 선고 2005도4640 판결, 대법원 2018. 05. 17. 선고 2017도4027 전원합의체 판결 등 참조). 나아가 위와 같은 배임죄의 본질 및 임무위배행위에 관한 규범적 해석에도 불구하고 그 개념의 추상성으로 인하여 배임죄의 성립이 지나치게 확대될 우려가 있으므로 배임죄의 행위주체인 '타인의 사무를 처리하는 자'의 범위를 죄형법정주의의 원칙상 그 사무의 본질에 입각하여 제한해석하여야 한다는 입장을 취하여 왔다. 즉 형법상 배임죄는 타인의 사무를 처리하는 자의 임무위배행위를 처벌하는 형벌법규이므로, 피고인의 행위가 임무위배행위에 해당하는지 여부를 판단하기 이전에 과연 그가 타인의 사무를 처리하는 자에 해당하는지 여부를 먼저 판단하여야 하고, 타인의 사무를 처리하는 자에 해당하는지 여부는 계약에서 신임관계의 유형과 정도를 살펴 그 신임관계의 전형적·본질적 내용이 타인의 재산을 보호·관리하는 것이어야 한다는 것이다. 그리고 이러한 입장에서 대법원은 동산 매매계약의 매도인은 매수인에 대하여 그의 사무를 처리하는 지위에 있지 아니하므로 매도인이 목적물을 매수인에게 인도하지 아니하고 타에 처분하였다 하더라도 배임죄가 성립하지 않는다고 하였고(대법원 2011. 01. 20. 선고 2008도10479 전원합의체 판결), 채무자가 담보목적으로 부동산에 관한 대물변제예약을 체결한 후 그 부동산을 제3자에게 임의로 처분하였다고 하더라도, 채무자가 대물변제예약에 따라 부동산에 관한 소유권을 이전해 줄 의무는 배임죄에서 말하는 타인의 사무가 아니라는 이유로 배임죄가 성립하지 않는다고 하였다(대법원 2014. 08. 21. 선고 2014도3363 전원합의체 판결). 다수의견은 이러한 판례의 취지에 충실히 따른 것이다.

대법원은 대법원 2018. 05. 17. 선고 2017도4027 전원합의체 판결에서 부동산 이중매매의 경우 배임죄가 성립한다는 종래의 견해를 유지하였다. 위 판결은 부동산이 국민의 경제생활에서 차지하는 비중이 크고, 부동산 매매대금은 통상 계약금, 중도금, 잔금으로 나뉘어 지급되는데, 매수인이 매도인에게 매매대금의 상당부분에 이르는 계약금과 중도금까지 지급하더라도 매도인의 이중매매를 방지할 충분한 수단이 마련되어 있지 않은 거래의 현실을 고려하여 부동산 이중매매의 경우 배임죄가 성립한다는 종래의 판례가 여전히 타당하다는 이유에서 종래의 견해를 유지한 것으로 볼 수 있다. 이러한 점에 비추어 보면, 위 판결을 이유로 다수의견이 대법원판결의 흐름에 반한다는 주장은 타당하지 않다.

한편 대법원은 '사무의 처리가 오로지 타인의 이익을 보호·관리하는 것만을 내용으로 하여야 할 필요는 없고, 자신의 이익을 도모하는 성질도 아울러 가진다고 하더라도 타인을 위한 사무로서의 성질이 부수적·주변적인 의미를 넘어서 중요한 내용을 이루는 경우에도 여기서 말하는 타인의 사무에 해당한다'고 판시한 바 있다(대법원 2012. 05. 10. 선고 2010도3532 판결, 대법원 2017. 04. 26. 선고 2017도2181 판결 등). 반대의견은 위와 같은 판시를 들어 '타인의 사무를 처리하는 자'의 해석에 관한 다수의견이 선례와 배치된다고 비판한다. 그러나 위와 같은 판시는 위임 등 계약에 기하여 위임인 등으로부터 맡겨진 사무를 처리하는 것이 약정된 보수 등을 얻기 위한 것이라 하더라도, 그 사무를 처리하는 자는 상대방과의 신임관계에서 그의 재산적 이익을 보호·관리하여야 할 지위에 있다는 취지로서 종전의 판례, 즉 '신임관계에 기초하여 타인의 재산상 이익을 보호·관리하는 것이 당사자 관계의 전형적·본질적 내용을 이루는 것이어야 한다'는 판단 기준을 변경하거나 확장한 것으로 볼 수 없다. 반대의견의 비판은 위와 같은 판시의 의미나 맥락을 고려하지 않은 것이어서 동의하기 어렵다.

나. 배임죄는 계약의 전형적·본질적 급부의 내용이 타인의 재산상 사무를 맡아 처리하는 데에 있는 경우 그 임무에 위배하는 행위로써 타인에게 재산상 손해를 가할 때 성립한다. 반면 행위자가 점유하고 있는 어떤 물건이나 권리가 타인에게 귀속되었는지 여부는 배임죄의 주체인 타인의 사무를 처리하는 자인지를 판가름할 요소가 아니다. 예를 들어, 회사의 이사가 회사에 대하여 '타인의 사무를 처리하는 자'의 지위에 있다고 보는 것은 이사가 회사와의 계약관계상 부담하는 전형적·본질적인 급부의 내용이 수임인으로서 회사의 재산상 사무를 맡아 처리하는 것에 있기 때문이다. 이 경우 이사에게 회사 재산을 관리하는 사무가 있다 하더라도 이사가 회사에 대한 관계에서 배임죄의 주체가 되는 것은 그가 위탁받은 사무 또는 위임인과의 신임관계의 유형이나 내용으로 인한 것이지 재산이 회사 소유이기 때문이 아니다.

특정 재산이나 권리를 양도하는 계약과 같은 대향적 계약관계에서 계약의 이행 단계에 따라 계약목적인 물건이나 권리가 계약상대방에게 귀속되었다 하여 그 계약관계의 전형적·본질적 내용이 신임관계에 기초하여 계약상대방의 재산상 이익을 보호·관리하는 데에 있게 된다고 볼 수는 없다. 대법원도 채무자가 채무를 담보하기 위하여 근저당권설정계약 또는 전세권설정계약을 체결하고 그 설정등기를 마쳐준 이후 등기관계 서류를 위조하여 그 등기를 말소한 사안에서 해당 등기를 임의로 말소하여서는 안 되는 것은 물권의 대세적 효력의 당연한 귀결로서 채무자를 포함한 모든 사람이 부담하는 의무이고 채무자가 담보제공약정에 따라 채권자의 재산의 관리보호를 위하여 특별히 부담하는 의무는 아니라는 이유로 배임죄가 성립하지 않는다고 판단한 바 있다(대법원 1987. 08. 18. 선고 87도201 판결, 대법원 2007. 08. 24. 선고 2007도3408 판결, 대법원 2010. 05. 27. 선고 2009도5738 판결 등 참조).

다. 대법원은 종래 채무자가 채권자에게 양도담보를 설정하되 그 담보물을 계속 점유하는 경우 채무자는 채권자인 양도담보권자가 담보의 목적을 달성할 수 있도록 이를 보관할 의무를 지게 되

채권자에 대하여 그의 사무를 처리하는 지위에 있게 된다고 판시하여 왔다. 종전 대법원판결들이 설시한 담보물 보관의무의 의미와 내용이 반드시 분명한 것은 아니지만, 그것이 채권자의 담보목적의 달성을 위하여 부담하는 채무자의 담보물 유지·보전의무나 담보물을 처분하거나 멸실·훼손하는 등의 행위를 하지 않을 소극적 의무라면 위에서 살펴본 것처럼 이를 들어 타인의 사무에 해당한다고 볼 수 없고, 채무자가 점유매개관계를 설정한 직접점유자로서 담보물을 점유하는 과정에서 이를 보관한다는 측면이 있다 하더라도 그것만으로는 채무자를 타인의 사무를 처리하는 자라고 할 수 없다.

예를 들어 임대차의 경우를 본다. 임대차계약이 체결되어 그 목적물이 임차인에게 인도되면 점유매개관계가 설정된다. 임차인은 임차목적물의 직접점유자, 임대인은 간접점유자의 지위에 서게 되고, 임차인은 임대인에게 임대목적물을 반환할 때까지 이를 제3자에게 처분하거나 멸실·훼손하는 등의 행위를 하지 않을 소극적 의무가 있다. 그럼에도 임대차계약의 전형적·본질적 내용은, 임대인이 임차인에게 임차목적물을 사용, 수익하게 하고, 임차인은 이에 대하여 차임을 지급하는 것이다(민법 제618조). 임차인이 임차목적물을 직접 점유하며 사용, 수익하는 것은 임대차계약에 기한 자신의 권리에 기한 것이지 임대인을 위하여 임차목적물을 보관·관리하는 사무를 처리하고 있는 것이 아니다. 임차인이 임차목적물을 점유하는 과정에서 이를 제3자에게 처분하지 않을 의무 등은 임대차계약 종료 시의 임차목적물 반환의무에 부수되는 소극적인 의무에 해당할 뿐이다. 이러한 의무를 근거로 임차인이 임대인과의 신임관계에 기초하여 임대인의 재산상 이익을 보호할 임무를 부여받았다거나 임대인의 재산상 이익을 보호하는 것이 임대차계약 관계의 전형적·본질적 내용을 이룬다고 말할 수는 없다. 따라서 임차인을 임대인에 대한 관계에서 배임죄에서 말하는 '타인의 사무를 처리하는 자'라고 할 수 없다.

요컨대 점유매개관계를 설정한 직접점유자가 타인의 사무를 처리하는 자의 지위에 있는지를 판단하기 위해서는 그 점유매개관계의 기초가 되는 계약관계 등의 내용을 반드시 살펴보아야 한다. 이를 살펴보지 아니한 채 점유매개관계에서 직접점유자에게 일반적으로 인정되는 보관자 지위를 근거로 혹은 채무의 이행이 타인의 이익을 위하여 중요하다는 이유로 만연히 당사자 관계의 본질적 내용이 타인의 재산 내지 재산적 이익을 보호·관리하는 데에 있다고 단정하는 것은 '타인의 사무를 처리하는 자'라는 배임죄의 구성요건 요소가 갖는 의미를 제대로 파악하지 않는 것이어서 타당하지 않다.

라. 계약은 지켜져야 하고, 계약관계에서 발생하는 당사자 간의 신뢰는 보호되어야 한다. 특히 반대의견에서 지적한 바와 같이, 채무자가 양도담보에 제공된 동산을 타에 처분하는 행위를 할 때에는 이 사건과 같이 이미 채무자가 변제능력을 거의 상실한 상태에 이른 경우가 많고, 따라서 채무자의 그러한 행위로 채권자는 채권을 변제받지 못하는 재산상 피해를 입게 된다. 이러한 점을 주목하여 형벌을 부과함으로써 그와 같은 행위를 예방할 필요성이 있다는 주장이 있을 수 있다. 그러나 헌법 제12조 제1항이 규정하고 있는 죄형법정주의 원칙상 형벌법규의 해석은 엄격하여야 하고 명확성의 원칙에 부합하여야 하며, 피고인에게 불리하게 확장해석하거나 유추해석하는 것은 허용되지 아니한다(대법원 2013. 11. 28. 선고 2012도4230 판결, 대법원 2017. 12. 21. 선고 2015도8335 전원합의체 판결 등 참조). 따라서 계약 위반 내지 계약상 의무의 불이행에 대하여 형벌법규에 의한 제재를 하기 위하여는 구성요건에의 해당 여부를 엄격하게 따져야 한다. 계약관

계에서 상대방의 이익과 신뢰를 저버리는 행위를 하였고, 그 행위가 비난가능성이 높다거나 처벌의 필요성이 크다는 이유만으로 배임죄의 죄책을 묻는 것은 죄형법정주의의 원칙에 부합하지 아니한다.

마. 별개의견은 '신탁적 양도설'의 입장에서 점유개정에 따라 담보목적물을 직접 점유하는 채무자는 타인의 재물을 보관하는 자에 해당하고, 그가 채권자의 허락 없이 제3자에게 담보목적물을 처분한 경우에는 횡령죄가 성립하므로 배임죄는 논할 필요가 없다고 주장한다. 결국 공소가 제기되지도, 원심에서 심판대상으로 삼지도 않았던 범죄사실인 횡령죄가 성립할 수 있으므로 이를 이유로 원심판결을 파기하여야 한다는 것이다. 동산 양도담보의 법적 구성에 관한 별개의견의 견해에 경청할 만한 부분이 있더라도, 이러한 별개의견은 양도담보로 제공한 동산을 점유하는 채무자는 자기의 물건을 보관하고 있는 셈이 되어 횡령죄의 주체가 될 수 없다는 현재 대법원 판례에 반하고, 배임죄와 횡령죄는 구성요건이 다른 별개의 범죄라는 점을 간과한 주장이며, 무엇보다 이러한 별개의견의 태도는 불고불리의 원칙이나 대법원의 심판범위 등에 관한 형사소송절차의 기본 원칙에 부합하지 아니하여 동의하기 어렵다.

이상과 같이 다수의견의 논거를 보충한다.

● 대법원 2018. 05. 17. 선고 2017도4027 전원합의체 판결 【특정경제범죄가중처벌등에관한법률위반(배임)·특정경제범죄가중처벌등에관한법률위반(증재등)】

【판시사항】

[1] 부동산 매매계약에서 중도금이 지급되는 등 계약이 본격적으로 이행되는 단계에 이른 경우, 그때부터 매도인은 배임죄에서 말하는 '타인의 사무를 처리하는 자'에 해당하는지 여부(적극) 및 그러한 지위에 있는 매도인이 매수인에게 계약 내용에 따라 부동산의 소유권을 이전해 주기 전에 그 부동산을 제3자에게 처분하고 제3자 앞으로 그 처분에 따른 등기를 마쳐 준 경우, 배임죄가 성립하는지 여부(적극)

[2] 부동산 매도인인 피고인이 매수인 갑 등과 매매계약을 체결하고 갑 등으로부터 계약금과 중도금을 지급받은 후 매매목적물인 부동산을 제3자 을 등에게 이중으로 매도하고 소유권이전등기를 마쳐 주어 구 특정경제범죄 가중처벌 등에 관한 법률 위반(배임)으로 기소된 사안에서, 제반 사정을 종합하면 피고인의 행위는 갑 등과의 신임관계를 저버리는 임무위배행위로서 배임죄가 성립하고, 피고인에게 배임의 범의와 불법이득의사가 인정됨에도, 이와 달리 보아 공소사실을 무죄로 판단한 원심판결에 배임죄에서 '타인의 사무를 처리하는 자', 범의 등에 관한 법리오해의 위법이 있다고 한 사례

【판결요지】

[1] [다수의견]

부동산 매매계약에서 계약금만 지급된 단계에서는 어느 당사자나 계약금을 포기하거나 그 배액을 상환함으로써 자유롭게 계약의 구속력에서 벗어날 수 있다. 그러나 중도금이 지급되는 등 계약이 본격적으로 이행되는 단계에 이른 때에는 계약이 취소되거나 해제되지 않는 한 매도인은 매수인에게 부동산의 소유권을 이전해 줄 의무에서 벗어날 수 없다. 따라서 이러한 단계에 이른 때에 매도인은 매수인에 대하여 매수인의 재산보전에 협력하여 재산적 이익을 보호·관리할 신임관계에 있게 된다. 그때부터 매도인은 배임죄에서 말하는 '타인의 사무를 처리하는 자'에 해당한다고 보아야 한다. 그러한 지위에 있는 매도인이 매수인에게 계약 내용에 따라 부동산의 소유권을 이전해 주기 전에 그 부동산을 제3자에게 처분하고 제3자 앞으로 그 처분에 따른 등기를 마쳐 준 행위는 매수인의 부동산 취득 또는 보전에 지장을 초래하는 행위이다. 이는 매수인과의 신임관계를 저버리는 행위로서 배임죄가 성립한다.

그 이유는 다음과 같다.

① 배임죄는 타인과 그 재산상 이익을 보호·관리하여야 할 신임관계에 있는 사람이 신뢰를 저버리는 행위를 함으로써 타인의 재산상 이익을 침해할 때 성립하는 범죄이다. 계약관계에 있는 당사자 사이에 어느 정도의 신뢰가 형성되었을 때 형사법에 의해 보호받는 신임관계가 발생한다고 볼 것인지, 어떠한 형태의 신뢰위반 행위를 가벌적인 임무위배행위로 인정할 것인지는 계약의 내용과 이행의 정도, 그에 따른 계약의 구속력 정도, 거래 관행, 신임관계의 유형과 내용, 신뢰위반의 정도 등을 종합적으로 고려하여 타인의 재산상 이익 보호가 신임관계의 전형적·본질적 내용이 되었는지, 해당 행위가 형사법의 개입이 정당화될 정도의 배신적인 행위인지 등에 따라 규범적으로 판단해야 한다. 이와 같이 배임죄의 성립 범위를 확정함에 있어서는 형벌법규로서의 배임죄가 본연의 기능을 다하지 못하게 되어 개인의 재산권 보호가 소홀해지지 않도록 유의해야 한다.

② 우리나라에서 부동산은 국민의 기본적 생활의 터전으로 경제활동의 근저를 이루고 있고, 국민 개개인이 보유하는 재산가치의 대부분을 부동산이 차지하는 경우도 상당하다. 이렇듯 부동산이 경제생활에서 차지하는 비중이나 이를 목적으로 한 거래의 사회경제적 의미는 여전히 크다.

③ 부동산 매매대금은 통상 계약금, 중도금, 잔금으로 나뉘어 지급된다. 매수인이 매도인에게 중도금을 지급하면 당사자가 임의로 계약을 해제할 수 없는 구속력이 발생한다(민법 제565조 참조). 그런데 매수인이 매도인에게 매매대금의 상당부분에 이르는 계약금과 중도금까지 지급하더라도 매도인의 이중매매를 방지할 보편적이고 충분한 수단은 마련되어 있지 않다. 이러한 상황에서도 매수인은 매도인이 소유권이전등기를 마쳐 줄 것으로 믿고 중도금을 지급한다. 즉 매수인은 매도인이 소유권이전등기를 마쳐 줄 것이라는 신뢰에 기초하여 중도금을 지급하고, 매도인 또한 중도금이 그러한 신뢰를 바탕으로 지급된다는 것을 인식하면서 이를 받는다. 따라서 중도금이 지급된 단계부터는 매도인이 매수인의 재산보전에 협력하는 신임관계가 당사자 관계의 전형적·본질적 내용이 된다. 이러한 신임관계에 있는 매도인은 매수인의 소유권 취득 사무를 처리하는 자로서 배임죄에서 말하는 '타인의 사무를 처리하는 자'에 해당하게 된다. 나아가 그러한 지위에 있는 매도인이 매수인에게 소유권을 이전하기 전에 고의로 제3자에게

목적부동산을 처분하는 행위는 매매계약상 혹은 신의칙상 당연히 하지 않아야 할 행위로서 배임죄에서 말하는 임무위배행위로 평가할 수 있다.

④ 대법원은 오래전부터 부동산 이중매매 사건에서, 매도인은 매수인 앞으로 소유권이전등기를 마칠 때까지 협력할 의무가 있고, 매도인이 중도금을 지급받은 이후 목적부동산을 제3자에게 이중으로 양도하면 배임죄가 성립한다고 일관되게 판결함으로써 그러한 판례를 확립하여 왔다. 이러한 판례 법리는 부동산 이중매매를 억제하고 매수인을 보호하는 역할을 충실히 수행하여 왔고, 현재 우리의 부동산 매매거래 현실에 비추어 보더라도 여전히 타당하다. 이러한 법리가 부동산 거래의 왜곡 또는 혼란을 야기하는 것도 아니고, 매도인의 계약의 자유를 과도하게 제한한다고 볼 수도 없다. 따라서 기존의 판례는 유지되어야 한다.

[대법관 김창석, 대법관 김신, 대법관 조희대, 대법관 권순일, 대법관 박정화의 반대의견]

다수의견은 부동산 거래에서 매수인 보호를 위한 처벌의 필요성만을 중시한 나머지 형법의 문언에 반하거나 그 문언의 의미를 피고인에게 불리하게 확장하여 형사법의 대원칙인 죄형법정주의를 도외시한 해석일 뿐 아니라, 동산 이중매매와 부동산 대물변제예약 사안에서 매도인 또는 채무자에 대하여 배임죄의 성립을 부정하는 대법원판례의 흐름과도 맞지 않는 것이어서 찬성하기 어렵다.

배임죄에서 '타인의 사무'는 먼저 문언의 통상적 의미에 비추어 볼 때, 타인에게 귀속되는 사무로서 사무의 주체가 타인이어야 한다. 즉 본래 타인이 처리하여야 할 사무를 그를 대신하여 처리하는 것이어야 한다. 나아가 배임죄의 본질은 본인과의 내부관계 내지 신임관계에서 발생하는 본인의 재산적 이익을 보호할 의무를 위반하여 타인의 재산권을 침해하는 데에 있다는 점을 고려하면, 신임관계에 기초하여 위와 같은 의미의 '타인의 사무'를 처리하게 된 것이어야 하고, 사무 자체의 내용이나 신임관계의 본질적 내용이 타인의 재산적 이익을 보호·관리하는 것이어야 한다. 따라서 계약의 일방 당사자가 상대방에게 계약의 내용에 따른 의무를 성실하게 이행하고, 그로 인해 상대방은 계약상 권리의 만족이라는 이익을 얻는 관계에 있더라도 그 의무의 이행이 위와 같은 의미의 '타인의 사무'에 해당하지 않는다면, 그것은 '자기의 사무'에 불과할 뿐이다.

부동산 매매계약이 체결된 경우, 계약 체결과 동시에 그 계약의 효력으로 매도인에게는 부동산 소유권이전의무가 발생하고, 매수인에게는 매매대금 지급의무가 발생한다. 매도인이나 매수인의 이러한 의무는 매매계약에 따른 각자의 '자기의 사무'일 뿐 '타인의 사무'에 해당한다고 볼 수 없다. 매도인의 재산권이전의무나 매수인의 대금지급의무는 매매계약에 의하여 발생한 것으로 본래부터 상대방이 처리하여야 할 사무도 아니고, 신임관계에 기초하여 상대방에게 위탁된 것이라고 볼 수도 없으며, 계약상대방의 재산적 이익을 보호·관리하는 것이 매매계약의 전형적·본질적 내용이라고도 볼 수 없기 때문이다. 매매계약에서 당사자들은 각자의 계약상 권리의 만족을 위해 상대방에게 그 반대급부를 이행하여야 하는 대향적 거래관계에 있을 뿐이다. 설사 매도인에게 등기협력의무가 있다거나 매수인의 재산취득사무에 협력할 의무가 있다고 주장해도 그 '협력의무'의 본질은 소유권이전의무를 달리 표현한 것에 지나지 않으니 그 부당함은 마찬가지이다.

만약 매도인에게 매수인의 재산보전에 협력할 의무가 있다고 가정하면, 쌍무계약의 본질에 비추어 상대방인 매수인에게도 매도인의 재산보전에 협력할 의무가 있다고 보아야 균형이 맞다. 그러나 판례는 잔금을 지급하기 전에 소유권을 먼저 이전받은 매수인이 부동산을 담보로 대출을 받아 매매잔금을 지급하기로 한 약정을 이행하지 않고 다른 용도로 근저당권을 설정한 사안에서 매수인인 피고인에게 배임죄가 성립하지 않는다고 판단하여 이를 부정한 바 있다. 다수의견에 따르면 계약 당사자 사이의 대등한 법적 지위의 보장을 전제로 하는 쌍무계약에서 매도인과 매수인의 상대방에 대한 재산보전에 협력할 의무의 유무를 달리 보는 이유에 대한 납득할 만한 설명을 할 수 없다.

또한 다수의견에 따르면, 매도인이 제2매수인으로부터 중도금을 받았다면 제2매수인에 대한 관계에서도 마찬가지로 그 재산보전에 협력하여 재산적 이익을 보호·관리할 신임관계에 있다고 보아야 한다. 그런데 판례는 매도인이 제2매수인에게 소유권이전등기를 마쳐 준 경우에는 제1매수인에 대한 관계에서 배임죄의 성립을 인정하는 반면, 제1매수인에게 소유권이전등기를 마쳐 준 경우에는 제2매수인으로부터 중도금 또는 잔금까지 받았다고 하더라도 그에 대한 관계에서는 배임죄가 성립하지 않는다고 본다. 소유권이전등기를 마쳐 물권을 취득하기 전에는 채권자로서 대등한 법적 지위를 보장받아야 할 제1매수인과 제2매수인에 대하여 배임죄 성립에 있어서 보호 정도를 달리할 논리적 근거는 어디에서도 찾아볼 수 없다.

한편 다수의견과 같이 매수인의 재산보전에 협력할 의무가 있음을 이유로 매도인이 '타인의 사무를 처리하는 자'에 해당하여 그를 배임죄로 처벌할 수 있다고 본다면, 이는 대법원이 종래 동산 이중매매 사건에서 선고한 판시와 배치된다.

[2] 부동산 매도인인 피고인이 매수인 갑 등과 매매계약을 체결하고 갑 등으로부터 계약금과 중도금을 지급받은 후 매매목적물인 부동산을 제3자 을 등에게 이중으로 매도하고 소유권이전등기를 마쳐 주어 구 특정경제범죄 가중처벌 등에 관한 법률(2016. 1. 6. 법률 제13719호로 개정되기 전의 것) 위반(배임)으로 기소된 사안에서, 갑 등이 피고인에게 매매계약에 따라 중도금을 지급하였을 때 매매계약은 임의로 해제할 수 없는 단계에 이르렀고, 피고인은 갑 등에 대하여 재산적 이익을 보호할 신임관계에 있게 되어 타인인 갑 등의 부동산에 관한 소유권 취득 사무를 처리하는 자가 된 점, 갑 등이 잔금 지급기일이 지나도 부동산을 인도받지 못하자 피고인에게 보낸 통고서의 내용은, 갑 등이 피고인에게 요구조건을 받아들일 것을 촉구하면서 이를 받아들이지 않으면 매매계약을 해제하겠다는 취지일 뿐 그 자체로 계약 해제의 의사표시가 포함되어 있다고 보기 어려운 점, 피고인은 매매계약이 적법하게 해제되지 않은 상태에서 갑 등에 대한 위와 같은 신임관계에 기초한 임무를 위배하여 부동산을 을 등에게 매도하고 소유권이전등기를 마쳐 준 점, 비록 피고인이 당시 임차인으로부터 부동산을 반환받지 못하여 갑 등에게 이를 인도하지 못하고 있었고, 갑 등과 채무불이행으로 인한 손해배상과 관련한 말들을 주고받았더라도, 매매계약이 적법하게 해제되지 않고 유효하게 유지되고 있었던 이상 위와 같은 신임관계가 소멸되었다고 볼 수 없는 점을 종합하면, 피고인의 행위는 갑 등과의 신임관계를 저버리는 임무위배행위로서 배임죄가 성립하고, 또한 매매계약은 당시 적법하게 해제되지 않았고, 설령 피고인이 적법하게 해제되었다고 믿었더라도 그 믿음에 정당한 사유가 있다고 보기 어려워 피고인에게 배임의 범의와 불법이득의사가 인정됨에도, 이와 달리 보아 공소사실을 무죄로 판단한 원심판결에 배임죄에서 '타인의 사무를 처리하는 자', 범의 등에 관한 법리오해의 위법이 있다고 한 사례.

【참조조문】 [1] 헌법 제12조 제1항, 형법 제1조 제1항, 제355조 제2항, 민법 제565조 / [2] 형법 제355조 제2항, 구 특정경제범죄 가중처벌 등에 관한 법률(2016. 1. 6. 법률 제13719호로 개정되기 전의 것) 제3조 제1항 제2호, 민법 제565조

【참조판례】 [1] 대법원 1975. 12. 23. 선고 74도2215 판결(공1976, 8956), 대법원 1983. 10. 11. 선고 83도2057 판결(공1983, 1683), 대법원 1985. 1. 29. 선고 84도1814 판결(공1985, 405), 대법원 1986. 12. 9. 선고 86도1112 판결(공1987, 180), 대법원 1992. 12. 24. 선고 92도1223 판결(공1993상, 661), 대법원 2005. 10. 28. 선고 2005도5713 판결(공2005하, 1909), 대법원 2008. 7. 10. 선고 2008도3766 판결, 대법원 2009. 2. 26. 선고 2008도11722 판결(공2009상, 401), 대법원 2011. 1. 20. 선고 2008도10479 전원합의체 판결(공2011상, 482), 대법원 2011. 4. 28. 선고 2011도3247 판결(공2011상, 1223), 대법원 2011. 6. 30. 선고 2011도1651 판결(공2011하, 1574), 대법원 2012. 1. 26. 선고 2011도15179 판결, 대법원 2014. 8. 21. 선고 2014도3363 전원합의체 판결(공2014하, 1923)

【전 문】
【피 고 인】 피고인
【상 고 인】 검사
【변 호 인】 변호사 김선관 외 2인
【원심판결】 서울고법 2017. 2. 23. 선고 2016노2860 판결

【주 문】

원심판결 중 특정경제범죄 가중처벌 등에 관한 법률 위반(배임) 부분을 파기하고, 이 부분 사건을 서울고등법원에 환송한다. 검사의 나머지 상고를 기각한다.

【이 유】

상고이유를 판단한다.

1. 사건의 개요와 쟁점

가. 이 사건의 주요 경위는 아래와 같다.

(1) 피고인은 2014. 8. 20. 피해자들에게 피고인, 공소외 1, 공소외 2, 공소외 3 공동 소유인 서울 금천구 (주소 생략)에 있는 '○○○○' 지하 1층 △△△호(이하 '이 사건 부동산'이라 한다)를 13억 8,000만 원에 매도하는 계약(이하 '이 사건 매매계약'이라 한다)을 체결하였다. 피고인이 계약 당일 계약금 2억 원, 2014. 9. 20. 중도금 6억 원, 2014. 11. 30. 소유권이전등기에 필요한 서류와 상환으로 잔금 5억 8,000만 원을 지급받고 2014. 11. 30.까지 피해자들에게 이 사건 부동산을 인도한다는 내용이었다.

(2) 피고인은 피해자들로부터 계약 당일 2억 원, 2014. 9. 30. 중도금 6억 원을 지급받았다.

(3) 피고인은 2015. 4. 13. 공소외 4, 공소외 5(이하 '공소외 4 등'이라 한다)에게 이 사건 부동산을 매매대금 15억 원에 매도하고 2015. 4. 17. 그 소유권이전등기를 마쳐 주었다.

나. 이 사건 공소사실은 피고인의 위와 같은 행위가 특정경제범죄 가중처벌 등에 관한 법률 위반(배임)죄에 해당한다는 취지이다. 이에 대하여 원심은, 피고인이 배임죄의 주체인 '타인의 사무를 처리하는 자'의 지위에 있다고 보기 어렵고, 배임의 고의나 불법이득의사가 인정된다고 단정하기 어렵다는 이유로, 이 부분 공소사실을 무죄로 판단하였다.

다. 이 사건의 쟁점은 이른바 '부동산 이중매매'를 한 매도인에게 배임죄가 성립하는지 여부이다.

2. 부동산을 이중으로 매도한 매도인에게 배임죄가 성립하는지

가. 형법 제355조 제2항의 배임죄는 타인의 사무를 처리하는 자가 그 임무에 위배하는 행위를 하여 재산상 이익을 취득하거나 제3자로 하여금 이를 취득하게 하여 본인에게 손해를 가한 때 성립하는 범죄이다. 그 본질은 신임관계에 기초한 타인의 신뢰를 저버리는 행위를 하여 그 타인에게 재산상 손해를 입히는 데에 있다. 따라서 배임죄의 주체로서 '타인의 사무를 처리하는 자'라고 하려면 타인과의 내부적인 관계에서 신의성실의 원칙에 비추어 타인의 사무를 처리할 신임관계에 있게 되어 그 신임관계에 기초하여 타인의 재산적 이익을 보호·관리하는 것이 당사자 관계의 전형적·본질적 내용이 되는 지위에 있는 사람이어야 한다. 그 사무의 처리가 오로지 타인의 이익을 보호·관리하는 것만을 내용으로 할 필요는 없고, 자신의 이익을 도모하는 성질을 아울러 가진다고 하더라도 타인을 위한 사무로서의 성질이 부수적·주변적인 의미를 넘어서 중요한 내용을 이루는 경우에는 '타인의 사무를 처리하는 자'에 해당한다(대법원 2005. 03. 25. 선고 2004도6890 판결, 대법원 2012. 05. 10. 선고 2010도3532 판결 등 참조).

배임죄의 구성요건행위인 '그 임무에 위배하는 행위'란 처리하는 사무의 내용, 성질 등 구체적 상황에 비추어 법률의 규정, 계약의 내용 혹은 신의칙상 당연히 할 것으로 기대되는 행위를 하지 않거나 당연히 하지 않아야 할 것으로 기대되는 행위를 하여 본인과의 신임관계를 저버리는 일체의 행위를 말한다(대법원 2000. 03. 14. 선고 99도457 판결 등 참조).

나. 부동산 매매계약에서 계약금만 지급된 단계에서는 어느 당사자나 계약금을 포기하거나 그 배액을 상환함으로써 자유롭게 계약의 구속력에서 벗어날 수 있다. 그러나 중도금이 지급되는 등 계약이 본격적으로 이행되는 단계에 이른 때에는 계약이 취소되거나 해제되지 않는 한 매도인은 매수인에게 부동산의 소유권을 이전해 줄 의무에서 벗어날 수 없다. 따라서 이러한 단계에 이른 때에 매도인은 매수인에 대하여 매수인의 재산보전에 협력하여 재산적 이익을 보호·관리할 신임관계에 있게 된다. 그때부터 매도인은 배임죄에서 말하는 '타인의 사무를 처리하는 자'에 해당한다고 보아야 한다. 그러한 지위에 있는 매도인이 매수인에게 계약 내용에 따라 부동산의 소유권을 이전해 주기 전에 그 부동산을 제3자에게 처분하고 제3자 앞으로 그 처분에 따른 등기를 마쳐 준 행위는 매수인의 부동산 취득 또는 보전에 지장을 초래하는 행위이다. 이는 매수인과의 신임관계를 저버리는 행위로서 배임죄가 성립한다(대법원 1975. 12. 23. 선고 74도2215 판결, 대법원 1983. 10. 11. 선고 83도2057 판결, 대법원 1985. 01. 29. 선고 84도1814 판결 등 참조).

다. 그 이유는 다음과 같다.

(1) 앞서 본 바와 같이 배임죄는 타인과 그 재산상 이익을 보호·관리하여야 할 신임관계에 있는 사람이 신뢰를 저버리는 행위를 함으로써 타인의 재산상 이익을 침해할 때 성립하는 범죄이다. 계약관계에 있는 당사자 사이에 어느 정도의 신뢰가 형성되었을 때 형사법에 의해 보호받는 신임관계가 발생한다고 볼 것인지, 어떠한 형태의 신뢰위반 행위를 가벌적인 임무위배행위로 인정할 것인지는 계약의 내용과 그 이행의 정도, 그에 따른 계약의 구속력의 정도, 거래의 관행, 신임관계의 유형과 내용, 신뢰위반의 정도 등을 종합적으로 고려하여 타인의 재산상 이익 보호가 신임관계의 전형적·본질적 내용이 되었는지, 해당 행위가 형사법의 개입이 정당화될 정도의 배신적인 행위인지 등에 따라 규범적으로 판단해야 한다. 이와 같이 배임죄의 성립 범위를 확정함에 있어서는 형벌법규로서의 배임죄가 그 본연의 기능을 다하지 못하게 되어

개인의 재산권 보호가 소홀해지지 않도록 유의해야 한다.

(2) 우리나라에서 부동산은 국민의 기본적 생활의 터전으로 경제활동의 근저를 이루고 있고, 국민 개개인이 보유하는 재산가치의 대부분을 부동산이 차지하는 경우도 상당하다. 이렇듯 부동산이 경제생활에서 차지하는 비중이나 이를 목적으로 한 거래의 사회경제적 의미는 여전히 크다.

(3) 부동산 매매대금은 통상 계약금, 중도금, 잔금으로 나뉘어 지급된다. 매수인이 매도인에게 중도금을 지급하면 당사자가 임의로 계약을 해제할 수 없는 구속력이 발생한다(민법 제565조 참조). 그런데 매수인이 매도인에게 매매대금의 상당부분에 이르는 계약금과 중도금까지 지급하더라도 매도인의 이중매매를 방지할 보편적이고 충분한 수단은 마련되어 있지 않다. 이러한 상황에서도 매수인은 매도인이 소유권이전등기를 마쳐 줄 것으로 믿고 중도금을 지급한다. 즉 매수인은 매도인이 소유권이전등기를 마쳐 줄 것이라는 신뢰에 기초하여 중도금을 지급하고, 매도인 또한 중도금이 그러한 신뢰를 바탕으로 지급된다는 것을 인식하면서 이를 받는다. 따라서 중도금이 지급된 단계부터는 매도인이 매수인의 재산보전에 협력하는 신임관계가 당사자 관계의 전형적·본질적 내용이 된다. 이러한 신임관계에 있는 매도인은 매수인의 소유권 취득 사무를 처리하는 자로서 배임죄에서 말하는 '타인의 사무를 처리하는 자'에 해당하게 된다. 나아가 그러한 지위에 있는 매도인이 매수인에게 소유권을 이전하기 전에 고의로 제3자에게 목적부동산을 처분하는 행위는 매매계약상 혹은 신의칙상 당연히 하지 않아야 할 행위로서 배임죄에서 말하는 임무위배행위로 평가할 수 있다.

(4) 대법원은 오래전부터 부동산 이중매매 사건에서, 매도인은 매수인 앞으로 소유권이전등기를 마칠 때까지 협력할 의무가 있고, 매도인이 중도금을 지급받은 이후 목적부동산을 제3자에게 이중으로 양도하면 배임죄가 성립한다고 일관되게 판결함으로써 그러한 판례를 확립하여 왔다(대법원 1975. 12. 23. 선고 74도2215 판결, 대법원 1983. 10. 11. 선고 83도2057 판결, 대법원 1985. 01. 29. 선고 84도1814 판결, 대법원 2005. 10. 28. 선고 2005도5713 판결, 대법원 2008. 07. 10. 선고 2008도3766 판결, 대법원 2011. 06. 30. 선고 2011도1651 판결, 대법원 2012. 01. 26. 선고 2011도15179 판결 등 참조). 이러한 판례 법리는 부동산 이중매매를 억제하고 매수인을 보호하는 역할을 충실히 수행하여 왔고, 현재 우리의 부동산 매매거래 현실에 비추어 보더라도 여전히 타당하다. 이러한 법리가 부동산 거래의 왜곡 또는 혼란을 야기하는 것도 아니고, 매도인의 계약의 자유를 과도하게 제한한다고 볼 수도 없다. 따라서 기존의 판례는 유지되어야 한다.

라. 한편 부동산의 매도인이 매수인으로부터 중도금까지 수령한 후 제3자와 새로운 매매계약을 체결하고 제3자 앞으로 소유권이전등기를 마쳐 주었다면, 당초의 매매계약이 적법하게 해제되었다거나 매매계약이 적법하게 해제된 것으로 믿었고 그 믿음에 정당한 이유가 있다는 등의 특별한 사정이 없는 한 매도인에게 배임의 범의가 인정된다(대법원 1990. 11. 13. 선고 90도153 판결, 대법원 2006. 05. 12. 선고 2006도1140 판결 등 참조).

3. 원심의 판단

원심은 다음과 같은 이유로 특정경제범죄 가중처벌 등에 관한 법률 위반(배임) 부분 공소사실을 유죄로 인정한 제1심판결을 파기하고 무죄를 선고하였다.

가. 부동산 이중매매의 경우 매도인이 매수인으로부터 중도금을 지급받았더라도 구체적인 사안에 따라서는 배임죄의 주체인 타인의 사무를 처리하는 자라고 보기 어려운 경우가 있다.

나. 매도인인 피고인은 이 사건 매매계약에 따라 피해자들로부터 중도금을 수령하였고, 그 매매계약이 적법하게 해제된 것으로 보기는 어렵다. 그렇더라도 아래의 사정 등을 고려하면, 피고인이 이중매매를 할 당시 피해자들과의 신임관계에 비추어 타인의 사무를 처리하는 자의 지위에 있었다거나 피고인에게 배임의 범의나 불법이득의 의사가 인정된다고 단정하기 어렵다.

  (1) 피해자들은 이 사건 부동산에서 식당 영업을 하기 위하여 이 사건 매매계약을 체결하였고, 피고인도 이를 알고 있었다.

  (2) 피고인은 이중매매 당시, 이 사건 부동산 임차인과의 분쟁으로 피해자들에게 이 사건 부동산을 인도할 수 없는 처지에 있었고, 피해자들은 피고인 입장에서 수용하기 어려운 손해합의금을 요구하면서 요구조건이 받아들여지기 전까지는 소유권을 이전받지 않으려고 하였다.

  (3) 따라서 피고인과 피해자들 사이에 이 사건 매매계약에 따른 소유권이전에 관한 신뢰와 기대, 신임관계가 유지되고 있었다거나 피고인에게 피해자들의 소유권 취득에 협력할 신의칙상 의무가 있었다고 단정하기 어렵다.

4. 대법원의 판단

가. 원심판결 이유 및 적법하게 채택된 증거들에 의하면, 다음과 같은 사실을 알 수 있다.

  (1) 피고인은 피해자들과 이 사건 매매계약을 체결하고, 계약 당일 2억 원, 2014. 9. 30. 중도금 6억 원을 지급받았다. 피고인은 잔금 지급기일인 2014. 11. 30.이 지나도록 임차인으로부터 이 사건 부동산을 반환받지 못하여, 피해자들에게 이 사건 부동산을 인도하지 못하였다.

  (2) 피해자들은 잔금 지급기일이 지나도 이 사건 부동산을 인도받지 못하자 2014. 12. 17.경 피고인에게 통고서(이하 '이 사건 통고서'라 한다)를 보냈다. 그 내용은 '피고인이 요구조건(인도 유예기간 3개월 동안 예상수익 월 2,025만 원 내지 2,430만 원씩의 비율에 의한 돈을 매매대금 잔금에서 공제하는 내용 등)을 받아들이지 않으면 이 사건 매매계약을 해제하고 원상회복으로 계약금, 중도금과 특별손해까지 청구하겠으니 2014. 12. 31.까지 결정하라'는 것이다.

  (3) 피해자 공소외 6은 2015. 4. 7. 피고인에게 전화로 '소유권을 주시면 임차인과의 소송은 피고인이 마무리 해주실 거예요?', '이 사건 통고서를 보낸 변호사에게, 최종 목적은 부동산 매매이고, 일단은 합의가 우선이니, 해지는 보류하고 일단 기다리라고 말했다', '나도 실리를 추구하는 사람인데, 매매계약을 파기할 거면 진즉에 했지, 여태까지 기다렸겠느냐'는 취지로 말하였다.

  (4) 피고인은 2015. 4. 13. 공소외 4 등에게 이 사건 부동산을 매매대금 15억 원에 매도하고 2015. 4. 17. 그 소유권이전등기를 마쳐 주었다.

  (5) 피고인은, 이 사건 부동산을 이미 공소외 4 등에게 매도한 이후인 2015. 4. 14.경 피해자 공소외 6과 통화를 하면서, 공소외 4 등에게 이 사건 부동산을 매도한 사실을 말하지는 않으면서, '이 사건 매매계약을 없던 일로 해주었으면 좋겠다'고 말하였고, 피해자 공소외 6은 '그거는 아니라고 말씀을 드렸다', '다음 주에 소유권 이전해 주시고, 합의금을 6,000만 원으로 해주세요'라는 취지로 말하였다. 피고인이 2015. 4. 15. 지급받은 대금을 반환하겠다고 하자

피해자 공소외 6은 이를 거부하면서 '소유권이전 조건으로 지금까지 기다린 기간에 대해서 잔금으로 공제하는 것으로 말씀드렸는데 무슨 말씀입니까?'라고 반문하였다.

(6) 피해자들은 2015. 4. 21. 피고인을 상대로 매매대금 반환 등을 구하는 소를 제기하면서 그 소장 부본 송달로써 이 사건 매매계약을 해제한다는 의사표시를 하였다.

나. 이러한 사실관계를 위 법리에 비추어 살펴보면 다음과 같이 판단할 수 있다.

(1) 피해자들이 피고인에게 이 사건 매매계약에 따라 중도금을 지급하였을 때 이 사건 매매계약은 임의로 해제할 수 없는 단계에 이르렀고, 피고인은 피해자들에 대하여 그 재산적 이익을 보호할 신임관계에 있게 되어 타인인 피해자들의 이 사건 부동산에 관한 소유권 취득 사무를 처리하는 자가 되었다.

(2) 이 사건 통고서의 내용은, 피해자들이 피고인에게 요구조건을 받아들일 것을 촉구하면서 이를 받아들이지 않으면 이 사건 매매계약을 해제하겠다는 취지일 뿐, 그 자체로 계약 해제의 의사표시가 포함되어 있다고 보기는 어렵다.

(3) 피고인은 이 사건 매매계약이 적법하게 해제되지 않은 상태에서, 피해자들에 대한 위와 같은 신임관계에 기초한 임무를 위배하여, 이 사건 부동산을 공소외 4 등에게 매도하고 소유권이전등기를 마쳐 주었다.

(4) 비록 피고인이 당시 임차인으로부터 이 사건 부동산을 반환받지 못하여 피해자들에게 이를 인도하지 못하고 있었고, 피해자들과 채무불이행으로 인한 손해배상과 관련한 말들을 주고받았다고 하더라도, 이 사건 매매계약이 적법하게 해제되지 않고 유효하게 유지되고 있었던 이상, 위와 같은 신임관계가 소멸되었다고 볼 수는 없다.

(5) 따라서 피고인의 행위는 피해자들과의 신임관계를 저버리는 임무위배행위로서 배임죄가 성립한다. 또한 이 사건 매매계약은 당시 적법하게 해제되지 않았고, 설령 피고인이 이 사건 매매계약이 적법하게 해제되었다고 믿었더라도 그 믿음에 정당한 사유가 있다고 보기 어려우므로, 피고인에게 배임의 범의와 불법이득의 의사도 인정된다.

다. 그럼에도 원심은 이에 어긋나는 판시와 같은 이유를 들어 특정경제범죄 가중처벌 등에 관한 법률 위반(배임) 부분 공소사실을 무죄로 판단하였다.

따라서 원심판단에는 배임죄에서 '타인의 사무를 처리하는 자', 범의 등에 관한 법리를 오해하여 판결에 영향을 미친 위법이 있다. 이를 지적하는 상고이유 주장은 정당하다.

한편 검사는 특정경제범죄 가중처벌 등에 관한 법률 위반(증재 등) 부분에 대하여도 상고하였으나 상고장이나 상고이유서에 이 부분에 관한 상고이유 기재가 없다.

5. 결 론

그러므로 원심판결 중 특정경제범죄 가중처벌 등에 관한 법률 위반(배임) 부분을 파기하고, 이 부분 사건을 다시 심리·판단하도록 원심법원에 환송하며, 나머지 부분에 대한 검사의 상고를 기각하기로 하여, 주문과 같이 판결한다. 이 판결에는 대법관 김창석, 대법관 김신, 대법관 조희대, 대법관 권순일, 대법관 박정화의 반대의견이 있는 외에는 관여 법관의 의견이 일치하였고, 다수의견에 대한 대법관 박상옥, 대법관 김재형의 보충의견, 반대의견에 대한 대법관 김창석의 보충의견이 있다.

6. 대법관 김창석, 대법관 김신, 대법관 조희대, 대법관 권순일, 대법관 박정화의 반대의견

가. 다수의견의 요지는, 부동산 매도인은 계약금만 지급된 단계에서는 '타인의 사무를 처리하는 자'라고 볼 수 없으나 중도금이 지급되는 등 계약이 본격적으로 이행되는 단계에 이르면 매수인의 재산적 이익을 보호·관리할 신임관계에 있으므로 그때부터는 '타인의 사무를 처리하는 자'의 지위에 있다고 보아야 하고, 그러한 지위에 있는 부동산 매도인이 목적부동산을 이중으로 매매하는 것은 신임관계를 저버리는 것이어서 배임죄에 해당한다는 것이다.

그러나 다수의견은 부동산 거래에서 매수인 보호를 위한 처벌의 필요성만을 중시한 나머지 형법의 문언에 반하거나 그 문언의 의미를 피고인에게 불리하게 확장하여 형사법의 대원칙인 죄형법정주의를 도외시한 해석일 뿐 아니라, 동산 이중매매와 부동산 대물변제예약 사안에서 매도인 또는 채무자에 대하여 배임죄의 성립을 부정하는 대법원판례의 흐름과도 맞지 않는 것이어서 찬성하기 어렵다.

나. 형사재판의 목적은 여러 가지가 있겠지만, 피고인을 포함한 국민의 인권을 최대한 보장하는 것이 가장 중요한 목적 중의 하나임은 틀림없다. 대한민국헌법과 형사법에 규정되어 있는 죄형법정주의를 비롯한 여러 가지 인권보장 관련 규정은 오랜 기간 수많은 사람들의 노력과 희생으로 어렵게 획득한 역사적 산물로서 반드시 지켜야 할 헌법적 가치이다.

죄형법정주의에 의하면, 형벌법규는 문언에 따라 엄격하게 해석 적용하여야 하고 피고인에게 불리한 방향으로 확장해석하거나 유추해석하는 것은 허용되지 아니한다는 것이다(대법원 2013. 11. 28. 선고 2012도4230 판결, 대법원 2017. 12. 21. 선고 2015도8335 전원합의체 판결 등 참조).

죄형법정주의는 당연히 명확성의 원칙을 전제로 하고 있다. 즉 범죄와 형벌은 입법부가 제정한 형식적 의미의 법률로 규정하는 것을 그 핵심적 내용으로 하고, 나아가 그 법률조항이 처벌하고자 하는 행위가 무엇이며 그에 대한 형벌이 어떤 것인지를 누구나 예견할 수 있고 그에 따라 자신의 행위를 결정할 수 있도록 구성요건을 명확하게 규정할 것을 요구한다. 그러므로 형벌법규를 해석할 때에는 그 입법목적이나 전체적 내용, 구조 등을 살펴보아 사물의 변별능력을 제대로 갖춘 일반인의 이해와 판단으로서 구성요건요소에 해당하는 행위유형을 정형화하거나 한정할 합리적인 해석기준을 찾을 수 있어야 명확성의 원칙에 반하지 않는다고 할 수 있다(대법원 2003. 11. 14. 선고 2003도3600 판결 등 참조). 그러니 형벌법규는 명확성의 원칙에 맞게 제정되어야 할 뿐 아니라, 마찬가지로 명확성의 원칙에 맞게 해석하여야만 죄형법정주의의 원칙에 부합한다고 할 수 있다.

그리고 법원은 형사정책상의 처벌 필요성, 민사적 구제수단의 불비를 보완할 정책적 필요성, 국민의 비난 여론 등을 핑계로 형벌법규의 구성요건에 명확히 해당하지 않는데도 불구하고 쉽게 구성요건에 해당하는 것으로 포섭하려는 태도를 지양하여야 한다.

다. 배임죄에 관하여 형법 제355조 제2항은 "타인의 사무를 처리하는 자가 그 임무에 위배하는 행위로써 재산상의 이익을 취득하거나 제3자로 하여금 이를 취득하게 하여 본인에게 손해를 가한 때에도 전항의 형과 같다."라고 규정하고 있다. 위 규정에 의하면 배임죄의 구성요건은 '타인의 사무를 처리하는 자', '임무에 위배하는 행위', '손해'를 핵심적인 요소로 한다. 그것들 하나하나를 명확하게 해석하여야 하고, 확장해석이나 유추해석을 하여서는 아니 됨은 물론이다.

(1) 먼저 '임무에 위배하는 행위'가 무엇인가에 대하여, 판례는 "처리하는 사무의 내용, 성질 등 구체적 상황에 비추어 법률의 규정, 계약의 내용 혹은 신의칙상 당연히 할 것으로 기대되는 행위를 하지 않거나 당연히 하지 않아야 할 것으로 기대하는 행위를 함으로써 본인과 사이의 신임관계를 저버리는 일체의 행위를 포함하며 그러한 행위가 법률상 유효한가 여부는 따져 볼 필요가 없다."라고 한다(대법원 1995. 12. 22. 선고 94도3013 판결, 대법원 2009. 10. 29. 선고 2009도7783 판결 등 참조). 이와 같이 판례는 배임죄에서의 '임무에 위배하는 행위'를 매우 폭넓게 정의하고 있다. '신의칙'이나 '신임관계'라는 개념 자체가 일의적으로 확정할 수 없는 추상적 개념인 데다가 거의 모든 계약관계에서는 상대방을 배려할 신의칙상 의무를 부담하게 되므로, 자칫 계약관계에 있는 당사자 사이에서 단순한 채무불이행에 불과하거나, 채무불이행 책임조차 인정되지 않는 사안임에도 쉽게 신의칙에 기대어 배임죄가 성립한다고 볼 위험이 있다. 그래서인지 다수의견은 계약 당사자 사이에 어느 정도의 신뢰가 형성되어야 형사법에 의해 보호되어야 할 신임관계가 발생하였다고 볼 것인지, 어떠한 형태의 신뢰위반 행위를 가벌적인 임무위배행위로 볼 것인지는 계약의 내용과 그 이행의 정도, 그에 따른 계약의 구속력의 정도, 거래의 관행, 신임관계의 유형과 내용, 신뢰위반의 정도 등을 종합적으로 고려하여 타인의 재산상 이익 보호가 신임관계의 전형적·본질적 내용이 되었는지, 해당 행위가 형사법의 개입이 정당화될 정도의 배신적인 행위인지 등에 따라 규범적으로 판단하여 그 범위를 확정하여야 한다는 취지로 설시하면서도, 뒤이어 형벌법규로서의 배임죄가 그 본연의 기능을 다하지 못하게 되어 개인의 재산권 보호가 소홀해지지 않도록 유의해야 한다는 판시를 덧붙이고 있다. 이러한 다수의견의 판시는 '임무에 위배하는 행위'의 내용은 과연 무엇이며 그 범위는 어디까지인지를 도저히 확정할 수 없는 불명확한 개념으로 전락시켜 버렸고, 법원이 자의적으로 판단할 수 있다는 선언을 한 것으로 이해될 우려가 있다.

이 사건에서 원심이 인정한 사실에 의하면, 피고인과 피해자들은 임차인의 부동산 인도 거부로 인해 매매계약의 목적 달성이 빠른 시일 내에 이루어지기 어려운 상황에 처함에 따라 부동산 인도나 소유권이전보다는 계약관계의 종료 방법과 손해배상의 범위에 관한 의견이 첨예하게 대립되는 관계에 있었는데, 다수의견은 이러한 관계에서도 피고인과 피해자들 사이에 소유권이전을 위한 신임관계가 인정된다고 함으로써 위와 같은 비판을 피할 수 없게 되었다.

(2) 한편 대법원은 배임죄에서 '본인에게 손해를 가한 때'라고 함은 재산적 가치의 감소를 뜻하는 것으로서 이는 재산적 실해를 가한 경우뿐만 아니라 실해 발생의 위험을 초래한 경우도 포함하는 것이고, 손해액이 구체적으로 명백하게 확정되지 않았다고 하더라도 배임죄의 성립에는 영향이 없다(대법원 2007. 05. 31. 선고 2005도3102 판결, 대법원 2009. 07. 23. 선고 2009도3712 판결 등 참조)고 판시함으로써 범죄의 성립 범위를 넓게 보고 있다. 이에 따라 손해에 상응하는 재산상 이익의 일정한 액수 그 자체를 가중적 구성요건으로 규정하고 있는 특정경제범죄 가중처벌 등에 관한 법률의 적용 범위 또한 확대될 가능성이 있다.

배임죄에서 '임무에 위배하는 행위'와 '손해'를 이렇게 광범위하게 해석하는 마당이라면 또 다른 구성요건인 '타인의 사무를 처리하는 자'의 개념은 엄격하게 해석함으로써 배임죄 적용이 무한히 확장될 가능성과 무고한 사람을 처벌할 위험성을 제한할 필요는 더욱 절실하다.

(3) 배임죄에서 '타인의 사무'는 먼저 그 문언의 통상적 의미에 비추어 볼 때, 타인에게 귀속되는

사무로서 사무의 주체가 타인이어야 한다. 즉 본래 타인이 처리하여야 할 사무를 그를 대신하여 처리하는 것이어야 한다. 나아가 배임죄의 본질은 본인과의 내부관계 내지 신임관계에서 발생하는 본인의 재산적 이익을 보호할 의무를 위반하여 타인의 재산권을 침해하는 데에 있다는 점을 고려하면, 신임관계에 기초하여 위와 같은 의미의 '타인의 사무'를 처리하게 된 것이어야 하고, 그 사무 자체의 내용이나 신임관계의 본질적 내용이 타인의 재산적 이익을 보호·관리하는 것이어야 한다. 따라서 계약의 일방 당사자가 상대방에게 계약의 내용에 따른 의무를 성실하게 이행하고, 그로 인해 상대방은 계약상 권리의 만족이라는 이익을 얻는 관계에 있다고 하더라도 그 의무의 이행이 위와 같은 의미의 '타인의 사무'에 해당하지 않는다면, 그것은 '자기의 사무'에 불과할 뿐이다.

대법원 역시 이러한 입장에서, 임차권을 이중으로 양도한 사안에서 양도인이 양수인에게 임차 목적물을 인도하여 줄 양도인의 의무(대법원 1986. 09. 23. 선고 86도811 판결, 대법원 1990. 09. 25. 선고 90도1216 판결 참조), 금전채무를 변제할 것을 약정하면서 자기 소유인 부동산을 다른 사람에게 처분하지 않겠다는 약정을 하고도 제3자에게 근저당권을 설정한 사안에서 그런 약정에 따른 임무(대법원 1984. 12. 26. 선고 84도2127 판결 참조), 공사대금 채무의 변제를 위하여 채권자에게 신축 연립주택의 분양권을 위임하는 계약을 체결하고도 다른 사람에게 해당 연립주택을 처분해 버린 사안에서 채권자가 연립주택을 분양하고 그 분양대금을 그 채권에 변제충당하는 행위를 수인하여야 할 소극적 의무(대법원 1987. 04. 28. 선고 86도2490 판결 참조), 채권 담보 목적으로 부동산에 관한 대물변제예약을 체결한 채무자가 대물로 변제하기로 한 부동산을 제3자에게 처분한 사안에서 대물변제예약을 체결한 채무자가 그 약정을 이행할 의무(대법원 2014. 08. 21. 선고 2014도3363 전원합의체 판결 참조) 등은 계약에 따른 민사상 채무에 불과할 뿐 '타인의 사무'에 해당하지 않는다고 판시하고 있다.

라. 부동산 매매계약이 체결된 경우, 계약 체결과 동시에 그 계약의 효력으로 매도인에게는 부동산 소유권이전의무가 발생하고, 매수인에게는 매매대금 지급의무가 발생한다. 매도인이나 매수인의 이러한 의무는 매매계약에 따른 각자의 '자기의 사무'일 뿐 '타인의 사무'에 해당한다고 볼 수 없다. 매도인의 재산권이전의무나 매수인의 대금지급의무는 매매계약에 의하여 발생한 것으로 본래부터 상대방이 처리하여야 할 사무도 아니고, 신임관계에 기초하여 상대방에게 위탁된 것이라고 볼 수도 없으며, 계약상대방의 재산적 이익을 보호·관리하는 것이 매매계약의 전형적·본질적 내용이라고도 볼 수 없기 때문이다. 매매계약에서 당사자들은 각자의 계약상 권리의 만족을 위해 상대방에게 그 반대급부를 이행하여야 하는 대향적 거래관계에 있을 뿐이다.

설사 매도인에게 등기협력의무가 있다거나 매수인의 재산취득사무에 협력할 의무가 있다고 주장해도 그 '협력의무'의 본질은 소유권이전의무를 달리 표현한 것에 지나지 않으니 그 부당함은 마찬가지이다. 대법원은 이미 "배임죄의 행위주체인 '타인의 사무를 처리하는 자'의 의미를 그 사무의 본질에 입각하여 제한해석하는 것에 합당한 의미를 부여하지 아니한 채, 채무의 이행이 타인의 이익을 위한다는 측면을 겸비하고 있으면 그 채무자의 배신적 행위는 배임죄를 구성할 수 있다고 확대해석하여 현행 형사법상 범죄로 되지 아니하는 채무불이행과의 구분을 모호하게 하는 것은 죄형법정주의의 관점에서도 엄격히 경계되어야 한다."라고 판시한 바 있다(대법원 2011. 01. 20. 선고 2008도10479 전원합의체 판결).

다수의견은 중도금이 지급되는 등 계약이 본격적으로 이행되는 단계에 이른 때에는 계약이 취소되거나 해제되지 않는 한 매도인은 매수인에게 부동산의 소유권을 이전해 줄 의무에서 벗어날 수 없고, 그러한 단계에 이른 때에 매도인은 매수인에 대하여 매수인의 재산보전에 협력하여 재산적 이익을 보호·관리할 신임관계에 있게 되고, 그때부터 매도인은 배임죄에서 말하는 '타인의 사무를 처리하는 자'에 해당한다고 보아야 한다고 주장한다. 즉 일정 단계에 이르면 매도인은 매수인의 재산보전에 협력할 의무가 있다는 것이다.

그러나 부동산 매도인의 소유권이전의무를 타인의 사무로 볼 수 없음은 앞서 본 바와 같고, 그러한 소유권이전의무는 매매계약을 체결한 때부터 발생하여 계약이 효력을 잃거나 의무이행이 완료될 때까지 계속하여 존재하는 채무이다. 중도금이 수수되어 한쪽 당사자가 마음대로 계약을 해제할 수 없는 단계에 이르렀다 하여 매도인의 소유권이전의무의 성질이 달라지거나 대금을 지급받는 대가로 소유권을 이전하는 당사자 관계의 전형적·본질적 내용이 매수인의 재산적 이익을 보호·관리하는 것으로 변했다고 볼 합당한 근거는 어디에도 없다. 중도금이 지급되었다는 사정은 계약금이 교부됨으로써 양 당사자에게 유보되었던 약정해제권, 즉 별도의 손해배상 없이 계약을 해제할 수 있는 권리를 더 이상 행사할 수 없는 상태에 들어섰음을 의미할 뿐, 매도인이 그가 소유하고 있는 부동산을 처분할 수 없다거나 본래부터 매도인 자기의 사무인 소유권이전의무가 매수인의 사무로 변했다거나 일방이 소유권을 이전하고 상대방이 그 대가로 대금을 지급하는 것을 전형적·본질적인 내용으로 하는 매매당사자 사이의 관계가 변했다고 볼 수는 없는 노릇이다. 결국 다수의견이 말하는 '매수인의 재산보전에 협력할 의무'란 실상 채무를 불이행하여 매수인에게 손해를 끼치면 안 된다는 것을 달리 표현한 것에 불과하다. 그렇다면 이는 민사상 채무를 이행하지 않아 매수인에게 손해를 끼쳤기 때문에 배임죄로 처벌하여야 한다는 주장과 조금도 다르지 않다. 그런 주장은 "어느 누구도 계약상 의무의 이행불능만을 이유로 구금되지 아니 한다(No one shall be imprisoned merely on the ground of inability to fulfil a contractual obligation)."라고 정하고 있는 '시민적 및 정치적 권리에 관한 국제규약' 제11조(International Covenant on Civil and Political Rights Article 11)의 규정 취지에도 반하는 것이다.

마. 만약 매도인에게 매수인의 재산보전에 협력할 의무가 있다고 가정하면, 쌍무계약의 본질에 비추어 상대방인 매수인에게도 매도인의 재산보전에 협력할 의무가 있다고 보아야 균형이 맞다. 그러나 판례는 잔금을 지급하기 전에 소유권을 먼저 이전받은 매수인이 부동산을 담보로 대출을 받아 매매잔금을 지급하기로 한 약정을 이행하지 않고 다른 용도로 근저당권을 설정한 사안에서 매수인인 피고인에게 배임죄가 성립하지 않는다고 판단하여 이를 부정한 바 있다(대법원 2011. 04. 28. 선고 2011도3247 판결). 다수의견에 따르면 계약 당사자 사이의 대등한 법적 지위의 보장을 전제로 하는 쌍무계약에서 매도인과 매수인의 상대방에 대한 재산보전에 협력할 의무의 유무를 달리 보는 이유에 대한 납득할 만한 설명을 할 수 없다.

또한 다수의견에 따르면, 매도인이 제2매수인으로부터 중도금을 받았다면 제2매수인에 대한 관계에서도 마찬가지로 그 재산보전에 협력하여 재산적 이익을 보호·관리할 신임관계에 있다고 보아야 한다. 그런데 판례는 매도인이 제2매수인에게 소유권이전등기를 마쳐 준 경우에는 제1매수인에 대한 관계에서 배임죄의 성립을 인정하는 반면, 제1매수인에게 소유권이전등기를 마쳐 준 경우에는 제2매수인으로부터 중도금 또는 잔금까지 받았다고 하더라도 그에 대한 관계에서는 배임죄가 성립하지 않는다고 본다(대법원 1986. 12. 09. 선고 86도1112 판결, 대법원 1992. 12. 24. 선고 92도1223 판결, 대법원 2009. 02. 26. 선고 2008도11722 판결 등 참조). 소유권이전등기를 마쳐 물권을 취득하기 전에는 채권자로서 대등한 법적 지위를 보장받아야 할 제1매수인과 제2매수인에 대하여 배임죄 성립에 있어서 보호 정도를 달리할 논리적 근거는 어디에서도 찾아볼 수 없다.

다수의견은 부동산 이중매매 행위의 비난가능성이나 처벌 필요성에만 치중한 나머지 등기협력의무나 재산보전에 협력할 의무라는 작위적 개념을 이용하여 자기의 사무에 불과한 소유권이전등기 의무를 타인의 사무로 변질시켜, 현행 형사법상 범죄로 되지 아니하는 채무불이행과의 구분을 모호하게 하고, 배임죄의 적용범위를 부당히 확대시키는 결과를 가져왔다.

바. 한편 다수의견과 같이 매수인의 재산보전에 협력할 의무가 있음을 이유로 매도인이 '타인의 사무를 처리하는 자'에 해당하여 그를 배임죄로 처벌할 수 있다고 본다면, 이는 대법원이 종래 동산 이중매매 사건에서 선고한 판시와 배치된다. 즉 대법원은 당사자 일방이 재산권을 상대방에게 이전할 것을 약정하고 상대방이 그 대금을 지급할 것을 약정함으로써 효력이 생기는 매매계약의 경우, 쌍방이 계약의 내용에 좇은 이행을 하여야 할 채무는 특별한 사정이 없는 한 '자기의 사무'에 해당한다는 점을 분명히 하면서, 매매의 목적물이 동산일 경우 매도인은 매수인에게 계약에 정한 바에 따라 매매목적물에 관한 소유권을 이전함으로써 계약의 이행을 완료하게 되고 그때 매수인은 매매목적물에 대한 권리를 취득하게 되는 것이므로, 매도인에게 자기의 사무인 동산인도채무 외에 별도로 매수인 재산의 보호 내지 관리 행위에 협력할 의무가 있다고 할 수 없으므로 동산매매계약에서 매도인은 매수인에 대하여 그의 사무를 처리하는 지위에 있지 않으므로, 매도인이 목적물을 매수인에게 인도하지 않고 이를 타에 처분하였다고 하더라도 배임죄가 성립하지 않는다고 명확히 판시하였다(대법원 2011. 01. 20. 선고 2008도10479 전원합의체 판결).

이러한 법리를 적용함에 있어서 계약의 목적물이 부동산인지 동산인지에 따라 차이를 둘 아무런 이유가 없다. 매매목적물이 부동산이든 동산이든 매매계약에 따른 매도인의 주된 의무는 대금을 지급받는 대가로 매매목적물에 대한 소유권을 이전하는 것이라는 점에서 차이가 없고, 매매목적물에 대한 권리의 변동은 당사자 사이의 합의와 공시방법의 구비에 의하여 발생한다는 점에서 그 법적 구조가 동일하다. 위 대법원판결을 변경하지 않는 한 다수의견의 논리는 설 자리가 없다.

사. 그런데도 굳이 부동산은 등기에 의하여 공시된다는 점에서 차이가 있다고 할지 모르지만, 대법원은 이미 부동산의 경우에도 채권담보 목적으로 대물변제예약을 체결한 채무자가 대물로 변제하기로 한 부동산을 채권자에게 이전해주지 않고 제3자에게 처분한 사안에서 채무자는 '타인의 사무를 처리하는 자'의 지위에 있지 않다고 판단한 바 있다(대법원 2014. 08. 21. 선고 2014도3363 전원합의체 판결). 비록 대물변제예약 사안이지만 피고인이 부동산 소유권이전등기절차를 이행할 의무를 이행하지 않았다는 점에서 이 사건 이중매매에서 부동산 소유권이전등기절차를 이행하지 않은 경우와 그 의무위반의 내용은 전혀 다르지 않다. 같은 것은 같게, 다른 것은 다르게 다루어야 한다는 원칙에 비추어 보면 이 사건도 같게 다루는 것이 옳다.

아. 다수의견은 부동산이 가지는 재산적 특수성과 부동산 거래가 가지는 사회경제적 의미의 중대성, 그리고 부동산 매매대금이 통상 계약금, 중도금, 잔금으로 나뉘어 지급되는 관행과 매매대금의 상당부

분에 이르는 계약금과 중도금까지 지급되더라도 매도인의 이중매매를 방지할 충분한 수단이 마련되어 있지 않은 거래 현실 등을 고려하면 부동산 이중매매를 배임죄로 처벌하여 이를 억제할 정책적 필요가 있다는 점에서 부동산 이중매매를 동산 이중매매와 달리 취급하여야 할 이유를 찾고 있다.

그러나 이러한 태도는 바람직한 법률해석의 방법이 아닐 뿐만 아니라 죄형법정주의 원칙에 반하는 것임은 앞에서 밝힌 바와 같다. 또한 중도금이 지급되었다고 하더라도 매도인의 소유권이전의무가 매수인의 사무로 변했다거나 당사자 관계의 전형적·본질적 내용이 매수인의 재산적 이익을 보호·관리하는 것으로 변했다고 보기 어렵다는 점 또한 앞에서 밝힌 바와 같다.

자. 계약은 지켜져야 한다는 오래된 법언이 있다. 그러한 법원칙 위에 여러 가지 법률관계가 형성된다. 계약을 지키지 아니하려는 당사자에 맞서 계약이 계약대로 지켜져야 한다고 주장하는 당사자를 보호하는 것이 법원의 역할임은 물론이다. 부동산 매매계약에서 매도인은 계약을 이행하지 않으려고 하고 매수인은 계약을 이행하여야 한다고 주장하는 경우라면, 법원은 계약을 이행하여야 한다는 매수인을 보호하여 매도인에게 그 이행을 명하거나 불이행에 대한 손해배상을 명할 수 있다. 법원의 역할은 거기까지이다.

다수의견은 민사상 채무불이행의 문제로 처리하면 족한 사안에 국가형벌권으로 개입하고 있고, 더욱이 죄형법정주의 원칙을 허물어가면서까지 유추해석 또는 확장해석을 통하여 채무불이행을 형벌로 처벌하려고 한다. 그런데도 다수의견이 내세우는 이론적 근거는 매우 불충분하거나 전혀 타당하지 않다.

사적 자치의 원칙이 지배하는 사인 간의 경제활동 영역에서 민사적 수단에 의한 합리적인 분쟁해결을 도모하기 전에 형벌법규로 이를 강제하는 것은 우리 헌법질서에 비추어 보아도 바람직하지 않다. 과도한 국가형벌권의 개입은 개인의 자유를 침해할 우려가 있다. 부동산의 재산적 가치와 사회경제적 중대성, 이중매매를 방지하여 안정적인 부동산 거래관계를 유지시킬 정책적 필요성은 어느 국가를 막론하고 차이가 없다. 그러나 대부분의 국가에서는 공증인제도를 활성화하는 등 제도적 장치의 뒷받침으로 이중매매 발생 가능성을 차단하고 있다. 그러나 우리는 그동안 형사처벌이라는 권력적 수단에 의존해 왔을 뿐 이와 같은 자율적 해결을 시도조차 한 적이 없었다. 사적 영역에서의 자율성을 최대한 존중하여 합리성과 효율성을 추구하는 시장경제의 이념과 그동안 이룩한 우리 사회의 경제적 성장과 발전, 시민의식의 성숙에 비추어 보면, 부동산 이중매매는 충분히 시장경제질서에 맡겨 해결할 수 있다고 보이고, 국가형벌권의 개입은 축소시켜 나가는 것이 올바른 방향이다. 다수의견이 부동산 가치의 중대성이라는 고전적 이념에 사로잡혀, 죄형법정주의를 근간으로 하여 국민의 인권보호를 추구해 온 그동안의 대법원의 노력에 역행하는 결단을 내리는 데에 안타까움을 금할 수 없다.

이상과 같이 다수의견에 반대하는 취지를 밝힌다.

7. 다수의견에 대한 대법관 박상옥, 대법관 김재형의 보충의견

가. 형벌법규는 문언에 따라 엄격하게 해석·적용하여야 하고 함부로 피고인에게 불리한 방향으로 유추해석이나 확장해석을 해서는 안 된다. 그러나 형벌법규의 해석에서도 법률 문언의 통상적인 의미를 벗어나지 않는 한 그 법률의 입법 취지와 목적, 입법 연혁 등을 고려한 목적론적 해석이 배

제되는 것은 아니다(대법원 2007. 06. 14. 선고 2007도2162 판결, 대법원 2010. 05. 13. 선고 2009도13332 판결 등 참조).

형벌법규의 구성요건이 어느 정도 명확하여야 하는지는 일률적으로 정할 수 없고, 개별 구성요건의 특수성과 법적 규제의 원인이 된 여건이나 처벌의 정도 등을 고려하여 종합적으로 판단하여야 한다. 구성요건이 다소 광범위하고 어느 정도 법관의 보충적 해석을 필요로 하는 개념을 사용하고 있더라도, 적용단계에서 다의적으로 해석될 우려가 없는 한, 그 점만으로 헌법이 요구하는 명확성의 요구에 배치된다고 보기 어렵다(헌법재판소 2002. 04. 25. 선고 2001헌가27 전원재판부 결정, 대법원 2004. 07. 09. 선고 2004도810 판결 등 참조). 형벌법규의 구성요건이 법관의 보충적인 해석을 필요로 하는 개념을 사용하고 있는 경우 형벌법규의 입법목적, 전체적 내용과 구조 등을 살펴 그 구성요건요소에 해당하는 행위유형을 정형화하거나 한정할 합리적 해석기준을 찾는 것은 법률을 해석·적용하는 법관의 당연한 임무이고, 죄형법정주의에 반하지 않는다.

나. 배임죄에 관한 형법 제355조 제2항은 타인의 사무를 처리하는 자가 그 임무를 위배하는 행위로써 재산상의 이익을 취득하거나 제3자로 하여금 이를 취득하게 하여 본인에게 손해를 가한 때 배임죄가 성립한다고 정하고 있다. 배임죄의 주체나 행위유형을 열거하거나 예시하여 그 요건을 단순히 범죄행위에 적용하는 방식이 아니라 법관이 그 구성요건요소를 해석을 통하여 확정하여 범죄행위에 적용할 것을 예정하고 있는 것이다. 배임죄의 구성요건요소인 '타인의 사무를 처리하는 자', '그 임무에 위배하는 행위'는 '재산상의 이익', '손해'와 마찬가지로 사전적 또는 형식적 의미만으로는 그 진정한 의미를 파악하거나 범위를 확정할 수 없는 규범적 구성요건요소이다.

다. 배임죄의 본질은 신임관계에 기초한 타인의 신뢰를 저버리는 행위를 함으로써 타인에게 재산상 손해를 입히는 데 있다. 대법원은 배임죄의 이러한 본질에 입각하여 배임죄 구성요건에 관한 해석기준을 세워 왔다. 최근까지도 대법원은 '타인의 사무를 처리하는 자'라고 하려면, 당사자 관계의 본질적 내용이 신임관계에 기초하여 타인의 재산을 보호하거나 관리하는 데 있어야 하고, '그 임무에 위배하는 행위'를 피고인이 처리하는 사무의 내용과 성질 등 구체적 상황에 비추어 법령의 규정, 계약의 내용이나 신의칙상 당연히 할 것으로 기대되는 행위를 하지 않거나 당연히 하지 않아야 할 것으로 기대되는 행위를 하여 본인과의 신임관계를 저버리는 행위라고 판단하였다.

반대의견은 임무위배행위를 무엇으로 보아야 하는지에 대해 구체적인 해석기준을 제시하지도 않은 채 종래 판례가 임무위배행위를 신의칙이나 신임관계라는 추상적 개념을 사용해서 폭넓게 정의하고 있다고 하면서, 배임죄의 구성요건에 해당하는지 여부는 규범적으로 판단해야 한다는 다수의견이 임무위배행위의 내용을 도저히 확정할 수 없는 불명확한 개념으로 전락시켜 버렸다고 한다.

그러나 반대의견은 타당하지 않다. 위에서 보았듯이 배임죄의 개별 구성요건요소는 사전적·형식적 의미만으로는 그 정확한 의미나 범위를 확정할 수 없는 규범적 구성요건요소이다. 종래 판례가 신의칙이나 신임관계라는 규범적이고 다소 추상적인 개념을 사용하여 배임죄 구성요건을 해석해 온 것은 현실에서 문제 되는 사무 처리의 유형이 다양하고, 이행단계나 처한 상황에 따라 처리 사무의 내용이 달라지므로, 사무의 성질이나 구체적 상황 등을 고려하여 본인을 위하여 취해야 할 임무를 정할 수 있도록 하기 위함이다. 형벌법규를 해석하는 데 법관에 의한 해석이 불필요할 정도로 명확한 일의적 개념만을 사용하여야 한다는 근거는 어디에도 없다. 배임죄 자체가 신임관계에서 비롯된 신뢰를 위반하는 행위로써 타인의 재산상 이익을 침해하는 범죄라는 점을 고려하면, 임무위배행위는 곧 신임관계를 저버리는 행위라고 해석하는 것이 맞고 문언에도 부합한다. 따라서 배임죄에서 '타인의 사무를 처리하는 자'는 배임죄가 보호하고자 하는 신임관계를 기초로 타인의 재산을 보호·관리하는 자라고 해석하는 것이 자연스럽다.

물론 배임죄는 사회생활에서 발생하는 모든 신뢰위반행위를 처벌하고자 하는 범죄가 아님은 분명하다. 모든 유형의 계약에서 단순한 채무불이행에 대하여 배임죄를 적용하는 것은 타당하지 않다. 따라서 '타인의 사무'라는 개념 자체는 제한적으로 해석할 필요가 있다. 이에 따라 대법원은 '당사자 관계의 전형적·본질적 내용이 단순한 채권관계상의 의무를 넘어서 그들 간의 신임관계에 기초하여 타인의 재산을 보호하거나 관리하는 데 이르러야 한다.'고 하여 배임죄 성립이 무한히 확대되는 것을 제한해 왔다. 이러한 판례 법리를 계약위반과 관련된 구체적 사안에 적용할 때에는 계약의 내용과 그 이행의 정도, 계약 구속력의 정도, 거래의 관행, 신임관계의 유형과 내용, 신뢰위반의 정도 등을 고려하여, 형사법으로 보호해야 할 정도의 신임관계가 발생하였는지, 형사벌의 개입을 정당화할 정도의 배신적인 행위인지 등을 규범적으로 판단하여야 한다. 이러한 해석의 기준과 방법에 대해 반대의견이 어떠한 이유로 임무위배행위를 불명확한 개념으로 전락시켰다고 말하는 것인지 이해할 수 없다.

라. 반대의견은, 배임죄의 구성요건요소 중 '타인의 사무'는 타인에게 귀속되는 사무로서 본래 타인이 처리하여야 할 사무를 그를 대신하여 처리하는 것을 의미한다고 하고, 이를 충족하지 않으면 '자기의 사무'에 불과하여 배임죄가 성립할 수 없다고 한다.

그러나 '사무' 자체의 성질만을 가지고 '타인의 사무'와 '자기의 사무'를 일도양단하듯이 명확하게 판가름할 수는 없다. 대법원은 사무의 유형이나 성질, 계약관계에 있는 경우 계약상 의무의 유형이나 의무위반행위의 모습만을 가지고 '타인의 사무를 처리하는 자'에 해당하는지를 판단하지 않고, '타인과의 관계'에서 의무의 본질적인 내용이 타인의 재산을 보호·관리하는 데에 있는지를 기준으로 판단하고 있다. 이는 배임죄의 구성요건에 대한 문언적 해석만으로는 '타인의 사무를 처리하는 자'를 확정하기가 어렵기 때문이라고 이해할 수 있다. '타인의 사무'의 의미를 타인에게 귀속되는 사무로서 그 타인을 대신하여 처리하는 것으로 한정적으로 해석할 근거가 없다.

어떤 사무가 '타인의 사무'인지, '자기의 사무'인지 또는 '타인을 위한 사무'인지 확정하는 것은 쉬운 일이 아니다. 예를 들어 반대의견도 '타인의 사무'라고 보는 데에 별다른 이견이 없을 위임계약에 따라 수임인이 처리하는 사무는 위임인으로부터 위탁받은 사무를 처리한다는 측면에서 '타인의 사무'이기도 하지만 약정된 자신의 보수를 얻기 위해 자신의 고유한 업무로서 처리한다는 측면에서는 '자기의 사무'이기도 하다.

부동산 매매계약에 따라 목적부동산의 소유권을 이전하는 행위는 매도인 자신의 채무로서 자기의 사무라고 할 수 있으나, 매수인의 입장에서 재산을 취득한다는 측면에서는 매수인의 사무이기도 하다. 따라서 일정한 이행 단계에 이른 시점에서 매도인의 소유권이전의무는 매수인의 부동산에 대한 재산적 이익을 보전하기 위한 중요하고 본질적인 사무로서의 성격을 가진다고 볼 수 있다.

거래관계의 내용이나 성질, 거래의 관행 등에 따라 자기의 사무이자 타인의 사무인 경우가 있고, 반대의견이 논하는 대향적 거래관계라는 사정만으로 타인의 사무가 될 수 없다고 할 것도 아니다. 대법원은, 계주가 계원들로부터 계불입금을 징수하지 않은 상태에서 부담하는 계금지급의무는 단순한 채권관계상의 의무에 불과하지만 계주가 계원들로부터 계불입금을 징수하게 되면 이를 지정된 계원에게 지급할 임무가 있고(대법원 2009. 08. 20. 선고 2009도3143 판결 참조), 이때 계주의 계금지급의무는 계주 자기의 사무임과 동시에 타인인 계원들의 사무를 처리하는 것이기도 하므로, 계주가 계원들로부터 계불입금을 모두 징수하였는데도 그 임무를 위배하여 정당한 사유 없이 이를 지정된 계원에게 지급하지 않았다면, 다른 특별한 사정이 없는 한 그 지정된 계원에 대한 관계에서 배임죄가 성립한다고 보고 있다(대법원 1967. 06. 07. 선고 67도118 판결, 대법원 1994. 03. 08. 선고 93도2221 판결 등 참조). 또한 같은 전제에서 대법원은, 타인의 재산관리에 관한 사무를 대행하는 경우, 예컨대 위임, 고용 등의 계약상 타인의 재산 관리·보전의 임무를 부담하는 때 본인을 위하여 일정한 권한을 행사하는 경우뿐만 아니라 매매, 담보권 설정 등 자기의 거래를 완성하기 위한 자기의 사무임과 동시에 상대방의 재산보전에 협력할 의무가 있는 경우도 '타인의 사무'의 유형으로 보고 있다(대법원 1983. 02. 08. 선고 81도3137 판결, 대법원 2005. 03. 25. 선고 2004도6890 판결 등 참조).

이러한 점에서 볼 때 다종다양한 거래관계를 자기의 사무와 타인의 사무로 명확히 나눌 수 있다는 전제에서 자기의 사무임과 동시에 타인의 사무가 되는 경우를 부정하는 반대의견의 논지는 현실세계에서 이루어지는 다종다양한 거래관계의 실질을 반영하지 못하는 형식적 법해석에 불과하다.

타인의 사무를 처리하는 자인지는 신임관계에 기초하여 타인의 재산상 이익을 보호·관리하는 것이 당사자 관계의 전형적·본질적인 내용인지 여부, 타인을 위한 사무로서의 성질이 부수적·주변적 의미를 넘어서 중요한 내용을 이루는지 여부에 달려있는 것이다. 나아가 어떠한 경우에 그와 같은 전형적·본질적인 내용, 중요한 내용을 이루게 되는지는 사회 일반인의 이해와 판단으로서 거래관계의 내용이나 성질, 거래의 관행 등을 종합적으로 고려하여야 할 것이다.

마. 반대의견은, 소유권이전등기절차를 이행할 의무는 약정에 따른 '매도인 자기의 사무'에 해당할 뿐 '타인인 매수인의 사무'가 아니고, 중도금이 수수되었더라도 그 성질이 당사자 관계의 전형적·본질적인 내용으로 변하는 것은 아니라고 한다.

그러나 이러한 태도는 부동산매매계약에서 비롯되는 매도인과 매수인의 신임관계를 단지 민사상 계약의 이행이라는 관점에서만 파악한 것이어서 동의하기 어렵다. 종래 판례가 부동산 이중매매에 대하여 배임죄 성립을 인정한 것은, 매매계약에 따라 부동산의 소유권을 이전하지 않았다는 계약상의 단순한 채무불이행을 이유로 한 것이 아니다. 부동산등기에 관한 공동신청주의 아래에서 매도인이 거래 상대방인 매수인의 부동산 등기절차에 협력하여야 할 의무가 있는데도 고의로 신뢰를 저버리고 매수인의 부동산 소유권 취득을 불가능하게 하였다는 데 그 이유가 있다. 통상적인 부동산 매매계약의 실질이나 거래의 관행상 부동산 매매계약의 체결 단계에서 매도인에게 매수인에 대한 신임관계가 인정된다고 볼 수는 없지만, 매수인이 매매계약에서 정한 의무를 성실하게 이행하는 등 본격적인 이행의 단계에 들어가게 되면, 매도인도 그에 대응해서 매수인의 부동산 소유권 취득을 위하여 부동산 소유권을 보존하고 관리할 임무, 즉 매수인의 재산적 이익을 보호할 신임관계에 들어서게 되는 것이다. 판례는 그러한 상태에 이르렀는데도 매도인이 신임관계를 고의적으로 저버리는 배신적 처분행위로 목적부동산에 관한 매수인의 온전한 권리 취득이 아예 불가능해지거나 현저한 장애가 발생한 사안에 한정하여 배임죄를 인정하여 왔을 뿐이다. 여기에서 나아가 부동산 매매에서 매도인의 다양한 채무불이행에 대하여 일률적으로 배임죄로 처벌하자는 것이 아니다.

대법원은 다른 계약의 유형에서도 계약을 체결한 단계에서는 신임관계가 인정되지 않지만 일정한 계약의 이행 단계에 이르면 계약 당사자 사이에 신임관계가 형성된다고 보고 있다. 가령 위에서 본 대법원 2009. 08. 20. 선고 2009도3143 판결, 대법원 1994. 03. 08. 선고 93도2221 판결 등이 이에 해당한다.

그러한 점에서 부동산 이중매매를 배임죄로 처벌하는 것이 '누구도 계약상 의무의 이행불능만을 이유로 구금되지 아니 한다'고 정하고 있는 '시민적 및 정치적 권리에 관한 국제규약' 제11조의 취지에 반한다고 볼 수도 없다. 고의적 배신행위로 이행불능을 야기한 행위를 처벌하는 것은 '계약상 의무의 이행불능만을 이유로 한 구금'에 불과하다고 볼 수 없다. 사적 영역에 형벌권을 개입시키는 것은 자제되어야 하지만, 민사상 채무불이행에 해당한다는 이유 때문에 형벌로 처벌할 수 없다거나 처벌하면 죄형법정주의의 원칙에 반한다거나 국가형벌권의 남용이라고 단정할 수 없다. 재산범죄는 궁극적으로 채무불이행 또는 그와 유사한 측면을 갖고 있고, 형벌권이 어떤 행위에, 어떤 국면에서 개입할 것인지는 민사법이 아니라 형법이나 형사특별법 고유의 판단에 따라야 한다.

재산범죄인 사기죄와 관련한 다음과 같은 대법원의 태도는 같은 맥락에 있는 것으로 볼 수 있다. 일반적으로 상거래에서 다소의 과장이나 허위가 수반될 수 있고 그것이 일반 상거래의 관행과 신의칙에 비추어 시인될 수 있는 한 기망성이 없다고 하겠으나, 거래에서 중요한 사항에 관하여 구체적 사실을 신의성실의 의무에 비추어 비난받을 정도의 방법으로 허위로 고지한 경우에는 사기죄의 기망행위에 해당한다(대법원 2002. 10. 11. 선고 2002도4378 판결 등 참조). 사회 일반인의 이해와 판단으로서 상거래의 관행과 신의칙에 비추어 거래에 수반된 과장이나 허위가 시인될 수 없는 정도인 경우 형사법적 관점에서 사기죄의 기망에 해당하는 것처럼, 사회 일반인의 이해와 판단으로서 거래의 관행과 신의칙에 비추어 신뢰위반행위가 계약의 내용과 이행의 정도, 계약의 구속력의 정도 등에 따라 시인될 수 없는 정도의 배신적 행위인 경우 역시 형사법적 관점에서 배임죄의 임무위배행위에 해당하는 것이다.

바. 반대의견은 아래와 같이 여러 사례를 이유로 다수의견을 반박하고 있지만 어느 것도 받아들이기 어렵다.

(1) 반대의견은, 대법원이 동산 이중매매 사안에서 배임죄 성립을 부정하였고, 동산 매매와 부동산 매매는 매도인의 주된 의무가 매매목적물에 대한 소유권 이전이라는 점, 매매목적물에 대한 권리의 변동은 당사자 사이의 합의와 공시방법의 구비에 의하여 발생한다는 점에서 그 법적 구조가 동일하기 때문에, 부동산 이중매매 사안에서도 배임죄의 성립을 부정하여야 한다고 주장한다. 그러나 동산의 이중매매에 대해 배임죄 성립을 부정하였다고 하여, 부동산의 이중매매에 대해서도 배임죄 성립을 부정하여야 할 필연적인 이유는 없다. 위에서 보았듯이 배임죄의 개념요소라 할 수 있는 '신임관계'를 민사상 채무의 유형이나 그 이행이라는 관점에서만 파악하는 것은 타당하지 않다. 동산 매매와 부동산 매매는 통상적 거래의 관행이나 신의칙상의 기대, 거래의 진행단계에 따라 타인의 재산상 이익보호가 신임관계의 전형적·본질적 내용이 되었다고 볼 것인지 등에 중대한 차이가 있다. 일정한 행위가 형사법의 개입이 정당화될 정도의 배신적인 행위인지는 그 실질에 따라 규범적으로 판단해야 하는 것이지, 계약에 따른 채무의 유형이나 권리 변동의 구성요소 등과 같은 법적 구조의 일부 외형이 유사하다고 하여 규범적 판단의 결과까지 동일하다고 할 수는 없다.

(2) 반대의견은, 대물변제예약에 관한 판결(대법원 2014. 08. 21. 선고 2014도3363 전원합의체 판결) 사안과 이 사건 이중매매 사안이 부동산 소유권이전등기절차를 이행하지 않았다는 점에서 같기 때문에, 같게 다루어야 한다고 주장한다.

위 판결은, 대물변제예약의 궁극적 목적은 차용금 반환채무의 이행 확보에 있고 채무자의 부동산 소유권이전등기절차 이행의무는 그 목적 달성을 위해 부수적으로 요구되는 내용이어서, 배임죄에서 말하는 타인의 사무에 해당하지 않는다는 이유로 배임죄 성립을 부정하였다. 대물변제예약을 체결한 당사자 관계의 본질은 채무자가 대물을 통해 '변제'하는 것에 있다. 반면 특정 부동산의 소유권이전을 목적으로 하는 매매계약의 경우, 당사자 관계의 본질은 매수인이 특정 부동산에 관한 권리를 취득하고 매도인이 그에 협력하는 것이다. 이와 같이 부동산 대물변제예약과 부동산 매매는 당사자 관계의 전형적·본질적 내용에서 근본적 차이가 있으므로, 양자를 같이 볼 수 없음은 당연하다.

(3) 반대의견은, 잔금 지급 전 소유권을 이전받은 부동산 매수인이 약정에 따른 담보대출금에 의한 매매잔금지급의무를 이행하지 않은 행위에 대해, 판례가 배임죄 성립을 부정한 것은, 재산보전 협력의무에 있어 매도인과 매수인에 차이를 두는 것이어서 균형이 맞지 않는다고 한다.

그러나 그러한 반대의견은 부동산 매수인의 주된 의무인 금전지급의무와 부동산 매도인의 주된 의무인 재산권이전의무의 본질적 차이를 간과한 것이어서 동의할 수 없다. 일반적으로 금전지급의무를 부담하는 사람은 어떠한 형태로든 일정한 액수의 금전을 인도함으로써 충분하고, 다른 특별한 사정이 없는 한 그 인도의 대상이 되는 금전 자체의 보관·관리 등에 대하여 아무런 의무를 부담하지 않는다. 금전지급의무는 그 불이행으로 인해 이행불능 상태에 빠지는 경우는 없는 것이다.

(4) 반대의견은, 이중매매의 매도인이 제1매수인에게 소유권이전등기를 마쳐 준 경우, 판례가 제2매수인에 대한 관계에서 매도인의 배임죄가 성립하지 않는다고 보는 것은 논리적 근거 없이 제1매수인과 제2매수인의 보호 정도를 달리하는 것이라고 주장한다.

그러나 부동산 이중매매에서 매도인이 제1매수인으로부터 중도금까지 수령하여 소유권이전등기에 협력할 임무가 있는데도 제2매수인에게 부동산을 매도하고 계약금과 중도금까지 수령한 것은, 제1매수인에 대한 소유권이전등기 협력의무의 위배와 밀접한 행위로서 배임죄 실행의 착수에 해당하고(대법원 1984. 08. 21. 선고 84도691 판결, 대법원 2010. 04. 29. 선고 2009도14427 판결 등 참조), 제2매수인에게 소유권이전등기까지 마친 경우 배임죄는 기수에 이르게 된다. 그런데 매도인이 제2매수인에 대해 소유권이전등기를 마쳐 줄 의사 없이 제2매수인으로부터 계약금, 중도금 등을 받은 후 제1매수인에게 소유권이전등기를 해주었다면, 제2매수인에 대해 사기죄가 성립한다. 따라서 매도인이 제2매수인으로부터 중도금을 받은 경우, 제1매수인에 대한 배임죄 또는 제2매수인에 대한 사기죄의 성립 여부가 문제 될 뿐이고, 동일한 부동산에 관하여 새로운 매매가 이루어질 때마다 매도인에게 신임관계와 임무위배행위가 계속 발생하는 것은 아니다. 결국 제1매수인과 제2매수인에 대한 보호는 보호의 형식이나 국면을 달리하는 것일 뿐 보호의 정도에 차이가 있는 것은 아니다.

사. 매수인이 매매계약에 따른 대금지급의무를 성실하게 이행하였고, 이에 대응해서 매도인에게 성실한 이행이 기대되고 매매계약을 해제할 권리가 없는 상황에서도, 매도인이 언제든지 그 선택에

따라서 자유로이 그 소유의 부동산을 처분함으로써 매매계약에 따른 이행 여부를 선택할 수 있다고 한다면, 매수인의 이행청구권을 사실상 무력화시키는 결과를 가져오게 된다.

우리나라는 채무불이행에 대한 원칙적 구제수단으로 손해배상청구권과 함께 이행청구권을 인정하고 있다. 이행청구권은 대륙법계와 영미법계를 구분하는 중요한 징표 중 하나이다. 매도인이 배신적 행위를 통해서 부동산을 처분한 경우, 계약의 효율적 파기를 인정하는 견해나 이를 단순한 채무불이행으로 보아 금전에 의한 손해배상이나 계약해제에 따른 매매대금의 반환을 통해 해결하는 것으로 사실상 충분하다고 보는 견해는, 원칙적 구제수단으로 이행청구권을 인정하고 있는 우리나라 법체계와는 맞지 않는다. 이러한 입장에 따르면, 매수인이 중도금을 지급한 다음 잔금 지급일까지 사이에 부동산의 가액이 올라간 경우에는 매도인이 언제든지 아무런 제약 없이 부동산을 제3자에게 처분해 버림으로써 매수인의 매매계약에 따른 이행청구권의 행사를 무력화시킬 수 있다고 보는 것이 되어 부당하다.

손해배상 등을 통한 문제 해결은 그 책임이 있는 자가 충분한 자력이 있는 것을 전제로 한다. 그런데 위와 같은 배신적 행위를 한 매도인은 손해배상 등에 충분한 자력이 없는 경우가 적지 않다. 그러한 배신적 행위는 매도인이 경제적으로 곤경에 처해 있는 가운데 이루어지는 경우가 많기 때문이다. 나아가 매도인이 경제적 자력이 있다고 하더라도 부동산을 처분한 뒤 받은 금전을 은닉하는 경우도 있을 수 있어, 매수인의 대금반환청구권이나 손해배상청구권은 그 실질적 권리구제 측면에서는 유용하지 않을 가능성이 높다.

아. 우리나라와 같은 성문법 국가에서 판례가 법령만큼 구속력을 지닌다고 할 수는 없다. 그러나 오랜 시간에 걸쳐 축적되어 온 판례는 사실상 규범적 효력을 갖고 재판의 준칙으로 작용하며 국민의 삶에 직접적 영향을 미친다. 부동산의 이중양도 또는 이중매매를 매수인과의 신임관계를 저버리는 행위로 보아, 형사적으로 제재함으로써 이중매매를 억제하여 온 판례의 태도는, 의용민법이 시행되던 때로 거슬러 올라간다. 즉, 물권변동에 관하여 이른바 의사주의를 채택하고 있던 의용민법 아래에서 판례는, 부동산 이중매매 행위를 제1매수인에 대한 횡령죄를 구성한다고 보았다. 물권변동에 관하여 이른바 형식주의를 채택한 민법이 최초로 시행된 1960. 1. 1.부터 현재까지 판례는, 중도금이 수수되어 매매계약을 임의로 해제할 수 없는 단계에 이르렀는데도, 이후 제3자에게 부동산을 이중으로 처분한 행위에 대하여 배임죄가 성립한다고 보아 왔다. 횡령죄와 배임죄는 신임관계를 침해하는 범죄라는 점에서 그 본질을 같이 하고, 다만 횡령죄가 재물을 객체로 함에 대하여 배임죄는 재산상의 이익을 객체로 하는 점에서 구별될 뿐이다. 이러한 사정에 비추어 보면, 판례는 오랜 기간 동안, 매도인이 제3자에게 목적부동산을 이중으로 처분하는 행위에 대하여 매수인과의 신임관계를 침해하는 행위로서 형사법적 제재가 필요하다고 보았고, 이러한 판례 법리는 이미 우리 사회의 거래활동을 규율하는 사실상의 법규범이 되었다고 할 수 있다.

이처럼 사회와 국민의 거래생활 깊숙이 뿌리내린 확고한 판례를 변경하는 것은 혼란을 초래할 뿐 국민의 권리보호에 기여할 수 없다. 재산적 거래관계에서 추구되어야 할 국민의 권리보호는 대립하는 이해관계의 합리적 조정이 그 핵심이다. 대법원이 피해를 야기한 국민의 권리보호를 이유로 피해를 입은 국민의 권리보호에 소홀해서는 안 된다. 부동산 이중매매를 배임죄로 처벌하여 온 기존의 판례가 변경되어야 할 합리적 근거나 현실적 필요를 발견할 수 없다.

이상과 같이 다수의견에 대한 보충의견을 밝힌다.

8. 반대의견에 대한 대법관 김창석의 보충의견

가. 다수의견이 유지하고자 하는 부동산 이중매매에 관한 판례는 매수인 보호에 충실한 해석이라는 긍정적 측면을 갖고 있다. 반면에 형벌이라는 최종적 수단을 통하여 매도인의 계약의 자유는 물론 신체의 자유에 대한 침해로 이르는 길을 지나치게 넓게 열어주고 있다는 부정적 측면도 갖고 있다. 반대의견은 이러한 부정적 측면을 강조함으로써 매수인 보호가 필요 없다고 주장하는 것이 아니다.

형법이 규정하는 범죄의 구성요건을 해석할 때에는 법익을 보호하는 기능과 자유를 보장하는 기능이라는 형법의 역할 가운데 어느 쪽을 절대시하여서는 아니 되고, 두 기능이 조화롭게 유지되도록 하여야 한다. 일방의 법익 보호를 위한 수단으로 다른 일방의 자유가 지나치게 침해되는 해석을 하여서는 아니 된다. 오히려 법익의 보호에 다소 미흡하더라도 명확한 형벌규정의 근거 없이 개인의 자유를 침해할 수 없다는 것이 형법 해석의 원칙이라는 점을 유념하여야 한다. 이것이 헌법이 뒷받침하는 죄형법정주의의 핵심사상이다.

나. 배임죄에서 말하는 '타인의 사무를 처리하는 자'에 해당하는지 여부는 계약의 내용이나 신임관계의 유형과 내용에 비추어 타인의 재산상 이익을 보호·관리하는 것이 당사자 관계의 전형적·본질적 내용이 되는 지위에 있는 사람이냐에 따라 판단하여야 한다. 따라서 타인의 재산상 이익을 보호·관리하는 것이 당사자 관계의 전형적·본질적 내용이 된다고 할 수 없음에도, 타인을 위한 사무로서의 성질이 부수적·주변적인 의미를 넘어 중요한 내용을 이룬다는 명목으로 '타인의 사무를 처리하는 자'에 해당한다고 확장해석을 하여서는 아니 된다. 해당 사무가 상대방에 대하여 중요한 의미를 갖는다는 점만으로 당연히 그 사무를 처리하는 자에게 상대방의 재산상 이익을 보호·관리할 지위가 생겨난다고 할 수는 없기 때문이다. 상대방의 재산상 이익을 보호·관리할 지위에 있는지 여부는 당사자 사이의 계약의 내용이나 신임관계의 유형과 내용에 따라 결정될 뿐이다.

위임계약에서와 같이 '위임의 본지에 따라 선량한 관리자의 주의로써 위임사무를 처리하여야' 하는 자(민법 제681조 참조)는 그 계약의 내용이나 신임관계의 유형과 내용에 비추어 타인의 재산상 이익을 보호·관리하는 것이 당사자 관계의 전형적·본질적 내용이 되는 지위에 있는 사람으로서 배임죄에서 말하는 '타인의 사무를 처리하는 자'에 해당한다고 할 수 있다. 고용계약이나 근로계약에서도 유사한 신임관계를 인정할 수 있을 것이다.

반면에 '당사자 일방이 부동산을 상대방에게 이전할 것을 약정하고 상대방이 그 대금을 지급할 것을' 내용으로 하는(민법 제563조 참조) 부동산 매매계약에서는 목적부동산을 될 수 있는 한 매도인은 더 높은 가격에 매도함으로써, 매수인은 더 낮은 가격에 매수함으로써 각자 자신의 이익을 극대화하고자 하며, 이 점에서 매도인과 매수인은 서로 대립되는 이해관계를 가진다. 매수인은 물론 매도인 또한 상대방의 재산상 이익을 보호·관리하는 것이 당사자 관계의 전형적·본질적 내용이 되는 지위에 있다고 할 수 없다. 매수인의 대금지급의무나 매도인의 목적부동산에 관한 소유권이전의무는 상대방의 재산상 이익을 보호·관리하기 위한 것이 아니라, 목적부동산의 소유권이나 대금을 취득하기 위해 그 대가로서 부담하는 의무일 뿐이다. 이 점은 매매계약 당시는 물론 그 이후에도 마찬가지이다. 그런데도 다수의견은 상대방의 재산상 이익을 보호·관리하는 것이 당사자 관계의 전형적·본질적 내용이 되는 지위를 매수인에 대하여는 인정하지 않으면서 매도인에 대하여는 중도금을 지급받은 시점부터 인정하고 있다.

다. 부동산 매매계약을 체결하면서 매수인이 계약금으로 매매대금의 10%를 지급한 경우에는 계약의 구속력에서 벗어날 수 있으므로 그때에 이중매매를 하더라도 배임죄는 성립하지 않지만, 중도금으로 10%를 더 지급하여 매매대금의 20%를 지급한 경우에는 계약의 구속력에서 벗어날 수 없으므로 그때에 이중매매를 하면 배임죄가 성립한다는 것이 다수의견이다. 이는 결국 형벌로써 매도인의 계약상 의무 이행을 강제하는 것이다. 다수의견에 따르면, 형벌을 감수하지 않는 한 매도인의 계약 해소의 자유는 부정된다. 매수인에게 발생될 수 있는 손해를 충분히 배상하는 경우라고 하더라도 마찬가지이다. 매수인의 권리를 지켜주기 위하여 매도인의 계약 해소의 자유는 물론 신체의 자유가 침해되는 것까지 용인하는 것이다. 이러한 경우에 형법의 개입이 정당화될 수 있는지 지극히 의문이다. 계약금을 수수함으로써 유보된 약정해제권을 더 이상 행사할 수 없다는 것을 매도인이 그 소유의 부동산을 처분하면 범죄가 된다는 뜻으로 이해할 수는 없다. 매도인이 매수인에게 소유권이전등기를 마칠 때까지 소유권은 매도인에게 있고, 소유권에는 처분할 수 있는 권리가 포함되어 있기 때문이다(민법 제211조 참조).

라. 부동산 이중매매에 관한 판례가 형성된 실질적인 이유는 부동산 매매계약이 체결되는 경우 매수인은 그가 보유하는 재산의 대부분을 매매대금으로 매도인에게 지급하는 것이 일반적인데, 그와 같이 매수인이 매도인에게 상당한 매매대금을 지급하였음에도 매수한 부동산의 소유권을 이전받지 못할 뿐만 아니라 경우에 따라서는 지급한 매매대금마저 반환받지 못함으로써 심대한 손해를 받는데도, 손해배상 등 민사상의 구제절차에만 맡겨 두는 것으로는 매수인 보호가 부족하다는 현실적 인식에 기초하고 있는 것으로 보인다.

매도인이 매수인으로부터 매매대금을 지급받을 당시 매수인에게 소유권을 이전할 의사나 능력이 없음에도 계약금 또는 중도금 등의 매매대금을 지급받았다면 배임죄가 아니라 법정형이 더 무거운 사기죄로 처벌함으로써 그러한 우려의 상당한 부분을 해소할 수 있을 것이다.

그러나 이와 같이 사기죄의 구성요건을 충족하지 못하는 경우에도, 다수의견의 법리는 부동산 매매계약 당사자의 일방인 매수인의 법익 보호를 보다 확고히 하기 위해 배임죄 구성요건의 문언을 벗어나 그 포섭범위를 확장하는 해석을 함으로써 상대방인 매도인이 갖는 계약의 자유는 물론 신체의 자유를 중대하게 침해한다. 이는 법익의 보호에 다소 미흡하더라도 명확한 형벌규정의 근거 없이 개인의 자유를 침해할 수 없다는 형법의 해석원칙을 망각한 데에서 비롯된 것이다. 부동산 매매계약의 성격에 비추어 결코 매수인의 재산상 이익을 보호·관리하는 것이 당사자 관계의 전형적·본질적 내용이 되는 지위에 있다고 할 수 없는 부동산 매도인을, 매수인의 사무를 처리하는 자로서 배임죄에서 말하는 '타인의 사무를 처리하는 자'에 해당한다고 하는 해석은 이 점에서 타당하다고 할 수 없다. 결국 다수의견의 법리는 죄형법정주의에 위반되는 해석일 뿐만 아니라 위헌적 해석이라는 비판에서 자유로울 수 없다.

이상과 같이 다수의견의 법리가 갖는 근본적인 문제점을 지적하고자 한다.

● 대법원 2018. 11. 01. 선고 2016도10912 전원합의체 판결 【병역법위반】

【판시사항】

[1] 병역법 제88조 제1항에서 정한 '정당한 사유'의 법적 성격(=구성요건해당성 조각사유) 및 정당한 사유가 있는지 판단할 때 고려하여야 할 사항 / 이른바 양심적 병역거부가 병역법 제88조 제1항에서 정한 '정당한 사유'에 해당하는지 여부(한정 적극) / 양심적 병역거부를 위 조항의 정당한 사유로 인정할 것인지가 대체복무제의 존부와 논리필연적인 관계에 있는지 여부(소극) / 정당한 사유로 인정할 수 있는 양심적 병역거부에서 말하는 '진정한 양심'의 의미와 증명 방법 및 정당한 사유의 부존재에 대한 증명책임 소재(=검사)

[2] 여호와의 증인 신도인 피고인이 지방병무청장 명의의 현역병입영통지서를 받고도 입영일부터 3일이 지나도록 종교적 양심을 이유로 입영하지 않고 병역을 거부하여 병역법 위반으로 기소된 사안에서, 제반 사정에 비추어 피고인의 입영거부 행위는 진정한 양심에 따른 것으로서 구 병역법 제88조 제1항에서 정한 '정당한 사유'에 해당할 여지가 있는데도, 피고인이 주장하는 양심이 위 조항의 정당한 사유에 해당하는지 심리하지 아니한 채 양심적 병역거부가 정당한 사유에 해당하지 않는다고 보아 유죄를 인정한 원심판결에 법리오해의 잘못이 있다고 한 사례

【판결요지】

[1] [다수의견]

① 병역법 제88조 제1항은 국방의 의무를 실현하기 위하여 현역입영 또는 소집통지서를 받고도 정당한 사유 없이 이에 응하지 않은 사람을 처벌함으로써 입영기피를 억제하고 병력구성을 확보하기 위한 규정이다. 위 조항에 따르면 정당한 사유가 있는 경우에는 피고인을 벌할 수 없는데, 여기에서 정당한 사유는 구성요건해당성을 조각하는 사유이다. 이는 형법상 위법성조각사유인 정당행위나 책임조각사유인 기대불가능성과는 구별된다.

정당한 사유는 구체적인 사안에서 법관이 개별적으로 판단해야 하는 불확정개념으로서, 실정법의 엄격한 적용으로 생길 수 있는 불합리한 결과를 막고 구체적 타당성을 실현하기 위한 것이다. 위 조항에서 정한 정당한 사유가 있는지를 판단할 때에는 병역법의 목적과 기능, 병역의무의 이행이 헌법을 비롯한 전체 법질서에서 가지는 위치, 사회적 현실과 시대적 상황의 변화 등은 물론 피고인이 처한 구체적이고 개별적인 사정도 고려해야 한다.

병역의무의 부과와 구체적 병역처분 과정에서 고려되지 않은 사정이라 하더라도, 입영하지 않은 병역의무자가 처한 구체적이고 개별적인 사정이 그로 하여금 병역의 이행을 감당하지 못하도록 한다면 병역법 제88조 제1항의 '정당한 사유'에 해당할 수 있다고 보아야 한다. 설령 그 사정이 단순히 일시적이지 않다거나 다른 이들에게는 일어나지 않는 일이라 하더라도 마찬가지이다.

② 양심에 따른 병역거부, 이른바 양심적 병역거부는 종교적·윤리적·도덕적·철학적 또는 이와 유사한 동기에서 형성된 양심상 결정을 이유로 집총이나 군사훈련을 수반하는 병역의무의 이행을 거부하는 행위를 말한다. 양심을 포기하지 않고서는 집총이나 군사훈련을 수반하는 병역의무를 이행할 수 없

고 병역의무의 이행이 자신의 인격적 존재가치를 스스로 파멸시키는 것이기 때문에 병역의무의 이행을 거부한다는 것이다. 결국 양심을 포기할 수 없고 자신의 인격적 존재가치를 스스로 파멸시킬 수도 없기 때문에 불이행에 따르는 어떠한 제재라도 감수할 수밖에 없다고 한다.

병역법 제88조 제1항은 현역입영 거부 행위에 대하여 3년 이하의 징역에 처한다고 정하고 있다. 실제 재판에서는 대부분 양심적 병역거부자의 개별적인 사정을 고려하지 않은 채 병역법 시행령 제136조 제1항 제2호 (가)목에서 정한 전시근로역 편입 대상에 해당하는 1년 6개월 이상 징역형의 실형을 일률적으로 선고하고 있다. 부자(부자) 또는 형제가 모두 실형을 선고받아 복역하는 상황도 적지 않게 발생하였다. 이러한 형사처벌이 계속되고 있는데도 양심적 병역거부자는 우리 사회에서 매년 평균 약 600명 내외로 발생하고 있다.

헌법상 국가의 안전보장과 국토방위의 신성한 의무, 그리고 국민에게 부여된 국방의 의무는 아무리 강조해도 지나치지 않다. 국가의 존립이 없으면 기본권 보장의 토대가 무너지기 때문이다. 국방의 의무가 구체화된 병역의무는 성실하게 이행하여야 하고 병무행정 역시 공정하고 엄정하게 집행하여야 한다. 헌법이 양심의 자유를 보장하고 있다고 해서 위와 같은 가치를 소홀히 해서는 안 된다.

따라서 양심적 병역거부의 허용 여부는 헌법 제19조 양심의 자유 등 기본권 규범과 헌법 제39조 국방의 의무 규범 사이의 충돌·조정 문제가 된다.

국방의 의무는 법률이 정하는 바에 따라 부담한다(헌법 제39조 제1항). 즉 국방의 의무의 구체적인 이행방법과 내용은 법률로 정할 사항이다. 그에 따라 병역법에서 병역의무를 구체적으로 정하고 있고, 병역법 제88조 제1항에서 입영의무의 불이행을 처벌하면서도 한편으로는 '정당한 사유'라는 문언을 두어 입법자가 미처 구체적으로 열거하기 어려운 충돌 상황을 해결할 수 있도록 하고 있다. 따라서 양심적 병역거부에 관한 규범의 충돌·조정 문제는 병역법 제88조 제1항에서 정한 '정당한 사유'라는 문언의 해석을 통하여 해결하여야 한다. 이는 충돌이 일어나는 직접적인 국면에서 문제를 해결하는 방법일 뿐만 아니라 병역법이 취하고 있는 태도에도 합치하는 해석방법이다.

소극적 부작위에 의한 양심실현의 자유에 대한 제한은 양심의 자유에 대한 과도한 제한이 되거나 본질적 내용에 대한 위협이 될 수 있다. 양심적 병역거부는 이러한 소극적 부작위에 의한 양심실현에 해당한다. 양심적 병역거부자들은 헌법상 국방의 의무 자체를 부정하지 않는다. 단지 국방의 의무를 구체화하는 법률에서 병역의무를 정하고 그 병역의무를 이행하는 방법으로 정한 집총이나 군사훈련을 수반하는 행위를 할 수 없다는 이유로 그 이행을 거부할 뿐이다.

헌법은 기본권 보장의 체계로서 기본권이 최대한 실현되도록 해석·운용되어야 한다. 헌법 제10조는 모든 국민은 인간으로서의 존엄과 가치를 가지며 국가는 개인이 가지는 불가침의 기본적 인권을 확인하고 이를 보장할 의무를 진다고 선언하고 있다. 양심의 자유는 도덕적·정신적·지적 존재로서 인간의 존엄성을 유지하기 위한 필수적 조건이다.

위에서 본 양심적 병역거부의 현황과 함께 우리나라의 경제력과 국방력, 국민의 높은 안보의식 등에 비추어 양심적 병역거부를 허용한다고 하여 국가안전보장과 국토방위를 달성하는 데 큰 어려움이 있을 것으로는 보이지 않는다. 따라서 진정한 양심적 병역거부자에게 집총과 군사훈련을 수반하는 병역의무의 이행을 강제하고 그 불이행을 처벌하는 것은 양심의 자유에 대한 과도한 제한이 되거나 본질적 내용에 대한 위협이 된다.

자유민주주의는 다수결의 원칙에 따라 운영되지만 소수자에 대한 관용과 포용을 전제로 할 때에만 정당성을 확보할 수 있다. 국민 다수의 동의를 받지 못하였다는 이유로 형사처벌을 감수하면서도 자신의 인격적 존재가치를 지키기 위하여 불가피하게 병역을 거부하는 양심적 병역거부자들의 존재를 국가가 언제까지나 외면하고 있을 수는 없다. 일방적인 형사처벌만으로 규범의 충돌 문제를 해결할 수 없다는 것은 이미 오랜 세월을 거쳐 오면서 확인되었다. 그 신념에 선뜻 동의할 수는 없다고 하더라도 이제 이들을 관용하고 포용할 수는 있어야 한다.

요컨대, 자신의 내면에 형성된 양심을 이유로 집총과 군사훈련을 수반하는 병역의무를 이행하지 않는 사람에게 형사처벌 등 제재를 해서는 안 된다. 양심적 병역거부자에게 병역의무의 이행을 일률적으로 강제하고 그 불이행에 대하여 형사처벌 등 제재를 하는 것은 양심의 자유를 비롯한 헌법상 기본권 보장체계와 전체 법질서에 비추어 타당하지 않을 뿐만 아니라 소수자에 대한 관용과 포용이라는 자유민주주의 정신에도 위배된다. 따라서 진정한 양심에 따른 병역거부라면, 이는 병역법 제88조 제1항의 '정당한 사유'에 해당한다.

③ 양심적 병역거부를 병역법 제88조 제1항의 정당한 사유로 인정할 것인지는 대체복무제의 존부와 논리필연적인 관계에 있지 않다. 대체복무제는 양심적 병역거부를 인정하였을 때 제기될 수 있는 병역의무의 형평성 문제를 해소하는 방안이 될 수 있다. 즉 대체복무제는 양심적 병역거부를 인정하는 것을 전제로 한다. 따라서 현재 대체복무제가 마련되어 있지 않다거나 향후 대체복무제가 도입될 가능성이 있더라도, 병역법 제88조 제1항을 위반하였다는 이유로 기소되어 재판을 받고 있는 피고인에게 병역법 제88조 제1항이 정하는 정당한 사유가 인정된다면 처벌할 수 없다고 보아야 한다.

④ 정당한 사유로 인정할 수 있는 양심적 병역거부를 심리하여 판단하는 것은 중요한 문제이다. 여기에서 말하는 양심은 그 신념이 깊고, 확고하며, 진실하여야 한다. 신념이 깊다는 것은 그것이 사람의 내면 깊이 자리잡은 것으로서 그의 모든 생각과 행동에 영향을 미친다는 것을 뜻한다. 삶의 일부가 아닌 전부가 그 신념의 영향력 아래 있어야 한다. 신념이 확고하다는 것은 그것이 유동적이거나 가변적이지 않다는 것을 뜻한다. 반드시 고정불변이어야 하는 것은 아니지만, 그 신념은 분명한 실체를 가진 것으로서 좀처럼 쉽게 바뀌지 않는 것이어야 한다. 신념이 진실하다는 것은 거짓이 없고, 상황에 따라 타협적이거나 전략적이지 않다는 것을 뜻한다. 설령 병역거부자가 깊고 확고한 신념을 가지고 있더라도 그 신념과 관련한 문제에서 상황에 따라 다른 행동을 한다면 그러한 신념은 진실하다고 보기 어렵다.

구체적인 병역법위반 사건에서 피고인이 양심적 병역거부를 주장할 경우, 그 양심이 과연 위와 같이 깊고 확고하며 진실한 것인지 가려내는 일이 무엇보다 중요하다. 인간의 내면에 있는 양심을 직접 객관적으로 증명할 수는 없으므로 사물의 성질상 양심과 관련성이 있는 간접사실 또는 정황사실을 증명하는 방법으로 판단하여야 한다.

예컨대 종교적 신념에 따른 양심적 병역거부 주장에 대해서는 종교의 구체적 교리가 어떠한지, 그 교리가 양심적 병역거부를 명하고 있는지, 실제로 신도들이 양심을 이유로 병역을 거부하고 있는지, 그 종교가 피고인을 정식 신도로 인정하고 있는지, 피고인이 교리 일반을 숙지하고 철저히 따르고 있는지, 피고인이 주장하는 양심적 병역거부가 오로지 또는 주로 그 교리에 따른 것인지, 피고인이 종교를 신봉하게 된 동기와 경위, 만일 피고인이 개종을 한 것이라면 그 경위와 이유, 피고인의 신앙기간과 실제 종교적 활동 등이 주요한 판단요소가 될 것이다. 피고인이 주장하는 양심과 동일한 양심을 가진 사람들이 이미 양심적 병역거부를 이유로 실형으로 복역하는 사례가 반복되었다는 등의 사정은 적극적인 고려요소가 될 수 있다.

그리고 위와 같은 판단 과정에서 피고인의 가정환경, 성장과정, 학교생활, 사회경험 등 전반적인 삶의 모습도 아울러 살펴볼 필요가 있다. 깊고 확고하며 진실한 양심은 그 사람의 삶 전체를 통하여 형성되고, 또한 어떤 형태로든 그 사람의 실제 삶으로 표출되었을 것이기 때문이다.

정당한 사유가 없다는 사실은 범죄구성요건이므로 검사가 증명하여야 한다. 다만 진정한 양심의 부존재를 증명한다는 것은 마치 특정되지 않은 기간과 공간에서 구체화되지 않은 사실의 부존재를 증명하는 것과 유사하다. 위와 같은 불명확한 사실의 부존재를 증명하는 것은 사회통념상 불가능한 반면 그 존재를 주장·증명하는 것이 좀 더 쉬우므로, 이러한 사정은 검사가 증명책임을 다하였는지를 판단할 때 고려하여야 한다. 따라서 양심적 병역거부를 주장하는 피고인은 자신의 병역거부가 그에 따라 행동하지 않고서는 인격적 존재가치가 파멸되고 말 것이라는 절박하고 구체적인 양심에 따른 것이며 그 양심이 깊고 확고하며 진실한 것이라는 사실의 존재를 수긍할 만한 소명자료를 제시하고, 검사는 제시된 자료의 신빙성을 탄핵하는 방법으로 진정한 양심의 부존재를 증명할 수 있다. 이때 병역거부자가 제시해야 할 소명자료는 적어도 검사가 그에 기초하여 정당한 사유가 없다는 것을 증명하는 것이 가능할 정도로 구체성을 갖추어야 한다.

[대법관 이동원의 별개의견]

우리나라의 병력 규모와 종교적 신념을 이유로 하는 병역거부자들의 수, 그들에 대한 병력자원으로의 현실적 활용 가능성, 공정하고 객관적인 심사 및 현역복무와 대체복무 사이의 형평성 확보 등을 통한 병역기피 방지대책 마련의 곤란 정도, 정보전·과학전의 양상을 띠는 현대전의 특성 등 제반 사정을 고려하면, 현재의 안보상황에서 종교적 신념을 이유로 하는 병역거부자들에 대하여 대체복무를 허용하더라도 그것이 우리 국방력의 약화로 이어져 국가의 안전보장이 우려되는 상황을 초래할 것이라고 보기 어렵다. 더욱이 헌법재판소는 최근 병역의 종류로 대체복무제를 규정하지 아니한 병역법 제5조 제1항에 대하여 헌법불합치결정을 하고 국회에 2019. 12. 31.까지 대체복무제를 도입할 것을 촉구하였으므로, 조만간 대체복무제 도입이 입법화될 것으로 보이기도 한다.

이러한 상황에서 종교적 신념을 이유로 하는 병역거부자들에게 종래와 마찬가지로 현역 입영을 강제함으로써 그들에게 종교적 신념상 감당하기 어려운 과도한 부담을 지우는 것은 헌법상 기본권 제한에 있어 최소침해의 원칙에 어긋난다. 따라서 진정한 종교적 신념에 따라 병역을 거부하는 경우에는 병역법 제88조 제1항이 규정하는 정당한 사유가 있다고 보아야 한다.

다만 대체복무의 허용은 국가의 안전보장에 우려가 없는 상황을 전제로 한다. 그러므로 종교적 신념을 이유로 하는 병역거부자들에 대하여 대체복무를 허용함으로써 향후 국가안전보장에 지장이 생기게 된다면 다시 그들을 현역병입영대상자 등으로 하는 병역처분을 하는 것도 허용된다고 보아야 한다.

[대법관 김소영, 대법관 조희대, 대법관 박상옥, 대법관 이기택의 반대의견]

① 다수의견이 변경되어야 한다고 주장하는 종전 대법원 2004. 7. 15. 선고 2004도2965 전원합의체 판결에서 제시된 법리야말로 우리의 총체적 규범체계와 시대적·사회적 맥락에서 여전히 타당성이 인정되므로 그대로 적용·유지되어야 한다.

즉 대법원은, 구 병역법(2013. 6. 4. 법률 제11849호로 개정되기 전의 것, 이하 반대의견에서는 '병역법'이라 한다) 제88조 제1항 제1호(이하 반대의견에서는 '처벌규정'이라 한다)는 추상적으로 존재하던 병역의무가 병무청장 등의 결정을 통해 구체적으로 확정된 후 병역의무자가 그 내용이 담긴 현역병입영 통지서를 받고도 '정당한 사유' 없이 이에 응하지 아니한 부작위를 처벌함으로써 입영기피를 억제하여 국가안보의 인적 기초인 병력구성을 강제하기 위해 입법된 법률조항이라고 보았다. 그에 따라 '정당한 사유'는 병무청장 등의 결정으로 구체화된 병역의무의 불이행을 정당화할 만한 사유, 즉 질병 등 병역의무 불이행자의 책임으로 돌릴 수 없는 사유에 한하는 것으로 보아야 한다고 판단하였다. 다만 대법원은, 구체적 병역의무의 이행을 거부한 사람이 그 거부 사유로 내세운 권리가 헌법에 의하여 보장되고, 처벌규정의 입법목적을 능가하는 우월한 헌법적 가치를 가지고 있다고 인정될 경우에는 예외적으로 그에게 병역의무의 이행을 거부할 정당한 사유가 존재하는 것으로 보았다. 그러면서도 소극적 부작위에 의한 양심실현의 자유가 상대적 자유로서, 국민 전체의 인간으로서의 존엄과 가치를 보장하기 위한 헌법적 법익인 병역의무보다 우월한 가치라고 할 수는 없다고 보았다. 이를 전제로, 병역의무에 관한 헌법적 법익을 위해 헌법 제37조 제2항에 따라 양심의 자유를 제한하더라도 이는 헌법상 정당한 제한이고, 양심적 병역거부자에 대해 처벌규정을 적용하더라도 양심의 자유가 부당하게 침해되었다고 할 수 없으며, 양심의 자유에 반한다는 사유로 현역병입영을 거부하는 것은 정당한 사유가 있는 것으로 볼 수 없다고 판단하였다.

② 원칙적으로 대한민국 국민으로서 남성인 병역의무자가 병역을 연기하거나 감면받기 위한 일체의 특례 사유는 병역법에 그 내용이 명확하게 규정되어 있지 않는 한 허용될 수 없다고 보아야 하고, 이러한 병역법의 입법 목적과 병역제도의 기본 취지는 입영이라는 구체적 병역의무의 이행을 강제하기 위한 수단으로서 처벌규정의 '정당한 사유'를 해석할 때에도 당연히 관철되어야 한다.

병역의무자가 입영 전에 복무대상에서 당연히 제외되거나 병역을 면제받을 수 있는 특례 사유(이하 '병역면제 등 사유'라고만 한다)는 전투 및 훈련 임무의 수행, 합숙내무생활 등 병역의무 이행 과정이 육체적·정신적 제약과 희생을 수반한다는 사실에 기인한 것이다. 그러므로 설령 병역의무의 이행을 감당할 능력과 관련된 사유가 위 '정당한 사유'에 포함된다고 보더라도, 이는 병역법이 규정하고 있는 병역면제 등 사유, 즉 심신장애, 형사처벌, 북한이주민 등의 사유에 준하는 정도의 것으로서, 병역의무의 이행능력과 관련된 객관적·가치중립적인 사정으로 제한된다고 보는 것이 옳다. 그렇게 보는 것이 병역법 제3조가 병역에 관한 특례를 엄격하게 제한적으로 인정하는 취지에도 부합한다. 다수의견이 주장하는 종교적 신념 등을 이유로 한 양심적 병역거부와 같이 병역에 관한 개인적 신념이나 가치관, 세계관 등을 포함한 주관적 사정은 그 신념의 정도나 지속성 여부를 불문하고 이에 포함될 수 없다. 병역법의 입법 목적과 병역부담평등의 원칙, 국민개병제 및 징병제의 병역제도를 근간으로 병역에 관한 특례 및 병역의무 감당능력을 규정한 병역법의 취지에 비추어 보면, 병역에 관하여는 납세 등 다른 헌법상 의무와 비교하더라도 의무면제사유로서 감당 여부 또는 과도한 부담 여부에 대한 판단에 있어서는 더욱 엄격한 기준이 적용되어야 한다.

병역법상 '입영'이란 병역의무자가 징집에 의해 군부대에 들어가는 것을(제2조 제1항 제3호), '징집'이란 국가가 병역의무자에게 현역에 복무할 의무를 부과하는 것을(같은 항 제1호) 말한다. 병역법은 입영에 관한 통지를 받거나 받게 될 병역의무자가 질병·심신장애·재난 등의 사유로 입영기일에 입영하기 어려운 사정이 있는 경우에는 그 기일을 연기할 수 있게 하는 '입영연기' 제도를 두고 있는데(제61조 제1항), 입영연기 제도에 따른 연기기간은 2년으로 제한된다[구 병역법 시행령(2013. 12. 4. 대통령령 제24890호로 개정되기 전의 것, 이하 반대의견에서는 '병역법 시행령'이라 한다) 제129조 제2항]. 또한 처벌규정에 의할 때 병역의무자는 원칙적으로 지정된 입영기일에 입영해야 하지만, 지정된 기일이 지난 경우라도 '천재지변, 교통 두절, 통지서 송달의 지연, 그 밖의 부득이한 사유'로 인한 경우에는 그때부터 3일 이내에만 입영하면 되는 '지연입영' 제도가 마련되어 있다(병역법 시행령 제24조 제1항). 이 같은 병역법과 그 시행령상의 입영 및 징집의 의미, 입영연기 및 지연입영 제도의 취지와 사유 등을 종합해 보면, 현역병입영과 관련하여 처벌규정의 '정당한 사유'란 입영통지에 기해 지정된 기일과 장소에 집결할 의무를 부과받았음에도 즉시 이에 응하지 못한 것을 정당화할 만한 사유로서, 병역법에서 입영을 일시적으로 연기하거나 지연시키기 위한 요건으로 인정된 사유, 즉 질병, 재난 등과 같은 개인의 책임으로 돌리기 어려운 사유로 한정된다고 보아야 한다.

국방의 의무란 외부 적대세력의 직·간접적인 침략행위로부터 국가의 독립을 유지하고 영토를 보전하기 위하여 국민에게 부과된 의무를 말한다. 헌법은 국방의 의무를 통해 주권자인 국민 모두에게 국가공동체의 안전과 평화를 확보하는 데에 필요한 부담을 나누어 질 것을, 즉 국민개병제 및 병역부담평등의 원칙에 기반한 국가안보와 국토방위에 관한 책임을 당위로서 요구하고 있다고 볼 수 있다. 우리나라의 안보 현실 등에 비추어 볼 때 우리나라에서 이러한 요구는 다른 어느 사회와도 비교할 수 없을 정도로 강력하고도 절대적인 사회적 요구이다.

헌법상 국방의 의무 규정에 기해 입법된 병역법에서 정한 내용과 절차에 따라 병역의무가 부과되고, 그 의무이행에 있어 집총훈련 등이 요구됨에도 스스로의 결정을 통해 형성한 내면의 종교적 양심 등에 반한다는 이유로 그 의무이행을 거부하는 양심적 병역거부 행위가 '양심유지' 또는 '소극적 부작위에 의한 양심실현의 자유'라는 이유로 정당화될 수는 없다. 나아가 병역법상 병역의무 부담의 공평성과 이행의 실효성을 확보하기 위한 불가피한 수단으로서 병역거부자에 대해 처벌규정에 기한 형사처벌이 이루어지더라도, 단지 그러한 사정만으로 국가가 개인의 내면적 양심을 포기하고 양심에 반하는 의무이행을 강제함으로써 인격적 존재가치의 파멸을 초래하거나 양심을 유지하기 위해 형사처벌을 감수하는 선택을 부당하게 강요하는 결과가 되고, 이로써 기본권에 대한 과도한 제한이 되거나 기본권의 본질적 내용에 대한 침해나 위협이 된다고 볼 수도 없다.

③ 양심적 병역거부에 있어 보호대상이 되어야 할 '진정한 양심'은 병역의무의 이행이 강제되는 상황에 직면함으로써 외부로 표출되기 이전에 내심의 영역에서 형성·결정되어 있던 절대적 자유의 대상으로서의 양심이 되어야만 한다. 그런데 이러한 의미의 '진정한 양심'은 논리적으로 그 주체의 주관적인 관점에서만 판단될 수밖에 없다. '진정한 양심'은 객관적으로 잘 드러나지 않을 뿐만 아니라, 경험칙상 본인조차도 이를 객관적인 증거로 드러내 보임으로써 제3자로 하여금 그 존재 사실을 알게 하는 것이 결코 쉽지 않다. 따라서 다수의견의 결론을 따라 병역거부에 관한 '진정한 양심'을 처벌규정의 '정당한 사유'에 해당하는 사유로 볼 수 있다 하더라도, 이는 내심의 영역에만 머물던 것으로서 그 존부에 대해 객관적인 재현이나 증명은 물론, 그 주장에 대해 과학적·합리적인 반증이나 탄핵을 하는 것 자체가 대단히 어렵거나 거의 불가능하다. 이로 인하여 형사사법절차가 예정하는 논리칙, 경험칙에 입각하고 합리성에 기초한 객관적인 증명의 대상으로는 적절치 않은 것이다.

병역거부와 관련된 진정한 양심의 존부에 대한 심사기준 및 판정 방법 내지 절차에 내재한 문제점을 종합해 본다면, 그 심사기준 및 방법이란 어떠한 경우에도 형사소송법이 지향하는 실체적 진실 발견에 부합한다고 평가될 정도로 양심적 병역거부자의 '진정한 양심'을 확인하기에 충분하고도 완전한 기준이 되기는 어렵거나 불가능하다고 보는 것이 합리적이다. 따라서 그 심사기준 및 방법은 양심적 병역거부의 규범적·제도적 수용 여부 및 정도에 대한 사회구성원들의 인식과 반응, 양심적 병역거부자에 대한 직·간접적인 병력형성의무의 면제로 인해 초래될 병력자원의 부족 및 대체 가능성, 국군의 사기 및 국가안보와 국토방위에 미칠 부정적 영향 등에 대한 정책적 고려까지도 모두 감안된 타협적이고 의제적인 것일 수밖에 없다. 위와 같은 특수한 심사기준이나 방법이 없는 상태에서 병역거부와 관련된 '진정한 양심'을 심사하는 것은 실체적 진실 발견을 사명으로 하는 법관으로서 감당하기 어려운 임무이다.

④ 병역의무와의 등가성이 확보된 대체복무의 세부 내용 및 그 의무이행의 절차를 정하는 것 자체가 대단히 까다로운 일이다. 이를 정함에 있어서는 병역의무와 대체복무 각각의 부담에 관한 국회 차원에서의 일반적·추상적인 수준에서의 비교형량을 통한 판단만으로는 부족하고, 사회적 여론 수렴의 결과를 토대로 다양한 이해관계자들의 입장을 조정하는 동시에 현실적이고 공정한 내용이 될 수 있도록 상당한 기간 연구와 검토가 필요하다. 만약 충분한 논의와 과정을 거치지 않은 채 대체복무제가 시행된다면 사회통합을 해하고 또 다른 갈등과 대립을 유발한다는 비판을 면하기 어려울 것이다. 단순히 관용과 포용의 정도가 성숙하였다는 전제에서 해결될 수 있는 간단한 문제가 아니다.
아직 대략적인 윤곽만 확인되고 그마저도 여러 논란의 소지가 있다고 보이는 대체복무제 입법안의 논의 내용과 상황을 감안하지 않은 채, 다수의견의 논리대로 대체복무제의 도입 여부와 양심적 병역거부에 대한 처벌 여부는 별개라는 인식 아래 대체복무제 도입에 선행하여 처벌규정의 '정당한 사유'에 양심적 병역거부의 사유가 포섭될 수 있는지 여부를 판단하는 것은 타당하지 않다.

⑤ 처벌규정의 '정당한 사유'의 의미에 관한 대법원의 종전 전원합의체 판결에서 확인된 법리는 그대로 유지되는 것이 옳다. 기존 법리는 반대의견이 취한 위 '정당한 사유'에 관한 법리적 논증과 완전히 합치되는 것이다. 그리고 그 후로 현재까지 기존 법리에 따른 위 '정당한 사유'의 포섭 범위를 확대하는 방향으로 변경을 하여야 할 만한 명백한 규범적·현실적 변화도 없다고 보인다.
그럼에도 불구하고 기존 법리를 변경하는 다수의견의 견해는, 법적 안정성이라는 중대한 사법적 가치를 손상하고, 자칫 병역의무 이행상의 과도한 특혜를 부여하는 결과를 초래함으로써 병역법의 입법 목적을 근본적으로 훼손시킬 뿐만 아니라, 병역의무 부담의 형평성에 대한 규범적 요청 및 국민의 기대에서 크게 벗어나는 것으로 인식되어 갈등과 혼란을 초래할 것이라는 우려를 금할 수 없다. 또한 사법권의 한계를 벗어나 입법정책의 영역에서 사실상 입법자의 권한을 행사한다는 오해와 비난을 면하기 어렵다. 설령 양심적 병역거부자 등 일부 병역의무자들에 대한 병역법의 예외 없는 적용에 다소간의 불합리하거나 가혹한 면이 있더라도, 이는 국회의 입법 절차를 통해 시정해 나갈 일이지, 법원이 병역법의 규정을 그 목적이나 기능에 어긋나게 해석하는 방식으로 해결할 수는 없다. 이러한 결론은 법관의 법률해석과 사법권 행사에서 당연하게 지켜야 할 기본 원칙과 책무에 따른 것이다.

[2] 여호와의 증인 신도인 피고인이 지방병무청장 명의의 현역병입영통지서를 받고도 입영일부터 3일이 지나도록 종교적 양심을 이유로 입영하지 않고 병역을 거부하여 병역법 위반으로 기소된 사안에서, 피고인은 여호와의 증인 신도인 아버지의 영향으로 만 13세 때 침례를 받고 그 신앙에 따라 생활하면서 약 10년 전에 최초 입영통지를 받은 이래 현재까지 신앙을 이유로 입영을 거부하고 있고, 과거 피고인의 아버지는 물론 최근 피고인의 동생도 같은 이유로 병역을 거부하여 병역법 위

반으로 수감되었으며, 피고인이 부양해야 할 배우자, 어린 딸과 갓 태어난 아들이 있는 상태에서 형사처벌의 위험을 감수하면서도 종교적 신념을 이유로 병역거부 의사를 유지하고 있는 사정에 비추어 보면, 피고인의 입영거부 행위는 진정한 양심에 따른 것으로서 구 병역법(2013. 6. 4. 법률 제11849호로 개정되기 전의 것) 제88조 제1항에서 정한 '정당한 사유'에 해당할 여지가 있는데도, 피고인이 주장하는 양심이 위 조항의 정당한 사유에 해당하는지 심리하지 아니한 채 양심적 병역거부가 정당한 사유에 해당하지 않는다고 보아 유죄를 인정한 원심판결에 양심적 병역거부와 위 조항에서 정한 정당한 사유의 해석에 관한 법리를 오해한 잘못이 있다고 한 사례.

【참조조문】[1] 헌법 제5조 제2항, 제10조, 제19조, 제20조, 제37조 제2항, 제39조 제1항, 병역법 제1조, 제2조 제1항 제1호, 제3호, 제3조, 제5조 제1항, 제8조, 제11조, 제12조, 제14조, 제62조, 제63조, 제64조, 제65조, 제71조, 제72조, 제88조 제1항, 구 병역법(2013. 6. 4. 법률 제11849호로 개정되기 전의 것) 제3조, 제5조 제1항, 제12조 제1항 제3호, 제14조 제1항, 제61조 제1항, 제64조 제1항, 제65조 제1항, 제71조, 제72조, 제88조 제1항 제1호, 병역법 시행령 제136조 제1항 제2호 (가)목, 구 병역법 시행령(2013. 12. 4. 대통령령 제24890호로 개정되기 전의 것) 제24조 제1항, 제129조 제2항, 제136조 제1항 제2호 (가)목, 시민적 및 정치적 권리에 관한 국제규약(International Covenant on Civil and Political Rights) 제8조, 제18조, 형사소송법 제308조 / [2] 헌법 제19조, 제39조 제1항, 구 병역법(2013. 6. 4. 법률 제11849호로 개정되기 전의 것) 제88조 제1항 제1호, 형사소송법 제325조
【참조판례】[1] 대법원 2004. 7. 15. 선고 2004도2965 전원합의체 판결(공2004하, 1396)(변경), 대법원 2007. 12. 27. 선고 2007도7941 판결(공2008상, 183)(변경), 대법원 2008. 6. 12. 선고 2006도6445 판결(공2008하, 998), 헌법재판소 2006. 11. 30. 선고 2005헌마739 전원재판부 결정(헌공122, 1405), 헌법재판소 2018. 6. 28. 선고 2011헌바379, 383, 2012헌바15, 32, 86, 129, 181, 182, 193, 227, 228, 250, 271, 281, 282, 283, 287, 324, 2013헌바273, 2015헌바73, 2016헌바360, 2017헌바225, 2012헌가17, 2013헌가5, 23, 27, 2014헌가8, 2015헌가5 전원재판부 결정(헌공261, 1017)
【전 문】
【피 고 인】피고인
【상 고 인】피고인
【변 호 인】변호사 오두진 외 3인
【원심판결】창원지법 2016. 6. 23. 선고 2014노466 판결

【주 문】

원심판결을 파기하고, 사건을 창원지방법원 합의부에 환송한다.

【이 유】

상고이유를 판단한다.

1. 사건의 경위와 쟁점

이 사건 공소사실의 요지는, 피고인이 2013. 7. 18.경 '2013. 9. 24.까지 육군 39사단에 현역병으로 입영하라'는 경남지방병무청장 명의의 현역병입영통지서를 받고도 입영일인 2013. 9. 24.부터 3일이 지나도록 입영하지 않았다는 것이다.

피고인은 여호와의 증인 신도로서 종교적 양심을 이유로 입영하지 않았다. 이에 대하여 검사는 병역법 제88조 제1항을 적용하여 기소하였다. 병역법 제88조 제1항은 본문에서 "현역입영 또는 소

집 통지서(모집에 의한 입영 통지서를 포함한다)를 받은 사람이 정당한 사유 없이 입영일이나 소집일부터 다음 각호의 기간이 지나도 입영하지 아니하거나 소집에 응하지 아니한 경우에는 3년 이하의 징역에 처한다."라고 정하면서, 제1호에서 '현역입영은 3일'이라고 정하고 있다(병역법은 이 사건 이후 수차례 개정되었으나, 제88조 제1항을 비롯하여 아래에서 언급하는 조항들의 실질적 내용에는 변함이 없다. 이하 특별한 표시가 없는 한 현행 병역법을 가리킨다).

제1심은 유죄를 인정하여 징역 1년 6개월을 선고하였고, 피고인이 항소하였으나 원심은 항소를 기각하였다.

피고인은, 양심적 병역거부는 헌법 제19조와 국제연합의 시민적 및 정치적 권리에 관한 국제규약(International Covenant on Civil and Political Rights, 이하 '자유권규약'이라 하고, 국제연합을 '유엔'이라 하며, 위 규약의 이행을 위한 조약상의 기구를 '유엔자유권규약위원회'라 한다) 제18조에서 정한 양심의 자유에 따른 것이므로, 자신에게는 병역법 제88조 제1항이 정한 정당한 사유가 있다고 주장하면서 상고하였다.

이 사건의 쟁점은 이른바 '양심적 병역거부'가 병역법 제88조 제1항의 '정당한 사유'에 해당하는지 여부이다.

2. 병역법 제88조 제1항의 '정당한 사유'

가. 헌법 제5조 제2항은 "국군은 국가의 안전보장과 국토방위의 신성한 의무를 수행함을 사명으로 하며, 그 정치적 중립성은 준수된다."라고 정하고, 제39조 제1항은 "모든 국민은 법률이 정하는 바에 의하여 국방의 의무를 진다."라고 정한다. 즉 주권자인 국민은 외적으로부터 국가를 방위하여 국가의 정치적 독립성과 영토의 완전성을 수호할 헌법적 의무를 부담한다는 것을 명시하고 있다.

병역법 제88조 제1항은 이러한 국방의 의무를 실현하기 위하여 현역입영 또는 소집통지서를 받고도 정당한 사유 없이 이에 응하지 않은 사람을 처벌함으로써 입영기피를 억제하고 병력구성을 확보하기 위한 규정이다. 위 조항에 따르면 정당한 사유가 있는 경우에는 피고인을 벌할 수 없는데, 여기에서 정당한 사유는 구성요건해당성을 조각하는 사유이다(대법원 2004. 07. 15. 선고 2004도2965 전원합의체 판결 등 참조). 이는 형법상 위법성조각사유인 정당행위나 책임조각사유인 기대불가능성과는 구별된다.

정당한 사유는 구체적인 사안에서 법관이 개별적으로 판단해야 하는 불확정개념으로서, 실정법의 엄격한 적용으로 생길 수 있는 불합리한 결과를 막고 구체적 타당성을 실현하기 위한 것이다. 위 조항에서 정한 정당한 사유가 있는지를 판단할 때에는 병역법의 목적과 기능, 병역의무의 이행이 헌법을 비롯한 전체 법질서에서 가지는 위치, 사회적 현실과 시대적 상황의 변화 등은 물론 피고인이 처한 구체적이고 개별적인 사정도 고려해야 한다.

나. 병역법은 헌법상 국방의 의무 중 병역의무를 구체적으로 정하고 있다. 먼저 병역의무를 18세가 된 남성에게 부과하고(제3조, 제8조), 40세가 되면 면제한다(제71조, 제72조). 다음으로 병무청장 등이 개별적인 병역처분을 할 때에는 병역의무자의 신체와 심리 건강, 학력과 연령 등 자질, 가사사정, 형사처벌 여부, 귀화 또는 북한출신 여부, 국외이주, 전문지식이나 기술 등을 고려하여 병역의무자에게 부과할 병역의 종류·내용 또는 면제 등을 결정하도록 한다(제5조, 제11조, 제12조, 제14조, 제62조, 제63조, 제64조, 제65조 등).

위와 같이 병역법은 국민의 다양한 사정들을 고려하여 병역의무의 부과 여부와 그 종류·내용 또는 면제 여부 등을 결정한다. 즉 병역의무를 감당할 수 있는 사람에 대하여 그에 합당한 병역의무를 부과함으로써 과도한 부담이 되지 않도록 하고 있는 것이다. 병역법 제88조 제1항이 정한 '정당한 사유'를 해석할 때에도 위와 같은 병역법의 태도를 반영하여야 한다.

다. 그러므로 병역의무의 부과와 구체적 병역처분 과정에서 고려되지 않은 사정이라 하더라도, 입영하지 않은 병역의무자가 처한 구체적이고 개별적인 사정이 그로 하여금 병역의 이행을 감당하지 못하도록 한다면 병역법 제88조 제1항의 '정당한 사유'에 해당할 수 있다고 보아야 한다. 설령 그 사정이 단순히 일시적이지 않다거나 다른 이들에게는 일어나지 않는 일이라 하더라도 마찬가지이다.

3. 양심적 병역거부와 병역법 제88조 제1항의 '정당한 사유'

가. 헌법상 양심의 자유와 그 제한

1) 헌법 제19조는 "모든 국민은 양심의 자유를 가진다."라고 정하여 양심의 자유를 보장한다. 양심의 자유는 우리 헌법이 최고의 가치로 상정하고 있는 도덕적·정신적·지적 존재로서 인간의 존엄성을 유지하기 위한 기본조건이고 민주주의 체제가 존립하기 위한 불가결의 전제로서 다른 기본권에 비하여 고도로 보장되어야 한다(대법원 2010. 04. 22. 선고 2008다38288 전원합의체 판결 등 참조).

양심의 자유에는 양심을 형성할 자유와 양심에 따라 결정할 자유 등 내심의 자유뿐만 아니라 위와 같이 형성된 양심에 따른 결정을 외부로 표현하고 실현할 수 있는 자유도 포함된다. 양심의 자유를 내면적 자유와 외부적 자유로 구분할 수 있지만(헌법재판소 2011. 8. 30. 선고 2008헌가22 등 전원재판부 결정, 헌법재판소 2018. 6. 28. 선고 2011헌바379 등 전원재판부 결정 등 참조), 내면적 자유는 절대적 권리이므로 제한하여서는 안 되고 외부적 자유는 상대적 권리이므로 언제나 제한하여도 된다는 단순한 형식논리로 이어져서는 안 된다. 양심실현의 자유도 헌법 제37조 제2항에서 정한 대로 국가안전보장·질서유지 또는 공공복리를 위하여 필요한 경우에 한하여 법률로써 제한할 수 있고, 제한하는 경우에도 본질적인 내용을 침해할 수 없다. 양심이 외부적으로 표출되더라도 이를 제한할 때에는 위와 같은 헌법상 원칙에 위배되지 않는지 엄격하게 평가하여야 한다. 이를 위해서는 양심의 자유에서 보호하는 양심의 의미와 작용, 문제 되는 실현행위가 이루어지는 모습, 다른 헌법적 가치와 부딪치는 국면 등에 대하여 진지하게 살펴볼 필요가 있다.

2) 헌법 제19조에서 보호하는 양심은 이른바 '착한 마음' 또는 '올바른 생각'을 뜻하는 것이 아니라, 옳고 그른 것에 대한 판단을 추구하는 가치적·도덕적 마음가짐을 뜻한다. 이것은 개인의 소신에 따른 다양성이 보장되어야 하고 그 형성과 변경에 외부적 개입과 억압에 의한 강요가 있어서는 안 되는 윤리적 내심영역이다(헌법재판소 2002. 1. 31. 선고 2001헌바43 전원재판부 결정 등 참조). 이러한 양심은 어떤 일의 옳고 그름을 판단할 때 그렇게 행동하지 않고서는 자신의 인격적 존재가치가 파멸되고 말 것이라는 강력하고 진지한 마음의 소리로서 절박하고 구체적인 것이어야 한다(대법원 2004. 07. 15. 선고 2004도2965 전원합의체 판결, 헌법재판소 2018. 6. 28. 선고 2011헌바379 등 전원재판부 결정 등 참조).

양심의 자유는 내심에서 우러나오는 윤리적 확신과 이에 반하는 외부적 법질서의 요구가 서로 회피할 수 없는 상태로 충돌할 때 침해될 수 있다(헌법재판소 2002. 4. 25. 선고 98헌마425

등 전원재판부 결정 참조). 이와 같이 상반되는 2개의 명령, 즉 양심의 명령과 법의 명령이 충돌하는 경우 개인에게 그의 양심을 따를 수 있는 가능성을 부여하고자 하는 것이 바로 양심의 자유가 보장하고자 하는 대표적인 영역이다(헌법재판소 2004. 8. 26. 선고 2002헌가1 전원재판부 결정 등 참조).

3) 양심은 개인마다 형성되어 유지되고 실현되는 과정과 모습이 서로 다르고, 그 동기와 내용 역시 다양하다. 그렇기 때문에 다른 헌법적 가치가 양심의 자유보다 일방적으로 우위에 있다고 말할 수 없고 마찬가지로 양심의 자유가 다른 헌법적 가치보다 일방적으로 우위에 있다고 해서도 안 된다.

보통 양심이 내면에 머무르는 상태에서는 다른 헌법적 가치와 충돌이 발생하지 않으므로 국가가 개입할 이유가 없다. 사람이 내면에서 단순히 양심을 형성하고 유지하는 것은 양심의 자유의 본질적 내용으로서 제한되어서는 안 된다. 그러나 양심이 외부적으로 실현될 경우에는 더 이상 혼자만의 문제가 아니다. 이때 다른 헌법적 가치질서와 충돌을 일으킬 수 있기 때문에 제한의 필요성이 생긴다.

양심실현의 모습이 다양한 만큼 다른 헌법적 가치질서와 충돌을 일으키는 양상과 정도 역시 다양한 형태로 나타난다. 개인이 자발적이고 적극적으로 양심을 실현하는 과정에서 국가 법질서와 충돌을 일으킬 수 있다. 이러한 경우에는 양심실현의 자유가 제한될 수 있다. 양심의 자유가 양심의 명령에 반한다는 이유로 법의 명령을 위반할 수 있는 일반적 자유를 뜻하지는 않는다. 어떠한 기본권적 자유도 국가와 법질서를 해체하는 근거가 될 수 없고, 그러한 의미로 해석될 수 없다(헌법재판소 2004. 8. 26. 선고 2002헌가1 전원재판부 결정 등 참조).

그러나 국가가 개인에게 양심에 반하는 작위의무를 부과하고 그 불이행에 대하여 형사처벌 등 제재를 함으로써 의무의 이행을 강제하는 경우에는 상황이 다르다. 이러한 강제는 결국 내면적 양심을 포기하고 국가가 부과하는 의무를 이행하거나, 아니면 내면적 양심을 유지한 채 의무를 이행함으로써 자신의 인격적 존재가치를 스스로 파멸시키는 선택을 강요하는 것과 다르지 않다. 단순히 양심실현을 포기하는 것으로 해결될 수 없다. 형사처벌 등 제재를 감수하지 않는 이상 내면적 양심을 포기하거나 자신의 인격적 존재가치를 파멸시켜야 한다. 스스로 내면에 머무르려는 양심을 국가가 불러내어 위와 같은 상황에 직면하도록 하는 것은 위에서 본 적극적 양심실현의 국면과 동일한 것이 아니다.

이러한 경우는 단순히 외부적 자유 또는 상대적 권리에 해당한다는 이유만으로 이를 제한해도 된다고 쉽게 단정할 수 없다. 내면적 양심을 포기하거나 스스로 인격적 존재가치를 파멸시키게 하고, 내면적 양심과 자신의 인격적 존재가치를 지키고자 하면 형사처벌 등 제재를 감수하도록 하는 것은 기본권에 대한 과도한 제한이 되거나 기본권의 본질적 내용에 대한 위협이 될 수 있다. 소극적 부작위에 의한 양심실현의 자유는 내면적 양심의 자유와 밀접하게 관련되므로 그에 대한 제한에는 더욱 세심한 배려와 신중한 접근이 필요하다.

나. 양심적 병역거부가 병역법상 '정당한 사유'에 해당하는지 여부

1) 양심에 따른 병역거부, 이른바 양심적 병역거부는 종교적·윤리적·도덕적·철학적 또는 이와 유사한 동기에서 형성된 양심상 결정을 이유로 집총이나 군사훈련을 수반하는 병역의무의 이행

을 거부하는 행위를 말한다. 양심을 포기하지 않고서는 집총이나 군사훈련을 수반하는 병역의무를 이행할 수 없고 병역의무의 이행이 자신의 인격적 존재가치를 스스로 파멸시키는 것이기 때문에 병역의무의 이행을 거부한다는 것이다. 결국 양심을 포기할 수 없고 자신의 인격적 존재가치를 스스로 파멸시킬 수도 없기 때문에 불이행에 따르는 어떠한 제재라도 감수할 수밖에 없다고 한다.

병역법 제88조 제1항은 현역입영 거부 행위에 대하여 3년 이하의 징역에 처한다고 정하고 있다. 실제 재판에서는 대부분 양심적 병역거부자의 개별적인 사정을 고려하지 않은 채 병역법 시행령 제136조 제1항 제2호 (가)목에서 정한 전시근로역 편입 대상에 해당하는 1년 6개월 이상 징역형의 실형을 일률적으로 선고하고 있다. 부자(부자) 또는 형제가 모두 실형을 선고받아 복역하는 상황도 적지 않게 발생하였다. 이러한 형사처벌이 계속되고 있는데도 양심적 병역거부자는 우리 사회에서 매년 평균 약 600명 내외로 발생하고 있다.

2) 헌법상 국가의 안전보장과 국토방위의 신성한 의무, 그리고 국민에게 부여된 국방의 의무는 아무리 강조해도 지나치지 않다(대법원 2004. 07. 15. 선고 2004도2965 전원합의체 판결 등 참조). 국가의 존립이 없으면 기본권 보장의 토대가 무너지기 때문이다. 국방의 의무가 구체화된 병역의무는 성실하게 이행하여야 하고 병무행정 역시 공정하고 엄정하게 집행하여야 한다. 헌법이 양심의 자유를 보장하고 있다고 해서 위와 같은 가치를 소홀히 해서는 안 된다.

따라서 양심적 병역거부의 허용 여부는 헌법 제19조 양심의 자유 등 기본권 규범과 헌법 제39조 국방의 의무 규범 사이의 충돌·조정 문제가 된다.

3) 국방의 의무는 법률이 정하는 바에 따라 부담한다(헌법 제39조 제1항). 즉 국방의 의무의 구체적인 이행방법과 내용은 법률로 정할 사항이다. 그에 따라 병역법에서 병역의무를 구체적으로 정하고 있고, 병역법 제88조 제1항에서 입영의무의 불이행을 처벌하면서도 한편으로는 '정당한 사유'라는 문언을 두어 입법자가 미처 구체적으로 열거하기 어려운 충돌 상황을 해결할 수 있도록 하고 있다. 따라서 양심적 병역거부에 관한 규범의 충돌·조정 문제는 병역법 제88조 제1항에서 정한 '정당한 사유'라는 문언의 해석을 통하여 해결하여야 한다. 이는 충돌이 일어나는 직접적인 국면에서 문제를 해결하는 방법일 뿐만 아니라 앞에서 보았듯이 병역법이 취하고 있는 태도에도 합치하는 해석방법이다.

4) 위에서 보았듯이 소극적 부작위에 의한 양심실현의 자유에 대한 제한은 양심의 자유에 대한 과도한 제한이 되거나 본질적 내용에 대한 위협이 될 수 있다. 양심적 병역거부는 이러한 소극적 부작위에 의한 양심실현에 해당한다. 양심적 병역거부자들은 헌법상 국방의 의무 자체를 부정하지 않는다. 단지 국방의 의무를 구체화하는 법률에서 병역의무를 정하고 그 병역의무를 이행하는 방법으로 정한 집총이나 군사훈련을 수반하는 행위를 할 수 없다는 이유로 그 이행을 거부할 뿐이다.

헌법은 기본권 보장의 체계로서 기본권이 최대한 실현되도록 해석·운용되어야 한다. 헌법 제10조는 모든 국민은 인간으로서의 존엄과 가치를 가지며 국가는 개인이 가지는 불가침의 기본적 인권을 확인하고 이를 보장할 의무를 진다고 선언하고 있다. 양심의 자유는 도덕적·정신적·지적 존재로서 인간의 존엄성을 유지하기 위한 필수적 조건이다.

위에서 본 양심적 병역거부의 현황과 함께 우리나라의 경제력과 국방력, 국민의 높은 안보의식 등에 비추어 양심적 병역거부를 허용한다고 하여 국가안전보장과 국토방위를 달성하는 데 큰 어려움이 있을 것으로는 보이지 않는다. 따라서 진정한 양심적 병역거부자에게 집총과 군사훈련을 수반하는 병역의무의 이행을 강제하고 그 불이행을 처벌하는 것은 양심의 자유에 대한 과도한 제한이 되거나 본질적 내용에 대한 위협이 된다.

자유민주주의는 다수결의 원칙에 따라 운영되지만 소수자에 대한 관용과 포용을 전제로 할 때에만 정당성을 확보할 수 있다. 국민 다수의 동의를 받지 못하였다는 이유로 형사처벌을 감수하면서도 자신의 인격적 존재가치를 지키기 위하여 불가피하게 병역을 거부하는 양심적 병역거부자들의 존재를 국가가 언제까지나 외면하고 있을 수는 없다. 일방적인 형사처벌만으로 규범의 충돌 문제를 해결할 수 없다는 것은 이미 오랜 세월을 거쳐 오면서 확인되었다. 그 신념에 선뜻 동의할 수는 없다고 하더라도 이제 이들을 관용하고 포용할 수는 있어야 한다.

5) 요컨대, 자신의 내면에 형성된 양심을 이유로 집총과 군사훈련을 수반하는 병역의무를 이행하지 않는 사람에게 형사처벌 등 제재를 해서는 안 된다. 양심적 병역거부자에게 병역의무의 이행을 일률적으로 강제하고 그 불이행에 대하여 형사처벌 등 제재를 하는 것은 양심의 자유를 비롯한 헌법상 기본권 보장체계와 전체 법질서에 비추어 타당하지 않을 뿐만 아니라 소수자에 대한 관용과 포용이라는 자유민주주의 정신에도 위배된다. 따라서 진정한 양심에 따른 병역거부라면, 이는 병역법 제88조 제1항의 '정당한 사유'에 해당한다.

6) 이와 달리 양심적 병역거부가 병역법 제88조 제1항에서 정한 '정당한 사유'에 해당하지 않는다고 판단한 대법원 2004. 07. 15. 선고 2004도2965 전원합의체 판결, 대법원 2007. 12. 27. 선고 2007도7941 판결 등을 비롯하여 그와 같은 취지의 판결들은 이 판결의 견해에 배치되는 범위에서 이를 모두 변경하기로 한다.

다. 대체복무제의 도입 문제와 양심적 병역거부에 대한 형사처벌 여부

헌법재판소는 최근 '양심적 병역거부자에게 대체복무를 허용하지 않는 것은 위헌이므로, 국회는 2019. 12. 31.까지 대체복무제를 도입하여야 한다'고 결정하였다(헌법재판소 2018. 6. 28. 선고 2011헌바379 등 전원재판부 결정). 이와 관련하여 대체복무제가 도입되기 전에는 양심적 병역거부가 허용되지 않는 것인지, 즉 대체복무제가 없는 이상 양심적 병역거부는 처벌되어야 하는 것인지 문제 된다.

양심적 병역거부를 병역법 제88조 제1항의 정당한 사유로 인정할 것인지는 대체복무제의 존부와 논리필연적인 관계에 있지 않다. 대체복무제는 양심적 병역거부를 인정하였을 때 제기될 수 있는 병역의무의 형평성 문제를 해소하는 방안이 될 수 있다. 즉 대체복무제는 양심적 병역거부를 인정하는 것을 전제로 한다. 따라서 현재 대체복무제가 마련되어 있지 않다거나 향후 대체복무제가 도입될 가능성이 있더라도, 병역법 제88조 제1항을 위반하였다는 이유로 기소되어 재판을 받고 있는 피고인에게 병역법 제88조 제1항이 정하는 정당한 사유가 인정된다면 처벌할 수 없다고 보아야 한다.

4. 진정한 양심적 병역거부의 심리와 판단

가. 정당한 사유로 인정할 수 있는 양심적 병역거부를 심리하여 판단하는 것은 중요한 문제이다. 여기에서 말하는 양심은 그 신념이 깊고, 확고하며, 진실하여야 한다. 신념이 깊다는 것은 그것이

사람의 내면 깊이 자리잡은 것으로서 그의 모든 생각과 행동에 영향을 미친다는 것을 뜻한다. 삶의 일부가 아닌 전부가 그 신념의 영향력 아래 있어야 한다. 신념이 확고하다는 것은 그것이 유동적이거나 가변적이지 않다는 것을 뜻한다. 반드시 고정불변이어야 하는 것은 아니지만, 그 신념은 분명한 실체를 가진 것으로서 좀처럼 쉽게 바뀌지 않는 것이어야 한다. 신념이 진실하다는 것은 거짓이 없고, 상황에 따라 타협적이거나 전략적이지 않다는 것을 뜻한다. 설령 병역거부자가 깊고 확고한 신념을 가지고 있다고 하더라도 그 신념과 관련한 문제에서 상황에 따라 다른 행동을 한다면 그러한 신념은 진실하다고 보기 어렵다.

나. 구체적인 병역법위반 사건에서 피고인이 양심적 병역거부를 주장할 경우, 그 양심이 과연 위와 같이 깊고 확고하며 진실한 것인지 가려내는 일이 무엇보다 중요하다. 인간의 내면에 있는 양심을 직접 객관적으로 증명할 수는 없으므로 사물의 성질상 양심과 관련성이 있는 간접사실 또는 정황사실을 증명하는 방법으로 판단하여야 한다.

예컨대 종교적 신념에 따른 양심적 병역거부 주장에 대해서는 종교의 구체적 교리가 어떠한지, 그 교리가 양심적 병역거부를 명하고 있는지, 실제로 신도들이 양심을 이유로 병역을 거부하고 있는지, 그 종교가 피고인을 정식 신도로 인정하고 있는지, 피고인이 교리 일반을 숙지하고 철저히 따르고 있는지, 피고인이 주장하는 양심적 병역거부가 오로지 또는 주로 그 교리에 따른 것인지, 피고인이 종교를 신봉하게 된 동기와 경위, 만일 피고인이 개종을 한 것이라면 그 경위와 이유, 피고인의 신앙기간과 실제 종교적 활동 등이 주요한 판단요소가 될 것이다. 피고인이 주장하는 양심과 동일한 양심을 가진 사람들이 이미 양심적 병역거부를 이유로 실형으로 복역하는 사례가 반복되었다는 등의 사정은 적극적인 고려요소가 될 수 있다.

그리고 위와 같은 판단 과정에서 피고인의 가정환경, 성장과정, 학교생활, 사회경험 등 전반적인 삶의 모습도 아울러 살펴볼 필요가 있다. 깊고 확고하며 진실한 양심은 그 사람의 삶 전체를 통하여 형성되고, 또한 어떤 형태로든 그 사람의 실제 삶으로 표출되었을 것이기 때문이다.

다. 정당한 사유가 없다는 사실은 범죄구성요건이므로 검사가 증명하여야 한다(대법원 2008. 06. 12. 선고 2006도6445 판결 등 참조). 다만 진정한 양심의 부존재를 증명한다는 것은 마치 특정되지 않은 기간과 공간에서 구체화되지 않은 사실의 부존재를 증명하는 것과 유사하다. 위와 같은 불명확한 사실의 부존재를 증명하는 것은 사회통념상 불가능한 반면 그 존재를 주장·증명하는 것이 좀 더 쉬우므로, 이러한 사정은 검사가 증명책임을 다하였는지를 판단할 때 고려하여야 한다. 따라서 양심적 병역거부를 주장하는 피고인은 자신의 병역거부가 그에 따라 행동하지 않고서는 인격적 존재가치가 파멸되고 말 것이라는 절박하고 구체적인 양심에 따른 것이며 그 양심이 깊고 확고하며 진실한 것이라는 사실의 존재를 수긍할 만한 소명자료를 제시하고, 검사는 제시된 자료의 신빙성을 탄핵하는 방법으로 진정한 양심의 부존재를 증명할 수 있다. 이때 병역거부자가 제시해야 할 소명자료는 적어도 검사가 그에 기초하여 정당한 사유가 없다는 것을 증명하는 것이 가능할 정도로 구체성을 갖추어야 한다.

5. 이 사건의 해결

기록에 따르면 다음과 같은 사실을 알 수 있다. 피고인은 여호와의 증인 신도인 아버지의 영향으로 만 13세이던 1997. 11. 16. 침례를 받고 그 신앙에 따라 생활하면서 2003년경 최초 입영통지를 받은 이래 현재까지 신앙을 이유로 입영을 거부하고 있다. 과거 피고인의 아버지는 물론 최근 피고인의 동생도 같은 이유로 병역을 거부하여 병역법 위반으로 수감되었다. 피고인은 부양해야 할 배우자, 어린 딸과 갓 태어난 아들이 있는 상태에서 형사처벌의 위험을 감수하면서도 종교적 신념을 이유로 병역거부 의사를 유지하고 있다.

위에서 본 법리에 비추어 보면, 피고인의 입영거부 행위는 진정한 양심에 따른 것으로서 병역법 제88조 제1항에서 정한 정당한 사유에 해당할 여지가 있다. 따라서 원심으로서는 위에서 본 판단방법에 따라 피고인이 주장하는 양심이 병역법 제88조 제1항의 정당한 사유에 해당하는지를 심리하여 판단했어야 한다.

그런데도 원심은 위와 같은 사항에 대하여 심리하지 않은 채 양심적 병역거부는 정당한 사유에 해당하지 않는다고 판단하였다. 원심의 판단에는 양심적 병역거부와 병역법 제88조 제1항에서 정한 '정당한 사유'의 해석에 관한 법리를 오해하여 판결에 영향을 미친 잘못이 있다.

6. 결 론

피고인의 상고는 이유 있으므로, 원심판결을 파기하고 사건을 다시 심리·판단하도록 원심법원에 환송하기로 하여 주문과 같이 판결한다. 이 판결에는 대법관 이동원의 별개의견과 대법관 김소영, 대법관 조희대, 대법관 박상옥, 대법관 이기택의 반대의견이 있는 외에는 관여 법관의 의견이 일치하였고, 다수의견에 대한 대법관 권순일, 대법관 김재형, 대법관 조재연, 대법관 민유숙의 보충의견과 대법관 박정화, 대법관 김선수, 대법관 노정희의 보충의견, 그리고 반대의견에 대한 대법관 김소영, 대법관 이기택의 보충의견과 대법관 조희대, 대법관 박상옥의 보충의견이 있다.

7. 대법관 이동원의 별개의견

가. 헌법상 기본권의 행사가 국가공동체 내에서 타인과의 공동생활을 가능하게 하고 다른 헌법적 가치 및 국가의 법질서를 위태롭게 하지 않는 범위 내에서 이루어져야 한다는 것은 양심의 자유를 포함한 모든 기본권 행사의 원칙적인 한계이므로, 양심실현의 자유도 결국 그 제한을 정당화할 헌법적 법익이 존재하는 경우에는 헌법 제37조 제2항에 따라 법률에 의하여 제한될 수 있는 상대적 자유이다(대법원 1982. 07. 13. 선고 82도1219 판결 등 참조).

우리 헌법은 제5조 제2항에서 "국군은 국가의 안전보장과 국토방위의 신성한 의무를 수행함을 사명으로 하며, 그 정치적 중립성은 준수된다."라고 하고, 제39조 제1항에서 "모든 국민은 법률이 정하는 바에 의하여 국방의 의무를 진다."라고 하여 주권자인 국민에게 국방의 의무라는 헌법적 의무를 부담시키고 있다. 이는 국민의 기본권 실현과 보호를 위한 전제조건인 국가의 존립과 안전을 유지함으로써 궁극적으로 국민 전체의 인간으로서의 존엄과 가치, 생명권과 재산권 등의 헌법적 법익을 보장하기 위한 것이다. 위와 같은 헌법적 법익을 위하여서라면 헌법 제37조 제2항에 따라 법률에 의하여 개인의 양심의 자유를 제한하는 것도 허용될 수 있으므로, 국방의 의무는 개인의 양심의 자유보다 더 우선되는 의무라고 할 것이다.

나. 그런데 우리나라의 병력 규모와 종교적 신념을 이유로 하는 병역거부자들의 수, 그들에 대한 병력자원으로의 현실적 활용 가능성, 공정하고 객관적인 심사 및 현역복무와 대체복무 사이의 형평

성 확보 등을 통한 병역기피 방지대책 마련의 곤란 정도, 정보전·과학전의 양상을 띠는 현대전의 특성 등 제반 사정을 고려하면, 현재의 안보상황에서 종교적 신념을 이유로 하는 병역거부자들에 대하여 대체복무를 허용한다고 하더라도 그것이 우리 국방력의 약화로 이어져 국가의 안전보장이 우려되는 상황을 초래할 것이라고 보기 어렵다. 더욱이 헌법재판소는 최근 병역의 종류로 대체복무제를 규정하지 아니한 병역법 제5조 제1항에 대하여 헌법불합치결정을 하고 국회에 2019. 12. 31.까지 대체복무제를 도입할 것을 촉구하였으므로(헌법재판소 2018. 6. 28. 선고 2011헌바379 등 전원재판부 결정), 조만간 대체복무제 도입이 입법화될 것으로 보이기도 한다.

이러한 상황에서 종교적 신념을 이유로 하는 병역거부자들에게 종래와 마찬가지로 현역 입영을 강제함으로써 그들에게 종교적 신념상 감당하기 어려운 과도한 부담을 지우는 것은 헌법상 기본권 제한에 있어 최소침해의 원칙에 어긋난다. 따라서 진정한 종교적 신념에 따라 병역을 거부하는 경우에는 병역법 제88조 제1항이 규정하는 정당한 사유가 있다고 보아야 한다.

다만 앞서 본 바와 같이 대체복무의 허용은 국가의 안전보장에 우려가 없는 상황을 전제로 한다. 그러므로 종교적 신념을 이유로 하는 병역거부자들에 대하여 대체복무를 허용함으로써 향후 국가 안전보장에 지장이 생기게 된다면 다시 그들을 현역병입영대상자 등으로 하는 병역처분을 하는 것도 허용된다고 보아야 할 것이다.

다. 이상과 같은 이유로, 원심판결을 파기한 다수의견의 결론에는 찬성하나 그 논거에 관하여는 견해를 달리하므로 별개의견으로 이를 밝혀 둔다.

8. 대법관 김소영, 대법관 조희대, 대법관 박상옥, 대법관 이기택의 반대의견

가. 개 요

1) 다수의견의 요지는 다음과 같이 요약된다.

가) 종전 대법원 2004. 07. 15. 선고 2004도2965 전원합의체 판결(이하 '종전 대법원 전원합의체 판결'이라 한다)이 양심적 병역거부자에 대한 구 병역법(2013. 6. 4. 법률 제11849호로 개정되기 전의 것, 이하 반대의견에서는 '병역법'이라 한다) 제88조 제1항 제1호(이하 반대의견에서는 '이 사건 처벌규정'이라 한다) 위반의 죄에 관한 사건에서 이 사건 처벌규정의 '정당한 사유'에 관하여 밝힌 법리는 더 이상 유지될 수 없다.

나) 대체복무제가 입법을 통해 도입되기 전이라도 종교적 양심 등을 이유로 한 현역병입영 거부행위가 '그에 따라 행동하지 않고서는 인격적 존재가치가 파멸되고 말 것이라는 절박하고 구체적인 양심에 따른 것이며 그 양심이 깊고 확고하며 진실한 것'이라는 등 일정한 요건을 갖춘 경우라면 위 '정당한 사유'에 해당하여 이 사건 처벌규정 위반의 죄는 성립하지 않는다고 보아야 한다.

다) '여호와의 증인' 신도로서 현역병입영을 거부한 이 사건 피고인이 위 요건에 해당한다고 볼 여지가 있는데도 이를 제대로 심리하지 않은 채 피고인에 대해 이 사건 처벌규정 위반의 죄에 관해 유죄를 인정한 원심판결에는 법리오해의 잘못이 있다.

2) 이러한 다수의견의 논지는, 양심적 병역거부자가 받는 형사적·행정적 제재에 따른 불이익, 안보 환경의 변화, 구제의 필요성에 대한 사회적 공감대 형성 등을 감안하여 국회가 병역의무

이행의 대안으로서 '대체복무제' 등을 마련해 줄 필요가 있다는 취지의 입법정책론으로서는 공감할 만하다.

그러나 그 구체적 결론과 근거로 제시된 논리는, 확립된 법리와 논리칙·경험칙에 기반한 엄격한 법적 논증에 따른 것으로 보기 어려울 뿐만 아니라 우리 사회의 건전한 상식이나 현실적 상황과도 괴리된 법률 해석론이어서 도저히 찬성할 수 없다. 오히려 다수의견이 변경되어야 한다고 주장하는 종전 대법원 전원합의체 판결에서 제시된 법리야말로 우리의 총체적 규범체계와 시대적·사회적 맥락에서 여전히 그 타당성이 인정되므로 이 사건에도 그대로 적용·유지되어야 한다.

나. '정당한 사유'에 관한 종전 대법원 전원합의체 판결의 법리

1) 대법원은, 이 사건 처벌규정은 추상적으로 존재하던 병역의무가 병무청장 등의 결정을 통해 구체적으로 확정된 후 병역의무자가 그 내용이 담긴 현역병입영 통지서를 받고도 '정당한 사유' 없이 이에 응하지 아니한 부작위를 처벌함으로써 입영기피를 억제하여 국가안보의 인적 기초인 병력구성을 강제하기 위해 입법된 법률조항이라고 보았다. 그에 따라 '정당한 사유'는 병무청장 등의 결정으로 구체화된 병역의무의 불이행을 정당화할 만한 사유, 즉 질병 등 병역의무 불이행자의 책임으로 돌릴 수 없는 사유에 한하는 것으로 보아야 한다고 판단하였다.

2) 다만 대법원은, 구체적 병역의무의 이행을 거부한 사람이 그 거부 사유로 내세운 권리가 헌법에 의하여 보장되고, 이 사건 처벌규정의 입법목적을 능가하는 우월한 헌법적 가치를 가지고 있다고 인정될 경우에는 예외적으로 그에게 병역의무의 이행을 거부할 정당한 사유가 존재하는 것으로 보았다. 그러면서도 소극적 부작위에 의한 양심실현의 자유가 상대적 자유로서, 국민 전체의 인간으로서의 존엄과 가치를 보장하기 위한 헌법적 법익인 병역의무보다 우월한 가치라고 할 수는 없다고 보았다. 이를 전제로, 병역의무에 관한 헌법적 법익을 위해 헌법 제37조 제2항에 따라 양심의 자유를 제한하더라도 이는 헌법상 정당한 제한이고, 양심적 병역거부자에 대해 이 사건 처벌규정을 적용하더라도 양심의 자유가 부당하게 침해되었다고 할 수 없으며, 양심의 자유에 반한다는 사유로 현역병입영을 거부하는 것은 정당한 사유가 있는 것으로 볼 수 없다고 판단하였다.

다. '정당한 사유'에 관한 법률의 해석

1) 다수의견의 요지 및 논거

가) 다수의견은, 위 '정당한 사유'의 범위를 보다 확장하여 '병역법상 병역의무의 부과와 구체적 병역처분 과정에서 고려되지 않은 사정이라 하더라도 입영하지 않은 병역의무자가 처한 구체적이고 개별적인 사정이 그로 하여금 병역의 이행을 감당하지 못하도록 한다면 정당한 사유에 해당할 수 있다'고 보면서, 추상적 병역의무와 구체적 병역의무를 부과하는 과정에서 입법자가 고려하지 않은 일체의 사유들, 특히 집총훈련을 거부하는 종교적 신념이나 양심 등 병역의무자 개인의 주관이나 신념에 따른 사유까지도 이에 포함될 수 있고, 그 사유의 발생 시점과 지속 여부, 타인에게도 발생 가능한 보편적 성격의 것인지 여부 등은 불문한다는 취지로 주장한다.

나) 그러면서 ① 병역법은 병역의무의 부과 여부와 그 종류·내용 또는 면제 등을 결정하면서

병역의무자의 신체와 심리 건강 외에 다양한 사정을 고려하여 병역의무를 '감당할 수 있는' 사람에 대해 그에 합당한 병역의무를 부과함으로써 과도한 부담이 되지 않도록 하고 있다(이하 병역법상 병역의무의 감당 여부 및 정도를 나타내는 취지의 위 문구를 '감당능력'이라 한다). ② 양심적 병역거부는 소극적 부작위에 의한 양심실현의 자유에 해당하고 양심적 병역거부자는 양심을 지키기 위해 병역을 거부할 수밖에 없는데 그와 같은 이유로 처벌되는 사람의 수가 매년 평균 600여 명에 달하며 양심적 병역거부자들은 헌법상 국방의 의무 자체를 거부하지 않는다는 등 양심적 병역거부의 현황과 함께 우리나라의 경제력과 국방력, 국민의 높은 안보의식 등에 비추어 양심적 병역거부를 허용하더라도 국가안보와 국토방위를 달성하는 데 큰 어려움이 있을 것으로 보이지 않는다. ③ 따라서 진정한 양심적 병역거부자에 대해 병역의무의 이행을 강제하고 그 불이행을 처벌하는 것은 양심의 자유에 대한 과도한 제한이 되거나 본질적인 내용에 대한 위협이 된다. ④ 사회적 소수자인 이들에 대해 관용과 포용의 입장을 취함으로써 자유민주주의의 정당성을 확보할 수 있고, 형사처벌만으로 양심적 병역거부에 따른 규범의 충돌 문제를 해결할 수 없음이 이미 확인되었다는 등을 주된 논거로 들고 있다.

다) 그러나 이러한 다수의견의 논리는, 병역법의 입법 취지와 목적, 병역의무의 감당능력에 관한 병역법 규정의 취지를 벗어난 것일 뿐만 아니라, '정당한 사유'가 규정된 병역법 및 다른 법률 문언에 대한 해석과 체계적·논리적으로 조화되지 않는다. 또한 이 사건 처벌규정 및 헌법상 국방의 의무 규정이 갖는 헌법적 가치와 중요성, 소극적 부작위에 의한 양심실현의 자유의 상대적 권리성 및 양심의 자유에 관한 헌법적 제한의 정당성 등에 관한 대법원 및 헌법재판소의 확립된 법리에도 부합하지 않는다.

2) 법 해석에 관한 일반 원칙

가) 법은 원칙적으로 불특정 다수인에 대하여 동일한 구속력을 갖는 사회의 보편타당한 규범이므로 이를 해석함에 있어서는 법의 표준적 의미를 밝혀 객관적 타당성이 있도록 하여야 하고, 가급적 모든 사람이 수긍할 수 있는 일관성을 유지함으로써 법적 안정성이 손상되지 않도록 하여야 한다. 그리고 실정법이란 보편적이고 전형적인 사안을 염두에 두고 규정되기 마련이므로 사회현실에서 일어나는 다양한 사안에서 그 법을 적용할 때에는 구체적 사안에 맞는 가장 타당한 해결책이 될 수 있도록, 즉 구체적 타당성을 가지도록 해석할 것도 요구된다. 요컨대, 법해석의 목표는 어디까지나 법적 안정성을 저해하지 않는 범위 내에서 구체적 타당성을 찾는 데 두어야 한다. 그리고 그 과정에서 가능한 한 법률에 사용된 문언의 통상적인 의미에 충실하게 해석하는 것을 원칙으로 하고, 나아가 법률의 입법 취지와 목적, 그 제·개정 연혁, 법질서 전체와의 조화, 다른 법령과의 관계 등을 고려하는 체계적·논리적 해석방법을 추가적으로 동원함으로써, 앞서 본 법해석의 요청에 부응하는 타당한 해석이 되도록 하여야 한다(대법원 2009. 04. 23. 선고 2006다81035 판결 등 참조).

나) 입법기술상의 제약 등으로 불가피하게 범죄구성요건에 관한 법률규정에 불확정개념을 사용하는 경우에도 마찬가지이다. 그러한 경우 불확정개념을 포함한 해당 규정의 구체적 의미나 내용은 개개의 사안마다 재판을 통하여 밝혀져야 한다. 그렇지만 이 경우에도 그 해석은 사안마다 구체적 타당성을 도모한다거나 피고인에게 이익이 된다는 이유만으로 그 타당성을 뒷받침할 수 있는 구체적이고 충분한 법리적 논증 없이 이루어져서는 안 된다.

그러므로 해당 처벌규정에 불확정개념을 두게 된 입법자의 의사 등에 대한 신중한 고찰을 토대로 해당 법률의 입법 취지와 목적, 불확정개념이 포함된 해당 처벌규정은 물론, 관련된 다른 법령의 취지 등이 종합적으로 고려되고, 어디까지나 사회평균인의 건전한 상식으로써 합리적으로 판단되어야 한다(대법원 2004. 06. 18. 자 2001그133 결정, 대법원 2016. 07. 21. 선고 2013도850 전원합의체 판결 등 참조). 이를 위해 법관은 문언 해석 외에 동일한 법률의 다른 규정들을 원용하거나 다른 규정과의 상호관계를 고려하거나 이미 확립된 판례를 근거로 하는 등 정당한 해석방법을 통해 그 규정의 해석과 적용에 대한 신뢰성 있는 원칙을 도출하여야 하고, 그 결과로서 수범자인 일반 국민이 그 처벌규정이 보호하려는 가치 및 금지되는 행위의 태양, 이러한 행위에 대한 국가의 대응책 등을 예견할 수 있도록 하여야 한다(헌법재판소 1992. 2. 25. 선고 89헌가104 전원재판부 결정 등 참조).

다) 특히 우리나라와 같은 성문법 중심의 대륙법계 국가에서 법관의 기본적 사명은 복잡하게 얽힌 실정 법률의 체계 속에서 법을 발견하는 것이다. 사안에 따라 명백한 입법적 흠결이라는 이유로 판결을 통해 법을 보충·형성하는 것이 불가피한 경우가 없지 않지만, 이는 가급적 자제되거나 필요한 범위 내에서 최소한에 그쳐야 한다. 이러한 해석 원칙은 처벌규정에서도 마찬가지로서 처벌규정의 제·개정 이후 시대적·사회적 상황의 변화 등으로 인해 과거에는 없던 처벌상의 불합리한 점이나 처벌의 위헌 여부에 관한 논란이 제기되었을 때 정식의 입법절차를 거쳐 해당 처벌규정이 개정되거나 헌법재판소에 의해 위헌으로 선언되지 않았음에도, 법원이 법률해석이라는 명목 아래 당초 입법자가 의도하지도 않은 전혀 새로운 법을 만들어내는 것까지 그 권한에 속한다고 볼 수는 없다(대법원 2016. 08. 24. 선고 2014다9212 판결 등 참조). 이는 사법권의 근거가 되는 헌법상 법치주의원리, 권력분립원칙에 따른 당연한 요청이다.

3) 병역법의 입법 목적 및 병역의무에 대한 감당능력

가) 병역법은, 대한민국 국민의 병역의무에 관하여 규정함을 목적으로 하고(제1조), 대한민국 국민인 남성은 누구에게나 일정한 연령에 달할 때까지 병역의무가 있고, 여성은 지원에 의해 복무할 수 있도록 하면서, 병역법에 의하지 않고는 병역에 관한 특례를 정할 수 없도록 정하고 있다(제3조 제1항, 제2항, 제71조, 제72조). 이는 국민개병제, 징병제를 근간으로 한 병역제도의 채택 및 '병역부담평등의 원칙'에 기반하여 병역에 관한 특례 인정을 최소화하고, 병역제도를 투명하게 운영할 것임을 선언한 것이다.

따라서 원칙적으로 대한민국 국민으로서 남성인 병역의무자가 병역을 연기하거나 감면받기 위한 일체의 특례 사유는 병역법에 그 내용이 명확하게 규정되어 있지 않는 한 허용될 수 없다고 보아야 하고, 이러한 병역법의 입법 목적과 병역제도의 기본 취지는 입영이라는 구체적 병역의무의 이행을 강제하기 위한 수단으로서 이 사건 처벌규정의 '정당한 사유'를 해석할 때에도 당연히 관철되어야 한다.

나) 병역의무자가 입영 전에 복무대상에서 당연히 제외되거나 병역을 면제받을 수 있는 특례 사유(이하 '병역면제 등 사유'라고만 한다)로서 병역법에 규정된 것으로는, 중한 자유형을 선고받은 전과(제3조 제4항), 징병검사결과 등에 따른 병역면제처분(제12조 제1항 제3호, 제14조 제1항 제3호), 전신기형·질병·심신장애 또는 북한이주민 등의 사유에 따른 병역면제처분(제64조 제1항 제1호, 제2호), 전상·공상 등의 사유로 인한 병역면제처분(제65조

제1항 제1호) 등이 있다.

다수의견은 병역의무자에게 병역의무 이행에 대한 감당능력이 있는지 여부 또는 병역의무가 과도한 부담이 되는지 여부를 판단하기 위해 병역법이 다양한 사정들을 고려하고 있다고 주장하고 있으나, 앞에서 본 성별, 연령 외에 '형사처벌 여부, 북한출신 여부, 심신장애 여부'라는 극히 제한된 사정만이 병역면제 등 사유로 인정되고 있는 것이다. 이들 사유 중 성별과 연령은 해당 사유가 적용되는 일정한 집단을 대상으로 한 것이어서 특수한 개인적 사정이라고 보기 어려울 뿐만 아니라, 단순히 구체적 병역의무 이행에 대한 주관적 감당능력에 관한 것이라기보다는 적정 방위력 유지에 필요한 병역자원의 규모와 수급 상황, 생리적 특성에 따른 병력 운용상의 효율성 등에 관한 고려를 통한 입법자의 정책적·합리적 결단에 따른 것이라고 봄이 상당하다(헌법재판소 2010. 11. 25. 선고 2006헌마328 전원재판부 결정 등 참조). 그 외의 사유는 병역의무자의 개인적·주관적 사정이기는 하지만, 전투 및 훈련 임무의 수행가능성(심신장애), 합숙내무생활에의 적응가능성 및 동료나 선후배와의 융화가능성(형사처벌, 북한이주민) 등을 필수적 요소로 하는 군복무를 병역의무자가 원만하고 적절히 수행할 수 있는지 여부와도 직결되는 사유로서 군대의 효율적이고 안정적 운영이라는 병무행정의 목적 달성과 관련이 깊다. 또한 이는 우리 사회의 평균인이라면 누구나 그 인정의 취지를 수긍할 수 있고, 그 내용도 어느 정도 고정적·객관적·가치중립적인 것들이어서 이를 인정하더라도 병역의무 부담의 형평성에 관한 시비나 불신을 유발할 가능성이 적은 사유들이다. 그리하여 다수의견이 병역의무의 감당 여부에 대한 판단 시 고려될 수 있다고 보는 개인의 종교적 신념과 같은 사유와는 질적·양적으로 뚜렷한 차별성이 있다.

그 외에도 병역법은, 제2국민역에의 편입 요건(제5조 제1항 제5호), 징병검사의 실시 목적, 신체등위의 판정 및 구체적 병역의무의 부과 요건(제11조 제1항, 제12조 제1항, 제14조 제1항), 귀가조치자에 대한 보충역 등에의 편입 내지 병역면제의 요건(제47조 제2항, 제3항), 입영연기자에 대한 병역처분변경의 요건(제61조 제1항, 제2항), 제1국민역대상자의 제2국민역에의 편입 요건(제64조 제1항 제1호), 현역병 등의 보충역 등에의 편입 내지 병역면제의 요건(제65조 각항) 등 다수의 규정에서 병역의무의 감당능력에 관한 구체적 내용을 정하고 있다. 이는 모두 징병검사 등에서 확인되는 질병이나 심신장애를 토대로 구체적 병역의무의 이행을 위해 요구되는 전반적인 신체적·정신적 능력의 존부나 정도를 판단하기 위한 가치중립적인 기준으로 사용되고 있을 뿐이다. 다수의견이 주장하는 것과 같은 병역에 대한 개인의 가치판단을 토대로 한 종교적·윤리적·도덕적·철학적 또는 이와 유사한 동기에 의한 양심상의 수용가능성이나 수용능력을 판단하는 것과는 전혀 관련이 없다.

다) 병역부담평등의 원칙을 획일적으로 관철하는 것이 불합리한 결과가 되는 경우, 즉 병역의무자의 감당능력에 비추어 볼 때 병역의무를 무조건 이행하게 함이 과도한 부담이 될 수 있어 일정한 기준 아래 병역을 감면받을 수 있도록 하는 예외를 인정할 필요성이 있다는 점을 지적하는 다수의견의 논지에는 공감하는 바가 없지 않고, 병역법도 이를 인정하여 이미 병역면제 등 사유를 정해 두고 있다.

앞서 살펴본 바와 같이 병역면제 등 사유는 전투 및 훈련 임무의 수행, 합숙내무생활 등 병역의무 이행 과정이 육체적·정신적 제약과 희생을 수반한다는 사실에 기인한 것이다.

그러므로 설령 병역의무의 이행을 감당할 능력과 관련된 사유가 위 '정당한 사유'에 포함된다고 보더라도, 이는 병역법이 규정하고 있는 병역면제 등 사유, 즉 심신장애, 형사처벌, 북한이주민 등의 사유에 준하는 정도의 것으로서, 병역의무의 이행능력과 관련된 객관적·가치중립적인 사정으로 제한된다고 보는 것이 옳다. 그렇게 보는 것이 병역법 제3조가 병역에 관한 특례를 엄격하게 제한적으로 인정하는 취지에도 부합한다.

다수의견이 주장하는 종교적 신념 등을 이유로 한 양심적 병역거부와 같이 병역에 관한 개인적 신념이나 가치관, 세계관 등을 포함한 주관적 사정은 그 신념의 정도나 지속성 여부를 불문하고 이에 포함될 수 없다. 앞에서 본 병역법의 입법 목적과 병역부담평등의 원칙, 국민개병제 및 징병제의 병역제도를 근간으로 병역에 관한 특례 및 병역의무 감당능력을 규정한 병역법의 취지에 비추어 보면, 병역에 관하여는 납세 등 다른 헌법상 의무와 비교하더라도 의무면제사유로서 감당 여부 또는 과도한 부담 여부에 대한 판단에 있어서는 더욱 엄격한 기준이 적용되어야 한다.

4) 문언·논리·체계 등에 따른 해석

가) 병역법은 병역의 종류를 현역(제1호), 예비역(제2호), 보충역(제3호), 제1국민역(제4호), 제2국민역(제5호)의 다섯 가지로 정하면서(제5조 제1항), 이 사건 피고인과 같은 현역병입영 대상인 병역의무자가 입영에 이르기까지 거치게 될 절차를 다음과 같이 정하고 있다. 즉 대한민국 남성은 18세부터 병역의무자로서 제1국민역에 편입되고(제8조), 19세가 되는 해부터 징병검사 수검의무를 부담한다(제11조 제1항). 지방병무청장은 징병검사의 판정결과에 따라 신체등위가 1급부터 4급까지인 병역의무자 중에서 현역병입영 대상자를 분류하여 '병역처분'을 하고(제14조 제1항 제1호), 현역병입영 대상자에 대해 징집순서를 기초로 구체적 입영시기를 정하여 입영하도록 하는 '입영처분'을 한다(제16조 제1항). 현역은 그 입영한 날부터 군부대에서 복무하게 된다(제18조 제1항).

'병역처분'은, 구체적인 병역의무 부과의 전제인 징병검사의 판정결과에 따른 신체등위와 학력·연령 등 자질을 감안하여 향후 이행하게 될 현역, 보충역 등 역종을 부과하는 행정처분이다. '입영처분'은, 병역처분을 받은 사람을 대상으로 입영행위라는 구체적인 병역의무의 부과와 그 이행을 명하는 행정처분이다. 따라서 입영처분은 병역처분을 전제로 하는 것이기는 하지만, 두 처분은 각각 그 근거규정을 달리하면서 단계적으로 별개의 법률효과를 발생하는 독립된 행정처분이라고 보아야 한다(대법원 2002. 12. 10. 선고 2001두5422 판결 등 참조).

그런데 이 사건 처벌규정은 현역병입영 통지서를 받은 병역의무자가 정당한 사유 없이 입영일로부터 3일이 지나도록 입영하지 아니한 경우 3년 이하의 징역에 처한다고 정하고 있다. 이 사건 처벌규정의 문언을 병역처분과 입영처분의 독립성에 관한 법리에 비추어 살펴보면, 처벌대상이 되는 위반행위는 '현역병입영 통지를 받고도 3일 이내에 이에 응하지 않는 행위', 즉 입영처분에 따른 구체적 입영의무를 이행하지 않은 것이라고 보아야 한다. 이 사건 처벌규정은 지방병무청장에 의한 구체적이고 현실적인 입영처분의 이행을 강제하기 위한 수단으로 해석될 뿐, 이에 선행하는 병역처분, 징병검사 수검처분 등 다른 병역의무의 이행 확보와는 무관하다.

따라서 '정당한 사유'도 다수의견이 주장하는 것과는 달리, 입영처분에 근거하여 일자와 장소가 구체적으로 특정되는 입영행위에 응하지 않은 것을 정당화할 만한 사정으로 한정하는 것이 문언에 충실한 해석이다. 이러한 결론의 타당성은 다음에서 보는 바와 같은 이 사건 처벌규정, 병역법 및 다른 법률상의 관련 규정들과의 체계적·논리적 해석을 통해 더욱 분명히 드러난다.

나) 구 병역법 시행령(2013. 12. 4. 대통령령 제24890호로 개정되기 전의 것, 이하 반대의견에서는 '병역법 시행령'이라 한다)은 지방병무청장으로 하여금 징병검사 수검대상자에게 그에 관한 통지서를 미리 송달하도록 정하고(제9조 제1항), 이를 전제로 병역법은 위 통지서를 받은 병역의무자가 정당한 사유 없이 그 기일에 징병검사에 응하지 아니할 경우 6개월 이하의 징역에 처하도록 정하고 있다(제87조 제3항). 또한 병역법은 병역의무자가 지방병무청장의 허가를 받지 않고 국외로 나가거나 허가를 받아 국외에 체류하면서 병역의무의 이행을 연기 중인 경우에 정당한 사유 없이 허가된 기간에 귀국하지 않거나 지방병무청장의 귀국명령을 위반하여 귀국하지 않은 때에도 3년 이하의 징역에 처하도록 정하고 있다(제94조, 제70조 제1항, 제3항, 제83조 제2항 제10호).

위와 같이 병역법은 입영처분 외에도 그에 선행하는 각각의 병무행정처분의 단계마다 이 사건 처벌규정과 유사한 취지로 '정당한 사유'를 소극적 요건으로 하는 처벌규정을 따로 마련해 두고 있다. 또한 병역법상 이러한 처벌규정들 사이에 적용상의 우열이나 배제 여부에 관한 특별한 규정이 없다. 이러한 사정을 종합해 보면, 각 처벌규정은 해당 병무행정처분의 단계에서 병역의무자에게 부과되는 특정한 내용의 구체적 병역의무의 이행을 강제하기 위한 수단이고, 각 처벌규정의 '정당한 사유'도 해당 구체적 병역의무의 이행과 관련된 사유로 제한된다고 보는 것이 관련 규정 간의 체계에 부합하는 해석이다. 그러므로 이 사건 처벌규정의 '정당한 사유'도 입영처분으로 부과되는 구체적 병역의무인 입영과 관련된 사유가 되어야 함은 당연하다.

그런데 병역법상 '입영'이란 병역의무자가 징집에 의해 군부대에 들어가는 것을(제2조 제1항 제3호), '징집'이란 국가가 병역의무자에게 현역에 복무할 의무를 부과하는 것을(같은 항 제1호) 말한다. 병역법은 입영에 관한 통지를 받거나 받게 될 병역의무자가 질병·심신장애·재난 등의 사유로 입영기일에 입영하기 어려운 사정이 있는 경우에는 그 기일을 연기할 수 있게 하는 '입영연기' 제도를 두고 있는데(제61조 제1항), 입영연기 제도에 따른 연기기간은 2년으로 제한된다(병역법 시행령 제129조 제2항). 또한 이 사건 처벌규정에 의할 때 병역의무자는 원칙적으로 지정된 입영기일에 입영해야 하지만, 지정된 기일이 지난 경우라도 '천재지변, 교통 두절, 통지서 송달의 지연, 그 밖의 부득이한 사유'로 인한 경우에는 그때부터 3일 이내에만 입영하면 되는 '지연입영' 제도가 마련되어 있다(병역법 시행령 제24조 제1항).

이 같은 병역법과 그 시행령상의 입영 및 징집의 의미, 입영연기 및 지연입영 제도의 취지와 사유 등을 종합해 보면, 현역병입영과 관련하여 이 사건 처벌규정의 '정당한 사유'란 입영통지에 기해 지정된 기일과 장소에 집결할 의무를 부과받았음에도 즉시 이에 응하지 못한 것을 정당화할 만한 사유로서, 병역법에서 입영을 일시적으로 연기하거나 지연시키기 위한 요건으로 인정된 사유, 즉 질병, 재난 등과 같은 개인의 책임으로 돌리기 어려운 사유로 한정된다고 보아야 한다.

이와 달리, 다수의견이 주장하는 것처럼 위 '정당한 사유'를 구체적 시기 및 대상 등에 관한 아무런 제한 없이, '병역의무의 부과와 구체적 병역처분을 하는 과정에서 고려되지 않은 사정이라 하더라도 입영하지 않은 병역의무자로 하여금 그 병역의 이행을 감당하지 못하도록 하는 구체적이고 개별적인 사정'이라는 지극히 추상적·포괄적인 의미로까지 확장하여 해석하는 것은 입법목적의 범위 내에서 문언·논리·체계에 입각하여 이루어져야만 하는 법률해석의 원칙과 한계를 벗어난 것이다.

다) 기일이나 기한 등에 맞추어 의무이행이나 권리행사를 완료하지 못한 것을 정당화할 수 있는 사유에 관하여 의무이행자 또는 권리행사자의 자기책임 여부와 관련짓거나 질병, 재난 등 불가항력적인 사유로 한정하는 법률규정은 현행 법체계에서도 쉽게 확인할 수 있다. 즉 민사소송법은 불변기간을 준수하지 못한 것과 관련하여 소송행위의 추후보완의 인정요건으로 '당사자가 책임질 수 없는 사유'를 정하고 있고(제173조 제1항), 행정절차법도 행정절차상의 각종 기간 및 기한 준수와 관련하여 '천재지변이나 그 밖에 당사자등에게 책임이 없는 사유'를 그에 관한 특례 인정사유로 정하고 있다(제16조 제1항).

라) 결국 다수의견이 위 '정당한 사유'를 '병역의 이행을 감당하지 못하도록 하는 사유'로 보면서 그 범위를 위와 같이 광범위하게 설정하는 것은 추상적인 법률용어를 해석하면서 또 다른 추상적인 용어로 대체한 것에 불과하다. 그리고 그 대체된 용어가 종래의 확립된 대법원 판례, 병역법의 취지와 문언·논리·체계에도 반하는 것임은 앞에서 본 바와 같다. 이는 병역법의 해석상 '정당한 사유'에 포섭되기 어려운 양심적 병역거부를 무리하게 포함시키기 위하여 법해석 원칙마저 벗어나 작위적인 정의(정의)를 한 것이라고 볼 수밖에 없다.

5) 국방의 의무와 이 사건 처벌규정의 헌법적 의의

가) 헌법은 인간의 존엄과 가치 및 기본적 인권 보장을 최고의 가치로 삼고 있다(제10조). 그런데 오늘날 국가 중심의 세계질서 속에서 국가안보와 국토방위는 개개인이 누리는 모든 자유의 전제조건이다(대법원 2009. 09. 24. 선고 2009도7332 판결 등 참조). 그에 따라 국가안보와 국토방위는 기본적 인권 보장의 헌법적 가치 추구를 위한 토대와 바탕이 되는 중대한 헌법적 법익이라 하지 않을 수 없다(대법원 2007. 08. 23. 선고 2007도4522 판결 등 참조).

이에 헌법은, 국군에게 국가안보와 국토방위의 신성한 의무와 함께 그에 관한 사명을 부여하고(제5조 제2항), 국군의 조직과 편성에 관한 구체적인 내용은 법률로 정하도록 하면서(제74조 제2항), 대통령에게 국가의 독립·영토의 보전·국가의 지속성과 헌법을 수호할 책무(제66조 제2항) 및 국군통수권(제74조 제1항)을 부여하였다. 또한 국민 모두에게 기본적 의무로서 법률에서 정하는 바에 따른 국방의 의무를 지우고 있다(제39조 제1항). 한편 유엔헌장도, 국가는 무력공격에 대한 개별적인 또는 집단적인 자위의 고유한 권리를 보장받는다고 정하고 있다(제51조).

여기서 <u>국방의 의무란 외부 적대세력의 직·간접적인 침략행위로부터 국가의 독립을 유지하고 영토를 보전하기 위하여 국민에게 부과된 의무를 말한다. 헌법은 국방의 의무를 통해 주권자인 국민 모두에게 국가공동체의 안전과 평화를 확보하는 데에 필요한 부담을 나누어 질 것을, 즉 국민개병제 및 병역부담평등의 원칙에 기반한 국가안보와 국토방위에 관한 책임을 당위로서 요구하고 있다고 볼 수 있다.</u> 우리나라의 안보 현실 등에 비추어 볼 때 우리나라에서 이러한 요구는 다른 어느 사회와도 비교할 수 없을 정도로 강력하고도 절대적인 사회적 요구이다(헌법재판소 2006. 11. 30. 선고 2005헌마739 전원재판부 결정 등 참조).

국방의 의무에 관한 헌법 규정은 대한민국 임시헌법 제10조에 이미 존재하였고, 제헌헌법 제30조에 "모든 국민은 법률의 정하는 바에 의하여 국토방위의 의무를 진다."라고 규정된 후 1962년 개정 헌법에서 '국토방위'가 '국방'으로 변경되었을 뿐 현행 헌법에 이르기까지 일관되게 유지되고 있다. 특히 국방의 의무는 굳이 헌법에 규정되지 않더라도 오늘날 영토방위와 안전보장이라는 국가의 보편적인 기능에 따라 대부분의 국가에서 자연스럽게 인정되어 왔던 고유의 국민적 의무임에도, 우리 헌법에서는 이를 별도로 명기하고 있다. 이러한 점은 국방의 의무가 기본적 인권 보장이라는 헌법적 가치와 함께 우리 헌법의 근본 결단, 즉 공동체 구성원 사이의 기본적 합의 사항 중 하나로서 헌법적 정당성을 갖는 규범임을 보여준다. 그에 따라 헌법적 가치의 향유를 위해 국가의 존속을 지지하고 안전과 평화가 유지되기를 기대하는 국가공동체의 구성원이라면 헌법에 의해 부과되고 병역법 등에 의해 구체화되는 국방의 의무 그 자체를 거부할 수는 없다고 보아야 한다.

나) 병역법은 헌법상의 법률유보규정에 근거해 국군의 직접적인 병력형성에 관한 기본적인 사항을 정함으로써(제1조) 국방에 관한 활동을 가장 직접적으로 규율하는 기본 법률이다. 흔히 현대전은 고도의 과학기술과 정보를 요구하고 국민 전체의 협력을 필요로 하는 이른바 '총력전'으로서, 국방의 의무가 병역법에 의한 현역병으로서 군복무에 임하는 등의 직접적인 병력형성의무만을 가리키는 것은 아니지만, 병역법에 따른 직접적인 병력형성의무의 이행이야말로 여전히 헌법이 국민 모두에게 국방의 의무를 부과함으로써 실현하려는 중대한 헌법적 법익, 즉 국가안보와 국토방위를 실현하는 초석이 됨은 명백하다.

이와 같이 병역법이 헌법에 근거할 뿐만 아니라 그로부터 특별히 정당성을 부여 받은 규범으로서 중대한 헌법적 법익을 실현하는 수단이라는 점은 병역법의 개별 규정을 해석·적용함에 있어 반드시 고려되어야 하고, 병역법의 이러한 목적이나 기능이 손상되지 않도록 하여야 한다. 이러한 점은 병역에 대한 특례를 허용하는 결과로 이어질 수 있는 위 '정당한 사유'를 해석함에 있어 더욱 중요한 의미를 갖는다.

다) 다수의견은 양심적 병역거부의 허용 여부가 양심의 자유 등 기본권 규범과 국방의 의무라는 헌법적 법익 사이의 충돌·조정 문제임을 전제로, 그 충돌 해결의 직접적 근거가 되는 헌법규범을 제37조 제2항의 기본권제한에 관한 일반적 법률유보규정이 아니라 제39조 제1항의 국방의 의무에 관한 법률유보규정으로 보는 듯하다. 즉 헌법이 국방의 의무에 관한 법률유보규정을 통해 국방의 의무의 구체적인 이행방법과 내용을 법률로 정하도록 하였고, 이에 병역법이 병역의무를 정하면서 입법자가 병역의무의 부과와 관련하여 미처 구체적으로 열거하기 어려운 법익 충돌 상황을 해결할 수 있도록 이 사건 처벌규정의 '정당한 사유'를 마련해 두었다는 것이다.

그러나 위에서 본 바와 같이 헌법 제39조 제1항은 국가에게 국민에 대하여 국방의 의무를 부과할 수 있는 권한을 부여한 수권규범으로서, 헌법 제38조의 납세의 의무와 마찬가지로 국방의 의무 부과는 반드시 국민의 대표기관인 국회가 제정한 법률로 규정하도록 하여 국민의 권익을 보장하고, 의무부과의 요건을 명확하게 규정하여 국민생활의 법적 안정성과 예측가능성을 보장하기 위한 규정으로 보아야 한다(헌법재판소 1998. 7. 16. 선고 96헌바52 전원재판부 결정 등 참조).

반면 입법자가 설정한 병역제도의 실현과정에서 발생하는 헌법적 법익과 기본적 인권 간의 충돌·조정 문제는 기본권 제한에 관한 일반적 법률유보규정인 헌법 제37조 제2항 및 과잉금지원칙에 의해 해결되어야 한다(위 대법원 2009도7981 판결, 헌법재판소 2018. 6. 28. 선고 2011헌바379 등 전원재판부 결정 등 참조). 헌법상 기본적 의무부과의 법률유보규정과 기본권 제한에 관한 일반적 법률유보규정은 헌법이 이를 규정한 목적과 취지에서 구별된다.

따라서 헌법상 국방의 의무에 관한 법률유보규정을 근거로 이 사건 처벌규정에서 정한 '정당한 사유'의 해석이 헌법상 양심의 자유와 국방의 의무 간 충돌 상황에서 그 조정이나 문제 해결을 위한 방법이라거나 다수의견과 같은 해석이 병역법의 취지에 부합하는 것이라는 다수의견의 주장은 헌법해석론상 받아들이기 어려울 뿐만 아니라 대법원과 헌법재판소의 확립된 법리에도 배치된다.

6) 양심의 자유에 관한 헌법적 해석

가) 헌법 제19조에서 보장되는 양심의 자유 중 양심형성의 자유와 양심상 결정의 자유란 외부로부터의 부당한 간섭이나 강제를 받지 않고 개인의 내심영역에서 양심을 형성하고 양심상의 결정을 내리는 자유를 말하고, 양심실현의 자유란 형성된 양심을 외부로 표명하고 양심에 따라 삶을 형성할 자유, 구체적으로는 양심을 표명하거나 또는 양심을 표명하도록 강요받지 아니할 자유(양심표명의 자유), 양심에 반하는 행동을 강요받지 아니할 자유(부작위에 의한 양심실현의 자유), 양심에 따른 행동을 할 자유(작위에 의한 양심실현의 자유)를 모두 포함한다(헌법재판소 2004. 8. 26. 선고 2002헌가1 전원재판부 결정 등 참조).

양심형성의 자유와 양심상 결정의 자유는 내심에 머무르는 한 이를 제한할 수도 그리고 제한할 필요성도 없다는 점에서 절대적 자유이다(대법원 2006. 03. 23. 선고 2005도9205 판결, 헌법재판소 1998. 7. 16. 선고 96헌바35 전원재판부 결정 등 참조). 한편 양심의 자유가 다른 기본권에 비하여 고도로 보장되어야 할 기본권이라고 하더라도 헌법상 기본권의 행사가 국가공동체 내에서 타인과의 공동생활을 가능하게 하고 다른 헌법적 가치 및 국가의 법질서를 위태롭게 하지 않는 범위 내에서 이루어져야 한다는 것은 양심의 자유를 포함한 모든 기본권 행사의 원칙적인 한계이다. 이러한 의미에서 양심실현의 자유는 그 제한을 정당화할 헌법적 법익이 존재하는 경우에는 헌법 제37조 제2항에 따라 법률에 의해 제한될 수 있는 상대적 자유라는 것이 대법원과 헌법재판소의 확립된 법리이다(대법원 1982. 07. 13. 선고 82도1219 판결, 대법원 2009. 10. 15. 선고 2009도7981 판결, 헌법재판소 2011. 8. 30. 선고 2008헌가22 전원재판부 결정 등 참조). 즉 양심표명의 자유와 소극적 부작위에 의한 양심실현의 자유는 그 양심의 실현과정에서 다른 법익과 충돌할 수 있고 이때에는 필연적으로 제한이 수반될 수 있으므로 그에 의하여 제한받는다고 하더라도 양심의 자유의 본질적인 내용이 침해되었다고 할 것은 아니다(대법원 2005. 07. 28. 선고 2005도4083 판결 등 참조).

위 법리에 의할 때, 다수의견이 그 취지는 다소 불분명하지만 '양심의 유지'를 국가공권력에 대한 소극적 방어권인 양심의 자유의 내용으로 보는 것이라면, 이는 결국 국가 등으로부터 양심을 표명하거나 이를 통해 내면의 양심을 포기하도록 강요받지 아니할 자유로서 종래의 '양심표명의 자유'와 사실상 동일한 것이라고 보아야 한다. 그런데 양심표명의 자유는 양심실현의 자유의 일종으로서 상대적 자유에 해당하여 다른 헌법적 법익보다 우선한다고 볼 수는 없고, 헌법 제37조 제2항에 따라 국가안보를 위해 필요한 경우 법률로써 제한할 수 있다. 설령 양심의 유지 또는 소극적 부작위에 의한 양심실현의 자유가 외견상으로는 양심상의 결정이나 형성 등 내면적인 양심의 자유와 밀접한 관련이 있다고 보더라도 단지 그러한 사유만으로 달리 취급할 수는 없다. 특히 소극적 부작위에 의한 양심실현의 전제가 되는 국가에 의한 작위의무의 부과가 양심의 자유와 동등한 헌법적 법익을 실현할 목적으로 모든 국민에게 동등하게 적용되는 헌법상의 기본적 의무에 따른 것일 경우에는 더욱 그러하다.

따라서 헌법상 국방의 의무 규정에 기해 입법된 병역법에서 정한 내용과 절차에 따라 병역의무가 부과되고, 그 의무이행에 있어 집총훈련 등이 요구됨에도 스스로의 결정을 통해 형성한 내면의 종교적 양심 등에 반한다는 이유로 그 의무이행을 거부하는 양심적 병역거부 행위가 '양심유지' 또는 '소극적 부작위에 의한 양심실현의 자유'라는 이유로 정당화될 수는 없다. 나아가 병역법상 병역의무 부담의 공평성과 이행의 실효성을 확보하기 위한 불가피한 수단으로서 병역거부자에 대해 이 사건 처벌규정에 기한 형사처벌이 이루어지더라도, 단지 그러한 사정만으로 국가가 개인의 내면적 양심을 포기하고 양심에 반하는 의무이행을 강제함으로써 인격적 존재가치의 파멸을 초래하거나 양심을 유지하기 위해 형사처벌을 감수하는 선택을 부당하게 강요하는 결과가 되고, 이로써 기본권에 대한 과도한 제한이 되거나 기본권의 본질적 내용에 대한 침해나 위협이 된다고 볼 수도 없다.

나) 다수의견은 양심적 병역거부가 헌법과 병역법이 유지하고 보호하려는 국방의 의무와 관련된 헌법적 법익보다 언제나 더 우위에 있다는 전제 아래 양심유지나 소극적 부작위에 의한 양심실현의 자유에 대한 제한과 관련하여 지금까지 대법원과 헌법재판소는 물론 학계에서도 제대로 거론된 적이 없었던 양심유지의 절대적 권리성, 소극적 부작위에 의한 양심실현의 자유와 적극적 양심실현의 자유 간 보호 범위의 차별성, 형벌권 행사를 통한 소극적 부작위에 의한 양심실현의 자유에 대한 국가적 제한의 부당성, 소극적 부작위에 의한 양심실현의 자유에 대한 제한을 통한 내면적 양심의 과도한 제한 또는 양심의 자유의 본질적 내용에 대한 위협 가능성 등을 그 논거로 들고 있다. 그러나 이는 뚜렷한 논리적·이론적 근거 없이 소극적 부작위를 통해 이미 외부로 실현된 양심의 자유를 양심의 자유의 본질적 내용과 동일시함으로써 사실상 다른 모든 헌법적 가치에 대하여 절대적 우월성이 있음을 일방적으로 선언하는 것이다. 나아가 대법원과 각급법원이 그 동안 치밀한 논증과 성찰을 거쳐 선고한 판결들에 대해 하루아침에 모두 기본권의 본질적 내용을 훼손한 위헌적인 판결이라고 폄훼하는 것과 다르지 않다.

종전 대법원 전원합의체 판결이 양심적 병역거부가 소극적 부작위에 의한 양심실현의 자유와 관련된 상대적 자유에 해당함을 전제로, 헌법상 비례의 원칙 내지 과잉금지의 원칙(제37조 제2항)에 따라 합리적으로 그 주장의 정당성 여부가 판단되어야 한다는 법리를 제시한 것은 바로 위와 같은 다수의견의 해석론이 갖는 부당함을 감안한 것이다.

다) 다수의견은 '양심적 병역거부의 현황과 함께 우리나라의 경제력과 국방력, 국민의 높은

안보의식 등에 비추어 양심적 병역거부를 허용한다고 하여 국가안전보장과 국토방위를 달성하는 데 큰 어려움이 있을 것으로는 보이지 않고, 따라서 진정한 양심적 병역거부자에게 집총과 군사훈련을 수반하는 병역의무의 이행을 강제하고 그 불이행을 처벌하는 것은 양심의 자유에 대한 과도한 제한이 되거나 본질적 내용에 대한 위협이 된다'고 한다.

그런데 다수의견은 양심적 병역거부의 동기가 되는 양심이 종교적 양심 외에 윤리적·도덕적·철학적 또는 이와 유사한 동기에서 형성된 일체의 양심을 포함한다고 보면서도, 양심적 병역거부의 현황과 관련하여서는 1년 6개월 이상의 징역형의 실형이 일률적으로 선고되고 있다는 점, 부자(부자) 또는 형제가 모두 실형을 선고받아 복역하는 상황이 적지 않게 발생하고 있다는 점, 이들이 헌법상 국방의 의무 자체를 부정하지는 않는다는 점 등 특정 종파 소속 신도들의 사례만을 들고 있을 뿐 이들과는 다른 종교나 종파의 교리에 따른 경우는 물론이고, 윤리적·도덕적·철학적 또는 이와 유사한 동기에서 양심적 병역거부를 주장하고 있거나 주장할 가능성이 있는 사람들에 대해서는 아무런 언급이 없다.

또한 다수의견이 제시한 극히 한정된 양심적 병역거부의 현황, 그리고 우리나라의 경제력과 국방력, 국민의 높은 안보의식 등이 양심적 병역거부가 허용되어야 한다는 것과 어떠한 관련성이 있고, 어떠한 근거로 국가안보 등을 달성하는 데 큰 어려움을 주지 않는다는 결론에 이르게 된다는 것인지 알 수 없다. 나아가 어떠한 이유로 양심적 병역거부를 허용하지 않고 처벌하는 것이 양심의 자유의 과도한 제한을 넘어 본질적 내용에 대한 위협이 된다는 것인지에 관하여도 다수의견은 침묵하고 있다.

이러한 다수의견의 태도는 피고인을 비롯한 '여호와의 증인'이라는 특정 종파에 속한 신도들의 병역거부에 한정하여 이 사건 처벌규정을 해석하는 것으로 보여진다. 그렇다면 이 사건에서 국가안보라는 헌법적 법익과 충돌하는 피고인의 기본권은 보편적 양심의 자유가 아니라, 헌법 제20조 제1항의 종교의 자유, 그중에서도 자신의 종교적인 확신에 반하는 행위를 강요당하지 아니하는 소극적인 종교행위의 자유로서 법률에 따라 제한할 수 있다고 보는 것이 헌법규범에 합치되는 해석이다.

라) 앞서 본 바와 같이 입영기피에 대한 제재수단인 이 사건 처벌규정은 국방의 의무 중 가장 기본적인 병역의무의 실효성을 확보하기 위한 합리적인 수단으로 마련되었다. 병역의무가 제대로 이행되지 않아 국가안보와 국토방위의 헌법적 법익이 확보되지 않는다면 인간으로서의 존엄과 가치라는 헌법적 가치도 제대로 보장될 수 없다. 양심적 병역거부자의 소극적 부작위에 의한 양심실현의 자유가 상대적 권리로서 위와 같은 헌법적 법익보다 우월한 가치라고는 할 수 없는 만큼 이러한 헌법적 법익을 위하여 헌법 제37조 제2항에 따라 양심적 병역거부를 주장하는 피고인의 양심의 자유를 제한하더라도 이는 헌법상 허용된 정당한 제한이라고 보아야 한다(위 대법원 2007도4522 판결 등 참조).

라. 다수의견의 결론이 갖는 문제점

1) 양심적 병역거부의 역사적·종교적·문화적 배경

가) 양심적 병역거부가 특정한 종교적 신념, 즉 시기적으로는 로마제국시대, 지리적으로는 유럽 및 그 주변 국가들을 포함한 서구사회 기독교의 계율과 전통에서 유래한 것임은 주지의 사실이다. 기록에 의하면, 국내에서 입영기피를 이유로 처벌된 양심적 병역거부자의

거의 대부분은 기독교 종파인 '여호와의 증인' 신도이고(공판기록 74쪽), 이 사건 피고인도 예외가 아니다. 다만 모든 기독교 종파가 집총훈련 등을 포함한 병역에 대한 거부를 교리로 채택하고 있지는 않다.

오늘날 상당수의 국가는 종교적 계율이 국가공동체에 미치는 영향력을 축소 내지 단절시키고자 국교를 부인하고 정교분리원칙을 채택하고 있다. 이와 함께 다원주의·민주주의 등 새로운 정치 이념이 사회의 지배적 가치 체계로 등장함에 따라 개인의 종교적 신념이 전반적으로 약화된 것이 사실이다. 그러나 기독교적 이념과 교리는 서구사회에서 과거 수천 년간 국가 및 사회질서, 개인생활의 근저에 자리 잡은 채 지속적으로 영향력을 미치고 있다. 그러한 이유로 기독교적 계율과 전통은 아직까지 서구사회 구성원들에게 뿌리 깊은 윤리적·도덕적 판단 기준 내지 생활규범으로 작용하고 있다고 보인다.

이와 같은 공통의 역사적·종교적·문화적 배경 아래에서 상당수의 서구사회 구성원들 사이에는 양심적 병역거부를 주장하는 다른 기독교 종파의 교리에 대해 종교적 또는 윤리적 관점에서 공유하는 부분이 작지 않을 것으로 보인다. 따라서 기독교적 이념에 기초하여 양심적 병역거부를 주장하는 소수의 사람들에 대해서도 사회적 관용의 분위기가 보다 쉽게 형성될 수 있고, 나머지 다수의 구성원들 사이에 대체복무제나 병역면제 등의 방법으로 이들을 법률적·제도적으로 받아들이는 데 거부감이 상대적으로 적으며, 그에 관한 사회적 합의를 이루기도 보다 쉬울 것이라는 추론을 해 볼 수 있다.

양심적 병역거부의 합법화나 이를 주장하는 사람들을 보호하기 위한 대체복무제의 도입에 적극적으로 찬성하면서 주변 국가에 동참을 촉구하는 미국, 영국, 프랑스, 독일, 스웨덴, 노르웨이, 핀란드, 네덜란드, 이스라엘, 캐나다, 호주, 뉴질랜드 등 대부분의 국가들은 서구사회에 속해 있다는 사실과 이와는 달리 현재까지도 양심적 병역거부를 처벌하고 있다고 알려진 알제리, 싱가포르, 터키, 이집트, 투르크메니스탄 등은 대체로 기독교의 영향권으로부터 벗어나 있는 국가라는 사실은 이러한 추론의 타당성을 뒷받침하는 강력한 증거이다.

나) 반면 우리나라는 유구한 역사와 문화적 전통을 계승·유지해 왔지만, 국가적으로나 사회적으로 특정 종교나 이념을 공동체 구성원의 사고 및 도덕 체계를 지배하는 기본 이념으로 받아들인 후 이를 고수해 오지는 않았음이 주지의 사실이다. 이러한 전통은 대한민국 건국 이후로도 이어져, 헌법 제정 당시(제12조)부터 국교를 부인하고 정교분리원칙을 확립하였으며, 이는 현행 헌법(제20조 제2항)에 이르기까지 일관되게 유지되고 있다. 그 결과 2015년경을 기준으로 대한민국 전체 인구 약 4,905만 명 중 종교를 가진 사람의 비율은 약 43.9%인 2,155만 명이고, 개신교와 천주교를 포함한 기독교 외에 불교, 원불교, 유교, 천도교, 대종교 등 다양한 종교를 가진 사람이 공존하고 있다(통계청의 2015년도 인구총조사결과에 의함). 또한 우리나라에 기독교가 정식으로 유입된 것은 조선 후기로서 그 포교의 역사가 200년 정도에 불과하고, 기독교를 제외한 나머지 절반 이상의 인구를 점유하는 종교들 중에는 양심적 병역거부의 이유가 된 생명존중의 이념 등을 토대로 일체의 집총훈련을 거부하는 취지의 교리를 갖는 종교나 종파가 두드러지게 나타나지 않는다. 이러한 사정을 종합해 보면, 우리 사회에서 기독교적 이념을 보편적인 사회윤리로 인정할 수 없음은 물론이고, 이에 기초한 양심적 병역거부는 아직 대다수 사회구성원에게는 익숙하지 않은 이념이나 신조이다. 우리의 역사적·종교적 전통이나 경험을 토대로 할 때 기독

교적 이념이나 교리에 기초한 양심적 병역거부의 주장은 대다수 구성원이 쉽게 받아들이기 어려운 것으로 보인다.

우리 역사 중 조선시대(1392년~1910년)로 한정해 볼 때, 통치세력에 의해 주도적인 사회 이념 및 윤리 체계로 기능하였던 유교의 경우 사람의 생명을 존귀하게 여겨 살상과 폭력을 경계하고 양심과 인격에 대한 존중을 통해 사람을 감화시킴으로써 이른바 '덕치(덕치)'와 '왕도(왕도)'에 의한 인도주의 국가를 실현함을 주된 정치 이념으로 삼았다. 또 다른 영향력 있던 종교인 불교의 경우에도 이른바 '불살생(불살생)'의 계율을 핵심적인 생활 규범으로 한 더욱더 강력한 생명존중 사상으로 일관하였다. 그리하여 일견 그 이념이나 교리 면에 있어서는 양심적 병역거부의 이념적 뿌리로 인정되는 서구사회의 기독교적 이념이나 평화주의 및 전쟁 거부의 사상과도 맞닿아 있다고 볼 수 있다. 그러나 우리 조상들은, 중국, 일본 등 주변 강국의 군사적 침입으로 국가안보와 국토방위의 위기에 직면하고 이에 대응할 병력형성이 긴요한 상황에서는 자연스럽게 위와 같은 개인적·종교적 이념이나 계율에서 한 발 물러났고, 의병이나 승병으로서 병력을 조직하여 직접 무기를 들고 전장에 나아가 외적에 맞서 투쟁하는 데에 주저함이 없었다. 나아가 이를 사회의 구성원으로서 책무를 다하는 의(의)로운 행위로 간주함으로써 양심적 병역거부가 토대로 삼는 이념이나 신조와는 달리 행동하였음이 너무나도 익숙한 역사적 사실이다.

면면히 이어져 온 이와 같은 역사적 전통이나 과거의 시대적 상황과 비교해 보더라도 크게 달라진 것이 없는 오늘날 주변 강대국과의 군사적·정치적 대립 상황 속에서 대다수 국민들에게는 우리 조상들의 국방에 관한 위와 같은 태도, 즉 생명을 존중하고 살상과 전쟁을 경계하면서도 개인적인 종교적·사상적 믿음과 세속의 공동체 간의 조화를 도모하여 자신의 책임을 다하려는 보국헌신(보국헌신)의 자세가 보다 친근하고 자연스러운 것으로 각인되어 있을 수밖에 없다.

이는 결국 우리 사회 구성원들 대부분으로부터 종교적 양심 등을 이유로 한 병역거부의 법률적·제도적 수용에 관한 합의를 도출하는 것이 서구사회의 국가들보다는 쉽지 않을 것임을 의미한다. 즉 양심적 병역거부가 사회적 통념이나 건전한 상식으로 자리를 잡기까지는 상당한 경험적 논증과 시간이 필요하거나 적어도 그동안의 경험적 인식의 토대를 뒤집을 만한 안보 상황의 뚜렷한 변화가 있어야 한다. 양심적 병역거부의 수용 여부에 관한 태도 변화가 감지되지 않고 거부감을 갖는 사회구성원이 많다는 현실에 대해 단순히 짧은 민주주의의 역사로 인한 다원성, 다양성에 대한 이해와 관용의 부족으로 치부하여 탓할 바가 아닌 것이다.

기록에 의하더라도, 과거 수십 년간 양심적 병역거부에 대한 형사처벌이 이어져 왔고 언론에서 그에 관한 보도와 관심을 표명하였음에도, 2013. 11.경 실시된 여론조사결과에서는 양심적 병역거부에 대해 이해할 수 없다는 답변이 76%를 점유하여 압도적 다수였다. 2014. 11.경 실시된 여론조사결과에서는 형사처벌에 갈음한 수단으로서 대체복무제 허용 여부에 대해 반대한다는 답변이 58.3%로서 다수였음을 알 수 있다(공판기록 80쪽, 149쪽).

다) 다수의견은 불확정개념인 위 '정당한 사유'의 의미를 해석하면서, 사회적 통념과 건전한 상식의 기초를 이루는 중대한 역사적·종교적·문화적 배경과 차이점을 간과하였다.

이러한 다수의견의 논리는, 사회구성원 대부분의 인식과 판단을 좌우할 공통된 이념과 가치 체계상의 근본적인 차이점이 이 사건 쟁점에 관한 추론의 과정에 미칠 영향을 충분히 고려하지 못하고, 서로 같지 않은 것을 서로 같다는 전제 아래 결론을 도출함으로써, 논리적 비약과 함께 우리 현실과 괴리되는 오류를 범하였다는 지적을 받을 수밖에 없다.

2) 병역의무 기피에 대한 제재

가) 양심의 자유가 다른 기본권보다 고도로 보장되어야 할 기본권이고, 국가는 불가침의 기본적 인권을 확인하고 보장할 의무를 지니며, 양심적 병역거부가 지향하는 평화주의, 생명존중의 사상이 보편타당성을 갖는 인류 공통의 가치로서 존중되어야 할 뿐만 아니라 우리의 헌법적 가치와도 일치하여 그 실현을 위해 노력해야 한다는 상고이유 주장에 대해서는 동감한다.

나) 그런데 위 헌법적 가치를 보호하고 지키기 위한 기본적 전제가 되는 것이 지속 가능한 안전과 평화이다(헌법재판소 2006. 2. 23. 선고 2005헌마268 전원재판부 결정 등 참조). 헌법은 전문에서 평화통일의 과제와 국제평화주의를 천명하면서, 그 본문에서 국제평화유지를 위한 노력 및 침략적 전쟁의 부인(제5조 제1항), 조약 및 국제법규의 존중(제6조 제1항), 외국인의 지위 보장(같은 조 제2항) 등에 관한 규정을 두어 이를 헌법적 이념 내지 목적으로 삼고 있다(헌법재판소 2009. 5. 28. 선고 2007헌마369 전원재판부 결정 등 참조).

안전과 평화는 외부의 위협이나 침략으로부터 국가의 존립과 안전을 지키고 영토를 보전하는 것, 즉 국가안보와 국토방위의 실현을 통해서만 온전하게 확보될 수 있다(헌법 제5조 제2항 참조). 국가안보와 국토방위가 제대로 확보되지 않는다면 헌법적 가치로서 양심의 자유나 생명 존중, 세계평화와 인류공영은 결코 제대로 보장될 수 없다(위 대법원 2009도7981 판결 등 참조).

국방의 의무와 이에 기초한 현행의 국민개병제 및 징병제는 국가안보와 국토방위의 목적을 실현하기 위하여 헌법이 채택한 중요한 수단이다. 국민개병제와 징병제 아래에서 병역의무 이행의 실효성을 담보하기 위해서는 병역부담평등의 원칙에 입각하여 공평한 징집이라는 병역상의 정의를 실현하는 것이 무엇보다도 중요하다. 이를 실현하려면 의무부과가 평등하게 이루어져야 할 뿐만 아니라, 병역의무의 이행을 확보하는 수단 또한 확실하게 마련되어야 한다. 그런데 병역의무의 이행확보 수단은 복무여건이 어떤가에 따라 강도가 달라질 수 있고, 복무여건이 위험하고 열악할수록 의무이행을 회피하는 행위에 대하여 강력한 제재가 사용될 수밖에 없다(위 헌법재판소 2008헌가22 전원재판부 결정 등 참조). 한편 특정의 인간 행위에 대하여 그것이 불법이며 범죄라 하여 국가가 형벌권을 행사하여 이를 규제할 것인지, 아니면 다른 제재수단을 강구할 것인지 및 법정형의 종류와 범위의 선택 문제는 그 범죄의 죄질과 보호 법익에 대한 고려뿐만 아니라 우리의 역사와 문화, 입법 당시의 시대적 상황, 국민 일반의 가치관 내지 법감정 그리고 범죄 예방을 위한 형사 정책적 측면 등 여러 가지 요소를 종합적으로 고려하여 입법자가 결정할 사항으로서 입법재량 내지 형성의 자유가 인정되어야 할 분야이다(헌법재판소 2010. 4. 29. 선고 2009헌바46 전원재판부 결정 등 참조).

다) 현역병을 기준으로 그 복무여건은 다음과 같다. 현역병의 복무기간은 2년 내지 2년 4개월 정도이다(병역법 제18조 제1항). 현역병은 복무기간 종료 후에도 예비역에 편입되어 국가비상사태에는 병력동원소집에 응할 의무를 부담하고(병역법 제5조 제1항 제2호, 제

44조 제1호), 예비군으로 편성되어 약 8년간 연간 20일의 한도 내에서 동원 또는 소집 훈련에 응할 의무를 부담한다(예비군법 제3조 제1항 제2호, 제6조 제1항). 병역법 및 군인사법의 위임에 따라 군인의 복무 기타 병영생활에 관한 기본사항을 규정함을 목적으로 입법된 군인복무규율(2014. 10. 28. 대통령령 제24077호로 개정되기 전의 것)에 의하면, 군인은 위험을 회피함이 없이 성실하게 직무를 수행할 의무(제7조 제1항), 전쟁 상황에서 '전쟁법'을 준수할 의무(제10조의2 제1항), 근무지를 이탈하지 않을 의무(제12조), 상관명령에 복종할 의무(제23조), 국가비상사태 등에는 비상소집에 응할 의무(제26조, 제27조), 내무생활을 할 의무(제29조 제1항) 등 복무상의 각종 의무를 부담할 뿐만 아니라 종교교리 또는 종교생활을 이유로 임무수행에 위배되거나 군의 단결을 저해하는 행위를 하는 것이 금지된다(제32조).

나아가 이러한 의무 이행을 강제하기 위한 수단으로서 군형법(2014. 1. 14. 법률 제12232호로 개정되기 전의 것)은, 초병의 수소 이탈에 대해 적전인 경우에는 사형, 무기 또는 10년 이상의 징역에 처하고(제28조 제1호), 군인의 근무 태만에 대해 무기 또는 1년 이상의 징역에 처하고(제35조 제3호), 항명에 대해 적전인 경우에는 사형, 무기 또는 10년 이상의 징역에 처하고(제44조 제1호), 무단이탈에 대해 1년 이하의 징역이나 금고 또는 300만 원 이하의 벌금에 처하도록(제79조) 정하고 있다.

또한 병역법은, 현역입영 대상자를 위한 대리입영에 대해 1년 이상 3년 이하의 징역에 처하고(제88조 제2항), 징병검사나 신체검사 대상자를 위한 대리수검에 대해 1년 이상 3년 이하의 징역에 처하고(제87조 제1항), 병역기피나 감면을 목적으로 도망하는 등의 행위에 대해 1년 이상 5년 이하의 징역에 처함으로써(제86조) 병역의무를 대신하게 하거나 기피하려는 일체의 시도에 대해 엄벌하고 있다.

이와 같이 현역병인 병역의무자는 대부분 20~30대의 나이에 2년 이상의 상당한 기간 동안 학업을 중단하거나 안정적 직업과 직업훈련의 기회를 포기한 채 병역에 복무하게 됨으로써 작지 않은 경제적 부담을 지게 된다. 또한 상명하복의 엄격한 규율과 열악한 복무환경에 적응하는 과정에서 상당한 정신적 갈등과 어려움을 겪게 되고, 복무기간 및 예비역 편입기간 중 반복되는 훈련 및 작전환경에서 총기와 폭발물 취급에 따른 각종 사고로 생명·신체에 직접적인 위해를 가할 수 있는 중대한 신체적 위험에 수시로 노출된다. 병역의무의 이행에 수반되는 이 같은 엄중한 신체적·정신적·경제적 부담과 위험으로 인해 국가에 대한 충성심, 사회공동체에 대한 책임감 등에도 불구하고 현역병인 병역의무자로서는 기회만 있다면 그 의무이행을 면제받고 싶은 욕구를 가지게 될 것이다. 이는 인간으로서는 너무나도 자연스러운 감정임을 부정하기 어렵다. 이러한 점을 감안하여 병역법은 병역의무를 어떠한 경우에도 대체불가능한 의무로 규정해 놓았다.

라) 또한 군형법은 군복무상의 임무수행과 의무이행을 강제하기 위한 수단으로 형사처벌을 규정하면서 그 법정형의 정도를 국가적 목적이나 공익과 관련된 다른 어떠한 형사범죄에 비하더라도 중하게 정하고 있다. 현재의 국방력 유지를 위해 필요한 병력 수요, 군사전략이나 무기기술의 수준이 그대로 유지되는 이상 현역병으로 입영할 병역의무자 중 어느 1인에 대한 병역면제는 필히 다른 병역의무자에 의한 병역의무의 대체와 분담으로 이어진다. 그러나 적군이 침략할 때에 병역의무를 이행하는 군인으로서는 당연히 총포를 들고 적군

에 맞서 생명과 신체에 대한 위험을 감수하면서 전투행위를 하여야 하고, 자신만 뒷전으로 물러나 다른 사람을 대신 전선으로 내보낼 수는 없다. 이 점이 병역의무가 다른 국가적 의무는 물론, 모든 공익적 의무와는 구별되는 점이요, 그 부담과 이행과정에 대해 헌법적 정당성을 부여하고 엄격한 기준에 의한 형평성을 요구하고 있는 이유이다.

현역병으로 입영하여 병역의무를 이행하는 과정에서 불가피하게 발생하는 이러한 각종의 신체적·정신적·경제적 부담과 위험을 회피할 목적으로 국적을 이탈하거나 자해를 하거나 또는 관련 서류를 조작하는 등 병역기피의 극단적인 수단까지를 동원한 탈법·불법행위가 사회적·경제적 지위의 높고 낮음을 불문하고 지금까지도 우리 주변에서 수시로 자행되고 있음이 주지의 사실이다.

이 사건 처벌규정이 국가적 의무 위반에 대한 가장 강력한 제재수단인 형벌, 그중에서도 오로지 징역형만을 법정형으로 둔 채 '정당한 사유'가 없는 병역기피 행위를 사회적으로 비난가능성이 큰 위법행위로 간주하여 엄하게 처벌해 온 당위성도 바로 여기에 있다(위 대법원 2005도4083 판결 등 참조). 병역법이 병역기피자에 대해서는 국가기관 등에의 취업 및 각종 관허사업을 제한(제76조 제1항, 제2항)하는 등 행정적 불이익까지 가하도록 정하고 있는 것도 같은 맥락에서 이해될 수 있다.

마) 다수의견은 양심적 병역거부자에 대해 형사처벌 등 제재를 가하여 병역의무 이행을 강제하는 것 자체를 기본권에 대한 과도한 제한으로서 위헌·위법이라고 주장한다.

그런데 이 사건 처벌규정에 기한 형사처벌로 인해 신앙이나 종교적 신념을 포기한 사례 등이 드러나 있지 않는 사정을 감안하면, 형사처벌을 받거나 향후 이를 받을 것을 예상하여 애초에 진정한 양심에 기해 형성·유지하던 병역거부에 관한 의사결정을 포기한 사람이 있었는지 여부와 그 규모, 더 나아가 양심에 기한 병역거부를 하려는 사람에 대해 과연 어느 정도 중한 형사처벌이 가해졌을 때 병역거부에 관한 진정한 양심을 포기하게 됨으로써 그의 인격적 존재가치가 파멸에 이르게 될 수 있는지 등에 관하여 구체적 증거가 뒷받침되지 않는 한, 위와 같은 다수의견의 주장은 그 자체로 논리적 비약일 뿐만 아니라, 사회적 통념이나 건전한 상식과도 배치되는 것이다.

바) 이러한 사정에도 불구하고 법원이 양심적 병역거부도 위 '정당한 사유'에 포섭될 수 있다는 이유로 형사처벌을 포기하고 이를 허용한다면, 그동안 형사처벌을 포함한 의무강제수단에 따르는 각종의 불이익에 압도되어 병역기피를 결행하지 못하고 기회만을 노리던 적지 않은 병역의무자들로 하여금 양심상의 사유 등을 주장하면서 입영을 거부하게 만드는 우려스러운 상황을 초래하게 될 것이다. 특히 병역의무의 이행에 수반되는 각종 위험 또는 부담과의 등가성이 확보된 대체복무제 등이 마련되지 않은 상태에서 그러한 상황은 더욱 심각한 것이 될 수 있고, 자칫 병역부담평등의 원칙에 입각하여 그동안 탄탄하게 유지되어 오던 병무행정의 근간을 하루아침에 허무는 결과가 초래될 위험성이 있다. 이는 또한 병역의무 이행을 국가와 사회에 대한 봉사와 희생으로 알고 명예롭게 여기면서 성실하게 임무를 수행 중인 국군 전체의 사기에 악영향을 미침으로써 전반적인 국토방위의 태세를 약화시키는 계기가 될 수 있다. 이로 인해 남·북한이 무력으로 대치하고 주변 강대국들로부터의 끊임없는 군사적 압박이 지속되는 안보적 위기 상황 속에서도 국방과 병역에 대한 규범적·제도적 신뢰를 토대로 유지되어 온 안전과 평화에 대한 국민적 신뢰는 순식

간에 불신으로 바뀌게 될지 모른다. 국가안보에 대한 불안이 상존하는 상황에서는 지속가능한 안전과 평화를 기초로 하여서만 가능할 수 있는 기본적 인권 보장의 헌법적 가치 실현은 요원해 질 것이다.

사) 다수의견이 양심적 병역거부의 인정에도 불구하고 안보 태세에 큰 어려움이 있을 것으로 보이지 않는다고 추측하면서 그 근거로 들고 있는 사실, 즉 현재까지 양심을 이유로 병역의무를 이행하지 않으려 한 병역의무자의 수가 매년 평균 600여 명 정도에 불과하여 전체 병역의무자의 숫자에 비해 상대적으로 소수로 남은 채 폭증하지 않을 수 있었던 것은, 오로지 이 사건 처벌규정에 의한 형사처벌 및 추가적인 각종 제재수단이 병역의무의 이행에 비하여 적지 않은 부담으로 작용하여 위법행위의 유혹에 대한 강력한 위협으로서 병역기피범죄에 대한 억제 효과를 발휘한 데에 따른 결과였음을 간과해서는 안 된다.

3) 양심적 병역거부의 인정과 규범적 혼란

가) 다수의견은, 다수결이 지배하는 사회에서 사회적 소수자인 양심적 병역거부자를 보호하는 것이 이들에 대한 관용, 포용을 주된 가치로 하는 자유민주주의의 헌법적 이념에 부합하는 것이고 이를 허용하더라도 국가안보나 국토방위의 실현에 큰 어려움이 있을 것으로 보이지 않는다고 하면서, 대체복무제가 도입되기도 전이라도 '정당한 사유'의 해석을 통해 일정한 요건을 갖춘 양심적 병역거부자에 대해서는 이 사건 처벌규정에 기한 형사처벌의 면제를 인정할 필요가 있다고 주장한다.

나) 그러나 앞서 인용한 여론조사결과 등에 비추어 보면, 우리 국민 대부분이 여전히 종교적 교리에 기초한 양심적 병역거부의 사회적 수용에 대해 상당한 거부감을 갖고 있고, 대체복무제를 도입하여 이들을 구제하려는 시도에 대해서조차 부정적 인식을 하고 있다고 보인다. 이는 단순히 병역법 등 제도나 법질서의 산물만은 아니다. 종교적 이념과 세속적 가치가 생활 속에서 조화를 이루도록 노력하고 특정 종교의 이념에 전적으로 지배되지 않는 종교적 다양성을 유지해 온 우리의 역사적·종교적·문화적 전통, 여느 국가와는 구별되는 우리나라만의 안보 현실 및 국민개병제, 징병제 아래 병역의무의 분담이나 이행을 국민적 희생과 기여로 바라보는 우리 국가공동체 구성원들의 사고와 인식 또는 고유한 가치관 때문이라는 점은 앞에서 살펴본 바와 같다.

이처럼 최근까지 사회적 문제로 수시로 논란의 대상이 되었음에도 병역의무자 본인뿐만 아니라 사회구성원 대부분에게 양심적 병역거부는 이 사건 처벌규정의 '정당한 사유'에 결코 포섭될 수 없는 명백한 위법행위로 인식되었다.

이러한 배경과 현실을 외면하고 행위의 반가치성, 위법성 여부를 최종적으로 판단하는 역할을 하는 법원이 양심적 병역거부를 위 '정당한 사유'에 포섭된다고 보아 그에 대한 형사처벌을 포기한다면 그로 인한 부작용과 사회적 파장은 결코 해당 사건에만 그치지 않는다. 양심을 이유로 한 병역거부 행위가 합법성과 정당성을 갖게 되고, 이러한 비범죄화를 기화로 양심적 병역거부자의 대부분이 '여호와의 증인' 등 특정 종파의 비교적 소수에 불과한 신도로 국한되던 지금까지와는 달리, 병역의무를 면제받기 위하여 해당 종교로 개종하는 사람이 나오지 않으리라는 보장이 없다. 선교를 통한 교리의 전파를 신앙생활의 핵심으로 여기는 기독교의 이념에 비추어 본다면 이러한 추론은 결코 비현실적인 것이 아니다. 더 나아가 자신의 종교에서 일반적으로 받아들이는 교리에 따르면 반드시 병역거부가 요구되는 것은 아님에도 대부분의 종교가 내포하고 있는 평화주의, 생명존중의 사상을 이유로 또는 구체적인 종교와 관계없이 기존의 양심적 병역거부자들과 같은 맥락에서 자신의 가치관과 세계관을 이유로 병역거부를 정당화하고자 하는 사람 역시 그 수가 대폭 증가할 가능성을 배제하기 어렵다.

실례로 독일의 경우, 징병제 아래에서 대체복무제의 도입을 통해 양심적 병역거부가 합법화 된 직후에는 그 수가 불과 수백 명에 불과하였으나, 그 후 모병제로 전환하기 직전 해인 2010년까지 그 수가 크게 증가하여 많게는 연간 약 130,000명에까지 이르렀다. 그리고 우리나라가 처한 안보 현실과의 유사성을 근거로 양심적 병역거부의 합법화에 대한 성공적 사례로 인용되는 대만의 경우도, 대체복무제가 도입된 해의 이듬해인 2001년부터 2017년 사이 대체복무자 수는 적게는 10,000명에서 많게는 26,000여 명에 이르고 있는데, 그 기간 동안 종교를 이유로 병역을 거부한 대체복무자 수는 불과 수십 명에 불과하다. 이러한 통계수치가 가지는 의미와 내용은 국가별 병역제도의 구체적 내용과 역사적·종교적·문화적 특수성에 따라 달라지는 것이기는 하지만, 양심적 병역거부를 합법화한 후 특정 종교와 관계없이 대체복무자 수가 크게 증가한 사실만큼은 명백히 확인된다.

다) 우리 헌법은 정치적·경제적·사회적·문화적 생활의 모든 영역에 있어서 성별·종교 또는 사회적 신분에 의한 차별을 금지하면서(제11조 제1항 후문), 사회적 특수계급의 제도를 부인하고 어떠한 경우에도 국가가 이를 창설할 수 없음(제11조 제2항)을 선언하고 있다. 양심적 병역거부자가 추구한다는 평화주의, 생명존중 사상이 우리의 헌법적 가치에도 부합하는 것이라면 특정 종교나 종파를 불문하고 가급적 더 많은 사회구성원들로 하여금 이를 향유하고 주장할 수 있도록 해주어야 한다. 그리하여 종국적으로 모든 병역의무자들의 양심 등을 이유로 한 병역거부를 다 받아 주어야 한다는 결론에 이르게 될 것이다. 만약 그렇지 않고 이러한 헌법적 가치를 토대로 한 사회적 배려와 보호를 특수한 종교적 교리에 따른 일부 양심적 병역거부자에게만 국한시킨다면, 양심적 병역거부자에 대한 형사처벌의 면제는 결국 특정 종교의 일부 신도들에 대한 편파적인 보호 수단 내지 불공정한 병역상의 특례로 받아들일 수밖에 없고, 헌법에서 명시적으로 금지하고 있는 종교에 기초한 사회적 생활에서의 차별 내지 사회적 특수계급의 제도를 창설하는 위헌적 제도라는 비난을 면하기 어려울 것이다.

라) 다수의견의 논리는 양심적 병역거부에 대해 규범적 정당성, 합법성을 부여함으로써 양심적 병역거부가 더 이상 사회적으로 불리한 처지에 놓인 소수의 특수한 이념이나 신조가 아니라 보편적·일상적인 것이 될 수 있고 되어야 함을 주장하는 것과 다름 아니다. 그렇다면 이들이 보호받아야 한다는 당위성의 조건으로서 '사회적으로 소수자에 불과하여 설령 이를 허용하더라도 병역자원의 고갈 등으로 말미암은 병역제도 운영상의 곤란이나 이를 통한 국가안보와 국토방위의 실현에 대한 큰 지장이 없을 것'이라는 전제는 더 이상 유지될 수 없음이 명백하다. 다수의견은 그 타당성이 의심되는 치명적인 구성상의 오류를 내포하고 있어, 체계 모순적인 법적·논리적 주장이라 하지 않을 수 없다.

4) 양심적 병역거부와 국방의 의무와의 관계

가) 다수의견의 논리에서는 간과되고 있거나 뚜렷하게 드러나지 않지만, 기본권 보장과 기본적 의무에 대한 강제 간의 충돌과 긴장 관계가 이 사건의 핵심 내지 본질이다.

나) 헌법은 전문에서 모든 영역에서의 기회 균등과 함께 자유와 권리에 따른 책임과 의무를 헌법적 이념으로 제시하면서, 법 앞의 평등(제11조 제1항 본문)을 헌법의 기본원칙으로 선언하고 있다. 또한 우리 헌법을 포함해 오늘날 대부분의 국가가 기본권 보장 규범의 모태로 삼고 있는 '인간과 시민의 권리선언'도 자유란 다른 사람을 해하지 아니하는 한도 내에서 모든 것을 할 수 있는 것으로 규정하고 있다(제4조).

한편 대법원은 과거 종교의 자유가 문제 되는 사건에서, 수혈이라도 하지 않으면 미성년자 환자인 피해자가 사망할 것이라는 위험이 예견 가능한 상황에서 피해자의 생모가 자신의 종교적 신념 등을 이유로 피해자에 대한 수혈을 거부하여 피해자로 하여금 사망에 이르게 할 수 있는 정당한 권리가 있다고는 할 수 없고, 이 경우 생모를 유기치사죄로 처벌하는 것이 자유권의 행사인 정당행위에 해당한다거나 종교의 자유를 보장한 헌법규정에 위배된다고 볼 수는 없다고 하였다(대법원 1980. 09. 24. 선고 79도1387 판결 등 참조). 뿐만 아니라 국가의 고등학교 평준화정책에 따라 자신의 신앙과 무관하게 입학하게 된 학생들을 상대로 특정의 종교교리를 전파하는 종파교육 형태의 종교교육을 실시하는 경우에 사회공동체의 건전한 상식과 법 감정에 비추어 볼 때 용인될 수 있는 한계를 초과한 종교교육이라고 보이는 경우에는 위법성을 인정할 수 있다고도 하였다(대법원 2010. 04. 22. 선고 2008다38288 전원합의체 판결 등 참조).

한편 헌법재판소는 병역법에서 구체화된 국방의 의무를 이행함에 있어서 그 의무자의 기본권이 여러 가지 면에서 제약을 받게 된다고 하더라도 이는 헌법상의 국방의 의무의 규정에 의하여 이미 예정되어 있는 것으로서, 국가나 공익목적을 위하여 개인이 특별한 희생을 하는 것이 아님을 반복적으로 확인한 바 있다(헌법재판소 1999. 12. 23. 선고 98헌마363 전원재판부 결정, 위 헌법재판소 2006헌마328 전원재판부 결정 등 참조).

그런데 앞서의 논의에서 명백히 드러난 바와 같이, 이 사건 양심적 병역거부의 문제는 전자의 '수혈거부' 사건에서처럼 대다수의 사회구성원들과는 직접 관련 없는 특정 개인이나 극히 소수에 불과한 집단 구성원의 종교적 자유가 다른 기본권이나 개인적 법익과 충돌하는 국면에서 국가가 어느 한 쪽의 편을 들어 개입하는 것이 아니다. 또한 후자의 '종립학교' 사건에서처럼 교육 등 특수한 공익적·정책적 목표를 달성하기 위해 국가가 그 목표와 관련된 소수의 사람들의 자유로운 종교 활동에 개입하여 그들의 종교적 신념이나 신조에 반하는 의무를 부담시키거나 그 이행을 강제하는 상황도 결코 아니다. 이 사건의 본질은 양심적 병역거부를 주장하는 사람들과 마찬가지로 기본적 인권 보장의 헌법적 가치를 향유하고 주장할 권리가 있는 국가공동체 구성원 모두가 헌법상의 규범적 정당성에 따라 병역의무에 대한 부담을 골고루 나누어지고 이를 공정하게 이행함으로써 자기책임을 다하는가의 문제이다.

다수의견이 주장하는 것처럼, 국가공동체를 이념적으로 지배하는 민주적 다수가 자신들이 설정한 특수한 제도와는 대립되는 종교적 교리를 갖는 개인 또는 사회적 소수자에 대해 형사처벌 등을 수단으로 의무이행만을 강제함으로써 다수의 의지를 일방적으로 관철하거나 이들을 특별히 희생시키려는 것이 아니다. 뿐만 아니라 국가가 국가안보 등 중대한 공익적 목적과는 관련 없이 단순히 특정 이념이나 종교를 가진 개인에게 형사처벌 등 제재수단을 동원하여 양심을 간접적으로 표명하도록 함으로써 궁극적으로 이를 포기하거나 변경하도록 강제하는 등 개인이 양심을 보유·유지하는 것, 그 자체에 대하여 부당하게 개입하거나 간섭하는 상황도 결코 아닌 것이다.

다) 대법원은 헌법적 가치나 공익의 경중 면에서 이 사건 사안에 비해 결코 우월하다고 볼 수 없는 위의 '수혈거부' 사건이나 '종립학교' 사건 등에서조차 이미 종교적 신념에 의해 지배되는 개인이나 법인의 종교의 자유 내지 종교적 양심실현의 자유에는 상당한 제한이 있을 수 있음을 명백히 선언한 바 있다. 이러한 법리에다가 앞서 본 바와 같은 병역의무 이행에 따르는 막중한 부담과 위험, 병역의 대체곤란성, 병역 특례 인정의 최소화 및 투명성 확보에 관한 병역법의 요청, 자유에 따른 책임을 강조하는 헌법적 이념, 정의와 형평의 일반 원칙 등을 종합적으로 고려하면, 결국 양심적 병역거부를 주장하는 일부 사회구성원들에 대해 병역을 면제해 줄지 여부를 결정할 권한은 이로 인하여 그들이 부담하는 병역의무를 추가로 나누어 부담하게 될 나머지 대다수의 사회구성원들에게 있다고 보아야 한다.

우리가 양심적 병역거부자에 대하여 형사처벌을 포기하기 위하여는 먼저 대다수 사회구성원들에게서 이를 허용해도 좋다는 명백한 태도 변화를 감지할 수 있어야 함은 물론이고, 국회에서의 입법절차를 통하여 공식적인 사회적 합의를 도출해 낼 필요가 있다는 점을 지적하는 것은 이러한 헌법적 규범에 따른 것이다.

5) 진실한 양심에 관한 사법적 심사의 불가능성

가) 다수의견은, 대체복무제 도입 전이라도 양심적 병역거부의 인정 요건을 '집총이나 군사훈련을 수반하는 병역의무의 이행을 거부하지 않고는 자신의 인격적 존재가치가 파멸되고 말 정도의 절박하고 구체적이며 깊고 확고할 뿐만 아니라 진실한 양심'(이하 '진정한 양심'이라 한다)에 기한 경우로 한정하여 법원이 엄격한 심사를 거쳐 이를 가려낸다면, 병역기피만을 목적으로 한 양심적 병역거부의 급증 등 앞서 지적된 여러 문제를 회피할 수 있다고 주장한다. 그리고 인간의 내심에 있는 양심을 직접 객관적으로 증명할 수 없는 만큼 범죄구성의 요소로서 범의에 대한 증명과 유사하게 사물의 성질상 양심과 관련성이 있는 간접사실 또는 정황사실을 증명하는 방법으로 '진정한 양심'의 존부를 판단할 수 있다고 보고 있다. 나아가 종교적 신념에 따른 양심적 병역거부인 경우 '진정한 양심' 여부를 판별하기 위한 주요 간접사실 또는 정황사실로, 해당 종교의 교리상 양심적 병역거부가 명해지고 있는지 여부, 병역의무자가 해당 종교를 신봉하게 된 동기와 경위, 병역거부자의 신앙기간과 실제 종교활동 및 정식 신도로의 인정 여부, 병역거부자가 교리 일반을 숙지하고 이에 철저히 따르고 있는지 여부 등을 제시하면서, 양심적 병역거부와 관련하여 피고인이 주장하는 양심과 동일한 양심을 가진 사람들이 이미 양심적 병역거부를 이유로 실형으로 복역한 사례가 반복된 사정이 적극적 고려요소가 될 수 있다고 주장한다.

나) 형사소송법은 증거재판주의와 자유심증주의를 기본원칙으로 하면서, 범죄사실의 인정은 증거에 의하되 증거의 증명력은 법관의 자유판단에 의하도록 하고 있다. 그러나 이러한 원칙은 그것이 실체적 진실발견에 적합하기 때문이지 법관의 자의적인 판단을 인용한다는 것은 아니다. 비록 사실의 인정이 사실심의 전권이더라도 범죄사실이 인정되는지는 논리와 경험법칙에 따라야 하고, 충분한 증명력이 있는 증거를 합리적 이유 없이 배척하거나 반대로 객관적인 사실에 명백히 반하는 증거를 근거 없이 채택·사용하는 것은 자유심증주

의의 한계를 벗어나는 것으로서 법률 위반에 해당한다. 또한 범죄의 유무 등을 판단하기 위한 논리적 논증을 하는 데 반드시 필요한 사항에 대한 심리를 다하지도 아니한 채 합리적 의심이 없는 증명의 정도에 이르렀는지에 대한 판단에 섣불리 나아가는 것 역시 실체적 진실발견과 적정한 재판이 이루어지도록 하려는 형사소송법의 근본이념에 배치되는 것으로서 위법하다(대법원 2016. 10. 13. 선고 2015도17869 판결 등 참조).

한편 헌법이 양심의 자유를 통해 보호하고자 하는 양심은 '어떤 일의 옳고 그름을 판단함에 있어서 그렇게 행동하지 않고는 자신의 인격적 존재가치가 파멸되고 말 것이라는 강력하고 진지한 마음의 소리로서 절박하고 구체적인 양심'을 말하는 것으로서, 양심 형성의 자유와 양심상 결정의 자유는 내심에 머무르는 한 제한할 수 없고 제한할 필요도 없다는 점에서 이른바 절대적 자유이다(위 대법원 2005도4083 판결 등 참조).

양심의 자유에 관한 위의 법리에 의할 때, 양심적 병역거부에 있어 보호대상이 되어야 할 '진정한 양심'은 병역의무의 이행이 강제되는 상황에 직면함으로써 외부로 표출되기 이전에 내심의 영역에서 형성·결정되어 있던 절대적 자유의 대상으로서의 양심이 되어야만 한다. 그런데 이러한 의미의 '진정한 양심'은 논리적으로 그 주체의 주관적인 관점에서만 판단될 수밖에 없다. '진정한 양심'은 객관적으로 잘 드러나지 않을 뿐만 아니라, 경험칙상 본인조차도 이를 객관적인 증거로 드러내 보임으로써 제3자로 하여금 그 존재 사실을 알게 하는 것이 결코 쉽지 않다.

따라서 다수의견의 결론을 따라 병역거부에 관한 '진정한 양심'을 이 사건 처벌규정의 '정당한 사유'에 해당하는 사유로 볼 수 있다 하더라도, 이는 내심의 영역에만 머물던 것으로서 그 존부에 대해 객관적인 재현이나 증명은 물론, 그 주장에 대해 과학적·합리적인 반증이나 탄핵을 하는 것 자체가 대단히 어렵거나 거의 불가능하다. 이로 인하여 형사사법절차가 예정하는 논리칙, 경험칙에 입각하고 합리성에 기초한 객관적인 증명의 대상으로는 적절치 않은 것이다.

이러한 까닭에 만약 이를 증명함에 있어 위와 같은 구조적·사실적 장애가 존재하고 그러한 장애가 원인이 되어 병역거부에 관한 '진정한 양심'의 부존재 사실에 대해 검사가 충분한 증명을 하지 못한 것임에도 불구하고, 법관이 그 증명에 대한 노력의 부족 등을 탓하여 만연히 '정당한 사유'의 존재를 인정하여 피고인에 대해 무죄로 판단할 위험이 있다. 한편 다수의견의 법리에 따라 검사의 본격적인 증명에 앞서 '진정한 양심'의 존재를 수긍할 만한 소명자료를 제시할 책임이 있는 피고인이 같은 사유로 그에 관하여 필요한 소명을 다하지 못한 것임에도 불구하고, 법관이 그의 소명에 관한 노력 부족 등을 지적하면서 '정당한 사유'의 존부에 관한 충분한 심리를 다하지 않은 채 그 부존재를 인정하여 피고인의 병역거부행위를 유죄로 판단할 가능성도 배제할 수 없다. 이러한 경우들은 실체적 진실 발견을 추구하고 적정한 재판을 할 사명을 지닌 법관의 태도가 아님은 물론, 형사소송법의 근본이념에 배치되는 재판이라고 하지 않을 수 없다.

다) 다수의견이 제시한 '진정한 양심'의 심사기준 및 방법에 관한 법리는, 범죄구성의 주관적 요소인 범의를 증명하는 방법에 관한 대법원 2017. 01. 12. 선고 2016도15470 판결 등에서 제시된 이른바 '간접증명'의 법리를 차용한 것으로 보인다. 본래 위 법리는 외부로 드러나는 범죄사실을 결행하려는 내심의 의사인 범의를 피고인이 부인할 경우 그 자체를

객관적으로 증명할 방법이 없다는 이유 때문에 이와 상당한 관련성 있다고 인정되는 간접사실 또는 정황사실을 증명하고 이를 통해 범의를 추단하는 방법으로 간접증명 할 수 있음을 밝힌 것이다.

그런데 다수의견이 제시한 위 간접증명의 법리에 의하더라도, 병역거부자의 신앙기간이 상당히 길었고 적극적인 종교활동을 하였다는 간접사실이 증명되었을 때, 이로써 법관이 공정하게 인정할 수 있는 사실이란 기껏해야 '병역거부자에게 신앙을 오래 지속하고 적극적인 종교활동을 하려는 내심의 의사가 있었다'는 사실 및 이로써 '병역의무자가 다른 사람과 비교하여 좀 더 신앙이 깊을 것이다'라는 사실 정도이다. 이를 넘어서서 보다 깊은 내면적 상태로서 '진정한 양심'의 존재까지를 추단하기는 어렵다고 보아야 한다. 다수의견이 기대하는 것처럼 병역의무자가 실제로 '진정한 양심'에 기인하여 오랜 기간 신앙생활을 하고 적극적인 종교활동을 한 것일 수도 있지만, 단순히 가족 등 주변 사람의 기대나 관심에 부응하려는 현실적·환경적 동기 또는 외부에 드러나지 않는 지속적인 위력이나 협박 등에 의해 정신적으로 강제된 상태에서 그와 같은 행동을 한 것일 가능성을 배제할 수 없기 때문이다. 만약 병역거부자의 내심에 이러한 후자의 동기가 조금이라도 뒤섞여 있다면 위의 간접사실은 다수의견이 상정하고 있는 절대적이고 순수한 마음의 소리로서 '진정한 양심'의 징표로 보기는 어려울 것이다. 이러한 점은 다수의견이 제시한 나머지 간접사실들도 마찬가지여서, 설령 이들 각각을 증명한다고 하더라도 병역거부자의 내심의 상태가 오로지 '진정한 양심'에 의해서만 전면적으로 지배되고 있음을 확증하기에는 부족하다고 보인다.

다수의견의 논리는, 이 사건에서 다루는 증명대상이 범인의 거동에 의해 비교적 쉽게 겉으로 드러나는 범의와는 달리 인간 행동의 근본 동기를 형성하고 본질적으로 내면에만 머무르는 '양심'이라는 특수한 실체라는 사실을 간과한 것이다. 본래 간접증명에서 최종적 증명대상으로 삼는 범의는 확정적인 것뿐만 아니라 미필적인 것까지도 포함하며(위 대법원 2016도15470 판결 등 참조), 범죄사실에 대한 인식과 의사로서, 그 대상이 되는 객관적으로 드러난 특정 범죄사실의 존재를 전제로 한다는 점에서 이를 인정하기 위해 필요한 간접사실의 범위나 이를 통한 증명에의 성공 여부는 해당 특정 범죄사실과의 관련성 등을 통해 비교적 쉽게 판단될 수 있다. 그러나 양심은 그렇지 않다. 특히 다수의견이 제시하는 정도의 엄격한 요건을 갖춘 '진정한 양심', 즉 개인의 생각과 행동 전체를 지배하면서 그에 따르지 않을 경우 인격적 존재가치가 파멸에 이르게 될 정도로 깊고 분명한 실체를 지닌 것으로서, 유동적이거나 가변적이지 않다는 의미에서 확고할 뿐만 아니라, 거짓이 없고 상황에 따라 타협적이거나 전략적이지 않은 진실된 양심은, 범의와는 달리 결코 미필적인 수준에서 인정될 수 있는 것은 아니라고 보아야 한다. 그에 따라 재판절차를 통해 이와 관련된 것으로 보이는 간접사실이 아무리 많이 수집·축적되더라도 이를 신뢰성 있게 추단해 내는 것이 애초에 불가능에 가깝거나 대단히 곤란하다고 봄이 상당하다. 그러한 까닭에 위 간접증명의 법리를 '진정한 양심'에 관한 증명방법으로 사용할 수 있다고 보는 다수의견의 주장은 근거가 부족하다.

라) 다수의견은 종교적 동기 외의 윤리적·도덕적·철학적 또는 이와 유사한 동기에 기한 양심적 병역거부가 허용될 수 있다고 보면서도, 진정한 양심을 식별하기 위한 구체적인 심사기준으로는 종교 활동과 관련된 것만을 제시하고 있을 뿐이다.

그런데 앞에서 살펴본 것처럼 특정 종교적 이념이나 교리에 입각하여 양심적 병역거부를 주장하는 병역의무자에 있어서조차 그 양심의 진정성을 판별하는 것이 곤란하다면, 지극히 개인적·주관적인 양심의 형성 과정을 추적하여 비종교적 양심을 빙자한 병역기피자를 재판절차에서 가려내는 것은 더욱 어렵고 거의 불가능에 가깝다고 보인다.

더욱이 헌법상 양심의 자유에 의해 보호되는 양심은 시대적·문화적 맥락에 따라 전혀 달리 취급되기도 하고 개인에 있어서도 고정불변이 아니라 변할 수 있는 것이다. 따라서 종교생활 등 기간의 장단이 양심의 진정성을 판단하는 절대적인 기준이라고 볼 수도 없다. 만약 특정한 경험으로부터 양심이 형성되거나 양심상의 결정을 한 시기가 병역거부의 의사를 표시한 때로부터 시간적으로 근접해 있다면, 양심형성의 인과관계나 진정성 등에 관하여 파악할 수 있는 객관적 자료를 얻는 것이 과연 가능한지 의문이다.

기록에 의하면, 진정인 공소외 1 등의 유엔자유권규약위원회에 대한 개인통보사건의 진정인들 중, 공소외 2(2.35항)는 입영통지를 받기 8일 전에, 공소외 3(2.45항)은 입영통지를 받기 5개월 전에, 공소외 4(2.32항)는 입영통지를 받기 8개월 전에 각 침례를 받아 '여호와의 증인' 신도가 되었음을 알 수 있다. 위 진정인들은 침례를 받음으로써 다수의견이 주장하는 것처럼 양심적 병역거부와 관련하여 널리 알려진 종파에 속하는 신도라는 사실은 확인되었다. 그러나 각각의 입영통지를 받은 시점과 대비해 볼 때, 이러한 사실만으로 위 진정인들의 병역거부에 관한 진정한 양심이 소명되었다고 보기는 어려우므로, 앞서의 의문이 근거 없는 것이 아님을 알 수 있다.

특히 전투가 벌어지는 현장에서 전쟁의 참혹한 현실을 보고 갑자기 생명존중과 평화주의에 기반해 양심상의 결정을 하고 이를 이유로 병역의무의 이행을 거부하는 경우가 있을 수도 있다. 그런가 하면 단순히 가족이나 친지 등의 권유로 양심적 병역거부를 교리로 삼는 특정 종교에 귀의하여, 다수의견이 지적하는 정도의 '진정한 양심'에 이르지 못한 채로 종교활동을 하다가 징병검사결과 현역입영의 처분을 받게 될 상황에 이르러, 그때까지 계속해 왔던 종교생활에 관한 외형적 증거에 편승하여 양심적 병역거부를 주장하는 경우도 배제할 수 없다. 제3자가 병역거부자의 이러한 결정의 바탕이 되는 양심형성의 인과관계나 진지성을 구체적으로 파악하는 것은 불가능하다.

마) 병역거부와 관련된 진정한 양심의 존부에 대한 심사기준 및 판정 방법 내지 절차에 내재한 이상의 문제점을 종합해 본다면, 그 심사기준 및 방법이란 어떠한 경우에도 형사소송법이 지향하는 실체적 진실 발견에 부합한다고 평가될 정도로 양심적 병역거부자의 '진정한 양심'을 확인하기에 충분하고도 완전한 기준이 되기는 어렵거나 불가능하다고 보는 것이 합리적이다. 따라서 그 심사기준 및 방법은 양심적 병역거부의 규범적·제도적 수용 여부 및 정도에 대한 사회구성원들의 인식과 반응, 양심적 병역거부자에 대한 직·간접적인 병력형성의무의 면제로 인해 초래될 병력자원의 부족 및 대체 가능성, 국군의 사기 및 국가안보와 국토방위에 미칠 부정적 영향 등에 대한 정책적 고려까지도 모두 감안된 타협적이고 의제적인 것일 수밖에 없다. 위와 같은 특수한 심사기준이나 방법이 없는 상태에서 병역거부와 관련된 '진정한 양심'을 심사하는 것은 실체적 진실 발견을 사명으로 하는 법관으로서 감당하기 어려운 임무이다. 다수의견은 이 점을 간과하고 있다.

한편 병역거부와 관련된 '진정한 양심'을 재판과정에서 정확히 가려낼 신뢰성 있는 심사기준 및 방법이 없다는 것은, 결국 다수의견이 주장하는 바에 의할 때 1차로 소명할 책임을 부담하는 병역거부자가 법원의 절차진행 결과를 제대로 예측할 수 없다는 것이나 마찬가지여서 방어권 행사에 상당한 불이익이 있을 수밖에 없다. 특정 종파에 속하지는 않지만 오랜 기간의 성찰과 고민을 통해 병역거부에 관한 '진정한 양심'을 형성한 병역거부자가 이를 인정받지 못하는 경우가 있는 반면, 장기간 특정 종파의 신도였다는 사실이 유력한 증거로 작용함으로써 '진정한 양심'의 존부가 제대로 확인되지 않음에도 양심에 따른 병역거부를 인정받을 가능성을 배제할 수 없다. 이러한 결과가 재판에 대한 국민적 신뢰에 미칠 악영향은 분명하다.

이러한 심사기준 및 방법을 도출하는 것은 여론을 수렴하고 이를 토대로 중대한 국가적 정책을 형성할 재량을 가진 국회에 남겨진 몫이다. 또한 양심적 병역거부와 관련하여 '진정한 양심' 여부에 관한 1차적 심사도 향후 도입될 대체복무제의 운영 등과 관련하여 전문성을 갖춘 독립 위원회가 맡도록 함이 합당하다.

6) 대체복무제 입법과의 불일치 또는 혼란

가) 헌법재판소는 2011헌바379 등 전원재판부 결정에서 국회에 대해 2019. 12. 31.경까지 양심적 병역거부자를 위해 병역의무와 등가성을 갖춘 대체복무제를 도입하는 내용의 개선입법을 할 것을 촉구하였다. 그러나 다수의견은 양심적 병역거부의 허용 여부와 대체복무제의 도입 여부는 논리필연적 관계가 없는 별개의 문제로 보고 있다.

나) 양심적 병역거부자를 위한 대체복무제의 도입에 관하여 국회에서 발의된 의안 중 대표적인 사례로 보이는 2016. 11. 15. 무렵의 병역법 일부개정 법률안(의안번호 3582)에 의하면, 현행 병역법의 병역종류조항(제5조)을 개정하여 병역의 일종인 보충역에 '대체복무요원'을 추가하면서 '사회복무요원'의 복무에 관한 규정(제33조) 이하에 대체복무요원과 관련된 신설 규정을 두고, 그에 관한 업무를 병무청장이 주도하거나 관여하도록 정하고 있다. 또한 대체복무요원의 복무분야를 '아동·노인·장애인·여성 등의 보호·치료·요양·훈련·자활·상담·사회복지 관련 업무' 또는 '소방·의료·재난·구호 등의 공익 관련 업무'로 한정하면서 대인용 무기를 소지한 상태에서 수행하여야 하는 업무 등에는 복무하게 할 수 없도록 하고, 그 복무기간을 병역의무 기간의 1.5배로 정하고 있다.

현재 국회에서 입법 논의 중인 대체복무제의 복무내용은 앞에서 살펴본 병역의무와 크게 구별되는 순수한 민간 영역에서의 사회봉사의무를 부과하는 것으로서, 그 복무기간도 병역의무기간에 비해 크게 늘어나는 것으로 보이지 않는다. 이러한 논의 내용 등에 비추어 보면 병역부담평등의 원칙을 손상시키지 않는 범위 내에서 현역병 등의 병역의무와 복무의 강도 면에서 등가성이 확보되는 내용으로 대체복무제가 마련될 수 있을지는 그 추이를 좀 더 지켜볼 필요가 있다. 물론 현역병 등의 병역의무와 등가성을 확보한다는 명목 아래 대체복무요원의 복무기간을 현역병에 비해 훨씬 길게 하여 양심을 가장한 병역기피자가 대체복무를 신청할 가능성을 줄일 여지가 없는 것은 아니다. 그러나 대체복무의 내용이 지나치게 무거우면, 반대로 이는 양심의 자유를 침해한다거나 형평에 어긋난다는 또 다른 논란을 불러올 수 있다.

한편 이 사건 피고인을 포함한 '여호와의 증인' 신도들은 그 교리상 직·간접의 병력형성과 군 작전명령에 대한 복종·협력뿐만 아니라, 군사훈련 및 군사업무지원을 거부하고, 군과 관련된 조직의 지휘를 받거나 감독을 받는 민간영역에서의 복무도 거부하는 것으로 알려져 있다. 그런데 위 법률안에서는 대체복무제를 병역법상의 병역과 관련된 제도의 일종으로 취급하여 국방부장관의 소관 업무로 하고, 병무행정을 담당하는 병무청장이 그 운영 및 관리에 개입하도록 하고 있다. 만일 위와 같은 내용으로 대체복무제가 도입된 후 양심적 병역거부자가 이러한 점을 문제 삼아 다시 양심상 결정을 이유로 대체복무마저도 거부한다면 '대체복무기피죄'로서 지금과 같이 형사처벌을 받을 수밖에 없다는 결론이 된다.

다) 이처럼 병역의무와의 등가성이 확보된 대체복무의 세부 내용 및 그 의무이행의 절차를 정하는 것 자체가 대단히 까다로운 일이다. 이를 정함에 있어서는 병역의무와 대체복무 각각의 부담에 관한 국회 차원에서의 일반적·추상적인 수준에서의 비교형량을 통한 판단만으로는 부족하고, 사회적 여론 수렴의 결과를 토대로 다양한 이해관계자들의 입장을 조정하는 동시에 현실적이고 공정한 내용이 될 수 있도록 상당한 기간 연구와 검토가 필요하다. 만약 충분한 논의와 과정을 거치지 않은 채 대체복무제가 시행된다면 사회통합을 해하고 또 다른 갈등과 대립을 유발한다는 비판을 면하기 어려울 것이다. 단순히 관용과 포용의 정도가 성숙하였다는 전제에서 해결될 수 있는 간단한 문제가 아니다.

아직 대략적인 윤곽만 확인되고 그마저도 여러 논란의 소지가 있다고 보이는 대체복무제 입법안의 논의 내용과 상황을 감안하지 않은 채, 다수의견의 논리대로 대체복무제의 도입 여부와 양심적 병역거부에 대한 처벌 여부는 별개라는 인식 아래 대체복무제 도입에 선행하여 이 사건 처벌규정의 '정당한 사유'에 양심적 병역거부의 사유가 포섭될 수 있는지 여부를 판단하는 것은 타당하지 않다. 다수의견의 결론에 따라 이 사건 피고인의 '진정한 양심'을 보호하기 위해 원심을 파기하고 향후 피고인에 대해 무죄가 선고되더라도, 입법을 통해 대체복무제가 실제로 도입되었을 때 그 내용과 요건, 판단 기준 등에 따라서는 피고인에 대해 다시 대체복무기피죄로 처벌하게 되는 등 형사사법절차상의 혼란이 발생될 위험이 없지 않다.

마. 양심적 병역거부와 관련된 국내외 상황

1) 국내의 규범적 상황

가) 대법원은 양심적 병역거부에 관한 종전 전원합의체 판결 이후 비교적 최근까지도 일관되게 양심적 병역거부가 형사처벌의 대상이 됨을 밝혀 왔다.

나) 양심적 병역거부와 관련하여 헌법재판소, 국가인권위원회, 법무부 등 유관기관의 입장도 이러한 대법원의 법리와 크게 다르지 않다고 보인다.

먼저 헌법재판소는 종전 대법원 전원합의체 판결이 있은 직후 양심적 병역거부에 관한 쟁점을 다룬 위 2002헌가1 전원재판부 결정에서, 헌법 제19조의 양심의 자유는 개인에게 병역의무의 이행을 거부할 권리를 부여하는 것이 아니라고 하면서 이른바 '양심적 병역거부권'을 정면으로 부정하였다. 또한 양심적 병역거부자에 대한 처벌규정의 위헌 여부 내지 처벌의 필요성은 입법자에 의한 대체복무제의 도입 여부와 밀접한 관련이 있다고 하면서, 이는 기본적으로는 입법자가 해결하여야 할 과제임을 명백히 함으로써 종전 대법원 전원합의체 판결의 취지에 부합하는 입장을 보였다. 특히 다수의견과는 달리 양심적 병역거부자에 대한 이 사건 처벌규정상의 예외 인정의 문제, 즉 '정당한 사유'에 양심에 따른 병역거부의 사유가 포함되는지 여부는 입법자에 의한 대체복무제의 도입이라는 상황 변화와 긴밀한 관련이 있고 위 제도의 도입이 선행되어야 한다고 보았다. 이는 최근 병역법 제5조 제1항의 병역종류조항에 관해 헌법불합치를 선언한 위 헌법재판소 2011헌바379 등 전원재판부 결정에 이르기까지 헌법재판소가 일관되게 유지하는 입장이기도 하다.

이러한 헌법재판소의 입장은 국가인권위원회, 법무부 등 유관기관에도 그대로 이어져 위 기관들도 일관되게 양심적 병역거부자를 위한 대체복무제의 조속한 도입을 촉구하고 있을 뿐, 그 도입과는 무관하게 양심적 병역거부자에 대한 형사처벌을 포기할 것까지 주장하고 있지는 않다고 보인다.

다) 이 사건 피고인의 상고이유 주장도 기본적으로는 병역의무와 등가성을 갖춘 대체복무제가 도입됨을 전제로 그 위헌성 내지 부당함을 다투는 취지라는 점에서 앞서의 논의로부터 크게 벗어나 있지 않다.

라) 이처럼 각계각층으로부터 양심적 병역거부자를 위한 대체복무제의 신속한 입법적 도입 촉구가 지속되는 상황에서 국회에서는 종전 대법원 전원합의체 판결이 있은 후부터 최근까지 적어도 10여 회 이상 양심적 병역거부자를 위한 대체복무제의 도입을 주된 내용으로 한 병역법개정안이 발의되었으나 아직 그에 관한 뚜렷한 논의의 진전은 없는 것으로 보인다.

이는 헌법상 대의기관으로서 광범위한 입법형성권을 갖고 그 동안 양심적 병역거부의 문제를 지속적으로 다루어왔던 국회조차도 아직 국가공동체 차원에서 양심적 병역거부에 대해 합법성과 정당성을 부여할지 여부, 대체복무제 도입이 국가안보 등에 미치는 영향, 대체복무의 구체적인 내용 등 핵심적 사항에 관한 국민적 합의가 이루어졌다는 점에 대한 확신을 하지 못하고 있다는 취지로 이해된다. 아직 우리 사회의 통념이 양심적 병역거부자에 대해 병역의무를 면제해 주는 대신 이를 대체할 수단을 마련하는 데에 이르지 못하였음을 방증하는 것이기도 하다. 그럼에도 불구하고 이 사건 처벌규정의 '정당한 사유'에 양심적 병역거부의 사유가 포함되는 것으로 해석해야 한다는 다수의견의 결론은 우리 사회평균인의 건전한 상식에 따른 합리적인 판단과는 괴리된 것이라 보지 않을 수 없다.

한편 국회 내에서 지난 수개월 사이에 새로이 여러 건의 개정안 발의가 동시다발적으로 이루어졌음은 주목할 만한 변화라고 볼 여지가 없지 않다. 그러나 이는 헌법재판소의 위 2011헌바379 등 전원재판부 결정 직후 국회가 후속 조치 마련을 위해 적극적인 모습을 보인 데에 따른 것이다. 즉 국회가 헌법재판소의 결정 취지를 좇아 입법기관으로서 그 자신의 책임을 다하기 위해 주도적으로 문제 해결에 나선 것이다.

마) 단순히 병역법이 제정된 이래 이 사건 처벌규정에 근거하여 처벌된 양심적 병역거부자의 누적 인원이 14,000여 명에 육박한다는 상고이유에서의 지적이 형사처벌 여부에 대한 판례 변화의 필요성을 판단할 때 중요하게 참작할 요소라고 볼 수는 없다. 이는 아직 합법성, 정당성이 인정될 수 없는 법 위반행위가 지속됨으로써 그 수가 늘어난 데에 따른 필연적인 결과일 뿐이다. 여기서 핵심적인 문제는 양심적 병역거부자를 처벌하는 이 사건 처벌규정의 규범적 정당성 여부, 즉 양심적 병역거부 주장의 합법성 여부를 가늠할 만한 사회통념이나 사회평균인의 건전한 상식에 따른 합리적 판단에 있어서의 명백한 여건 변화 여부이다. 그러나 최근까지 국내에서 전개된 위와 같은 사정을 종합해 보더라도, 아직 종전 대법원 전원합의체 판결의 취지를 변경해야 할 만한 국내에서의 명백한 여건 변화가 있다고 보이지는 않는다.

2) 국제 규범적 상황

가) 피고인은 자유권규약 제18조가 국내법과 동일한 효력이 있음을 전제로 이른바 '양심적 병역거부권'이 위 규정에서 파생되는 권리라고 주장한다.

나) 그러나 자유권규약 제18조는 물론, 자유권규약의 다른 어느 조문에서도 양심에 따른 병역거부를 할 수 있는 권리를 인정함으로써 이를 기본적 인권의 하나로 명시하고 있지 않다. 자유권규약 제8조의 문언 등에 비추어 볼 때 자유권규약은 가입국으로 하여금 양심적 병역거부를 반드시 인정할 것을 요구하고 있지도 않다. 단순히 대체복무제를 두지 아니하였다 하여 자유권규약 위반으로 평가할 수는 없을 뿐만 아니라 양심적 병역거부자에게 병역의무 면제나 대체복무의 기회를 부여하지 아니한 채 이 사건 처벌규정을 근거로 처벌한다 하여 자유권규약에 반한다고 해석되지는 아니한다(위 대법원 2007도7941 판결, 위 헌법재판소 2008헌가22 전원재판부 결정 등 참조). 또한 유엔자유권규약위원회가 그와 관련된 권고안을 제시하였다 하더라도 이것이 어떠한 법률적 구속력을 갖는다고 볼 수도 없다(대법원 2014. 12. 11. 선고 2014도7972 판결 등 참조).

나아가 특정 국가에서 양심적 병역거부자에 대한 형사처벌 여부를 판단함에 있어 단지 상당수의 다른 나라에서 징병제도를 폐지하거나 대체복무제를 두고 있다는 일부 피상적인 현실에만 기반하여 외국과 우리나라가 처한 현실을 평면적·추상적으로 비교하는 것은 국가의 안전보장과 국토방위라는 막중한 국가적 과제가 갖는 의미나 중요성에 비추어 볼 때 적절한 태도가 아니다. 반대로 이와 관련하여서는 개별 국가의 역사와 안보환경, 사회적 계층 구조, 정치적, 문화적, 종교적 또는 철학적 가치 등 국가별로 상이하고도 다양한 여러 요소에 기반한 국내에서의 정책적 선택이 더욱 존중되어야 함이 당연하다(위 대법원 2007도7941 판결 등 참조).

한편 기록에 의하면, 앞서 살펴본 자유권규약 관련 진정인 공소외 1 등에 관한 사건에서 유엔자유권규약위원회가 진정인들의 주장을 받아들이는 취지의 견해를 표명하게 된 주된 논거는 자유권규약 제18조에 기해 진정인들에게 종교적 신념에 따른 양심적 병역거부권이 인정된다는 점이라고 보인다.

그러나 위 법리에 비추어 볼 때, 자유권규약위원회의 견해가 국내에서는 규범력을 인정받기 어려운 것일 뿐만 아니라 그 판단의 핵심 근거 중의 하나가 종래 대법원은 물론, 헌법재판소 판결례에서 일관되게 부인해 온 이른바 '양심적 병역거부권'이어서 국내의 규범체계와는 정합성이 떨어지는 논리이다. 따라서 이를 중요하게 참작할 만한 국제 규범적 상황 변화의 증거로 볼 수 없다.

다) 기록에 나타난 유엔인권위원회 및 유엔인권이사회에서의 회원국에 대한 결의 내용, 유엔인권고등판무관실의 우리나라에 관한 조사보고서 결과, 유럽연합의회가 채택한 유럽연합 기본권헌장의 취지, 유럽인권협약에 관한 해석에 기초한 유럽인권법원의 회원국 관련 사건에서의 판례 취지 등 피고인이 상고이유에서 같은 취지로 인용하고 있는 사유들도 모두 우리나라의 규범적 현실과는 거리가 있는 내용들로서 이와 달리 판단되지는 않는다.

3) 우리의 국가안보 현실

가) 다수의견은 현재 상황에서 양심적 병역거부를 인정한다고 하여 국가안보나 국토방위를 달성하는 데 큰 어려움이 있을 것으로 보이지 않는다고 한다.

나) 대법원은, 북한은 조국의 평화적 통일을 위한 대화와 협력의 동반자이기도 하지만 다른 한편 남·북한 관계의 변화에도 불구하고 여전히 적화통일노선을 고수하면서 우리의 자유민주주의 체제를 전복하고자 획책하는 반국가단체로서의 성격도 아울러 가지고 있음을 명확히 하였다(대법원 2010. 12. 09. 선고 2007도10121 판결, 대법원 2015. 04. 09. 선고 2015도1003 판결 등 참조). 헌법재판소도, 우리나라와 북한은 휴전 상태에서 여전히 군사적·정치적으로 대치하고 있고, 북한은 현재까지도 우리나라에 대해 적대적 태도를 가지고 핵무기 개발 등 각종 도발을 계속하고 있으므로, 이러한 특수한 긴장상황에서 국가의 존립과 안전, 대한민국의 헌법질서를 위태롭게 할 우려가 있는 행위를 사전적으로 방지할 필요성은 매우 크다고 보았다(헌법재판소 2018. 3. 29. 선고 2016헌바361 전원재판부 결정 등 참조).

이러한 판단은 군사적·정치적 대치상태에 있는 분단국가라는 우리나라가 처한 안보 현실을 직시한 결과에 따른 것이다. 더욱이 올해 초까지도 계속된 한반도의 위기상황은 주변국의 정치·외교·안보에도 큰 영향을 미치고 있어 국지적으로 우발적인 군사 충돌의 가능성은 상존하고 있다고 보인다. 전 세계적으로도 오늘날 우리나라가 처한 정도의 급박한 안보현실에 직면한 국가는 찾아보기 힘들다.

특히 우리나라는 중국, 러시아, 일본 등 주변 국가들에 둘러싸인 지정학적 특수성 속에서 다른 국가와의 군사적·정치적 유대를 토대로 한 집단적 안보체제를 구축하는 것을 기대하기는 몹시 어려운 상황이다. 이로 인하여 군비 면에서 지속적인 재정적 투자를 함으로써 질적 수준을 유지함은 물론, 병력면에서도 우방국의 지원 없이 단독으로 자위권을 행사할 수 있을 정도로 일정 규모를 유지하는 것이 국가안보와 국토방위 실현의 관건이다.

우리가 처한 이와 같은 특수한 지정학적인 안보 여건은 일찍이 양심적 병역거부를 제도적으로 받아들였던 미국, 영국, 프랑스, 독일, 노르웨이, 네덜란드, 캐나다 등이 처한 안보환경, 즉 기독교적 전통을 공유하는 동시에 지리적·정치이념적·문화적 환경의 동질유사성을 토대로 '북대서양조약기구(NATO)'라는 강력한 집단적 안보체제를 구축함으로써 개별 국가 차원에서의 군비 및 병력 형성에 대한 부담을 줄일 수 있었던 대부분의 서구사회 국가들의 그것과는 크게 구별되는 점이라 할 수 있다. 오히려 우리의 안보 상황은 냉전체제의 붕괴와 함께 동구권의 집단적 안보체제인 '바르샤바조약기구(WTO)'의 해체와 더불어 서구사회 및 중국 등과의 대결 구도 아래에서 독자적인 군사기반을 확충해야 할 부담을 지닌 러시아 또는 우리와 비슷한 시기에 제국주의에 의한 식민지 침략을 경험하고 독립 후에는 지정학적으로 인도네시아, 말레이시아 등 강대국에 둘러싸인 불리한 환경 속에서 자주적 국방력을 확보할 필요성이 큰 싱가포르의 그것과 유사하다고 볼 수 있다. 그런데 러시아는 기독교 종파 중의 하나인 '러시아 정교회'의 탄생지로서 오랜 기간 서구사회에 마찬가지로 강력한 기독교적 전통 아래 있던 국가였음에도 군사적 성격을 포함한 대체복무제를 운영함으로써 양심적 병역거부를 불완전하게 수용하고 있고, 싱가포르는 우리와 마찬가지로 아직까지도 이를 수용하고 있지 않다.

한반도를 둘러싼 국제 정세 및 안보 상황이 시시각각으로 급변하고 향후 그 전개 양상이 예측불허인 이른바 '안보상의 과도기'야말로 그 어떤 시기보다도 헌법에 기한 법치주의적 질서를 확고히 하고 국가의 안전보장과 국토방위를 위한 태세를 더욱 굳건히 하여야할 때라는 것이, 일본 제국주의자들에 의한 한반도 침탈과 6·25전쟁의 민족적 참극을 경험한 우리의 역사가 여실히 웅변하고 있다.

다) 이러한 한반도의 특수한 안보상황을 고려할 때, 우리나라와는 안보 환경이 판이하게 다른 외국의 사례를 들어 양심적 병역거부를 인정하고 그에 대한 형사처벌을 면제하려고 한다거나, 추상적인 수준에서 과거의 안보 상황과 대비해 군사적 긴장이 완화되고 평화 분위기가 조성되었다는 섣부른 판단 아래 양심적 병역거부자에 대해 병역의무를 완화해야 한다는 주장을 하는 것은 설득력이 부족하다. 오히려 우리나라의 특수한 안보상황을 염두에 두지 않은 채 양심이라는 주관적인 사유로 병역의무의 예외를 인정할 경우, 국민들 사이에 이념적인 대립과 갈등을 심화하고, 자주적인 방위능력을 약화시킴으로써 우리나라의 안보상황을 더욱 악화시킬 우려가 있을 뿐이다.

라) 양심적 병역거부를 허용하더라도 국가안보 등에 큰 어려움이 있을 것으로 보이지 않을 것이라는 다수의견은, 우리나라의 특수한 안보현실을 충분히 감안하지 못한 것으로서 헌법적 가치를 수호하고 법질서를 유지함으로써 국가공동체를 보전하여야 할 대법원의 책무와도 부합하지 않는다.

바. 결 론

이 사건 처벌규정의 '정당한 사유'의 의미에 관한 대법원의 종전 전원합의체 판결에서 확인된 법리는 그대로 유지되는 것이 옳다. 기존 법리는 반대의견이 앞에서 취한 위 '정당한 사유'에 관한 법리적 논증과 완전히 합치되는 것이다. 그리고 그 후로 현재까지 기존 법리에 따른 위 '정당한 사유'의 포섭 범위를 확대하는 방향으로 변경을 하여야 할 만한 명백한 규범적·현실적 변화도 없다고 보인다.

그럼에도 불구하고 기존 법리를 변경하는 다수의견의 견해는, 법적 안정성이라는 중대한 사법적 가치를 손상하고, 자칫 병역의무 이행상의 과도한 특혜를 부여하는 결과를 초래함으로써 병역법의 입법 목적을 근본적으로 훼손시킬 뿐만 아니라, 병역의무 부담의 형평성에 대한 규범적 요청 및 국민의 기대에서 크게 벗어나는 것으로 인식되어 갈등과 혼란을 초래할 것이라는 우려를 금할 수 없다. 또한 사법권의 한계를 벗어나 입법정책의 영역에서 사실상 입법자의 권한을 행사한다는 오해와 비난을 면하기 어렵다.

설령 양심적 병역거부자 등 일부 병역의무자들에 대한 병역법의 예외 없는 적용에 다소간의 불합리하거나 가혹한 면이 있다고 하더라도, 이는 국회의 입법 절차를 통해 시정해 나갈 일이지, 법원이 병역법의 규정을 그 목적이나 기능에 어긋나게 해석하는 방식으로 해결할 수는 없다. 이러한 결론은 앞에서부터 누누이 강조한 바와 같이 법관의 법률해석과 사법권 행사에서 당연하게 지켜야 할 기본 원칙과 책무에 따른 것이다.

원심이 같은 취지에서 이 사건 공소사실을 유죄로 판단한 것은 정당하고, 이 사건 처벌규정의 '정당한 사유'의 의미 해석에 관한 법리를 오해한 잘못이 없다. 그러므로 피고인의 상고는 기각되어야 한다.

이상의 이유로 다수의견에 반대하는 취지를 밝힌다.

9. 다수의견에 대한 대법관 권순일, 대법관 김재형, 대법관 조재연, 대법관 민유숙의 보충의견

양심적 병역거부가 병역법 제88조 제1항의 '정당한 사유'에 해당한다는 다수의견의 논거를 보충하고 반대의견의 비판에 관하여 몇 가지 의견을 밝히고자 한다.

가. 반대의견은, 다수의견이 양심적 병역거부가 국방의 의무라는 헌법적 법익보다 언제나 더 우위에 있다는 전제 아래 근거 없이 소극적 부작위로 실현된 양심의 자유가 다른 모든 가치에 대하여 절대적 우월성이 있다고 일방적으로 선언함으로써 하루아침에 입장을 바꾸어 종전 판결들을 기본권의 본질적 내용을 훼손한 판결이라고 폄훼한다고 비판한다. 그러나 이것은 다수의견을 잘못 이해한 것이다.

다수의견은 양심의 자유가 다른 헌법적 가치보다 일방적으로 우위에 있다고 해서는 안 된다는 것을 명시적으로 밝혔고, 종전 판례를 존중하면서 그 법리를 토대로 새로운 여러 사정을 들어 양심적 병역거부가 병역법 제88조 제1항의 정당한 사유가 아니라는 종전 판례가 변경되어야 한다는 취지를 밝혔다.

다수의견은 양심실현의 자유가 외부적 자유이거나 상대적 권리라는 이유만으로 쉽게 제한되어서는 안 된다는 것이다. 소극적 부작위에 의한 양심실현의 자유는 양심의 자유의 본질적 내용에 해당하는 내면적 양심의 자유와 밀접하게 관련되어 있으므로, 그 제한이 필요한 경우에도 헌법상 기본권제한의 원칙들을 엄격하게 지켜야 한다는 점을 강조한다. 이러한 전제에서 양심적 병역거부의 현황, 처벌의 정도 등에 비추어, 양심적 병역거부를 허용하여 형사처벌을 하지 않더라도 국가안전보장과 국토방위를 달성하는 데 큰 어려움이 없다고 본다. 그런데도 양심적 병역거부자들에게 집총과 군사훈련을 포함한 병역의무의 이행을 강제하고 불이행할 경우 이들을 군대도 사회도 아닌 교도소로 보내는 조치를 계속한다면 양심의 자유에 대한 과도한 제한이 되거나 본질적 내용에 대한 위협이 된다는 것이다. 그리고 소수자에 대한 관용과 포용이라는 자유민주주의의 이념을 함께 고려하면 양심적 병역거부는 병역법 제88조 제1항의 '정당한 사유'에 해당한다는 것이다.

나. 반대의견은, 양심적 병역거부 문제는 대체복무제 입법으로 해결할 문제이므로 향후 입법을 지켜볼 필요가 있고, 다수의견에 따라 피고인에게 무죄가 선고되더라도 입법으로 대체복무제가 도입되었을 때 그 내용, 요건과 판단 기준 등에 따라서는 다시 대체복무기피죄로 처벌을 받을 수도 있게 되는 등 형사사법절차상 혼란이 발생할 위험이 없지 않다고 한다.

양심적 병역거부에 대한 형사처벌과 대체복무제의 관계에 관해서는 다음과 같이 상반된 주장들이 있다. 하나는 대체복무제를 도입할 정당성이 없고 대체복무제가 없는 이상 양심적 병역거부에 대한 형사처벌은 부득이하다는 주장이다. 다른 하나는 대체복무제 없이 형사처벌을 하는 것이 위헌이므로 형사처벌을 해서는 안 된다는 주장이다. 유죄를 주장하는 측에서는 대체복무제가 없다는 것을 유죄의 근거로 들고 무죄를 주장하는 측에서는 오히려 대체복무제가 없다는 것을 무죄의 근거로 들고 있다. 대체복무제가 없을 때 양심적 병역거부에 대하여 형사처벌을 할 것인가 말 것인가의 문제가 제기되는 것이고, 적절한 대체복무제가 마련되어 있다면 양심적 병역거부에 대한 형사처벌의 문제가 발생할 여지는 거의 없다. 대체복무제가 없기 때문에 양심적 병역거부에 대한 형사처벌이 문제 되고, 유죄를 주장하는 측과 무죄를 주장하는 측이 대체복무제가 없다는 사정을 각자 유리하게 활용하였던 것이다.

결국 대체복무제가 형사처벌 여부와 관련하여 논의된 것은 유·무죄를 주장하는 두 견해가 그 정당성을 주장하기 위하여 해당 견해에 맞게 대체복무제가 갖는 단면의 일부를 부각시킨 것이지, 대체복무제 자체가 형사처벌을 할 것인지 여부, 즉 유·무죄 여부와 논리필연적인 관계가 있는 것은 아니다. 오히려 대체복무제는 양심적 병역거부를 허용하는 경우 그에 따라 야기될 수 있는 병역의무 부담의 형평성 문제 등을 해소하는 역할을 한다고 보는 것이 타당하다.

최근 헌법재판소가 '대체복무제 없이 양심적 병역거부자를 처벌하는 것은 과잉금지원칙에 위배된다'고 판단하고 국회에 2019. 12. 31.까지 대체복무제를 도입할 것을 촉구하였고, 그에 따라 조만간 대체복무제가 입법될 예정이라 하더라도, 그러한 사정이 이 사건 재판을 유보하는 이유가 되거나 유·무죄 판단을 좌우하는 근거가 될 수는 없다.

양심적 병역거부자에 대하여 무죄판결이 선고되더라도, 향후 대체복무제 입법을 통하여 그 사람에게 대체복무를 부과할 수 있고, 이를 거부한다면 대체복무기피죄가 문제 될 수 있다. 그러나 위와 같은 상황은 새로운 입법의 내용에 따라 해결하면 충분하고 장래 이루어질 입법을 기다리면서 지금 법원에 계속 중인 재판을 중단할 수는 없다. 더구나 이 사건에서 피고인에게 '정당한 사유'가 인정될 여지가 있다고 보는 이상 그에 따른 판결을 선고하여야 한다.

형사재판에서 유·무죄를 판단할 사법권은 법원에 속한다. 신속한 재판의 원칙은 형사소송의 지도이념 중 하나이다. 항소심에서 판결이 선고된 후 상고된 사건에 대하여 대법원은 그 심판의 책무를 다하여야 한다. 입법기관이 해결해 줄 것을 기다리며 그 책무를 미룰 수 없다. 더구나 장래의 입법이 재판의 결과에 영향을 미치지 않는다면 더욱 그러하다.

학업이나 생업에 전념하고 사회와 국가를 위하여 기여해야 할 젊은이들이 이미 오랜 기간 수사와 재판을 받아 왔고 최종심인 대법원의 판단만을 기다리고 있다. 장기간 위와 같은 불안정한 상태에 놓여 있는 이들에게 신속하게 최종적인 판단을 내려주어야 한다.

다. 반대의견은, 법해석의 목표는 어디까지나 법적 안정성을 해치지 않는 범위 내에서 구체적 타당성을 찾는 데 두어야 하고, 이는 범죄구성요건에 '정당한 사유'라는 불확정개념이 사용된 경우에도 마찬가지라고 하면서, 법원이 법률해석이라는 명목 아래 당초 입법자가 의도하지도 않은 전혀 새로운 법을 만들어내는 것은 부당하다고 한다.

그러나 처벌조항에서 '정당한 사유'라는 불확정개념을 사용하고 있는 경우에는 그렇지 않은 경우에 비하여 구체적 타당성이 강조되어야 하고, 이것이 입법취지에 부합하는 해석이다. 그 이유는 아래와 같다.

1) 이 사건 처벌조항인 병역법 제88조 제1항 외에도 '정당한 사유 없이'라는 문언을 포함하고 있는 형사처벌 조항들이 많이 있다. 이처럼 '정당한 사유 없이'라는 문언이 있는 경우는 그렇지 않은 경우와 분명히 구분되어야 한다. 법해석의 출발은 문언에 있고, 이는 죄형법정주의를 대원칙으로 하는 처벌조항을 해석할 때에는 더욱 그러하다. 법규정이 다른 방식과 문언으로 규정되어 있다면 그에 합당한 차이를 두어 이를 해석·적용해야 한다.

2) 정당한 사유가 규정된 경우와 규정되지 않은 경우의 차이는 처벌조항이 정당한 사유를 규정하고 있는 경우 그 유·무죄 판단의 핵심이 정당한 사유의 존부에 있다는 점에 있다. 절도, 강간, 살인 등 자연범에는 '정당한 사유 없이'라는 제한이 필요하지 않다. 예컨대 타인의 재물을 절

취한 행위에 대한 형법적 평가의 핵심은 '절취'라는 객관적 사실이 있는지 여부이다. 그러나 장애인 차별행위(장애인차별금지 및 권리구제 등에 관한 법률 제4조) 등과 같은 법정범에는 '정당한 사유 없이'라는 제한이 필요할 수 있고 경우에 따라서는 그와 같은 제한이 없으면 오히려 부당하다. 예컨대 정당한 사유 없이 연금보험료를 미납한 행위에 대한 형법적 평가의 핵심은 '미납'이라는 객관적 사실이 아니라 '정당한 사유의 존부'에 있다(대법원 2008. 06. 12. 선고 2006도6445 판결 등 참조).

다수의견에서 보았듯이 정당한 사유를 포함한 처벌조항에서 '정당한 사유의 부존재'는 범죄구성요건이고, 따라서 '정당한 사유'는 구성요건해당성 조각사유이다. 구성요건해당성 조각사유로서의 정당한 사유는 위법성조각사유나 책임조각사유와는 전혀 다른 체계적 의미를 가진다. 위법성조각사유나 책임조각사유는 구성요건에 해당하는 행위에 대하여 전체 법질서의 차원 또는 사회적 평균인의 관점에서 매우 예외적으로 인정된다(대법원 2003. 09. 26. 선고 2003도3000 판결, 대법원 2008. 10. 23. 선고 2005도10101 판결 등 참조). 그러나 구성요건해당성 조각사유로서 정당한 사유를 판단할 때에는 형벌의 보충성과 죄형법정주의 원칙에 비추어 피고인의 특유한 사정을 고려할 수 있고, 정당한 사유가 없음이 명백하지 않은 경우에는 피고인에게 유리하게 해석할 필요가 있다.

또한 명확성이 중요한 처벌조항에서 정당한 사유라는 불확정개념이 사용된 것은 일반화하기 어려운 피고인의 고유한 특성과 피고인이 처한 특수한 사정, 입법 당시 미처 예상하기 어려운 시대상황의 변화와 발전 등을 반영하고자 한 것으로 이해해야 한다.

위와 같은 사정을 종합하면, 처벌조항이 정당한 사유를 규정한 이유는 구체적 타당성을 최대한 도모하기 위한 것이다. 일반적으로 법해석의 원칙과 목표는 법적 안정성을 해치지 않는 범위 내에서 구체적 타당성을 찾는 데 있다(대법원 2009. 04. 23. 선고 2006다81035 판결 등 참조). 정당한 사유를 규정한 처벌조항을 해석할 때에는 구체적 타당성이 보다 강조될 수 있고, 처벌조항이 정당한 사유를 규정하는 의미는 바로 여기에 있다.

따라서 정당한 사유를 해석할 때에는 그것이 구성요건해당성을 조각하는 사유로서 불확정개념이라는 점을 유념하여 피고인의 개별적·구체적 사정을 고려하고 사회적 현실과 시대상황의 변화를 반영함으로써 구체적 타당성이 실현될 수 있도록 하여야 한다.

3) 정당한 사유에 관한 다수의견의 해석은 법적 안정성을 해치는 것이 아니다. 법적 안정성과 구체적 타당성의 관계는 도식적으로 이해해서는 안 되고, 문제 되는 국면에 따라 다양한 관계가 발생할 수 있음을 인정해야 한다. 구체적 타당성을 강조한다는 것이 곧바로 법적 안정성의 훼손을 의미하는 것은 아니다. 이는 법적 안정성을 강조한다고 하여 반드시 구체적 타당성이 훼손된다고 볼 수만은 없는 것과 같다.

반대의견이 지금까지 양심적 병역거부를 처벌해 오다가 이제 처벌하지 않겠다고 하는 판단이 부당하다고 하는 것이라면, 판례의 변경은 불가능하다는 것과 다름없다. 반대의견이 정당한 사유를 다수의견과 같이 해석할 경우 어떠한 것이 정당한 사유인지 불분명하다는 것이라면, 그것을 밝히는 것이 개별적 사안에서 법원이 하는 구체적 판단이고 그러한 판단의 축적물이 곧 판례로 나타난다. 다수의견은 병역법의 태도에 비추어 병역의 이행을 감당하지 못하도록 하는 사유들이 정당한 사유에 포함될 수 있다고 그 범위를 해석하였다. 여기에 어떤 법적 안정성의 훼손이 있다는 것인지 이해하기 어렵다. 오히려 반대의견이 유지되어야 한다고 생각하고 있는 정당한 사유의 해석에 관한 법적 안정성이 과연 무엇을 의미하는지 불분명하다.

병역법은 제정된 이후 현재까지 단순히 '입영의 기피를 처벌한다'고만 규정하지 않고, 언제나 '정당한 사유 없는 입영의 기피를 처벌한다'고 규정하였다. 즉 병역법은 처음부터 '정당한 사유'라는 문언에 대한 해석을 통해서 복잡다기한 현실과 미처 예상치 못한 사정들을 해결할 수 있는 여지를 마련해 두고 있었다. 입법자들이 정당한 사유로서 실제로 무엇을 상정하고 예상하고 있었는지가 결정적인 것은 아니다. 법을 해석할 때에 입법자의 의도를 고려해야 하지만 그에 구속될 것은 아니다. 오히려 구속되어야 할 것이 있다면 그것은 법 그 자체이다. 그런데 바로 그 법이 위와 같은 '정당한 사유'를 규정하고 있는 것이다. 법은 입법자보다 현명하다.

라. 반대의견은, 병역처분과 입영처분은 별개의 것이고 병역법 제88조 제1항의 정당한 사유는 병역법상 다른 규정들의 정당한 사유와 함께 체계적으로 해석하여야 하므로, 병역법 제88조 제1항의 정당한 사유는 오로지 특정한 구체적 입영처분과 관계된 사정만으로 한정해석하여야 한다고 한다. 따라서 구체적인 입영통지에 의하여 지정된 기일에 지정된 장소에 집결하지 못한 것을 정당화할 만한 사유, 즉 입영을 일시적으로 연기하거나 지연시킬 수 있는 사유인 질병이나 재난 등 개인의 책임으로 돌리기 어려운 사유만 이에 해당할 수 있다는 것이다.

그러나 위와 같은 논리는 양심적 병역거부가 문제 되는 상황이 병역법 제88조 제1항이 아닌 다른 규정과 관련하여 발생하고 그러한 규정을 통하여 해결될 수 있는 여지가 있을 때에만 타당하다. 다수의견이야말로 병역법 전체의 취지와 태도를 고려하여 헌법에 맞게 법률을 해석한 결론이다. 그 이유는 아래와 같다.

1) 법을 해석할 때에는 그 결과를 감안하여야 하다. 법문이 그 자체로 다양한 해석의 가능성을 내포하고 있는 경우 설령 외견상 문언, 논리와 체계에 부합하는 것으로 보이는 해석이라 하더라도 그 결과가 심히 부당하고, 특히 그것이 헌법 등 상위법의 가치에 반하는 것이라면 달리 생각하여야 한다. 합헌적 법률해석이란 헌법을 기준으로 위와 같은 정신을 되새기는 것이다.

2) 양심적 병역거부와 관련하여 병역법 제88조 제1항의 정당한 사유가 문제 되는 이유는, 이 문제가 병역법 제88조 제1항을 적용하는 단계에서 비로소 대두되기 때문이다. 그 전 단계인 병역처분 단계에서는 양심적 병역거부자가 자신의 양심을 주장해야만 하는 직접적이고 한계적인 상황에 처하지 않는다. 실제 입영통지를 받고 이러한 한계적 상황에 마주하게 되는데, 양심적 병역거부자는 이에 불응하는 방법 외에 달리 양심의 자유를 주장할 수 있는 다른 수단이나 방법이 없다. 이와 같은 사정을 도외시한 채 양심적 병역거부는 처음부터 병역법 제88조 제1항의 정당한 사유로서 고려될 여지조차 없다고 보는 것은 아무런 실질적 검토 없이 양심적 병역거부를 처음부터 절대적으로 봉쇄하는 것이므로 받아들이기 어렵다. 비록 정당한 사유로 인정하지는 않았지만, 종래 대법원이 양심적 병역거부 문제를 병역법 제88조 제1항의 정당한 사유에 관한 해석 문제로 보아 판단한 것도 이와 같은 차원에서 이해할 수 있다.

3) 병역법은 병역의무, 특히 현역 부과처분을 할 때 해당 국민이 현역 복무에 적합한지, 이를 현실적으로 '감당할 수 있는지'를 고려하고 있다(제5조, 제11조, 제12조, 제47조, 제61조, 제64조, 제65조, 제66조 등). 병역법이 병역의무를 부과하면서 고려하고 있는 사항에 비추어 볼 때 병역처분사유가 반드시 신체적·물리적 차원의 사정으로 제한될 이유는 없다. 정신적·인격적

차원의 사정 또한 충분히 고려될 수 있다. 병역의무 이행의 '적합성' 관점에서 보면 이러한 사정은 당연히 고려해야 한다. 현행 병역법 역시 병역판정의 기초자료로서 심리검사를 시행하고 있는데, 다만 그 고려사항을 정신질환 또는 심신장애 여부로 한정하고 있다(제11조 등 참조). 병역법 제88조 제1항의 '정당한 사유'는 사회·시대적 상황변화에 따라 중요성을 갖게 된 사정들을 병역처분사유의 하나로 포섭할 수 있도록 하는 입법적 장치이다. 입법자는 위와 같은 '정당한 사유'라는 문언을 통해서 병역의무의 이행에 관한 구체적·최종적인 정의의 실현을 사법부에 위임한 것이다. 법원은 구체적 사례에서 '정당한 사유'의 해석·적용을 통하여 병역의무가 국민에게 감당할 수 있는 한계를 초과하는 과도한 부담이 되지 않도록 하여야 할 최종적 권한과 의무가 있다.

4) 병역법 제88조 제1항의 정당한 사유가 반드시 질병이나 재난 등 피고인이 그 특정한 입영의무를 이행하기 어려운 일시적·객관적 사정에 한정되는 것은 아니다. 입영의무를 항구적으로 이행하기 어려운 사정, 즉 특정한 입영의무는 물론 그 전제인 구체적 병역의무 자체가 피고인에게 감당하기 어려운 과도한 부담이 되게 하는 것으로서 병역의무의 부과와 처분 과정에서 제대로 고려되지 못한 사정을 포함한다고 보아야 한다.

5) 반대의견은, 다수의견이 '정당한 사유'를 '감당하기 어려운 과도한 부담'으로 정의한 것은 추상적인 법률용어를 또 다른 추상적인 용어로 대체한 것에 불과하다고 한다. 그러나 다수의견은 정당한 사유를 감당하기 어려운 과도한 부담으로 '정의'하지 않았다. 감당하기 어려운 과도한 부담이 되는 사정도 정당한 사유에 '포함'될 수 있음을 밝혀 정당한 사유의 범위를 해석했을 뿐이다. 그리고 '감당하기 어려운 과도한 부담'이 '정당하다'는 것만큼 추상적인 개념인지도 의문이다. 다수의견은 일의적으로 정의하기 어려운 추상적인 개념을 개별적으로 판단이 가능한 구체적인 상황으로 해석한 것으로서 반대의견이 지적하는 바와 같이 문제를 문제로 답하거나 다른 문제로 치환한 것이 아니다.

반대의견은, 병역법에 명확히 규정되어 있지 않은 특례를 인정할 수는 없고, 병역법이 규정하고 있는 면제사유는 매우 제한적일 뿐만 아니라 병역의무자가 군복무를 원만하고 적절하게 수행할 수 있는지 여부와 직결되는 객관적·가치중립적 사유로 한정되어 있으므로, 개인의 양심과 같은 가치판단을 토대로 한 주관적 사정은 애당초 정당한 사유에 포함될 여지가 없다고 한다.

그러나 양심적 병역거부가 정당한 사유로 인정될 수 있는 것은 헌법상 양심의 자유에 기초하고 있기 때문이다. 더구나 위에서 보았듯이 병역법은 제정 당시부터 이미 '정당한 사유'라는 문언을 통하여 위와 같은 해석의 가능성을 열어두고 있었다. 오히려 다수의견은 병역법의 진정한 취지에 부합하는 것이다. 또한 병역법상 정당한 사유가 객관적 사정에 한정되고 주관적 사정은 포함되지 않는다거나, 가치중립적인 것만 포함되고 가치판단의 여지가 있는 사정은 제외된다고 볼 근거도 없다. 어떤 사정이 객관적인 것이고 어떤 사정이 주관적인 것인지의 구분 자체가 명확하지도 않을 뿐만 아니라, 병역의무를 감당할 수 있는가라는 관점에서 보면 그 사정이 객관적 사정인지 주관적 사정인지가 결론을 달리해야 할 만큼 본질적으로 중요한 문제라고 보기 어렵다. 가치중립적인 사정과 가치판단이 개입된 사정도 마찬가지이다. 한편 군복무를 수행하는 것이 적합한가라는 관점에서 보더라도, 양심에 따라 도저히 집총이나 군사훈련을 수행할 수 없고 그 어떤 경우에도 타인에 대한 살상을 시도조차 할 수 없는 사람이라면 오히려 군복무에 가장 부적합한 사람이라고 할 것이다.

마. 반대의견은, 양심적 병역거부는 역사적으로는 물론 현실적으로도 대체로 기독교 신앙에 기초하는 경우가 많은데, 서구사회는 기독교 전통을 가지고 있으므로 이에 대한 사회적 공유와 관용 및 합의가 비교적 쉽게 이루어질 수 있지만 우리나라는 사정이 다르다고 하면서, 다수의견이 사회적 통념과 건전한 상식에 반하여 우리나라와 서구사회의 중대한 역사적·종교적·문화적 차이를 간과하는 논리적 비약과 함께 현실과 괴리되는 오류를 범하였다고 한다.

그러나 다수의견은 기독교 신앙을 추구하거나 서구사회에서 양심적 병역거부를 인정하고 있으므로 우리나라도 양심적 병역거부를 인정하여야 한다는 것이 아니다. 우리나라의 고유한 역사와 문화를 간과하고 있지도 않다. 다수의견은 양심의 자유의 중요성과 그 보장을 강조할 뿐이다. 민주주의와 인권을 추구하는 한 양심의 자유가 가지는 중대한 의미와 가치는 시대와 지역, 종교와 문화의 차이를 넘어서는 보편적인 것이다. 이러한 양심의 문제를 종교의 문제로 한정지어 비판하는 것은 이 사건의 본질에서 벗어난 것이다. 양심적 병역거부 문제를 서구사회 전반에 걸친 기독교 전통이나 문화와 결부시키는 것도 적절하지 않다. 다양한 종파가 존재하고 서로 대립하기도 하는 서구사회의 종교적 현상을 고려하지 않은 채 단일한 기독교 전통을 전제하고 그것이 양심적 병역거부를 인정하는 결정적 근거인 것처럼 단정하는 것에는 동의하기 어렵다. 반대의견의 논리를 따른다면 기독교 전통이 없는 나라에서는 언제나 양심적 병역거부를 인정하여서는 안 된다는 것이 되는데, 이것이 부당함은 말할 나위가 없다. 더구나 다수의견은 양심적 병역거부가 인정되는 양심을 특정 종교의 신념에만 한정하지 않는다. 다수의견이 진정한 양심적 병역거부에 대한 심리·판단을 언급하면서 종교적 신념에 따른 양심적 병역거부 사례를 예로 든 것은 이 사건이 그러한 경우여서일 뿐이다. 양심의 자유를 최대한 보장함으로써 민주주의와 인권의 가치를 실현하고자 하는 것을 논리적 비약이라거나 현실과 괴리된 판단이라고 해서는 안 된다.

바. 반대의견은, 유엔자유권규약위원회나 유럽인권법원 등의 사례가 우리나라에 구속력을 가지는 것이 아니고, 서로 규범체계가 달라 우리나라에 그대로 적용될 수도 없다고 한다.

그러나 다수의견이 외국이나 국제사회의 입장을 그대로 따르자는 것은 아니다. 대한민국 헌법을 비롯한 전체 법질서에 비추어 볼 때 양심적 병역거부를 인정하여야 한다는 것이다. 다만 병역법상 정당한 사유를 해석할 때 같은 문제를 놓고 고민해 온 국제사회의 경험과 태도변화를 고려할 수 있다는 점을 언급하고자 한다.

양심적 병역거부에 관한 국제사회의 흐름은 최근 획기적 변화를 보이고 있다.

우리나라도 가입한 자유권규약 제18조는 사상, 양심과 종교의 자유를 보장하고 있다. 위 규약의 이행을 위한 유엔자유권규약위원회는 1993년 일반논평 제22호에서 자유권규약 제18조로부터 양심적 병역거부권이 도출될 수 있다고 하였다. 또한 유엔인권위원회와 2006년경부터 이를 대신한 유엔인권이사회 역시 1989년 이래 2013년까지 총 10회에 걸쳐 양심적 병역거부권의 인정을 강력히 지지하고 있다.

한편 유럽연합의회는 2000. 12. 7. 채택한 유럽연합기본권헌장(Charter of Fundamental Rights of the European Union) 제10조 제2항에서 "양심적 병역거부권은 인정되며, 그 권리의 행사는 각국의 국내법에 따른다."라고 정함으로써 양심적 병역거부권을 명시적으로 인정하였고,

위 기본권헌장은 2009. 12. 1. 발효된 새로운 유럽연합조약 제6조 제1항에 따라 회원국들에게 법적 구속력이 발생하였다. 유럽인권법원은 2011. 7. 7. 유엔자유권규약위원회의 2006. 11. 3.자 견해를 중요한 근거로 삼아 양심적 병역거부가 유럽인권협약(European Convention on Human Rights) 제9조에 따라 보장된다고 판단하여 종래 이와 달리 판단하였던 유럽인권위원회의 선례를 변경하면서, 진지한 종교적 신념을 이유로 병역의무를 거부하는 사람에게 대체복무를 허용하지 않고 형사처벌을 가하는 것은 민주사회에서 필요한 제한이라고 볼 수 없다고 하였다[Bayatyan v. Armenia (Application no. 23459/03)].

자유권규약에 관한 유엔자유권규약위원회 등의 해석은 존중되어야 하지만, 그것이 규정 자체는 아니기 때문에 법적 구속력이 있는 것은 아니고, 유럽연합과 유럽인권법원의 입장을 일반적으로 승인된 국제법규 또는 국제관습법이라고 볼 수는 없다(대법원 2007. 12. 27. 선고 2007도7941 판결, 헌법재판소 2018. 7. 26. 선고 2011헌마306 등 전원재판부 결정 등 참조). 그러나 위와 같은 국제사회의 태도변화는 우리나라에서 양심적 병역거부가 병역법 제88조 제1항의 정당한 사유에 해당하는지를 판단하는 데에 중요한 시사점을 제공한다. 양심의 자유와 그 적용 문제는 인류의 보편적인 문제이기 때문이다.

사. 반대의견은, 국가안전보장과 국토방위가 확보되지 않는다면 양심의 자유 등 개인의 기본권도 보장될 수 없고, 이를 위한 국방의 의무와 병역의무는 국가공동체의 구성원이라면 그 누구도 거부할 수 없으며, 이는 전 세계적으로 가장 엄중한 안보상황에 있는 우리나라의 경우에는 더욱 그러하므로, 양심적 병역거부는 허용될 수 없다고 한다.

국가안전보장과 국토방위는 모든 국민의 존엄과 가치를 보장하기 위한 필수적 전제조건이고, 세계 유일의 분단국으로서 우리나라의 안보현실이 다른 나라들과 비교할 수 없을 정도로 엄중하다는 데에는 다수의견도 전적으로 뜻을 같이한다. 최근 일련의 국제정세와 남북관계로부터 미래의 안보환경을 단순히 낙관할 수만은 없는 것도 사실이다.

그러나 양심적 병역거부자들을 형사처벌하더라도 이들은 교도소에 수감될 뿐 병역자원이 되지는 않는데다가 우리나라의 경제력과 국방력, 국민의 높은 안보의식 등에 비추어 볼 때, 양심적 병역거부자들을 형사처벌하지 않는다고 하여 국가안전보장과 국토방위에 위협이 된다고 보기는 어렵다. 헌법재판소도 2018. 6. 28. 병역법 제5조 제1항을 위헌이라고 판단하여 헌법불합치결정을 하면서 한반도의 특수한 안보상황을 고려하더라도 양심적 병역거부자들에게 대체복무를 하게 한다고 해서 국방력에 유의미한 영향이 있지는 않을 것이라고 판단하였다.

다수의견은 국가안전보장, 국토방위의 헌법적 가치 및 이를 위한 국방의 의무와 병역의무의 중요성을 결코 소홀히 여기는 것이 아니다. 오히려 병역의무가 위와 같은 가치와 의미를 가지는 국민의 신성한 의무라는 점에 동의한다. 다만 국방의 의무는 반드시 집총병역이 아닌 다른 방법으로 이행할 수도 있고, 대체복무도 그 대안이 될 수 있다. 다수의견에서 보호하고자 하는 양심적 병역거부자들도 국방의 의무 자체를 부정하는 것이 아니라 집총이나 군사훈련 이외의 방법으로 우리 사회에 기여할 수 있기를 바란다고 호소할 따름이다.

아. 반대의견은, 현역병으로서의 복무는 생명·신체에 대한 직접적 위험은 물론 상당한 정신적·경제적 부담 등을 수반하고, 현역병으로 입영할 병역의무자 중 어느 1인에 대한 병역면제는 필연적으로

다른 병역의무자에 의한 대체로 이어지므로, 병역의무의 형평성은 매우 엄격하게 유지되어야 하는데, 양심적 병역거부를 허용함으로써 형사처벌을 포기한다면 작금의 병역기피 풍조를 감안할 때 양심적 병역거부를 빙자한 병역기피가 만연하게 될 것이라고 한다.

병역의무 이행에 형평성이 강조되어야 한다는 점에는 이론이 있을 수 없지만, 반대의견의 지적을 액면 그대로 받아들이기는 어렵다. 반대의견은 양심적 병역거부를 허용할 경우 설령 대체복무를 부과하더라도 현역병과 대체복무자 사이에 생명·신체의 위험 등에 있어서 현격한 차이가 발생한다는 취지로 보인다. 반대의견의 취지에 공감할 부분이 있고 그 대책이 필요하다는 점에 관하여도 동의하지만, 이러한 점을 마치 양심적 병역거부를 허용할 경우 현역병과 대체복무자 사이에서만 발생하는 문제인 것처럼 보는 것에는 동의할 수 없다.

양심적 병역거부를 인정한다고 하여 다른 사람에게 병역의무가 부당하게 전가되는 것도 아니다. 우선 양심적 병역거부를 허용하지 않는 현재로서도 양심적 병역거부자들이 현역병으로 복무하고 있지는 않다. 단지 징역형을 받고 수감되어 있을 뿐이다. 한편 양심적 병역거부를 허용한다고 하더라도 그 대신에 원래 현역병으로 복무하지 않을 사람이 현역병으로 복무하게 되는 것도 아니다. 마치 양심적 병역거부를 허용하면 다른 사람의 권리가 침해되는 것처럼 말하는 것은 양심적 병역거부에 대한 반감의 발로이거나 상황을 과장하는 것이다.

반대의견이 우려하는 양심을 빙자한 병역기피 문제는 진정한 양심의 심사를 통하여 충분히 해결할 수 있다. 보다 근본적으로, 병역기피는 당연히 방지하여야 할 문제이나 반대의견과는 다른 관점에서 해결하여야 한다. 병역기피 풍조의 방지는 지속적으로 군복무여건을 개선하고 군필자에 대한 사회적 처우를 보강함으로써 이루어져야 한다. 양심적 병역거부에 대한 처벌이 일반 병역기피를 감소시킨다고 볼 근거나 사례도 없다.

자. 반대의견은, 양심적 병역거부의 문제는 국가공동체의 구성원들이 각자 병역의무를 골고루 분담함으로써 자기책임을 다하는가의 문제일 뿐 다수의 소수에 대한 부당한 억압의 문제가 아니라면서, 양심적 병역거부의 허용 여부는 병역거부자들이 부담하여야 할 병역의무를 추가로 나누어 부담하게 될 나머지 대다수 사회구성원들의 의사에 달려 있다고 한다.

그러나 위와 같은 견해는 그 외견상 정당성에도 불구하고 결국 다수가 허용하지 않으면 양심적 병역거부는 허용될 수 없다는 것일 뿐이다. 다수의견은 바로 이러한 시각에 동의하지 않는다. 소수자의 문제는 다수결을 통하여 해결할 수 없다. 오히려 다수결을 통하여 해결되지 못하고 남은 것이 바로 소수자 문제이다. 더욱이 양심적 병역거부 문제는 우리 사회에서 가장 민감한 영역의 하나인 병역과 관련한 소수자 문제이다. 우리 법원이 이 문제를 회피할 수는 없다.

종교적 신념에 따른 병역거부자를 계속 형사처벌로써 대하는 것은 그들에게 종교상 교리를 버리든가 아니면 병역의무 불이행으로 인한 형사처벌을 감수하라는 양자택일을 강요하는 것이다. 민주주의 사회는 다수와 다른 신념을 가진 소수자들을 관용하고 포용함으로써 그들 역시 사회구성원으로 함께 공존하는 것을 지향한다. 양심적 병역거부자에 대해서도 우리 사회가 이러한 태도를 취할 때가 되었다.

차. 반대의견은, 양심적 병역거부를 허용하는 것은 사회적으로 합법성과 정당성을 부여하는 것이고, 이로써 병역면제를 위하여 여호와의 증인 등 특정 종교로 개종하거나 대부분의 종교가 내포하고 있

는 생명존중 사상 등을 이유로 병역을 거부하는 사람들이 대폭 증가할 것이라고 한다. 또한 반대의견은, 다수의견이 결국 양심적 병역거부가 더 이상 소수의 특수한 이념이나 신조가 아니라 보편적·일상적인 것이 될 수 있고 또한 그렇게 되어야 한다고 주장하는 것과 다르지 않다고 한다.

그러나 여호와의 증인으로의 개종 문제와 일반적인 종교적 교리에 근거한 새로운 양심적 병역거부 주장의 발생 문제 등은 다른 시각으로 보아야 한다. 우선 여호와의 증인 신도들은 수혈을 거부하고 국기에 대한 맹세를 거부하는 등 여러 측면에서 이미 사회적 소수자의 길을 택한 사람들이고, 그 침례요건이나 정식 신도로서의 의무적 포교활동 등도 매우 엄격한 것으로 알려져 있다. 단지 군대에 가지 않기 위해서 여호와의 증인으로 개종하는 사람들이 급증할 가능성은 그리 크지 않은 것으로 보인다. 다음으로 일반적인 종교가 내포하고 있는 생명존중 사상 등을 이유로 한 새로운 양심적 병역거부 문제는 그것이 진정한 양심으로 인정된다면 당연히 허용해야 하고 단순히 양심을 빙자한 병역의 기피라면 허용해서는 안 될 것이다. 양심적 병역거부를 인정할 때 종교 사이에 차별이 있어서는 안 되고, 양심적 병역거부는 진정한 양심을 전제로 하는 것이기 때문이다. 한편 우리 헌법은 종교의 자유를 보장하고 있는데, 종교의 선택·개종과 종교적 신념의 표현 등을 그것이 병역의무와 관련된 측면이 있다는 이유만으로 의심스럽게 바라보아서는 안 된다. 결국 반대의견의 이 부분 주장은 현실적인 근거가 희박한 것이거나 애당초 문제의 본질과 거리가 있는 것이다.

다수의견은 양심적 병역거부가 보편타당하므로 보호하여야 한다거나 보편타당한 것이 되어야 한다는 것이 아니다. 양심적 병역거부는 대다수 국민의 신념과 정의감에 배치되지만 그 양심이 헌법상 양심으로 보호될 수 있는 것이라면 이를 보호하고 관용하자는 것이다. 오히려 반대의견의 취지를 연장해 보면 헌법상 양심에는 그 내용이 보편타당한 것이 될 수 있고 또한 되어야만 하는 신념만 해당한다는 결론이 된다. 이는 헌법이 보호하고자 하는 양심의 의미에 관한 대법원과 헌법재판소의 판례에 정면으로 반하는 것이다.

카. 반대의견은, 양심은 객관적으로 판단 불가능한 것으로서 이는 형사사법절차가 상정하고 있는 증명의 대상으로 적절하지 않다고 한다. 또한 범의의 증명은 객관적으로 드러난 거동이 있는 것을 전제로 하는데, 양심은 원칙적으로 내면에만 머무르는 것으로서 객관적 거동을 전제로 하지 않으므로 범의의 증명방법을 차용하여 양심을 증명하는 것은 사실상 불가능하다고 한다.

그러나 양심적 병역거부에서 증명의 대상이 되는 것은 양심의 존재 여부와 그 정도이다. 이는 기본적으로 사실인정의 문제로서, 증명할 수 없는 사항이라고 볼 것은 아니다. 양심의 증명이 사실상 불가능하거나 매우 어렵다는 이유로 모두 처벌되어야 한다고 보게 되면 결국 모두 유죄의 증명이 있다고 의제하는 것이다. 이는 '의심스러울 때는 피고인의 이익으로' 판단하여야 한다는 형사법의 대원칙에 반한다. 그리고 그러한 주장은 증명책임을 사실상 피고인에게 지우는 것과 마찬가지이다. 검사가 증명하는 것이 쉽지 않다는 이유로 이를 정당한 사유로 주장할 수 없다고 보는 것은 본말이 전도된 것이다. 반대의견의 주장이 타당하지 않다는 것은 이미 여러 국가들이 진정한 양심적 병역거부를 가려내어 허용하고 있다는 사실만으로도 충분히 확인된다.

또한 양심은 오로지 내면에만 머무르는 것이 아니고 외부로 드러난다. 더욱이 깊고 확고하며 진실한 양심으로서 그 사람의 인생 전반을 좌우하는 양심이라면 가정환경, 성장과정, 학교생활, 사회경험 등 전반적인 삶의 과정에서 표출될 수밖에 없을 것이다. 결국 양심적 병역거부에서 문제 되는 양심은 위와 같이 외부로 드러난 모습을 통하여 증명할 수 있는 것으로서 범죄의 고의 증명에 외부적 거동이 전제되는 것과 다르지 않다. 따라서 외부적으로 드러난 행위를 통하여 고의를 추론하는 것이 가능한 것처럼 외부적으로 드러난 행위를 통하여 양심을 추론하는 것 역시 가능하다.

타. 양심의 자유는 인간 존엄의 필수적 전제로서 인간으로서 가지는 보편적인 권리이다. 개인의 내면적 양심은 그 누구도 침범할 수 없으며 설령 국가라 하더라도 마찬가지이다.

양심적 병역거부자는 자신의 절박한 양심을 보호해 달라고 호소한다. 양심적 병역거부자에게는 형사처벌을 감수하고 양심을 지키느냐 아니면 양심을 버리고 형사처벌을 면하느냐는 선택만이 존재한다. 내면적 양심의 포기와 인격적 존재가치의 파멸을 강요당하는 상황에서 자신의 양심의 명령을 지키는 통로를 열어두어야 한다. 이와 같은 최소한의 소극적 부작위조차 허용하지 않는다면 헌법이 양심의 자유를 보장한다는 것은 사실상 아무런 의미를 가질 수 없다.

양심적 병역거부를 허용하는 것은 양심적 병역거부자에게 특혜를 부여하는 것이 아니다. 그의 권리만을 보호하고자 하는 것도 아니다. 우리 공동체에서 다를 수 있는 자유를 인정하는 것이며, 이로써 민주주의의 가치를 지키고 모든 국민이 인간으로서의 존엄과 가치를 누리도록 하는 것이다.

이상과 같이 다수의견에 대한 보충의견을 밝힌다.

10. 다수의견에 대한 대법관 박정화, 대법관 김선수, 대법관 노정희의 보충의견

양심적 병역거부가 병역법 제88조 제1항의 '정당한 사유'에 해당한다는 다수의견을 우리나라가 가입한 국제인권규약인 자유권규약의 관점에서 보충하고자 한다.

가. 양심적 병역거부자에 대한 형사처벌의 문제를 판단하는 이 사건에서 국제사회와 국제규범의 상황 변화도 고려하여야 한다는 점에 대해서는 다수의견과 반대의견이 일치하고 견해 차이가 없는 것으로 보인다.

국제사회 또는 국제규범의 변화라고 하더라도 외국의 입법례나 유럽평의회(Council of Europe)가 1950년 채택한 유럽인권협약이나 유럽연합의회가 2000. 12. 17. 채택한 유럽연합기본권헌장 또는 유럽평의회가 설치한 유럽인권법원의 판례 등은 우리나라와 직접적인 관련이 있다고 보기 어렵기 때문에 입법 또는 정책적으로 제도를 도입하거나 법률을 해석하는 데 참고자료로 고려할 수 있을 뿐 우리나라에 직접적인 효력을 가진다고 할 수는 없다.

그러나 우리나라가 가입한 자유권규약의 경우에는 헌법 제6조 제1항에 의해 국내법과 동일한 효력을 가지고 직접적인 재판규범이 될 수 있다는 점에서 차원을 달리한다. 대법원이나 헌법재판소도 자유권규약의 법률적 효력을 인정하고 있다(대법원 1999. 03. 26. 선고 96다55877 판결, 대법원 2004. 07. 15. 선고 2004도2965 전원합의체 판결, 대법원 2007. 12. 27. 선고 2007도7941 판결, 헌법재판소 1998. 7. 16. 선고 97헌바23 전원재판부 결정, 헌법재판소 1998. 10. 29. 선고 98헌마4 전원재판부 결정, 헌법재판소 2001. 4. 26. 선고 99헌가13 전원재판부 결정 등 참조).

나. 자유권규약은 1966. 12. 16. 유엔총회에서 채택되어 1976. 3. 23.부터 발효(단, 제41조는 1979. 3. 28. 발효)된 조약이다. 제2차 세계대전 후 인간성 파괴를 경험한 인류는 '기본적 인권과 인간의 존엄과 가치의 인식에 대한 믿음'(유엔헌장 전문)에 따라 '인종, 성별, 언어 또는 종교에 따른 차별 없이 모든 사람의 인권 및 기본적 자유에 대한 존중을 촉진하고 장려'하기 위해(유

엔헌장 제1조 제3항) 유엔을 창설하였다. 이러한 인권존중 정신에 따라 1948년 선포된 세계인권선언(Universal Declaration of Human Rights)은 인간에게 보장되어야 할 인권과 기본적 자유의 목록을 수록하였다. 다만 세계인권선언은 법적 구속력이 없었기에 그 내용을 구속력 있게 하기 위한 국제적인 노력의 결과물로서 1966년 자유권규약과 경제적·사회적 및 문화적 권리에 관한 국제규약(International Covenant on Economic, Social and Cultural Rights, '사회권규약')이 제정되었다. 자유권규약은 가입국의 이행상황을 점검하기 위한 자유권규약에 관한 유권해석기구로서 18명의 전문가로 구성된 유엔자유권규약위원회(UN Human Rights Committee)를 설치하였다.

두 번에 걸친 세계대전 이후 세계 각국의 전쟁 방지와 평화 유지를 위한 국제적인 노력은 각국의 국내법에도 반영되어 헌법에 평화주의 및 국제법 존중주의의 명문화로 이어졌다. 우리나라 헌법도 전문에 "항구적인 세계평화와 인류공영에 이바지함으로써"라고 규정하고, 헌법 제5조 제1항은 "대한민국은 국제평화의 유지에 노력하고 침략적 전쟁을 부인한다."라고 규정하였으며, 헌법 제6조 제1항은 "헌법에 의하여 체결·공포된 조약과 일반적으로 승인된 국제법규는 국내법과 같은 효력을 지닌다."라고 규정하였다. 현행 헌법에서 국제평화주의와 국제법 존중주의는 국가질서 형성의 기본방향을 결정하는 중요한 원리로 인정되고 있으며, 입법부와 행정부는 물론 사법부 등 모든 국가기구는 '국제적 협력의 정신을 존중하여 될 수 있는 한 국제법규의 취지를 살릴 수 있도록 노력할 것이 요청'된다(헌법재판소 2007. 8. 30. 선고 2003헌바51 등 전원재판부 결정).

우리나라는 자유권규약에 대해 1989. 10. 5. 국무회의의 심의를 거치고 1990. 3. 16. 국회의 동의를 얻어 1990. 4. 10. 유엔 사무총장에게 가입서를 기탁하였고, 이에 따라 자유권규약은 우리나라에서 1990. 7. 10.부터 효력을 발생하게 되었다(조약 제1007호). 우리나라는 자유권규약 가입 당시 유엔자유권규약위원회가 '규약에 규정된 권리에 대한 침해의 희생자임을 주장하는 개인으로부터의 통보를 접수하고 심리하는 것'을 내용으로 하는 개인통보(Individual Communication) 제도를 채택한 선택의정서(Optional Protocol to the International Covenant on Civil and Political Rights)에도 함께 가입하였다(조약 제1008호). 자유권규약은 국회의 동의를 얻어 체결된 조약이므로 헌법 제6조 제1항의 규정에 따라 국내법적 효력을 가지며, 그 효력은 적어도 법률에 준한다. 우리나라 정부도 1993년 유엔자유권규약위원회에 제출한 최초보고서는 물론, 1998. 10. 22. 열린 1791회, 1792회 회의를 위한 유엔자유권규약위원회에 제출한 제2차 정부보고서에서 "자유권규약은 헌법 제6조 제1항에 의해 국회의 동의를 얻어 정부에 의해 비준·공포된 것이므로, 추가적인 입법 없이 국내법률의 효력을 가진다. 따라서 행정부나 사법부는 각 그들의 권한을 행사할 때 위 규약을 준수할 의무가 있다."라고 하였다. 특히 "헌법 제37조 제1항으로 인하여 규약에 의해 보장된 모든 권리는 보장되어야 한다. 그러므로 헌법에 직접 명시되지 않은 것이라도 규약은 존중되어야 하고, 위 규약 이전의 법률이 규약의 규정과 충돌하는 경우에는 규약이 우선하며, 대한민국에서 제정되는 어떠한 법률에 의하여 규약에서 규정되는 권리를 침해하는 일은 없을 것이며, 그러한 법률은 헌법위반이 될 것"이라고 명확히 밝혔다.

자유권규약 제2조는 가입국에게 어떠한 종류의 차별도 없이 이 규약에서 인정되는 권리들을 존중하고 확보할 의무, 자유를 침해당한 사람에 대해 구제조치를 받도록 확보할 의무 등을 규정하고 있다. 우리나라가 자유권규약에 가입한 것은 위와 같은 의무를 이행하겠다는 의사를 국제사회에 명확히 약속한 것이다.

다. 자유권규약 제18조 제1항은 "모든 사람은 사상, 양심 및 종교의 자유에 대한 권리를 가진다. 이러한 권리는 스스로 선택하는 종교나 신념을 가지거나 받아들일 자유와 단독으로 또는 다른 사람과 공동으로, 공적 또는 사적으로 예배, 의식, 행사 및 선교에 의하여 그의 종교나 신념을 표명하는 자유를 포함한다.", 제2항은 "어느 누구도 스스로 선택하는 종교나 신념을 가지거나 받아들일 자유를 침해하게 될 강제를 받지 않는다."라고 규정하여 우리나라 헌법 제19조 양심의 자유와 유사한 규정을 두면서도 그 내용을 구체적으로 규정하였다. 자유권규약 제18조 제3항은 "자신의 종교나 신념을 표명하는 자유는, 법률에 규정되고 공공의 안전, 질서, 공중보건, 도덕 또는 타인의 기본적 권리 및 자유를 보호하기 위하여 필요한 경우에만 제한받을 수 있다."라고 규정하여 우리나라 헌법 제37조 제2항과 유사한 법률유보에 의한 자유권 제한 규정을 두고 있다. 우리나라는 자유권규약에 가입하면서 제22조 등 일부 조항을 유보하면서도 제18조에 대해서는 아무런 유보도 하지 않았다. 양심의 자유를 보장한 자유권규약 제18조는 특별한 입법조치 없이 우리 국민에 대하여 직접 적용되는 법률에 해당한다는 것이 대법원과 헌법재판소의 견해이다(대법원 1999. 03. 26. 선고 96다55877 판결, 헌법재판소 2011. 8. 30. 선고 2008헌가22 등 전원재판부 결정).

라. 자유권규약은 보장되는 자유와 권리의 종류와 내용만 규정하는 것이 아니라 제28조 이하에서 이를 보장하고 실현하기 위해 위원회를 설치하여 권한과 임무를 부여하고, 각 가입국이 이행해야 할 의무도 규정하고 있다. 따라서 자유권규약에 의해 보장되는 자유와 권리의 구체적 내용과 보장의 정도 등을 해석함에 있어서는 규약 전체 조항과 규약에 따른 위원회의 활동 및 가입국이 이행해야 할 의무 내용 등도 고려하여야 한다.

1) 유엔자유권규약위원회는 1991년 이전에는 자유권규약 제8조 제3항 (c)(ii)('군사적 성격의 역무 및 양심적 병역거부가 인정되고 있는 국가에서는 양심적 병역거부자에게 법률에 의하여 요구되는 국민적 역무'를 규약상 금지되는 '강제노동'에서 제외)를 근거로 양심적 병역거부 인정 여부는 국내문제이고, 자유권규약 제18조가 양심적 병역거부를 인정하지 않는다는 견해를 채택하였다. 그러나 유엔자유권규약위원회는 1993년 채택한 일반논평 제22호(General Comments No.22)에서 "많은 사람들이 규약 제18조를 근거로 양심적 병역거부권[the right to refuse to perform military service (conscientious objection)]을 주장하여 왔다. 이에 따라 종교 혹은 다른 이유에 기인한 진정한 신념에 따라 병역을 거부하는 국민들에 대하여 병역의무를 면제하고 이를 국가적 역무로 대체하는 법을 마련하는 국가들이 늘어났다. 규약이 양심적 병역거부권을 명시적으로 언급하고 있지 않지만 살상무기를 사용해야 하는 의무는 양심의 자유와 자신의 종교 혹은 신념을 표현할 권리와 심각하게 충돌할 수 있으므로, 양심적 병역거부권이 규약 제18조에서 도출될 수 있다고 본다."라고 하여 그 견해를 변경하였다.

2) 국제인권규약에서 가입국의 규약 준수 및 이행 여부를 전면적·구체적으로 확인하기 위해 유엔은 해당 규약위원회로 하여금 가입국이 제출한 정부보고서를 심의하고 그에 대한 최종견해(Concluding Observations)를 밝히도록 하고 있다. 자유권규약도 제40조에서 가입국으로 하여금 자유권규약에서 인정된 권리를 실현하기 위하여 취한 조치 및 그러한 권리를 향유함에 있어서 성취·진전된 사항에 관한 보고서를 제출하도록 하고, 유엔자유권규약위원회는 정부보고서를 검토하여 최종견해를 가입국에게 송부하도록 하였다. 우리나라 정부는 자유권규약 가입 후 네 차례 정부보고서를 제출하고 유엔자유권규약위원회의 심의를 거쳐 최종견해를 받은 바 있다.

유엔자유권규약위원회는 2006. 11. 우리나라의 제3차 정부보고서에 대한 심의 후 최종견해에서 "양심적 병역거부자들을 병역법에 따라 최고 3년형을 선고하고, 거부자들을 재소집하여 새로 형벌을 부과하는 데에 제한이 없으며, 병역을 필하지 못할 경우 정부 또는 공공기관의 고용에서 제외되며, 양심적 병역거부자가 처벌받고 전과자가 되는 것에 대해 우려한다. 양심적 병역거부자의 권리를 인정하여 군복무에서 면제되도록 모든 필요한 조치를 취하여야 한다. 자유권규약 제18조와 일치하는 입법조치를 촉구한다."라고 권고하였다. 유엔자유권규약위원회는 2015. 11. 제4차 정부보고서에 대한 심의 후 최종견해에서, 유엔자유권규약위원회가 우리나라 정부에 개인통보제도와 관련하여 양심적 병역거부자들에 대한 구제조치 의무를 부과하였음에도 우리나라가 이를 전혀 이행하지 않았음을 강하게 지적하였다. 나아가 주요 우려사항 및 그에 대한 권고로 "병역으로부터 면제되기 위해 자신의 권리를 행사하였다는 이유로 구금형을 선고받은 모든 양심적 병역거부자들을 즉각 석방하여야 한다. 양심적 병역거부자들의 범죄 기록이 삭제되고, 그들이 적절한 보상을 받도록 하며, 그들의 개인 정보가 공개되지 않도록 보장하여야 한다. 양심적 병역거부를 법적으로 인정하고, 양심적 병역거부자들에게 민간적 성격의 대체복무제를 제공하여야 한다."라고 하여 양심적 병역거부에 관하여 제3차 심의의 최종견해보다 한 걸음 더 나아간 결정을 하였다.

3) 앞에서 살펴본 바와 같이 우리나라는 자유권규약 가입 당시 개인통보제도에 관한 선택의정서에도 함께 가입하였다. 자유권규약 제2조 및 위 선택의정서의 규정들을 종합하면, 개인통보제도를 규정한 선택의정서에 가입하였다는 것은 당사국 내에 있는 개인의 진정에 대한 유엔자유권규약위원회의 심사권을 인정한다는 것이고, 이는 그 심사결과에 따르겠다는 의미를 포함한다. 따라서 선택의정서 가입국은 보편적이고 다자간에 체결된 자유권규약에 따라 유엔자유권규약위원회가 내린 개인통보에 대한 견해를 받아들일 국제법상 의무를 진다고 보아야 한다.

유엔자유권규약위원회는 2006. 11. 3. 대법원 2004. 07. 15. 선고 2004도2965 전원합의체 판결로 유죄가 확정된 우리 국민들(공소외 5, 공소외 6)이 제기한 개인통보사건의 견해(Views)에서 "자유권규약 제8조가 그 자체로 양심적 병역거부를 인정하거나 배제하지 않는다고 이해한다. 따라서 이 사건 통보는 오직 규약 제18조에 비추어 검토되어야 한다."면서 "자유권규약 제18조에 대한 해석은 문맥과 취지를 고려하여 시간에 따라 서서히 변화하는데, 1993년 일반논평 제22호의 견해를 존중하고, 규약가입국들 중 대체복무제를 도입하는 나라가 증가하고 있으며, 군복무자와 대체복무자 사이의 불균형을 제거할 수 있는 대체복무제 도입이 가능하고 실제적으로 보편적"이라고 판단하고, 나아가 양심적 병역거부자에 대한 형벌 부과가 국방력 및 사회통합 유지, 공공안전 유지에 필요한 제한이라는 우리나라 정부의 주장에 대하여 그러한 제한이 반드시 필요한 것인지를 증명하지 못하였으므로, '양심적 병역거부를 인정하지 아니한 대한민국이 규약 제18조를 위반하였음을 인정'하였다(Yeo-Bum Yoon and Myung-Jin Choi v. Republic of Korea, CCPR/C/88/D/1321-1322/2004).

그 후로 2017년까지 유엔자유권규약위원회는 양심적 병역거부와 관련하여 총 15건의 개인통보에 대한 견해를 발표하였는데, 그중 4건이 우리나라 국민과 관련된 것이고, 4건 모두 자유권규약 제18조에 위반된다는 견해를 채택하였다. 2010. 3. 23. 채택된 공소외 7 등 11인 사건[(공소외 7의 영문이름 생략) et al. v. Republic of Korea, CCPR/C/98/D/1593-1603/2007], 2011. 3. 24. 채택된 공소외 8 등 100인 사건[(공소외 8의 영문이름 생략) et al. v.

Republic of Korea, CCPR/C/101/D/1642- 1741/2007], 2012. 10. 25. 채택된 공소외 9 등 388인 사건[(공소외 9의 영문이름 생략) et al. v. Republic of Korea, CCPR/C/106/D/1786/2008]과 2014. 10. 15. 채택된 공소외 1 등 50인 사건[(공소외 1의 영문이름 생략) et al. v. Republic of Korea, CCPR/C/112/D/2179/2012]이다.

유엔자유권규약위원회는 2011. 3. 24. 채택한 공소외 8 등이 제기한 개인통보사건의 견해에서 "양심적 병역거부권은 사상, 양심, 종교의 자유에 내재되어 있다. 만약 의무적 군복무가 개인의 종교 또는 신념과 조화될 수 없다면 어떤 개인이라도 그 의무로부터 면제받을 수 있는 권리가 있다. 당사국이 원한다면 병역거부자들에게 비징벌적이고 민간적 성격의 대체복무를 강제할 수는 있을 것"이라는 입장을 표명하였으며, 그 이후의 모든 개인통보사건에서 일관하여 같은 견해를 채택하고 있다. 유엔자유권규약위원회는 2014. 10. 15. 채택한 공소외 1 등의 개인통보사건의 견해에서 양심적 병역거부권이 양심의 자유에 내재되어 있다는 견해를 유지하면서, "규약 제19조에서 보장하는 표현의 자유에 대한 합법적인 권리의 행사를 처벌하는 징역형이 자의적인 것처럼, 규약 제18조에 규정된 종교와 양심의 자유의 합법적인 행사를 처벌하는 구금도 자의적인 것이다."라고 판단하면서 사법부의 재판에 따른 실형 집행을 자유권규약 제9조가 금지하는 자의적 구금에 해당한다고 판단하였다. 한편 '국가안보, 복무자와 대체복무자들 사이의 형평성, 대체복무에 대한 국민적 합의가 부족하다'는 우리나라 정부의 주장에 대하여는 "위와 같은 주장을 되풀이하는 점에 주목한다. 위원회는 종전의 견해(위 공소외 5, 공소외 6 사건 및 공소외 8 등 사건)에서 이러한 주장들을 이미 심사했다고 생각하고 있고, 따라서 위원회는 종전의 입장을 변경할 어떠한 이유도 없다."라고 판단하였고, '양심적 병역거부를 인정하게 될 경우에는 납세의무 및 의무교육 거부가 정당화되는 구실이 될 수 있다'는 정부의 주장에 대하여는 "교육과 납세와는 달리, 병역의무는 개인을 어느 누가 보더라도 자명할 정도로 타인의 생명을 앗아갈 위험이 있는 행위에 관여하게 만든다."면서 위 주장을 받아들이지 아니하였다.

마. 반대의견은 자유권규약 제18조는 물론 다른 어느 조문에서도 양심적 병역거부를 할 수 있는 권리를 명시하고 있지 않고, 자유권규약은 가입국으로 하여금 양심적 병역거부를 반드시 인정할 것을 요구하고 있지도 않다고 주장한다. 그동안 대법원과 헌법재판소는 자유권규약 자체가 양심적 병역거부권을 인권의 하나로 명시하고 있지 않음을 이유로 유엔자유권규약위원회 등 국제인권기구의 해석은 각국에 권고적 효력만 있을 뿐 법적인 구속력을 갖는 것은 아니라는 견해를 유지하였다(대법원 2007. 11. 29. 선고 2007도8187 판결, 대법원 2007. 12. 27. 선고 2007도7941 판결, 헌법재판소 2011. 8. 30. 선고 2008헌가22 전원재판부 결정 등 참조).

그러나 위와 같은 반대의견과 대법원 및 헌법재판소의 견해는 유엔자유권규약위원회가 1993년 일반논평 제22호를 채택한 이후 자유권규약 제18조로부터 양심적 병역거부권이 인정된다고 해석하는 국제사회의 견해를 무시한 것으로서 부당하다. 자유권규약 제18조에 양심적 병역거부에 관한 권리가 포함되어 있다는 점은 유엔자유권규약위원회뿐만 아니라 유엔 경제사회이사회 산하의 유엔인권위원회(UN Commission on Human Rights)와 2006. 3.부터 그 업무를 이어받은 유엔인권이사회(UN Human Rights Council) 그리고 유럽인권법원 등에서 일관되게 계속적으로 인정되어 이제는 확립된 국제적 기준이 되었다고 평가할 수 있다. 보편적 국제인권규약인 자유권규약을 해석하면서 '규약 자체에 명시된 권리'만을 자유권규약이 인정한 권리라고 좁게 보는 것은 자유권규약 준수에 관한 실질적인 국제법적 의무를 외면하는 것이다.

또한 자유권규약이 위원회를 설치하여 자유권 보장을 이행하고 실현하기 위한 활동을 인정하며 이를 위해 필요한 조치 및 관련 가입국의 의무 등을 규정하고 있는 점에 비추어 보더라도, 자유권규약의 내용은 그 규약의 명시적인 표현으로만 제한하여 해석할 것이 아니다. 앞에서 살펴본 바와 같은 자유권규약의 전체적 규율 내용, 유엔자유권규약위원회의 일반논평, 정부보고서 심의 결과에 따른 권고, 유엔자유권규약위원회가 우리나라 국민이 제기한 개인통보사건에서 채택한 견해 등에서 일관되게 양심적 병역거부권이 인정되고 있는 점에 비추어 자유권규약 제18조를 해석함에 있어서도 양심적 병역거부권이 위 조항 자체에서 인정되고 있다고 해석해야 한다. 우리나라 헌법 제37조 제1항에서 "국민의 자유와 권리는 헌법에 열거되지 아니한 이유로 경시되지 아니한다."라고 규정하였듯이, 자유권규약에 명문의 규정이 없더라도 현대 민주주의 국가들의 시대정신에 맞게 자유권규약을 해석하여 기본적 인권을 도출할 수 있다고 보는 것은 지극히 타당하다.

자유권규약과 같은 국제인권규약의 경우, 법원은 헌법상 기본권을 해석할 때는 물론 법률을 해석할 때도 규약에 부합하도록 노력하여야 한다. 국제인권규약에 조화되도록 법률을 해석하는 것은 보편적 인권의 관점에서 사법부가 지켜야 할 책무이다. 특히 자유권규약의 경우 인권이 단순한 국내문제가 아니라 전세계적·보편적인 문제라는 당위성에서 만들어진 국제인권규약으로서, 대부분 개인에게 직접 권리를 부여하는 조항으로 규정되어 있다는 점에서 더욱 그러하다.

그렇다면 양심적 병역거부는 헌법 제6조 제1항에 기하여 국내법과 동일한 효력이 인정되는 자유권규약 제18조에 따라 병역법 제88조 제1항에서 정한 '정당한 사유'에 해당한다고 보아야 한다.

바. 설령 자유권규약 제18조 자체에서 양심적 병역거부권이 인정되지 않는다고 해석하더라도 유엔자유권규약위원회의 일반논평, 정부보고서 심의 결과에 따른 권고, 유엔자유권규약위원회가 우리나라 국민이 제기한 개인통보사건에서 채택한 견해 및 유엔인권이사회의 권고 등은 국제법 존중주의라는 헌법적 차원에서 병역법 제88조 제1항의 '정당한 사유'의 해석을 위한 유력한 규범적 근거가 된다고 보아야 한다. 양심적 병역거부를 명시적으로 인정한 국제인권규범이 존재하고 있고 특히 유럽의 경우 대부분 국가에서 위 권리를 인정하고 있는 등 이제는 일반적으로 승인된 국제법규의 지위에 준하게 되었다는 점, 국제법 존중주의 원칙상 자유권규약 등 보편적 국제규약에 대한 국제기구의 해석은 유력한 법률해석의 기준이 되어야 한다는 점, 자유권규약 제18조에 양심적 병역거부에 관한 권리가 포함되어 있다고 보는 것이 이제는 확립된 국제적 기준이라고 할 수 있는 점, 우리나라 정부 스스로 자유권규약 가입 후 헌법에 직접 명시되지 않은 것이라도 규약은 존중되어야 하고 어떠한 법률도 규약상의 권리를 침해할 수 없으며 그러한 법률은 위헌이라는 의견을 표명하였다는 점, 유엔자유권규약위원회의 개인통보에 대한 견해는 권리를 침해당했다고 주장하는 사람으로부터 진정을 제기 받아 가입국의 규약 위반 여부를 판단하는 것이므로 사법적 판단과 유사하고, 우리나라 국민이 제기한 개인통보에 대한 여러 차례의 유엔자유권규약위원회의 견해에 비추어 보면 앞으로도 국내 사법기관으로부터 유죄판결을 받은 양심적 병역거부자들이 제기하는 개인통보사건에 관하여 유엔자유권규약위원회는 예외 없이 자유권규약 위반임을 인정하는 견해를 채택할 것이 예상되는 점 등에 비추어 보면, 병역법 제88조 제1항의 '정당한 사유'에 양심적 병역거부가 포함된다고 해석하는 것은 국제법 존중주의에 의하여도 뒷받침된다고 할 것이다.

사. 반대의견의 주된 논거 중의 하나는 우리나라의 역사적·종교적·문화적 배경의 특수성과 국가안보 현실의 엄중한 특수성이다. 그러나 국제인권규약은 모든 가입국에 동일한 일반적인 규범을 창설한다는 점에서 객관적 성격의 규범창설규약이다. 이러한 규범은 다른 가입국의 이행상태와 무관하게 당해 가입국에 의해 적용되어야 하며, 또한 가입국의 특수한 사정이 지나치게 과대평가되어서는 안 된다. 국제인권규약에 대해서는 전통적인 조약에서의 상호주의가 적용되지 아니한다. '조약법에 관한 비엔나협약' 제27조는 '국내법과 조약의 준수'라는 제목으로 "어느 가입국도 조약의 불이행에 대한 정당화의 방법으로 그 국내법 규정을 원용해서는 아니 된다."라고 규정하고 있으므로, 국내법적 상황을 근거로 국제법적 의무위반을 정당화할 수도 없다. 이러한 국제법 위반상태를 해소하기 위해서라도 국제인권기구의 결정 또는 권고를 최대한 존중하고 그에 부합하도록 법률을 해석하는 것이 헌법상 국제법 존중주의에 합치되는 것이다. 인권은 보편적인 권리이고 시간이 지날수록 발전하는바, 국제사회에서 경제적으로 성공한 국가로 평가되는 우리나라가 그 특수성에 집착하여 자유권규약의 준수의무를 부정하는 해석을 하는 것은 국제법 존중의무를 외면하는 것이다.

아. 인간의 존엄과 가치는 우리 헌법의 기본적 이념이지만 그 자유와 권리 중 일부는 국가와 사회가 처한 상황을 이유로 제한되어 왔고, 그러한 제한이 법원에 의해 정당화되기도 하였다. 그러나 기본적 자유와 권리에 대한 제한은 필요 최소한에 그쳐야 하므로 사정이 변화되어 그 제한을 거둘 때가 되었다는 정당한 사회적 요청이 있다면, 법원은 신속하고 분명하게 그 자유와 권리를 확인해 주어야 할 책임이 있다.

법원의 막중한 책임을 상기하고, 우리나라가 국제사회에서 인권의 측면에서도 당당할 수 있기를 기대하며, 이상과 같은 이유로 다수의견에 대한 보충의견을 밝힌다.

11. 반대의견에 대한 대법관 김소영, 대법관 이기택의 보충의견

가. 다수의견은 진정한 양심적 병역거부자에게 집총과 군사훈련을 수반하는 병역의무의 이행을 강제하고 그 불이행을 처벌하는 것은 양심의 자유에 대한 과도한 제한이 되거나 그 본질적 내용을 위협하는 결과가 되므로, 진정한 양심에 따른 병역거부는 병역법 제88조 제1항의 '정당한 사유'에 해당한다고 한다. 그러면서 양심적 병역거부에서 말하는 '양심'은 그 신념이 깊고 확고하며 진실한 것으로서, 병역법위반 사건에서 피고인이 양심적 병역거부를 주장하는 경우 그 양심이 과연 깊고 확고하며 진실한 것인지 심사를 통하여 가려내는 일이 무엇보다 중요하며, 인간의 내면에 있는 양심을 직접 객관적으로 증명할 수 없는 그 사물의 성질상 양심과 관련성이 있는 간접사실 또는 정황사실을 증명하는 방법으로 판단하여야 한다고 한다.

나. 그러나 위와 같은 다수의견의 태도는 우리 헌법이 추구하는 양심의 자유에 관한 기본 원리에 어긋날 뿐만 아니라, 양심적 병역거부가 논의되어 온 역사적 배경과 경과 및 그 과정에 드러난 우리 국민의 의사와 우리나라가 처한 현 상황 등에 비추어 받아들이기 어려운 해석이다. 무엇보다 종교적 신념에 따른 병역거부가 병역법상 정당한 사유로 인정될 수 있는지 여부를 양심의 자유에 대한 해석을 통해 결론을 도출해 내는 것은 타당하지 않고, 이는 양심적 병역거부를 어떠한 형태로 어느 범위에서 국가의 독립 유지와 영토 보전이라는 헌법적 가치와 조화시키면서 제도화시킬 것인지에 관한 국가정책의 문제로 접근하는 것이 바람직하다.

이하에서 다수의견에 반대하는 몇 가지 이유에 관하여 보충하고자 한다.

다. 헌법이 보호하려는 양심에 관하여는 '어떤 일의 옳고 그름을 판단함에 있어서 그렇게 행동하지 않고는 자신의 인격적인 존재가치가 파멸되고 말 것이라는 강력하고 진지한 마음의 소리로서 절박하고 구체적인 양심'이라고 여겨지고 있고, 이 점은 종래 학계의 설명과 실무 및 이 사건 다수의견의 입장이 크게 다르지 않다.

다수의견은 여기서 더 나아가 '양심적 병역거부'에서 말하는 '양심'은 그 신념이 깊고 확고하며 진실하여야 하는 것이라고 하면서, 구체적으로 신념이 깊다는 것은 사람의 내면 깊이 자리잡은 것으로서 그의 모든 생각과 행동에 영향을 미친다는 것이고, 신념이 확고하다는 것은 유동적이거나 가변적이지 않다는 것이며, 신념이 진실하다는 것은 거짓이 없고 상황에 따라 타협적이거나 전략적이지 않다는 의미라고 한다.

다수의견이 이처럼 종래 받아들여져 온 헌법상 양심의 의미와는 별개로, 거기에서 더 나아가 양심적 병역거부에서 말하는 양심의 범위를 새로이 정립하면서 '신념의 깊고 확고하며 진실함'이라는 추가적인 판단요소를 제시하는 근거가 분명하지는 않다.

그러나 양심적 병역거부를 보호하는 근거를 헌법 제19조가 정하는 양심의 자유에 두는 이상 양심적 병역거부에 대하여만 적용되는 새로운 개념의 양심을 상정하는 것이 가능한지 의문이다. 다수의견의 해석은 마치 양심에 대한 부연설명인 듯이 보이나, 실제로는 헌법상 보호받기 위한 양심의 요건으로 '신념의 깊고 확고하며 진실함'을 추가하여 그 범위를 더욱 좁히는 것이다. 만일 다수의견의 입장이, 위와 같은 추가적인 요소가 헌법 제19조가 말하는 양심에 일반적으로 적용되는 것이라면, 이는 헌법상 근거도 없고 종래 받아들여져 온 해석과도 괴리가 있을 뿐만 아니라, 양심적 병역거부 문제를 해결하기 위해 오히려 헌법이 보호하는 양심의 범위를 더욱 좁히는 것으로서, 결과적으로 양심의 자유에 대한 억제적인 결과를 야기하는 것이다. 만일 그렇지 않고 위와 같은 양심은 오로지 양심적 병역거부에서만 요구되는 판단 기준이라고 하면, 이 역시 헌법적 근거가 없을 뿐만 아니라, 다수의견의 해석이 오로지 여호와의 증인이라는 특정 종교의 병역거부 문제를 해결하기 위해 양심의 자유 법리가 동원되는 것을 정당화하는 것에 불과하다는 점을 지적하지 않을 수 없다.

라. 한편 다수의견이 주장하는, 양심이 깊고 확고하며 진실한 것인지 여부 즉 '진정한 양심'에 대한 심사 역시 그 자체로 양심의 자유에 대한 또 다른 형태의 침해로서, 우리 헌법이 천명한 양심의 자유의 기본 원리에 부합하지 않을 뿐만 아니라, 현행 병역법하에서 진행되는 형사절차에서 그와 같은 심사와 판단이 가능하지도 않다.

1) 다수의견은 병역법위반 사건에서 피고인이 양심적 병역거부를 주장하는 경우에는 그 양심이 깊고 확고하며 진실한 것인지 심사를 통하여 가려야 한다고 하면서, 이는 양심과 관련성이 있는 간접사실 또는 정황사실을 증명하는 방법으로 판단하여야 한다고 한다.

대체복무제를 두지 않은 현행 병역법하에서 양심적 병역거부를 병역법 제88조 제1항에서 정한 '정당한 사유'에 해당하는 것으로 보는 이상, 병역법위반 사건에서 이와 같은 양심의 진정성에 대한 심사는 불가피하게 된다. 즉 피고인이 입영하지 않은 이유로 양심적 병역거부를 주장하는 경우 검사는 그의 양심이 다수의견이 말하는 '깊고 확고하며 진실한 양심'이 아니라는 점을 증명하여야 하고, 판사는 이를 바탕으로 피고인의 양심이 그에 해당하는지 여부를 가려 유·무죄를 판단하여야 하는 것이다.

헌법이 보호하고자 하는 양심은 다수의견이 천명한 바와 같이 '어떤 일의 옳고 그름을 판단함에 있어서 그렇게 행동하지 않고는 자신의 인격적 존재가치가 파멸되고 말 것이라는 강력하고 진지한 마음의 소리로서 절박하고 구체적인 것'을 말한다(대법원 2004. 07. 15. 선고 2004도2965 전원합의체 판결 참조). 양심을 형성하고 결정하는 것은 내심에 머무르는 한 이를 제한할 수도 없고 제한할 필요도 없다는 점에서 종래 절대적 자유로 인정되어 왔다(위 대법원 2004도2965 전원합의체 판결 참조). 또한 양심이란 이른바 '착한 마음' 또는 '올바른 생각'을 뜻하는 것이 아니라, 옳고 그른 것에 대한 판단을 추구하는 가치적·도덕적 마음가짐을 뜻한다.

피고인이 양심적 병역거부를 주장함에 따라 검사가 반대의 주장·증명을 통해 이를 탄핵하고 판사가 그 해당 여부를 판단하는 병역법위반 형사사건에서, 이른바 형사사법적 심사의 대상이 되는 양심도 위와 같은 피고인의 내심 깊은 곳에서 생성되고 머물러 온 피고인 개인의 가치적·도덕적 마음가짐으로서의 양심과 다르지 않다. 원래 절대적 자유이던 것이 국가의 병역의무 부과에 대한 부작위로 발현되었다고 하여 그것이 진정한 것인지 진정하지 않은 것인지 국가에 의해 심사되고 판단되는 것이다.

결국 다수의견에 의하면 피고인은 병역거부의 정당한 사유를 인정받기 위해서 그의 양심이 '그렇게 행동하지 않고서는 자신의 인격적 존재가치가 파멸되고 말 것이라는 강력하고 진지한 마음의 소리로서 절박하고 구체적인 것'임이 인정되어야 하고, 구체적으로는 신념이 깊고 확고하며 진실한 것이라는 점이 인정되어야 한다.

그러나 과연 다수의견이 말하는 '정당한 사유'로 인정되기 위한 양심의 '진정성'이 구체적으로 의미하는 바가 무엇인지, 그 정도는 어느 정도인지, 인격적 존재가치가 파멸되었는지에 관한 경계선은 어디까지인지 전혀 알 수 없다. 개인이 양심의 자유를 갖는 것과 그것을 국가가 심사하여 판단한다는 것은 전혀 다른 차원의 문제이다. 피고인은 자신의 내면을 드러내 보일 방법이 없으나, 자신의 소명이 성공할 때, 더 정확하게는 검사의 증명이 실패할 때 자신의 양심이 진정한 것이라고 인정받고, 반대로 검사의 증명이 성공하면 그 진정성이 부정될 것이다. 진정한 양심이 진정한 것으로 인정받겠지만, 경우에 따라서는 진정한 양심임에도 진정하지 않은 것으로 판단되는 경우도 있을 것이다. 후자의 경우가 양심의 자유에 대한 침해임은 두말할 나위가 없다. 나아가 양심의 자유의 내면성과 절대성에 비추어 보면, 국가가 국민 양심의 진정성을 심사의 대상으로 삼아 판단한다는 그 자체로서, 전자의 경우에도 양심의 자유가 완전하게 구현되었다고는 볼 수 없다. 양심의 자유를 폭넓게 보장한다는 다수의견은 오히려 양심의 자유를 억제하는 것이다.

2) 무릇 증거재판주의와 자유심증주의를 기본으로 하는 형사소송절차는 적법절차의 구현과 함께 실체진실의 발견을 기본이념으로 하며, 사실인정과 법률의 해석·적용에 있어 법관의 자의를 배제한 실질적 죄형법정주의를 구현하고자 한다. 현행 형사소송절차 역시 그 불완전성으로 말미암아 실체와 다른 결론이 도출될 위험이 없지는 않으나, 위와 같은 형사소송의 이념을 가장 잘 구현하기 위해 구축된 점은 명백하다. 그러나 다수의견이 심사의 대상으로 인정하는 '인격적 존재가치의 파멸', '강력하고 진지한 마음의 소리', '절박하고 구체적임', '신념의 깊고 확고

하며 진실함' 등이 과연 형사소송절차에서 검사가 증거로서 이를 증명할 수 있는 것인지, 법관이 그 증거에 대한 심사 결과 그 해당 여부를 판정할 수 있는 것인지, 무엇보다 그와 같은 심사 결과 유죄로 인정된 경우 그 결론이 '형사재판에서 유죄의 인정은 법관으로 하여금 합리적인 의심을 할 여지가 없을 정도로 공소사실이 진실한 것이라는 확신을 갖도록 할 수 있는 증명력을 가진 증거에 의하여야 한다'는 형사소송의 대원칙을 준수한 것으로 볼 수 있는지, 강한 의문을 갖지 않을 수 없다.

또한 다수의견은 검사가 진정한 양심의 부존재를 증명하였는지 여부를 판단함에 있어 불명확한 사실의 부존재를 증명하기는 사회통념상 불가능하다는 점을 고려하여야 한다면서, 양심적 병역거부를 주장하는 피고인은 자신의 병역거부가 그에 따라 행동하지 않고서는 인격적 존재가치가 파멸되고 말 것이라는 절박하고 구체적인 양심에 따른 것이며 그 양심이 깊고 확고하며 진실한 것이라는 사실의 존재를 수긍할 만한 소명자료를 제시하고, 검사는 그 자료의 신빙성을 탄핵하는 방법으로 진정한 양심의 부존재를 증명할 수 있다고 한다. 그러나 피고인으로 하여금 먼저 자신의 주장이 진실한 것이라는 사실의 존재를 수긍할 만한 소명자료를 제시하도록 하는 위와 같은 해석은 형사피고인의 무죄추정의 원칙을 선언하고 있는 우리 헌법 아래에서는 전혀 근거가 없는 것이다. 이는 형사소송절차에서 사실상 가능하지 않은 양심의 진정성을 심사하고 이를 통해 정당한 사유를 인정하려는 다수의견의 무리한 입론에서 비롯된 것이다.

3) 다수의견은 양심과 관련성이 있는 간접사실 또는 정황사실에 대한 증명의 예시로서 종교적 신념에 따른 양심적 병역거부를 거론하면서, 그 종교의 구체적 교리가 어떠한지, 그 교리가 양심적 병역거부를 명하고 있는지, 실제로 신도들이 양심을 이유로 병역을 거부하고 있는지, 그 종교가 피고인을 정식 신도로 인정하고 있는지, 피고인이 교리 일반을 숙지하고 철저히 따르고 있는지, 피고인이 주장하는 양심적 병역거부가 오로지 또는 주로 위 종교의 교리에 따른 것인지, 피고인이 위 종교를 신봉하게 된 동기와 경위, 만일 피고인이 개종을 한 것이라면 그 경위와 이유, 피고인의 신앙기간과 실제 종교적 활동 등이 주요한 판단요소가 될 수 있다고 한다. 그러면서 피고인이 주장하는 양심과 동일한 양심을 가진 사람들이 이미 양심적 병역거부를 이유로 실형으로 복역하는 사례가 반복되었다는 등의 사정은 적극적인 고려요소가 될 수 있다고 한다.

다수의견이 제시하는 위와 같은 판단 기준이 정확히 특정 종교에만 해당하는 것이라는 점은 분명하다. 위와 같은 기준에 의하면 현재 여호와의 증인 신도의 경우는 대부분 그 양심의 진정성을 인정받을 수 있을 것으로 보인다. 이미 그 교리에서 양심적 병역거부를 명하고 있고, 다수 신도가 양심적 병역거부를 이유로 실형을 복역하는 등 다수의견이 제시하는 위 기준을 대부분 충족하기 때문이다. 양심적 병역거부와 관련된 대부분의 사건이 여호와의 증인에 관한 것이라는 점에서 위와 같은 예시를 이해할 수는 있다. 그러나 이와 같이 특정 종교를 염두에 둔 판단 기준을 제시하고, 이를 충족할 경우 양심적 병역거부 일반에 대해 병역법상 정당한 사유를 인정할 수 있다고 하는 것은 본말이 전도된 것이라는 점을 지적하지 않을 수 없다. 다수의견이 제시하는 법리와 해석이 여호와의 증인 신도에게만 적용되는 것은 아님이 분명함에도, 양심적 병역거부를 교리로 삼지 않은 천주교나 개신교의 종파, 불교 등 다른 종교의 신자가 양심적 병역거부를 주장하는 경우에는 어떠한 기준으로 판단할 것인지에 관하여는 아무 언급이 없다. 위와 같은 종교는 교리에서 양심적 병역거부를 명하지도 않고 이를 이유로 다수의 신도들이 실형으로 복역하지도 않았다. 결국 여호와의 증인을 제외한 다른 종교의 신자들은 자신에 대한 형사소송절차에서 어떠한 소명자료를 제출하여야 하는지 알 수가 없다. 현재의 다수의견에 따르면 위 종교들의 신자는 양심적 병역거부를 주장하더라도 이를 인정받을 수 있는 가능성이 거의 없어 보인다.

반대의견이 적절히 지적하듯이, 다수의견의 이와 같은 태도는 양심 및 종교상의 평등과 정교분리를 선언한 헌법 규범에 위배된다는 의심을 하지 않을 수 없다.

4) 한편으로 다수의견이 제시하는 위 기준에 부합한다고 하여 이를 양심적 병역거부에서 정당한 사유로 인정되는 깊고 확고하며 진실한 양심이라고 보는 것도 타당하지 않다. 다수의견에 따르면 양심의 징표로서 깊고 확고하며 진실한 신념은 유동적이거나 가변적이지 않고 상황에 따라 타협적이거나 전략적이어서는 안 된다. 이는 양심에 따른 행동은 일관성이 있어야 한다는 것으로 이해된다.

그러나 그와 같이 볼 경우 집총과 군사훈련을 거부하지 않고서는 자신의 인격적 존재가치가 파멸되고 말 것이라는 강력하고 진지한 마음의 소리가 있다면, 자신의 다른 행위 예컨대 국가에 세금을 납부하는 행위가 이에 기여하는 경우에는 그것도 거부하는 것이 마땅하다. 그 세금으로 국가가 군대를 조직하고 무기를 제조하며 다른 국민이 집총과 군사훈련에 참여하는 데에 도움을 주기 때문이다. 자신은 그와 같은 행위를 할 수 없으나 다른 사람의 행위에 도움을 주는 것은 수용할 수 있다고 하는 것은 타협적이라고 보지 않을 수 없다.

전도와 포교는 모든 종교의 기본 속성으로서, 양심적 병역거부를 교리로 채택한 종교도 마찬가지일 것이다. 그런데 그와 같은 종교의 신도가 증가하면 할수록 군인의 수는 감소하게 되고, 극단적인 경우에는 군대가 없어지게 된다. 그렇게 되면 외적으로부터 국가를 방어할 수 없고, 양심과 종교의 자유도 보장받을 수 없게 된다. 결국 양심을 이유로 병역을 거부하는 경우에도 이는 실질적으로 자신에게만 해당할 뿐이고, 오히려 다른 사람은 군대에 가서 나라를 지켜줄 것을 희망하면서 그 희생과 헌신을 통해 자신의 종교적 자유를 누리겠다는 입장에 다름 아니다. 양심적 병역거부의 근저에 깔린 이와 같은 속성은 일관되지 못하고 모순된 태도로서, 그 신념을 깊고 확고하며 진실하다고 할 수 있는지 의문이다.

5) 다수의견에 대한 대법관 권순일, 대법관 김재형, 대법관 조재연, 대법관 민유숙의 보충의견(이하 '다수의견의 보충의견'이라고 하면 이를 가리킨다)은 양심적 병역거부에서 문제 되는 양심은 내용이 아니라 존재와 정도의 측면이고 기본적으로 사실인정 문제로서, 증명할 수 없는 것이 아니라고 한다. 그러면서 양심의 증명이 사실상 불가능하거나 어렵다는 이유로 모두 처벌되어야 한다면 결국 유죄의 증명이 있다고 의제하는 것이 되어 의심스러울 때는 피고인의 이익으로 판단하여야 한다는 형사법의 대원칙에 반하는 것이므로, 증명이 쉽지 않다는 이유로 정당한 사유로 주장할 수 없다고 보는 것은 본말이 전도된 것이라고 한다.

우선 반대의견의 입장은, 양심적 병역거부는 병역법 제88조 제1항이 정한 '정당한 사유'에 포함될 수 없다는 것이라는 점을 분명히 밝혀 둔다. 즉 다수의견이 양심적 병역거부를 정당한 사유에 해당하는 것으로 인정하는 해석이 잘못되었다는 전제에서, 그와 같은 해석으로 말미암아 거칠 수밖에 없는 양심의 진정성에 대한 형사사법적 심사가 실제로 가능하지도 않고, 그 절차적 정당성과 결과의 합리성을 검증할 아무런 방법도 없으며, 국가에 의한 새로운 형태의 양심의 자유에 대한 침해에 해당하는 문제점을 지적한 것이다.

다수의견의 보충의견은, 양심은 내용이 아니라 존재와 정도의 측면이라고 주장하나, 이는 그 기준이 전혀 없다는 문제점을 도외시한 공허한 논리일 뿐이다. '신념의 깊고 확고하며 진실함'이나 '인격적 존재가치의 파멸'이 어느 정도에 이르면 진정하고 어느 정도이면 진정하지 않은 것인지 그 경계를 정하는 것은 사실상 불가능하고, 검사가 이를 증명하는 것은 더욱 더 그러하다. 형사법규의 해석·적용에 있어서는 명확성의 원칙이 준수되어야 하고, 의심스러울 때는 피고인의 이익으로 재판할 수밖에 없다. 다수의견은 절차적으로 해결이 불가능한 실체법 해석을 내린 후 후자가 전자에 우선하니 어쩔 수 없다는 무책임한 태도를 보이는 것과 다름없다. 만일 다수의견이, 피고인이 양심적 병역거부를 주장하는 경우 검사가 그 양심이 진정하지 않은 것이라는 점을 증명하는 것은 사실상 불가능하므로 특별한 사정이 없는 한 법원은 무죄판결을 내려야 한다는 것이라면 차라리 수미일관된 태도라고 할 수 있겠으나, 현재와 같이 피고인으로 하여금 그 양심의 진정성을 뒷받침할 소명자료를 스스로 제출하도록 하고 검사는 이를 탄핵하는 방법으로 증명할 수 있다고 하는, 헌법적 근거가 전혀 없는 주장에는 결코 동의하기 어렵다.

다수의견의 보충의견은, 양심은 오로지 내면에만 머무르는 것이 아니고 외부로 드러나는 것으로서, 학교생활과 사회경험 등 전반적인 삶의 과정에서 표출될 것이므로, 이처럼 외부에 드러난 모습을 통해 양심을 증명할 수 있다고 한다.

현행 병역법상 대한민국 남성은 19세가 되는 해부터 징병검사를 받아야 하므로, 빠르면 그 무렵부터 구체적인 입영처분을 받게 될 것이다. 보통의 경우라면 위 연령은 고등학교를 갓 졸업한 시기로서, 그 이전 삶의 대부분은 학교생활이었을 것이므로, 그 생활의 내용도 대부분 학업이었을 것이다. 다수의견은 종교적 신념에 따른 양심적 병역거부 주장에 대한 양심의 진정성 판단의 기준을 예시한 바 있으나, 그것이 오로지 특정 종교에 국한된 것임은 앞에서 보았다. 양심적 병역거부를 교리로 하지 않는 종교의 신도 또는 아무런 종교를 가지지 않은 대한민국 남성이 예컨대 비폭력 평화주의에 관한 어떠한 신념을 내부적으로 형성한 후 대부분의 생활을 학교에서 학업에 종사하다가 갓 고등학교를 졸업하고 입영처분을 받은 시점에 양심적 병역거부를 주장하고자 하는 경우, 그 이전에 위와 같은 신념을 외부로 표현하는 행동으로 무엇을 상정할 수 있을지 선뜻 떠오르지 않는다. 이는 다수의견의 논리가 결국 특정 종교의 신도에 국한된 것으로서, 그 이외의 국민에 대하여는 양심의 진정성을 스스로 증명하도록 하거나, 실상 심사와 증명이 불가능한 양심의 진정성에 대해 그 증명이 가능하다는 무리한 주장을 합리화하는 데에 불과한 것임을 보여주는 것이다.

6) 국민의 자유는 국가로부터 부여받았다기보다는 선국가적(선국가적)인 것으로서, 국민은 자유를 누리면 되고 국가는 이를 확인하고 보장할 의무를 부담할 뿐이다. 국민이 자유를 누림에 있어 그 누림이 진정한 것인지 아닌지 증명할 필요가 없고, 국가가 그것이 진정한 것인지 아닌지 심사할 수도 없다.

다수의견의 입장은 우리 헌법이 확인하고 보호하는 양심의 범위를 더욱 좁힘으로써 위와 같이 헌법이 부여한 국가적 책무를 저버리는 태도이다. 또한 다수의견은 현행 병역법위반 사건의 형사절차에서 양심의 진정성을 심사할 수 있다고 하고, 그 전제에서 진정한 양심, 즉 깊고 확고하며 진실한 양심에 따른 병역거부는 구성요건해당성을 조각할 '정당한 사유'에 해당한다고 한다. 그러나 앞에서 보았듯이 양심은 국가의 심사 대상이 될 수도 없을 뿐만 아니라, 현행 형사소송절차에서 그에 대한 심사가 가능하지도 않다. 대체복무가 도입된 법제 아래에서 일정 부분 양심의 진정성을 심사할 필요가 있겠으나, 행정절차로서 대체복무의 기회를 부여하기 위한 심사와 형사처벌을 위한 심사는 차원을 달리하는 것이다. 형벌을 전제로 양심의 진정성을 국가가 심사하여 재단하고, 그 진정성에 대한 판단 기준이 특정 종교에 치우쳐 있으며, 그 기준 자체도 양심의 진정성과는 거리가 멀다는 점에서, 다수의견과 같은 해석은 양심의 자유를 최대한 보장하는 것이 아니라, 오히려 양심의 자유에 대한 또 다른 형태의 침해이자 억제에 해당한다.

마. 종교적 신념에 따른 양심적 병역거부는 헌법상 양심의 자유를 통해 해결할 문제라기보다는 대체복무제의 도입 등 병역제도에 관한 국가정책의 문제로 보아야 한다.

1) 반대의견에서 보듯이 양심적 병역거부는 역사적으로 서구사회의 기독교와 관련된 특정한 종교적 신념에서 유래한 것으로, 국내에서 병역거부로 처벌된 양심적 병역거부자도 대부분 기독교의 한 종파인 '여호와의 증인' 신도이다.

기독교적 전통이 뿌리 깊은 서구사회와 달리 그 역사가 짧고 다양한 종교가 공존하는 우리 사회의 특성상, 종래 양심적 병역거부를 쉽게 받아들이지 못하고 배척하는 분위기가 강했던 것이 사실이다. 현재도 그 상태가 크게 변했다고는 말할 수 없지만, 가치의 다양성과 소수자 배려에 대한 공감대가 확산되고, 여호와의 증인 신도들이 사회의 건전한 일원으로서 자기의 역할을 다하면서 점차 양심적 병역거부에 대한 우리 국민의 의사도 이를 일률적으로 처벌하기보다는 대체복무제 도입 등의 정책을 통해 구제하는 것은 수용할 수 있다는 입장으로 변화해 가는 것으로 보인다. 이는 헌법재판소가 종래 양심적 병역거부를 처벌하는 병역법 조항이 헌법에 위반되지 않는다고 하였다가, 병역종류로서 대체복무제를 정하지 않은 병역법 제5조가 헌법에 합치되지 않는다고 선언한 점에서도 알 수 있다.

외국의 경우를 보더라도 양심의 자유가 헌법에 규정되자마자 그로부터 바로 양심적 병역거부를 인정한 사례는 없고, 심지어 다수의견과 같이 병역거부행위에 대해 양심적 병역거부라는 이유로 무죄를 선고한 예도 거의 발견할 수 없으며, 단지 각 나라별로 국민 여론의 수렴에 따른 공감대 형성의 과정을 거쳐 대체복무제 도입 등과 같은 입법적 조치를 통해 이를 구제하는 예가 대다수인 것으로 보인다. 즉 양심적 병역거부가 양심의 자유의 당연한 내용으로서 곧바로 인정되어야 한다는 당위는 성립하지 않으며, 세계사적으로 양심적 병역거부 문제는 사회적 합의와 양해의 과정 속에서 제도로 정착되어 온 것이다.

2) 이처럼 헌법에 양심의 자유를 규정하고 양심적 병역거부를 제도적으로 도입한 외국의 사례들과 종교적 신념을 이유로 한 병역거부에 대한 종래 우리 국민들의 인식 및 그 변화 과정 등을 고려하면, 국민 개개인이 신봉하는 종교의 교리에 따른 병역거부는 양심의 자유의 한 내용으로 당연히 포섭되어 보호될 수 있는 것이 아니고, 본질적으로 그 시대 국민의 의사와 국가가 처한 상황하에서 입법정책을 통해 이를 구제할 것인지를 결정할 문제라는 점을 알 수 있다. 종래 종교적 신념에 따른 병역거부가 양심의 문제로 다루어진 것은 여호와의 증인 신도라는 점만으로는 병역면제의 근거가 될 수 없는 관계로, 이에 대해 양심의 자유라는 헌법적 법리를 동원한 데 기인할 뿐이다.

다수의견이 제시하는 기준에 따라 양심의 진정성을 심사하여 양심적 병역거부가 병역거부의 정당한 사유에 해당하는지를 판단하는 것은 특정 종교 신도들만의 병역면제를 위해 작동할 뿐이다. 이는 특정 종교의 교리를 관철하기 위해 원래 양심의 자유 문제가 아님에도 그 법리적 틀을 동원한 데 대해 국가가 정당성을 용인해 주는 결과로서, 우리의 역사적 배경과 현재의 상황 등에 비추어 도저히 받아들이기 어려울 뿐만 아니라, 대체복무제 도입과 같은 입법적 조치를 통해 이 문제를 해결하는 세계사적 흐름에도 역행하는 것이라는 점을 지적하지 않을 수 없다.

바. 이 사건 판결의 선고는 병역종류조항에 대한 법 개정이 이루어지는 것을 기다려 그에 따라 처리함이 타당하다.

헌법재판소는 최근 병역의 종류로 대체복무제를 규정하지 않은 병역법 제5조가 헌법에 합치하지 않는다고 선언하면서, 2019. 12. 31.까지 법 개정이 이루어지지 않으면 2020. 1. 1. 그 효력을 상실한다고 선고한 바 있다. 우리의 경험에 비추어 보면, 대체복무의 내용과 허용범위, 심사방법 등 그 구체적 틀을 갖추는 데에는 상당한 진통이 따를 것으로 예상되지만, 병역의 종류를 규정한 병역법 제5조가 효력을 상실할 경우 국가가 병역의무를 지는 국민에게 구체적인 병역의무를 부과할 근거가 사라지는 심각한 문제가 발생하므로, 특별한 사정이 없는 한 늦어도 2019년 말까지는 대체복무제 도입 등에 관한 병역법 개정이 이루어질 것으로 기대할 수 있다. 그리고 그 개정법에서 이 사건 피고인과 같이 이미 양심상 이유로 병역을 거부하여 기소된 사람에 대한 경과 규정을 두는 경우 이 사건은 그에 맞추어 처리하면 된다. 헌법재판소가 병역종류조항에 대해 헌법불합치를 선고하면서도 법 개정 시한까지 잠정적용을 명한 것도 그와 같은 취지로 보인다.

종래 양심적 병역거부에 대해 형사처벌로 일관하던 법질서에서 개선 입법을 통해 병역면제 및 대체복무 기회의 부여라는 새로운 법질서로 이행하는 것이 현재 대다수 국민이 예상하는 모습일 뿐만 아니라, 법질서에 혼란을 초래함이 없이 양심적 병역거부 문제를 합리적으로 해결할 수 있는 방법이다.

그럼에도 다수의견은 대체복무제에 관한 개선 입법이 되지 않은 현재의 단계에서 현행 병역법 제88조 제1항을 적용하여 이 사건에 대한 판단을 하려고 한다. 그러나 헌법재판소는 병역종류조항이 위헌임을 전제로 단지 병역의무 부과에 관한 공백을 방지하기 위해 이를 잠정적용하도록 한 것일 뿐이므로, 아직 대체복무제를 도입하지 않은 현재의 상태에서 병역법 제88조 제1항을 온전히 해석·적용하여 양심적 병역거부행위에 대한 유·무죄를 판단할 수는 없다고 보아야 한다. 현행 병역법의 위 조항은 잠정적일 뿐 위헌성을 띠고 있는 것이기 때문이다. 다수의견의 논리대로라면 이 사건의 파기환송 후 원심은 피고인이 주장하는 양심이 깊고 확고하며 진실한지 여부를 심사하여 현재 상태에서 피고인의 유·무죄 여부를 가려야 한다. 개정법의 내용에 따라서는, 피고인이 무죄를 선고받고서도 대체복무조차 면하게 될 수도 있고, 또는 피고인에게 유죄가 선고되어 어쩌면 부여받을 수도 있었던 대체복무의 기회가 박탈될 수도 있다. 이와 같은 결론은 스스로 대체복무 의사를 피력하고 있는 이 사건 피고인은 물론 대다수 국민도 예측하지 못한 제3의 법질서를 추가로 만들어 내는 것이다. 다수의견이 이와 같은 법질서의 혼란 등을 감수해 가면서까지 헌법이론적으로도 무리이고 외국 사례도 거의 없는 해석을 통해 서둘러 이 사건을 결론짓고자 하는 이유를 도무지 알 수 없다. 이는 양심의 자유에 관한 역사적 의미를 갖는 판결과는 전혀 거리가 멀고, 오히려 위헌성을 띤 법률 조항을 해석·적용하여 판단을 내림으로써 양심의 자유의 법리를 후퇴시키고, 국민의 헌법적 의사를 거스르는 독단적인 판단에 불과하다.

그러므로 이 사건의 판단은 국회가 합리적으로 설계할 것으로 기대되는 대체복무제의 틀에서 문제를 해결할 수 있는 시점 이후로 미루는 것이 타당하고, 그것이 현재 병역법 위반으로 기소되어 있는 피고인도, 그를 기소한 검사도, 판결하여야 하는 법원도, 입법을 한 국회도, 관용을 경험한 사회구성원들도 모두 명예로운 결론을 얻는 길이 될 것이다. 아울러 이를 통해 우리 사회가 가장 민감한 문제의 하나인 양심적 병역거부를 둘러싼 사회의 대립을 극복하고 국민통합으로 나아갈 수 있게 될 것이다.

사. 우리도 피고인은 처벌받아서는 안 된다고 말하고 싶다.

그러나 지금, 위헌 상태인 병역법의 해석을 통한, "대체복무 없는 병역거부"라는 법질서로써는 아니다.

잠시 기다려, 합헌적인 개선입법에 의한, "대체복무와 함께 하는 병역거부"라는 법질서로써만이다.

이상과 같이 다수의견을 따를 수 없는 이유를 반대의견에 대한 보충의견을 통해 밝히는 바이다.

12. 반대의견에 대한 대법관 조희대, 대법관 박상옥의 보충의견

다수의견은 우리 역사와 헌법을 도외시하는 해석론이므로 받아들일 수 없다. 역사를 망각하고 헌법을 오도하면 나라의 장래가 위험하다. 이 점에 관하여 반대의견의 내용을 보충하고자 한다.

가. 다수의견이 말하는 이른바 '양심적 병역거부'를 인정하는 대표적인 국가로는 독일과 유럽 여러 나라들이 있다.

1) 구 서독 기본법은 1949년 제정 당시 제4조 제3항에 "누구도 양심에 반하여 집총병역을 강제당하지 아니한다. 자세한 것은 연방법률로 정한다."라고 규정함으로써 양심적 병역거부권을 기본권으로 명시하였다. 그리고 1956년 제12조 제2항을 개정하여 "양심상 이유로 집총병역을 거부하는 자에게는 대체복무 의무를 지울 수 있다. 대체복무 기간은 군복무 기간을 초과할 수 없다. 상세한 것은 법률로 정하되, 이 법률은 양심적 결정의 자유를 침해해서는 안 되고, 군대와 아무런 관련이 없는 대체복무도 가능하도록 규정해야 한다."라고 하여 징집에 의한 병역의무와 함께 양심적 병역거부자의 대체복무가 가능하도록 규정하였다. 이어 1968년 병역의무와 대체복무제에 관한 위 기본법 규정을 제12a조로 개정하여 제1항에 "남자들은 만 18세 이상부터 군, 연방국경수비대 또는 민방위대에 복무할 의무를 지울 수 있다."라고 하여 병역의무의 근거를 명확히 규정하고, 제2항에 종전 제12조 제2항의 내용과 유사하게 양심적 병역거부자의 대체복무 의무에 관하여 규정하였다.

위의 각 해당 기본법 규정을 근거로 1956년 병역의무법이 제정되어 징병제가 시행되고, 1960년 대체복무법이 제정되었으며, 1983년 양심상 이유로 인한 집총병역거부에 관한 법률이 제정되었다.

1990년 동·서독 통일 후의 독일 기본법과 관련 법률들도 대체로 같은 내용의 규정들을 두고 있다.

2) 독일인들은 독일제국이 일으킨 제1차, 제2차 세계대전에서 각각 수천만 명의 인명이 살상되고 국제평화질서가 파괴되는 참상을 목격한 후, 인류 역사상 유례가 없는 대규모의 침략전쟁을

저지른 데 대하여 깊이 반성함과 아울러 과거의 군국주의적, 국가사회주의적 전통과 완전히 결별하려는 헌법적 결단에 따라 구 서독 기본법 제정 당시부터 양심적 병역거부권을 기본권으로 명시하였고, 그 후 통일된 독일 기본법에도 이를 규정하였다.

3) 독일과는 헌법 제·개정의 경위나 전쟁과 관련된 역사적 배경에 조금씩 차이가 있기는 하지만, 제1차, 제2차 세계대전에서 전쟁의 참상을 함께 경험한 네덜란드, 스위스, 포르투갈, 러시아 등 유럽 여러 국가들도 독일과 마찬가지로 헌법 제·개정을 통해 양심적 병역거부권을 헌법에 명시적으로 규정하거나 적어도 법률로 명시적으로 규정하고 있다.

나. 그러나 대한민국 헌법은 위의 독일이나 유럽 여러 국가들에서 보는 것과는 근본적인 차이가 있다.

1) 우리나라는 홍익인간(홍익인간)의 인본주의적 가치를 숭상하는 오랜 역사적 전통으로 주변국과의 선린우호와 공존공영을 지향해 왔을 뿐 침략할 의도로 군대를 조직하거나 침략전쟁을 일으킨 적이 없는 반면, 조선시대 이후에만도 여러 차례 외세의 침략을 받아 크나큰 피해를 입은 적이 있다.

임진왜란이 일어나기 전 왜적에 대한 방비책을 강구해야 한다는 호소가 있었지만 민심을 어지럽힌다는 빈축만 샀다. 조정에서는 군사훈련을 게을리하고 군역을 면제해 주는 일이 빈번하였다. 왜적이 쳐들어오자 관군은 왜군의 위세에 겁을 먹고 전의를 상실한 채 도망치기 바빴다. 선조는 한양을 버리고 의주로 몽진했다. 선조가 한양을 떠나던 날, 백성들은 피난 가는 행로를 막고 소리쳐 욕하고, 노비들은 노비문서를 불질렀다. 조정에서 관군을 모집하려고 애썼지만 응하는 이가 없었다. 무방비 상태인 국토가 왜군에 짓밟히고 수많은 백성들이 왜적의 총칼에 죽임을 당하거나 끌려갔다. 이순신이 지휘하는 수군의 활약과 전국 방방곡곡에서 일어난 의병(의병)들의 활동으로 반격의 발판을 마련하여 마침내 왜군을 몰아내고 전쟁은 끝이 났지만, 그 피해는 엄청났다.

병자호란을 당하여 인조는 삼전도에서 삼공육경(삼공육경)을 거느리고 나가 청 태종에게 삼배구고두(삼배구고두)의 예를 올리고 항복하는 치욕을 당했다. 세자는 볼모로 잡혀가고 수많은 관리와 백성들이 포로로 끌려가거나 죽임을 당했다.

구한말에는 열강의 각축장이 되어 일제에 명목뿐인 군대마저 해산당하고 국권을 상실한 채 병합당하고 말았다. 우국지사들이 자결로 항거하고, 국내는 물론이고 이역만리 타국에서 목숨을 걸고 독립운동을 벌였지만, 일제의 침탈과 만행을 막지 못했다. 강우규 의사(의사)는 서대문형무소에서 "단두대 위에 올라서니 오히려 봄바람이 감도는구나. 몸은 있으나 나라가 없으니 어찌 감회가 없으리오."라는 절명시(절명시)를 읊고 처형당하였다. 강제징용과 일본군 위안부 문제는 아직도 미해결의 과제로 남아 있다.

해방 후 북한은 소련과 군사 비밀협정을 체결하고 군사지원을 받아 군대훈련을 강화하였다. 대한민국은 전쟁이 나면 북진하여 평양에서 점심을 먹을 것이라고 당국자가 큰 소리만 쳤지 국방력을 강화하지는 않았다. 국군은 6·25 전쟁 발발 직전 많은 군인들이 휴가를 간 상태였다. 북한은 월등한 군사력을 바탕으로 파죽지세로 남하하여 낙동강 부근까지 점령하였다. 유엔군의 참전으로 국군이 전열을 가다듬고 학도의용군도 가세하여 서울을 수복한 후 압록강까지 진격하였으나 중공군에 밀려 남하하여 38도선 부근에서 치열한 공방을 계속하다가 휴전이 이루어졌다. 6·25 전쟁은 전국토를 초토화시키고 엄청난 인명과 재산상의 피해를 초래하였다.

2) 대한민국 헌법은 우리나라의 참혹한 역사를 거울삼아 국가의 안전보장과 국토방위 및 국방의 의무에 관하여 규정하고 있다.

1948년 제정된 제헌헌법은 전문에서 "유구한 역사와 전통에 빛나는 우리들 대한국민은 기미 삼일운동으로 대한민국을 건립하여 세계에 선포한 위대한 독립정신을 계승"함과 아울러 "밖으로는 항구적인 국제평화의 유지에 노력하여 우리들과 우리들의 자손의 안전과 자유와 행복을 영원히 확보할 것"을 선언하고, 본문에서 신앙과 양심의 자유(제12조) 등 기본적 인권을 보장하는 규정을 두면서, 모든 종류의 침략전쟁을 부인하고 국군에게는 국토방위의 신성한 의무 수행을 사명으로 부여하고(제6조), 국민은 법률이 정하는 바에 의한 국토방위의 의무를 부담하게 됨을 규정하였다(제30조).

제헌헌법의 기조는 그 후 1987년 개정되어 이 사건 당시 적용되던 현행 헌법에도 그대로 이어지고 있다. 현행 헌법의 해당 규정과 구체적인 내용은 반대의견에서 보는 바와 같다.

3) 우리 헌법은 제정 당시부터 현재까지 국방의 의무를 모든 국민에게 적용될 기본적 의무로 규정하면서도 양심적 병역거부권을 포함하여 그 의무 이행에 대한 일체의 예외나 적용배제의 사유를 헌법 속에 규정하지 않았다. 또한 우리 헌법은 병역의무와 관련하여 양심 또는 종교의 자유의 우위를 인정하는 어떠한 규범적 표현도 그 안에 담고 있지 않다.

독일과 유럽 여러 국가들은 제1차, 제2차 세계대전이라는 유례가 없는 대규모의 침략전쟁을 일으킨 데 대한 반성에서 헌법이나 법률에 양심적 병역거부권을 기본권 또는 징병제 하에서 병역의무에 대한 예외사유로 명시하고 있다.

우리 헌법은 우리나라가 외세에 침략 당해 고통을 겪었던 아픈 역사를 다시는 되풀이하지 않도록 국가의 안전보장과 국토방위의 사명을 완수하기 위하여 제정된 것인 점에서 역사적 배경이나 동기가 근본적으로 다르다.

우리나라에서도 헌법 제정 당시부터 '여호와의 증인' 등 일부 기독교 종파 소속 신도들을 중심으로 한 양심적 병역거부에 관하여 사회적 논란이 있었고, 1950년경부터 '여호와의 증인' 신도의 양심적 병역거부를 입영기피행위로 간주하여 병역법의 관련 규정에 의해 형사처벌의 대상으로 삼아 왔으며, 그 무렵 양심적 병역거부권 또는 대체복무제의 근거를 헌법에 명시함으로써 병역의무와의 규범적 충돌에 따른 문제를 해결하려고 한 구 서독 기본법과 같은 여러 헌법적 입법례가 존재하고 소개되었던 점에 비추어 볼 때, 양심적 병역거부 주장에 따른 양심의 자유 보장과 국방의 의무 간의 충돌이라는 헌법적 문제는 제헌헌법이나 현행 헌법의 제·개정 당시 이미 널리 알려진 사회적·규범적 현상으로서 헌법이 미처 예상하지 못한 사태가 아니었을 것이다.

이러한 상황에서 현행 헌법에 이르기까지 양심적 병역거부에 관한 헌법적 근거 규정을 두지 않았다는 것은 헌법이나 관련 법률의 입법적 간과 혹은 불비가 아니라 헌법규범 차원에서 이를 배제하려는 헌법제정권자의 의도적인 선택의 결과라고 봄이 타당하다.

우리나라에서 양심적 병역거부를 헌법상 국방의 의무를 구체화한 병역법상의 구체적 병역의무에 대한 예외로서 병역법 제88조 제1항의 '정당한 사유'로 인정하려면, 헌법에 양심적 병역거부권을 신설하거나 현행 헌법에 합치되는 범위에서 법률에 이를 명시함으로써만 가능하다고 보아야 한다.

4) 종교적 신념 등을 이유로 헌법과 법률이 정한 병역의무를 거부하는 자에 대하여 국가가 대체복무 등 시혜적인 조치를 강구하는 것은 가능하고 바람직할 수도 있지만, 그렇지 않고 병역법상 병역의무 이행의 실효성을 확보하기 위한 핵심적인 수단으로 헌법의 정당한 위임 아래 입법자가 마련해 둔 병역법 제88조 제1항의 '정당한 사유'의 무리한 해석을 통해 인정한다면, 이는 우리 현행 헌법에 깃든 국가의 안전보장과 국토방위에 관한 이념, 그 배경을 이루는 우리의 특유한 역사적 경험 등에 비추어 볼 때 규범적으로나 현실적으로 도저히 용납하기 어려운 결론이다. 이는 양심의 자유에 대한 정당한 제한사유로서 국가안전보장과 국토방위의 헌법적 목적, 그 수단으로서 국방의 의무가 갖는 헌법적 가치를 손상시키는 것일 뿐만 아니라, 이에 기초한 국가의 정당한 공권력 행사를 위법한 것으로 만듦으로써 사회적 혼란만을 초래하게 될 것이다.

다소 늦은 감이 없지 않지만 헌법재판소의 헌법불합치결정 후 국회를 중심으로 대체복무제의 도입을 위한 준비가 활발히 진행 중이고 그 도입이 예상되는 상황이다. 이러한 마당에 위와 같은 헌법해석론에 부합하는 종전 대법원 전원합의체 판결의 법리를 느닷없이 뒤집는 것은 시기적으로도 맞지 않다.

5) 앞서 밝힌 바와 같이 현행 헌법상 인간의 존엄과 가치 및 기본적 인권 보장의 이념(제10조), 양심의 자유(제19조), 국방의 의무(제39조 제1항), 기본권 제한의 일반원칙 및 본질적 침해 금지(제37조 제2항) 규정 등에 관한 대법원 및 헌법재판소의 확립된 법리에 의할 때, 헌법 해석론으로 양심적 병역거부권을 인정할 수 없음은 물론, 양심적 병역거부가 헌법상 국방의 의무에 대해 우위에 있는 헌법적 가치로서 헌법상 양심의 자유로부터 당연히 도출된다거나, 이를 전제로 병역법 제88조 제1항의 '정당한 사유'에 포함된다고 해석할 여지도 없다. 따라서 종교적 신념 등에 의한 양심상의 이유로 입영거부를 하는 것도 '정당한 사유'에 포함될 수 있다고 보는 다수의견은 헌법이 전혀 예정하지 않고 있는 국방의 의무에 대한 특례를 인정하는 셈이 되어 우리 헌법에 명백히 배치된다.

다. 우리 헌법을 위와 같이 해석하는 입장에서 살펴보면 병역법 제88조 제1항의 '정당한 사유'에 다수의견이 말하는 이른바 '양심적 병역거부'를 포함시킬 수는 없고, 나아가 다수의견의 입장에 따라 이 사건에서 구체적, 개별적으로 살펴보더라도 피고인은 입영을 거부할 '정당한 사유'가 있다고 할 수 없다.

1) 병역법 제88조 제1항의 '정당한 사유'가 다수의견이 말하듯이 구체적인 사안에서 법관이 개별적으로 판단할 문제라고 보면, 이 사건에서 피고인의 구체적인 주장 내용이 무엇인지 살펴본 후, 그것이 '정당한 사유'에 해당하는지 개별적으로 판단할 필요가 있다.

2) 피고인은 스스로 작성한 탄원서, 항소이유서, 상고이유서(특히 32쪽 이하)와 공판기일의 변론을 통하여, 자신이 '여호와의 증인' 신도로서 '양심적 병역거부권'을 주장하면서 병역을 거부하는 이유로, '여호와의 증인' 교리에 따라 주변 사람들을 교화시켜 국가적 차원에서의 무장해제와 전쟁종식을 위한 노력을 기울이고 세계평화를 이루기 위한 것이라는 점, 또한 세상의 권위는 모두 하나님으로부터 부여된 것이어서 세속의 법을 지키고 세금을 내는 것도 그로 인한 처벌이 두려워서가 아니라 그 권위가 하나님으로부터 부여받은 것이기 때문이라고 전제하면서, 국가 법질서와 교리상의 법질서가 상충하는 경우에는 보다 우위에 있는 하나님의 명령에 복종해야 한다는 점 등을 들고 있다.

3) 피고인은 대체로 종교적 신념에 의한 병역거부를 주장하는 것으로 보일 뿐, 양심의 자유에 의한 병역거부를 주장하는 것이라고 보기는 어렵다.

다수의견은 양심에 따른 병역거부, 이른바 '양심적 병역거부'란 종교적·윤리적·도덕적·철학적 또는 이와 유사한 동기에서 형성된 양심상의 결정을 이유로 집총이나 군사훈련을 수반하는 병역의무의 이행을 거부하는 행위를 말한다고 한다. 피고인의 경우에는 분명하지 않지만, 다른 '여호와의 증인' 신도의 경우에는 총을 들고 적을 살상하는 군대에 복무하는 것은 양심에 반한다는 주장을 펴기도 한다. 이런 의미에서 '여호와의 증인' 신도의 병역거부 주장을 양심의 자유에 의한 병역거부의 주장으로 볼 여지가 없지는 않다.

독일과 유럽 여러 국가들의 경우에는 집총하여 병역에 복무하는 것이 유럽의 기독교적 전통에 따른 종교적 신념에 반하는 데에서 나아가, 제1차, 제2차 세계대전을 통하여 수많은 인명이 살상되는 것을 직접 목격하거나 그 후 이를 배우면서 집총병역 복무가 인간의 양심에 반하는 것이라는 반성이 자연스럽게 생겼다. 이에 독일과 유럽 여러 국가들은 헌법이나 법률에서 양심적 집총병역거부권을 규정하게 되었다.

우리나라의 경우에는 외세의 침략을 받기만 하였고 우리 군대가 침략전쟁을 일으켜 적을 살상한 적이 없었기 때문에, 총을 들고 군대에 복무하는 것이 양심에 반한다거나 이를 거부하는 양심을 형성할 만한 사정이 없다. 그렇기 때문에 피고인도 자신의 병역거부는 종교적 신념에 의한 것임을 표시하고 있다고 볼 수 있다.

다수의견이 피고인의 위와 같은 주장을 양심의 자유에 의한 병역거부를 주장하는 것으로 보아 판단의 전제로 삼은 것은 피고인의 주장을 아무런 설명과 이유 없이 과장하거나 논리를 비약하는 것이어서 납득하기 어렵다.

4) 피고인의 위 주장이 양심의 자유에 의한 병역거부이든, 종교적 신념에 의한 병역거부이든지 간에, 다수의견과 일부 '여호와의 증인' 신도가 내세우는 것처럼 총을 들고 적을 살상하는 군대에 복무하는 것이 양심의 자유에 반한다는 취지의 주장은 병역법 제88조 제1항의 '정당한 사유'에 해당할 수 없다.

우리 헌법은 독일과 유럽 여러 국가들과는 달리 침략전쟁을 일으킨 적이 없고 외세의 침략을 받아 인명을 살상당하고 국권을 상실한 데 대한 각성하에 침략전쟁을 부인하면서 국군에 국가의 안전보장과 국토방위의 사명을 부여하고 국민에게 국방의 의무를 부여하고 있다. 우리 국민들은 반복되는 외세의 침략 속에서 신분 여하를 불문하고 모두가 공동체 구성원의 일원으로서 국방에 관한 의무를 당연히 나누어진다는 고귀한 희생과 책임 의식에서 자발적으로 의병이나 승병을 조직하여 국토방위에 나선 경험이 있다. 이러한 역사적 경험은 그 후 일제의 침략으로 나라를 잃은 상황에서도 이어져 국내외의 독립운동가들과 대한민국 임시정부가 주축이 되어 빼앗긴 나라를 되찾고 독립을 쟁취하기 위해 침략국인 일제를 상대로 다양한 방식의 투쟁을 전개하였고, 대한민국 건국 후 북한의 기습도발로 발발한 6·25 전쟁 중에는 학도의용군을 조직하여 맞서 싸운 기억으로 남아 있다. 피고인이 국군을 총을 들고 적을 살상하는 집단으로 보고 이를 전제로 양심적 병역거부를 주장하는 것은 헌법에 반하므로 '정당한 사유'로 받아들이기 어렵다.

5) 피고인은 심지어 '여호와의 증인' 교리에 따른 국가적 차원에서의 무장해제와 평화주의, 납세거부, 종교우월까지 연계하여 주장하고 있다.

헌법 제20조는 제1항에서 "모든 국민은 종교의 자유를 가진다."라고 규정하면서, 제2항에서 "국교는 인정되지 아니하며, 종교와 정치는 분리된다."라고 규정하여 종교의 자유와 정교분리 원칙을 선언하고 있다.

종교의 자유는 헌법상 자유권적 기본권으로서의 본질상 개인의 신앙이 국가권력에 의하여 침해되어서는 안 된다는 소극적 방어권의 의미를 가질 뿐이지, 국민 각자가 종교와 관련된 특정한 주관적 목적을 달성하기 위한 적극적인 수단으로서 인정되는 권리가 아니다.

이 사건에서 피고인이 종교적 양심을 이유로 집총훈련 및 군복무를 포함하는 일체의 병역을 거부할 권리를 주장하는 이유가, 표면적으로는 다수의견이 지적하는 것처럼 자신이 따르는 '여호와의 증인' 교리가 이를 엄격히 금지하고 있음에 따라 그 교리에 따르기 위한 것처럼 보인다. 그런데 피고인의 주장 내용을 보면, 피고인은 이 사건을 통해 양심적 병역거부권을 인정받고 병역법상의 형사처벌을 면하게 됨으로써, 단순히 평화주의를 지향하는 종교적 교리에 충실하는 개인적 신앙생활을 유지하고 타인에 대한 무력행사의 가능성 있는 일체의 상황을 자신만의 영역에서 소극적으로 회피할 기회를 갖는 데에 그치고자 하는 것이 아니라, 자신의 이러한 행동을 겉으로 드러내 보이거나 이를 수단으로 하여 자신이 추종하는 종교적 교리를 주변에 확산시키는 방법으로 다른 사람들까지 무장해제와 평화주의 또는 병역거부에 관한 교리에 감화되도록 하고 종교적 신념에 따른 병역거부권의 행사가 보편적인 것이 되도록 하려는 것이다. 이는 국가적·범세계적 차원에서 무장해제와 전쟁종식 및 평화정착을 이루겠다는 일종의 정치이념에 유사한 종교적 목표를 적극적으로 달성하겠다는 것과 다르지 않다.

국가에 대하여 신앙의 형성과 그 실현 과정에 대해 부당한 간섭이나 강요를 하지 말 것을 요구하는 이른바 소극적 방어권에 그치는 종교의 자유의 본질에 비추어 볼 때, 위와 같이 개인에게 자신의 종교적 사상과 결정에 근거하여 외부세계에 영향을 미치고 사회를 적극적으로 변화·형성할 가능성을 보호하고자 하는 것은 종교의 자유 보장에 관한 헌법상 한계를 넘어선 것이다. 인간의 존엄성 유지와 개인의 자유로운 인격발현을 최고의 가치로 삼는 우리 헌법상의 기본권 체계 내에서 종교의 자유의 역할은 오로지 종교상의 이유로 국가가 강요하는 명령에 대한 방어권을 부여함으로써 개인적 신앙의 정체성과 동질성을 유지하는 데에 그친다고 보아야 하기 때문이다.

피고인의 주장은 세계평화주의, 반전사상, 무정부주의 등과 같은 전통적인 정치적 이념이나 노선과 그 맥락이 일치하거나 유사한 면이 있음을 부인할 수 없고, 그로 인해 위와 같은 특정 종파의 종교적 이념이 같은 이념을 표방하면서 정치권력을 쟁취할 것을 목적으로 활동하는 특정 정당이나 정파의 정치이념적 선전도구로 악용될 위험성도 배제할 수 없다. 종교적 양심에 따른 병역거부권을 헌법적 가치로 수용하고 그에 대해 정당성까지 부여할 경우 그러한 위험성은 더욱 커질 우려가 있고, 이는 결국 종교에 대한 국가의 중립성을 해하고 사실상 특정 종교를 국가적 차원에서 지원하거나 보호하는 결과를 초래할 수 있다.

이 사건에서 피고인에 대해 종교적 양심에 따른 병역거부권을 인정하는 것은 헌법상 종교의 자유 보장의 한계를 벗어나고 정교분리원칙에 위배된다.

6) 헌법 제19조가 보장하는 양심의 자유 등 인간의 정신생활에 관한 기본권은 인간의 내적·정신적인 면을 규제할 수 없으므로 그 성질상 어떠한 법률에 의하여서도 이를 제한할 수 없지만,

이미 그 영역을 떠나 외부적으로 나타나는 때에는 국가안전보장 및 공공의 질서와 선량한 풍속 또는 공공의 복리를 위해 제한될 수 있다(대법원 1982. 07. 13. 선고 82도1219 판결 등 참조). 개인의 양심이란 지극히 주관적인 현상으로서 비이성적·비윤리적·반사회적인 양심을 포함하여 모든 내용의 양심이 양심의 자유에 의하여 보호된다는 점을 고려한다고 해도 '국가의 법질서는 개인의 양심에 반하지 않는 한 유효하다'는 사고는 법질서의 해체, 나아가 국가공동체의 해체를 의미하므로 허용되지 않는다. 어떠한 기본권적 자유도 국가와 법질서를 해체하는 근거가 될 수 없고, 그러한 의미로 해석될 수 없다(헌법재판소 2004. 8. 26. 선고 2002헌가1 등 전원재판부 결정 참조).

다수의견도 인정하는 것처럼 이 사건에서 문제 되는 상황은 실정법의 규율 대상이 될 수 없는 순수한 내면적 양심에 관한 것이 아니다. 이는 종교적 양심을 이유로 병역법에 의해 부과된 병역의무의 이행을 거부함으로써, 소극적 부작위에 의해 국가 법질서와 배치되는 자신의 양심을 실현하려는 것으로서, 헌법상 국방의 의무에 근거한 병역법 등 현행의 국가 법질서와 피고인 자신이 따르는 종교 교리상의 법질서가 충돌·갈등하는 상황이다. 이러한 상황에서 앞서 살펴본 것처럼 현행 헌법의 해석론으로는 도저히 받아들이기 어려운 양심적 병역거부권을 갑자기 인정하는 것은, 국가 법질서에 대한 개인의 주관적·내면적 양심의 절대적 우위를 인정하는 결과가 되어, 개개인의 양심적 결정에 의한 국가 법질서의 사실상 해체, 나아가 국가공동체의 해체를 의미하는 것과 다를 바 없다. 이는 법리적으로 인정되는 헌법상 양심의 자유 보장의 범위를 명백히 넘어선 것이고, 헌법상 기본권 이론에도 맞지 않는다.

7) 헌법 제11조는 제1항에서 "모든 국민은 법 앞에 평등하다. 누구든지 성별·종교 또는 사회적 신분에 의하여 정치적·경제적·사회적·문화적 생활의 모든 영역에 있어서 차별을 받지 아니한다."라고 규정하면서, 제2항에서 "사회적 특수계급의 제도는 인정되지 아니하며, 어떠한 형태로도 이를 창설할 수 없다."라고 규정하고 있다. 한편 국방의 의무를 통해 실현하고자 하는 국가의 안전보장과 국토방위는 그 성질상 급변하는 국내외 정세에 대응하면서 적정한 방위력의 유지 확보를 위해 합목적적으로 판단되어야 할 사항이기 때문에 그 수단으로서 병역법상의 구체적인 징집대상자의 범위 선정이나 병역 특례의 인정 요건을 정함에 있어서는 입법자에게 매우 광범위한 형성권이 부여되어 있다(헌법재판소 2002. 11. 28. 선고 2002헌바45 전원재판부 결정 등 참조).

반대의견에서 지적한 것처럼 병역법은 국민개병제, 징병제의 병역제도 아래에서 병역부담평등의 원칙을 관철하기 위해 병역 자체를 면할 수 있는 개인적·주관적 사유를 형사처벌 전력, 심신장애, 북한이주민 등 극히 제한적으로만 인정하고 있고, 개인의 종교적 교리나 신념, 가치관, 세계관 등의 사유는 병역을 면할 사유로 규정하고 있지 않을 뿐만 아니라 해석론으로 이를 인정할 수도 없다. 특정한 종교적 교리에 기초한 이러한 사유는 병역법상의 병역면제사유와는 본질적으로 구별되므로, 양심적 병역거부권을 인정함으로써 이를 입영을 거부할 '정당한 사유'로 해석해 주는 것은 병역부담평등의 원칙을 결정적으로 해하는 것이다. 또한 해당 종교의 신도와 그렇지 않은 사람들을 종교상의 이유로 차별하는 것이 되어, 헌법상 평등원칙에 정면으로 배치될 뿐만 아니라 사실상 종교에 기초한 사회적 특수계급의 창설에 해당하여 헌법상 용납될 수 없다.

라. 이 사건에 관하여 앞에서 검토한 내용을 종합하여 결론적으로 살펴보기로 한다.

　1) 이 사건에서 피고인은 '여호와의 증인' 신도로서 자신뿐만 아니라 주변 사람들을 교화시켜 국가적 차원에서의 무장해제를 위한 노력을 기울이며 국가 법질서보다 하나님의 명령에 복종하여야 한다는 취지에서 병역을 거부하는 것이므로 입영을 거부할 '정당한 사유'가 있다고 주장한다.

　2) 다수의견은 피고인이 이른바 '양심적 병역거부자'로서 입영을 거부할 '정당한 사유'에 해당한다고 볼 여지가 있다고 한다.

　3) 우리 헌법과 법률을 도외시하고 이를 '정당한 사유'에 포함시키는 다수의견의 법리와 결론이 타당하지 않음은 위에서 본 바와 같다. 아래에서 간략하게 정리해 본다.

　　첫째, 독일과 유럽 여러 국가들은 제1차, 제2차 세계대전이라는 대규모의 침략전쟁을 일으키고 겪은 후 전쟁의 참상에 대한 반성에서 헌법이나 법률에 양심적 병역거부권을 명시적으로 규정하고 대체복무제를 도입하였다. 우리 대한민국 헌법은 외세에 침략당하고 나라를 잃고 고통을 당한 데 대한 각성에서 국가의 안전보장과 국토방위 및 국방의 의무를 철저하게 규정하면서 헌법이나 법률에 양심적 병역거부를 비롯한 일체의 예외규정을 두지 않았다. 국가의 안전보장과 국토방위에 직결되는 이런 중차대한 문제에 관한 헌법제정권자의 결단은 매우 무겁게 받아들여져야 한다. 우리 헌법의 제·개정에 관한 역사적 배경과 내용 및 헌법제정권자의 결단 등에 비추어 볼 때 헌법과 법률의 제·개정 없이 이른바 '양심적 병역거부'를 인정할 수는 없고, 더욱이 대체복무가 아닌 무죄 가능성을 열어주는 것은 결코 있을 수 없는 일이다.

　　둘째, 다수의견은 양심실현의 자유는 법률로써 제한할 수 있으나 본질적인 내용을 침해할 수 없으며, 소극적 부작위에 의한 양심실현의 자유에 대한 제한에는 세심한 배려와 신중한 접근이 필요하다고 한다. 양심형성의 자유와 양심상 결정의 자유는 내심에 머무르는 한 이를 제한할 수도, 제한할 필요성도 없다는 점에서 절대적 자유이지만, 양심표명의 자유와 소극적 부작위에 의한 양심실현의 자유는 제한될 수 있는 상대적 자유라는 것이 대법원과 헌법재판소의 확립된 법리이다. 심지어 이 사건에서 피고인은 '여호와의 증인' 교리에 따라 국가적 차원에서의 무장해제와 평화주의, 납세거부, 종교우월까지 연계하여 주장하고 있다. 이러한 피고인에 대하여 대체복무도 아닌 무죄를 가능하게 하는 결론은 어떤 법리로도 정당화하기 어려울 뿐만 아니라, 국군의 사기에도 악영향을 끼칠 우려가 크다.

　　셋째, 다수의견은 이른바 '양심적 병역거부'란 종교적·윤리적·도덕적·철학적 또는 이와 유사한 동기에서 형성된 양심상의 결정을 말하고, 여기에서 말하는 양심은 윤리적 내심 영역이고 절박하고 구체적인 것으로서, 그 신념이 깊고 확실하며 진실해야 한다고 하면서, 구체적인 병역법위반 사건에서 피고인이 양심적 병역거부를 주장할 경우, 그 양심이 과연 위와 같이 깊고 확실하며 진실한 것인지 가려내는 일이 무엇보다 중요하다고 한다. 그러면서 막상 종교적·윤리적·도덕적·철학적 또는 이와 유사한 동기에서 형성된 양심적 병역거부에 일반적으로 적용되는 구체적인 심사·판단 기준을 전혀 제시하지 않고 종교활동과 관련된 것만을 제시하고 있다. 사실심이 무슨 기준에 따라 심사·판단할 것인지 짐작조차 하기 어렵다. 양심이 윤리적 내심 영역이고 절박하고 구체적인 것이라면 법원이 심사하거나 판단할 수 없는데도, 이를 심사·판단할 수 있다고 보는 것 자체가 문제이다. 심사하거나 판단할 수 없는 것을 심사·판단하라고 할 수는 없고, 그 기준을 제시할 수도 없는 노릇이다. 헌법이나 법률에 규정이 없는데도 무리한 해석론으로 양심의 자유에 의한 병역거부를 인정하는 데에서 이런 문제가 생긴 것이다.

넷째, 다수의견이 예를 들어 종교적 신념에 의한 양심적 병역거부의 경우에 적용될 것으로 제시하고 있는 판단요소와 고려요소들은 특정 종교의 독실한 신도인지를 가려내는 기준이 될 수 있을 뿐이지 양심적 병역거부자인지를 가려내는 기준이 될 수는 없다. 양심적 병역거부라고 하면 입영을 앞두고 내리는 최종적인 결단이 바로 그 사람의 양심에 따른 결정이다. 비유하건대, 어떤 사람이 평소 어떠어떠한 사람과 결혼하겠다고 마음을 먹고 주변에 입버릇처럼 말해 왔다고 해도, 결혼에서 정작 중요한 것은 그 사람이 구체적인 어떤 사람을 정해 결혼하기로 최종적인 결심을 하는 순간이다. 그 전에 어떤 생각을 하고 어떤 말과 행동을 했든 상관이 없다. 양심적 병역거부의 경우도 이와 마찬가지이다. 그런 논리에서 보면 양심상의 결정이라고 주장하는 모든 사람에 대하여 심사·판단 없이 이를 인정해 주어야 마땅하다. 그렇지 않고 다수의견이 제시하는 요소들을 심사·판단의 기준으로 고집하면 '여호와의 증인' 신도들과 같은 특정 종교에 특혜를 주는 결과가 생길 수 있다. 어느 쪽이든 헌법상 양심의 자유 또는 종교의 자유 보장의 한계를 벗어나거나 정교분리의 원칙에 반하고 국가 법질서의 사실상 해체를 가져올 우려가 있다. 이는 우리 대한민국 헌법질서에 중대한 위험 요소가 될 것이다.

이상의 이유로 반대의견을 보충하는 취지를 밝힌다.

● 대법원 2019. 08. 29. 선고 2018도14303 전원합의체 판결 【특정범죄가중처벌등에관한법률위반(뇌물)·직권남용권리행사방해·강요(일부 인정된 죄명: 강요미수)·강요미수·공무상비밀누설】

【판시사항】

[1] 전문증거의 증거능력 / 다른 사람의 진술을 내용으로 하는 진술이 전문증거인지 본래증거인지 판단하는 기준 / 어떤 진술이 기재된 서류가 그 내용의 진실성이 범죄사실에 대한 직접증거로 사용될 경우, 전문증거인지 여부(적극) 및 어떠한 내용의 진술을 하였다는 사실 자체에 대한 정황증거로 사용될 것이라는 이유로 서류의 증거능력을 인정한 다음 그 사실을 다시 진술 내용이나 그 진실성을 증명하는 간접사실로 사용하는 경우, 그 서류는 전문증거에 해당하는지 여부(적극)
[2] 형사소송법 제364조의2의 취지 및 위 규정은 공동피고인 사이에서 파기의 이유가 공통되는 해당 범죄사실이 동일한 소송절차에서 병합심리된 경우에만 적용되는지 여부(적극)
[3] 전직 대통령인 피고인이 재임 중의 직무와 관련하여 뇌물을 수수하고 직권을 남용하여 강요행위를 하였다는 등의 특정범죄 가중처벌 등에 관한 법률 위반(뇌물) 및 직권남용권리행사방해, 강요 등의 공소사실로 기소된 사안에서, 원심이 피고인에게 유죄로 판단한 특정범죄 가중처벌 등에 관한 법률 위반(뇌물)죄와 나머지 다른 죄에 대하여 공직선거법 제18조 제1항 제3호, 제3항에 따라 이를 분리 선고하지 아니하고 형법 제38조를 적용하여 하나의 형을 선고한 조치에 공직선거법 제18조 제3항의 법리를 오해한 잘못이 있다고 한 사례

【판결요지】

[1] 형사소송법은 제310조의2에서 원칙적으로 전문증거의 증거능력을 인정하지 않고, 제311조부터 제316조까지에서 정한 요건을 충족하는 경우에만 예외적으로 증거능력을 인정한다. 다른 사람의 진술을 내용으로 하는 진술이 전문증거인지는 요증사실이 무엇인지에 따라 정해진다. 다른 사람의 진술, 즉 원진술의 내용인 사실이 요증사실인 경우에는 전문증거이지만, 원진술의 존재 자체가 요증사실인 경우에는 본래증거이지 전문증거가 아니다.

어떤 진술이 기재된 서류가 그 내용의 진실성이 범죄사실에 대한 직접증거로 사용될 때는 전문증거가 되지만, 그와 같은 진술을 하였다는 것 자체 또는 진술의 진실성과 관계없는 간접사실에 대한 정황증거로 사용될 때는 반드시 전문증거가 되는 것이 아니다. 그러나 어떠한 내용의 진술을 하였다는 사실 자체에 대한 정황증거로 사용될 것이라는 이유로 서류의 증거능력을 인정한 다음 그 사실을 다시 진술 내용이나 그 진실성을 증명하는 간접사실로 사용하는 경우에 그 서류는 전문증거에 해당한다. 서류가 그곳에 기재된 원진술의 내용인 사실을 증명하는 데 사용되어 원진술의 내용인 사실이 요증사실이 되기 때문이다. 이러한 경우 형사소송법 제311조부터 제316조까지 정한 요건을 충족하지 못한다면 증거능력이 없다.

[2] 형사소송법 제364조의2는 "피고인을 위하여 원심판결을 파기하는 경우에 파기의 이유가 항소한 공동피고인에게 공통되는 때에는 그 공동피고인에 대하여도 원심판결을 파기하여야 한다."라고 정하고 있고, 이는 공동피고인 상호 간의 재판의 공평을 도모하려는 취지이다. 위와 같은 형사소송법 제364조의2의 규정 내용과 입법 목적을 고려하면, 위 규정은 공동피고인 사이에서 파기의 이유가 공통되는 해당 범죄사실이 동일한 소송절차에서 병합심리된 경우에만 적용된다고 보는 것이 타당하다.

[3] 전직 대통령인 피고인이 재임 중의 직무와 관련하여 뇌물을 수수하고 직권을 남용하여 강요행위를 하였다는 등의 특정범죄 가중처벌 등에 관한 법률(이하 '특정범죄가중법'이라 한다) 위반(뇌물) 및 직권남용권리행사방해, 강요 등의 공소사실로 기소된 사안에서, 공직선거법 제18조 제1항 제3호, 제3항에 따르면 형법 제38조에도 불구하고 피고인이 재임 중의 직무와 관련하여 형법 제129조 내지 제132조(특정범죄가중법 제2조에 의하여 가중처벌되는 경우를 포함한다)에 규정된 죄를 범한 경우에는 그에 속하는 죄와 다른 죄에 대하여 이를 분리 선고하여야 하므로, 이와 달리 원심이 피고인에게 유죄로 판단한 특정범죄가중법 위반(뇌물)죄와 나머지 다른 죄에 대하여 형법 제38조를 적용하여 하나의 형을 선고한 조치에 공직선거법 제18조 제3항의 법리를 오해한 잘못이 있다고 한 사례.

【참조조문】 [1] 형사소송법 제307조, 제310조의2, 제311조, 제312조, 제313조, 제314조, 제315조, 제316조 / [2] 형사소송법 제364조의2 / [3] 형법 제38조, 제123조, 제129조 제1항, 제130조, 제324조 제1항, 특정범죄 가중처벌 등에 관한 법률 제2조 제1항 제1호, 공직선거법 제18조 제1항 제3호, 제3항

【참조판례】 [1] 대법원 2012. 7. 26. 선고 2012도2937 판결(공2012하, 1530), 대법원 2013. 6. 13. 선고 2012도16001 판결(공2013하, 1276), 대법원 2018. 5. 15. 선고 2017도19499 판결 / [2] 대법원 2003. 2. 26. 선고 2002도6834 판결(공2003상, 950)

【전 문】
【피 고 인】 피고인
【상 고 인】 검사
【변 호 인】 변호사 이은성 외 2인
【원심판결】 서울고법 2018. 8. 24. 선고 2018노1087 판결

【주 문】

원심판결 중 유죄 부분(이유무죄 부분 포함)을 파기하고, 이 부분 사건을 서울고등법원에 환송한다. 검사의 나머지 상고를 기각한다.

【이 유】

1. 상고이유를 판단한다.

가. 공소외 1의 업무수첩과 진술(이하 '공소외 1의 업무수첩 등'이라 한다)의 증거능력 인정 여부

1) 전문증거에 해당하는지 여부

가) 형사소송법은 제310조의2에서 원칙적으로 전문증거의 증거능력을 인정하지 않고, 제311조부터 제316조까지에서 정한 요건을 충족하는 경우에만 예외적으로 증거능력을 인정한다. 다른 사람의 진술을 내용으로 하는 진술이 전문증거인지는 요증사실이 무엇인지에 따라 정해진다. 다른 사람의 진술, 즉 원진술의 내용인 사실이 요증사실인 경우에는 전문증거이지만, 원진술의 존재 자체가 요증사실인 경우에는 본래증거이지 전문증거가 아니다(대법원 2012. 07. 26. 선고 2012도2937 판결 등 참조).
어떤 진술이 기재된 서류가 그 내용의 진실성이 범죄사실에 대한 직접증거로 사용될 때는 전문증거가 되지만, 그와 같은 진술을 하였다는 것 자체 또는 진술의 진실성과 관계없는 간접사실에 대한 정황증거로 사용될 때는 반드시 전문증거가 되는 것이 아니다(대법원 2013. 06. 13. 선고 2012도16001 판결 등 참조). 그러나 어떠한 내용의 진술을 하였다는 사실 자체에 대한 정황증거로 사용될 것이라는 이유로 서류의 증거능력을 인정한 다음 그 사실을 다시 진술 내용이나 그 진실성을 증명하는 간접사실로 사용하는 경우에 그 서류는 전문증거에 해당한다. 서류가 그곳에 기재된 원진술의 내용인 사실을 증명하는 데 사용되어 원진술의 내용인 사실이 요증사실이 되기 때문이다. 이러한 경우 형사소송법 제311조부터 제316조까지 정한 요건을 충족하지 못한다면 증거능력이 없다.

나) 원심은 다음과 같이 판단하였다.

피고인이 공소외 1에게 말한 내용에 관한 공소외 1의 업무수첩 등에는 '피고인이 공소외 1에게 지시한 내용'(이하 '지시 사항 부분'이라 한다)과 '피고인과 개별 면담자가 나눈 대화내용을 피고인이 단독 면담 후 공소외 1에게 불러주었다는 내용'(이하 '대화 내용 부분'이라 한다)이 함께 있다.

첫째, 공소외 1의 진술 중 지시 사항 부분은 피고인이 공소외 1에게 지시를 한 사실을 증명하기 위한 것이라면 원진술의 존재 자체가 요증사실인 경우에 해당하여 본래증거이고 전문증거가 아니다. 그리고 공소외 1의 업무수첩 중 지시 사항 부분은 형사소송법 제313조 제1항에 따라 공판준비나 공판기일에서 그 작성자인 공소외 1의 진술로 성립의 진정함이 증명된 경우에는 진술증거로 사용할 수 있다.

둘째, 공소외 1의 업무수첩 등의 대화 내용 부분이 피고인과 개별 면담자 사이에서 대화한 내용을 증명하기 위한 진술증거인 경우에는 전문진술로서 형사소송법 제316조 제1항

에 따라 그 진술이 특히 신빙할 수 있는 상태에서 한 것임이 증명된 때에 한하여 증거로 사용할 수 있다. 이 사건에서 공소외 1의 업무수첩 등이 이 요건을 충족하지 못한다. 따라서 공소외 1의 업무수첩 등은 피고인과 개별 면담자가 나눈 대화 내용을 추단할 수 있는 간접사실의 증거로 사용하는 것도 허용되지 않는다. 이를 허용하면 대화 내용을 증명하기 위한 직접증거로 사용할 수 없는 것을 결국 대화 내용을 증명하는 증거로 사용하는 결과가 되기 때문이다.

다) 원심판결 이유를 위 법리와 적법하게 채택된 증거에 비추어 살펴보면, 원심의 판단에 상고이유 주장과 같은 전문법칙에 관한 법리를 오해한 잘못이 없다.

2) 형사소송법 제315조 제3호에 해당하는지 여부

상업장부, 항해일지, 진료일지 또는 이와 유사한 금전출납부 등과 같이 범죄사실의 인정여부와 상관없이 자기에게 맡겨진 사무를 처리한 내역을 그때그때 계속적, 기계적으로 기재한 문서는 사무처리 내역을 증명하기 위하여 존재하는 문서로서 형사소송법 제315조 제2호에 따라 당연히 증거능력이 인정된다. 이러한 문서는 업무의 기계적 반복성으로 말미암아 허위로 작성될 여지가 적고, 또 문서의 성질에 비추어 고도의 신용성이 인정되어 반대신문의 필요가 없거나 작성자를 소환해도 서면제출 이상의 의미가 없기 때문에 당연히 증거능력을 인정한 것이다. 형사소송법 제315조 제3호는 '기타 특히 신용할 만한 정황에 의하여 작성된 문서'가 당연히 증거능력이 있다고 정하고 있는데, '기타'라는 문언으로 형사소송법 제315조 제1호와 제2호의 문서들을 제3호에서 정한 문서의 예시로 삼고 있다. 전문법칙에 관한 규정 체계·입법 취지와 함께 형사소송법 제315조의 규정형식을 살펴보면, 형사소송법 제315조 제3호에서 정한 문서는 제1호와 제2호에서 열거된 공권적 증명문서와 업무상 통상문서에 준하여 '굳이 반대신문의 기회 부여가 문제 되지 않을 정도로 고도의 신용성에 관한 정황적 보장이 있는 문서'를 뜻한다(대법원 2015. 07. 16. 선고 2015도2625 전원합의체 판결, 대법원 2017. 12. 05. 선고 2017도12671 판결 등 참조).

공소외 1의 업무수첩은 공소외 1이 사무처리의 편의를 위하여 자신이 경험한 사실 등을 기재해 놓은 것에 지나지 않는다. 이것은 '굳이 반대신문의 기회 부여가 문제 되지 않을 정도로 고도의 신용성에 관한 정황적 보장이 있는 문서'라고 보기 어려우므로, 형사소송법 제315조 제3호의 '기타 특히 신용할 만한 정황에 의하여 작성된 문서'에 해당하지 않는다. 따라서 공소외 1의 업무수첩이 형사소송법 제315조 제3호에서 정한 문서에 해당하므로 증거능력이 있다는 상고이유 주장은 이유 없다.

나. 특정범죄 가중처벌 등에 관한 법률(이하 '특정범죄가중법'이라 한다) 위반(뇌물)

1) 공소외 2 승마 지원 관련 특정범죄가중법 위반(뇌물)

가) 원심은, 피고인이 공소외 3 등으로부터 피고인의 직무와 관련하여 공소외 2에 대한 승마 지원을 위한 용역대금 명목의 합계 36억 3,484만 원(282만 9,969유로)과 살시도, 비타나, 라우싱이라는 말 3필 합계 34억 1,797만 원(258만 유로) 상당의 뇌물을 수수하고, 선수단차량 3대, 말 운송차량 1대의 무상 사용이익 상당의 뇌물을 수수하였다는 등의 공소사실을 유죄로 판단하면서, 다음과 같이 일부 공소사실에 관하여는 판결이유에서 무죄로 판단하였다.

(1) 공소외 4가 지배하는 회사인 공소외 5 회사와 공소외 6 주식회사(이하 '공소외 6 회사'라 한다) 사이에 2015. 8. 26. 체결된 용역계약(이하 '이 사건 용역계약'이라 한다)은 피고인과 공소외 4가 공소외 3 등으로부터 뇌물을 수수하기 위한 수단이고, 뇌물수수가 정당한 승마 지원인 것처럼 가장하기 위한 것에 불과하다. 따라서 이 사건 용역계약에서 정한 용역대금이 213억 원으로 되어 있다 하더라도 가장행위에 불과한 이 사건 용역계약만으로 피고인, 공소외 4와 공소외 3 등 사이에서 그 용역대금을 뇌물로 수수하기로 하는 합의가 있었다고 볼 수 없다. 용역계약에 따르더라도 피고인이나 공소외 4와 공소외 3 등 사이에서 213억 원을 뇌물로 수수하겠다는 의사가 확정적으로 합치되었다고 단정할 수도 없다.

따라서 이 사건 용역계약에서 정한 총액인 213억 원에 대한 뇌물수수를 약속하였다고 볼 수 없다.

(2) 말들에 관한 보험계약에 따른 보험이익이 공소외 6 회사에서 공소외 4에게 이전되었다고 볼 만한 증거가 없다. 보험사고가 발생하는 경우 보험금은 공소외 6 회사에 지급되고 공소외 7, 공소외 8 등이 공소외 4에게 보험금을 전달하거나 보험금으로 말을 구입하여 제공하면 그 단계에서 새로운 뇌물수수죄가 성립한다. 이러한 사정에 비추어 보면, 공소외 4가 공소외 7로부터 말들에 대한 보험료 상당액을 받았다고 단정하기 어렵다.

(3) 공소외 6 회사와 공소외 5 회사는 공소외 5 회사가 공소외 6 회사의 비용으로 구입하여 사용한 선수단차량 3대, 말 운송차량 1대의 소유권이 공소외 6 회사에 있다는 확인서를 작성하였고 공소외 6 회사가 자산관리대장에 위 차량들을 유형자산으로 등재한 사정 등에 비추어 보면, 위 차량들 자체 또는 구입대금을 공소외 4가 뇌물로 받았다고 인정하기 어렵다.

나) 원심판결 이유를 관련 법리와 적법하게 채택된 증거에 비추어 살펴보면, 원심이 판결이유에서 무죄로 판단한 부분에 상고이유 주장과 같이 뇌물수수약속죄, 뇌물죄의 이익 등에 관한 법리를 오해하거나 논리와 경험의 법칙에 반하여 자유심증주의의 한계를 벗어난 잘못이 없다.

2) 공소외 9 재단법인, 공소외 10 재단법인(이하 각각 '공소외 9 재단', '공소외 10 재단'이라 하고, 통칭하여 '이 사건 각 재단'이라 한다) 관련 특정범죄가중법 위반(뇌물)

가) 원심은 다음과 같은 이유로 이 부분 공소사실을 무죄로 판단하였다.

승계작업에 관한 공소외 3의 묵시적 청탁과 공소외 3 등이 이 사건 각 재단에 지급한 출연금 사이에 대가관계가 존재한다고 단정하기 어렵다. 청와대는 이 사건 각 재단에 대한 전체 출연 규모, 공소외 9 재단에 대한 출연금의 증액 여부, 출연 기업의 범위와 재단 설립일정 등을 정하여 ○○○○○○○○(이하 '○○○'이라 한다)에 전달하였고, ○○○은 이를 기초로 후원금을 모으는 일반적인 방법으로 기업들의 출연금액을 정해 주었다. 따라서 △△그룹에 대하여만 어떤 대가관계가 있다거나 피고인이 유독 공소외 3에게만 승계작업이라는 현안에 대한 대가관계를 인식하고 지원을 요청하였다고 보기 어렵다.

피고인과 공소외 3이 2014. 9. 12. 단독 면담을 하였다고 단정하기에 부족하고, 검사가 주장하는 다른 현안들에 관하여 피고인과 공소외 3 사이에 이 부분에 관한 부정한 청탁과 대가관계가 모두 인정된다고 보기는 어렵다. 이 사건 각 재단은 제3자뇌물수수죄의 제3자에 해당한다. 공소외 3 등이 피고인과 공소외 4가 부담하여야 할 이 사건 각 재단의 출연금을 대신 지급한 것으로 볼 수 없고, 피고인과 공소외 4가 이 사건 각 재단 출연금을 직접 받은 것과 동일하게 볼 수 없다.

나) 원심판결 이유를 관련 법리와 적법하게 채택된 증거에 비추어 살펴보면, 원심의 판단에 상고이유 주장과 같이 제3자뇌물수수죄의 직무관련성, 대가관계, 부정한 청탁, 뇌물수수죄에서 경제적 이익의 귀속, 재단법인 설립과 출연 등에 관한 법리를 오해하거나 논리와 경험의 법칙에 반하여 자유심증주의의 한계를 벗어난 잘못이 없다.

다. 직권남용권리행사방해(이하 '직권남용'이라 한다)와 강요

1) 이 사건 각 재단 설립·모금 관련 일부 직권남용, □□□□그룹에 대한 공소외 11 주식회사(이하 '공소외 11 회사'라 한다) 관련 일부 직권남용, ◇◇그룹에 대한 공소외 10 재단 추가 지원 관련 일부 직권남용, △△그룹에 대한 공소외 12 사단법인(이하 '공소외 12 법인'이라 한다) 관련 일부 직권남용

가) 원심은 다음과 같이 판단하였다.

(1) 이 사건 각 재단 설립·모금 관련 직권남용 행위로 인하여 의무 없는 일을 한 사람은 ○○○ 임직원 중 공소외 9 재단의 설립과 관련한 공소외 13, 공소외 14, 공소외 15, 공소외 10 재단 설립과 관련한 공소외 13, 공소외 14, 각 출연그룹의 임직원 중 원심판결 별지 범죄일람표(이하 '범죄일람표'라 한다) 1, 2의 각 '그룹별 출연 결정 주체'란 기재 각 출연결정자이므로 이들에 대한 직권남용은 유죄로 판단하되, 이들을 제외한 ○○○과 기업의 다른 임직원들은 직권남용 행위로 인하여 의무 없는 일을 한 사람에 해당하지 않으므로 위 사람들에 대한 직권남용은 판결이유에서 무죄로 판단한다.

(2) □□□□그룹, ◇◇그룹, △△그룹에서 각 공소사실 기재 직권남용 행위로 인하여 의무 없는 일을 한 사람은 공소외 16, 공소외 17, 공소외 3이므로 이들에 대한 직권남용은 유죄로 판단하되, 이들을 제외한 공소외 18, 공소외 19와 공소외 20, 공소외 21과 공소외 22는 의무 없는 일을 하였다는 증명이 없거나 공소사실 기재 직권남용 행위로 인하여 의무 없는 일을 하였다고 볼 수 없으므로 위 유죄 부분을 제외한 나머지 부분은 판결이유에서 무죄로 판단한다.

나) 원심판결 이유를 관련 법리와 적법하게 채택된 증거에 비추어 살펴보면, 원심이 위와 같이 판결이유에서 일부 무죄로 판단한 부분에 상고이유 주장과 같이 직권남용죄에 관한 법리를 오해하거나 논리와 경험의 법칙에 반하여 자유심증주의의 한계를 벗어난 잘못이 없다.

2) □□□□그룹에 대한 공소외 23 주식회사(이하 '공소외 23 회사'라 한다) 관련 직권 남용

가) 직권남용죄는 공무원이 일반적 직무권한에 속하는 사항에 관하여 직권을 행사하는 모습으로 실질적, 구체적으로 위법·부당한 행위를 한 경우에 성립한다. 여기에서 말하는 '직권남용'이란 공무원이 일반적 직무권한에 속하는 사항에 관하여 그 권한을 위법·부당하게 행사하는 것을 뜻하고, 공무원이 일반적 직무권한에 속하지 않는 행위를 하는 경우인 지위를 이용한 불법행위와는 구별된다(대법원 2008. 04. 10. 선고 2007도9139 판결, 대법원 2013. 11. 28. 선고 2011도5329 판결 등 참조).

어떠한 직무가 공무원의 일반적 직무권한에 속하는 사항이라고 하기 위해서는 그에 관한 법령상 근거가 필요하다. 법령상 근거는 반드시 명문의 규정만을 요구하는 것이 아니라 명문의 규정이 없더라도 법령과 제도를 종합적, 실질적으로 살펴보아 그것이 해당 공무원의 직무권한에 속한다고 해석되고, 이것이 남용된 경우 상대방으로 하여금 사실상 의무 없는 일을 하게 하거나 권리를 방해하기에 충분한 것이라고 인정되는 경우에는 직권남용죄에서 말하는 일반적 직무권한에 포함된다(대법원 2004. 11. 12. 선고 2004도4044 판결, 대법원 2011. 07. 28. 선고 2011도1739 판결 등 참조).

나) 원심은, 피고인의 지시를 받은 공소외 1이 공소외 16에게 공소외 23 회사에 대한 광고 발주를 요구한 것은 대통령과 경제수석비서관의 직권을 행사한 것으로 볼 수 없다고 판단하였다.

원심판결 이유를 위 법리와 적법하게 채택된 증거에 비추어 살펴보면, 원심의 판단에 상고이유 주장과 같이 직권남용죄에 관한 법리를 오해하거나 논리와 경험의 법칙에 반하여 자유심증주의의 한계를 벗어난 잘못이 없다.

3) 공소외 24 주식회사에 대한 직권남용

원심은, 피고인의 지시를 받은 공소외 1이 공소외 25에게 공소외 26과 공소외 27의 채용·보직 변경과 공소외 23 회사로의 광고대행사 선정을 요구한 것은 대통령과 경제수석비서관의 직권을 행사한 것으로 볼 수 없다고 판단하였다. 원심판결 이유를 위 법리와 적법하게 채택된 증거에 비추어 살펴보면, 원심의 판단에 상고이유 주장과 같이 직권남용죄에 관한 법리를 오해하거나 논리와 경험의 법칙에 반하여 자유심증주의의 한계를 벗어난 잘못이 없다.

4) ☆☆☆그룹에 대한 직권남용

가) 원심은 다음과 같이 판단하였다. ☆☆☆그룹과 공소외 28 주식회사 사이에 스포츠단 창단과 용역계약 체결이 성사되지 않았고, 펜싱팀 창단 등에 관한 구속력 있는 합의가 없었으며, 양측에서 이루어진 의견교환을 두고 공소외 29, 공소외 30의 의무 없는 행위가 성립되었다고 보기 어렵다. 따라서 이 부분 직권남용 범행이 기수에 이르지 못하였다.

원심판결 이유를 관련 법리와 적법하게 채택된 증거에 비추어 살펴보면, 이 부분 공소사실에서 의무 없는 일로 특정된 행위가 이루어졌다고 보기 어려우므로 공소사실 기재 직권남용 범행이 기수에 이르렀다고 볼 수 없다. 따라서 원심의 판단에 상고이유 주장과 같이 직권남용죄에 관한 법리를 오해하거나 논리와 경험의 법칙에 반하여 자유심증주의의 한계를 벗어난 잘못이 없다.

나) 한편 원심은 위와 같이 판단하여, 이 부분 공소사실을 유죄로 판단한 제1심판결을 파기하면서 그 근거로 공소외 4, 공소외 1에 대한 파기이유가 제1심 공동피고인이었던 피고인에게도 공통된다는 이유로 형사소송법 제364조의2를 들었다.

그러나 형사소송법 제364조의2는 "피고인을 위하여 원심판결을 파기하는 경우에 파기의 이유가 항소한 공동피고인에게 공통되는 때에는 그 공동피고인에게 대하여도 원심판결을 파기하여야 한다."라고 정하고 있고, 이는 공동피고인 상호 간의 재판의 공평을 도모하려는 취지이다(대법원 2003. 02. 26. 선고 2002도6834 판결 참조). 위와 같은 형사소송법 제364조의2의 규정 내용과 입법 목적을 고려하면, 위 규정은 공동피고인 사이에서 파기의 이유가 공통되는 해당 범죄사실이 동일한 소송절차에서 병합심리된 경우에만 적용된다고 보는 것이 타당하다.

기록에 의하면, 피고인은 이 부분 공소사실이 포함된 서울중앙지방법원 2017고합364호 사건으로 공소외 4, 공소외 17과 함께 공소제기 되었으나, 공소외 4, 공소외 1에 대한 이 부분 공소사실은 이미 서울중앙지방법원 2016고합1202호 사건으로 공소제기 되었고, 피고인과 공소외 4, 공소외 1 각각에 대한 이 부분 공소사실은 병합되어 심리되지 않은 사실을 알 수 있다. 따라서 피고인은 공소외 4, 공소외 1과 이 부분 공소사실에 관하여 형사소송법 제364조의2에서 정한 공동피고인에 해당하지 않는다. 원심이 피고인에 대한 이 부분 제1심 판결을 파기하면서 위 규정을 적용한 것은 적절하지 않으나, 원심은 형사소송법 제364조 제2항에 따라 이 부분 공소사실에 대하여 직권으로 심판하여 파기할 수 있으므로, 이 부분 제1심판결을 직권으로 파기한 원심의 판단에 판결에 영향을 미친 잘못이 없다.

5) 공소외 31 본부장 임명 관련 직권남용

원심은, 피고인의 지시를 받은 공소외 1과 공소외 1의 지시를 받은 공소외 32가 공소외 33에게 공소외 31의 본부장 임명을 요구한 것은 대통령, 경제수석비서관과 금융위원회 부위원장의 직권을 행사한 것으로 볼 수 없다고 판단하였다.

원심판결 이유를 위에서 본 법리와 적법하게 채택된 증거에 비추어 살펴보면, 원심의 판단에 상고이유 주장과 같이 직권남용죄에 관한 법리를 오해하거나 논리와 경험의 법칙에 반하여 자유심증주의의 한계를 벗어난 잘못이 없다. 상고이유로 들고 있는 대법원판결은 이 사건과 사안이 다르므로 이 사건에 원용하기에 적절하지 않다.

6) ▽▽▽▽▽▽▽▽(이하 '▽▽▽'라 한다) 임직원에 대한 일부 직권남용과 강요

가) 원심은 다음과 같이 판단하였다.

(1) 공소외 34, 공소외 35는 2014. 3.경 공소외 36의 요구로 인하여 겁을 먹거나 위구심을 일으켜 공소외 36의 요구에 응하였다고 보기 어렵다. 검사가 제출한 증거만으로는 공소외 35가 ▽▽▽ 위원장과 위원들에게 19명의 후보자를 선정에서 배제하라는 지시를 전달하였다고 인정하기에 부족하다.

(2) 범죄일람표 7의 '산하기관 담당자 의무 없는 행위(무죄 부분)'란 기재 중 ▽▽▽ 임직원인 공소외 37, 공소외 34, 공소외 38, 공소외 39, 공소외 40, 공소외 35, 공소외 41, 공소외 42, 공소외 43, 공소외 44, 공소외 45, 공소외 46, 공소외 47, 공소외 48이 공모사업 심의진행 상황을 보고하고, 공소외 34, 공소외 40, 공소외 45, 공소외 48이 지원배제 방침이 관철될 때까지 공모사업 진행 절차를 중단하며, 공소외 37, 공소외 34, 공소외 42, 공소외 47, 공소외 48이 지원배제 대상자에게 불리한 사정을 부각시켜 심의위원에게 전달하고, 공소외 34가 지원배제 방침을 심의위원에게 전달하면서 지원배제 대상자의 탈락을 종용하는 의무 없는 일을 하였다고 인정하기에 부족하다.

나) 원심판결 이유를 관련 법리와 적법하게 채택된 증거에 비추어 살펴보면, 원심의 판단에 상고이유 주장과 같은 강요죄에 관한 법리를 오해하거나 논리와 경험의 법칙에 반하여 자유심증주의의 한계를 벗어난 잘못이 없다.

라. 공무상비밀누설

원심은, 2016. 10. 25.자 압수·수색영장에 의하여 압수한 공소외 4 소유의 외장하드디스크에 저장된 전자정보를 복제·탐색하던 중 발견된 범죄일람표 4의 순번 2부터 34까지 기재된 각 문건들과 그 출력물은 위법수집증거에 해당하므로 증거능력이 인정되지 않는다고 판단하였다.

원심판결 이유를 관련 법리와 적법하게 채택된 증거에 비추어 살펴보면, 원심의 판단에 상고이유 주장과 같이 위법수집증거의 증거능력 등에 관한 법리를 오해하거나 논리와 경험의 법칙에 반하여 자유심증주의의 한계를 벗어난 잘못이 없다.

2. 검사는 원심판결 중 무죄를 선고한 일부 공무상비밀누설 부분과 이유에서 무죄로 판단한 부분에 대하여 상고하였고, 피고인은 원심판결에 대하여 상고하지 않았다. 검사가 위 이유무죄 부분에 대하여 상고한 이상 그 부분과 포괄일죄, 상상적 경합 관계에 있는 유죄 부분도 상고심에 이심되어 심판대상이 된다(대법원 1989. 04. 11. 선고 86도1629 판결, 대법원 1995. 06. 13. 선고 94도3250 판결 등 참조). 이와 같이 이심된 유죄 부분과 나머지 유죄 부분은 형법 제37조 전단 경합범으로서 하나의 형이 선고되었으므로 결국 원심판결 중 유죄 부분은 모두 상고심에 이심되었다(대법원 2008. 11. 20. 선고 2008도5596 전원합의체 판결 등 참조).

공직선거법 제18조 제1항 제3호, 제3항에 따르면, 형법 제38조에도 불구하고 대통령이 그 재임 중의 직무와 관련하여 형법 제129조 내지 제132조(특정범죄가중법 제2조에 의하여 가중처벌되는 경우를 포함한다)에 규정된 죄를 범한 경우에는 그에 속하는 죄와 다른 죄에 대하여 이를 분리 선고하여야 한다.

그런데도 원심은 피고인에게 유죄로 판단한 특정범죄가중법 위반(뇌물)죄와 나머지 다른 죄에 대하여 형법 제38조를 적용하여 하나의 형을 선고하였다. 이러한 원심의 조치는 공직선거법 제18조 제3항의 법리를 오해하여 판결에 영향을 미친 잘못이 있다.

따라서 원심판결 중 유죄 부분은 파기되어야 하고, 위 파기 부분과 포괄일죄, 상상적 경합 관계에 있는 부분도 함께 파기되어야 한다. 결국 원심판결 중 피고인에 대한 유죄 부분(이유무죄 부분 포함)은 모두 파기되어야 하고, 원심이 주문에서 무죄로 판단한 일부 공무상비밀누설 부분에 대한 검사의 상고는 이유 없으므로 기각되어야 한다.

한편 이 판결로 검사의 상고를 기각하는 위 일부 공무상비밀누설 부분은 확정되고, 원심판결의 이유무죄 부분 중 대법원이 위 1항에서 판단한 사항에 관하여는 확정력이 발생한다. 그러나 위와 같이 파기되는 부분 중 유죄 부분은 이 판결의 선고로 그 부분에 대한 유죄판단이 실체적으로 확정되는 것은 아니다(대법원 2009. 08. 20. 선고 2007도7042 판결 등 참조). 또한 제1심판결도 공직선거법 제18조 제1항 제3호, 제3항에 따른 분리 선고를 하지 않았을 뿐만 아니라 환송 전 원심에서 일부 강요 부분 등에 관하여 공소장변경이 이루어져 제1심판결과 심판대상이 달라지는 등 제1심판결에도 파기사유가 있다. 따라서 환송 후 원심으로서는 제1심판결 중 유죄 부분(이유무죄 부분 포함)을 파기하고, 환송 전 원심에서 심판한 부분 중 위에서 본 것처럼 대법원이 검사의 상고를 기각하여 확정되는 부분을 제외한 나머지 부분에 대하여 다시 심리·판단해야 한다는 것을 지적해 둔다.

3. 그러므로 나머지 상고이유에 대한 판단을 생략하고 원심판결 중 유죄 부분(이유무죄 부분 포함)을 파기하고, 이 부분 사건을 다시 심리·판단하도록 원심법원에 환송하기로 하며, 나머지 상고를 기각하기로 하여, 관여 법관의 일치된 의견으로 주문과 같이 판결한다.

Ⓐ 대법원 2019. 07. 11. 선고 2018도20504 판결 【부정경쟁방지및영업비밀보호에관한법률위반(영업비밀누설등)·업무상배임】(판사의 날인이 누락된 압수수색영장에 기초하여 수집한 증거가 위법수집증거에 해당하는지 여부에 관한 사건)

【판시사항】

[1] 위법수집증거 배제 원칙을 명시한 형사소송법 제308조의2의 취지 / 적법한 절차에 따르지 않고 수집한 증거 및 이를 기초로 하여 획득한 2차적 증거의 증거능력 유무(원칙적 소극) / 위법수집증거의 증거능력을 예외적으로 인정할 수 있는 경우 및 이에 해당하는지 판단하는 기준 / 위법수집증거를 기초로 하여 획득한 2차적 증거의 증거능력을 예외적으로 인정할 수 있는 경우

[2] 전자정보가 담긴 저장매체 또는 복제본을 수사기관 사무실 등으로 옮겨 복제·탐색·출력하는 경우, 피압수자나 변호인에게 참여 기회를 보장하고 혐의사실과 무관한 전자정보의 임의적인 복제 등을 막기 위한 적절한 조치를 취하지 않은 경우, 압수·수색이 적법한지 여부(소극) / 피압수자 측이 위와 같은 절차나 과정에 참여하지 않는다는 의사를 명시적으로 표시하였거나 절차 위반행위가 이루어진 과정의 성질과 내용 등에 비추어 피압수자에게 절차 참여를 보장한 취지가 실질적으로 침해되었다고 볼 수 없는 경우, 압수·수색이 적법한지 여부(적극) 및 수사기관이 저장매체 또는 복제본에서 혐의사실과 관련된 전자정보만을 복제·출력한 경우에도 마찬가지인지 여부(적극)

【판결요지】

[1] 형사소송법 제308조의2는 '위법수집증거의 배제'라는 제목으로 "적법한 절차에 따르지 아니하고 수집한 증거는 증거로 할 수 없다."라고 정하고 있다. 이는 위법한 압수·수색을 비롯한 수사과정의 위법행위를 억제하고 재발을 방지함으로써 국민의 기본적 인권 보장이라는 헌법 이념을 실현하고자 위법수집증거 배제 원칙을 명시한 것이다. 헌법 제12조는 기본적 인권을 보장하기 위하여 압수·수색에 관한 적법절차와 영장주의 원칙을 선언하고 있고, 형사소송법은 이를 이어받아 실체적 진실 규명과 개인의 권리보호 이념을 조화롭게 실현할 수 있도록 압수·수색절차에 관한 구체적 기준을 마련하고 있다. 이러한 헌법과 형사소송법의 규범력을 확고하게 유지하고 수사과정의 위법행위를 억제할 필요가 있으므로, 적법한 절차에 따르지 않고 수집한 증거는 물론 이를 기초로 하여 획득한 2차적 증거 또한 기본적 인권 보장을 위해 마련된 적법한 절차에 따르지 않고 확보한 것으로서 원칙적으로 유죄 인정의 증거로 삼을 수 없다고 보아야 한다. 그러나 법률에 정해진 절차에 따르지 않고 수집한 증거라는 이유만을 내세워 획일적으로 증거능력을 부정하는 것은 헌법과 형사소송법의 목적에 맞지 않는다. 실체적 진실 규명을 통한 정당한 형벌권의 실현도 헌법과 형사소송법이 형사소송 절차를 통하여 달성하려는 중요한 목표이자 이념이기 때문이다. 수사기관의 절차 위반행위가 적법절차의 실질적인 내용을 침해하는 경우에 해당하지 않고, 오히려 증거능력을 배제하는 것이 헌법과 형사소송법이 형사소송에 관한 절차 조항을 마련하여 적법절차의 원칙과 실체적 진실 규명의 조화를 도모하고 이를 통하여 형사 사법 정의를 실현하려 한 취지에 반하는 결과를 초래하는 것으로 평가되는 예외적인 경우라면, 법원은 그 증거를 유죄 인정의 증거로 사용할 수 있다고 보아야 한다. 이에 해당하는지는 수사기관의 증거 수집 과정에서 이루어진 절차 위반행위와 관련된

모든 사정, 즉 절차 조항의 취지, 위반 내용과 정도, 구체적인 위반 경위와 회피가능성, 절차 조항이 보호하고자 하는 권리나 법익의 성질과 침해 정도, 이러한 권리나 법익과 피고인 사이의 관련성, 절차 위반행위와 증거 수집 사이의 관련성, 수사기관의 인식과 의도 등을 전체적·종합적으로 고찰하여 판단해야 한다. 이러한 법리는 적법한 절차에 따르지 않고 수집한 증거를 기초로 하여 획득한 2차적 증거에 대해서도 마찬가지로 적용되므로, 절차에 따르지 않은 증거 수집과 2차적 증거 수집 사이 인과관계의 희석이나 단절 여부를 중심으로 2차적 증거 수집과 관련된 모든 사정을 전체적·종합적으로 고려하여 예외적인 경우에는 유죄 인정의 증거로 사용할 수 있다.

[2] 형사소송법 제219조, 제121조는 '수사기관이 압수·수색영장을 집행할 때에는 피압수자 또는 변호인은 그 집행에 참여할 수 있다.'고 정하고 있다. 저장매체에 대한 압수·수색 과정에서 범위를 정하여 출력·복제하는 방법이 불가능하거나 압수의 목적을 달성하기에 현저히 곤란한 예외적인 사정이 인정되어 전자정보가 담긴 저장매체, 하드카피나 이미징(imaging) 등 형태(이하 '복제본'이라 한다)를 수사기관 사무실 등으로 옮겨 복제·탐색·출력하는 경우에도, 피압수자나 변호인에게 참여 기회를 보장하고 혐의사실과 무관한 전자정보의 임의적인 복제 등을 막기 위한 적절한 조치를 취하는 등 영장주의 원칙과 적법절차를 준수하여야 한다. 만일 그러한 조치를 취하지 않았다면 압수·수색이 적법하다고 평가할 수 없다. 다만 피압수자 측이 위와 같은 절차나 과정에 참여하지 않는다는 의사를 명시적으로 표시하였거나 절차 위반행위가 이루어진 과정의 성질과 내용 등에 비추어 피압수자에게 절차 참여를 보장한 취지가 실질적으로 침해되었다고 볼 수 없는 경우에는 압수·수색의 적법성을 부정할 수 없다. 이는 수사기관이 저장매체 또는 복제본에서 혐의사실과 관련된 전자정보만을 복제·출력한 경우에도 마찬가지이다.

【참조조문】 [1] 헌법 제12조, 형사소송법 제307조, 제308조의2 [2] 헌법 제12조, 형사소송법 제121조, 제215조, 제219조, 제307조, 제308조의2
【참조판례】 [1] 대법원 2007. 11. 15. 선고 2007도3061 전원합의체 판결(공2007하, 1974), 대법원 2009. 3. 12. 선고 2008도11437 판결(공2009상, 900), 대법원 2010. 1. 28. 선고 2009도10092 판결(공2010상, 474), 대법원 2013. 3. 14. 선고 2010도2094 판결(공2013상, 688) [2] 대법원 2017. 9. 21. 선고 2015도12400 판결(공2017하, 2033)
【전문】
【피 고 인】 피고인 1 외 1인
【상 고 인】 피고인 1 및 검사
【변 호 인】 법무법인 이상 외 1인
【원심판결】 수원지법 2018. 12. 4. 선고 2018노4647 판결

【주 문】

상고를 모두 기각한다.

【이 유】

상고이유(상고이유서 제출기간이 지난 다음에 제출된 서면은 이를 보충하는 범위에서)를 판단한다.

1. 검사의 상고이유에 관한 판단

원심은 이 사건 공소사실 중 피고인들에 대한 2013. 7. 16.자 부정경쟁방지 및 영업비밀보호에

관한 법률(이하 '부정경쟁방지법'이라 한다) 위반(영업비밀누설 등)과 피고인 1에 대한 업무상배임 부분에 대하여 범죄사실의 증명이 없는 때에 해당한다고 보아 무죄로 판단하였다. 원심판결 이유를 적법하게 채택된 증거에 비추어 살펴보면, 원심의 판단에 논리와 경험의 법칙에 반하여 자유심증주의의 한계를 벗어나거나 업무상배임죄에 관한 법리를 오해한 잘못이 없다.

2. 피고인 1의 상고이유에 관한 판단

가. 형사소송법 제308조의2는 '위법수집증거의 배제'라는 제목으로 "적법한 절차에 따르지 아니하고 수집한 증거는 증거로 할 수 없다."라고 정하고 있다. 이는 위법한 압수·수색을 비롯한 수사과정의 위법행위를 억제하고 재발을 방지함으로써 국민의 기본적 인권 보장이라는 헌법 이념을 실현하고자 위법수집증거 배제 원칙을 명시한 것이다(대법원 2013. 03. 14. 선고 2010도2094 판결 등 참조. 위 규정이 도입되기 전에 선고된 대법원 2007. 11. 15. 선고 2007도3061 전원합의체 판결도 참조).

헌법 제12조는 기본적 인권을 보장하기 위하여 압수·수색에 관한 적법절차와 영장주의 원칙을 선언하고 있고, 형사소송법은 이를 이어받아 실체적 진실 규명과 개인의 권리보호 이념을 조화롭게 실현할 수 있도록 압수·수색절차에 관한 구체적 기준을 마련하고 있다. 이러한 헌법과 형사소송법의 규범력을 확고하게 유지하고 수사과정의 위법행위를 억제할 필요가 있으므로, 적법한 절차에 따르지 않고 수집한 증거는 물론 이를 기초로 하여 획득한 2차적 증거 또한 기본적 인권 보장을 위해 마련된 적법한 절차에 따르지 않고 확보한 것으로서 원칙적으로 유죄 인정의 증거로 삼을 수 없다고 보아야 한다.

그러나 법률에 정해진 절차에 따르지 않고 수집한 증거라는 이유만을 내세워 획일적으로 증거능력을 부정하는 것은 헌법과 형사소송법의 목적에 맞지 않는다. 실체적 진실 규명을 통한 정당한 형벌권의 실현도 헌법과 형사소송법이 형사소송 절차를 통하여 달성하려는 중요한 목표이자 이념이기 때문이다.

수사기관의 절차 위반행위가 적법절차의 실질적인 내용을 침해하는 경우에 해당하지 않고, 오히려 증거능력을 배제하는 것이 헌법과 형사소송법이 형사소송에 관한 절차 조항을 마련하여 적법절차의 원칙과 실체적 진실 규명의 조화를 도모하고 이를 통하여 형사 사법 정의를 실현하려 한 취지에 반하는 결과를 초래하는 것으로 평가되는 예외적인 경우라면, 법원은 그 증거를 유죄 인정의 증거로 사용할 수 있다고 보아야 한다. 이에 해당하는지는 수사기관의 증거 수집 과정에서 이루어진 절차 위반행위와 관련된 모든 사정, 즉 절차 조항의 취지, 위반 내용과 정도, 구체적인 위반 경위와 회피가능성, 절차 조항이 보호하고자 하는 권리나 법익의 성질과 침해 정도, 이러한 권리나 법익과 피고인 사이의 관련성, 절차 위반행위와 증거 수집 사이의 관련성, 수사기관의 인식과 의도 등을 전체적·종합적으로 고찰하여 판단해야 한다. 이러한 법리는 적법한 절차에 따르지 않고 수집한 증거를 기초로 하여 획득한 2차적 증거에 대해서도 마찬가지로 적용되므로, 절차에 따르지 않은 증거 수집과 2차적 증거 수집 사이 인과관계의 희석이나 단절 여부를 중심으로 2차적 증거 수집과 관련된 모든 사정을 전체적·종합적으로 고려하여 예외적인 경우에는 유죄 인정의 증거로 사용할 수 있다(위 대법원 2007도3061 전원합의체 판결, 대법원 2009. 03. 12. 선고 2008도11437 판결, 대법원 2010. 01. 28. 선고 2009도10092 판결 등 참조).

형사소송법 제219조, 제121조는 '수사기관이 압수·수색영장을 집행할 때에는 피압수자 또는 변호인은 그 집행에 참여할 수 있다.'고 정하고 있다. 저장매체에 대한 압수·수색 과정에서 범위를 정하여 출력·복제하는 방법이 불가능하거나 압수의 목적을 달성하기에 현저히 곤란한 예외적인 사정이 인정되어 전자정보가 담긴 저장매체, 하드카피나 이미징(imaging) 등 형태(이하 '복제본'이라 한다)를 수사기관 사무실 등으로 옮겨 복제·탐색·출력하는 경우에도, 피압수자나 변호인에게 참여 기회를 보장하고 혐의사실과 무관한 전자정보의 임의적인 복제 등을 막기 위한 적절한 조치를 취하는 등 영장주의 원칙과 적법절차를 준수하여야 한다. 만일 그러한 조치를 취하지 않았다면 압수·수색이 적법하다고 평가할 수 없다. 다만 피압수자 측이 위와 같은 절차나 과정에 참여하지 않는다는 의사를 명시적으로 표시하였거나 절차 위반행위가 이루어진 과정의 성질과 내용 등에 비추어 피압수자에게 절차 참여를 보장한 취지가 실질적으로 침해되었다고 볼 수 없는 경우에는 압수·수색의 적법성을 부정할 수 없다. 이는 수사기관이 저장매체 또는 복제본에서 혐의사실과 관련된 전자정보만을 복제·출력한 경우에도 마찬가지이다(대법원 2017. 09. 21. 선고 2015도12400 판결 등 참조).

나. 원심판결 이유와 적법하게 채택된 증거에 따르면 다음과 같은 사실을 알 수 있다.

(1) 수원지방법원 영장담당판사가 발부한 2015. 3. 26.자 압수수색검증영장(이하 '이 사건 영장'이라 한다)에는 피의자의 성명, 죄명, 압수할 물건, 수색할 장소, 신체, 물건, 발부 연월일, 유효기간과 그 기간을 경과하면 집행에 착수하지 못하며 영장을 반환하여야 한다는 취지, 압수·수색의 사유가 기재되어 있고, 수기로 '이 영장은 일출 전 또는 일몰 후에도 집행할 수 있다'고 기재된 부분에 날인이 있으며, 별지와 사이에 간인이 있다. 그러나 판사의 서명날인란에는 서명만 있고 그 옆에 날인이 없다.

(2) 경기지방경찰청 외사과 수사관 공소외 1은 2015. 5. 16. 인천국제공항에서 이 사건 영장에 따라 이미징의 방법으로 피고인 1 소유의 노트북(삼성 NP905S3G-K04CN) 복제본, SD카드(삼성 MINY SD 64GB) 복제본 등을 압수하였다. 그 과정에서 피고인 1은 위와 같은 노트북, SD카드에 대한 복제 현장에 참여하였으며 이미지 복제된 파일의 해쉬값을 확인하였다는 문서에 서명하였다.

경기지방경찰청 소속 사법경찰관은 이 사건 영장에 따라 압수한 위 각 복제본에서 영장 기재 혐의사실인 업무상배임과 관련한 전자정보를 탐색하여 원심판결 범죄일람표 1, 2, 3 각 기재 파일, '(파일명 생략)' 등을 문서로 출력하여 범죄사실 관련 자료(증거목록 순번 80번, 이하 '이 사건 파일 출력물'이라 한다)를 작성하였다.

경기지방경찰청 소속 사법경찰관은 2015. 8. 15. 이 사건 파일 출력물 중 일부인 (파일명 생략) 출력물을 제시한 상태에서 피의자 공소외 2에 대한 부정경쟁방지법 위반(영업비밀누설 등) 혐의에 관한 피의자신문조서(증거목록 순번 47번)를 작성하였다.

(3) 검사는 피고인 1의 변호인이 참여한 가운데 이 사건 파일 출력물을 제시한 상태에서 피고인 1에 대하여, 2015. 12. 22. 제1회 피의자신문조서(증거목록 순번 57번)를, 2015. 12. 23. 제2회 피의자신문조서(대질, 증거목록 순번 58번)를, 2016. 1. 5. 제3회 피의자신문조서(대질, 증거목록 순번 61번)를 작성하였다.

(4) 공소외 1은 제1심에서 "이 사건 영장 집행 당시 피고인 1에게 위와 같은 노트북, SD카드 등을 압수하여 복제하고 정보를 탐색하여 출력하는 과정에 참여할 수 있는 권리가 있다고 고지하였다. 피고인 1은 위와 같은 노트북, SD카드를 복제하는 절차에 참여하였을 뿐 나머지 절차에 참여하지 않았다."라고 진술하였다.

(5) 원심은 이 사건 파일 출력물, 검사 작성의 피고인 1에 대한 피의자신문조서, 경찰 작성의 공소외 2에 대한 피의자신문조서, 증인신문절차에서 이 사건 파일 출력물을 제시받고 이루어진 공소외 3, 공소외 4, 공소외 5, 공소외 2, 공소외 6(이하 '공소외 3 등'이라 한다)의 각 법정진술의 증거능력을 인정하여 증거로 채택하고, 피고인 1의 이 사건 파일 출력물에 관한 부정경쟁방지법 위반(영업비밀누설 등)의 공소사실을 유죄로 인정하면서 위 각 증거를 유죄 인정의 증거로 삼았다.

다.

(1) 압수·수색영장에는 피의자의 성명, 죄명, 압수할 물건, 수색할 장소, 신체, 물건, 발부 연월일, 유효기간과 그 기간을 경과하면 집행에 착수하지 못하며 영장을 반환하여야 한다는 취지, 그 밖에 대법원규칙으로 정한 사항을 기재하고 영장을 발부하는 법관이 서명날인하여야 한다(형사소송법 제219조, 제114조 제1항 본문). 이 사건 영장은 법관의 서명날인란에 서명만 있고 날인이 없으므로, 형사소송법이 정한 요건을 갖추지 못하여 적법하게 발부되었다고 볼 수 없다. 그런데도 원심이 이와 달리 이 사건 영장이 법관의 진정한 의사에 따라 발부되었다는 등의 이유만으로 이 사건 영장이 유효라고 판단한 것은 잘못이다.

(2) 그러나 위에서 본 법리와 적법하게 채택된 증거에 비추어 알 수 있는 아래와 같은 사정을 전체적·종합적으로 고려하면, 이 사건 영장에 따라 압수한 이 사건 파일 출력물과 이에 기초하여 획득한 2차적 증거인 검사 작성의 피고인 1에 대한 피의자신문조서, 경찰 작성의 공소외 2에 대한 피의자신문조서, 공소외 3 등의 각 법정진술은 유죄 인정의 증거로 사용할 수 있는 경우에 해당한다.

(가) 이 사건 영장에는 야간집행을 허가하는 판사의 수기와 날인, 그 아래 서명날인란에 판사 서명, 영장 앞면과 별지 사이에 판사의 간인이 있으므로, 판사의 의사에 기초하여 진정하게 영장이 발부되었다는 점은 외관상 분명하다. 당시 수사기관으로서는 영장이 적법하게 발부되었다고 신뢰할 만한 합리적인 근거가 있었고, 의도적으로 적법절차의 실질적인 내용을 침해한다거나 영장주의를 회피할 의도를 가지고 이 사건 영장에 따른 압수·수색을 하였다고 보기 어렵다.

(나) 위 2. 가.에서 보았듯이 수사기관이 위법한 압수·수색을 통하여 수집한 증거와 이를 기초로 하여 획득한 2차적 증거의 증거능력을 부정하는 것은 그것이 수사기관의 위법한 압수·수색을 억제하고 권한남용과 재발을 방지하기 위한 가장 효과적이고 확실한 대응책이기 때문이다. 그런데 이 사건 영장의 내용과 형식, 발부 경위와 수사기관의 압수·수색 경위 등에 비추어 보면, 수사기관이 이 사건 영장을 발부받아 그에 기초하여 이 사건 파일 출력물을 압수한 것이 위법수집증거의 증거능력을 부정함으로써 달성하려는 목적을 실질적으로 침해한다고 보기도 어렵다.

(다) 피고인 1은 위와 같은 노트북, SD카드에 대한 복제 현장에 직접 참여하여 이미지 복제

된 파일의 해쉬값을 확인하였고, 그 복제본을 탐색·출력하는 과정에서 피고인 1의 참여권이 보장되지 않았다거나 이 사건 영장 기재 혐의사실과 무관한 전자정보가 탐색·출력되었다고 볼 수도 없다.

 (라) 이 사건 파일 출력물이 위와 같이 적법하지 않은 영장에 기초하여 수집되었다는 절차상의 결함이 있지만, 이는 법관이 공소사실과 관련성이 있다고 판단하여 발부한 영장에 기초하여 취득된 것이고, 위와 같은 결함은 피고인 1의 기본적 인권보장 등 법익 침해 방지와 관련성이 적다. 이 사건 파일 출력물의 취득 과정에서 절차 조항 위반의 내용과 정도가 중대하지 않고 절차 조항이 보호하고자 하는 권리나 법익을 본질적으로 침해하였다고 볼 수 없다. 오히려 이러한 경우에까지 공소사실과 관련성이 높은 이 사건 파일 출력물의 증거능력을 배제하는 것은 적법절차의 원칙과 실체적 진실 규명의 조화를 도모하고 이를 통하여 형사 사법 정의를 실현하려는 취지에 반하는 결과를 초래할 수 있다.

  요컨대, 이 사건 영장이 형사소송법이 정한 요건을 갖추지 못하여 적법하게 발부되지 못하였다고 하더라도, 그 영장에 따라 수집한 이 사건 파일 출력물의 증거능력을 인정할 수 있다. 이에 기초하여 획득한 2차적 증거인 위 각 증거 역시 증거능력을 인정할 수 있다.

라. 원심은 피고인 1에 대한 이 부분 공소사실을 유죄로 판단하였다. 원심판결 이유를 적법하게 채택된 증거에 비추어 살펴보면, 원심판결 이유에 일부 적절하지 않은 부분이 있지만, 상고이유 주장과 같이 필요한 심리를 다하지 아니한 채 논리와 경험의 법칙을 위반하여 자유심증주의의 한계를 벗어나거나 부정경쟁방지법에서 정한 영업비밀 등에 관한 법리를 오해하여 판결에 영향을 미친 잘못이 없다.

3. 결론

피고인 1과 검사의 상고는 이유 없어 이를 모두 기각하기로 하여, 대법관의 일치된 의견으로 주문과 같이 판결한다.

부 록 : 중요 판결(Ⅰ, Ⅱ권 수록 이외)

판례색인

대법원 1967. 06. 07. 선고 67도118 판결 ············373
대법원 1974. 04. 30. 선고 73도2518 판결 ············291
대법원 1975. 12. 23. 선고 74도2215 판결 ···361, 362
대법원 1978. 03. 28. 선고 77도4049 판결 ···303, 305
대법원 1979. 10. 10. 선고 78도1793 판결 ···232, 266
대법원 1980. 09. 24. 선고 79도1387 판결 ············413
대법원 1980. 11. 11. 선고 80도2097 판결 ············343
대법원 1982. 07. 13. 선고 82도1219 판결393, 403, 453
대법원 1983. 02. 08. 선고 81도3137 판결 ············373
대법원 1983. 03. 08. 선고 82도1829 판결 ············338
대법원 1983. 10. 11. 선고 83도2057 판결 ···361, 362
대법원 1984. 02. 14. 선고 83도2967 판결 ············309
대법원 1984. 08. 21. 선고 84도691 판결 ············375
대법원 1984. 12. 26. 선고 84도2127 판결 ············367
대법원 1985. 01. 29. 선고 84도1814 판결 ···361, 362
대법원 1985. 09. 10. 선고 84도2644 판결 ···324, 346
대법원 1986. 08. 19. 선고 86다카315 판결 ············342
대법원 1986. 09. 23. 선고 86도811 판결 ············367
대법원 1986. 12. 09. 선고 86도1112 판결 ············369
대법원 1987. 02. 24. 선고 86도2731 판결 ············19
대법원 1987. 04. 28. 선고 86도2490 판결 ···336, 367
대법원 1987. 08. 18. 선고 87도201 판결 ············354
대법원 1989. 04. 11. 선고 86도1629 판결 ············463
대법원 1989. 06. 13. 선고 89도582 판결 ············99
대법원 1990. 09. 25. 선고 90도1216 판결 ············367
대법원 1990. 11. 13. 선고 90도153 판결 ············362
대법원 1992. 02. 25. 선고 91다9312 판결 ············329
대법원 1992. 12. 24. 선고 92도1223 판결 ············369
대법원 1993. 10. 26. 선고 92다54210 판결 ············130
대법원 1994. 03. 08. 선고 93도2221 판결 ···373, 374
대법원 1994. 08. 26. 선고 93다44739 판결 ·342, 350
대법원 1994. 09. 13. 선고 94도1335 판결 ············216
대법원 1995. 03. 24. 선고 94다42082 판결 ············130
대법원 1995. 06. 13. 선고 94도3250 판결 ············463
대법원 1995. 09. 05. 선고 95도1269 판결 ············37

대법원 1995. 09. 29. 선고 94도2187 판결 ············278
대법원 1995. 12. 22. 선고 94도3013 판결 ············366
대법원 1996. 05. 10. 선고 96도638 판결 ············213
대법원 1996. 09. 10. 선고 96다25463 판결 ············338
대법원 1997. 04. 17. 선고 96도3377 전합240, 252, 255
대법원 1997. 06. 27. 선고 96다51332 판결 ············342
대법원 1998. 03. 24. 선고 97도2956 판결 ············316
대법원 1998. 04. 24. 선고 97다58750 판결 ············130
대법원 1998. 09. 22. 선고 98도1234 판결 ············283
대법원 1998. 10. 23. 선고 98도2313 판결 ············305
대법원 1998. 11. 10. 선고 98도2526 판결 ············338
대법원 1999. 02. 24. 선고 98도3140 판결 ············171
대법원 1999. 03. 26. 선고 96다55877 판결 ·433, 435
대법원 1999. 11. 26. 선고 99도2651 판결 ············346
대법원 1999. 12. 01. 자 99모161 결정 ············164
대법원 2000. 01. 14. 선고 99도5187 판결 ············313
대법원 2000. 02. 25. 선고 98도2188 판결 ············316
대법원 2000. 03. 14. 선고 99도457 판결 ············361
대법원 2000. 06. 23. 선고 99다65066 판결 ············351
대법원 2000. 10. 24. 선고 2000도3145 판결 ············73
대법원 2000. 10. 24. 선고 2000도3307 판결 ············73
대법원 2000. 12. 26. 선고 2000도2185 판결 ············73
대법원 2001. 06. 26. 선고 99도5393 판결 ············73
대법원 2001. 09. 04. 선고 2000도1743 판결 ············182
대법원 2001. 11. 09. 선고 2001도4792 판결227, 244, 264, 283
대법원 2001. 11. 13. 선고 2001도3531 판결 ············308
대법원 2001. 12. 11. 선고 2001다40213 판결 ············338
대법원 2002. 02. 26. 선고 2001다64165 판결 ············341
대법원 2002. 08. 27. 선고 2001도6747 판결 ············291
대법원 2002. 10. 11. 선고 2002도4378 판결 ············374
대법원 2002. 11. 22. 선고 2002도3501 판결 ············278
대법원 2002. 12. 10. 선고 2001두5422 판결 ············399
대법원 2002. 12. 10. 선고 2002도5533 판결 ············33
대법원 2003. 02. 26. 선고 2002도6834 판결 ············461

대법원 2003. 04. 08. 선고 2003도382 판결 ··········99
대법원 2003. 05. 13. 선고 2003도709 판결 ·········291
대법원 2003. 05. 30. 선고 2000도5767 판결 ······343
대법원 2003. 07. 08. 선고 2001도1335 판결 ·········91
대법원 2003. 07. 11. 선고 2003도2077 판결 324, 346
대법원 2003. 09. 26. 선고 2003도3000 판결 ······426
대법원 2003. 09. 26. 선고 2003도763 판결 ·······278
대법원 2003. 11. 14. 선고 2003도3600 판결 ······365
대법원 2004. 04. 09. 선고 2004도340 판결 ·········48
대법원 2004. 05. 14. 선고 2004도74 판결 ·········302
대법원 2004. 06. 18. 자 2001그133 결정 ·········397
대법원 2004. 06. 24. 선고 2002도995 판결 ·······211
대법원 2004. 06. 24. 선고 2002도995 판결 ·······211
대법원 2004. 06. 25. 선고 2003도7124 판결 ········61
대법원 2004. 06. 25. 선고 2004도2221 판결 216, 232
대법원 2004. 07. 09. 선고 2004도810 판결 ········371
대법원 2004. 07. 15. 선고 2004도2965 전합387, 388,
　　　　　　　　　　　　390, 391, 394, 433, 436, 441
대법원 2004. 10. 28. 선고 2003다30463 판결 ·····342
대법원 2004. 11. 12. 선고 2004도4044 판결 275, 461
대법원 2004. 12. 24. 선고 2004다45943 판결 ·····342
대법원 2005. 01. 27. 선고 2004도6289 판결 ········66
대법원 2005. 01. 28. 선고 2004도7359 판결 ·······107
대법원 2005. 02. 18. 선고 2004다37430 판결 ·····342
대법원 2005. 03. 11. 선고 2002도5112 판결 ·······210
대법원 2005. 03. 25. 선고 2004도6890 판결 361, 373
대법원 2005. 04. 15. 선고 2002도3453 판결 ·······275
대법원 2005. 04. 29. 선고 2002도7262 판결 ·······237
대법원 2005. 04. 29. 선고 2003도6056 판결 ·······211
대법원 2005. 07. 15. 선고 2004도1565 판결 ·······278
대법원 2005. 07. 28. 선고 2005도3071 판결 ·······217
대법원 2005. 07. 28. 선고 2005도4083 판결 ·······403
대법원 2005. 10. 14. 선고 2005도5068 판결 ········114
대법원 2005. 10. 28. 선고 2005도5713 판결 ······362
대법원 2005. 10. 28. 선고 2005도5975 판결 ······325
대법원 2005. 11. 10. 선고 2004도42 판결 ·········291
대법원 2005. 12. 08. 선고 2005도8105 판결 303, 305
대법원 2006. 02. 23. 선고 2005도8645 판결 ·······302
대법원 2006. 03. 23. 선고 2005도9205 판결 ·······403
대법원 2006. 04. 27. 선고 2006도735 판결 ·232, 266
대법원 2006. 05. 12. 선고 2006도1140 판결 ······362
대법원 2006. 05. 25. 선고 2006도1146 판결 ·······190
대법원 2006. 06. 15. 선고 2004도3424 판결227, 239,
　　　　　　　　　　　　　　　　　　　　　　265, 270
대법원 2006. 09. 14. 선고 2006도4075 판결 ·········22
대법원 2006. 11. 23. 선고 2006도5407 판결 ·······216
대법원 2007. 01. 26. 선고 2004도1632 판결 240, 270
대법원 2007. 05. 10. 선고 2007도1950 판결 ·······232
대법원 2007. 05. 31. 선고 2005도3102 판결 ·······366
대법원 2007. 06. 14. 선고 2007도2162 판결205, 308, 371
대법원 2007. 06. 15. 선고 2006도3912 판결 ·······338
대법원 2007. 07. 26. 선고 2007도3687 판결 ·······305
대법원 2007. 08. 23. 선고 2007도4522 판결 ·······401
대법원 2007. 08. 24. 선고 2007도3408 판결 ·······354
대법원 2007. 11. 15. 선고 2007도3061 전합 ······466
대법원 2007. 11. 16. 선고 2004도4959 판결 239, 270
대법원 2007. 11. 29. 선고 2007다51239 판결 ······325
대법원 2007. 11. 29. 선고 2007도8187 판결 ·······437
대법원 2007. 12. 27. 선고 2007도7941 판결391, 430,
　　　　　　　　　　　　　　　　　　　　　　433, 437
대법원 2008. 01. 17. 선고 2006도1890 판결 ·········56
대법원 2008. 04. 10. 선고 2007도9139 판결 275, 460
대법원 2008. 04. 10. 선고 2008도1274 판결227, 244,
　　　　　　　　　　　　　　　　　　　　　　264, 283
대법원 2008. 04. 24. 선고 2005도8174 판결 ·········22
대법원 2008. 05. 29. 선고 2005도4640 판결 ·······353
대법원 2008. 05. 29. 선고 2007도1755 판결 ·······302
대법원 2008. 06. 12. 선고 2006도6445 판결 ·······426
대법원 2008. 06. 12. 선고 2006도8568 판결 ·······249
대법원 2008. 07. 10. 선고 2008도3766 판결 ·······362
대법원 2008. 10. 23. 선고 2005도10101 판결 ·····426
대법원 2008. 11. 13. 선고 2008도6982 판결 ·······346
대법원 2008. 11. 20. 선고 2008도5596 전합 ·······463
대법원 2008. 11. 27. 선고 2006도4263 판결 ·······350
대법원 2008. 11. 27. 선고 2007도5312 판결 ·········43
대법원 2009. 01. 30. 선고 2008도6950 판결250, 254,
　　　　　　　　　　　　　　　　　　　　　　276, 288
대법원 2009. 02. 12. 선고 2008도10971 판결 ·····343
대법원 2009. 02. 26. 선고 2008도11722 판결 336, 369
대법원 2009. 03. 12. 선고 2008도11437 판결 173, 466
대법원 2009. 03. 12. 선고 2008도763 판결 ········177
대법원 2009. 04. 23. 선고 2006다81035 판결 ·····202,
　　　　　　　　　　　　　　　　　　　　　　396, 426
대법원 2009. 04. 23. 선고 2007도1554 판결 ·······204
대법원 2009. 04. 23. 선고 2008도8527 판결 ·········33
대법원 2009. 04. 23. 선고 2009도2001 판결 ········314
대법원 2009. 05. 14. 선고 2008도10914 판결 ······91
대법원 2009. 05. 28. 선고 2007다354 판결 ········132

대법원 2009. 07. 09. 선고 2009도3923 판결 ········210
대법원 2009. 07. 23. 선고 2009도3712 판결 ········366
대법원 2009. 08. 20. 선고 2007도7042 판결 ········463
대법원 2009. 08. 20. 선고 2009도3143 판결 373, 374
대법원 2009. 09. 24. 선고 2009도7332 판결 ······401
대법원 2009. 10. 15. 선고 2009도7981 판결 ········403
대법원 2009. 10. 29. 선고 2009도7783 판결 ········366
대법원 2009. 11. 26. 선고 2006다37106 판결 ······351
대법원 2010. 01. 28. 선고 2008도7312 판결 ········276
대법원 2010. 01. 28. 선고 2009도10092 판결 ·····466
대법원 2010. 02. 25. 선고 2009도13187 판결 338, 350
대법원 2010. 04. 22. 선고 2008다38288 전합 388, 413
대법원 2010. 04. 29. 선고 2007도7064 판결 ········278
대법원 2010. 04. 29. 선고 2009도14427 판결 ······375
대법원 2010. 05. 13. 선고 2009도13332 판결 308, 371
대법원 2010. 05. 13. 선고 2009도1373 판결 ·······340
대법원 2010. 05. 27. 선고 2009도5738 판결 ·······354
대법원 2010. 09. 09. 선고 2010도8021 판결 ·······192
대법원 2010. 10. 28. 선고 2010도4880 판결 ········66
대법원 2010. 11. 25. 선고 2010도11293 판결 ·····338
대법원 2010. 12. 09. 선고 2007도10121 판결 ·····422
대법원 2010. 12. 09. 선고 2010도6256 판결 ·······325
대법원 2010. 12. 09. 선고 2010도891 판결 ·325, 327
대법원 2011. 01. 20. 선고 2008도10479 전합 ·····336,
　　　　　　　　　　　　　　　　348, 353, 367, 369
대법원 2011. 04. 28. 선고 2011도3247 판결 337, 368
대법원 2011. 05. 26. 선고 2011도2412 판결 ········278
대법원 2011. 06. 30. 선고 2011도1651 판결 ········362
대법원 2011. 07. 14. 선고 2011도3180 판결 227, 264
대법원 2011. 07. 28. 선고 2011도1739 판결275, 278, 461
대법원 2011. 09. 08. 선고 2011도7503 판결239, 252, 270
대법원 2011. 10. 27. 선고 2009도9948 판결 ··········13
대법원 2011. 12. 22. 선고 2010도7923 판결 ········338
대법원 2012. 01. 26. 선고 2011도15179 판결 ······362
대법원 2012. 05. 09. 선고 2010도2690 판결 ·········33
대법원 2012. 05. 10. 선고 2010도3532 판결 354, 361
대법원 2012. 05. 10. 선고 2012도2289, 2012감도5,
　　　　　　　　2012전도51 판결 ·······················211
대법원 2012. 06. 28. 선고 2012도231 판결 ···82, 311
대법원 2012. 07. 26. 선고 2012도2937 판결230, 263, 457
대법원 2012. 09. 27. 선고 2012도9295 판결 ··········13
대법원 2012. 10. 11. 선고 2010도12754 판결 ······275
대법원 2013. 03. 14. 선고 2010도2094 판결 ········466
대법원 2013. 04. 11. 선고 2010도13774 판결 ······278

대법원 2013. 05. 23. 선고 2012도11586 판결 ········22
대법원 2013. 06. 13. 선고 2012도16001 판결 ····230,
　　　　　　　　　　　　　　　　　　　　　　　263, 457
대법원 2013. 07. 11. 선고 2013도5355 판결 ········306
대법원 2013. 11. 28. 선고 2011도5329 판결 275, 460
대법원 2013. 11. 28. 선고 2012도4230 판결 355, 365
대법원 2014. 01. 16. 선고 2013도7101 판결 ········173
대법원 2014. 01. 29. 선고 2013다13937 판결 232, 266
대법원 2014. 04. 24. 선고 2014도1631 판결 ········107
대법원 2014. 08. 20. 선고 2014다30483 판결 ·····343
대법원 2014. 08. 21. 선고 2014도3363 전합336, 348,
　　　　　　　　　　　　　　　　　　353, 367, 369, 375
대법원 2014. 09. 04. 선고 2011도14482 판결 ·····254
대법원 2014. 10. 15. 선고 2013다207286 판결 325, 329
대법원 2014. 10. 30. 선고 2012도12394 판결 ·····107
대법원 2014. 12. 11. 선고 2014도7972 판결 ········421
대법원 2014. 12. 24. 선고 2014도10199 판결 227, 265
대법원 2015. 03. 26. 선고 2015도1301 판결 ········336
대법원 2015. 04. 09. 선고 2015도1003 판결 ········422
대법원 2015. 04. 23. 선고 2014도16980 판결 ········99
대법원 2015. 05. 14. 선고 2013다9574 판결 ········329
대법원 2015. 06. 24. 선고 2015도2999 판결 ·······349
대법원 2015. 06. 25. 선고 2015도1944 전합 ·······343
대법원 2015. 07. 16. 선고 2015도2625 전합 264, 458
대법원 2015. 08. 13. 선고 2015도7343 판결 303, 309
대법원 2015. 08. 20. 선고 2013도11650 전합 ·····302
대법원 2015. 10. 29. 선고 2013도9481 판결 ·······347
대법원 2015. 12. 10. 선고 2015도16105 판결 ······182
대법원 2015. 12. 10. 선고 2015도4048 판결 ·········56
대법원 2015. 12. 23. 선고 2014도11042 판결 ······238
대법원 2016. 02. 19. 선고 2015도15101 전합 ······326
대법원 2016. 03. 10. 선고 2015도17847 판결 ······202
대법원 2016. 04. 15. 선고 2016도1108, 2016전도12
　　　　　　　　판결 ······································210
대법원 2016. 04. 28. 선고 2015도3188 판결 ·······349
대법원 2016. 05. 19. 선고 2014도6992 전합 325, 328
대법원 2016. 06. 09. 선고 2015도20007 판결 ·····346
대법원 2016. 06. 23. 선고 2016도3540 판결 244, 283
대법원 2016. 07. 21. 선고 2013도850 전합 ········397
대법원 2016. 08. 18. 선고 2016도7946 판결 ·······349
대법원 2016. 08. 24. 선고 2014다9212 판결 ·······397
대법원 2016. 09. 28. 선고 2014도9903 판결 ········107
대법원 2016. 10. 13. 선고 2015도17869 판결 232, 415
대법원 2016. 10. 13. 선고 2016도8130 판결 ········237

판례	쪽
대법원 2017. 01. 12. 선고 2016도15470 판결	302, 415
대법원 2017. 03. 15. 선고 2016도19659 판결	227, 239, 252, 254, 265, 270
대법원 2017. 04. 26. 선고 2017도2181 판결	354
대법원 2017. 05. 11. 선고 2016도19255 판결	317
대법원 2017. 05. 31. 선고 2017도3045 판결	325
대법원 2017. 09. 07. 선고 2017도6060 판결	346
대법원 2017. 09. 21. 선고 2015도12400 판결	467
대법원 2017. 09. 21. 선고 2017도11687 판결	19
대법원 2017. 09. 21. 선고 2017도4019 판결	192
대법원 2017. 10. 23. 선고 2017도5905 판결	22
대법원 2017. 10. 31. 선고 2016도21231 판결	82
대법원 2017. 12. 05. 선고 2017도12671 판결	264, 458
대법원 2017. 12. 05. 선고 2017도15628 판결	315
대법원 2017. 12. 21. 선고 2015도8335 전합	197, 355, 365
대법원 2017. 12. 22. 선고 2017도12346 판결	239, 252, 270
대법원 2017. 12. 22. 선고 2017도12649 판결	311
대법원 2018. 02. 28. 선고 2015도15782 판결	192
대법원 2018. 04. 12. 선고 2017두74702 판결	217
대법원 2018. 05. 17. 선고 2017도4027 전합	346, 348, 353, 356
대법원 2018. 07. 12. 선고 2014도3923 판결	42
대법원 2018. 07. 19. 선고 2017도17494 전합	319
대법원 2018. 09. 13. 선고 2018도7658, 2018전도54, 55, 2018보도6, 2018모2593 판결	208
대법원 2018. 09. 13. 선고 2018도9340 판결	94
대법원 2018. 10. 25. 선고 2018도7709 판결	82, 214
대법원 2018. 11. 01. 선고 2016도10912 전합	379
대법원 2019. 01. 10. 선고 2018도15584 판결	349
대법원 2019. 03. 28. 선고 2018도16002 전합	297
대법원 2019. 06. 20. 선고 2018도20698 전합	14
대법원 2019. 07. 11. 선고 2018도20504 판결	464
대법원 2019. 07. 25. 선고 2019도5283 판결	91
대법원 2019. 08. 29 선고 2018도2738 전합	222
대법원 2019. 08. 29. 선고 2018도13792 전합	257
대법원 2019. 08. 29. 선고 2018도14303 전합	455
대법원 2019. 11. 28. 선고 2019도13730 판결	349
대법원 2020. 01. 30. 선고 2016도21547 판결	48
대법원 2020. 02. 20. 선고 2019도9756 전합	333
대법원 2020. 02. 27. 선고 2019도18891 판결	103
대법원 2020. 06. 25. 선고 2015도7102 판결	81
대법원 2020. 11. 19. 선고 2020도5813 전합	47, 48
대법원 2020. 12. 10. 선고 2020도11471 판결	114
대법원 2021. 09. 09. 선고 2017도19025 전합	9
대법원 2021. 09. 16. 선고 2015도12632 판결	9
대법원 2021. 11. 18. 선고 2016도348 전합	173, 178
대법원 2021. 11. 25. 선고 2021두46421 판결	94
대법원 2022. 01. 27. 선고 2021도11170 판결	173
대법원 2022. 03. 24. 선고 2017도18272 전합	53
대법원 2022. 06. 16. 선고 2021도15122 판결	47
대법원 2022. 06. 16. 선고 2021도7087 판결	53
대법원 2022. 07. 14. 자 2019모2584 결정	165
대법원 2022. 07. 28. 선고 2020도8336 판결	47
대법원 2022. 07. 28. 선고 2022도4171 판결	114
대법원 2023. 03. 16. 선고 2022도15319 판결	92
대법원 2023. 06. 01. 선고 2018도19782 판결	165
대법원 2023. 06. 29. 선고 2022도6278 판결	92
대법원 2023. 09. 18. 선고 2022도7453 전합	173
대법원 2023. 09. 27. 선고 2023도6411 판결	77
대법원 2023. 10. 12. 선고 2023도5757 판결	88
대법원 2023. 10. 18. 선고 2022도15537 판결	7
대법원 2023. 10. 18. 선고 2023도8752 판결	161
대법원 2023. 10. 26. 선고 2017도18697 판결	39
대법원 2023. 10. 26. 선고 2022도90 판결	120
대법원 2023. 10. 26. 선고 2023도7301 판결	181
대법원 2023. 11. 02. 선고 2023도10768 판결	3
대법원 2023. 11. 16. 선고 2021도4265 판결	93
대법원 2023. 11. 16. 선고 2023도10545 판결	12
대법원 2023. 11. 16. 선고 2023도11885 판결	65
대법원 2023. 11. 16. 선고 2023도12424 판결	15
대법원 2023. 11. 16. 선고 2023도5915 판결	124
대법원 2023. 11. 30. 선고 2020도10180 판결	131
대법원 2023. 11. 30. 선고 2023도10699 판결	191
대법원 2023. 12. 07. 선고 2020도15393 판결	134
대법원 2023. 12. 07. 선고 2020도17863 판결	138
대법원 2023. 12. 07. 선고 2023도2318 판결	127
대법원 2023. 12. 14. 선고 2020도1669 판결	168
대법원 2023. 12. 14. 선고 2022도163 판결	96
대법원 2023. 12. 14. 선고 2023도8341 판결	141
대법원 2023. 12. 14. 선고 2023도9350 판결	55
대법원 2023. 12. 21. 선고 2023도12852, 2023전도144 판결	102
대법원 2023. 12. 21. 선고 2023도13514 판결	98
대법원 2023. 12. 21. 선고 2023도8730 판결	143
대법원 2023. 12. 28. 선고 2017도21248 판결	104
대법원 2023. 12. 28. 선고 2020도12586 판결	28
대법원 2023. 12. 28. 선고 2020도6417 판결	71

대법원 2023. 12. 28. 선고 2023도12316 판결 ········17
대법원 2024. 01. 04. 선고 2021도5723 판결 ·········21
대법원 2024. 01. 04. 선고 2022도14571 판결 ········46
대법원 2024. 01. 04. 선고 2022도15955 판결 ········51
대법원 2024. 01. 04. 선고 2022도699 판결 ·······111
대법원 2024. 01. 04. 선고 2023도11313 판결 ········35
대법원 2024. 01. 04. 선고 2023도13081 판결 ········78
대법원 2024. 01. 04. 선고 2023도2836 판결 ········149
대법원 2024. 01. 04. 선고 2023도2982 판결 ········153
대법원 2024. 01. 05. 자 2021모385 결정 ············176
대법원 2024. 01. 11. 선고 2020도1538 판결 ······184
대법원 2024. 01. 11. 선고 2020도17666 판결 ······146
대법원 2024. 01. 25. 선고 2020도10330 판결 ······59

신관악 형사법학회

㈜ 글 샘 주요발행도서목록
- 유형별 민사기록형 연습문제(재2판) (글샘, 2019)
- 민사재판실무 GUIDE(개정판) (글샘, 2019)
- 핵두 행정법 (글샘, 2020)
- (인생실전)생활법률상식 (글샘, 2020)
- (단권화)민사집행법정리(전정판)(글샘, 2021)
- 민사사례연습문제Ⅰ(요건사실론)(글샘, 2021)
- 민사사례연습문제Ⅱ(글샘, 2022)
- (최근9개년)대법원선정주요민사판례(글샘, 2022)
- (최근9개년)대법원선정주요형사판례(글샘, 2022)
- 대법원 전원합의체 판례집(제3판)(글샘, 2022)
- 요건사실론(제5판)(글샘, 2022)
- 민사재판실무 종합문제(제5판)(글샘, 2023)
- 형사특별법(제6판)(글샘, 2023)
- 형사재판실무 GUIDE(제3판)(글샘, 2023)
- 환경법전(제4판)(글샘, 2023)
- 세무사 민법(제3판)(글샘, 2023)
- 세무사 객관식 민법(제3판)(글샘, 2023)
- 민사재판실무 검토보고서 모음(글샘, 2023)
- 형사재판실무 검토보고서 모음(글샘, 2023)
- 주제별 형사판례정리Ⅰ,Ⅱ,Ⅲ(재7판)(글샘, 2024)
- 주제별 민사판례정리Ⅰ,Ⅱ,Ⅲ,Ⅳ(제7판)(글샘, 2024)
- 요건사실론(제6판)(글샘, 2024)

제1 저자 : 장철호 변호사

- 부산대학교법학과 졸업(1998)
- 제48회 사법시험합격(2006)
- 사법연수원 제38기수료(2009)
- 장철호법률사무소 대표
- 경찰공제회 법무지원팀장

저서목록

- 주제별 형사판례정리Ⅰ,Ⅱ(글샘)

주제별 형사판례정리Ⅲ(추록)

발행일 : 2024년 4월 25일 제7판

발행인 : 이 기 철

발행처 : 도서출판 글 샘

주 소 : 서울시 관악구 호암로 582 B01호(신림동, 해동빌딩)

연락처 : 전화 : 02-6338-9423, 010-3771-9423. 팩 스 : 02-6280-9423

등록일 : 2017.08.30. 제2017-000052호

E-mail : gulsam2017@naver.com

파본은 바꿔드립니다. 본서의 무단전제·복제 행위를 금합니다.

저자와 협의하여 인지를 생략함

정가 : 36,000원   ISBN : 979-11-88946-98-3 (93360)

「이 도서의 국립중앙도서관 출판시도서목록(CIP)은 서지정보유통지원시스템 홈페이지 (http://seoji.nl.go.kr)와 국가자료공동목록시스템(http://www.nl.go.kr/kolisnet)에서 이용하실 수 있습니다.